内容简介

布鲁克斯和邓恩合著的《商业伦理与会计职业道德》是国际上普遍认可和赞誉的一本教学用书，为企业高管和会计师恪守会计职业道德以及进行商业伦理决策提供了全面的背景和决策框架。本书具有以下特点：

· 从更广阔的视角阐释了商业伦理与会计职业道德发展的社会历史背景、公众期望的发展变化及支持公众期望变化的技术背景。

· 提供了商业伦理的义利观、义务观、正义公平观以及美德理论，将利益相关者的道德期望纳入公司行为、责任和治理的文化。

· 在阐述理论的同时提供了大量的经典案例，旨在培养读者在商业伦理决策和会计职业道德方面的软技能和实践能力。用理论诠释案例，用案例演绎理论，令读者有血肉交融之感。

· 提供了国际通用的社会责任、会计职业道德最佳实践框架和准则。

· 以全球化趋势和国际化视野为读者提供全球视角，有利于了解不同文化如何对不同的道德行为提出要求。

作者简介

伦纳德·布鲁克斯（Leonard J. Brooks） 加拿大多伦多大学罗特曼管理学院商业伦理与会计学教授，罗特曼管理学院商业伦理克拉克森中心执行理事。曾担任 *Journal of Business Ethics* 编委会成员，在 *Journal of Business Ethics*，*Accounting Organizations and Society* 等学术期刊上发表多篇论文，并出版多部公司治理和职业道德方面的专著。布鲁克斯教授具有丰富的会计从业经验，1982年加入安大略特许会计师协会，2012年成为特许执业会计师。

保罗·邓恩（Paul Dunn） 加拿大布鲁克大学古德曼商学院商业伦理学教授，美国波士顿大学会计学博士。主要研究领域是公司治理、公司社会责任和商业伦理。曾在 *Journal of Business Ethics*，*Journal of Management* 等学术期刊上发表多篇论文。

主要译者简介

崔学刚 北京师范大学经济与工商管理学院教授、博士生导师。入选财政部会计名家、北京市教学名师、首批全国会计领军人才、北京中青年社科理论人才"百人工程"。兼任 *Economics and Politics* 副主编。主持国家社会科学基金、国家自然科学基金等课题10余项，在国内外学术期刊发表论文100余篇，出版专（合）著10部，拥有发明专利2项。曾获北京市哲学社会科学优秀成果奖二等奖（2次）、"杨纪琬会计学奖"优秀会计学术专著奖、北京市教育教学成果奖。

工商管理经典译丛·会计与财务系列

Business Administration Classics

商业伦理与会计职业道德

Business and Professional Ethics for Directors,
Executives and Accountants（Ninth Edition）

［加］ 伦纳德·布鲁克斯（Leonard J. Brooks）
保罗·邓恩（Paul Dunn） 著　崔学刚　岳 虹　牛清润 译

第9版

中国人民大学出版社
·北京·

译者序

　　商业的发展和对利益的追求，往往会增加一些人内心的贪欲，催生唯利是图、破坏环境等违背伦理道德的商业行为。这些行为如同毒瘤，对社会和经济的危害日益严重。古今中外的哲人很早就认识到，商业必须用伦理道德进行约束和规范。然而，在漫长的社会经济发展中，人类在大部分时间里并没有建立起商业伦理实践的有效机制。

　　随着资本市场的建立和公司制的发展，英美等西方国家享受着经济繁荣。但在早期，由于资本市场缺乏监督或监管，巨大的投资回报和暴富的幻想诱使投资者把他们的资金投向资本市场，表面稳定的回报造成了投资者对资本市场的错觉。企业高管为追求自身收益最大化不断吞噬投资者膨胀的信任，由此出现了众多的财务欺诈等丑闻，这严重损害了投资者利益，消耗了公众对资本市场的信心，政府不得不采用严厉的法律和监管措施。300多年前的英国"南海泡沫"事件，导致金融监管的重大创新，并催生了注册会计师审计；美国1929年开始的大萧条中会计上资产评估的随意性和选择性披露，催生了1933年《证券法》与1934年《证券交易法》；1991年，英国资本市场的一系列公司倒闭事件引发了公众对公司会计报告和审计人员诚信的普遍质疑，人们对市场的信心受到重创，这促使英国成立了世界上第一个公司治理委员会，即卡特伯里委员会，并开始了公司治理标准的研究与制定；针对安然、世通等的财务丑闻，美国国会于2002年出台了《萨班斯-奥克斯利法案》，该法案对美国1933年《证券法》、1934年《证券交易法》做了不少修订，在会计职业监管、公司治理、证券市场监管等方面做出了许多新的规定。然而，不断完善的资本市场与公司监管法律法规并没有完全消灭企业和资本市场丑闻，即便是在号称法律监管比较完备的美国，损害投资者利益的事件也是频频发生，尤其是2008年前后的次贷危机，使美国资本市场遭受沉重打击，投资者信心大减，华尔街的声誉甚至降到比1929年还低的程度，政府的大规模救援计划被批评为动用纳税人的钱为金融家的贪婪买单。

　　法律和监管措施的失败，使人们日益认识到商业伦理和会计职业道德的重要性。与此同时，企业利益相关者觉醒，他们对企业承担社会责任、实现可持续发展、进行符合伦理的商业决策与会计决策的期望越来越高，并通过各种机制来惩罚企业不道德行为。由于法律监管、媒体监督、舆论监督、内部预警系统的建立，以及企业与相关决策者不道德的商业决策给企业和个人带来的巨大风险，相关决策者也开始采取措施避免商业伦理风险，从而对决策目标和决策行为产生重要影响。上述变化引发了对商业伦理与会计职业道德理论与实践的巨大需求，社会呼吁开展相关研究与教育。20世纪60年代，商业伦理、会计职业道德等逐渐被引入商学院的课堂。

在我国，改革开放以来，尤其是随着我国资本市场的建立和运行，财务舞弊等商业伦理问题成为资本市场健康发展的重大威胁，不仅扰乱资本市场秩序，影响资源的有效配置，还可能导致系统性金融风险。各种不道德的商业行为对投资者信心造成沉重打击，降低了资本市场运行效率，对我国完善社会主义市场经济体制和深入推进改革开放造成巨大障碍，加强商业伦理与会计职业道德建设日益迫切。随着我国法律法规的完善和监管的加强，企业的社会责任、环境责任、可持续发展责任逐步压实，企业利益相关者对企业伦理的期望不断提高，对违背商业伦理的决策的惩罚力度越来越大。企业高管和会计师的伦理责任和决策风险不断增加。基于此，我国商学教育逐步引入了社会责任、商业伦理、会计职业道德等课程。全国会计专业学位研究生教育指导委员会顺应时代需要，把"商业伦理与会计职业道德"作为会计硕士的核心专业课程，体现了其对商学教育和会计教育规律的准确把握，受到师生的一致好评，对于提高会计硕士人才培养质量发挥了重要作用。

然而，"商业伦理与会计职业道德"教学用书极其匮乏，虽然国内近年也出版了少量优秀教学用书，但总体而言，有关最佳实践尚处于研究阶段，图书内容往往由于作者的专长和偏好有所侧重，难以完全体现"商业伦理与会计职业道德"的历史厚重性、文化差异性和实践惯例的广泛性。

布鲁克斯和邓恩的《商业伦理与会计职业道德》是一本优秀的专业著作，已更新至第9版，受到世界各国商学院师生和商业人士的喜爱。本书为企业高管和会计师恪守会计职业道德以及进行商业伦理决策，提供了全面的背景和决策框架。本书具有以下特点：第一，从更广阔的视角阐释了商业伦理与会计职业道德发展的社会历史背景、公众期望的发展变化及支持公众期望变化的技术背景，有助于读者理解企业和会计职业目前面临的信任危机，以及如何恢复企业成功实现战略目标所需的信任。第二，提供了商业伦理的义利观、义务观、正义公平观以及美德理论，将利益相关者的道德期望纳入公司行为、责任和治理的文化，形成了商业伦理决策模型。第三，提供了大量的世界范围内商业伦理与会计职业道德经典案例，这些案例旨在培养读者在商业伦理决策和会计职业道德方面的软技能和实践能力，为企业高管和会计师提供警示。第四，提供了国际通用的社会责任、会计职业道德最佳实践框架和准则，例如GRI G4、ISO 26000等，这些实践准则不仅为国际企业采用，也被我国上市公司以及在美上市的中国概念股公司普遍采用。第五，以全球化趋势和国际化视野为读者提供了全球视角，有利于了解不同文化如何对不同的道德行为提出要求。

为了实现"教师好教，学生好学，读者好读"的目标，我们在保持原著结构完整的基础上，对案例进行了删减。本书适合会计硕士、审计硕士、工商管理硕士商业伦理与会计职业道德类课程使用，也是企业高管、控股股东和各类会计师重要的理论和实践手册。

本书的翻译工作历时三年多，由崔学刚、岳虹、牛清润负责，李妍姝、王蔚桐、陈沫含做了部分初译工作，最后由崔学刚统稿。中国人民大学出版社的魏文女士为本书的策划、编辑和出版倾注了大量心血，付出了许多创造性劳动，特致以诚挚的谢意！

尽管在翻译过程中我们努力做到"信、达、雅"，但是由于水平所限，本书难免存在不足，欢迎各位读者批评指正。

崔学刚　岳　虹　牛清润

挑战与机遇

　　人们对公司和职业会计师的行为的要求已经发生了巨大的变化。如今，公司要对利益相关者负责，相较于获得的利益，利益相关者更加关注公司如何实现目标。现在人们认识到，公司问责制已经从仅对股东负责转变为对包括股东在内的利益相关者负责。因而公司面临的挑战是在维护他人利益（涉及环境、人权和社会责任）的同时，以合理的方式获得利润。对于那些成功的公司来说，挑战中也隐藏着巨大的机会。人们对职业会计师的期望也越来越高，这意味着职业会计师比以往任何时候都更需要为社会利益服务，在日益复杂和充满挑战的商业环境中获得最大利益。

　　利益相关者已经认识到，行为不端的公司董事、高管和职业会计师违背了公众利益，带来了长期的严重负面影响，这迫使公司进入强化问责制的时代。人们普遍认为，对世界经济的三个主要负面影响都来源于道德缺失：

　　● 2001—2002 年安然、安达信和世通的破产引发了社会对公司治理和报告可信度的信任危机，进而导致了股市的崩溃以及 2002 年《萨班斯-奥克斯利法案》的出台。

　　● 2007—2009 年的次贷危机中，公司的不道德行为导致了美国房地产市场的崩溃和世界各地投资价值的损失，以及 2010 年美国《多德-弗兰克华尔街改革和消费者保护法案》的颁布。

　　● 2012 年的伦敦银行同业拆借利率操纵丑闻中，有人故意操纵基准利率，为少数银行及其交易员牟利。

　　此外，还有许多像麦道夫庞氏骗局这样的违背道德的案例，以及破坏环境，损害社会弱势群体利益，损害个人、组织或专业人士声誉等行为，因此公众对职业会计师提出了更高的期望，并且要求惩罚不道德的行为。有的管理者和职业会计师很早就意识到了这一点，并开始采取措施避免这些风险损害声誉、对实现目标产生不利影响。

本书介绍了管理者和职业会计师如何让自己、同事和组织识别道德领域的挑战和机遇，同时达到他们的更高目标。为了在未来取得成功，管理者和职业会计师需要了解导致这些较高期望的历史，以及可用于提高未来业绩的技术。现在，一家公司绝对没有理由再犯富国银行（不道德的激励）、大众汽车（在排放检测中作弊）或福克斯新闻（忽视性虐待）所犯的道德错误。

安然、安达信和世通的破产促进了《萨班斯-奥克斯利法案》的出台。2007 年的次贷危机导致了全球经济衰退，对经济、就业和几乎所有人的生活都产生了严重的负面影响。这些由不道德行为引发的事件是本可以避免的，但是往往直到产生了无法挽回的损失，公司和专业会计的问责制和治理方面的改革才开始进行。这些改革措施推动了世界各地的商业和职业道德的发展。同时，改革还为董事、高管和职业会计师带来了新的挑战和机遇。

在问责制和治理框架的改革过程中，人们认识到公司和职业会计师的责任范围比以前理解的更加广泛。从安然公司暴露出的公司治理和报告可信度问题、安达信和世通的丑闻到《萨班斯-奥克斯利法案》的出台，人们意识到企业和会计行业必须得到利益相关者群体的支持才能实现其战略目标。紧接着，2007—2009 年的次贷危机进一步加剧了信任危机，提高了公众对于会计行为的敏感性和企业的道德意识。公众对公司和会计人员的道德行为有了更高的要求，只有达到更高的道德标准的公司才能获得利益相关者的支持。

利益相关者的支持需要建立在信任的基础上，即相信公司——实际是公司的董事会、高管、员工和代理人——和职业会计师正在做正确的事情，并且他们的行为有利于利益相关者群体的利益。获得和维持这种信任需要改变公司的战略、风险管理、规划、运营和决策，以考虑包括股东在内的所有利益相关者的利益和期望。这就需要建立一个新的问责制框架，重点关注与利益相关者对内部和外部报告的期望相关的绩效指标。

公司治理必须关注这个新的、更广泛的问责制框架，以确保获得利益相关者的信任。这种信任不会自行发生，如果董事忽视对于利益相关者的责任，他们就有可能无法对股东所承担的风险负责。一些董事意识到了维持良好声誉的重要性，并已将声誉风险纳入其风险管理计划。目前道德、声誉和信任之间的关系已经变得清晰且易于理解，企业必须完善其问责制和治理框架以确保利益相关者的支持。与《萨班斯-奥克斯利法案》出台之前相比，股东和其他利益相关者对公司的期望和要求越来越高，并且还在继续提高。

职业会计师在以信任为导向的问责制和治理体系中发挥着关键作用。首先，职业会计师的专业行为是利益相关者信任公司的重要条件之一，他们应该为公众利益服务，以维护社会公众对他们作为专业人员的信任。对于公共领域中的职业会计师以及公司雇用的职业会计师来说都是如此，各行业的职业会计师都需要扮演可信赖的受托人的角色。其次，职业会计师应该认识到信任在内部控制和问责制框架以及为公司活动提供指导和监督的治理框架中的作用。最后，优秀的职业会计师应该表现出专业怀疑态度和责任意识，这使他们能够发现潜在的问题，并且报告或纠正这些问题。

最重要的是，学术界也对新的对于董事、高管和职业会计师的治理和道德期望展开了研究，比如新创建的董事治理教育计划。2004 年，全球商学院认证机构发布了一份道德教育工作组报告，呼吁对商学院学生进行以下方面的教育：（1）企业社会责任；（2）道德领导；（3）道德决策；（4）公司治理和道德。会计专业的学生参加专业会计资格考试之前，要学习关于道德的必修课。因此与过去相比，道德和公司治理的相关内容正在渗透到越来越多的商学院课程中——这在未来很有发展前景。

受欺诈丑闻的影响，专业会计机构也越来越重视会计师的道德责任，引入了新的国际道德准则，其中包括 NOCLAR 审计准则。一旦在全球范围内采用道德准则，将从根本上改变职业会计师的角色。这些新标准将要求职业会计师及时发现和怀疑其客户不遵守法律或法规的行为，并且向内部报告；如果客户没有采取行动或行动不充分，则向外部报告。因为只有会计师不选择沉默，道德问题才能暴露出来。因此，公司应该在风险管理项目中系统地排查道德风险。新的道德准则还强调，职业会计师的首要目的是服务于公众利益，因此许多专业会计机构对其成员提出了强制性的与道德相关的职业发展要求。

理解社会对于职业会计师的信任期望，以及理解这种信任与会计师职业道德和政府的相互作用，有利于董事、高管和职业会计师解决现在所面临的问题。这将有助于评估道德风险、保护声誉和采取管理措施，如建立强大的诚信文化。更重要的是，它将为确保利益相关者在未来支持公司提供必要的基础。

本书的目的

本书提供了全方位的背景，帮助我们理解公司和会计职业目前面临的信任危机，以及如何恢复它们成功实现战略目标所需的信任。

商业和会计行业现在处于一个风险管理的时代，因为无数的丑闻损害了公司董事、高管和职业会计师的信誉和声望。除非能够识别、避免、减轻和持续监督引起这些丑闻的道德风险，否则企业和职业会计师无法实现其战略目标。治理系统必须包括道德指导，决策必须考虑利益相关群体看重的价值体系；否则，利益相关者不会提供必要的支持，因为他们不相信企业文化包含诚信。如果公司没有诚信的企业文化，董事和审计人员就无法有效地完成他们的工作。了解过去的丑闻如何影响现在的公司治理和道德风险管理至关重要，能够避免重蹈覆辙。

学生、高管和董事会成员必须学习如何使用道德策略、做出道德决策，并整合有关道德、公司治理丑闻、法律责任以及专业会计和审计问题的最新信息。他们必须了解为什么发展道德的企业文化对于维持利益相关者的支持和审计师审计财务报表至关重要。为了保持学习的趣味性以及强调道德问题的重要性，本版提供了众多案例，包括经典的欺诈、公司破产、声誉受损和不专业的行为，这些案例旨在培养学生对职业软技能的理解，这些技能包括沟通、说服、演讲、领导和全球化思维。

2002 年，公司经历了严重的报告信任危机，需要采取严厉的措施来恢复这种信任并缓解资本市场和全球经济的衰退。事实上，2002 年的危机加速了公司问责制和公司治理框架的完善。随着公司道德治理和改革在世界范围内开展，我们需要了解其历史背景、期望背负的责任以及满足公众期望所需的技术。

了解公司治理的持续压力以及出现的财务丑闻，对于董事、高管和职业会计师正确理解后《萨班斯-奥克斯利法案》时代以及次贷危机引发公众更高的道德期望至关重要。公司的不道德行为让社会付出了沉重的代价。因此，公司治理需要进行风险管理，包括识别可能削弱利益相关者支持的因素。

公司的声誉与利益相关者信任公司的程度有关。换句话说，现在人们对公司做什么和如何做都存在担忧。在过去，人们强调的是公司的盈利能力，以至于很少关注公司是如何获得利润的。鉴于公司认为利益相关者的支持是成功的关键，因此本书的目的也包括了解如何建立诚信的企业文化——一种将利益相关者的道德期望纳入公司行为、责任和治理的文化。本书还将这一讨论扩展到职业会计师并审查其潜在角色。

董事、高管和职业会计师需要了解如何维护利益相关者的利益，做出合乎道德的决策。行为准则不能涵盖所有情况，因此需要发展组织文化以及基于健全的道德决策框架的决策流程。董事、高管和职业会计师的商业和职业道德涵盖了道德风险管理流程的制定，与利益相关者的沟通和向利益相关者报告的策略，以及确保工作场所和危机管理期间的道德行为的策略。

简而言之，本书研究了公司和职业问责制，以及公司治理的利益相关者问责制时代的背景和性质，并就董事、高管和职业会计师的行为模式的发展提出了建议。管理道德风险、发展道德竞争优势需要掌握本书所讨论的有关主题。职业会计师必须了解所涵盖的问题，以及在问责制和治理方面作为受托人和专家发挥作用的基础。

适用范围

本书旨在为董事、高管和职业会计师提供关于问责制和公司治理、合理的决策和行为以及在强化企业问责制的新时代道德风险管理的资料。本书提供了相关的理论和案例，可以：

- 被视作一本关于职业道德或公司治理课程的书籍。
- 作为传统战略、公司治理或会计资料的补充，使读者了解现实中的困境。本书中的材料适用于工商管理硕士（MBA）和高级管理人员工商管理硕士（EMBA）学员以及会计专业的学生。
- 根据特定的课程要求由读者对文本、案例和阅读材料进行选择。
- 用于独立学习。

本书的章节相对独立，读者可选择章节和案例进行阅读。例如，第 2 章介绍公司治理，帮助读者了解公司声誉和利益相关者的支持等问题的历史背景。2001 年以来道德和公司治理丑闻的历史（见第 2 章）已被引入 EMBA 课程。同样，希望关注利益冲突的董事和高管或 MBA 学员可以从第 2、5、7 章以及其他章的案例中获得启发。第 1 章和第 4 章为读者了解当前道德期望和道德决策实践提供了基本材料。第 8 章介绍了次贷危机，以及当前全球范围内的业务所面临的挑战。会计专业的学生应该熟读所有章节。

本书提供的材料主要覆盖北美地区，示例、阅读材料和案例都基于该地区的观点。北美地区所面对的基本道德问题和使用的原则是相同的，因为它们是由相同的焦点问题、市场以及类似的制度结构和法律限制所塑造的。存在的差异需要具体问题具体分析。

国际会计师联合会在修订职业会计师道德行为的全球标准（例如新的 NOCLAR 审计准则和独立标准）中引入了重要的全球范围的变化，也认识到日益全球化的趋势。此外，标准还涵盖了英国和加拿大的新构想，以基于共同的驱动因素进行变革。本书涉及欧洲大型公司问题和在国外开展业务的案例，为读者提供了全球视角，有利于了解不同文化如何对不同的道德行为提出要求。

由于美国资本市场的突出地位和四大会计师事务所行为的重大影响，北美的全球商业和职业会计师治理框架将为其他司法管辖区发展提供借鉴。此外，国内外对会计师的期望将逐渐趋于一致，因为跨国公司在全球范围内的活动会受到监管者以及利益相关者越来越严格的审查。

作者的方法

本书侧重于对不道德案例中所涉及的道德问题的理解，以及由此推动的问责制和治理框架的发展，并且与处理交易所需的实用技能相结合。本书提供了真实案例解释会计道德的相关问题。本书的作者结合自身作为董事、高管和职业会计师的经验，以及在商业和会计道德、管理控制、公司治理相关主题的教学和咨询方面的经验，对提出的问题和相关讨论的发展做出了重大贡献。

本书的结构

全书共有八章，提供了众多案例。

前两章介绍了推动道德期望发展的相关问题：

● 第 1 章对本书进行概述，介绍了利益相关者关注道德问题的根源，以及这些问题如何使利益相关者产生更高的期望。

● 第 2 章提供了关于道德和公司治理丑闻的历史视角，这些丑闻刺激了对问责制和治理改革的道德期望的变化；介绍了这些变化如何在法律或普遍接受的绩效标准中得到体现。本书的其余部分建立在这两章的基础之上。

后续两章介绍了董事、高管、员工和职业会计师应如何通过做出正确合理的决策来应对新出现的道德期望，尤其是在行为准则不完全符合所处环境的情况下。它介绍了哲学家几个世纪以来发展起来的概念，以及最近发展起来的实用框架：

● 第3章介绍了几位哲学家的重要贡献，他们为道德的发展奠定了基础。

● 第4章介绍了道德决策的几种实用方法——道德行为的核心——为战略的制定以及企业人员必须面对的日常决策提供了参考。

第5章和第6章探讨了公司和职业会计师如何建立健全的道德责任、公司治理和管理系统，以达到新的道德期望：

● 第5章涵盖了董事和高管履行职责应了解的问题、期望和道德文化促进体系。

● 第6章讨论了职业会计师在新的公司问责制中的作用和职能，包括充当道德问责制的代理人，制定道德问责制和治理机制的专家，以及应该具备专业怀疑态度和遵守准则的专业人士。2018年国际会计师职业道德准则理事会的《国际职业会计师道德准则》中包括 NO-CLAR 审计准则和独立标准，这将从根本上改变全球职业会计师的角色。

第5章和第6章都涵盖了利益冲突的识别、评估和管理以及现代道德治理体系的其他关键要素。

最后两章讨论了一系列极其重要的问题，董事、高管和职业会计师需要了解和提升相关能力，以避免严重的道德问题；概述了最紧迫性的道德和经济问题，并就应该学习的课程提供了指导：

● 第7章涉及道德风险和机会管理、有效的利益相关者管理、可持续性、企业社会责任绩效和报告、工作场所道德、举报人计划和道德质询服务、欺诈和白领犯罪的动机与避免、贿赂，以及国际运营的挑战，包括文化网络实践和道德危机管理。

● 第8章回顾了次贷危机，对这场产生全球性负面影响的道德灾难进行了分析，并且就道德分析中需要吸取的教训进行讨论和学习，从而避免未来的问题。本章对前几章所涵盖的材料进行了总结应用。

各章末提供了案例和参考文献。文本、案例、阅读材料的组合旨在提供更丰富的学习体验。

致谢

伦纳德·布鲁克斯

我很幸运地收到了 Graham Tucker、Alex Milburn、Bill Langdon、Peter Jackson、Michael Deck、Curtis Verschoor、Lyall Work 和 John Grant 提出的修改建议。我要特别感谢 David Selley，尤其是 Ross Skinner 的贡献。此外，我要感谢 Miguel Minutti 和 Lee Benson，

他们的研究丰富了本书的许多案例和讨论。我没有接受他们的所有建议，因此我会对本书中的任何错误或遗漏负责。

感谢我的前同事 Max Clarkson，感谢他为我在课堂上发展和实践我的想法提供了最初的平台和支持，并鼓励我寻找新的想法来为学科做出贡献。

感谢加拿大道德与企业政策中心（Canadian Centre for Ethics & Corporate Policy）同意本书与《道德与治理：发展和维护道德企业文化》（第 4 版）共用部分材料，这是我与 David Selley 于 2012 年合作出版的一本书。

感谢我的母亲和父亲，他们获得了 CA、CGA、CMA 和 CPA 等资格证书，对我的价值观和追求产生了深刻影响。

感谢我的妻子，感谢她一直以来的支持和忍耐，感谢我的孩子 Catherine、Len、Heather 和 John，以及他们的伴侣或其他重要的人——Christina、Gabe、Rob 和 Julia；感谢我的孙子 Bianca、Willow、Mya、Owen 和 Lara。

保罗·邓恩

感谢我的同事们，他们帮助我探索商业道德的诸多方面。感谢许多提供有用意见的学生和教师。感谢我的三个孩子和他们的伴侣，感谢我的五个孙子，他们鼓励我不断探索。最后，感谢我的妻子，感谢她一直以来的爱和支持。

结束语

在许多丑闻造成的悲剧中，曙光已经出现：以利益相关者为导向的问责制和企业道德治理框架；工作场所性虐待的引爆点；在金融犯罪方面的国际执法合作；对职业会计师角色进行重新构想，使其更加注重为公众利益服务。了解这些发展变化以及如何获得和维持利益相关者的支持，为董事、高管和职业会计师的角色、责任和未来的成功奠定了基础。我们已经进入了一个新的时代，只有树立正确的价值观、做出道德行为、维护声誉才能实现目标。本书介绍了相关问题和技术发展，以及对其内涵的理解。希望这些对商业界、会计职业和整个社会有所启发。

目　录

第 1 章

道德期望

学习目标

　　商业在公众期望所创造的框架中运行，会计从业人员亦在公众期望所创造的框架内执业，然而，商业丑闻引发了全球范围内公司治理和会计行业新预期的"巨变"。安然（Enron）和安达信（Arthur Andersen）的丑闻、麦道夫（Madoff）的庞氏骗局、戴姆勒（Daimler）和西门子（Siemens）的巨额贿赂诉讼案、大银行操纵利率、德意志银行（Deutsche Bank）对法律的践踏以及丹麦丹斯克银行（Danske Bank）的洗钱行为……这些无视公平和安全以及违反环境保护法的行为提高了对新的道德标准的要求，并将人们的期望推向更高的水平。毫不奇怪，人们最新的期望是建立在商业伦理和职业道德加速发展趋势的基础上的，而这一趋势形成已久。因此，商业伦理和职业道德已成为企业和个人成功的关键决定因素，也是学术研究和企业变革的焦点。

　　本章探讨了商业伦理趋势对道德期望框架的影响，以及道德期望为应对这些影响的发展变化；同时讨论了公众道德期望的变化对董事、高管和职业会计师意味着什么。除非商业人士了解当前公众道德期望的历史成因，否则他们很可能重复过去高管和董事所不幸犯过的错误。

　　阅读本章后，你将了解：

● 当前的道德期望是什么。

● 道德期望为什么会发展。

● 问责制对利益相关者的重要性。

● 当前的道德期望如何对以下方面产生影响：

　　■ 公司治理、规划、决策、行为、业绩和报告。

　　■ 事关公众利益的职业会计准则、实践和服务。

　　■ 个人行为。

1.1 商业道德环境：为信誉、声誉和竞争优势而奋斗

在过去的 35 年里，人们越来越认同商业的存在是为了满足股东和社会的共同需要。许多人同一个企业及其活动和影响有"利害关系"或对其感兴趣。如果这些利益相关者的利益得不到尊重，那么通常会有让股东、高管和董事感到痛苦的事件发生。因为实际上，如果没有关键利益相关者（如股东、员工、客户、债权人、供应商、政府、所处社区和活动参与者）的支持，企业或行业不太可能实现长期战略目标。

利益相关者对一家企业支持与否，取决于其对公司承诺的信任度、公司的声誉和公司竞争力的强弱。所有这些都取决于利益相关者所认为的公司活动的可信度，更进一步，可信度又取决于公司活动背后的价值观。也就是说，公司的价值观决定了其能否取得利益相关者的支持。

利益相关者越来越期望公司尊重他们的价值和权益。在很大程度上，对利益相关者的价值和权益的尊重程度决定了公司道德地位的高低和成功的可能性。因此，利益相关者期望公司的董事以合乎道德的方式来管理公司，这意味着他们要确保他们的高管、员工和代理人的行为合乎道德。此外，人们越来越期望公司能够以透明、合乎道德的方式与利益相关者沟通。

因此，治理和问责制已经比过去更加关注利益相关者的利益和道德问题。董事、高管和职业会计师这些直接服务于股东利益、间接服务于公众利益的人必须意识到公众对企业或其他类似组织的新期望，并对其风险进行相应的管理。这种意识不只是为了满足求知欲，它必须与传统价值观相结合，并纳入道德决策和行动框架。否则，就像安然、卡里利恩（Carillion）、德意志银行、富国银行（Wells Fargo）、安达信和次贷危机一样，资本市场和组织的信誉、声誉和竞争优势，以及管理层、专业人士和整个职业都将受到影响。是什么导致公众对公司治理、行为和责任的期望发生了这种变化？似乎多个因素共同发挥作用，如表 1-1 所示。

表 1-1 影响公众对公司行为的期望的要素

无尽的贪婪	次贷危机、首席执行官（CEO）薪酬过高、价格欺诈
健康与安全	空气和水的质量、安全
道德因素	对国内外公平公正的渴望、性虐待
错误的判断	经营失误、失败的环境工程、不道德的激励计划
维权的利益相关者	道德投资者、消费者、环保主义者、"我也是"运动参与者
环境状况	环境恶化、对持续性的需要
经济	弱点、生存压力、造假压力
竞争	全球压力
不正当行为	大量的丑闻
治理失灵	没有认识到良好治理和道德风险评估的重要性

续表

问责	对透明度、企业社会责任、可持续性的渴望（全球报告倡议）
协同作用	公众、成功变革、道德投资兴起
制度强化与认可	● 新法律法规：环境、检举、召回、《美国量刑指南》、经合组织反贿赂制度和反贿赂法、《萨班斯-奥克斯利法案》（简称《SOX 法案》）改革、《多德-弗兰克华尔街改革和消费者保护法案》（简称《多德-弗兰克法案》）、强制性风险管理、商业圆桌会议声明 ● 专业会计改革、标准全球化（如《国际财务报告准则》（IFRS））、未遵守法律法规（NOCLAR）审计准则 ● 新的全球执行的制度：反贿赂、反洗钱

环境问题

没有什么比意识到公众和一些工人的身体健康正受到企业活动的威胁更能让人们认清企业的本质究竟是什么了。最初，人们对空气污染的担忧主要集中在烟囱和排气管排出的烟雾上，这些烟雾会刺激呼吸道和引起呼吸道疾病。因此，只有当邻近工厂的居民变得足够愤怒时，当地的政治家才能够愿意起草控制条例，尽管有时并不能保证条例的有效执行。

与空气污染相关的另外两个问题是酸雨和臭氧层的损耗。酸雨给湖泊和树木都带来了伤害。废气中的硫与雨水结合，落到远离废气源头的地面上。由于这些情况通常发生在其他管辖区，因此，废气来源地管辖区内政治家们的反应不出所料地缓慢。关于谁应该对此负责以及由酸雨造成的危害是否真实，存在许多争论。然而，人们对这一问题达成了相当程度的共识，这足以支持颁布国际条约和更严格的地方法规。

近年来，我们意识到地球臭氧层的损耗以及这一变化导致全球变暖，对人类的身体健康造成严重威胁。氯氟碳化物（CFC）曾经是最常见的家用和工业用制冷剂，但一旦释放到大气中，CFC 分子就会消耗掉臭氧分子。与此同时，砍伐作为臭氧层主要补充来源的巴西雨林，进一步加剧了我们星球周围臭氧层的损耗。臭氧层是人类抵御紫外线的主要屏障，紫外线会导致皮肤癌和眼睛损伤。

人们意识到是时候对水污染采取行动了。同时，这也引起了人们对臭氧层损耗的担忧，部分原因是人类测量微量毒素的浓度的能力有限，并且无法了解水性金属和二噁英风险的确切性质。商业公司声称它们没有以合理成本避免空气污染和水污染的技术方法，因此不能在避免污染的同时保持竞争力。公众在了解到这些水污染对人体健康的短期和长期威胁后，开始向企业和政府施压，要求提高企业排放的安全标准。

政府的反应往往是由灾难激发的，这种现象在各个层级的政府中都很显著。在地方上，禁烟条例已经颁布，地方法规会更加严格。环境管理一直是国际条约的主题。美国和加拿大已经制定了环境保护法，被认定破坏环境的公司将会被处以每天高达 100 万～200 万美元的巨额罚款。此外，对官员和董事的个人罚款和/或监禁使执行者们的注意力集中在确保项目遵从环境标准上。一位法官就《美国量刑指南》的颁布发表了一份声明，没有什么比这更能激励美国和加拿大的高管注重环境保护了。他说，证明存在有效的环境保护计划将为企业提供充分的尽职调查辩护，可将罚款水平从 200 万美元/天降至 5 万美元/天。尽管这种反应可能被视为防御性的，但尽职调查运动应被视为企业环境责任运动的法律编纂阶段。

近年来，对地方和全球环境可持续性的日益关注，导致企业面临竞争和积极性压力，要求公司使用全球报告倡议组织（Global Reporting Initiative，GRI）标准等可持续性框架，公开报告其环境影响。此外，英国石油公司（BP）的漏油事件和大众汽车（Volkswagen）在排放标准上的欺骗行为等所造成的巨额罚款、诉讼和解、名誉损失和公众支持损失，使其他公司更有必要采取预防行动，避免因环境疏忽付出天文数字的经济代价。①

企业和政府必须用行动证明环境保护行为的必要性。联合国发布了一系列报告，证明了环境恶化的加速趋势，并倡导到 2030 年减排 45％。② 人类为过去的不作为付出了高昂的代价，在环境保护方面继续不作为是不合理的。儿童、家长、企业高管、政府和中央银行都注意到了这一点，在环境问题上的进展将明显加快。

道德敏感度

从 20 世纪 80 年代和 90 年代开始，人们对缺乏公平以及社会中的个人与群体在获得公平待遇方面存在差异的看法与评价显著增加。对几个特殊群体，包括女性群体、残疾人群体、土著群体和少数族裔群体的困境的更多认知是这种社会认识增加的原因。在某种程度上，公众愿意关注这些特殊群体，因为发生的不幸事件让人们意识到，一些特殊利益群体的意见值得倾听，正如环保主义者、消费者权益倡导者和反种族歧视支持者所表明的那样。此外，在 1960 年以后的大部分时间里，由于可支配收入和闲暇时间的增加，公众能够关注其生计以外的问题。而且，由于卫星通信技术的进步，世界范围内的问题几乎都可以被实时报道，北美公众的思维变得不那么内敛和狭隘，对调查记者所报道的问题更加敏感。

有证据表明，公众的压力促使社会更加公平公正。对就业公平的渴望导致了法律、法规、规则以及公司的员工行动计划的产生；薪酬平等方案似乎已经开始调整男女之间的薪酬差距；消费者保护立法已经发挥作用，原来倾向于保护大公司的"买方当心"已经转变成有利于个人消费者的"卖方当心"；药检的处理也更加谨慎，尽量减少虚假出现的可能性。所有这些都是公共压力推动立法机构或法院进行体制变革，以实现更多的公平和公正，减少歧视的例子。事实上，这一趋势是显而易见的。

道德敏感性不只在国内问题上表现显著，在国际问题上亦是如此。抵制从外国雇用童工或压榨工人的公司的商品充分证明了这一点，并推动了为供应商制定道德行为准则和合规机制的运动的发展，以确保它们遵守这些准则和机制。社会责任国际（Social Accountability International，SAI）和 AccountAbility 等组织制定了工作场所的政策、标准，以及工作场所

---

① Global Reporting Initiative's website at https://www.globalreporting.org.

② United Nations，*The Report of the Secretary-General on the 2019 Climate Action Summit and the Way Forward in 2020*，December 11，2019，accessed December 13，2019，at https://www.un.org/en/climatechange/reports.shtml.

审计师培训计划和报告框架。

最近，在道德敏感性方面发生的最重大变化是公众和企业认识到工作场所中对女性的性暴力和性虐待的严重性。"我也是"运动在 2017—2019 年终于将哈维·温斯坦（Harvey Weinstein）、比尔·科斯比（Bill Cosby）和罗杰·艾尔斯（Roger Ailes）等几名连续施暴者绳之以法。为此，麦当劳等大公司甚至解雇了高级管理者。随后的事件激发了公众的积极性，反过来又促使企业和政府采取治理措施，以防止几乎不受限制地剥削女性的行为。80 多岁高龄的比尔·科斯比被判处 3～10 年的监禁，而支付的 2 000 万美元的受害者赔偿金也令人震惊。电影《爆炸新闻》（Bombshell）进一步加深了这种剥削的耻辱感，施暴者肯定会在未来继续面临高额罚款。

错误的判断与维权利益相关者

董事、高管和经理都是人，他们会犯错。有时，公众或特定群体会对这些判断失误的情况感到愤怒，并采取行动让董事和管理层意识到他们不赞成这些判断与行为。例如，富国银行制订了一项不道德的激励计划，要求银行员工在未经客户批准的情况下创建新账户，然后又可耻地解雇了 5 000 名无法达到指定销售额的员工。这项计划导致了加利福尼亚州等地的许多客户的流失。2015 年，大众汽车在排放测试中作弊并掩盖事实的行为，激起了许多消费者和环保人士的愤怒，导致许多新客户和回头客流失，其股价也因此大幅下跌。早些时候，英国壳牌公司（Shell UK）将布伦特·斯帕尔（Brent Spar）钻井平台在大洋深处凿沉而不是在陆上拆解的决定，导致了绿色和平组织（Greenpeace）的示威游行，绿色和平组织试图阻止凿沉行为，并抵制壳牌在欧洲的加油站。雀巢（Nestlé）的产品在北美和欧洲也遭到抵制，人们抵制的目的是阻止其向非洲母亲免费发放婴儿配方奶粉的行为，因为这些母亲会将奶粉与受污染的水混合喂给孩子，从而导致婴儿死亡。耐克（Nike）和其他公司的产品受到抵制是由于相关个人和团体努力阻止耐克对血汗工厂和童工的使用，特别是在国外。对凡士通（Firestone）轮胎的召回是由媒体点燃的，始于得克萨斯州休斯敦的一个电视节目。北美公司给高管的薪酬过高，每年可能超过 1 亿美元，甚至在利润下滑时往往也不削减高管薪酬，因此加利福尼亚州公共雇员养老基金（CalPERS）、加利福尼亚州公共雇员基金会（California Public Employees' Pension Fund）呼吁成立由大多数独立董事组成的薪酬委员会。利益相关者显然能够有所作为——大多数人认为这是一个好决策。

20 世纪 80 年代末和 90 年代初还出现了另外两类积极维权的利益相关者：道德消费者和道德投资者。道德消费者乐于购买合乎道德标准的产品和服务。因此，美国、加拿大和英国出版了《为更美好的世界购物》《加拿大超市产品道德购物指南》《有意识消费》等书籍。它们从不同维度对公司、分支机构和供应商进行评级，这些维度包括雇用和对待妇女、环境管理和绩效、慈善、员工政策进步、劳动关系、消费者关系以及回答问题时的坦诚度。道德消费者可以"用他们的支票投票"。

道德投资者认为，他们的投资不仅应该获得合理的回报，而且应该以有道德的方式进行。

这一运动最初由 CalPERS 和纽约市雇员养老基金（New York City Employees Pension Fund）等大型养老基金以及一些教会投资基金发起。自 20 世纪 90 年代初以来，一些有道德的共同基金促进了这一运动。这些有道德的共同基金旨在将那些参与有害活动的公司排除在外，例如生产烟草制品、武器、原子能，或滥用动物进行测试的公司。或者，个人或共同基金可以投资于多米尼社会投资公司（Domini Social Investments）或摩根士丹利资本国际公司（Morgan Stanley Capital International，MSCI）等筛选的公司或公司指数。MSCI 是一个很好的例子，它提供了在可持续性、社会责任或环境绩效方面排名靠前的几个公司指数。Sustainalytics 的 Jantzi 社会指数（JSI）反映了加拿大 60 只顶级股票的情况，同时也为加拿大、美国和欧洲股票筛查了环境、社会和公司治理（ESG）方面的因素。此外，富时社会责任指数（FTSE4Good Index）为评估在伦敦证券交易所上市的公司而创建。这些指数好的公司的股票与每个国家的非筛选股票相比，表现都非常好。[①] 可在美国可持续和负责任投资论坛以及加拿大负责任投资协会（Responsible Investment Association）的网站上找到有道德的共同基金的最新清单和关于社会负责任投资的最新情况。许多咨询公司为投资者提供有偿的筛选服务。整个领域的道德筛选投资已大幅增长，据报道在 2019 年前的五年复合增长率达 70%。[②]

这些发展表明，那些拥有数十亿美元可供支配的集团正在根据不同的标准来评判商业决策。欲了解更多信息，请联系投资者责任研究中心（Investor Responsibility Research Centre，网址：http://www.irrcinstitute.org）以及类似的网站。

经济和竞争压力

尽管公众的期望直接受到上文讨论过的因素的影响，但一些潜在的或次要的因素也在起作用。例如，总的来说，经济增长的速度在 20 世纪 80 年代末和 90 年代初以及在 2000 年前后有所放缓。企业和企业中的个人不得不与"无增长"或萎缩而不是像以往那样扩张的业务量情况做斗争。20 世纪 90 年代，来自全球竞争对手的日益增长的压力，以及对技术进步和昂贵技术的追求，使得利润率缩水。经济增长乏力，利润率下降，导致希望维持总体盈利能力和资本市场的吸引力的公司不得不缩减规模。为了保住自己的工作、自己的工资与奖金，或者保住自己的公司，一些人开始采取不道德行动，包括伪造交易记录和其他记录，以及不当地利用生态环境或剥削工人。这是引发环境和/或金融欺诈案件的部分原因，给企业声誉和财务造成了巨大损失。

全球市场的发展导致产品的制造和采购遍布全球。伴随而来的生产结构调整被视为提高生产率和降低成本的方式，但同时降低了国内员工的就业率。因此，就业人员的就业压力可能不会随着生产的增加而减轻。而且，在更激烈的竞争中，更大的交易量也不一定会增加利润，因此企业面临的压力不会降到过去的水平。此外，企业将无法依靠盈利能力的周期性回

---

① Performance & SRI at https://www.ussif.org/performance.

② David Berman, "Renewable Energy Stockholders Reap Rewards," *The Globe and Mail*，December 14，2019，B9.

归将不道德行为的风险恢复到原来的水平。因此，为了应对日益增长的压力，越来越多的公司建立了更好的治理机制，包括改进道德行为引导和更好地管理道德风险，特别是在制订激励计划时。

金融丑闻：公众的期望差距与信誉差距

毫无疑问，公众对金融危机感到震惊与沮丧。典型的例子包括安然、世通（World-Com）、阿德尔菲亚（Adelphia）、泰科（Tyco）、南方健康（HealthSouth）、帕玛拉特（Parmalat）、皇家阿霍德（Royal Ahold）、巴林银行（Barings Bank）、Livent、Bre-X、卡里利恩、嘉汉林业（Sino-Forest）、德意志银行、美国次贷危机、主要银行串通与操纵金融市场，此外，还有稍早的美国储蓄和贷款银行（S&L）破产，以及几家房地产公司的破产。

由于这些反复的冲击，公众开始对公司财务的完整性提出更高的要求，以至于人们创造了"期望差距"一词来描述公众认为的他们在已审计财务报表中得到的信息与实际得到的信息之间的差异。在美国和加拿大，公众对屡屡发生的金融欺诈事件的愤怒导致了更严格的监管和更高金额的罚款，以及对会计和审计行业的诚信、独立性和角色的调查，最近还对公司高管和董事进行了调查。

在更广泛的基础上，持续的财务欺诈行为导致了公众对公司的报告和公司治理的信任危机。这种缺乏公信力的现象已经从财务层面扩展到公司活动的其他领域，并被称为信誉差距。审计委员会和道德委员会大多数都由外部董事组成；公司对自己的行为制定了更为广泛的准则，旨在促进公司提供诚信的财务报告，以及增加罚款和监管，所有这些都证明了对危机的重视。

2001 年和 2002 年，安然、安达信和世通接二连三地引发灾难性危机，公众对企业界、财务报告和会计行业的信心荡然无存。在随之而来的信心危机中，资本市场举步维艰。美国总统布什和其他商界领袖竭力恢复失去的市场信心，但他们的努力基本上是徒劳的。最后，在有史以来最短的时间内，美国国会和参议院于 2002 年通过了《SOX 法案》。该法案引发了公司治理和会计行业的改革，首先发生在美国，然后发生在加拿大和世界各地。

值得注意的是，第二轮公司治理和会计行业改革在 2017—2019 年达到高潮。许多不明智的行为所造成的压力，使企业必须达到更高层次的目标，包括增加并保护利益相关者的利益。此外，诸如嘉汉林业和卡里利恩的一些丑闻，以及可能采用的大数据和数据分析技术，要求对专业会计进行重新审视。

治理失灵与风险评估

安然、安达信和世通于 2001—2002 年引发的一系列金融灾难清楚地表明，现有的管理公司和报告公司活动的模式不足以保护投资者的利益。从更广泛的层面上来说，现有的模式不足以保护有序市场和公司经营活动中的公众利益。

公司董事应确保其公司的行为符合投资者的利益。但在安然、世通等案例中，公司董事的监督未能遏制高管和其他员工的贪婪，最终这些公司失去了控制，导致了公众不可接受的行为发生。美国参议院关于董事会在安然事件中的作用的报告如下：

> 受托管理失败。安然董事会未能保护安然的股东，它允许安然从事高风险会计、进行不当的利益冲突交易、产生大量未披露的账外活动以及给出过高的高管薪酬，导致了这家美国第七大上市公司的破产。几年来，董事会目睹了许多表明安然管理层的做法有问题的迹象，但选择无视这些做法，最终损害了安然股东、员工和商业伙伴的利益。

显然，公众已经厌倦了董事、高管和其他以牺牲公众利益为代价来致富的人。很明显，董事和高管并不像对待其他业务风险那样，深度识别、评估和管理道德风险。但安然、安达信和世通案导致两家世界上的巨头公司破产，一家世界上最受尊敬的会计师事务所在一年内消失。这种由道德风险管理失败导致的企业命运突然逆转，深刻地改变了风险管理的计算方法。不可否认，由未识别和/或未管理的道德风险而导致灾难性失败的可能性是真实存在的，而且这种可能远远高于任何人的预期。

治理改革被认为是保护公众利益的必要措施。在期望董事评估风险并确保其公司面临的风险得到适当管理的情况下，具体的道德风险现在被视为是这一进程的一个关键方面。治理改革早该进行。

责任感和透明度提高的需求

由于利益相关者对公司运营程序和经营管理活动缺乏信任，投资者及其他利益相关者希望公司进一步强化事务的问责制和提高公司的透明度。世界各地的公司纷纷在其网站上发布更多的信息，并发布关于其企业社会责任（CSR）业绩的独立报告，包括环境、健康、安全、慈善以及其他社会和治理影响主题。尽管这些报告中的一些信息倾向于管理目标，但外部审查的出现和对错误信息的反应正在逐步改善所涉及的信息内容。为了满足公众日益增长的期望，非财务报告肯定会呈增加趋势，一些非财务报告框架应运而生。

此外，许多财务丑闻损害了投资者和其他利益相关者，而认识到高管和（或）主要股东的肆无忌惮的贪婪是许多财务丑闻背后的原因，人们对公司行为问责制和透明度的渴望增强了。例如，次贷危机（见第8章）催生了《多德-弗兰克华尔街改革和消费者保护法案》，该法案要求明确披露复杂金融工具的固有风险。类似地，在公司业绩不佳的情况下，高管薪酬依旧过高案例的增加引发了公众的不满，这些案例促使公司向股东提供更多关于薪酬计划的信息，并为薪酬制定过程提供了一个非约束性但有帮助的表达意见的机会。同样，在次贷危机期间接受救助的通用汽车等公司支付给高层管理人员的巨额奖金被监控、批准或要求退回。制药公司的高管们强烈反对将救命药的价格提高1000%以上。这表明，当惠及股东的行动使其他利益相关者处于不利地位时，这样的行动再也无法得到辩护。与电影中经常出现的高管形象相反，肆无忌惮的贪婪不再被认为是好事。

要素协同与制度强化

我们已经确定了影响公众道德期望的因素之间的联系，但没有确定这些联系在多大程度上相互影响，并增加公众采取行动的意愿。每天的报纸、广播和电视上都充斥着金融危机、产品安全问题、环境问题，或者关于性别平等或歧视的文章。有时，公众的愤怒和期望会被对个人和公司诚信缺失的揭露所影响。比如 2016 年 4 月，巴拿马文件（Panama Papers）泄露了秘密离岸安排，记录了避税、隐藏财富、洗钱的程度以及重大的潜在腐败。总的来说，其结果是提高了公众对不道德企业行为的认识。此外，还有许多例子表明，在企业高管没有做出正确的决策时，有道德的消费者或投资者已经采取了行动，成功地促使企业改变做法或改善治理结构，以确保未来的决策程序更加健全。有道德的消费者和社会责任投资（SRI）的数量在不断增加，因为人们知道，按照他们的诉求行事可以使公司和社会更好，而不是更糟糕。

反过来，公众意识也会影响政治家，他们会通过制定新的法律或加强监管来做出反应。事实上，公众意识到的许多问题导致了制度的强化和国家法律的编纂。因为暴露出来的多种道德问题，就像滚雪球一样越滚越大，这使得人们必须采取更多道德行动。

反应性立法的第一个例子是《美国量刑指南》。如前所述，这激发了北美各地董事和高管对公司是否为员工提供足够的道德行为指导的浓厚兴趣，他们想知道自己的公司是否为员工提供了足够的正确行为指导。在它出台之前不这样做的后果很小，因为董事和高管很少对其员工的行为承担个人责任，而且他们的公司能够逃脱巨额罚款。

第二个例子是反贿赂制度。截至 2016 年中，34 个经合组织成员方和另外 7 个国家签署了《关于打击国际商业交易中贿赂外国公职人员行为的公约》①，同意颁布类似于美国禁止贿赂外国官员的《反海外腐败法》（FCPA）的反贿赂法。新的反贿赂制度更加先进，因为它寻求促进域外法律行动。最近一部反贿赂法——英国《反贿赂法》规定，只要公司在英国存在，英国就强制监管该公司在世界任何地方的活动。此外，2010 年，美国利用《反海外腐败法》指控德国戴姆勒公司向 20 多个国家的政府官员行贿，并以 1.85 亿美元罚款结案。

第三个，可能也是最重要的例子是《SOX 法案》，它正在推动全世界公司治理和专业会计的改革。《SOX 法案》产生的根本原因、性质和影响是第 2 章的主题。

在 IFAC 四个准则制定委员会中的国际审计与鉴证准则理事会（IAASB）和国际会计师职业道德准则理事会（IESBA）的支持下，对公司披露、审计实践和职业会计师统一道德行为的全球标准的渴望催生了国际会计和审计准则，它们创造的《国际财务报告准则》和《国际职业会计师道德准则》是全球的焦点。2017 年 7 月通过的新的 NOCLAR 盲计准则从根本上改变了职业会计师在未来的角色，下文将对此进行讨论。

自 2005 年以来，世界各地的商界领袖对考克斯圆桌会议提出的商业原则以及道德管理实

---

①　OECD website at http://www.oecd.org/corruption/oecdantibriberyconvention.htm.

践建议的兴趣越来越大。阿斯彭研究所（Aspen Institute）是为企业领导者提供道德领导力见解的机构的一个例子。企业和学术领导人愿意参与这些机构，这证明了他们对这方面工作的兴趣和工作的相关性。

2019 年，美国商业圆桌会议 192 名成员中的 181 名首席执行官在对公司宗旨的声明①中做出了公开承诺。这反映出人们日益认识到，必须开展使所有利益相关者受益而不仅仅是使股东受益的业务。

追求更高层次的企业伦理和道德表现的运动不再仅仅是少数愿意冒险的领导者的专利，它已经成为主流和国际性的运动。

结果

从广义上讲，公众的期望已经改变，表现出更少的宽容、更高的道德意识以及对商业行为更高的期望。为了应对这种变化，一些监督机构和顾问已经出现，以帮助公众或督促企业。绿色和平组织、"我也是"运动、环境责任经济联盟（CERES）等组织，和许多其他组织，现在都在关注商业环境。咨询师可以为公司和所谓的道德投资者提供建议，指导他们对活动和投资进行筛选，以确保盈利能力和道德行为。专门从事道德投资的共同基金如雨后春笋般涌现，以满足小投资者的需求。随着许多公共部门和非营利养老基金对其投资的公司的治理产生兴趣，并提出了旨在解决公司问题的建议，大型投资者的活动变得越来越引起人们的关注。面对所有这些利益相关者，政治家们的回应是增加对渎职行为的监管、加大罚款和处罚力度（包括对个人和公司）。缺乏公信力催生了新的监管、国际标准、主流利益，对利益相关者利益的更多认识和报告，新的治理行为，以及会计行业的深刻变化。

1.2 对企业的期望

新的商业授权

公众期望的变化反过来引发了商业授权的演变：米尔顿·弗里德曼（Milton Friedman）的自由放任、唯利润观点已经被另外一种观点所取代——商业的存在是为了服务社会，而不是本末倒置。对一些人来说，这可能过于强烈地说明了变革的程度，但即使是他们也会承认，企业与社会是一种相互依存的关系，一方的长期健康状况决定了另一方的健康状况。

在许多论坛上，米尔顿·弗里德曼都提出了以下观点：

> 在一个自由的企业中，在私有财产制度下，一个公司的管理者有责任在遵守法律和道德习惯等方面社会基本规则的同时尽可能多地赚钱。这是确定将稀缺资源分配给其他

---

① Business Roundtable, "Business Roundtable Redefines the Purpose of a Corporation to Promote 'an Economy That Serves All Americans,'" August 19, 2019, accessed December 13, 2019, at https://www.businessroundtable.org/business-roundtable-redefines-the-purpose-of-a-corporation-to-promote-an-economy-that-serves-all-americans.

用途的适当方法。

尽管有许多论据支持或反对这一立场，但有三个关键问题值得一提。[1] 它们是：（1）不再只关注利润并不意味着利润会下降，实际上利润可能会上升；（2）利润现在被认为是衡量公司业绩的不完整指标，也是衡量资源配置的不准确指标；（3）弗里德曼明确地期望在法律和道德习惯的范围内进行公司运营。

首先，有这样一个荒诞的说法：企业不可能有道德操守，因为这样做的话会有太多能实现利润最大化的机会被放弃，或者高管们无法承担将注意力从利润上转移出去的责任，因为这样做利润就会下降。事实上，已有研究表明，当高管们考虑到社会目标时，短期利润可能增加，也可能减少。[2] 然而，两种长期的观点认为可以兼顾社会和利润。其中一种观点来自克拉克森（Clarkson，1988）的一项研究，该研究用改进的沃提克和科克伦（Wartick and Cochran，1985）量表对 60 多家公司的社会绩效进行了排名，发现高于平均水平的公司的社会绩效与利润正相关。

其次是一些有道德的共同基金的表现。如美国的帕纳塞斯基金（Parnassus Fund）的表现已经超过了标准普尔 500 指数衡量的纽约证券交易所。其他基于社会责任投资的基金的表现往往优于标准普尔 500 指数。加拿大皇家银行全球资产管理公司（RBC Global Asset Management）对社会责任投资是否会损害投资回报进行了全面审查，并支持了这一说法。[3] 虽然这些观点没有证实二者的因果关系，但它们支持了那些认为社会健康和企业健康相互依存的理论，这给了在实施尊重利益相关者利益的多目标结构的盈利策略上犹豫不决的高管们一些安慰。

还应注意的是，美国银行（Bank of America）2019 年 9 月的一份报告指出了几个加强 ESG 因素与利润之间积极关系的因素，包括：

● 快乐的员工＝更好的回报。

● ESG 是最好的收益风险信号。传统的财务指标，如盈利质量、杠杆率和盈利能力，不能代替作为未来盈利波动或底线风险信号的 ESG。

● ESG 可以帮助避免 90％的破产发生。

● "好的"公司（以 ESG 分数为标志）享有较低的资本成本，比其他公司整整降低了将近 2 个百分点。

● ESG 的"争议"让投资者损失惨重。[4]

---

[1]　Mulligan 1986，"A Critique of Milton Friedman's Essay 'The Social Responsibility of Business Is to Increase Its Profits,'" *Journal of Business Ethics* 5，no. 4：265 - 69.

[2]　Curtis Verschoor，"A Study of the Link between a Corporation's Financial Performance and Its Commitment to Ethics," *Journal of Business Ethics* 17 (1998)：1509 - 16.

[3]　Bank of America Merrill Lynch，*ESG Matters—US：10 Reasons You Should Care about ESG*，September 23，2019，accessed December 14，2019，at https://www.bofaml.com/content/dam/boamlimages/documents/articles/ID19_1119/esg_matters.pdf.

[4]　RBC Global Management，*Does Socially Responsible Investing Hurt Investment Returns?*，July 22，2016，http://funds.rbcgam.com/_assets-custom/pdf/RBC-GAM-does-SRI-hurt-investment-returns.pdf.

美林银行（Bank of America Merrill Lynch）在 2019 年 9 月 23 日发布的报告中表示，ESG 可以大幅提高回报率：在过去 5 年中，ESG 指标排名靠前的企业的股票每年的表现超过市场平均水平 3 个百分点。[①]

弗里德曼认为利润能准确地指导资源的分配，使其最大限度地为社会服务。这个观点在第一次提出时就遭到了反对。1970 年，在弗里德曼开始阐明利润与资源的联系时，生产过程中使用的空气和水几乎没有成本，废物的处置或处理也没有重大成本。自 20 世纪 80 年代以来，这些所谓的外部性成本急剧上升，但根据公认会计原则（GAAP），这些成本仍未完全纳入企业当年的利润计算中。通常情况下，污染成本由其他公司、城镇或政府的利润承担并从中扣除，因此，最初的公司利润最大化-资源利用-社会联系远没有弗里德曼最初设想得那么直接。随着这些成本和其他相关外部性成本的上升，除非对传统的利润计算框架进行修改或补充，否则利润-资源利用的联系的作用将越来越小。也许环境会计或者公司购买污染信用额度的计划，将在未来缓解这种困境。

米尔顿·弗里德曼还表达了这样一种观点：在社会的法律和道德习惯中追求利润。这一点并不被许多只以最强烈的、自由放任的、赤裸裸的形式主张利润的人认同。显然，如果在一个绝对不受限制的环境中开展业务，会造成混乱。最低限度的规则框架对我们市场的有效性、低成本运作和保护所有参与者至关重要。加强监管是对违规行为或社会日益增长的道德需求的一种回应。大多数唯利是图的人没有看到的是，除了政府加强监管，另一个选择是不断强调更好的道德治理和道德行为。有趣的是，美国许多州已经修改了公司治理法规，允许董事会同时考虑股东和利益相关者的利益。一些著名的法律学者，如林恩·斯托特（Lynn Stout）和玛格丽特·布莱尔（Margaret Blair）认为，公司法并没有将公司目标局限于关注利润。[②]

那些只关注利润的人往往会做出短期的机会主义决策，从而危及可持续的长期利润。他们常常忽视这样一个事实：持续的利润是在法律和道德规范的范围内，以有效的方式提供高质量的物品和服务的结果。专注于高效、有效、合法、合乎道德地提供社会所需的物品和服务，远比以获取高风险利润为目标的方式有效得多。

基于这些原因，企业只追求利润的模式正演变为企业和社会相互依存的模式，企业领导人也认识到了这一点。最重要的是，美国商业圆桌会议 192 名成员中的 181 名 CEO 致力于"重新定义公司的角色，使所有利益相关者——客户、员工、供应商、社区和股东，而不仅仅是股东受益"，这有效地促进了更负责任的决策和治理。[③] 与此同时，会计界批准了 NO-

---

① RBC Global Management，*Does Socially Responsible Investing Hurt Investment Returns?*，July 22，2016，http://funds. rbcgam. com/_assets-custom/pdf/RBC-GAM-does-SRI-hurt-investment-returns. pdf.

② Lynn A. Stout，*The Shareholder Value Myth*，Berrett-Koehler Publishers，Inc. San Francisco，2012；Margaret M. Blair，"Of Corporations，Courts，Personhood，and Morality," *Business Ethics Quarterly* 25（2015）：415 – 31，doi：10. 1017/beq. 2015. 32.

③ Business Roundtable，"Business Roundtable Redefines the Purpose of a Corporation to Promote 'An Economy That Serves All Americans,'" https://www. businessroundtable. org/business-roundtable-redefines-the-purpose-of-a-corporation-to-promote-an-economy-that-serves-all-americans.

CLAR 审计准则，要求保险或商业领域的职业会计师在发现客户或雇主不遵守法律或法规时进行报告。职业会计师的角色将如何变化，取决于各司法管辖区的专业机构如何以及何时采用这些准则，这些变化有助于缩小现实与公众对公司和会计人员的期望之间的明显差距。

未来能否成功将取决于企业能够在多大程度上平衡利润和其他利益相关者的利益。反过来，除非出现新的治理和报告结构，否则将无法进行有效的平衡管理。如果道德和经济目标不能平衡，股东依然不合理地支配其他利益相关者的利益，企业和社会利益相关者之间的紧张将加剧。幸运的是，企业的使命正在发生变化：从以股东为导向、专注于取得商业成就转变为以利益相关者为导向、取得更广泛的成就。对公司未来成功与否的判断将在更广泛的以利益相关者为导向的框架中做出。

新的治理和问责制框架

基于这一分析，与过去相比，成功的公司是通过一系列关注广泛的信托关系的治理和问责机制来提供服务的。董事和高管的忠诚必须反映利益相关者在目标、过程和结果方面的利益。治理目标和过程必须将注意力引向这些新的视角，现代问责制框架应包括以这些视角为重点的报告。否则，公众的期望将得不到满足，这会导致政府通过制定法规来确保这种注意和关注。

在过去的十年里，一些公司选择了对社会产生积极影响的目标。美国现在有 35 个州承认这类公司为共益企业，或者，一家营利性公司可以通过公司章程申请修改其公司宗旨，成为共益企业。还有一个选择是让营利性公司成为共益实验室（B Lab，一家基于"经过验证的业绩、公开透明度和法律问责标准"的非营利组织）认证的 B 公司。[①] 这要求公司同意一项声明，即公司将有意识地为所有利益相关者（而不仅仅是股东）创造利益，并承诺不损害利益。此外，经认证的公司要同意每年报告其进展情况。[②] 根据为广泛的利益相关者追求利益的相关法律，非营利性公司可以就此成立。

强化职业会计师的信托角色

公众对可靠的公司财务业绩报告的期望是无法实现的，除非编制或审计这些报告的职业会计师将他们的忠诚放在公众利益上，并坚持诸如独立判断、客观和诚实等保护公众利益的原则。职业会计师可能会被对管理层和/或董事的忠诚误导，因为管理层和董事往往是自利的，人们不相信他们会保护其他股东的利益。此外，负责管理的董事通常极度依赖职业会计师，如向董事会审计委员会报告，以履行董事自身的受托责任。因此，职业会计师的主要责任应该是对公众或对公众利益负责。否则，社会利益相关者的期望将得不到满足，企业的信誉将受到侵蚀，会计行业的信誉和声誉也将受到侵蚀。

---

① B Lab website section on Certified B Corporations，accessed December 14，2019，at https://bcorporation. net/b-economy.

② B Corps website at https://www. bcorporation. net/what-are-b-corps.

然而，正如安然、安达信、世通和卡里利恩的案例所示，职业会计师有时会忘记他们最终应该对谁负责。因为未能理解这种期望以及独立、正直、客观判断和报告等基本价值观，曾在全球范围内雇用 8 万多名员工的安达信破产了。

此外，这些公司的失败使人们认识到，对公众的忠诚不仅仅意味着对当前投资者的忠诚。未来的投资者依赖财务报告，他们的利益需要得到保护，公司其他利益相关者的利益也需要得到保护。

为了满足公众的期望，会计行业的改革正在不断进行。近期改革的动力虽然始于《SOX法案》、美国证券交易委员会（SEC）和美国上市公司会计监督委员会（PCAOB），但已逐渐转向与 IFAC 及其理事会（包括 IAASB 和 IESBA）主持制定的全球标准相协调。正如后面几章所讨论的那样，这些全球标准使职业会计师重新聚焦于为公众利益服务。

2017 年 7 月，IESBA 采用了一套新的标准，称为 NOCLAR 审计准则。[①] 当 IFAC 在世界各地的专业会计成员组织（包括美国、加拿大、英国、澳大利亚和新西兰的专业会计组织）全面实施这些标准时，这些标准将极大地改变职业会计师的角色，使他们能够发现雇主或客户不遵守法律法规的行为。这将拓宽职业会计师为公众利益服务的方式。此外，在新修订的2018 年《国际职业会计师道德准则》[②] 中，IESBA 增加了两个新部分（第 4A 部分和第 4B 部分），涉及保持职业会计师思想和表面上的独立性，以确保职业会计师能够客观地做出决策，而不会由于受到任何不适当的影响而分散对公众利益的注意力。新的 NOCLAR 审计准则和对独立性的进一步强调都表明，职业会计师将比以往任何时候都更加致力于为公众利益服务。这项服务对英国和加拿大正在进行的会计工作的重新构想至关重要。这些进展将在第 6 章进一步讨论。

1.3　回应与发展

新兴治理和利益相关者责任模式

企业从只追求利润转变为承认企业和社会的相互依存关系。此外，由于经济和竞争压力，这些压力已经并将继续对商业道德和职业会计师产生影响，因此出现了其他一些重要趋势。这些趋势包括：

- 增加公司董事，包括首席执行官和首席财务官（CFO）的法律责任。
- 管理层向股东报告内部控制的充分性。
- 风险管理和声誉保护的明确意图，尽管组织的运作方式也发生了重大变化，包括去

---

① IESBA，International Ethics Standards Boards for Accountants，International Code of Ethics for Professional Accountants，2018，https://www.ethicsboard.org/international-code-ethics-professional-accountants，Glossary，and Sections 269 and 360.

② Ibid.

层级化、员工授权、电子数据接口的使用以及管理层对实时使用的非财务绩效指标的依赖性增加。

● 增加对非财务业绩披露和新的成就指标，包括财务业绩、可持续性和利益相关者支持的使用。

由于这些趋势，企业开始对其活动的道德性以及如何确保不出现道德问题产生更大的兴趣。事实证明，传统的指挥和控制（自上而下）方法是不够的，组织需要创造一个有利于道德行为的环境来培育道德行为，而不是强加道德行为。董事会和管理层对道德问题越来越感兴趣，尽管商业实体和交易的规模越来越大、速度越来越快、情况越来越复杂，降低了他们自查和检查他人决策的能力。因此，每个雇员都有一套与雇主的道德准则相一致的个人行为准则变得越来越重要。实现这些目标的途径涉及以下几个方面的内容。

公司对更严格的道德环境的最初反应是希望了解其活动的道德程度，然后试图通过制定道德准则来管理员工的行为。在实施准则之后，企业希望监控与准则相关的活动，并根据先内部再外部的原则报告相关道德行为。

为了了解其活动的适当性，许多公司对于其对社会各个方面的重大影响进行了清查。这些清查通常由项目和利益相关者群体组织，有助于确定缺陷最大的特定问题、政策、产品或项目，从而尽早给予补救性关注。

"清查并修复"的方法催生了一个管理员工行为的"修补"系统：一个不完整的系统，没有对所有甚至大多数要面对的问题提供道德指导。无论是否自愿，做出违规行为的员工仍然可以经常声称"没有人告诉我不要这样做"。为了减少这种事件并提供充分的指导，公司开始制定和实施全面的道德准则。

准则不容易制定，而且不是制定出来就会被普遍接受，通常必须通过多次修订加以完善。执行过程也必须改进。即使在今天，一些高管仍不确定自己的角色，也不确定如何成功地推动员工遵守相关道德准则。有关准则的角色、性质、内容和监控绩效的更详细信息，请参见第 5 章。很明显，在可预见的未来，道德准则将继续对员工进行道德指导。

虽然道德准则为员工的决策和控制提供了一个基本的框架，但那些由于其产品或生产过程而处于极度不稳定状态的公司发现，公司应该开发早期预警信息系统，以便在出现问题时快速采取补救措施。例如，西方石油公司（Occidental Petroleum）认识到其破坏环境的能力后，制定了一项三级的通知总部的规定，以便向高层管理人员和清理程序专家及时提供信息。根据环境问题的严重性，"重大事件"必须立即通过电脑报告，"偏差"必须在 12 小时内（纽约的下一个工作日）报告，"可报告事件"必须在下一个报告周期内报告。[①] 这类通知系统对于促进危机管理和在全球范围内调动资源以减轻该问题对环境和公司的影响至关重要。

领先企业寻求以驱动行为的共享价值观将道德灌输到企业文化中，来促进运营决策、战略决策和危机管理实践中对道德行为的具体考虑，而不是仅满足于通过行为规范来促进企业

---

① Friedman，F. B. 1988. *Practical Guide to Environmental Management*. Washington，DC：Environmental Law Institute.

道德。它们制定各种机制，以确保伦理原则得到理解、加强，而不是被忽视。其中包括一般培训和灌输决策框架的培训，这些框架旨在制定合理的道德决策；制定合规检查表；鼓励向监察员进行内部举报；关注思维计分卡和战略分类；在确定薪酬与持续的内部和外部报告中，将道德表现作为一个因素；制定具体的道德目标，如公平就业水平；制订举报计划和设置行政职位/机构，如监察员、负责环境事务的副总裁以及董事会的专门委员会，负责监督公司的道德表现。

尽管对这些机制的承诺在 20 世纪 80 年代和 90 年代初有所增长，但没有什么比关于环境犯罪的《美国量刑指南》更能激励业界，这引发了对尽职调查程序的广泛关注，并且，1992 年夏天，通用电气（General Electric）被一个因害怕报复而不敢向公司内部报告的告密者根据《虚假索赔法》（False Claims Act）起诉，要求赔偿 7 000 万美元（Singer，1992：19）。根据《美国量刑指南》中的罚款规定，举报人可以得到高达 25％的赔款。这些事件使人们逐渐认识到，企业应当创造一个合乎道德的经营环境，以保护自己和与企业活动有利害关系的其他人的利益。

由于《美国量刑指南》，许多美国董事和高管对向其人员提供适当指导的治理机制非常感兴趣；美国企业拥有的外国子公司，以及在美国运营的外国跨国公司也参与其中。因此，随着加拿大对环境违法行为的惩罚力度进一步加大，以前主要关注获利的公司现在主要关注的是如何从环境治理中获取利润。

早在 1994 年，林恩·夏普·佩因（Lynn Sharp Paine）[1] 就在《哈佛商业评论》上发表了一篇题为《为组织诚信而管理》的具有开创性意义的优秀文章。在这篇文章中，她提出了将道德与管理相结合的观点。大约在同一时间，多伦多证券交易所（Toronto Stock Exchange，1994）[2] 和加拿大特许会计师协会（Canadian Institute of Chartered Accountants，1995）[3] 规定，董事应提供"公司的社会良知"，负责在其公司发展和维护道德文化，以支持适当的内部控制制度。如果内部控制制度没有充分的道德依据，企业的财务报表将不具有准确性，那么员工的行为可能与董事和高级管理人员所希望的一致，也可能不一致。有许多例子证明，如果没有足够的道德基础，公司可能会陷入困境。

后来，在 1996 年，由特拉华州衡平法院判决的 Caremark National 案，在董事的责任中增加了主动寻找道德问题的要求。在此案裁决前，董事们可以声称"听不见恶，看不见恶"，以避免因公司的某些不法行为被提起诉讼，所以有很多时候领导者们为了保护自己，"不想听到这件事"。不幸的是，这让公司失去了方向舵。归根结底，人们对恰当的公司治理的期望已经改变，董事们正在做出反应——有些董事的反应比其他人更快一些。

---

[1] Lynn Sharp Paine, "Managing for Organizational Integrity," *Harvard Business Review* 72, no. 2 (1994)：106-17.

[2] Stock Exchange, *Report of the Toronto Stock Exchange Committee on Corporate Governance in Canada* (Toronto：Toronto Stock Exchange, 1994), p. 17, paras. 4.3 and 4.4.

[3] Canadian Institute of Chartered Accountants, *Guidance for Directors-Governance Processes for Control* (Toronto：Canadian Institute of Chartered Accountants), p. 2, para. 8；另见第 8 页和第 9 页关于批准和监督组织道德价值观的讨论。

💡 案件摘要：Caremark National 公司

　　1996 年末，特拉华州衡平法院——在公司事务方面非常有影响力的一家法院——做出了一项决定，改变了董事们对监督其所领导的组织事务的期望。在 Caremark National 案中的变化是，要求董事监督组织活动，即使没有理由怀疑组织存在不当行为。

　　在 Caremark National 案判决之前，指导性案例是特拉华州最高法院 1963 年对格雷厄姆（Graham）诉 Allis-Chalmers Manufacturing Co. 一案的判决，该案涉及董事违反美国反托拉斯法。法院发现，在缺乏怀疑理由的情况下，董事会没有法律义务去创建一个系统来监督或遵守组织活动的制度。这使得董事们可以在发生不当行为时提出鸵鸟式的辩护，大意是他们既没有看到恶，也没有听到恶，他们是本着诚信和最大能力做出决定的。因此，一些利益相关者认为合理的责任水平在一定程度上限制了董事的信托义务和注意义务。

　　特拉华州衡平法院认为，在 Caremark National 案中，一个涉及向医疗服务提供者提供回扣的衍生诉讼，违反了《联邦反转诊支付法》，董事会应被追讨 2.5 亿美元的罚款，因为董事会未能采取诚信措施防止或补救违规行为，没有履行其义务。法院指出，由于雇员的行为可能妨碍公司实现其战略目标，"董事的义务包括确保董事会认为存在适当的信息报告制度，在某些情况下不这样做（至少在理论上可能）使董事要对不遵守适用的法律标准造成的损失负责"。此外，由于《美国量刑指南》的颁布，以及随后与预期进行整合，董事们现在必须考虑该指南在推进他们的"诚信"辩护时产生的"尽职调查辩护"标准。这意味着特拉华州衡平法院不再认为公司合规和监控程序是可选的。

　　欲了解更多信息，读者可参阅弗兰克·M. 普莱森蒂（Frank M. Placenti）于 1997 年 6 月 23 日星期一在《国家法律杂志》上发表的一篇文章（第 B5、B6 页）。如果上级法院改变特拉华州衡平法院对 Caremark National 案的判决，则可能有进一步的见解，但在此之前，董事们最好在制定战略规划和运营政策以及监督绩效方面保持道德上的积极性。

　　此外，在 20 世纪 90 年代，人们开始意识到管理方法必须反映对利益相关者，而不仅仅是对股东的责任。公司拥有广泛的利益相关者——员工、客户、股东、供应商、环保主义者、政府等，他们与公司的活动或影响有利害关系。即使这些利益相关者可能对公司没有法律上的要求权，但从短期和长期来看，他们可以影响公司的命运。因此，如果一个企业想要最大限度地实现其战略目标，那么管理层在做出决策时就应该考虑利益相关者的利益。最好的办法是将对利益相关者利益的认可纳入战略规划和其他管理职能领域。更多见解可以在克拉克森商业伦理中心（Clarkson Centre for Business Ethics）出版的《利益相关者管理原则》① 或第 5 章中找到。图 1-1 和图 1-2 分别显示了企业利益相关者和公司治理框架。现在人们认

---

① Lee E. Preston，Thomas Donaldson and Leonard J. Brooks，*Principles of Stakeholder Management：The Clarkson Principles*（Toronto：Clarkson Centre for Business Ethics，1999），p. 59.

识到，公司虽然在法律上对股东负责，但在战略上对利益相关者负责。

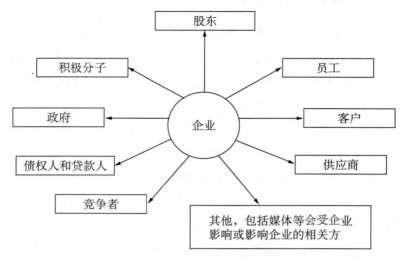

图 1-1　企业利益相关者

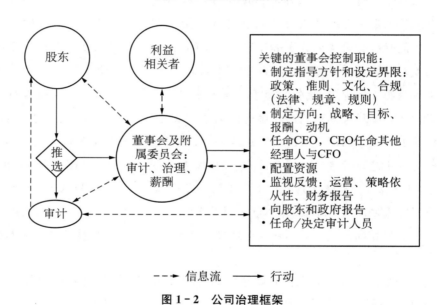

－ － ► 信息流　——► 行动

图 1-2　公司治理框架

基于价值、声誉和风险的管理

为了将利益相关者的利益纳入公司的政策、战略和运营中，董事、高管、经理和其他员工必须了解利益相关者利益的性质以及支撑利益相关者利益的价值观。公司的声誉和从利益相关者那里获得的支持的程度取决于这种了解，以及公司管理直接面临的风险和影响其利益相关者的因素的能力。

已经出现了许多方法来检查利益相关者的利益，例如调查、焦点小组和根据原型绘制地图。这些在第 5 章中有更深入的阐述。

此外，对利益相关者利益背后的价值观的调查正在进行中，以便公司的政策、战略和程序能够考虑到这些价值观。这些价值观因利益相关者群体以及地区差异而有所不同。然而，在超规范——一套被世界上大多数群体或文化所推崇的价值观方面已经取得了进展。据研究人员说，最普遍应用的六个已知衡量指标是表 1-2 所示的指标。

表 1-2　基于利益相关者利益的超规范

超规范是一种几乎被所有利益相关者群体推崇的价值观。因此，如果一个企业的活动推崇超规范，这个企业很可能被利益相关者群体所推崇并促使利益相关者支持该企业的活动。
超规范包含以下基本价值观的说明：

诚实	公平
同情	正直
可预测性	责任感

资料来源：R. Berenbeim, Director, Working Group on Global Ethics Principles, The Conference Board, Inc., 1999.

这六个超规范对企业未来的成功具有重要意义。因此，应将其纳入公司的行为准则、政策、战略和活动中，以确保利益相关者群体的利益得到尊重，公司的声誉获得最大的支持。

声誉也是一个值得研究的课题。不足为奇的是，被视为对声誉起决定作用的因素与之前发现的超规范密切相关。声誉研究所（Reputation Institute）的查尔斯·丰布兰（Charles Fombrun）列出了图 1-3 所示的四种因素。

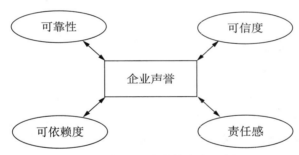

图 1-3　企业声誉的决定因素

自 20 世纪 90 年代中期以来，管理层和审计人员越来越倾向于风险管理。风险管理技术和风险管理标准（ISO 31000）已经被开发出来，因为董事、高管和职业会计师认识到了及早识别风险和规划以避免或减轻风险所带来的不幸后果的价值。职业会计师也将他们的审计方法转移到检查公司面临的风险，公司如何在业务上应对这些风险，以及这些风险是如何在记录和财务报告中被加以说明的。

美世管理咨询公司（Mercer Management Consulting）早期的一项研究发现，在 1993 年至 1998 年经历了股价大幅下跌的公司中，有些风险事件非常重要。研究结果见表 1-3。

表 1-3　1993—1998 年《财富》1 000 强企业中导致股价下跌 25% 以上的各种风险事件的百分比

战略（58%）	客户需求不足（24%）
	竞争压力（12%）
	兼并、收购问题（7%）
	产品不合规（6%）
	其他（9%）

续表

运营（31%）	超支（11%）
	会计违规行为（7%）
	管理失效（7%）
	供应链压力（6%）
财务（6%）	宏观经济、利率
灾害及其他（5%）	诉讼、自然灾害

资料来源：Mercer Management Consulting/Institute of Internal Auditors，2001.

　　自 1998 年以来，董事会成员和高管的风险观点随着经济、技术和变化速度的变动而发生改变。一项企业风险管理行动分析了来自全球 728 名董事会成员和高管的意见，得出了 2018 年宏观经济、战略和运营方面的最大风险的清单，见表 1 - 4。这些风险观点强调了公司需要不断提高其风险识别和管理流程的速度和全面性。

表 1 - 4　2018 年最大的风险

1. 颠覆性创新的快速发展（S）

2. 转变的阻力（O）

3. 应对网络威胁（O）

4. 监管变化和监管力度增强（S）

5. 阻碍风险及时处理的组织文化（O）

6. 继任难题与招募顶尖人才的能力（O）

7. 确保隐私、安全和建立保护机制（O）

8. 潜在的资本市场限制条件（M）

9. 无法将数据分析和大数据用于市场情报、生产力和效率（O）

10. 现有运营能力在质量、上市时机、成本与创新力方面无法与"新兴技术"竞争者竞争（O）

注：M 代表宏观经济问题；S 代表战略问题；O 代表运营问题。

资料来源：Protiviti and North Carolina State University, Poole College of Management, *Enterprise Risk Initiative*, *Executive Perspectives on Top Risks for 2018*, 2017, Figure 1 on p. 8, accessed December 17, 2019, at https://www. protiviti. com/sites/default/files/united_states/insights/nc-state-protiviti-survey-top-risks-2019-executive-summary. pdf.

　　过去公司没有系统地寻找风险，但随着 20 世纪 90 年代的结束，风险识别和风险评估成为战略与运营管理过程的重要组成部分，对风险管理过程的监督成为董事尽职调查活动的重要组成部分。已经发表的若干研究报告包括内部审计师协会（Institute of Internal Auditors, 2001）、美国注册会计师协会（AICPA）和加拿大特许会计师协会（Canadian Institute of Chartered Accountants, 2001）的研究报告。重要的风险管理术语见表 1 - 5。

表 1 - 5　重要的风险管理术语

风险是发生对目标有影响的事情的可能性。

风险管理包括对潜在机会和风险规避进行有效管理的文化、过程和结构。

风险管理过程包括系统地将管理政策、程序和实践应用于创建情境以及识别、分析、评估、管理、监督、沟通风险。

资料来源：*Managing Risk in the New Economy*，AICPA & CICA, 2001, p. 4.

2001 年末至 2002 年，安然、安达信和世通丑闻震惊了金融界，由此引发的愤怒导致了通过制定《SOX 法案》进行的公司治理改革。该法案以及由此产生的美国证券交易委员会相关条例极大地改变了公司治理预期，包括要求董事们确保其公司在治理机制中拥有有效的风险管理流程。世界各地的许多司法管辖区纷纷效仿。

2004 年，发起人委员会（COSO）发布了企业风险管理框架，这一框架得到了美国和加拿大专业会计机构的认可。这个框架成为世界范围内许多大中型公司的实用分析标准，直到 2017 年被名为《企业风险管理——整合战略与绩效》[①] 的更新版本所取代。本书将在第 5 章和第 7 章中进一步讨论 COSO 框架。

尽管大多数大公司都制定了某种形式的风险管理流程，但大多数公司并没有具体考虑其道德风险，即无法以广泛和全面的方式达到利益相关者期望的风险水平。然而，由于这些道德风险已被证明对声誉和企业的可持续性非常重要，比如 2015 年大众汽车排放事件以及投资银行对 2008 年金融危机的重大影响，不将其纳入风险管理过程将是一个严重错误。道德风险的代表性清单见表 1-6。

表 1-6 道德风险——一份有代表性的清单

主要问题	道德风险
股东	
盗窃、滥用资金或资产	诚实、正直
与高级职员之间的利益冲突	可预测性、责任感
绩效水平	责任感、诚实
报告透明度、准确性	诚实、正直
员工	
安全性	公平
多样性	公平
童工/血汗工厂	同情、公平
客户	
安全性	公平
绩效	公平、正直
环保主义者	
可持续性、污染	正直、责任感

第 7 章对道德风险，包括表 1-7 中总结的风险进行了进一步的讨论和分析。

---

① Committee of Sponsoring Organizations（COSO），*Enterprise Risk Management—Integrating Strategy with Performance*，2017，https://www.coso.org/Pages/default.aspx.

表1-7　道德风险

道德风险（当利益相关者的道德期望没有得到满足时会存在道德风险）：

会导致失去信誉与利益相关者的支持；

会阻碍充分有效地实现战略目标。

重要的道德风险

- 组织文化风险：当一个组织的文化不能给予足够的支持与指导以确保诚信文化时会存在组织文化风险。
- 思维模式风险：当决策者、员工以及职业经理人动机不当或基于不道德的缘由去决策时，会存在思维模式风险。
- 系统性风险：通常来自组织外部并会影响整个活动系统。

综上所述，特别是考虑到大众汽车、威朗制药（Valeant Pharmaceuticals）和图灵制药（Turing Pharmaceuticals）、富国银行、德意志银行、丹斯克银行和许多其他案例，董事、高管和职业会计师会发现满足利益相关者的期望越来越重要。这将涉及深入研究决定公司声誉的价值观，并对这些价值观进行管理，以避免和/或有效减轻潜在风险。忽视这些道德风险，就等于冒早前企业破产案例中破产企业明显存在的风险。

责任

利益相关者的利益和责任感的增加以及许多令人震惊的财务危机事件，使人们渴望得到比过去更符合利益相关者各种利益的更透明且更准确的报告（利益相关者报告主题见表1-8）。总的来说，人们认识到，公司报告往往缺乏完整性，因为它们没有涵盖一些重要问题，也不总是清楚地说明利益相关者的利益将如何受到影响。即使有时会提到一些问题，但这些问题表达的方式是如此笨拙、复杂或不明确，以至于缺乏透明度，影响读者的理解。准确或如实表述是理解基本事实的基础。

表1-8　利益相关者报告主题

健康与安全性	环境绩效/影响
可持续性	企业社会责任
慈善	工作场所责任

在完整性、透明度和准确性方面所需的改进，促使会计人员就编制财务报告时应采用的准则——规则或原则——的性质展开讨论。安然的财务报告显然缺乏完整性、透明度和准确性，但它们可能符合一个非常狭窄的、对普遍接受的会计标准和法律定义的基于规则的解释。第2章说明了有关特殊目的实体的会计规则和法律解释是如何允许安然的董事会和高管误导公众，并允许职业会计师合理地参与这一过程，甚至为误导性报告提供清白的审计证明的。这些报告在技术上很可能符合规则，这一事实被认为是令人满意的，尽管它们缺乏完整性，没有透明地或准确地呈现整个故事，而且误导了许多人。对规则的滥用使得有欺诈意图的安然高管得以利用报告体系。然而，许多人认为，基于完整性、透明度和准确性的原则比防止此类滥用的规则提供了更有力的指导。

这些意愿催生了大量的报告，这些报告主要是非财务性质的，并针对特定利益相关者的需要而定制。这些以利益相关者为导向的企业社会责任或可持续发展报告将在第 7 章中进行更全面的讨论，它们涵盖了表 1-7 中确定的主题。

所有这些改进和新的报告框架都反映了日益加深的认识，即企业应对所有利益相关者负责，包括其股东。董事和管理层面临着一个挑战，那就是要解释和披露公司在更全面的基础上如何以合乎道德的方式管理它们的活动、业绩和风险，而会计师们也被要求在未来的报告中提供领导力、新想法和一个注重诚信的框架。

道德行为与商业伦理的发展

为了应对上述变化，人们对哲学家如何定义道德行为以及几个世纪以来的经验教训产生了相当大的兴趣。此外，在更实用的层面上，一些概念和术语被开发出来，这有助于我们理解公司问责制和道德决策的演变。

道德行为的哲学方法

商业和经济的历史可追溯到史前时代，当时商业是以交换和易货为基础的。关于可接受和不可接受的商业行为的伦理理论同样古老，它们在西方传统哲学中的表达可以追溯到苏格拉底时代。尽管这些理论是在较早的时期发展起来的，但是它们的逻辑基础和所涉及的经验教训适用于当前的商业困境，正如下面的例子所示。

希腊哲学家亚里士多德认为，人生的目标是幸福，幸福是通过按照理性的引导过一种有道德的生活来实现的。其中一些美德包括正直、有荣誉感、忠诚、勇敢和直率。从商业意义上说，这意味着董事、高管和会计师在所有的商业交易中都应该表现出诚信；他们应该遵守合同条款，而不是寻找漏洞；他们应忠于自己的员工、客户和供应商；他们应该有勇气在与利益相关者打交道时坦诚透明；他们在对好的和坏的商业行为进行解释时应该直言不讳。

德国哲学家康德（Kant）认为，当人们不以机会主义的方式利用他人，不以伪善的方式行事，不在以高标准要求他人行为的同时为自己开脱，人们就是有道德的。不幸的是，有许多组织没有达到这个标准。有些人把员工、客户和供应商仅仅当作一种手段，利用他们来实现一些短期目标。通常，当企业未能遵守自己内部制定的行为准则时，它们会被指责为伪善。

英国哲学家约翰·斯图尔特·穆勒（John Stuart Mill）认为，生活的目标是最大化幸福和/或最小化不幸福或痛苦，而社会的目标是最大化所有人的社会净利益。快乐的程度可以是生理上的，也可以是心理上的。因此，这一理论意味着商业的目标是增加社会的生理利益和/或心理利益。这并不意味着企业的目标是利润最大化；相反，企业的目标是为社会的整体利益做出贡献。企业是通过提供社会所需的商品和服务来实现这一目标的。

美国哲学家罗尔斯（Rawls）认为，社会的结构应该使权利和利益得到公平分配，任何不平等都应该对每个人有利。这意味着企业在没有歧视性价格和雇佣制度的情况下，会以道德的方式行事。企业也不应以牺牲社会其他阶层利益为代价，向社会某一阶层提供物品和服务。此外，污染和剥削发展中国家，以让发达国家人民能够过上富裕生活的方式，并不是对所有人都有利。

这仅仅是西方商业伦理哲学方法的四个例子。这些理论将在第 3 章得到更全面的解释。可以说，这些理论为可接受的商业行为设定了一个高标准。研究这些理论将有助于董事、高管和会计师更好地理解企业的伦理基础，并为以对社会负责的方式开展业务提供基础。

商业伦理概念和术语

在理解商业伦理以及商业和专业人士如何从其应用中受益方面，有两个概念——利益相关者和企业社会契约，取得了特别有用的进展。

随着商业道德环境的变化，观察者和企业的管理者意识到，股东以外的更多的人对公司或其活动感兴趣。如前所述，尽管没有对公司提出法律要求，但他们确实有能力对公司产生有利或不利的影响。此外，随着时间的推移，其中一些利益相关者的权利主张通过法规或条例被编纂成法典。很明显，公司的计划和决策应该考虑与企业有利害关系的人的利益——他们影响组织目标的实现或受到组织目标实现的影响。① 这些人被称为利益相关者，他们的利益被称为利益相关者的权利。利益相关者的例子包括员工、客户、供应商、贷款人、债权人、借款人、所在社区、政府、环保人士、媒体，当然还有股东。图 1-1 描绘了一个公司的利益相关者集合。

多年来，公司与其利益相关者之间的关系在缓慢但稳步地加深。最初，公司的成立是为了从股东那里筹集大量资金。它只对股东负责，其目标是创造利润。后来，当更大的工厂出现时，童工成为普遍现象，企业也考虑环境成本。然而这些行为在今天不会被纵容。如前所述，公司问责已经发展到不仅要关心股东利益，还要考虑利益相关者的阶段，公司的任务已经演变为尊重利益相关者的利益，从而得到他们的支持。企业要获得利润，不能以付出任何社会成本为代价，最好是以支持社会的方式实现。企业与社会之间这种不断发展的关系在概念上被称为企业社会契约。利益相关者和企业社会契约概念作为企业成功的主要决定因素，其重要性在圆桌会议声明的 CEO 承诺中得到了体现。

道德决策制定方法

在新的企业社会契约中，企业对利益相关者的责任不断演变，这使高管们有责任确保他们的决策符合道德价值观，并且不遗漏任何重要利益相关者的权利。这一变化促进了道德决策制定方法的发展，这些方法结合了哲学和实践技术，如对利益相关者影响的分析。

哲学家提出的伦理原则为伦理推理的关键维度提供了见解。决策者应该理解三种基本的哲学方法：结果论、义务论和美德伦理观。结果论要求道德决策具有良好的结果；义务论认为道德行为取决于所涉及的义务、权利和正义；美德伦理观认为，如果行为表现出利益相关者所期望的美德，那么行为就是道德的。这些方法将在第 3 章、第 4 章中详细介绍。

所有方法都从确定重要的利益相关者开始，对他们的利益进行调查，并对这些利益进行

---

① R. E. Freeman, *Strategic Management：A Stakeholder Approach*（Boston：Pitman，1984）.

排序，以确保最重要的利益在剩余分析中得到充分的关注，并在决策阶段得到更多的考虑。第 4 章对各种利益相关者的利益进行了研究，这些利益对道德决策的制定非常重要。

第一种方法称为修正的五问题方法。这一方法是用五个问题对任何拟议的政策或行动提出质疑，这些问题旨在从以下方面对提案进行评级：盈利能力、合法性、公平性、对每个利益相关者权利的影响（特别是对环境的影响）以及利益相关者所期望的美德。使用者根据企业的道德价值观和利益相关者的利益受到侵害的程度，发现问题并决定是否放弃行动方案。通常，由于这些挑战，行动方案可以被修改，以使其更符合道德规范（Tucker，1990）。

第二种方法即修正的道德标准方法，最初由委拉斯奎兹（Velasquez，1992）提出，主要关注原定的行动产生影响的四个方面：（1）是否为社会带来净效益；（2）是否对所有利益相关者公平；（3）是否正确；（4）是否显示利益相关者期望的美德。尽管与第一种方法有一些重叠，但委拉斯奎兹的方法不以企业为中心，因此更适合评估对企业外部利益相关者的影响甚至可能非常严重的影响以及更长期的影响。

第三种方法是利益相关者影响分析的修正的帕斯汀法，它扩展了道德标准方法，具体考虑了企业内部的文化和所谓的公共问题。帕斯汀（Pastin，1986）提出，任何决策都应考虑企业的基本规则（他称之为"基本规则道德"）、产生的净收益（"终点道德"）、它是否侵犯任何利益相关者的权利以及它是否需要规则来解决冲突（"规则道德"）。最后要考虑的是，它是否滥用属于每个人的权利（"公共问题"）。添加"美德问题"（是否证明了利益相关者所期望的美德）后产生了修正的帕斯汀法。该方法非常实用，适用于主要影响与公司直接相关的利益相关者（如员工或客户）的决策。

第 4 章和第 7 章提供了使用利益相关者影响分析来管理问题的框架。

在管理决策和有争议问题的管理中使用利益相关者影响分析，将大大有助于发展有道德的企业文化（也称为诚信文化）。

1.4　职业会计师的伦理环境

角色与行为

安然、安达信和世通破产后，那些忘记了自己主要职责的职业会计师的角色和行为发生了根本性变化。职业会计师的基本责任是保护公众利益，而不仅仅是他们自己的财务利益，公司治理层或管理层的利益，或是以牺牲未来股东利益为代价的现任股东的利益。这些变化的原因将在第 2 章至第 6 章中阐明，但正如公司治理情况一样，一段时间以来，职业会计师治理框架中明显存在的问题变得非常严重，以至于该行业的公信力几乎遭到破坏。改革，通过新的规章制度和监督结构，以及国际统一的披露标准和修订的行为准则，促会计职业重新回到原来的委托基础上，成为一种必要的恢复性措施，影响了世界各地的专业会计行为。

在新的金融危机到来之前，职业会计师的角色和行为需要进行额外的改变。无论是参与审计，还是提供鉴证服务、管理、咨询，抑或是担任董事，职业会计师历来被视为公司问责制的仲裁者和科学决策的专家。我们正目睹公司问责制的巨大变化，其讨论范围已经从股东扩大到利益相关者，会计师有责任了解这种变化以及其对自身职能的影响。他们如果不这样做，可能会给出不合标准的建议，道德缺失的法律后果和非法律后果可能会变得很严重。

还有一种非常现实的可能是，如果会计人员被视为与新出现的道德行为标准格格不入，那么审计师和财务报表使用者就会认为他们应得到的东西和他们实际得到的东西之间的差距在扩大。美国的特雷德韦委员会（Treadway Commission，即美国反虚假财务报告委员会）、加拿大的麦克唐纳委员会（Macdonald Commission）和英国的吉百利报告（Cadbury Report）都一再呼吁在修订职业行为准则时参考新的道德行为水平。一些职业守则做了相应的修订，但安然、帕玛拉特、嘉汉林业、卡里利恩等公司的破产和事态发展，使人们注意到进一步修订的必要性。

2017 年和 2018 年，NOCLAR 审计准则和增强的独立性标准被纳入《国际职业会计师道德准则》，这是对这一需求的有力回应。如前文所述，NOCLAR 审计准则将要求职业会计师在发现其雇主或客户不遵守法律或法规时，向内部报告，并在必要时向外部报告，这取决于它们在世界各地的执行情况。这将要求对保密原则进行根本性的改变，从而改变职业会计师的行为方式，使其将注意力集中在为公众利益服务上。此外，在国际准则中增加了两个部分，重点是如何通过避免不当影响来保持思想和表面上的独立性，这是支持为公众利益服务的行为的有力步骤。第 6 章详细讨论了这些新准则对缩小期望差距和改进职业会计师道德标准的重要意义。NOCLAR 审计准则和独立性标准的成功将取决于在当地职业会计准则与国际准则相协调的情况下，它们在全世界如何充分和统一地实施。

治理

企业界、资本市场和公司问责制已经处于全球化和国际化的进程中。与世界各地有业务往来的企业意识到，它们对自己的每一项业务都应越来越负责，并寻找有效的方法来管理、说明和披露自己的活动。这些方法将在第 5 章中讨论，包括制订和维护道德计划、有道德的企业的文化（诚信文化）、行为准则，特别是道德领导，所有这些方法都应融合到风险管理计划和其他治理机制中。

在会计行业，IFAC① 成立后，旨在在全球范围内协调出一套统一的公认会计原则（GAAP）和公认审计准则（GAAS）与道德准则，并已基本实现。来自 100 多个国家和地区的 175 个专业会计机构的 IFAC 成员承诺将当地标准与 IFAC 标准相协调，以确保统一的道德实践，并提升投资者和资金提供者的计算和分析效率，以及世界各地市场的审计效率。统一并不意味着采用完全相同的措辞和相同的做法，因此，一些一致性挑战仍然存在，但相似的程度是显著的，而且在不断增长。

---

① International Federation of Accountants（IFAC）；https://www.ifac.org.

新的《国际职业会计师道德准则》所固有的原则正在成为职业会计师未来行为和教育的基础。[1] 它的规定不断更新，最近所讨论的 NOCLAR 审计准则和独立性标准在指导职业会计师为公众利益服务方面有了很大的改进。国际准则将在第 6 章进一步讨论。

审计公司也在为全球化做出调整。它们正在制定全球审计标准，以服务主要客户，并制定支持性行为标准，来确保它们的判断是独立、客观和准确的。在《SOX 法案》和会计及审计方面失败的教训的推动下，SEC 的裁决将为这些全球标准提供信息。IFAC、《SOX 法案》、SEC 加强职业会计师对公众利益的关注的意图将在全球范围内扩展，即使公开上市公司和私营公司的披露和审计标准最终有所不同。

提供的服务

在这个重新定义的全球环境中，向审计客户提供非审计服务（这是安达信在安然破产案中的一个有争议的问题）已被缩减，以便能够满足更严格的利益冲突预期。20 世纪 90 年代末，多专业事务所开始出现和发展，包括律师和工程师等在内的专业人员为其审计客户提供更广泛的鉴证和其他服务受到限制，他们仅能向非审计客户提供咨询服务，以避免利益冲突。几家大型审计公司最初出售了部分咨询部门，但随后又重新设立了这些部门。职业会计师必须特别警惕其雇用的其他职业人员的价值观和准则与职业会计人员的价值观和准则不同的冲突，以便在其会计实践中关注服务于公众利益的首要重点，并使其他服务不致损害其职业名声。第 5 章和第 6 章提供了对这些利益冲突的见解。

1.5　管理道德风险和机会

培育诚信文化

根据最近的证据，管理道德风险和机会的最有效方法是确保诚信是公司决策文化的一部分。当道德行为被视为对员工、公司及其代理人的正常期望时，就会发生这种情况。值得注意的是，佩因[2]提出了发展诚信和道德行为的组织文化所需的五个基本要素：

- 清晰的沟通。道德价值观和标准必须准确无误地传达给所有员工，让每个人都知道公司致力于诚信。
- 高级管理层的个人承诺。公司不能仅停留在认为道德是重要的，相反，高级管理层必须愿意做出艰难的道德决策，然后为自己的决策承担个人责任。
- 融合。道德价值观、规范和标准必须成为公司日常活动和惯例的一部分。
- 加强道德规范。信息系统和薪酬结构的设计应确保道德行为成为规范，而不是规则的

---

①　International Federation of Accountants（IFAC）；https://www.ifac.org.

②　Lynn Sharp Paine，"Managing for Organizational Integrity," *Harvard Business Review* 72，no. 2（1994）：106-17.

例外。

● 教育。制订持续的学习计划，如组织道德培训，帮助员工提高日常做出道德决策所需的能力。

当诚信深深扎根于企业的决策结构和日常事务中，成为正常决策过程的一部分，企业可以更容易地管理道德风险和机会。关于诚信和道德文化如何成为公司基因的一部分的实用建议将在第4章到第6章中详细讨论。

最近的研究发现，成功的诚信文化的两个基本要素是有道德的领导和有效的举报人鼓励计划。如果没有有道德的领导者——积极声援理想文化的领导者——很少有员工会认为利润是通过道德来获得的。相反，他们会假设利润是以不惜任何代价的方式获得的。同样，对举报人的待遇——举报人在揭露道德过失方面至关重要——以及对所举报项目的管理，可通过跟踪和公布举报的方式，让员工感觉到管理层对公司声明的道德目标和高层管理人员的诚信程度是认真的还是不认真的。这些主题将在第5章到第7章中介绍。

举报人往往会被污名化，因此他们需要鼓励和足够的道德勇气才能站出来。如果他们工作于其中的企业文化不是一种诚信文化，他们很少会这么做。因为举报有负面的含义，我们应该把它称为举报企业的不法行为。

公司治理

对企业，特别是对董事、高管和会计师的道德期望不断提高，对治理改革、道德决策和管理提出了要求，这些都受益于管理道德风险和机会的前沿思想。第5章和第7章讨论了这方面的几个重要问题。

第7章为道德风险识别过程提供了指导，建议不要过度依赖外部审计师，并为道德风险的管理和报告提供了见解，包括与企业道德文化、不道德心态和系统性问题相关的风险。

商业和专业会计不可避免地依赖于人——既作为外部利益相关者，也可能更重要的是作为内部利益相关者，比如员工。了解对工作场所道德的期望对于所有组织及其高管的成功都是极其重要的。员工权利正在发生变化，对隐私、尊严、公平待遇、健康和安全、虐待行为、文明和个人良心的期望也在发生变化。信任的发展依赖于道德价值观，对于沟通、合作、想法共享、创新的卓越性以及现代领导权的行使非常重要，这也是一个关键的成功因素。职场道德的这些方面如此重要，以至于专业观察员认为，员工看待公司对待自己的方式决定了员工对公司道德计划的看法。一个公司如果没有值得称赞的职业道德，就不可能有一个有效的道德企业文化。

同样，如果一家公司的员工存在不正当行为，如性虐待、欺诈或犯罪，或者属于一个被称为没有对错意识的群体，那么该公司就无法形成有效的诚信文化。

大多数公司在招聘和管理人员时会处理不同的文化背景，即使它们的业务在同一个国家。现代企业，尤其是那些进行国际交易的企业，应该了解如何看待不同文化的影响以及它们的敏感性。合乎道德地处理这些问题将大大有助于实现战略目标。许多公司正在采取措施，培养其员工的全球思维。① 其核心是对不同文化的理解、尊重和道德对待。

解释一个公司如何实现它的目标暴露了它的价值观，以及这些价值观是如何被整合到战略规划和企业社会责任（也称为企业公民）中的。可持续发展或企业公民报告说明了其战略目标的实现情况。培养公司领导者和利益相关者想要的企业公民意识，必然是对组织道德文化的基本道德价值观的延伸。

最后，有经验的商人知道，危机是不可避免的，危机管理方法的开发是为了确保企业和高管的前景和声誉不会受到不必要的损害。事实上，正如第 7 章所讨论的，如果危机在道德方面得到妥善管理，声誉就可以得到提升。将道德纳入危机管理显然可以将风险转化为机会。

展望未来，董事、高管和会计师将很好地理解道德行为的相关性，并尽最大努力将道德纳入其所有计划和行动中。事实上，他们应该致力于发展和维持一种道德文化，即在他们的企业中建立一种正直的文化，以便最好地实现他们的战略目标。

下一章将探讨是什么引发了公司和会计行业治理和问责制的新时代。

思考题

1. 为什么关心污染对管理层和董事来说如此重要？

2. 为什么我们现在比我们的父辈更关心是否公平对待员工？

3. 职业会计师能做些什么来防止信誉差距和期望差距的扩大？

4. 为什么有道德的企业行为会带来更高的盈利能力？

5. 为什么职业会计师有道德对客户来说非常重要？

6. 企业如何确保员工的行为合乎道德？

7. 为什么一些公司在 2017—2019 年之前没有保护女员工免受性虐待？

8. 高管和董事是否应该因为公司员工的行为而被送进监狱？

9. 为什么公司利益相关者的期望对公司的声誉和盈利能力很重要？

10. 一个公司怎样才能表现出对利益相关者的尊重？

11. 企业管理层如何解决利益相关者之间的利益冲突？

12. 为什么道德决策的哲学方法与现代公司和职业会计师相关？

13. 本章简要概述的有关道德决策的三种实用方法的共同要素是什么？

14. 职业会计师是追求利润的商人还是为公众利益行事的受托人？

15. NOCLAR 审计准则对会计行业是有利还是有害？

16. 为什么职业会计师了解本章讨论的道德趋势很重要？

17. 为什么职业会计师应该了解国际会计师联合会的道德准则？

18. 为什么道德企业文化很重要？

19. 公司必须防范哪些道德风险？为什么？

---

① Najafi Global Mindset Institute at http://globalmindset. thunderbird. edu.

参考文献

Achar，R.，D. Nitkin，K. Otto，P. Pellizzari，and EthicScan Canada. 1996. *Shopping with a Conscience：The Informed Shopper's Guide to Retailers，Suppliers，and Service Providers in Canada*. Toronto：Wiley.

American Institute of Certified Public Accountants and Canadian Institute of Chartered Accountants. 2001. *Managing Risk in the New Economy*. New York：American Institute of Certified Public Accountants and Canadian Institute of Chartered Accountants.

Canadian Institute of Chartered Accountants. 1995. *Guidance for Directors—Governance Processes for Control*. Toronto：Canadian Institute of Chartered Accountants.

Clarkson，Max B. E. 1988. "Corporate Social Performance in Canada，1976 – 86." *Research in Social Performance and Policy* 10：241 – 65.

Fombrun，C. J. 1996. *Reputation：Realizing Value from the Corporate Image*. Boston：Harvard Business School Press.

Freeman，R. E. *Strategic Management：A Stakeholder Approach*. Boston：Pitman，1984.

Friedman，F. B. 1988. *Practical Guide to Environmental Management*. Washington，DC：Environmental Law Institute.

Friedman，M. 1970. "The Social Responsibility of Business to Increase Profits." *New York Times*，September 13.

GRI G4 Guidelines. https：//g4. globalreporting. org/Pages/default. aspx.

Helson，J.，K. Green，D. Nitkin，and A. Stein. 1992. *The Ethical Shopper's Guide to Canadian Supermarket Products*. Toronto：Broadview Press.

Institute of Internal Auditors Research Foundation. 1995. *Guidance for Directors—Governance Processes for Control*. Toronto：Canadian Institute of Chartered Accountants.

Institute of Social and Ethical Accountability. *AccountAbility*. London：Institute of Social and Ethical Accountability. http：//www. accountability. org. uk.

International Federation for Accountants Ethics Committee. 2005. *IFAC Code of Ethics for Professional Accountants*. New York：International Federation for Accountants Ethics Committee，June. http：//www. ifac. org/Store/Category. tmpl?Category＝Ethics&Cart＝1215563035160178.

International Organization for Standardization. 2010. *ISO 26000 Guidance on Social Responsibility*. 1st ed. 2010 – 11 – 01. http：//www. iso. org.

Macdonald Commission. 1988. See *The Report of the Commission to Study the Public's Expectations of Audits* （Toronto：Canadian Institute of Chartered Accountants）.

Mulligan，T. 1986. "A Critique of Milton Friedman's Essay 'The Social Responsibility of Business Is to Increase Its Profits.'" *Journal of Business Ethics* 5，no. 4：265 – 69.

Organization for Economic Cooperation and Development. http：//www. oecd. org.

Paine，L. S. 1994. "Managing for Organizational Integrity. " *Harvard Business Review* 72，no. 2，March-April：106 – 17.

Pastin，M. 1986. *The Hard Problems of Management：Gaining the Ethics Edge*. San Francisco：Jossey-Bass.

Pellizzari，P. 2002. *Conscious Consumption：Corporate Social Responsibility and Canada's Grocery Giants*. Toronto：EthicScan Canada.

Placenti，F. M. 1997. "Caremark National Case. " *National Law Journal*，B5，B6.

Sarbanes-Oxley Act of 2002. http：//www. thomsonedu. com/accounting/brooks.

Singer，A. W. 1992. "The Whistle-Blower：Patriot or Bounty Hunter. " *Across the Board*，16 – 22.

Toronto Stock Exchange. 1994. *Report of the Toronto Stock Exchange Committee on Corporate Governance in Canada*. Toronto：Toronto Stock Exchange.

Treadway Commission. 1987. See American Institute of Certified Public Accountants，*Report of the National Commission on Fraudulent Public Reporting*（Washington，DC：American Institute of Certified Public Accountants）.

Tucker，G. 1990. "Ethical Analysis for Environmental Problem Solving. " In *Agenda for Action Conference Proceedings*，53 – 57. Toronto：Canadian Centre for Ethics and Corporate Policy.

U. S. Senate Permanent Subcommittee on Investigations. 2002. *Role of the Board of Directors in the Collapse of Enron*，3. Washington，DC：U. S. Government Printing Office. http：//www. thomsonedu. com/accounting/brooks.

U. S. Sentencing Guidelines of 1991. November 1，1991.

Velasquez，M. G. 1992. *Business Ethics：Concepts and Cases*. 3rd ed. Englewood Cliffs，NJ：Prentice Hall.

Verschoor，Curtis，C. 1998. "A Study of the Link between a Corporation's Financial Performance and Its Commitment to Ethics. " *Journal of Business Ethics* 17，no. 13：1509 – 16.

Wartick，S. L. ，and P. L. Cochran. 1985. "The Evolution of the Corporate Social Performance Model. " *Academy of Management Review* 10，no. 4：758 – 69.

📚 案例讨论

百事公司的一款手机应用程序刻板化女性形象

2009 年 10 月，百事公司（PepsiCo Inc. ）推出了一款手机应用程序"AMP Up Before

You Score"。有趣的是，百事公司在这一个月内完成了发行、道歉和下架的所有流程。AMP Up Before You Score 旨在在18～24岁的男性市场中推广其Amp功能饮料。这款在2009年10月8日发布的应用程序将女性分成24组，包括"叛逆女孩""联谊会女孩""成熟女性""外国交换生"等。用户可以翻阅一系列卡片，这些卡片提供各种类型女性的背景信息，包括如何通过计算碳足迹获得"环境保护者"的青睐，以及如何引诱一个"已婚"女性。它还提供了一些搭讪的台词。该应用程序包括一个"吹嘘名单"，可以让成功搭讪的人在他们的脸书或推特账户上公布被搭讪者的姓名、日期和其他详细信息。

这个应用程序上市后，差评如潮。该程序被指责歧视、贬低和刻板化女性形象。2009年10月12日，百事公司在推特上道歉："我们尝试通过应用程序去展示男人搭讪女人时的幽默方法。如果您在此期间感受到了任何不舒服，我们深表歉意。"[1] 但并不是所有的反馈都是负面的。事实上，许多男性认为这款应用程序很有趣。尽管如此，2009年10月22日，百事公司宣布将下架该应用程序。"我们已经决定停止使用该应用程序。在听取了公众的意见后，我们认为这是最合适的行动方案。"[2]

【问题】

1. 你是否觉得大多数批评者是女性和媒体，而推崇者却是年轻男性的现象很有趣？

2. Amp功能饮料的目标用户是18～24岁的男性。如果这群消费者觉得该应用程序很有趣，可以接受，那么百事公司为什么还要下架它？

3. 可以说粗俗的广告活动不道德吗？

资料来源："Alienate Female Customers? Pepsi Has an App for That," *The Globe and Mail*, October 15, 2009, B10; Brian Morrissey, "Pepsi Brand App Comes with NC-17 Rating," *Brandweek*, October 9, 2009; Marisa Taylor, "Pepsi Apologizes for Before You Score iPhone App," *Wall Street Journal*, October 13, 2009.

高盛集团与希腊面纱

2010年2月11日，欧盟领导人就救助希腊的计划达成一致。希腊于1981年加入欧盟，成为欧洲货币联盟的成员，从2001年开始采用欧元作为货币。但不幸的是，希腊由于将收入过度应用于社会项目和其他项目，因此无力偿还债务，也无法继续融资。在向希腊提供最终总额为1 000亿欧元的救助信贷之后[3]，有人开始质疑事情发生的原因。因此，高盛集团（Goldman Sachs）开始出现在人们的视线中。问题也随之而来，高盛集团在最初是如何使希腊加入欧元区的？[4] 高盛集团使用了什么样的手段隐藏了关于希腊通过抵押未来的收入来获

[1] Valerie Bauerlein and Suzanne Vranica, "Drink's iPhone 'App' Gets Anger Flowing," *Wall Street Journal*, October 14, 2009.

[2] Brian Morrissey, "Pepsi Pulls Amp iPhone App," *Adweek*, October 22, 2009.

[3] Lefteris Papadimas and Jan Strupczewski, "EU, IMF Agree $147 Billion Bailout for Greece," Reuters, May 2, 2010, http://www.reuters.com/article/2010/05/02/us-eurozone-idUSTRE6400PJ20100502.

[4] "Is Goldman Responsible for Greek Crisis?," RussiaToday Commentary, February 11, 2010, https://www.youtube.com/watch?v=tCe80hsx-ig.

取现在的现金支出的交易信息？从某种意义上说，高盛集团通过一系列的幕后交易手段给希腊的财政蒙上了一层面纱。

2001 年，希腊希望加入欧洲货币联盟，但面临着负债率低于国内生产总值的 60％ 的要求。[①] 不幸的是，希腊有一些债务是用美元支付的，还有一些债务是用日元支付的。在 1999 年和 2000 年，这两种货币相对于欧元都有所升值。根据欧盟的规定，这种未对冲的债务必须以年终汇率估值来报告，因此希腊面临着未来报表债务增加的情况。然而，在 2000 年末和 2001 年，高盛集团提出了一种策略——货币掉期交易，安排两种对冲，将希腊报表中的债务减少了 23.67 亿欧元，并且帮助希腊获得了不体现在加入欧元区所需要统计的公共负债率里面的表外融资。

● 货币对冲。首先，将美元和日元债务转换为用欧元支付，随后将希腊投资组合转换为新的跨币种投资组合，同时，使用历史隐含汇率而不是市场价值汇率进行估值。由于历史隐含汇率低于当时的市场价值汇率，因此债务的估值减少了近 24 亿欧元。

● 利率互换（interest rate swaps）与债券相结合。这一方式在 2001 年为希腊提供了即时现金，以机场的未来着陆费为抵押。据报道，高盛集团在这笔交易中获利 3 亿美元。在 2000 年的一项类似交易中，希腊用国家彩票的未来收益作为抵押以获取现金。根据这些协议，一直到 2019 年，希腊都需要向高盛集团支付巨额款项，但在希腊议会对此提出批评后，希腊选择在 2005 年将这些利率互换出售给希腊国家银行（National Bank of Greece）。[②]

实质上，通过这些所谓的利率互换，希腊确实将可变的未来现金流转化为即时现金流。尽管欧盟各国的财政部长之间进行了激烈的辩论，但是在 2001 年，相关规定中并没有要求披露未来现金流，因此，可以认为这种方式是表外融资的一种。而在 2002 年，标准发生了变化，成员开始有了披露有关信息的义务。有趣的是，2000 年的交易涉及一个法律机构，这个机构就是为了这个目的而创建的。[③]

作为对公众批评的回应，高盛集团在其网站上称："这些交易（包括货币和利率对冲）遵循欧盟统计局当时的使用和披露原则。"[④] 此外，高盛集团认为，削减 23.67 亿欧元"对 2001 年希腊整体财政状况的影响微乎其微"，因为其国内生产总值约为 1 310 亿美元，债务占国内生产总值的 103.7％。[⑤] 然而，目前尚不清楚所谓的利率互换提供了多少现金，使希腊得以在报告中债务总额较低。

【问题】

1. 高盛集团在法律上或道德上做了什么错事吗？解释你的答案。

---

① Goldman Sachs, "Goldman Sachs Transactions in Greece," accessed November 27, 2010, at http://www2.goldmansachs.com/our-firm/on-the-issues/viewpoint/viewpoint-articles/greece.html.

② Louise Story, Landon Thomas Jr., and Nelson D. Schwartz, "Wall St. Helped to Mask Debt Fueling Europe's Crisis," February 13, 2010, http://www.nytimes.com/2010/02/14/business/global/14debt.html?pagewanted=all&_r=0.

③ Ibid.

④ Ibid.

⑤ Ibid.

2. 如果其他投资银行也提供这样的服务，情况会有什么不同吗？

3. 上述交易后续对高盛集团有何影响？

联合碳化物公司：博帕尔惨案

1985 年 4 月 24 日，联合碳化物公司（Union Carbide）63 岁的董事长沃伦·安德森（Warren Anderson）在康涅狄格州丹伯里的股东年会上向股东们发布了一个令人失望的声明。安德森一直致力于公司的快速发展，曾因"玩忽职守和罔顾公司刑事责任"被印度政府短暂监禁。安德森宣布联合碳化物公司与印度政府的谈判失败了：1984 年 12 月，联合碳化物公司位于印度博帕尔的一家农药厂发生有毒气体泄漏事故，此次事故造成至少 2 000 人死亡和 20 万人受伤。对此，联合碳化物公司提出会进行大约 2 亿美元的赔偿，但印度政府拒绝了，印度政府认为这个金额是不够的。① 因为此次毒气泄漏事件，该公司将面临 350 多亿美元的赔款诉讼，虽然联合碳化物公司声称责任范围内的赔偿总额仅为 2 亿美元，但是仍然改变不了公司股票暴跌的现状。愤怒的股东提起诉讼，指出他们遭受了超过 10 亿美元的损失，因为该公司的管理者没有警告他们印度工厂的风险。分析人士预测，该公司将被迫破产。具有讽刺意味的是，联合碳化物公司在博帕尔的工厂几年来一直亏损，安德森曾考虑关闭它。

从该工厂泄漏的甲基异氰酸酯是一种挥发性的剧毒化学物质，常被用于制造杀虫剂。它的毒性是氰化物的 500 倍，而且与很多物质接触都可以发生爆炸性反应，包括水。1984 年 12 月 2 日深夜，博帕尔工厂一个储罐储存的甲基异氰酸酯开始剧烈沸腾，因为水或其他某种物质意外进入了储罐，而一个本应自动开启的冷却装置竟已经停用至少一年了。当时值班经理沙基尔·库雷希（Shakil Qureshi）和值班高级操作员苏曼·戴伊（Suman Dey）都不相信控制室仪表上的初始读数。库雷希后来解释说："仪表经常失灵。"

到了晚上 11 点半，工厂工人感到眼睛有灼烧感。但工人们仍然对此毫不在意，因为正如他们后来报告的那样，工厂的轻微泄漏是很常见的，而且往往是以这种方式首先被发现的。许多不识字的工人不知道这种化学物质的致命性。直到凌晨 0 点 40 分，当工人们被浓烟呛得喘不过气来时，他们才意识到出了大问题。5 分钟后，储罐上的紧急阀门被炸坏，白色有毒气体从中喷出，并从工厂顺风飘向棚户区。当经理对着工厂的扩音器大声喊叫说发生了大面积泄漏时，警报响起，工人们纷纷逃离该地区。同时，库雷希命令公司的消防车向逸出的气体喷水以中和化学物质。但水压太低，无法到达 120 英尺高的管道顶部。戴伊赶紧打开一个排气口洗涤器，以便用氢氧化钠中和逸出的气体。不幸的是，洗涤器在 15 天前就被关闭进行

---

① *New York Times*：December 9，1984，IE；December 16，1984，1，8；January 28，1985，6，7；January 30，1985，6；April 25，1985，34. *San Jose Mercury News*：December 6，1984，16A；December 12，1984，1，1H；December 13，1984，1. *Time*：December 17，1985，22-31.

维护。当云一般的白烟继续从管道中涌出时，库雷希向工人们大喊，要他们打开附近的一个火炬塔来燃烧气体。然而，火炬塔无法继续使用，因为它的管道已经被腐蚀，仍在维修中。

惊慌失措的工人涌出工厂，致命的毒气笼罩着邻近的贾普拉卡什和乔拉棚户区。数百人死在他们的床上，肺部充满了灼烧性气体，他们在剧烈的痉挛中无助地窒息。数千人被这种腐蚀性气体弄瞎了眼睛，还有数千人被烧伤，他们的鼻腔和支气管受损。泄漏结束后，至少有 2 000 人死亡，20 万人受伤。死者大部分是非法在工厂旁边搭建棚屋的棚户区居民。贫民窟中幸存的居民大多数是文盲，后来他们称在那里建棚屋是因为他们不了解危险，以为工厂生产的是健康的"植物药"。

1969 年，在印度政府的支持下，来自美国的联合碳化物公司的管理人员建造了博帕尔工厂，印度政府急于增加杀虫剂的产量，以提高粮食产量。在接下来的 15 年里，杀虫剂使印度每年的粮食损失从 25% 减少到 15%，节省了 1 500 万吨粮食，相当于 7 000 万人一年的口粮。印度官员欣然接受联合碳化物公司提供的技术、技能和设备，印度工人对联合碳化物公司心存感激，如果没有联合碳化物公司提供的工作，许多人将不得不乞讨或挨饿。作为回报，印度为该公司提供了廉价的劳动力、低税收，但几乎没有法律对昂贵的环境保护设备和工作场所保护做出相应规定。与印度其他工厂相比，联合碳化物公司的工厂被认为是守法模范，有着良好的安全记录。一位政府官员说："它从未拒绝安装我们要求的设备。"

灾难发生时，博帕尔工厂由位于康涅狄格州丹伯里的联合碳化物公司的子公司联合碳化物印度有限公司（Union Carbide India Ltd）运营，该公司拥有联合碳化物印度有限公司 50.9% 的控股权。联合碳化物印度有限公司董事会中包括来自美国母公司的一位高管和另一家子公司的四名经理。联合碳化物公司的管理人员定期审查来自印度公司的报告，他们有权对联合碳化物印度有限公司实施财务和技术控制。尽管日常的工作细节留给了印度管理人员，但美国管理人员会控制预算、制定主要政策并发布运营技术指令以维持工厂运转。

在悲剧发生之前，印度子公司的业绩一直不佳。为了控制这家工厂每年 400 万美元的损失，当地子公司的管理人员已经启动了几项削减成本的计划。就在一年前，他们将每班的设备操作员人数从 12 人减少到 5 人，导致员工的士气下降，许多优秀的操作员辞职，取而代之的是受教育程度低于公司手册要求的工人。而安德森和联合碳化物公司的其他管理人员坚持认为，所有削减成本的措施都是合理的，工厂运营的责任在于当地的经理。

灾难发生前两年，美国母公司管理人员从美国派遣了三名工程师对工厂进行调查，随后，要求印度管理人员升级安全设备和弥补程序中的十大缺陷。印度经理回信说："问题已经得到解决。"一年前，美国管理层曾考虑关闭这家濒临倒闭的工厂，但印度政府官员要求该公司继续营业，并保留当地数千名工人的工作岗位。

【问题】

1. 这个案例引发了什么商业伦理问题？

2. "有限责任"的法律原则是否适用于保护联合碳化物公司（美国）的股东？

3. 联合碳化物公司（美国）对印度业务的管理是否符合法律、伦理或道德标准？

威朗制药公司与可口可乐公司——哪种商业模式更糟糕：价格欺诈或致消费者多发肥胖与糖尿病？

这是一场企业巨头之间的斗争。沃伦·巴菲特（Warren Buffet）长期以来一直被认为是伯克希尔哈撒韦公司（Berkshire Hathaway Inc.）最成功的投资者，同时他也是可口可乐公司（Coca-Cola Co.）的大股东，他声称威朗制药公司（简称威朗）的商业模式存在"巨大缺陷"。对此，作为威朗大股东的亿万富翁比尔·阿克曼（Bill Ackman）通过他的投资公司潘兴广场资本管理公司（Pershing Square Capital Management）进行回应。他批评巴菲特说，可口可乐"在制造全球范围内的肥胖和糖尿病上的作用可能比世界上任何一家公司都大"[①]。这些巨头中哪一个是对的？这很重要吗？

威朗通过购买其他公司开发的药物，然后提高价格，获得了极高的利润。[②] 例如，2015年2月，威朗购买了一组心脏药物（Isuprel 和 Nitropress）。同一天，Isuprel 和 Nitropress 的标价分别上涨了 525％ 和 212％。[③] 这种价格上涨对心脏病患者产生了负面影响，其他制药公司的药品价格也出现了类似的上涨，特别是图灵制药 2015 年的价格上涨引起了公众的强烈抗议。美国政界人士召集公司高层参加了一个公开听证会，讨论它们为何对社会弱势群体进行价格欺诈。这给威朗的 CEO 和董事会带来了巨大的压力，他们随后降低了这些药的价格。[④]

同时，威朗与专业在线药品零售商 Philidor 之间的关系也受到质疑。Philidor 向美国市场供应威朗的产品，这部分收入约占威朗收入的 10％。两者有一个协议，如果威朗的收入达到特定水平，那么它会给 Philidor 丰厚的补偿，于是 Philidor 非常努力地"说服"保险公司和医生选择威朗的产品，以期实现预期的销售水平。[⑤] 由于销售未能达到特定水平，威朗终止

---

① Margaret Collins, Noah Buhayar, and Cynthia Koons, "Valeant Pharmaceuticals International Inc.'s Business Model 'Enormously Flawed,' Warren Buffett Tells Investors," *Bloomberg News*, May 2, 2016, accessed August 5, 2016, at http://business.financialpost.com/investing/market-moves/valeant-pharmaceuticals-international-inc-s-business-model-enormously-flawed-warren-buffett-tells-investors?__lsa=5d91-bb28.

② Jonathan D. Rockoff and Ed Silverman, "Pharmaceutical Companies Buy Rivals' Drugs, Then Jack Up the Prices," April 26, 2015, accessed August 5, 2016, at http://www.wsj.com/articles/pharmaceutical-companies-buy-rivals-drugs-then-jack-up-the-prices-1430096431.

③ Ibid.

④ Damon van der Linde, "U.S. Senate Unmoved by Valeant Pharmaceuticals Presenting Itself as a Changed Company," April 27, 2016, accessed August 5, 2016, at http://business.financialpost.com/investing/market-moves/u-s-senate-unmoved-by-valeant-pharmaceutical-presenting-itself-as-a-changed-company?__lsa=c64b-14d2.

⑤ Caroline Chen and Ben Elgin, "Philidor Said to Modify Prescriptions to Boost Valeant Sales," Bloomberg.com, October 29, 2015, accessed August 5, 2016, at http://www.bloomberg.com/news/articles/2015-10-29/philidor-said-to-modify-prescriptions-to-boost-valeant-sales; Robert Langreth and Neil Weinberg, "Valeant Pharmaceuticals Offered Philidor Millions of Dollars to Hit Sales Targets on Its Drugs, Contracts Show," Bloomberg News, May 9, 2016, accessed August 5, 2016, at http://business.financialpost.com/investing/market-moves/valeant-pharmaceuticals-offered-philidor-millions-of-dollars-to-hit-sales-targets-on-its-drugs-contracts-show?__lsa=e61c-8abe.

了与 Philidor 的合作关系，随后将销售业务转到了沃尔格林公司（Walgreen's）。[1] Philidor 因此倒闭。[2]

威朗的首席执行官迈克尔·皮尔森（Michael Pearson）于 2016 年 3 月 21 日辞职，但他仍然是威朗最大的股东之一。[3] 他从早先的股票期权激励性薪酬分配制度中获益良多。尽管自 2016 年初以来，威朗的股价下跌了近 80%，但他继续出售部分股份以偿还债务：6 月 30 日出售 288 441 股，价值 580 万美元；7 月 5 日出售 411 601 股，价值 820 万美元；7 月 1 日出售 4 144 687 股，价值 8 290 万美元。随后，他表示，在公司股价恢复之前，他无意再出售股份（估计为 350 万股）。[4]

【问题】

1. 比较两种商业模式的道德性：（a）威朗的哄抬价格和可疑做法；（b）可口可乐引起肥胖和糖尿病。这两种情况哪个更糟？

2. 从商业角度看，威朗和可口可乐各自的商业模式可能造成的最大损失是什么？

3. 根据你对这两种商业模式的评估，如果你持有这两家公司的股份，你会怎么做：继续持有、出售，还是其他？你这样做的理由是什么？

4. 根据美国证券交易委员会 2012 年、2013 年和 2014 年在 10－K 文件中披露的激励薪酬，对威朗首席执行官皮尔森的激励安排是否合适？

5. Isuprel 和 Nitropress 的价格上涨多少会被认为是合理的，不会引起负面关注？

---

① Meg Tirrell, "Valeant Strikes Distribution Deal with Walgreens," CNBC, December 1, 2015, accessed August 11, 2016, at http://www.cnbc.com/2015/12/15/valeant-strikes-distribution-deal-with-walgreens.html.

② "Philidor to Close Up Shop as Valeant Cuts Ties with Specialty Pharmacy," Associated Press, October 30, 2015, accessed August 11, 2016, at http://www.cbc.ca/news/business/valeant-philidor-drug-1.3295947.

③ Rupert Neate and agencies, "Valeant CEO Resigns over Drug Company's 'Improper' Financial Conduct," *The Guardian*, March 21, 2016, accessed August 11, 2016, at https://www.theguardian.com/business/2016/mar/21/valeant-ceo-michael-pearson-resigns-financial-conduct; Ross Marowits, "Valeant Pharmaceuticals CEO Stepping Down, Board Director Refuses to Resign," The Canadian Press, March 21, 2016, http://www.haidagwaiiobserver.com/national/372960661.html.

④ Jacquie McNish and Charley Grant, "Valeant's Ex-CEO Michael Pearson Sells Nearly $100 Million in Company Stock," *Wall Street Journal*, July 14, 2016, accessed July 25, 2016, at http://www.wsj.com/articles/valeants-ex-ceo-michael-pearson-sells-nearly-100-million-in-company-stock-1468446524.

第**2**章

商业伦理与治理丑闻

学习目标

公司员工应遵守相应的法律、法规和道德习惯。董事们扮演着监督公司治理的角色，员工们还应遵守董事会制定的道德准则和治理准则。多年来，各方对于治理的预期变得更加严格，这通常是为了减少道德和治理丑闻。这些丑闻足以引起公众的注意，从而使得立法者、董事、专业机构、证券市场监管者和证券交易所官员做出进一步保护投资者、消费者、员工、贷款人和其他利益相关者的变革。

本章按照时间线介绍了一系列臭名昭著的商业伦理丑闻，并分析了这些丑闻对公司治理变化和发展趋势的影响。在此期间，公司治理变化模式并未改变：

● 每一桩丑闻都激怒了公众，让人们意识到企业人员或专业人士的行为需要加以改进。

● 每发生一次丑闻，公众对不符合标准的行为的意识和敏感性都随之增强，公众的容忍程度也随之降低。

● 公司承诺和财务报表的可信度被削弱。

● 立法者、监管者、董事和专业机构做出回应，以恢复公众对公司治理体系的信心。

董事会、管理层和会计师未能确保企业和会计为了股东、利益相关者和社会的最大利益行事，这通过许多丑闻的发生和事后反应得以体现，比如安然、安达信、世通事件，以及《SOX 法案》、次贷危机、《多德-弗兰克法案》、麦道夫庞氏骗局、伦敦银行同业拆借利率基准利率操纵、巴拿马文件、天堂文件、"我也是"运动、NOCLAR 审计准则、不断增加的有害产品诉讼和关于企业责任的圆桌会议。

世界上许多大公司会在美国筹集资金，即使它们没有在美国注册，也往往受制于美国的公司治理框架。例如，加拿大最大的 250 家公司受制于美国证券交易委员会的规定。这种模式在许多其他国家的重复程度较低，如英国或澳大利亚。此外，由于世界其他地区都效仿美国的公司治理发展，因此对美国公司治理变革的重要驱动因素进行研究是很有必要的。即使认识到资本市场和消费市场现在于全球范围内是相互关联的，并且国际标准很有可能被制定出来，美国公司治理发展的导向作用也将存在。不幸的是，贪婪和腐败的例子将继续存在，所以从迄今为止的案例中得到的教训是：董事、高管和会计师必须意识到他们的职业和商业责任，并以诚实和正直的方式进行交易。

阅读本章后，你将了解：

- 不当行为和丑闻如何影响公司治理。
- 良好治理的关键要素是什么。
- 道德在良好的治理中的作用。
- 企业文化中的道德为何以及如何促成良好的公司治理。
- 为什么举报者和举报者保护计划很重要。

2.1 道德与治理：重要事件的时间线

表 2-1 展示了始于 1929 年的重要事件，这些事件有助于提高人们对加强道德和治理的必要性的认识。

表 2-1 道德与治理：重要事件的时间线

	时间	事件
监管开始慢慢收紧；只考虑股东的利益	1929 年	股市崩盘，大萧条
	1933—1934 年	美国证券交易委员会成立，《格拉斯-斯蒂高尔法案》出台
	1938 年	美国房利美公司（Fannie Mae）成立
	1940 年	《投资顾问法》出台
	1940—1968 年	环境保护意识觉醒
	1968 年	抵押贷款开始证券化
	1970 年	房地美公司（Freddie Mac）创立，福特平托车（Ford Pinto）被引入市场
	1977 年	《反海外腐败法》出台
	1977—1991 年	积极分子（消费主义者、环保主义者、社会责任投资者）涌现
	1991 年	《美国量刑指南》出台
	1991—1999 年	利益相关者概念出现
	1999 年	《格拉斯-斯蒂高尔法案》被《格拉姆-利奇-布利利法案》（又称《金融服务现代化法案》）取代

续表

时间	事件
2002 年	安然、安达信、世通事件促使《SOX 法案》出台
2002—2008 年	关于企业和专业人士（激进避税）的许多丑闻
2008 年	美国房地产泡沫破裂，经济崩溃，TARP（问题资产救助计划），麦道夫庞氏骗局曝光，雷曼兄弟（Lehman Brothers）破产，西门子以 8 亿美元解决违反了《反海外腐败法》的海外贿赂诉讼
2010 年	《多德-弗兰克华尔街改革和消费者保护法案》出台
2012 年	伦敦银行同业拆借利率基准利率操纵条款出台
2012—2015 年	通用汽车点火开关问题、高田（Takata）安全气囊问题、大众汽车排放丑闻、丹斯克银行洗钱
2015 年	威朗、图灵制药和其他制药公司哄抬药品价格
2015—2019 年	哈维·温斯坦事件，美国反性骚扰运动"我也是"运动，强生（Johnson & Johnson）爽身粉事件，拜耳（Bayer）农达（Roundup）致癌案，卡里利恩破产，QuadrigaCX 加密货币交易失败
2019 年	德意志银行重组，商业圆桌会议声明，考虑利益相关者的利益

注：表格左侧纵向合并单元格文字为："《SOX 法案》时代开启，执行和罚款更加严格；其他利益相关者的利益日益受到重视"

2.2 道德与治理：1970 年之前的早期发展

1929 年 10 月 29 日的"黑色星期二"前，世界各地的经济体一直在享受"喧闹的 20 年代"，这是一个高盈利、充分就业、房地产市场空前繁荣和无限乐观的时期。公司看似在做它们应该做的工作，公司治理似乎也在正常进行。随后，股市崩盘的发生，表明企业经营投机性极强，富有隐秘性，充满利益冲突。它们似乎是专门为那些控制它们的高管或所有者服务，而不是为其他利益相关者服务，其他利益相关者包括消费者、员工、小股东或远距离股东。操纵和夸大财务报表是很普遍的，因此投资者不知道他们所投企业的真实财务状况。本应保护储户资金的银行破产了，因为它们也进行投机性投资以快速获利。

随着股市崩盘和失业率飙升，财富的普遍流失令各国政府感到震惊。人们无法支付贷款，流离失所。人们没有足够的钱购买商品，甚至买不起食品杂货。直到 1939 年为二战提供军资，生产和就业才得以增长，经济才得以复苏。

在 1929 年至 1939 年的大萧条期间，美国政府认识到了导致危机的一些道德和治理缺陷，并制定了旨在补救这些缺陷的法律，其中包括：

● 1933 年《证券法》（又称《证券真实法》）——根据此法创建美国证券交易委员会，要求从美国公众处募集资金的公司在美国证券交易委员会注册，并遵守公司证券的原始发行、投资者信息、独立会计师的审计证明以及发行人和承销商的民事责任等系列规定。

● 1934 年《证券交易法》——为注册公司的证券（股票、债券和信用债券）二次交易

（在证券交易所）建立监管框架。

● 1933 年《格拉斯-斯蒂高尔法案》（又称《1933 年银行法案》）——授权进行银行改革，旨在将银行的投资和商业职能分开，以防止商业银行因投机性投资失误而倒闭。

● 1940 年《投资顾问法》——为投资顾问的注册和监管建立了一个框架。

但历史表明，这些法律不足以遏制管理层、投资者和投资界的贪婪和利益冲突，对于随后发生的众多丑闻，它们难辞其咎。为了应对这种状况，美国国会于 2002 年颁布了《SOX 法案》，以实现更严格的治理改革。即便如此，银行进一步的治理改革也被证明是必要的，因为 1999 年《格拉斯-斯蒂高尔法案》的废除和《格拉姆-利奇-布利利法案》的通过直接导致了（但并非唯一原因）2008 年的次贷危机，该危机再次摧毁了世界经济。这一事件促使 2010 年新的国际银行监管规定产生，而这些规定在特朗普政府时期被削弱了。

2.3　道德与治理：1970—1990 年

随着 20 世纪 50 年代和 60 年代的逝去，人们越来越清楚地认识到环境是一种有限的资源，也越来越清楚地认识到企业可以做出改变来保护环境。一个以环保主义者闻名的组织开始尽其所能地提高公众对环境问题的普遍认识，并提高公众对不良行为的敏感度。其目标是向公司董事会、高管和管理者施加压力，让他们认识到不利于环境的行为不仅会损害环境，还会损害个人和公司的声誉，并最终损害他们公司的盈利能力。

环保主义并不是 20 世纪 70 年代在积极分子的推动下出现的唯一的"主义"，也不是唯一取得进展的。其他问题也激怒了公众，引发了以下问题：

● 消费主义——不安全的汽车事件刺激了公众，并使拉尔夫·纳德（Ralph Nader）有机会让公众认识到汽车安全和保护消费者的必要性。

● 社会责任投资。

● 关于公平贸易、童工、薪酬公平和血汗工厂生产的法规。

●《反海外腐败法》——包含反贿赂条款，针对洛克希德公司（Lockheed）高管贿赂日本官员以销售飞机一案。

这些问题发生后，在没有通过新法律的情况下，与此利益相关的积极分子开始改变对公司行为的期望，尽管新出台的法律法规，如《美国量刑指南》，明确了这些期望。

此外，激进主义的兴起提高了人们对积极分子权力的认识，他们被称为企业利益相关者。1984 年，爱德华·弗里曼（Edward Freeman）发表了关于利益相关者理论的开创性研究，将这些发展纳入一个框架。这一研究对那些对治理感兴趣的人有意义，也对与理解利益相关者、支持提高公司声誉和实现公司战略目标相关的人有意义。事实证明，这种理解有助于确定董事、股东和管理者现在如何看待他们在公司的角色以及他们如何获取利益。当然，利益相关者理论的贡献需要多年的时间才能成熟。

2.4 道德与治理：现代——1990年至今

在引入《美国量刑指南》之前，一名法官指出，如果一家公司能够证明已经尽了一切合理的努力来避免环境破坏（即尽职调查程序已经到位），那么每天高达200万美元的罚款可以减少到每天5万美元。很快，许多大公司开始开展环境尽职调查和合规项目，这些项目提高了公司对环境问题的认识，增强了这些公司避免环境破坏的意识，并保证了合规性。

公司在其董事会的指导下，制订了规范其行为并造福社会的治理计划。为了应对来自积极分子（利益相关者之一）的压力，公司制订了治理计划，致力于：

- 鼓励和保护举报人
- 改善健康和安全
- 确保公平交易
- 减少利益冲突
- 确保合理的就业
- 保护环境
- 防止性虐待
- 尊重个人权利

尽管产生了这些有利的发展，贪婪和利益冲突并没有消失，它们还是导致了许多丑闻。这些丑闻最后以《SOX法案》的形式引发了进一步的治理改革，并于2010年在国际上导致了银行改革法规。触发这两项改革的重大丑闻见表2-2，包括以下内容：

- 安然公司——董事会未能提供必要的监督来防止当时美国历史上最大的破产事件。
- 安达信——由于将重心从提供审计服务转移到提供高利润率的咨询服务，安达信在进行安然审计时失去了其独立性。
- 世通公司——发生了110亿美元的财务欺诈，超过了安然公司的26亿美元。因为组织中没有人质疑世通公司CEO伯纳德·埃贝斯（Bernard Ebbers）的权威。
- 《SOX法案》——由于商业、审计和公司治理的失败，美国政府于2002年通过了《SOX法案》，以加强公司的责任和义务。
- 避税项目——安永（Ernst & Young）和毕马威（KPMG）在开始向超级富豪出售利润丰厚的避税项目时，不再保护公众利益。政府对它们的恶劣行为非常愤怒，并对这些公司处以罚款，随后政府发布了第230号通告。
- 第230号通告——2007年，美国国税局（IRS）对报税人和税务顾问实施了新的专业标准。
- 次贷危机——银行、投资者在抵押贷款的投机性投资中赚了很多钱，但风险没有得到仔细评估，因此当美国房地产市场在2008年遭遇危机时，相关证券的价值下跌，世界各地的政府不得不提供救助以避免全球金融危机。

● 伯纳德·麦道夫——2009 年，麦道夫因骗取投资者数十亿美元而被送进监狱。投资者应该记住，如果他们得到的回报好得离谱，那么该回报很可能是虚假的。

●《多德-弗兰克华尔街改革和消费者保护法案》——2010 年 7 月，由于次贷危机，美国国会颁布了新的金融服务市场法规，以加强对消费者的保护。

● 伦敦银行同业拆借利率基准利率操纵——2012 年，人们发现，世界上许多大银行进行串通，来操纵房屋抵押贷款和其他借款利率的决定因素，以牺牲全球借款人的利益为代价，最大限度地提高银行的利益。

● 丹斯克银行洗钱案——2014 年，该银行在爱沙尼亚塔林的一家分行被发现为俄罗斯寡头洗钱 2 300 亿美元。

● 巴拿马文件（2016 年）和天堂文件（2017 年）摧毁了逃税的秘密——黑客发布了数字记录，揭露了许多公民将财富转移到海外以逃避国内税收的事实。

● “我也是”运动——2017 年，著名的电视和电影天才导演哈维·温斯坦因连环性侵而被调查和起诉，并与其他人（如比尔·科斯比）一起引发了爆点，推动了 “我也是” 运动的崛起。

● NOCLAR 审计准则——2017 年 7 月，IESBA 标准生效，要求 IFAC 成员机构的职业会计师在意识到其客户或雇主不遵守法律或法规时进行报告。如果这一标准得到全面采用，会大大改变职业会计师在治理框架内的职能。

● 强生和拜耳的诉讼——2018 年，有害产品的法律诉讼金额高达数十亿美元，该处罚树立了有害产品风险的新意识，并威胁到相关公司的生存能力。

● 卡里利恩破产——2018 年，英国大型建筑商卡里利恩在收到无保留审计意见两个月后申请破产，引发了一场抗议，进而引发了对英国会计行业的审查和重新思考。

● QuadrigaCX 加密货币交易失败——2018 年末，QuadrigaCX 的创始人在印度度蜜月 “去世”，随之而来的丑闻暴露了 “投资” 不受监管的加密货币市场的风险，并且加密货币被犯罪分子频繁使用。

● 德意志银行裁减了约 20% 的员工——在企业欺诈文化引发了许多丑闻之后，2019 年 7 月，德意志银行决定裁撤其投资银行部门，该部门人数约占其全球员工的 20%。

● 商业圆桌会议声明——2019 年 8 月 19 日，一群美国顶级 CEO 签署了一份声明，宣布 “股东利益最大化不再是公司的首要目标”，并认识到在公司决策中应考虑利益相关者的利益。这一声明代表了一个转折点，向其他公司董事会和高管发出了一个信号，即非股东利益值得考虑。实际上，商业圆桌会议声明①标志着 “绝对股东至上” 作为治理目标的终结。

---

① Jena McGregor, "Group of Top CEOs Says Maximizing Shareholder Profits No Longer Can Be the Primary Goal of Corporations," *Washington Post*, August 19, 2019, accessed August 20, 2019, at https://www.washingtonpost.com/business/2019/08/19/lobbying-group-powerful-ceos-is-rethinking-how-it-defines-corporations-purpose/?noredirect=on.

表 2 - 2　自 2000 年以来著名的商业丑闻

时间	事件
2001 年	奥罗拉食品公司（Aurora Foods）——会计欺诈 安然公司——破产 阳光电器（Sunbeam Corporation）——会计欺诈 废弃物管理公司（Waste Management，Inc.）——会计欺诈 HIH 保险公司——破产
2002 年	阿德尔菲亚公司（Adelphia Corporation）——会计欺诈 安达信——破产 环球电信（Global Crossing）——破产 世通——破产 施乐公司（Xerox）——会计欺诈 《SOX 法案》出台
2003 年	安永——避税
2005 年	毕马威——避税
2007 年	霍林格（Hollinger Inc.）破产 美国国税局第 230 号通告：避税
2008 年	贝尔斯登（Bear Stearns）——次级抵押贷款 美亚保险（AIG）——次级抵押贷款 银行危机——政府救助 房利美——次级抵押贷款 房地美——次级抵押贷款 美林——次级抵押贷款 雷曼兄弟——破产 法国兴业银行（Société Générale）——流氓交易员 西门子海外贿赂 伯纳德·麦道夫——庞氏骗局曝光
2009 年	安永——避税 盖伦集团（Galleon Group）——内幕交易 北电网络（Nortel Networks）——破产 萨蒂扬软件技术有限公司（Satyam Computer Services）——破产
2010 年	英国石油公司——墨西哥湾漏油事件 戴姆勒-克莱斯勒（DaimlerChrysler）——贿赂 《多德-弗兰克华尔街改革和消费者保护法案》
2012 年	伦敦银行同业拆借利率基准利率操纵 墨西哥境内沃尔玛行贿事件 SNC-兰万灵（SNC-Lavalin）全球行贿事件
2012—2015 年	丹斯克银行洗钱 通用电气点火开关故障 高田安全气囊召回 大众汽车排放标准造假 威朗药品价格欺诈 图灵制药药价欺诈

续表

时间	事件
2015—2019 年	巴拿马文件发布 天堂文件发布 强生爽身粉致癌案 拜耳农达致癌案 温斯坦及其他性侵 卡里利恩破产 QuadrigaCX 加密货币交易失败 德意志银行裁减约 20% 的员工

2.5 重大道德和治理丑闻事件

安然——董事会的失败

安然公司由肯·雷（Ken Lay）于 1985 年成立，由两家天然气管道公司合并而成。随着天然气需求的增长，安然的股价在 20 世纪 90 年代稳步上升，交易价格在 20 美元至 40 美元之间。2000 年初，股价开始飙升，交易价格在 60 美元至 90 美元之间。当时，安然是美国第七大上市公司。但 2001 年，安然股价开始下跌（见图 2-1），2001 年 12 月 2 日，公司申请破产保护。2002 年 4 月 2 日，安然股票的交易价格仅为 24 美分。

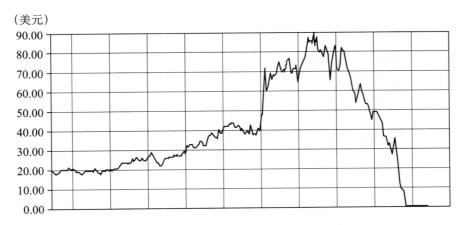

图 2-1 安然 1997—2002 年股价图（每周价格）

资料来源：Reprinted courtesy of StatPro Canada，Inc.

安然总部位于得克萨斯州休斯敦市，其核心业务是销售天然气。但它转而进入了销售能源期货的行业。期货契约是一种协议，根据这种协议，一方同意在未来的特定日期以今天商定的价格向另一方出售能源。从卖方的角度来看，当能源交付给客户时，通常会记入收入。在安然的案例中，它预估未来的销售额并确认为收入。虽然是"预付款"，但安然公司在收到现金的当期就确认了收入，而不是等到未来几年交付了天然气之后再确认收入。

　　另一个策略是人为出售或组合安然的长期资产，如其资本密集型能源项目。不幸的是，安然无法找到真正的独立买家投资这些项目。当安然创建关联公司或特殊目的企业/实体作为投资工具时，一名安然员工伪装成独立的外部投资者，转移销售额并制造虚假利润。然而，由于这些特殊目的实体并不独立于安然，实际上安然是在向自己出售资产。由于没有独立投资者的意见，安然可以通过以任何价格出售资产来操纵利润——它也确实做到了。大多数投资者和贷款人被误导，认为安然的销售额和利润增长迅猛，所以公司破产的消息对他们而言无异于晴天霹雳。

　　通过这些交易，安然人为地夸大了收入，同时低估了负债。但由于安然公司向自己出售资产，这些交易没有产生任何真正的利润或任何重大的外部现金流。然而，特殊目的实体被用来吸引有意与安然交易的银行的贷款（即新现金），而这些新现金被转移到安然以结算虚假的销售交易。因此，安然的财务结果显示了销售、现金和利润的虚假增长，并且没有反映银行的借款（即负债），然而正是这些借款才导致现金增加。银行的借款显示在特殊目的实体的报表上，这些借款没有合并到安然报表中。

　　2001 年 11 月 19 日，该公司宣布无法偿还债务。12 月 2 日，该公司宣告破产。当财务报表最终被重述时，安然公司的收入在 1997 年至 2000 年的四年间减少了 26 亿美元。总体债务增加了类似的数额。在 20 世纪 90 年代末，该公司公布的利润中有近一半被证明是虚假的，而这些利润极大地推高了该公司的股价。当时，这是美国有史以来数额最大的一次财务欺诈。

　　根据内部调查和外部调查，安然的失败在很大程度上归因于董事会未能有效监督和治理。董事会成员知道并允许安然高管做以下事情：

● 从事高风险会计交易，如"预付款"提前确认为收入。

● 参与不适当的利益冲突，如允许安然首席执行官杰弗里·斯基林（Jeffrey Skilling）经营与安然有交易往来的私募股权基金。

● 利用特殊目的实体，不记录重要的表外负债。

● 通常未经适当批准向其高管支付过高的薪酬，包括向 12 名高管支付近 10 亿美元的股票期权。

　　此外，董事会成员与安然公司进行了一些金融交易，损害了他们自己的独立性。

　　董事会未能确保安然的审计事务所安达信的独立性，还选择忽视各种举报人的投诉，信任公司的高级管理人员肯·雷（董事长，有时是 CEO）、杰弗里·斯基林（CEO）和安德鲁·法斯托（Andrew Fastow）（CFO），正是这些人策划了这次诈骗。

　　由于安然公司的失败，成千上万的员工失去了工作；数百万投资者直接或间接地通过他们的养老基金损失了数百万美元。10 名关键员工被起诉并被送进监狱，尽管肯·雷在判刑前已经死亡。一年之内，安然的审计事务所安达信被判妨碍司法公正；世通被报道其财务欺诈金额高达 110 亿美元；美国国会颁布《SOX 法案》。世界范围内公司治理发生了巨大变化。

安达信——误入歧途的组织文化

　　在世纪之交，有五大会计师事务所：安达信、德勤（Deloitte Touche Tohmatsu）、安永、毕马威和普华永道（PwC）。每一家事务所的网络都遍布世界各地，几乎每个主要城市都有它们的办事处。它们被称为"五大"，在向大型上市公司提供审计服务方面，它们是垄断的。

安达信于 1913 年在芝加哥成立。它以正直和技术能力著称。1954 年，它从提供会计和审计服务扩展到向其所提供审计服务的公司提供咨询服务。到 1984 年，其咨询服务收入大于审计服务收入。1989 年，咨询部门被分拆成一个独立的组织，最终更名为埃森哲（Accenture）。20 世纪 80 年代，安达信的文化发生了如下变化：

- 创收成为提升的关键。

- 重点是向管理层提供非审计服务，包括就如何构建交易提供建议，从而以有利于管理层的方式披露交易。

- 降低审计成本的压力加大，审计合伙人被允许推翻质量控制合伙人的决策。

公正准确地向股东报告和为管理层利益服务之间的冲突没有得到解决。合伙人只对创收感兴趣。

安达信为安然提供审计和咨询服务。2000 年，它从提供咨询服务中获得更多收入；向安然收取的审计费为 2 500 万美元，咨询费为 2 700 万美元。[①] 负责安然审计的合伙人大卫·邓肯（David Duncan）没有质疑安然的会计政策。他甚至忽略了质量控制合伙人卡尔·巴斯（Carl Bass）的三封内部电子邮件，后者质疑安然的一些会计政策，也怀疑安然与法斯托（安然首席财务官）管理的特殊目的实体之间可能存在利益冲突。最终，巴斯被免去了对安然公司进行审计监督的职务。

2002 年 3 月，美国证券交易委员会宣布正在调查安达信在安然审计方面的缺陷。此前，安达信被发现在对废弃物管理公司和阳光电器的审计中存在类似的审计缺陷。与此同时，许多公司更换审计师；它们不希望自己的声誉因与安达信的关联而受损。[②]

10 月 10 日，安达信的律师南希·坦普尔（Nancy Temple）向休斯敦办事处发送了一封电子邮件，提醒安然审计团队注意安达信的政策，"该政策要求销毁无关和多余的材料"。成吨的文件被销毁。当这件事被公之于众时，人们认为安达信公司的员工正在锉毁任何可能表明他们曾参与安然欺诈的证据。

安达信被指控妨碍司法公正，并于 2002 年 6 月 15 日被判有罪。安达信同意在上诉期间停止审计所有上市公司。近三年后，2005 年 5 月 31 日，美国最高法院推翻了对安达信所定的罪名。但这为时已晚，它已自愿交出营业执照，其人员已加入美国和世界各地的其他会计师事务所。曾经在全球拥有 85 000 名员工的公司不复存在了。五大会计师事务所已经变成了四大会计师事务所。

---

① Paul Healy and Krishna Palepu, "The Fall of Enron," *Journal of Economic Perspectives* 17, ro. 2 (March 2003): 3 – 26.

② Paul Chaney and Kirk Philipich, "Shredded Reputation: The Cost of Audit Failure," *Journa. of Accounting Research* 40, no. 4 (May 2002): 1221 – 45.

世通公司——权力掌握在一个人手中

在移动电话出现之前，通话内容是通过固定的光纤电话线发送的。因为公司建立和运营自己的电话线网络很昂贵，所以电话公司共享现有的固定电话线。拥有固定电话线的公司将向使用该线路的电话公司收取服务费。然后电话公司会向电话用户收取固定电话费用。电话公司会记录使用第三方固定电话线的费用，并记录向长途电话用户收取的费用。

总部设在密西西比州克林顿市的世通公司是由伯纳德·埃贝斯于 1983 年创立的。该公司在 20 世纪 90 年代通过一系列收购达到了惊人的增长。最终，世通公司成为仅次于 AT&T 的第二大电信公司，埃贝斯被称为电信牛仔。1999 年，世通公司计划以 1 150 亿美元收购斯普林特公司（Sprint Corporation）。然而，收购被美国和欧洲监管机构否决。这给世通的股票带来了下行压力，因为世通的股票增长是通过收购而不是正常的运营增长实现的。

为了人为增加净收入，世通采取了一种简单的会计政策：将费用资本化。公司没有记录第三方线路成本，而是将这些成本确认为资产。1999 年至 2002 年期间，这些资本化的成本减少了经营费用，人为地使净收入增加了 76 亿美元。世通公司还聘请安达信作为其审计公司。

欺诈是由埃贝斯、斯科特·沙利文（Scott Sullivan，该公司的 CFO）和沙利文手下的四名员工实施的。2000 年，埃贝斯和沙利文各获得了 1 000 万美元的留任奖金。到 2001 年，他们每人都获得了数百万份股票期权。此外，该公司出借给埃贝斯 4.08 亿美元，用于购买股票或支付其追加保证金。埃贝斯有很强的财务动机来保持世通公司的股票走势强劲，尤其是在收购斯普林特公司失败后。为了保持股价上涨并符合分析师的预测，埃贝斯指示沙利文进行一场直接的财务报表欺诈。该公司将费用记为资产，从而增加净收入。该公司还创造了 20 亿美元的虚拟准备金。该欺诈最终总计达 110 亿美元，使 26 亿美元的安然欺诈相形见绌。

尽管 1999 年至 2002 年的收入被大幅高估，但股价开始下跌。埃贝斯在 4 月份被解雇后，一项内部调查揭示了欺诈的程度，但为时已晚。2002 年 7 月，世通宣布破产。世通后来与 MCI 公司合并，并于 2006 年更名为 Verizon Business。欺诈者——埃贝斯、沙利文和他们的助手——被罚款并被送进监狱。

在法庭审理过程中，陪审团选择相信检方的说法，即欺诈是由埃贝斯策划的。他们接受了沙利文的证词，他说埃贝斯命令他"达到要求的数字"。他们需要伪造会计记录，以满足华尔街的期望，从而让股票价格保持在高位，让股票期权赚钱。埃贝斯创建了这家公司，并通过收购和虚假财务报告推动公司的增长。沙利文以及其他任何人都没有资格质疑他。因此，凭借几乎无限的权力，埃贝斯策划了美国历史上最大的诈骗案。他失控了。

世通已经形成了一种不健康的企业环境和文化。高管们薪酬过高，他们有太多的股票期权。监督不足，权力集中在一个人手中。澳大利亚也发生了类似的情况。HIH 保险由一个人独裁统治，其糟糕的管理决策导致该公司于 2001 年破产。该公司形成了一种与世通类似的文化，在这种文化中，高管的决策不会受到质疑。^① 如果董事会和管理层之间没有互相制衡，企业失败的可能性就会增加。

信任危机

在 2002 年世通公司破产、安达信公司破产以及 2001 年安然公司破产之前，投资者和监管机构对企业领导人缺乏诚信感到极度担忧，股市暴跌，对财务报告的信任度也随之下降。此外，原本旨在确保管理层经营企业不是为了增加自身利益的治理结构存在明显缺陷。在市场上出现过许多令人震惊的公司治理失败案例：

● 阿德尔菲亚公司——由约翰·里加斯（John Rigas）创立，该公司于 2002 年申请破产，原因是里加斯和他的家人内部腐败，他们被判犯有涉案金额 23 亿美元的欺诈罪，并掠夺了公司 1 亿多美元。

● 奥罗拉食品公司——2001 年，该公司被发现为了满足分析师的盈利期望而少报了 4 370 万美元的费用。^②

● 环球电信——它在 2002 年宣布破产，当时是美国历史上第四大商业失败事件。这家光纤公司的市值从 2000 年 2 月的 476 亿美元下跌到 2002 年 1 月 28 日的 2.73 亿美元。^③

● HIH 保险公司——损失估计为 53 亿澳元，这是澳大利亚当时历史上最大的企业破产事件。随后皇家委员会（Royal Commission）发现，破产是严重的管理不善和从不质疑领导决策的组织文化造成的。^④

● 阳光电器——阿尔伯特·邓拉普（Albert Dunlap）通过虚增 6 200 万美元的销售额增加了净收益。该公司于 2001 年进入破产保护。

● 废弃物管理公司——2001 年 3 月，美国证券交易委员会指控该公司的高级管理人员从 1992 年到 1996 年，虚报税前收入 35 亿美元。由于此次审计失败，该公司的审计公司安达信支付了 700 万美元的罚款。

● 施乐公司——2002 年 4 月，该公司因在 1997 年至 2000 年虚假确认超过 30 亿美元的设备收入而被罚款。^⑤

这只是世通公司破产一年内发生的会计和商业危机的部分清单，但 110 亿美元的世通欺诈案是引致危机的最后一根稻草。商业和商界人士面临信任危机，因为他们的诚信、财务报

---

① "Report of the Royal Commission into HIH Insurance," *Department of the Parliamentary Library* 32（May 13，2003），http://www. aph. gov. au/library/pubs/rn/2002 - 03/03rn32. pdf.

② "Former Aurora Foods Executives Plead Guilty to Securities Fraud," *St. Louis Business Journal*，September 4，2001，http://www. bizjournals. com/stlouis/stories/2001/09/03/daily8. html.

③ "Global Files for Bankruptcy," *CNN Money*，January 28，2002，http://money. cnn. com/2002/01/28/companies/globalcrossing/.

④ "Report of the Royal Commission into HIH Insurance," *Department of the Parliamentary Library* 32（May 13，2003），http://www. aph. gov. au/library/pubs/rn/2002 - 03/03rn32. pdf.

⑤ "Xerox Charged with Fraud," *CNN Money*，April 11，2002，http://money. cnn. com/2002/04/11/technology/xerox _ fraud/.

告和活动缺乏可信度。如图 2-2 所示，随着每次危机消息引起公众的注意、股市暴跌，美国总统布什认识到了日益严重的信任危机，在电视上呼吁公众相信政府能够修复有缺陷的治理和报告系统，但接下来的尴尬结局导致股价继续下跌。作为回应，美国国会迅速通过了《SOX 法案》，该法案于 2002 年 7 月 30 日生效。

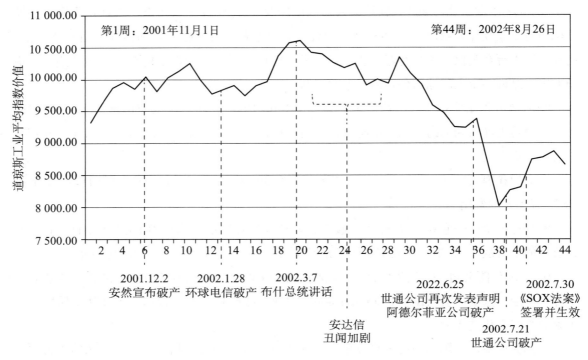

图 2-2　金融危机对纽约证券交易所道琼斯工业平均指数股票价格的影响

资料来源：http://ca. finance. yahoo. com/q/hp?s＝％5EDJI&a＝10&b＝1&c＝2001&d＝07&e＝31&f＝2002&g＝w.

《SOX 法案》——"关上谷仓门"

《SOX 法案》在三个主要领域提供了指导：管理层的责任、利益冲突以及审计师和审计委员会的责任。管理层的主要职责是实施适当的内部控制，以确保公司的财务报告准确、完整、易懂和透明。此外，季度和年度财务报告必须经 CEO 和 CFO 签署，证明公司关于财务报告的内部控制的范围、充分性和有效性。

《SOX 法案》的几个部分旨在减少利益冲突。这些要求包括：

● 披露管理层股票交易以及管理层与主要投资者的交易；

● 所有上市公司都应该有公司道德准则。

《SOX 法案》的许多章节阐述了审计师和审计委员会的职责。其中一些要求如下：

● 参加审计委员会的董事独立于管理层；

● 审计委员会至少有一名财务专家，其他人也需要懂财务；

● 审计委员会有足够的时间和资金预算来完成其工作；

● 审计师在管理层不在场的情况下向审计委员会报告；

● 审计师不向其审计客户提供除税务和信息技术以外的任何管理服务。

此外，《SOX 法案》要求成立 PCAOB。PCAOB 由美国证券交易委员会任命的五名成员组成，负责建立审计和认证标准。它还负责检查和监督会计师事务所。由于多次审计失败和安达信破产，美国政府决定不再让会计师事务所自我约束。因此，PCAOB 旨在对审计师进行审计。

《SOX 法案》旨在加强公司治理。当董事会不独立于管理层时，董事会更难控制管理层。管理层和主要投资者之间的非长期交易可能不以公允价值定价，因此存在管理投机主义的机会。股票期权被慷慨地授予上市公司的高级管理人员，通常是因为许多人错误地认为股票期权对公司没有成本。《SOX 法案》有助于确保更大的透明度，这将最大限度地减少利益冲突可能产生的不利影响。

审计委员会是治理控制的关键要素。该委员会将监督公司的财务报告系统和财务报告。委员会必须具备客观、独立地评估审计和财务报表真实性的专业知识。审计师还必须是独立的，以便客观地评估管理层编制的财务报表。《SOX 法案》在这方面提供了指导方针。

总的来说，《SOX 法案》迫使董事尤其是那些同时是审计委员会成员的董事，意识到他们不能再从表面上接受管理层的声明。现在董事们被要求知识渊博且保持警惕。董事们负有监督管理和制定战略政策的最终责任。因此，他们必须正直诚实地行事。

《SOX 法案》的另一个结果是，审计人员对其委托人的内部控制系统有了更多的了解，并调整他们的审计程序，以利用这种巩固后的知识。[1] 这提高了上市公司财务报告的质量。[2] 然而，由于《SOX 法案》越来越多的限制，美国许多地区的会计师事务所已经停止对上市公司提供审计服务。[3]

避税——不符合公众利益

税务从业者受雇向委托人提供如何支付最低税额的建议。有时，会计师在设计税收策略时变得过于激进。安永和毕马威都遇到了这种情况。它们向委托人提议的避税策略于后来被判定为非法避税。美国国税局执行了第 230 号通告，两个会计合伙企业都被罚款。

在 20 世纪 90 年代，安永设计并兜售了多种避税手段，这些手段可以将股票期权的纳税时间推迟 30 年。它积极地向富有的客户推销这些避税策略，包括安永的公司客户斯普林特公司的两位高管。美国国税局认为这些避税手段是违规的，并且不允许对其减税。高管们被重新评估，不得不支付数百万美元的税款和罚款。安永与美国政府达成了和解，并支付了 1 500 万美元的罚款。

---

① Greg Trompeter and Arnold Wright, "The World Has Changed—Have Analytical Procedures Practices?," *Contemporary Accounting Research* 27, no. 2 (Summer 2010): 669 - 700.

② Daniel Cohen, Dey Aiyesha, and Thomas Lys, "Real and Accruals-Based Earnings Management in the Pre-and Post-*Sarbanes-Oxley* Periods," *The Accounting Review* 83, no. 3 (May 2008): 757 - 87.

③ Williams Read, Dasaratha Raghunandan, and K. Rama, "Local and Regional Audit Firms and the Market for SEC Audits," *Accounting Horizons* 18, no. 4 (December 2004): 241 - 54.

从 1996 年到 2003 年，毕马威设计、实施并大力推广了各种针对缴纳 1 000 万～2 000 万美元税金的富裕纳税人的避税手段。这些滥用避税手段的行为造成了至少 110 亿美元的人为税收损失，使美国政府损失了 25 亿美元的税收收入。美国政府拒绝了这些避税手段，理由是它们除了减税之外没有其他经济目的。美国政府对纳税人进行了重新评估，并且不允许对他们减税，他们必须支付本应支付的税款以及罚款。毕马威的避税手段被认为太过恶劣，有些人希望看到毕马威倒闭。

随后，四名安永税务工作者因向富有客户推销非法避税策略而被判有罪。这四名税务工作者兜售避税策略，造成了约 20 亿美元的虚假税收损失。安永没有被起诉，但公司的声誉受损。

美国国税局于 2007 年 9 月 26 日发布了第 230 号通告。它为税务专业人员提供规则和拟定实施的最佳路径。基本规则是了解你的客户，满足客户的需求，充分解释和披露，并提出可能成功的策略。第 230 号通告要求税务专业人员做以下工作：

- 了解实际情况以及客户的目标、需求和期望。
- 任何建议或税务规划策略都必须符合客户的目标和当前适用的税务法规。
- 任何书面意见，包括电子邮件，需要清楚地解释所有的事实和假设、提出的战略以及战略的可能后果。
- 任何提出的税务策略必须有超过 50％ 的成功机会（如果它有被美国国税局质疑的可能性）。
- 如果不能达成一致意见，那么税务人员必须解释为什么不能得出一致的结论。
- 意见还必须披露补偿方法。

总体而言，税务专业人员需要了解客户，并提出合理以及符合法律和客户要求的税务规划建议。

批评者认为，新规定将阻止大多数税务从业者向其客户提供任何有意义的税务建议。与批评者的意见相反的意见占了上风。因为税务从业人员表现出对法律和专业标准的漠视，政府不得不对报税人和税务顾问实施新的专业行为标准。

次贷危机——贪得无厌

次贷危机对全球经济的损害如此之大，以至于许多人认为它的影响仅次于 20 世纪 30 年代的大萧条。它是由始于 2006 年的房价泡沫破裂造成的，并在 2008 年随着雷曼兄弟的破产达到危机的程度。雷曼兄弟是一家总部位于纽约、业务遍及全球的受人尊敬的历史悠久的投资公司。由于这场危机，基于抵押贷款的投资变得毫无价值，拥有这些投资的机构、养老基金和个人破产。直到 2015 年，经济一直低迷。由于股市崩盘，部分投资者从此一蹶不振。

在危机得到补救之前，美国和欧洲的政府必须向许多银行和大公司提供资金，以防止它们破产，还必须增加本国经济的流动性，以刺激经济。这场危机蔓延到世界各地，因为投资者在全球范围内买卖证券，许多人持有的证券因美国次贷危机而蒙受损失。

　　传统上，商业银行从储户那里借钱，然后把钱借给房主，用房产抵押担保。此外，投资银行通过承销、并购和金融工具交易，帮助客户（通常是公司）筹集资本金。1999 年，《格拉姆-利奇-布利利法案》取代了 1933 年的《格拉斯-斯蒂高尔法案》。商业银行被允许从事投资活动。其中一项活动是通过发行中短期商业票据以较低的利率借钱，然后通过抵押贷款投资以较高的利率放贷。这些交易被称为结构性投资工具（SIV），允许银行通过两种利率之间的息差赚钱。

　　银行随后开始发行债务抵押债券，这是 SIV 的一种特殊形式。银行发行的债务抵押债券，基本上是一种由抵押贷款组合担保的债券。据说，所涉及的抵押贷款组合已经被证券化，整个过程被称为资产证券化。抵押人的现金收入被用来支付债务抵押债券的利息。债务抵押债券的风险受投资组合中抵押贷款风险的影响。大型债务抵押债券通常有不同的风险类别，并出售给投资者。向债务抵押债券持有人支付的利息和本金风险级别有所不同，其中优先级债券最安全；次级债券风险最大。因为风险最大，次级债券支付更高的利息或票面利率。由于风险水平不同，债务抵押债券成为流行的投资工具。

　　如果投资的所有者或非所有者/投机者开始担心投资价值下降的风险，他可以从另一个投资者或投机者那里购买承诺，以支付任何价值损失。

　　在 2007 年之前，美国的房价一直在攀升。银行通过提供非常低的利率鼓励人们购买房屋和进行中短期抵押贷款。销售方宣传的是，当抵押贷款到期时，借款人的工资将增加到足以支付更高更新的利率，或者，如果房主不想支付抵押贷款，因为房屋的价值将上升，房主可以出售房屋，偿还抵押贷款，并在交易中赚钱。多划算呀！

　　证券化允许金融机构向房主发放抵押贷款，然后将这些抵押贷款出售给另一家金融机构或投资者。除了转移抵押贷款违约的风险，这为最初的金融机构提供了足够的现金流来发放更多的抵押贷款。金融机构还将收取更多的交易费。这一制度鼓励金融机构发放高风险抵押贷款，只要这些抵押贷款能够迅速出售给第三方。

　　放贷机构鼓励业主办理第二次和第三次抵押贷款。房屋被视为投资，而不是住所。资金被贷给高风险客户——信用等级低于一流水平的客户，因此有了"次级贷款"这个术语。贷款竞争变得激烈，贷款甚至发放给了没有资产、在某些情况下没有收入或工作的借款人。通常，发放贷款甚至不需要证明信誉的文件。对房主来说，一个额外的好处是，这些抵押贷款的利息可以免税。

　　与这些次级抵押贷款相关的债务抵押债券也产生了高回报率，因此它们是有吸引力的投资。银行把它们卖给了所有的客户。它们承诺高收益，被认为是低风险产品，因为房地产市场正在蓬勃发展。与此同时，信用评级机构将高风险结构性投资工具和债务抵押债券归类为低风险。这些评级机构通常没有进行必要的尽职调查，以彻底评估固有风险。此外，招股说明书通常相当冗长，其中包含许多人无法理解的技术性术语。因此，投资者通常依赖承销商、信用评级机构和银行的良好声誉。债务抵押债券是由许多本应更了解情况的金融机构凭信心购买的。

像所有投资一样，这里存在投资价值下降的风险。这开始于 2006 年。房价开始下跌，曾经被鼓励进行抵押贷款的人发现抵押贷款的价值超过了房产的价值。房主开始拖欠抵押贷款。银行迅速取消抵押品赎回权并出售房屋，这进一步抑制了市场。美国经济放缓脚步，经济危机一触即发。截至 2006 年底，12.5％的次级抵押贷款违约。超过 150 万美国人失去了房子。随之而来的是，由次级抵押贷款支持的债务抵押债券的价值迅速下降。信用违约互换是一种衍生工具，其价值受相应债务抵押债券的影响，由于债务抵押债券价值下降，信用违约互换的价值也随之下降。

债务抵押债券和信用违约互换的买卖通常是由没有正确评估相关风险的投资者进行的。当市场崩溃时，以前从未出现亏损的金融机构开始破产：

● 2007 年第三季度，美林报告运营亏损 23 亿美元，并宣布为抵押贷款相关投资设立了 79 亿美元的亏损准备金。它以每股 1 美元的价格被出售给美国银行，从而避免了破产。

● 2007 年 7 月 16 日，贝尔斯登宣布其两家次级抵押贷款对冲基金几乎损失了全部价值。9 月 21 日，该公司报告称，第三季度利益下降 61％，部分原因是清算其债务抵押债券投资组合时亏损 8 亿美元。[①]

● 雷曼兄弟持有大量的债务抵押债券，并在销售证券化抵押贷款方面非常活跃。2008 年 6 月 9 日，该公司公布季度亏损 28 亿美元。公司寻求财政援助。但是没有人援助。它于 2008 年 9 月 15 日宣布破产，成为当时美国历史上最大的破产案。[②]

● 美国国际集团（American International Group），曾是信用违约互换的主要卖家，但当金融危机爆发时，该公司报告了大量亏损：2008 年 2 月，亏损为 48 亿美元；一个月后，涨到了 110 亿美元；截至 6 月 30 日的半年中，亏损已达 132 亿美元。尽管美国政府让雷曼兄弟破产，但美国政府还是为美国国际集团提供了紧急资金。因为美国国际集团太大了，不能让它破产。

● 联邦国民抵押贷款协会（Federal National Mortgage Association）和联邦住房贷款抵押公司（Federal Home Loan Mortgage Corporation）都曾广泛购买证券化抵押贷款。它们的次级抵押贷款损失巨大，因此美国政府在 2008 年 9 月接管了它们。

金融危机正在损害整个美国经济。银行和其他金融机构被认为对经济太重要，不能让它们破产。因此，在出售美林以及雷曼兄弟破产后，政府介入了。它降低了利率，建立了新的贷款机制，并通过 2008 年 10 月发布的问题资产救助计划提供资金，这是一项总额 7 000 亿美元的刺激计划。

但这正成为一场全球性危机。其他国家的银行和投资者也购买了美国抵押贷款支持证券和信用违约互换。这些机构和投资者也失败了：

---

① Shanny Basar and Vivek Ahuja, "Bear Downgraded in Face of First Loss in 83 Years," *Financial Times*, November 15, 2007, http://www.efinancialnews.com/story/2007-11-15/bear-downgraded-in-face-of-first-loss-in-83-years.

② Abigail Field, "Lehman Report: The Business Decisions That Brought Lehman Down," *Daily Finance*, March 14, 2010, http://www.dailyfinance.com/story/investing/lehman-report-the-business-decisions-that-brought-lehman-down/19398397.

● 2008 年 10 月，瑞士最大的银行瑞银集团（UBS）从瑞士政府获得了 592 亿美元的救助。该银行拥有超过 600 亿美元的"有毒"资产。[①]

● 在冰岛，经济危机非常严重，在 2008 年 10 月的一周内，该国的三大银行——格利特尼尔银行（Glitnir）、考普辛银行（Kaupthing）和国民银行（Landsbanki）崩溃，冰岛货币克朗暴跌。[②]

● 2008 年 10 月 13 日，英国政府宣布向苏格兰皇家银行（Royal Bank of Scotland）、劳埃德银行（Lloyds TSB）和苏格兰哈里法克斯银行（HBOS）注资 370 亿英镑。国有化计划导致政府拥有苏格兰皇家银行约 60％的股份，以及合并后的劳埃德银行和苏格兰哈里法克斯银行 40％的股份。[③]

这是一场使世界陷入经济衰退的全球危机。所有政府都承认需要全球合作和承诺来应对金融危机。在 2010 年 6 月在多伦多举行的会议上，二十国集团（20 个最大经济体）的领导人重申，他们承诺继续支持共同努力以改革国际金融市场并加强经济合作。

大多数次贷危机的要素可以用一个词来概括：贪婪。房主开始贪婪地将他们的住宅视为投资，而不是房屋。允许扣除抵押贷款利息但不允许扣除租金的税收规定进一步鼓励人们进行大额抵押贷款。抵押贷款公司不顾风险推销尽可能多的抵押贷款，以便收取抵押贷款佣金，然后将抵押贷款出售给另一个投资者，从而避免任何违约风险。只要住房市场持续上行，抵押贷款债券发行者就能从出售抵押贷款支持证券中获得高额利润。通过购买信用违约互换进行谨慎的风险管理实际上变成了一种高度投机的策略，押注于市场的走向。信贷顾问收取费用时没有正确分析与抵押贷款债券相关的风险。只要没有人问如果房地产泡沫破裂会发生什么，快乐的日子就会继续。当它真的发生时，即使是那些只在一旁观看的人也受到了随之而来的经济衰退的不利影响。

第 8 章进一步讨论了次贷危机。

《多德-弗兰克华尔街改革和消费者保护法案》

2010 年 7 月，由于次贷危机，美国国会通过了《多德-弗兰克华尔街改革和消费者保护法案》。[④] 其总体目标是通过对投资市场实施更多监管，保持金融稳定和增强消费者保护。具体包括以下内容：

● 新成立的联邦机构将识别与复杂金融工具和一揽子交易相关的风险。这些机构旨在保护消费者免受与抵押贷款、信用卡和其他金融产品相关的欺骗性金融服务行为的影响。

[①]　Warren Giles, "UBS Gets ＄59. 2 Billion Bailout: Credit Suisse Raises Capital," *Bloomberg*, October 16, 2008, http://www. bloomberg. com/apps/news?pid＝newsarchive&sid＝ah0AFa2SEHhw.

[②]　"Iceland Expected to Turn Down Bank Failure Repay," *Washington Times*, March 6, 2010, http://www. washingtontimes. com/news/2010/mar/06/iceland-expected-turn-down-bank-failure-repay.

[③]　"UK Banks Receive £37bn Bail-Out," *BBC News*, October 13, 2008, http://news. bbc. co. uk/2/hi/business/7666570. stm.

[④]　该法案摘要可在 http://www. govtrack. us/congress/bill. xpd?bill＝h111－4173&tab＝summary 上找到。

- 有关有风险的金融产品的新规定，如金融衍生品。
- 增强了对金融中介活动的监管，如抵押贷款经纪人、对冲基金和信用评级机构。
- 不再允许美国政府救助陷入财务困境的组织。
- 股东现在对高管薪酬水平有了更大的发言权。

总体而言，这些新的规则和条例旨在通过对在金融服务市场运营的组织的活动施加更多限制来提供消费者保护。

只有时间才能证明这是否有助于防止未来发生类似的经济危机。尽管关于该法是否应该被废除的争论仍在继续，但有证据表明该法正在有效地发挥作用。例如，2016 年 7 月 13 日，商品交易商①迈克尔·科夏（Michael Coscia）被判处②三年监禁加两年监督释放，罪名是六项商品欺诈罪和六项"欺骗"罪，即在执行前发出购买要约和出售要约，目的是取消交易。然而，2018 年 5 月 24 日，美国总统特朗普签署了一项两党法案，撤销了《多德-弗兰克华尔街改革和消费者保护法案》对美国最大银行之外的所有银行的规定。③

伯纳德·麦道夫——如果完美得不真实

卡洛·庞兹（Carlo Ponzi，1882—1949）开发了一个欺诈投资者的聪明方案，这个方案现在以他的名字命名。1920 年，庞兹在波士顿成立了一家公司，购买外国邮资券并将其转换成现金。这样的生意是合法的。但他的经营方式不是。他承诺给投资者惊人的回报：六周内 50%。他这样做是用后续投资者的钱来偿还前期投资者。这被称为"金字塔计划"。它的成功取决于有大量后续人员投资该计划。在庞氏骗局中，许多人进行再投资，而不是拿走他们的收益。这场诈骗骗走了上万名投资者数百万美元。庞兹被判 86 项欺诈罪，并被送进监狱。

在随后的几年里，世界各地又出现了数百起庞氏骗局。虽然有很多变化，但基本设计是一样的。投资者以为他们可以通过将钱投资于欺诈者来获得高于正常投资的回报。④ 完善庞氏骗局的人是诈骗投资者数十亿美元的伯纳德·麦道夫。

麦道夫是一位在华尔街重要且有影响力的股票经纪人和金融顾问。他经营着一家成功的投资公司，是美国全国证券交易商协会（NASD）的董事会成员，并向有价值的慈善机构和政治活动提供大量捐款。他的投资业务承诺并支付了高于正常水平的回报，每月高达 1%。人们会请求他管理他们的钱，那些被他接受为客户的人感到荣幸和高兴，没有质疑麦道夫。麦道夫的客户名单包括好莱坞一流明星、大学、慈善组织、对冲基金，甚至一些国际银行。

1999 年，金融专家哈里·马科波罗斯（Harry Markopolos）向美国证券交易委员会提交

---

① Jennifer Wells, "A Part of the Dodd-Frank Worth Saving," *Toronto Star*，December 30，2015，S8.

② Michael Hirtzer and Tom Polansek, "First U. S. Trader Convicted of Spoofing Sentenced to Three Years in Jail," Reuters，July 13，2016，http://www. reuters. com/article/us-court-spoofing-sentence-idUSKCN0ZT232.

③ Jacob Pramuk, "Trump Signs the Biggest Rollback of Bank Rules since the Financial Crisis," *CNBC*，May 24，2018，accessed September 24，2019，at https://www. cnbc. com/2018/05/24/trump-signs-bank-bill-rolling-back-some-dodd-frank-regulations. html.

④ 有关这种骗局的变体，参见 Hans Christian Anderson, "The Emperor's New Clothes," in *Fairy Tales*，trans. Tiina Nummally（New York：Viking，2004）。

了一份报告，首次揭露了一起欺诈事件。他的分析显示，从数学上讲，麦道夫不可能支付他所声称的已经支付的回报。然而，美国证券交易委员会忽视了马科波罗斯的报告。2004 年，美国证券交易委员会开始调查麦道夫向委员会提交的一些报告中的异常情况。但这项调查随后被撤销。最终结果是 2007 年金融崩溃。投资者试图找回他们的资金，但没有人能拿到。麦道夫欠客户 70 多亿美元。2008 年 12 月 11 日，麦道夫被捕并被控欺诈。欺诈的程度仍不得而知，估计为 100 亿～650 亿美元。2009 年，麦道夫被认定有罪，并被判入狱 150 年。

公众的觉醒：占领运动

大多数公司董事、高管和股东都明白，公众可以直接影响公司利益，也可以通过对政治进程和监管机构施加压力间接影响公司利益。2010 年和 2011 年的事件证实了后者，这警示企业界人士仔细反思那些被许多人认为有问题或不道德的做法。在许多方面，公众施加的这些压力很可能影响公司的未来发展。

2011 年 9 月 17 日，在纽约市，一个抗议活动发生了。这个被称为"占领运动"的抗议活动针对的是"华尔街银行、大公司和其他 1％的人，他们以牺牲 99％的人的利益为代价，为自己攫取财富，并且与政府关系匪浅"[①]。在三周内，"占领运动"如野火般蔓延。调查显示，数千万人支持了这场运动，他们普遍认为次贷危机、随之而来的经济低迷以及世界各国政府的金融破产不应归咎于大多数人，即 99％的人。[②] 应该受到责备的是一小部分人，即那 1％。这些企业领导人牺牲公司和整个社会的利益，只关注自己的个人财富，从而逃避了自己的道德责任。人们认为商业并没有为社会创造财富。它只为少数人创造了财富。

经济不公的主要例子是高管在公司财务状况恶化时仍然享受着巨额薪酬。这些薪酬方案满足了高管的短期私利，他们的薪酬与普通员工的薪酬是不成比例的。1980 年，CEO 的平均薪酬是普通员工的 42 倍，但到 2012 年，CEO 的薪酬是普通员工的 354 倍。[③] 企业领导人的贪婪以雷曼兄弟的 CEO 理查德·福尔德（Richard Fuld）为代表。2007 年，也就是雷曼兄弟宣布破产的前一年，他的年薪高达 2 200 万美元。企业领导人没有表现出期望的领导力，公众也知道，这些高管更关心自己的利益，而不是他们所监管的组织的利润。

股东的觉醒：股东决议

对商业失望的人不仅限于学生、失业者、被剥夺权利者和觉醒者。股东们也对高管的薪酬水平不满，尤其是在公司利润下滑的情况下。这引发了所谓的"薪酬话语权"股东决议运动。

对管理层、董事会或公司业绩不满的股东有两种选择：一是出售股份，以退出来表示不

① Sarah van Gelder, ed., *This Changes Everything：Occupy Wall Street and the 99% Movement* (San Francisco：Berrett-Koehler, 2011), 1.

② Ibid.

③ Melanie Trottman, Melanie, "Corporate Pay＝354 Workers," *Wall Street Journal*, April 13, 2013.

满；二是在股东会提出股东决议，通过投票来争取变革。持不同意见的股东通过提出股东决议，提供经营层面的指导或纠正管理层在经营公司方面的不当行为。

股东通过股东决议提出了许多问题，这些问题可以分为六个基本方面：

- 环境和可持续发展问题，涉及气候变化、可再生能源、污染和危险废物等主题。
- 社会问题，包括人权、工人安全、道德行为准则、慈善事业、阿片类药物危机和药物定价。
- 治理问题，包括董事会的角色和职能，董事的选举和薪酬制度，董事会成员的多样性，以及企业文化。
- 工作场所问题，如工作场所多样性和性别薪酬平等。
- 透明度决议呼吁利益相关者加强参与和沟通，特别是在风险披露方面。
- 薪酬问题涉及高管薪酬的构成和金额。

2010年，美国国会通过了《多德-弗兰克华尔街改革和消费者保护法案》。该法案允许股东投票决定是否批准高管的薪酬方案，从而让股东更多地参与进来。这被称为薪酬话语权，是关于高管薪酬的非约束性股东决议。英国和澳大利亚也通过了类似的薪酬话语权法律条文。加拿大没有类似的法律，尽管很多加拿大公司通过了股东的薪酬话语权决议。

伦敦银行同业拆借利率丑闻：银行如何操纵基准利率

2012年伦敦银行同业拆借利率丑闻是一起系统性操纵基准利率的事件。这种行为在几乎没有监管的环境中，在全球最大银行的欺诈文化的支撑下盛行。几十年来的职权滥用让大银行及其股东、高管和交易员赚得盆满钵满，牺牲了其他人的利益。随后相关机构展开了一系列调查和诉讼，相关银行被处以巨额罚款。

伦敦银行同业拆借利率是一种利率，由英国银行协会（BBA）、英格兰银行（Bank of England）和其他机构于1985年首次计算出来，作为许多金融契约和安排的参考利率或基准利率。伦敦银行同业拆借利率是主要银行从其他银行借款时的平均利率，它提供了一个简单的替代利率，后来被广泛使用。例如，在美国，2008年次贷危机爆发时，约60%的主要可调利率抵押贷款和几乎所有次级抵押贷款都与美元伦敦银行同业拆借利率挂钩。[1][2] 2012年，约45%主要可调利率抵押贷款和超过80%的次级抵押贷款与伦敦银行同业拆借利率挂钩。[3][4] 美国政府也通过与伦敦银行同业拆借利率挂钩的金融产品借入了约75%的资金。[5]

---

[1] Mark Schweitzer and Guhan Venkatu, "Adjustable-Rate Mortgages and the Libor Surprise," *Federal Reserve Bank of Cleveland*, January 21, 2009, archived from the original on January 24, 2009.

[2] Dylan Matthews, "Ezra Klein's WonkBlog: Explainer: Why the LIBOR Scandal Is a Bigger Deal Than JPMorgan," *Washington Post*, July 5, 2012.

[3] Schweitzer and Venkatu, "Adjustable-Rate Mortgages and the Libor Surprise."

[4] Guhan Venkatu, "How Many U. S. Mortgages Are Linked to Libor?," Federal Reserve Bank of Cleveland, accessed June 30, 2013, at http://www. clevelandfed. org/research/trends/2012/0712/01banfin. cfm.

[5] Nathaniel Popper, "Rate Scandal Stirs Scramble for Damages," *New York Times*, July 10, 2012, accessed June 30, 2013, at http://dealbook. nytimes. com/2012/07/10/Libor-rate-rigging-scandal-sets-off-legal-fights-for-restitution/?_r=0.

在伦敦银行同业拆借利率丑闻发生时，全球最大的 18 家银行被迫披露在披露当天的上午 11 点前它们对各种银行间贷款（来自其他银行的贷款）的成本估计。这些估计值被提交给路透社计算平均值，并公布和传播。路透社去掉了 4 个最高值和 4 个最低值，并对其余 10 个值进行了平均。提交 2012 年估计值的 18 家银行[①]包括：

- 美国银行
- 瑞士信贷（Credit Suisse）
- 兴业银行
- 东京三菱银行（Bank of Tokyo-Mitsubishi UFJ）
- 德意志银行
- 三井住友银行（Sumitomo Mitsui Bank）
- 东方汇理银行（Credit Agricole CIB）
- 汇丰银行（HSBC）
- 瑞银集团
- 巴克莱银行（Barclays Bank）
- 摩根大通（JP Morgan Chase）
- 日本中央农林金库（Norinchukin Bank）
- 法国巴黎银行（BNP Paribas）
- 劳埃德银行
- 苏格兰皇家银行
- 花旗银行（Citibank NA）
- 荷兰拉博银行（Rabobank）
- 加拿大皇家银行（Royal Bank of Canada）

伦敦银行同业拆借利率对投资的影响是巨大的[②]，它的轻微变动就会引起银行和交易员利益的重大变动。例如，在 2012 年，相对于伦敦银行同业拆借利率定价的衍生品价值估计为 300 万亿～600 万亿美元，因此即使操纵伦敦银行同业拆借利率每年改变 0.1%，也将引起极大的误差。因此，毫不奇怪，一旦操纵曝光，将面临巨额罚款。截至 2019 年 9 月 27 日，这 18 家银行中有 11 家被控操纵，它们支付的费用与结算如表 2-3 所示。此外，欧盟委员会给予下列银行披露不当行为的豁免权，从而使它们免于罚款：巴克莱银行，6.9 亿欧元；瑞银集团，25 亿欧元；花旗银行，5 500 万欧元。

[①] Edward V. Murphy, *LIBOR: Frequently Asked Questions*, July 16, 2012, accessed June 30, 2013, at http://www.fas.org/sgp/crs/misc/R42608.pdf.

[②] Liam Vaughan and Gavin Finch, "Libor Lies Revealed in Rigging of ＄300 Trillion Benchmark," *Bloomberg Markets Magazine*, January 28, 2013, accessed June 30, 2013, at http://www.bloomberg.com/news/2013-01-28/Libor-lies-revealed-in-rigging-of-300-trillion-benchmark.html.

表 2-3 伦敦银行同业拆借利率费用与结算*（截至 2019 年 9 月 27 日）

	德意志银行	劳埃德银行	巴克莱银行	荷兰拉博银行	苏格兰皇家银行	瑞银集团	兴业银行	摩根大通	花旗银行	RP Martin（英国经纪公司）	ICAP（英国金融机构经纪公司）
总罚款	$3 000/ €725；€725	$370	$453.6	$10 亿 (€774)	$612/ €391	$1 500	€446	€80；€62	€70	$2.2	$87
被提起诉讼次数	6 次		4 次	涉及 30 次		1 次					
被判违法次数			4 次	0 次		1 次					0 次
美国司法部	$775；$150 (2017)		$160	$325	$475 的一部分	$500；$203 (2015)					
美国商品期货交易委员会（CFTC）	$800	$105	$200	$475	$475 的一部分	$700			$175 (2016)	$1.20	$65
英国金融行为监督局（FCA）	£227	£105	$93.6	£105	£87.5	$260				£630 000	£14 ($22)
欧盟委员会	€725 (2013)				€391		€446	€142	€70		
其他机构	纽约州金融服务部（New York Department of Financial Services）：$600；多州美国总检察长案件：$220 (2017)		多州美国总检察长案件：$93.6；英国严重欺诈办公室（Serious Fraud Office）(2016)	荷兰政府 $96		瑞士金融市场监管局（Swiss Financial Market Supervisory Authority）：$65；多州美国总检察长案件：$68 (2018)			多州美国总检察长案件：$100 (2018)		
年份	2013, 2015, 2017	2014	2012, 2016	2013	2013	2012, 2015, 2018	2013	2013, 2014	2013, 2016, 2018	2014	2013, 2016

* 超过 1 000 万美元，所有数字均以百万计。

资料来源：www.cengage.com.

伦敦银行同业拆借利率丑闻是如何曝光的？

几十年来，银行系统的内部人士都知道伦敦银行同业拆借利率被操纵，但直到公众意识到这个问题，以及美国司法部迫使英国政府采取行动，才做出改变。

2008 年 6 月 1 日，纽约联邦储备银行（New York Federal Reserve Bank）行长蒂莫西·盖特纳（Timothy Geithner）给英格兰银行行长默文·金（Mervyn King）发了电子邮件，提出了"提高"伦敦银行同业拆借利率的方法。[1] 尽管随后的电子邮件报告对建议和媒体（例如，2008 年至 2011 年的《华尔街日报》）发表的文章达成了一致，但直到 2012 年 10 月，英国政府才接受《惠特利评论》对伦敦银行同业拆借利率的建议，进行了重大调整。[2]

创建《惠特利评论》的动因之一是前瑞银集团和后来的花旗集团交易员汤姆·海耶斯（Tom Hayes）因操纵伦敦银行同业拆借利率被指控犯有刑事欺诈罪。2012 年 12 月，美国司法部起诉了海耶斯和他的一名同事，但此前一天，他被英方逮捕，并被没收护照，随后获得保释。这意味着美国司法部可能无法将海耶斯引渡到美国进行指控，相关官员诉诸媒体，从而告知公众。[3] 最终，2013 年 6 月 18 日，《华尔街日报》宣布，英方即将起诉海耶斯。[4] 海耶斯在试图影响伦敦银行同业拆借利率之前，曾寻求上级的批准，一些观察人士认为，这一行为可能为定罪提供有力的辩护。其他人认为，如果海耶斯对英国的一些指控认罪，他就不会被驱逐到美国，那里的惩罚可能比英国严厉得多。[5] 海耶斯于 2012 年 12 月在英国被捕，2015 年 8 月被判处 14 年监禁。2015 年底，经上诉，他的刑期被减为 11 年，他还需上缴非法收益。[6]

了解伦敦银行同业拆借利率操纵的内部人士通常不愿意公开表明对早期改革的立场。然而，2012 年 7 月 27 日，摩根士丹利（Morgan Stanley）在伦敦的前交易员道格拉斯·基南（Douglas Keenan）发表了一篇文章，讲述了他早期试图使当局注意伦敦银行同业拆借利率操纵，但没有成功。[7] 他在文章中描述了他在 1991 年作为一名新入职的交易员，是如何得知银行操纵其提交的利率以在特定契约上获利并掩盖流动性问题的。例如在 2008 年的次贷危机期间，如果将提交的伦敦银行同业拆借利率误报为较低水平，相关资产的贴现估值就会提高，

---

① "Libor Email from Timothy Geithner to Bank of England," *The Guardian*，July 13，2012，accessed June 30，2013，at http://www. guardian. co. uk/business/interactive/2012/jul/13/Libor-email-timothy-geithner-bank-england.

② "Government Accepts Recommendation from the *Wheatley Review of LIBOR* in Full," October 17，2012，accessed June 30，2012，at https://www. gov. uk/government/news/government-accepts-recommendations-from-the-wheatley-review-of-Libor-in-full.

③ "Wheatley Review May Mean Big Changes for LIBOR," accessed June 30，2013，at http://www. blakes. com/English/Resources/Bulletins/Pages/Details. aspx?BulletinID=1516.

④ David Enrich，"U. K. to File Fraud Charges in Libor Probe," *Wall Street Journal* as published in *The Globe and Mail*，June 18，2013，B10.

⑤ Ibid.

⑥ Reuters，"Libor Trader Tom Hayes Loses Appeal but Has Jail Sentence Cut to 11 Years," December 21，2015，http://www. theguardian. com/business/2015/dec/21/libor-trader-tom-hayes-loses-appeal-but-has-jail-sentence-cut-to-11-years. Sean Farrell and Reuters，*The Guardian*，"Jailed Libor trader Tom Hayes must pay more than £878 000," https://www. theguardian. com/uk-news/2016/mar/23/jailed-libor-trader-tom-hayes-must-pay-878000-pounds.

⑦ Douglas Keenan，"My Thwarted Attempt to Tell of Libor Shenanigans," *Financial Times*，July 27，2012，accessed June 30，2013，at http://www. informath. org/media/a72/b1. pdf.

从而提供误导性的比应报告水平更高的短期近现金资产。

操纵伦敦银行同业拆借利率造成损失的例子

许多房主在可变或可调利率的基础上而不是在固定利率的基础上借款。因此，许多借款人在每月月初会收到一个基于伦敦银行同业拆借利率的新利率。一项针对集体诉讼的研究显示，2007—2009 年的每个月的第一天，伦敦银行同业拆借利率平均上升了 7.5 个基点以上。[①] 一名观察者估计，每个提交伦敦银行同业拆借利率的银行可能要承担高达 23 亿美元的责任。[②]

政府在利率互换中损失惨重：政府通过发行债券筹集资金，银行利用较低的利息来鼓励政府发行可变利率债券而不是固定利率债券。例如，1 亿美元的债券可以节省高达 100 万美元的利息。[③] 发行后，市政当局被鼓励从投资银行购买利率互换，通过转换或交换成固定利率来对冲可变利率波动的风险。如果利率上升，投资银行就会向市政当局支付高于固定利率的利息，但如果利率下降，投资银行就会以较低的可变利率购买债券。然而，可变利率与伦敦银行同业拆借利率挂钩，伦敦银行同业拆借利率被人为压低，从而使美国市政当局损失高达 100 亿美元。[④] 人们已经启动了集体诉讼来追回这些损失[⑤]，这些损失"每年可能给市政当局、医院和其他非营利组织造成高达 6 亿美元的损失"[⑥]。尽管许多索赔一开始被法院驳回，但 2016 年 5 月 23 日，纽约上诉法院推翻了驳回受理的判决。[⑦] 不管法院的最终判决如何，剩余的债务将有助于市政当局与银行进行进一步谈判。[⑧]

房地美的损失：2013 年 3 月 27 日，房地美起诉 15 家银行，因其操纵伦敦银行同业拆借利率，房地美蒙受高达 30 亿美元的损失。房地美指责银行：

> 欺诈、违反反垄断法和违反契约，并寻求财务损失赔偿，以及违反《谢尔曼法案》的惩罚性赔偿和三倍赔偿。被告使用虚假和不诚实的美元伦敦银行同业拆借利率来提高各自的声誉，人为地提高承销费，并获得了更大的金融产品报价权，从而损害了房地美

---

① "Banks Rigged Libor to Inflate Adjustable-Rate Mortgages: Lawsuit, Halah Touryala," *Forbes*, October 15, 2012, accessed June 30, 2013, at http://www.forbes.com/sites/halahtouryalai/2012/10/15/banks-rigged-Libor-to-inflate-adjustable-rate-mortgages-lawsuit.

② Ibid.

③ Stephen Gandel, "Wall Street's Latest Sucker: Your Hometown," *Fortune*, July 11, 2012, accessed June 30, 2013, at http://finance.fortune.cnn.com/2012/07/11/Libor-sucker-hometowns.

④ Darrell Preston, "Rigged LIBOR Hits Sates-Localities with $6 Billion: Muni Credit," *Bloomberg*, October 9, 2012, accessed June 30, 2013, at http://www.bloomberg.com/news/2012-10-09/rigged-Libor-hits-states-localities-with-6-billion-muni-credit.html.

⑤ Michael A Fletcher, "Baltimore Takes Lead in Suit against Banks over Alleged Libor Manipulation," *Washington Post*, July 11, 2012, accessed June 30, 2013, at http://articles.washingtonpost.com/2012-07-11/business/35488816_1_Libor-interest-rates-deutsche-bank.

⑥ Gandel, "Wall Street's Latest Sucker."

⑦ Jonathan Stempel, "Big Banks Lose as U.S. Appeals Court Revives Libor Lawsuits," Reuters, May 23, 2016, accessed August 2, 2016, at http://www.reuters.com/article/us-libor-banks-decision-idUSKCN0YE212.

⑧ Reuters, "Judge Rejects Much of Libor Lawsuit against Banks," Reuters, *New York Times*, March 29, 2013, accessed June 30, 2013, at https://www.nytimes.com/2013/03/30/business/global/judge-rejects-much-of-libor-lawsuit-against-banks.html.

和其他消费者的利益。①

贿赂招致诉讼和巨额罚款

几个世纪以来，贿赂一直是一种常见的行为。自 2008 年以来，美国、英国和德国政府的起诉力度加大，公司面临的罚款和结算也有所增加。这两项发展使打击贿赂成为公司、高管及其董事会的一项优先任务，并成为风险管理的一个关键要素。公司极不愿意面对定罪后的巨额罚款，而且罪名可能带来声誉损失，在一段时间内政府也可能会拒绝与企业合作。对许多高管来说，卷入贿赂比过去更容易导致解雇或入狱。政府鼓励举报者发声，在某些情况下，如果员工承认贿赂，还会被免除刑罚。

加强对贿赂的审查不只发生在国内，主要国家——美国、英国和德国——现在都在起诉境外的贿赂行为。经合组织成员方制定了类似于美国《反海外腐败法》的法律，现在已经开始追查违法者。受美国积极起诉的影响，英国制定了《反贿赂法》，对在英国有业务的任何公司在任何地方的任何行为行使管辖权。在德国，德国企业的境外贿赂长期以来一直是合法的，可以免税，但在德国国内是违法的，并且不可以免税，而此时，德国企业突然因全球范围内的行贿被起诉。有关贿赂的进一步讨论参见第 7 章。

新闻中经常出现一些令人震惊的案例，包括表 2-4 中提到的案例。

表 2-4　几个知名贿赂案例

年份	行贿者：行贿发生地	罚款/偿付金额（百万）	审判方
2007—2008	西门子：全球	€418	欧盟委员会
		€201	欧盟委员会
		$800	美国
2016		$43	以色列
2010	戴姆勒-克莱斯勒：全球	$185	美国
2012	沃尔玛：墨西哥、巴西、印度等	$4 500	美国
		$144	美国证券交易委员会
		$137	美国司法部
2012	SNC-兰万灵：全球	未知	加拿大
2014	阿尔斯通（Alstom）：全球	$772	美国司法部
2014	巴西国家石油公司（Petrobas）：巴西	$170.6	美国、巴西
2015—2016	巴西中央电力公司（Electrobras）：巴西	$2.5	美国证券交易委员会、巴西

资料来源：www.cengage.com。

汽车制造商因其罪恶自食其果

2013—2014 年，关于汽车制造商可耻行为的三个重要案例被曝光。有证据表明，汽车制

---

① Tom Schoenberg and Andrew Zajac, "Freddie Mac Sues Multiple Banks over Libor Manipulations," Bloomberg, March 20, 2013, accessed June 30, 2013, at https://www.bloomberg.com/news/articles/2013-03-19/freddie-mac-sues-multiple-banks-over-libor-manipulation.

造商或零部件制造商明知有些行为会危及公众安全或违反法律，它们仍然这样做了，既没有通知公众或监管机构，也没有对问题采取有意义的行动以保护公众安全。因此，在这种情况下，对受害者的影响和对公司本身的影响都显著增加。以下是两个经典案例：

● 通用汽车公司安装了有故障的点火开关：2014 年 2 月 7 日，通用汽车公司召回了超过 80 万辆雪佛兰（Cobalt 系列）和庞蒂亚克 G5，2014 年 6 月又召回了 845 万辆汽车，以挽回这一错误。点火开关的故障很严重，用膝盖或类似的东西晃动钥匙可能导致发动机关闭，从而使动力转向失效，这样驾驶员就会失去对车辆的控制。在 2005 年点火开关投入生产之前，通用汽车就已经发现了这个问题，但每一个点火开关的修复费用是 57 美分。结果就是，通用汽车的"视而不见"导致 150 多人死亡。通用汽车在 2015 年支付了 9 亿美元的罚款，并支出约 5.75 亿美元与受害者家庭成员和愤怒的投资者达成和解。此次召回使通用汽车公司市值在四周内蒸发了 30 多亿美元，但因通用汽车客户对其不再抱有希望而造成的销售损失尚不清楚。

● 高田气囊爆炸，金属碎片击伤乘客：截至 2016 年 2 月中旬，美国已有 3 400 万辆汽车安装了有故障的高田气囊，此外，全球另有 700 万辆汽车也有安装。安全气囊展开时，可能会像炸弹爆炸一样投射出金属碎片，这些碎片可能会杀死或重伤车里的人。据一位潜在的告密工程师透露，他于 1999 年曾警告该公司，公司出于成本原因正在使用的推进剂过于不稳定，非常危险。2004 年的测试也证实了这一点，但据报道，该公司多年来一直推迟向监管机构报告，并将海外召回推迟到 2013 年。最初，该公司辩解道，只有在炎热、湿度高的情况下，气囊才可能会受到影响，公司在 2008 年将推进剂改为挥发性较低的替代品，从而推迟了产品上市。截至 2015 年 9 月，高田气囊故障已造成至少 137 人受伤，2 人死亡，本田拒绝高田作为其供应商。高田面临的最终罚款可能超过 2 亿美元。民事诉讼的金额肯定也会很大。

汽车制造商的这种行为，危及家庭、环境、投资者、工人和其他人的生命安全和利益，实在令人发指。管理层这种长期隐瞒行为，对许多人造成伤害。这些决策显然是由于公司治理过程中未能制定一套道德标准并鼓励人们遵守这些标准，没有制定相关监督和奖励机制，没有对违规行为进行适当的处罚。

制药商提高药价，坑害病人

2015 年发生了两起令人震惊的案例，一些公司收购了极其重要的药物，随后将价格提高到惊人的水平，使得患者或保险公司极难负担这些药物：

● 威朗制药公司和图灵制药公司收购了药物并提高了价格："2 月 10 日，威朗制药公司收购了两种能够救命的心脏药物的特许销售权。当天，这两种药物的价格分别上涨了 525％ 和 212％。"① 图灵制药公司在 2015 年 8 月购买了达拉匹林（Daraprim）和 Vecamyl 的美国销售权后，在 2015 年 9 月也做了几乎相同的事情。达拉匹林的价格上涨了 5 456％，从每片

---

① Jonathan D. Rockoff and Ed Silverman，"Pharmaceutical Companies Buy Rivals' Drugs，Then Jack Up the Prices，" *Wall Street Journal*，April 26，2015，http://www.wsj.com/articles/pharmaceutical-companies-buy-rivals-drugs-then-jack-up-the-prices-1430096431.

13.50 美元涨到了 750 美元。在公众强烈抗议后，两家公司都在一定程度上降低了价格，或让医院和那些没有保险的人更有可能购买这些产品。两家公司的 CEO 都被国会实况调查委员会传唤，两家公司的发展都走上了下坡路。① 32 岁的企业家、图灵制药公司的 CEO 马丁·什克雷利（Martin Shkreli）在听证会上四次援引第五修正案，在听证会结束时，他在推特上写道："很难接受这些低能儿代表美国政府。"② 他的律师后来辩称，他是看到不正确和不公平的评论，一怒之下才有此言论。

事后看来，这些人和他们的公司似乎没有预料到他们的行为会引起的反应。为什么会这样？他们是否认为只要他们能获得利益，就可以去做？目光多么短浅！同样值得怀疑的是，为什么两家公司的董事会都没有在这件事发生之前阻止他们。是因为 CEO 太过强势、没有道德意识、贪婪，还是这些原因兼而有之？这些公司缺乏一种诚信的文化，诚信的管理层会在做出这种行为之前对此提出质疑。

值得注意的是，哄抬药价的情况不断引起公众和监管机构的注意，其中一些造成了严重后果，包括：

● 2016 年，辉瑞（Pfizer）因在英国将癫痫药物价格上调了 2 600%，被处以创纪录的 1.41 亿美元罚款。③

● 2017 年，马林克罗特（Mallinckrodt）将治疗婴儿痉挛和多发性硬化症的药物价格上调了 85 000%，被罚款 1 亿美元，同时政府授予其竞争对手类似药物的生产权。④

● 2019 年，参议员伯尼·桑德斯（Bernie Sanders）开始质疑为什么催化剂制药公司（Catalyst Pharmaceuticals）决定对用于治疗一种罕见神经肌肉疾病的药物阿米吡啶（Firdapse）收取 37.5 万美元。而最初，患者只需每月支付 10 美元。⑤

2018 年 5 月，威朗更名为博士康公司（Bausch Health Companies），以减少因威朗的名字而造成的名誉损失。⑥

追究造成公司过失的个人的责任

2015 年 9 月 9 日，美国司法部副部长萨利·奎连·耶茨（Sally Quillian Yates）向司法

① Richard Blackwell, "Drugs Targeted in Valeant Pricing Controversy Acquired in February," *The Globe and Mail*, September 29, 2016, http://www. theglobeandmail. com/report-on-business/drugs-targeted-in-valeant-pricing-controversy-acquired-in-february/article26590603.

② Marcy Gordon, "Pharma Bad Boy Thumbs Nose at U. S. Congress," *Toronto Star*, February 5, 2016, S1.

③ Danica Kirka, "Pfizer Fined Record $141M for Hiking Epilepsy Drug Price 2 600% in U. K. ," Associated Press, as published by the *Toronto Star*, December 7, 2016, https://www. thestar. com/business/2016/12/07/pfizer-fined-record-141m-for-hiking-epilepsy-drug-price-2600-in-uk. html.

④ Jackie Wattles, "Drugmaker Fined $100M for Hiking Price 85 000%," January 18, 2017, accessed January 20, 2017, at http://money. cnn. com/2017/01/18/news/drug-pricing-mallinckrodt-ftc-fine/index. html.

⑤ Wayne Drash, "Sanders Wants Answers on Why Low-Cost Drug Is Suddenly Priced at $375 000," *CNN*, February 4, 2019, accessed at https://www. cnn. com/2019/02/04/health/bernie-sanders-firdapse-catalyst-bn/index. html.

⑥ Canadian Press, "Valeant to Change Name as Part of Image Rebuild," May 8, 2018, accessed September 29, 2019, at https://www. cbc. ca/news/business/valeant-name-baush-health-1. 4653318.

部、联邦调查局（FBI）局长和所有检察长发出备忘录①，为公司提供了政策指导，即应追究造成公司过失的个人的法律责任。

问责制之所以重要，原因在于：它能够在一定程度上阻止公司未来的非法活动，激励公司改变不当行为，确保当事人对他们的行为负责，并提高公众对司法系统的信心。

巴拿马文件与天堂文件揭开跨国逃税的秘密

2016 年 4 月，超过 1 150 万份私人记录被泄露，它们详细记录了数以千计的世界领导人、毒枭、罪犯和富人的隐藏财富和收入。超过 214 000 个实体被确认，它们是为总部设在巴拿马的律师事务所莫萨克·冯赛卡（Mossack Fonseca）的客户服务的，利用避税天堂隐瞒他们的财富和收入，让税务和司法机关以及其他人如合伙人和配偶无法察觉。②

现在，他们的行骗方式已经公之于众，许多国家的税务机关正在起诉这些违法者，并努力追回这些资金。尽管一些国家的行动比其他国家慢，但截至 2016 年 8 月 1 日，英国已从避税天堂收回 35 亿美元。③ 更多的诉讼和名誉损失也会接踵而至——觉醒的公众会要求政府这样做。这种秘密隐藏财富的做法，尽管从前是合法的，但以后将有所改变。

2017 年 11 月 5 日，1 340 万份与在避税天堂投资相关的文件被透露给一家德国报社的两名记者。④ 这家报社也参与过巴拿马文件的发布。该报社与国际调查记者联合会（International Consortium of Investigative Journalists）分享了这些记录，从而使该联合会的成员能够确定 12 万名涉案个人和公司的身份。其中一些人并没有违反法律，但另一些人却感到尴尬、愤慨、被罚款、被指控和被判逃税，并被辞退。这些记录是由黑客非法获得的。这两起黑客攻击泄密事件的教训是，世上没有不透风的墙，这可能会阻止一些个人利用避税天堂逃税。

不道德的银行文化导致丑闻

丹斯克银行和德意志银行分别在 2014 年和 2019 年遭遇了丑闻，因为它们的企业文化在道德上不足以改变员工的不道德行为。丹斯克银行通过爱沙尼亚塔林的一个"小"分行洗钱，数额高达 2 300 亿卢布。相对于爱沙尼亚和其邻国的国内生产总值，2 300 亿卢布已经高得惊人了，这还只是一个小分行，更不用说丹斯克银行系统的其他分行了。此外，丹斯克银行还

---

① The Yates Memorandum: "Individual Accountability for Corporate Wrongdoing," Sally Quillian Yates, Deputy Attorney General, U. S. Department of Justice, Washington D. C., September 9, 2015, https://www.justice.gov/dag/file/769036/download.

② "Giant Leak of Offshore Financial Records Exposes Global Array of Crime and Corruption," *International Consortium of Investigative Journalists*, April 3, 2016, accessed August 1, 2016, at http://www.webcitation.org/6gVXG3LvI.

③ Marco Chown Oved, "CRA Convicts a Fraction of Offshore Tax Evaders," *Toronto Star*, August 1, 2016, accessed August 1, 2016, at https://www.thestar.com/news/world/2016/08/01/cra-convicts-a-fraction-of-offshore-tax-evaders-exclusive.html.

④ "Paradise Papers: Everything You Need to Know about the Leak," *BBC News*, November 10, 2017, accessed September 25, 2019, at http://www.bbc.com/news/world-41880153.

利用美国银行和德意志银行进行资金的转移。那些银行应该知道资金来源有问题，但它们的员工和管理层却"默不作声"，他们想从这些交易中获利，尽管这违反了反洗钱法律。

2019 年，德意志银行决定退出投资银行业务，导致其约 20％ 的员工失业。在支付了数十亿美元的罚款并受到监管机构的警告后，德意志银行认为，其投资银行文化已经严重退化，需要终结。

"我也是"运动达到高潮

"我也是"运动始于 2006 年，旨在帮助遭受性暴力的女性，后来逐渐发展壮大，2016—2019 年臭名昭著的性骚扰案件让这场运动达到高潮。从 2016 年开始到 2017 年，福克斯新闻（Fox News）曝光了一系列性骚扰丑闻，涉及明星格雷琴·卡尔森（Gretchen Carlson）和梅根·凯利（Megyn Kelly），以及高管罗杰·艾尔斯和比尔·西恩（Bill Shine）。在 2017 年 10 月，哈维·温斯坦，一个电影天才和著名导演，被揭露是一名连环性骚扰者和强奸犯，经过调查，最终被起诉。在此之前，他多年来避免了多达 95 名女性对他的指控，且随之而来的公众关注——因为它涉及许多知名女演员，这一事件引起了轰动——在国际上引起了对性骚扰和掠夺行为的关注。这个引爆点促进了"我也是"运动的发展，因为它使随后的性骚扰指控更难驳回，从而鼓励了许多性骚扰受害者站出来提出指控，并得到认真对待。企业决策者注意到普遍的公众舆论转向支持性骚扰受害者，开始更快地采取行动来减少对被告的保护。人们不再认为在性骚扰事件中女性有过错。正是在这种充满指责的舆论状态下，发生性骚扰的公司也不会再掩盖它。面对持续的公众压力，就连罗马天主教会也想要严惩那些犯有性骚扰罪的人。

有害产品引起巨大争议并改变公众看法

强生公司和拜耳公司都因为它们开发并销售或在收购中购买的致癌产品而面临巨额有害产品赔偿和解。

几名受害者指控强生公司出售含有石棉的婴儿爽身粉，石棉将导致受害者患卵巢癌。专家声称，从 20 世纪 70 年代开始，该公司就知道其滑石粉被石棉污染，却未能警告消费者存在风险。2018 年 7 月，强生被要求向 22 名女性支付 5.5 亿美元的补偿性赔偿金和 4 140 亿美元的惩罚性赔偿金。[①] 早先的解决方案在上诉中被推翻，但是强生公司正在与大约 9 000 起滑石粉案件做斗争，所以即使是温和的解决方案也有可能使公司陷入瘫痪。[②]

2018 年 6 月，拜耳公司以 630 亿美元收购了化学品农达的制造商孟山都（Monsanto）。

---

① Tina Berton, Phil Berlowitz, and Leslie Adler, "Jury Orders J&J to Pay $4.7 Billion in Missouri Asbestos Cancer Case," Reuters, July 12, 2018, accessed July 12, 2018, at https://ca. finance. yahoo. com/news/jury-orders-j-j-pay-225324639. html.

② "Johnson & Johnson: Remember 'Our Credo'?," StrategyDoc, Seeking Alpha, January 12, 2019, accessed January 13, 2019, at https://seekingalpha. com/article/4232927-johnson-and-johnson-remember-our-credo?lift_email_rec＝false.

农达是一种非常有效的除草剂，由于其致癌性，现已在一些地区被禁止使用。① 2019 年 5 月 14 日，一对夫妇提起了高达 20 亿美元的损害赔偿诉讼，他们声称自己因使用农达而患上癌症，因为农达的有害性没有得到明确披露。虽然赔偿金额高得离谱，但这只是第三起诉讼，拜耳股价下跌 40%，单日跌幅为 2.3%。彭博社（Bloomberg）估计和解金额总计 100 亿美元，据说拜耳正在考虑如何出价来限制总成本。不出所料，拜耳的 CEO 沃纳·鲍曼（Werner Baumann）在股东大会上因收购孟山都而遭到冷嘲热讽。

不管在这些事件中损失最终如何确定，公司都面临着一个对受害者负责的新时代，特别是对几年前甚至几十年前的产品使用负责。一旦识别出产品的潜在有害性，立即明确披露就变得至关重要。对潜在产品危害的认识从未如此之高，这证明了企业对其作为利益相关者的客户的责任。

会计危机导致职业会计师角色的重塑

卡里利恩是一家拥有 43 000 名员工的大型建筑公司，总部位于英国，建筑项目遍布全球。令人震惊的是，在收到审计机构毕马威的"无保留意见"审计报告五个月后，卡里利恩于 2018 年初宣布强制清算（一种破产形式）。②③ 这种情况是如何发生的？为什么审计师没有预见到这次失败，也没有披露可能警告投资者、客户和其他与公司事务相关的人的信息？几项调查已经启动，包括议会调查、英国审计监督机构财务报告委员会（Financial Reporting Council）的调查和英国竞争与市场管理局（CMA）的市场调查。④

卡里利恩丑闻只是公众感到不满的近期的一个例子，它加剧了英国职业会计师特别是审计师的担忧——应该更具体地披露和报告危险信号，以帮助公众。一项要求进行更广泛授权的研究已经在进行中⑤，另外四项研究也随之启动。因此，英格兰和威尔士特许会计师协会（ICAEW）开始了一项关于如何重塑会计职业的研究。

与此同时，加拿大特许职业会计师协会（CPA Canada）认识到，变革的驱动因素需要对该行业进行重新审查，因此发起了一项类似的研究。⑥ 重塑职业会计职责的压力来自大数据、大数据分析、人工智能、多代劳动力和不断变化的商业模式的出现。它们可能会降低

---

① Joel Rosenblatt and Tim Loh, "Bayer's US $ 2B Roundup Damages Boost Pressure to Settle," *Bloomberg News*, May 14, 2019, accessed September 27, 2019, at https://www.bnnbloomberg.ca/bayer-s-us-2b-roundup-damages-boost-pressure-to-settle-1.1258169.

② Hallie Detrick, "What You Need to Know about the Collapse of Carillion, a U.K. Construction Giant," January 15, 2018, accessed September 27, 2019, at https://fortune.com/2018/01/15/what-you-need-to-know-about-the-collapse-of-carillion-a-u-k-construction-giant.

③ Tabby Kinder, "KPMG Faces Lawsuit Threat over Carillion Audit," *Financial Times*, August 4, 2019, accessed September 28, 2019, at https://www.ft.com/content/277dfdce-b6ec-11e9-96bd-8e884d3ea203.

④ Martin Martinoff, "The Future of the Profession: UK Perspective," Professional Accounting Centre (PAC) 2019 Conference, September 13, 2019, slides 3 and 4; see PAC website at https://www.utm.utoronto.ca/pac/pac-2019-annual-conference-professional-accounting-futures-september-13-2019.

⑤ Ibid., slides 5 – 9.

⑥ CPA Canada Foresight, "Reimagining the Accounting Profession," 2019; https://www.utm.utoronto.ca/pac/pac-events/pac-2019-annual-conference-professional-accounting-futures-september-13-2019.

职业会计师当前角色的相关性，除非改变任务、责任和做法，以适应和满足对相关信息的需求。

在这些发展和研究进行的同时，国际会计师联合会下设的国际会计师职业道德准则理事会通过了 NOCLAR 审计准则，该准则于 2017 年 7 月 15 日生效。这可能会改变未来职业会计师的角色。[①] 这是因为来自美国、加拿大、澳大利亚、新西兰和大多数欧洲国家的国际会计师联合会专业会计机构已同意将各自国家的会计准则和条例与国际会计师联合会的新标准相统一，而且统一进程正在进行中。这意味着，根据每个专业会计机构的情况选择协调的方式，审计/鉴证、税务和其他角色的职业会计师以及管理层的职业会计师将被要求在客户或雇主不遵守有关重大公众利益事项的法律或条例时进行报告。第 6 章将进一步讨论的 NOCLAR 审计准则有能力从根本上改变职业会计师与其客户和雇主之间的关系，使他们的服务以公众利益为重。考虑到职业会计师未来将保持沉默，这是高管和董事会成员不应该犯的错误。

美国商业圆桌会议声明表明接受利益相关者的利益

2019 年 8 月 19 日，由美国高级 CEO 组成的商业圆桌会议宣布，他们签署了一项开创性宣言[②]，重新定义了公司的宗旨；商业圆桌会议的 192 名 CEO 中有 181 人宣称股东利益最大化不再是公司的首要目标，企业领导人应该致力于平衡股东与客户、员工、供应商和当地社区的需求。[③]

虽然许多高管、董事会成员和股东已经开始相信公司应该承认和考虑利益相关者的利益，但许多人（包括许多律师）仍然认为只有利益才应该是公司规划和决策的重点。在这种分裂的治理制度下，商业圆桌会议的治理声明为更广泛的利益相关者目的观提供了强大的公共合法性，并应鼓励其他高管、董事会成员和股东在未来采用更广泛的利益相关者观点。这有望显著改变公司治理。问题不再是是否将利益相关者的利益纳入治理目标，而是如何有效地做到这一点。道德行为中固有的尊重和正直等因素对这一过程来说是必不可少的。

2.6 道德崩溃的迹象

玛丽安·詹宁斯（Marianne Jennings）在她的书《道德崩溃的七个迹象：如何发现公司

---

① IFAC IESBA, *Responding to Non-Compliance with Laws and Regulations*, July 14, 2016, accessed September 29, 2019, at https://www.ifac.org/publications-resources/responding-non-compliance-laws-and-regulat ons-15? show-related-log=true.

② Business Roundtable, "Business Roundtable Redefines the Purpose of a Corporation to Promote 'An Economy That Serves All Americans,'" April 19, 2019, accessed September 29, 2019, at https://www.businessroundtable.org/business-roundtable-redefines-the-purpose-of-a-corporation-to-promote-an-economy-that-serves-all-americans.

③ Jena McGregor, "Group of Top CEOs Says Maximizing Shareholder Profits No Longer Can Be the Primary Goal of Corporations," *Washington Post*, August 19, 2019, accessed August 20, 2019, at https://www.washingtonpost.com/business/2019/08/19/lobbying-group-powerful-ceos-is-rethinking-how-it-defines-corporations-purpose/?ncredirect=on.

道德崩溃》① 中概述了组织内部出现道德问题的七个原因：

1. 不惜一切代价实现目标的压力，尤其是财务目标；

2. 不能促进公开坦诚的对话和讨论的文化；

3. 一个声誉"无可挑剔"的 CEO，身边都是赞同和奉承他的人；

4. 不尽职尽责履行弱势群体委托责任的董事会；

5. 在任人唯亲和偏袒的基础上提拔人的组织；

6. 傲慢自大，认为规则是为别人而不是为自己制定的；

7. 一种有缺陷的成本效益态度，认为一个领域的不良道德行为可以被另一个领域的良好道德行为所抵消。

本书详述的几乎所有商业丑闻都至少展示了其中一个道德问题。它们中的许多人都有一些道德崩溃的迹象。当然，安然和世通就是如此。这七点是如此普遍，以至于它们成为企业破产前分析和诊断的绝佳框架，从而可以据此采取补救措施。

2.7　商业伦理与治理：趋势

自 20 世纪 20 年代以来，一个不变的主题和趋势已经显而易见。高管、股东、董事会和审计师的判断和道德品质本身不足以防止公司产生道德和治理丑闻。政府和监管机构被要求制定越来越严格的指导方针和治理法规，以保护公众。事实证明，贪婪的利己诱惑对许多人来说太强有力，难以抗拒，当他们自己拥有太多的东西时就会屈服于利益。曾经能够转移司法管辖区以避免新监管的公司现在面临着旨在揭露和控制不良道德与治理做法的全球性措施。会计师和审计师也面临着不断变化、日益严格的国际行为标准。

这些变化的出现是因为激进的利益相关者和愤怒的公众带来的压力。但是法律、法规和标准的变化只是利益相关者贡献的一部分。在现代，人们对良好道德行为和良好治理实践的期望已经改变。不遵守这些期望，就会影响声誉、利益和职业生涯，即使这种行为在法律允许范围内。

现在，对大多数高管、所有者和审计人员来说，显而易见的是，他们能否成功与他们发展和维护企业诚信文化的能力直接相关。他们不能承受因为诚信的丧失而失去声誉、收入、可靠性和信誉。实践有问题的道德不再是一种有效、可持续、风险最小化的中长期策略。

2.8　道德与治理：重要事件时间表（1929—2019 年）

道德与治理的重要事件时间表见表 2-5。

---

① Marianne Jennings，*Seven Signs of Ethical Collapse：How to Spot Moral Meltdowns in Companies*（New York：St. Martin's Press，2006）.

表 2-5　道德与治理：重要事件时间表（1929—2019 年）

1929 年以前	不受约束的个人主义治理
1929 年	股市崩盘——10 月 29 日黑色星期二的泡沫和崩盘导致了大萧条，这场大萧条持续了 12 年，直到第二次世界大战期间才结束
1933—1934 年	美国证券交易委员会的成立是为了制定和执行公司治理和责任规定
1933 年	《格拉斯-斯蒂高尔法案》——控制银行投机和保护投资者存款
1938 年	房利美成立，目的是为美国住房和抵押贷款市场提供支持
1940 年	《投资顾问法》——监管投资顾问
1957 年	大气中 CO_2 积聚的发现
1962 年	雷切尔·卡森（Rachel Carson）的《寂静的春天》催生了环保主义
1965 年	拉尔夫·纳德以《危险无时不在》催生汽车安全和消费主义
1968 年	房利美将抵押贷款证券化以便于出售，从而扩大了美国抵押贷款证券市场，允许贷款人对其资本进行再投资
1970 年	房地美成立，目的是购买抵押贷款，将其汇集到抵押贷款支持证券中，并将其转售给投资者
1970 年	福特推出平托系列
1977 年	《反海外腐败法》对贿赂外国官员的美国公司和子公司进行处罚
1977 年	积极投资者发起社会责任投资
1984 年	弗里德曼的《战略管理：利益相关者的方法》阐述了一种利益相关者理论的公司治理，以回应那些对结果感兴趣或能够影响公司战略目标实现的利益相关者的利益
1988 年	抵制雀巢——避免非洲母亲使用受污染的水冲泡婴儿奶粉
1989 年	埃克森·瓦尔迪兹号（Exxon Valdez）在阿拉斯加附近的布莱礁搁浅
1991 年	《美国量刑指南》为同一罪行设立了共同判决，从而在某些州避免了极低的刑罚
1997 年	抵制耐克——血汗工厂工人和低工资
1999 年	《格拉斯-斯蒂高尔法案》被《格拉姆-利奇-布利利法案》取代
2001 年	安然破产
2002 年	安达信、世通破产，产生公众信任危机
2002 年	《SOX 法案》改革美国的治理框架和会计行业
2002 年	纽约证券交易所治理准则更新
2005 年	毕马威因参与激进的税收计划而被罚款 4.56 亿美元
2007 年	美国国税局发布第 230 号通告，以控制激进的税务做法
2008 年	贝尔斯登和经纪公司破产，出售给摩根大通
2008 年	次贷危机开始，雷曼兄弟破产
2008 年	问题资产救助计划——美国政府开始救助计划
2008 年	麦道夫因庞氏骗局被捕
2008 年	根据美国《反海外腐败法》，西门子因行贿而被起诉，和解金额为 8 亿美元
2010 年	英国石油公司在墨西哥湾的油井灾难
2010 年	制定国际银行监管条例

续表

2010 年	《多德-弗兰克华尔街改革和消费者保护法案》——回应次级贷款问题
2010 年	根据美国《反海外腐败法》，梅赛德斯-奔驰的国际贿赂行为被起诉，最终以 1.85 亿美元和解
2012 年	贿赂丑闻浮出水面：SNC-兰万灵在全球，沃尔玛在墨西哥等地
2012 年	伦敦银行同业拆借利率丑闻浮出水面，各大银行纷纷受到起诉和面临巨额罚款
2013—2014 年	汽车制造商丑闻——通用汽车点火开关故障，高田公司糟糕的安全气囊，大众汽车在排放测试中作弊；丹斯克银行丑闻
2015 年	药品价格欺诈——威朗制药、图灵制药
2016—2017 年	巴拿马文件（2016 年）和天堂文件（2017 年）发布
2017 年	"我也是"运动达到高潮
2017 年	NOCLAR 审计准则生效
2018 年	强生的爽身粉和拜耳的农达诉讼案造成巨额损失
2018—2019 年	卡里利恩公司破产；QuadrigaCX 加密货币交易失败；德意志银行裁员约 20%
2019 年	会计职业被重塑
2019 年	商业圆桌会议声明重新定义了公司宗旨，将利益相关者的利益包括在内，而不仅仅是股东的利益

思考题

1. 你认为本章记录的事件是商业渎职的个别例子，还是整个商业世界的系统性事件？

2. 本章记录的事件引发了关于企业高管、董事和会计师行为方式的立法改革。有一种反复出现的模式：发生不当行为，随之而来的是更严格的立法、监管和执法。这是不是因为立法太少、实施太晚而无法防止更多的商业失败？

3. 除了立法之外，还有什么办法可以遏制这种恶劣的商业行为？

4. 许多财务不当行为案件都涉及误导董事会或投资者的虚假陈述。分析本章讨论的安然、安达信和世通案例中的虚假陈述，谁将从中受益，谁又会被误导？

5. 使用詹宁斯的《道德崩溃的七个迹象》中的框架来分析安然和世通案例。

6. 对电影《华尔街：金钱永不眠》（2010）中最坏的三个反派人物进行排名，并解释你的排名。

7. 在本章详细讨论的每一个案例——安然、安达信、世通和麦道夫中，这些问题都是举报人发现的。这些举报人是否应该付出更多努力让别人听到他们的声音呢？如何做到这一点？

8. 公司问责制的缺乏，对不平等和公司其他不当做法的认识的提高，导致了华尔街占领运动。找出并评论近期导致对公司活动合法性担忧的其他事件。

9. 参与操纵伦敦银行同业拆借利率的主要银行的高管很可能明白这些操纵行为带来的巨额利益和造成的巨额损失。为什么他们认为这种操纵可以继续不被发现和不受惩罚？

10. 新的反贿赂诉讼制度涉及对过去在外国行贿的严重指控和处罚，当时许多人在国际商业过程中行贿，但没有被处罚。在新制度开始时处以极高的罚款或不限制贿赂导致罚款的期限是否不合理？为什么？

11. 通用汽车和高田公司的不当行为最终被曝光，举报人在生产之前或很早就对这些行为提出了反对意见。为什么他们的意见被忽视，并承担了风险？每个公司都缺乏哪些方面的治理？

12. 威朗制药公司和图灵制药公司的 CEO 认为，他们可以大幅提高药品价格，因为他们有能力这样做，但他们没有认真地考虑是否应该这样做。这是谁的错？在一个运作良好的公司治理系统中，应该采取什么措施来控制这种行为？

13. 巴拿马文件和天堂文件泄露后会带来哪些反应和结果？

14. 欺诈、贿赂或其他不当行为的法律后果变得非常严重，尤其是自 2009 年以来。为什么会这样？更严重的法律后果会产生更大的影响吗？

15. 强生公司的婴儿爽身粉事件表明，即使是声誉建立在道德行为基础上的公司，也可能遭遇道德丑闻，这是为什么？

16. 2019 年商业圆桌会议声明是否重新定义了公司的宗旨？这可能对董事会和维权者产生什么影响？

资料来源：William Cohan, *House of Cards：A Tale of Hubris and Wretched Excess on Wall Street* (New York：Doubleday, 2009)；Michael Lewis, *Liar's Poker：Rising through the Wreckage of Wall Street* (New York：Penguin, 1989)；Michael Lewis, The *Big Short：Inside the Doomsday Machine* (New York：Norton, 2010)；Roger Lowenstein, *When Genius Failed：The Rise and Fall of Long-Term Capital Management* (New York：Random House, 2000)；Andrew Sorkin, *Too Big to Fail：The Inside Story of How Wall Street and Washington Fought to Save the Financial System—and Themselves* (New York：Viking, 2009)；Tom Wolfe, *Bonfire of the Vanities* (New York：Farrar, Straus and Giroux, 1987).

案例讨论

安然的可疑交易

理解安然可疑交易的本质，对理解安然破产的原因至关重要。一段时间以来，安然一直在利用特殊目的实体（SPE）进行合资、合伙和资产联合。但是，一系列偶然事件使安然公司的人员意识到，特殊目的实体可能被不道德和非法地用来做以下事情：

- 夸大收入和利润；
- 筹集现金，隐藏相关债务或偿还义务；
- 抵消安然在其他公司股票投资中的损失；
- 绕过会计准则对安然公司的库存股进行估值；
- 不正当地为几名参与交易的高管牟取暴利；

- 操纵安然的股价，从而误导投资者，并使持有股票期权的安然高管中饱私囊。

1997 年 11 月，安然成立了一家名为 Chewco 的特殊目的实体，以筹集资金和吸引投资者，并接管安然的合资企业投资伙伴 CalPERS 的权益。安然利用 Chewco 公司，用安然担保的过渡性融资收购了 CalPERS 在 JEDI 的股权，并试图找到另一个投资者。这个投资者被称为交易对手，该投资者将做以下事情：

- 独立于安然；
- 投资至少 3% 的风险资产；
- 作为控股股东为 Chewco 做决策。

安然希望有一个 3% 的独立控股投资者，因为美国的会计规则允许 Chewco 被视为一家独立的公司，安然和 Chewco 之间的任何交易都将被视为公平交易。这将允许安然把从出售给 Chewco 的资产中获得的"利润"计入安然的利润，尽管安然拥有 Chewco 高达 97% 的股份。

不幸的是，安然公司在 1997 年 12 月 31 日之前无法找到一个愿意投资所需的 3% 的独立控股投资者。因为在 JEDI - Chewco 链中没有外部投资者，所以安然被认为是在与自己交易，美国会计准则要求安然对财务报表进行重新申报，以排除安然和 JEDI 之间交易的所有利润。否则，安然公司将自行报告交易利润，这当然会损害安然公司经审计的财务报表的完整性，因为没有转让价格的外部独立验证。安然公司可以设定价格以获得其想要的任何利润，并随意操纵其财务报表。

事实上，当没有找到外部投资者时，安然的 CFO 安德鲁·法斯托提议任命他为 Chewco 的外部投资者。安然的律师指出，安然高级管理人员的这种参与需要公开披露。法斯托的一名财务人员迈克尔·科珀（Michael Kopper），被任命为 Chewco 3% 的独立控股投资者，但他仍然是安然的员工。这件事没有告知董事会，骗局就这样开始了。

安然能够"出售"（实际上是转让）资产给 Chewco，获得操纵性的高额利润。这使得安然公司可以显示这些资产出售的利润，并将现金存入安然的账户中，而无须在安然的财务报表中显示这些现金是来自 Chewco 的借款，必须偿还。安然的债务被低估了——它们被"隐藏"了，没有向投资者披露。

Chewco 的资金安排方式也明显表里不一。CalPERS 对 JEDI 的投资价值 3.83 亿美元，其中，科珀和外部投资者需要提供 3%，即 1 150 万美元。

本质上，作为大股东的安然没有向 SPE 投入现金，银行提供了几乎所有的现金。事实上，所谓的 3% 独立控股投资者的投资很少——甚至没有达到要求的 3% 的门槛。尽管如此，在安然及其审计机构安达信看来，Chewco 有资格被视为一个独立的实体。安然的董事会，可能还有安达信，都被蒙在鼓里。

《权力报告》指出了与 Chewco 交易有关的若干其他问题，包括：

- 向科珀支付了过多的管理费。
- 清盘时估值过高，从而将 1 050 万美元转移给了科珀。
- 科珀要求并获得了 260 万美元作为对 1 050 万美元纳税义务的补偿。

- 总额为 1 500 万美元的无担保无追索权贷款被提供给了科珀，但没有收回。
- 安然公司从 Chewco 公司处提前确认了收入。

这种融资模式——没有或只有少量安然现金投资，银行提供大部分资金，安然员工伪装成 3％的独立控股投资者——在其他 SPE 中继续存在。其中一些 SPE，如 LJM，被用来为安然公司的资产创造买家，安然公司可以控制这些资产，将固定资产转换成现金，但以虚高的价格增值，从而夸大现金和利润。其他 SPE，如 LJM1 和 LJM2，提供虚假的对冲安排，以保护安然免受其商业投资组合的损失，从而虚假地保护安然报告的利润。

1998 年 3 月，安然投资了节奏网络通信公司（Rhythms NetCommunications，Inc.，以下简称节奏公司）。1998 年 3 月至 1999 年 5 月，安然公司在节奏公司股票上约 1 000 万美元投资飙升至大约 3 亿美元。安然通过增加其投资账面价值，将价值的增加记录为利润。但是安然 CEO 杰弗里·斯基林意识到，所使用的按市值计价的会计程序需要不断更新，由于节奏公司股价的波动，这一变化可能对安然的利润产生重大负面影响。他还正确地预见到，当互联网泡沫因产能过剩而破裂时，节奏公司的股价可能会暴跌。

LJM1（LJM Cayman 有限合伙）的成立是为了对冲未来的波动和安然在节奏公司投资的损失。如果节奏公司的股价下跌，安然将不得不记录投资损失。但预计 LJM1 会向安然支付抵消损失的费用，因此安然整体利润不会出现净减少。与 Chewco 一样，该公司的资金来自其他投资者和银行，部分原因是安然承诺提供高额回报和收益率保证。安然投资了自己的股票，但没有使用现金。

事实上，随着节奏公司股价下跌，LJM1 确实不得不向安然支付现金。这给 LJM1 造成了损失，并减少了其股本。此外，在 LJM1 的现金支付给安然的同时，安然股票的市值也在下降，因此进一步减少了 LJM1 的股本。最终，LJM1 的有效股本受到侵蚀，作为安然 3％投资渠道的 SPE（Swap Sub）的股本也受到侵蚀，Swap Sub 的股本实际上变成了负数。这些对现金和股本的侵蚀暴露了节奏公司股票对冲的经济基础是安然的股票——实际上，安然的利润被安然自己的股票对冲了。最终，为自己规避损失并不能提供任何经济保障。安然的股东被 1999 年 9 500 万美元的利润和 2000 年 800 万美元的利润误导了。这些是 2001 年 11 月发布的新声明，就在 2001 年 12 月 2 日安然公司破产之前。

对安然来说不幸的是，LJM1 的创立还有其他缺陷，最终使这一安排变得毫无用处，但当时投资者已经被误导了很多年。例如，没有 3％的独立控股投资者——安德鲁·法斯托寻求安然董事长的特别批准，暂停安然行为准则中的利益冲突条款，成为 LJM1 和 Swap Sub 的唯一管理者兼普通合伙人；Swap Sub 的股本变成负数，除非安然公司增加股票，否则无法满足 3％的标准。最终，随着安然股价的下跌，法斯托认为整个安排是不可持续的，并于 2000 年 3 月 22 日结束这一安排。清算安排再次没有得到适当估价；超出要求的 7 000 万美元从安然转移，LJM1 也被允许保留价值 2.51 亿美元的安然股票。

安然的股东也被安然记录的用于 LJM1 的库存股利润误导了。安然以自己的库存股为 LJM1 这一安排提供了初始资本，因此它收到了一张期票。安然以高于其原始价值的当时市场价值记录了这一股份转让，因此记录了交易利润。但由于没有现金易手，转移的价格没有得到确认，会计规则不允许记录任何利润。

最初，LJM1 安排被认为在对冲投资损失、在库存股上赚取利润和提供现金方面非常成功，LJM2 共同投资有限合伙公司（简称 LJM2）于 1999 年 10 月成立，为安然公司投资组合中进一步的商业投资提供对冲。LJM2 又创建了四个 SPE，称为猛龙（Raptors），根据其自己的库存股或期权，使用类似的资本化方法来执行这一策略。

有一段时间，猛龙似乎是起作用的。2000 年 10 月，法斯托向 LJM2 投资者报告说，猛龙带来了 193%、278%、2 500% 和 125% 的回报，远远超过了 2000 年 5 月向财务委员会描述的 30% 的年化回报。当然，正如我们现在所知，安然保留了经济风险。

尽管再次使用了不透明安排，但在 LJM1 安排中发现的缺陷最终在 LJM2 安排中变得明显，包括以下内容：

● 安然是在自我对冲，所以没有创造外部经济对冲。

● 安然股价的下跌最终侵蚀了相关的基本权益和信誉，安然不得不拿出更多的库存股或期权，以优惠的价格购买它们，或者在"无成本"安排中使用它们，所有这些都进一步摊薄了安然的每股收益。

● 利润被不当记录在不存在的库存股上，或者被不存在的对冲所保护。

● 安然的管理人员及其助手从中受益。

2001 年 8 月，情况变得很危急，安然股票价值的下降以及由此造成的猛龙信誉的损害要求出售大量的安然股票，安然每股收益被稀释到无法持续的地步。2001 年 9 月，安达信和安然的会计人员意识到，将用于融资的安然股票所产生的利润按市值入账是不正确的，因为没有收到现金，股东的资产净值至少被虚增了 10 亿美元。

猛龙的总体影响是在 2000 年中期至 2001 年第三季度末（9 月 30 日）误导性地将安然的收益虚增了 10.77 亿美元，这还不包括 9 月猛龙 7.1 亿美元的清盘费用。

2001 年 12 月 2 日，安然案件成为世界上最大的破产案，让投资者破产、震惊和愤怒，并对公司治理和问责程序的可信度表示怀疑。到那时，安然 SPE 和相关的金融交易已经大大误导了投资者。在推动安然股价大幅上涨的报告利润中，几乎有 50% 是虚假的。表 2-6 总结了安然的特殊目的实体。

表 2-6　安然的特殊目的实体

SPE 计划	目的	影响
Chewco/JEDI	联合投资	隐藏资产负债表以外的负债（6.28 亿美元），提前确认收入
LJM	为资产提供市场	人为利润 表外负债 夸大股本（12 亿美元）
LJM1/节奏公司	投资对冲	未确认损失（5.08 亿美元）
LJM2/猛龙	投资对冲	未确认损失（5.44 亿美元）

【问题】

1. 安然公司的董事们意识到，法斯托提出的 SPE 管理和运营安排将违反安然公司的利益冲突政策，他们指示 CFO 法斯托使用替代监督措施，使公司免于陷入困境。他们的替代方案有什么问题？

2. 肯·雷在大部分时间里都是董事会主席和 CEO，这是如何导致缺乏适当的治理的？

3. 安然治理体系的哪些方面没有正常发挥作用，为什么？

4. 为什么没有更多的举报人站出来，为什么有些人没有做出显著的改变？怎样才能鼓励举报人呢？

5. 内部审计师应该做些什么来帮助董事们？

6. 在以下情况中，你可以发现哪些利益冲突情况？

● SPE 活动

● 高管行为

7. 为什么你认为安然的审计机构安达信没有更早地识别出 SPE 的滥用从而让董事会意识到可能面临的困境？

8. 如何评价安然的企业文化？它是如何导致这场灾难的？

麦道夫丑闻——最大的庞氏骗局

麦道夫操纵了全世界最大的庞氏骗局，初步估计投资者损失高达 650 亿美元。从本质上来说，投资者得到了每月至少 1％的回报的承诺——有些人得到了回报。然而，从 20 世纪 90 年代初开始，这些款项就来源于新的投资者所投入的资金，而不是资金本身产生的回报。结果，当新的投资者由于 2008 年次贷危机而减缓投资时，麦道夫耗尽了支付赎回和回报的资金，整个骗局被瓦解。

就像沃伦·巴菲特所说的，"只有潮水退去，你才能看到谁在裸泳"[1]。

麦道夫当然是这类人，他让一些看似非常精明的投资者非常懊恼，他们被上涨和下跌市场每月约 1％的似乎恒定的回报所吸引。演员凯文·贝肯（Kevin Bacon）和凯拉·塞奇维克（Kyra Sedgwick）以及梦工厂动画公司（DreamWorks Animation）的首席执行官杰弗瑞·卡森伯格（Jeffrey Katzenberg）投入了巨资。[2] 其他投资者如下：

损失者	金额（十亿美元）
对冲基金	
Fairfield Greenwich Advisers	7.5
Tremont Group Holdings	3.3

---

① 巴菲特 2008 年致伯克希尔哈撒韦公司股东的年度信。

② Doug Steiner, "Bernie, I Hardly Knew Ya," *The Globe and Mail*，March 2009，50 - 53.

续表

损失者	金额（十亿美元）
Ascot Partners	1.8
国际银行	
桑坦德银行（Banco Santander）	2.9
奥地利美第奇银行（Bank Medici，Austria）	2.1
荷兰富通银行（Fortis，Netherlands）	1.4

	金额（百万美元）
慈善机构	
犹太社区洛杉矶基金会（Jewish Community Foundation of Los Angeles）	18
埃利·威塞尔基金会（The Elie Wiesel Foundation for Humanity）	15.2
叶史瓦大学（Yeshiva University）	14.5
名人	
莎莎·嘉宝（Zsa Zsa Gabor）	10

最终，麦道夫对美国证券交易委员会的 11 项指控供认不讳，并被判处 150 年监禁。麦道夫是如何开始他的计划的？他究竟做了什么？谁怀疑他是骗子并警告了美国证券交易委员会？为什么美国证券交易委员会没有发现错误？谁知道这些问题的答案？谁在这个关于品行不端、贪婪、无辜、无能和对责任的误解的故事中什么也没做？

麦道夫是怎么做到的？

2009 年 3 月 12 日，麦道夫在其认罪陈述中指出：

> 我这个骗局的本质就是向希望在我这里开设投资咨询和交易账户的客户与未来客户表示，我将把他们的资金投资于大型知名公司的普通股、期权和其他有价证券，并见索即付，回报给投资人的是利润和本金。直至被捕，多年来我从没有像我承诺的那样将那些资金投资于有价证券，因此我所提供的那些资料全部是虚假的。相反，那些资金被我全部存入我在大通曼哈顿银行（Chase Manhattan Bank）的一个银行账户。当客户收到他们认为是从我这里挣得的利润或兑回的本金时，我动用的是在大通曼哈顿银行账户中属于他们的钱或属于其他客户的钱。①

当然，在现实中，麦道夫的计划更复杂，而且在很长一段时间内都没有被发现端倪。

多年来，麦道夫主要扮演了两种角色：（1）做市商或经纪人；（2）投资顾问或经理。他于 1960 年创办伯纳德·L. 麦道夫投资证券公司（Bernard L. Madoff Securities），一家通过电话匹配未在纽约证券交易所等大型公认证券交易所交易的小公司股票的买家和卖家的公司。最初，他为每笔场外交易收取佣金，但很快他就开始自己买卖，从而承担了找不到匹配的买家或卖家、无法从差价中获利的风险。随着时间的推移，这种交易形式变得更加规范，股票

---

① http://www.pbs.org/wgbh/pages/frontline/madoff/cron.

买卖的差价被限定在每股 1/8 美元，即 12.5 美分。为了最大限度地增加订单量，麦道夫向推荐经纪人支付订单流量，价格是每股 12.5 美分的差价中的 1～2 美分。后来，计算机化交易使得股价能够以美分而不是 1/8 美元计价，到 2001 年[①]，价差缩小到 1 美分左右。因此，麦道夫在这种交易活动中的利润减少了，他必须有创造性才能获得可观的利润。有人猜测[②]他是通过"抢先交易"来实现的，这是内幕交易的一种变体。麦道夫通过他的"订单支付流程"提前获得大宗交易信息，麦道夫可以以当前价格为自己的账户购买股票，稍后出售股票，以更高的价格完成大宗交易订单。

麦道夫活动的交易部分已经在官方注册，这并不是麦道夫庞氏骗局的来源。麦道夫早在 1962 年就开始的第二项活动——投资顾问活动，是欺诈的来源。有趣的是，直到 2006 年被美国证券交易委员会要求注册前，他都没有注册为投资顾问，这是对哈里·马科波罗斯[③]一份公开，现在也是著名的举报信的回应。事实上，据说麦道夫要求他的客户不透露他的投资服务，也许是为了使服务低于权威机构的认可水平。无论如何，正如麦道夫在他的认罪陈述中所说的，他的欺诈始于 20 世纪 90 年代初：

> 法官阁下，在 2008 年 12 月 11 日我被捕之前的许多年里，我都是在纽约曼哈顿第三街区的伯纳德·L. 麦道夫投资证券公司投资顾问部操纵庞氏骗局。
>
> 在我的记忆深处，我的行骗开始于 20 世纪 90 年代初。那时，美国经济衰退，衰退给证券市场的投资带来了问题。尽管如此，我还是可以接受来自某些机构客户的投资委托。我理解那些客户像所有专业投资人那样期望看到其投资表现超出市场水平。尽管我从没有对我的客户承诺一个具体回报率，但是我觉得有一种力量迫使我无论如何都要满足我的客户的预期。因而我宣称我开发了一个投资策略，取名"分割结转策略"，以便给我的客户一个假象，也就是我可以帮我的客户获得他们期望得到的结果。
>
> 通过分割结转策略，我承诺客户和未来客户，他们的资金将投资于标准普尔 100 指数（即 100 家最大公开交易公司的集合）中的一篮子普通股。我承诺我会选择一篮子股票用来模拟接近标准普尔 100 指数的价格走势。我承诺定时择机购买这些股票、间断性抛出，在此期间，将客户资金投资于美国政府发行的有价证券，如国库券。另外，我承诺，作为分割结转策略的一部分，我会利用客户资金买卖与这些股票相关的期权合约，从而对冲我在一篮子普通股中的投资，从而限制因股票价格不可预测的变化造成客户可能存在的亏损。事实上，我从没有做过我对客户承诺的各种投资，而客户相信他们和我一起都在进行分割结转策略的投资。
>
> 为了隐瞒行骗，我提供虚假资料给客户、雇员和其他人，称我在海外市场为客户购买了有价证券。确实，美国证券交易委员会曾调查过我的投资顾问业务，要求我对调查

---

①　Steiner，"Bernie，I Hardly Knew Ya，" 53.

②　Harry Markopolos，2005 Letter to the SEC.

③　Harry Markopolos，2005 Letter to the SEC.

部分作证，我有意提供虚假证词，并于 2006 年 5 月 19 日面对美国证券交易委员会工作人员宣誓，是我代表我的投资顾问客户执行普通股的交易，并在欧洲市场买卖我的投资策略需要的普通股。在纽约曼哈顿举行的美国证券交易委员会例会期间，我又有意地提供虚假证词，我宣誓我是代表我的投资顾问客户的利益执行期权合约，也就是我的公司为了我的投资咨询客户的利益保管客户资产。

为了进一步隐瞒我没有出于投资咨询客户的利益履行交易的事实，我有意地提供虚假交易确认书、客户财务报表，从而向虚设的分割结转策略客户反映虚构的交易和财务状况，让我要行骗的其他客户相信，我也将为他们进行证券投资。收到交易确认书和财务报表的客户绝对不会去审核了解各种报表和确认书上那些我从来不会进行交易的单据。我知道那些虚假的确认书和财务报表会通过美国邮局从我曼哈顿的办公室送到我的客户手中。

另外一个我隐瞒行骗行为的办法就是提供虚假的、易引起误解的由美国证券交易委员会支持的审计报告和财务报表。我知道这些审计报告和财务报表都是虚假的，并会送到客户手中。我就在纽约南区准备这些报告，其中有一项反映我公司的虚假债务，这是我故意不代表我的投资顾问客户购买证券的结果。

同样，在 2006 年，我设法注册了一家由美国证券交易委员会支持的投资顾问公司，后来我又向美国证券交易委员会提交"投资顾问注册"的统一申请文件。在这个文件中，我明知作伪证会受处罚，却故意虚称伯纳德·L. 麦道夫投资证券公司保管着我投资顾问客户的证券。那都是不真实的，我知道我当时填写文件并提交给美国证券交易委员会就是在曼哈顿第三街区的办公室。

在最近的数年中，我还用另外一种方法隐瞒我行骗的事实。我在美国和英国之间电汇资金，以便显示出好像我代表我投资顾问客户的利益进行过实际的证券交易。特别是我从我投资顾问业务的银行账户将资金汇到麦道夫证券国际有限公司（Madoff Securities International Ltd.）的伦敦银行账户，麦道夫证券国际有限公司是我纽约业务的子公司，主要从事所有权交易，它合法、真实运转并已办理过业务。

尽管如此，为了支持我的虚假主张，也就是在欧洲市场为我的投资顾问客户买卖证券，我设法将我在曼哈顿行骗业务的银行账户资金电汇到麦道夫证券国际有限公司的伦敦银行账户中。

最近几年来，我多次通过麦道夫证券国际有限公司伦敦银行账户，将来源于我投资顾问业务的、在纽约大通曼哈顿银行账户的资金汇付到纽约银行（Bank of New York）的银行账户中，该账户是我公司合法专营交易和做市业务的银行账户。纽约银行的账户设在纽约。我这样做是为了用一种方式确保我投资顾问行骗业务的操纵费用不会从合法的专营交易和做市业务中支出。

关于虚设的各种交易，就是我投资顾问行骗的这部分业务，我都向我的投资顾问客户收取每股 0.04 美元的佣金。在最后的几年里，这些佣金不时地从我公司设在大通曼哈顿银行投资顾问行骗的业务银行账户汇付到纽约银行的账户中，该账户是伯纳德·L. 麦道夫投资证券公司合法业务，即专营交易和做市业务的营业账户。我坚信个人在伯纳德·L. 麦道夫投资证券公司合法运作中的薪水和奖金要由公司的专营交易和做市业务的各项成功交易来提供资金。[①]

谁知道或怀疑这场骗局？他们做了什么？

据麦道夫称，他的家人——他的儿子、妻子和兄弟，在他本人向他们透露之前，对他的欺诈行为一无所知。在 2008 年 12 月 9 日，麦道夫首先对他的兄弟透露，一天后他对他的儿子和妻子坦白。12 月 10 日，他的儿子们想知道他为什么要提前几个月支付数百万美元的奖金，以及当他抱怨难以支付投资套现和回报时他是怎么做的。在将会面地点转移到他的公寓后，他向他的儿子们坦白说，他"完了"，他"一无所有"，而且他的行为基本上是一个巨大的庞氏骗局。麦道夫还告诉他的儿子们，他计划在一周内自首，但他会把剩下的 2 亿～3 亿美元给他选定的员工、家人和朋友。

麦道夫在与他的儿子们交谈之后，美国联邦调查局便在 12 月 11 日早上敲响了麦道夫的门，并询问他是否做出无罪解释。麦道夫说不，这确实是一个"弥天大谎"。[②]

根据许多报道，金融界的一些高级成员曾质疑麦道夫的投资业务如何能够获得如此一致的正收益。有些人认为他一定在实施某种欺诈计划，并拒绝与他打交道。而其他人认为他是个天才，但他们没有深入研究麦道夫的投资策略以及他是如何赚钱的。

1999 年，金融专家哈里·马科波罗斯被他的雇主——麦道夫的竞争对手——要求调查麦道夫的策略。经过四个小时的分析，马科波罗斯出现在他雇主的办公室，表示麦道夫绝对不可能通过合法手段持续产生如此高的正收益。在他看来，麦道夫更有可能是在实施庞氏骗局，或者是他通过自己的经纪人/交易业务，以分割结转策略作为"幌子"或"掩护"。[③]

马科波罗斯甚至在 2000 年带着他的担忧与美国证券交易委员会联系，提交了一份 8 页的文件，但美国证券交易委员会没有展开调查，也没有采取任何重大行动。后来，所谓的抢先交易被证明是"行不通的"。

然而，马科波罗斯并没有放弃。2000 年至 2008 年间，他数次重新提交自己的分析，但通常收效甚微。他将此归因于这样一个事实，在 2005 年 10 月底会见美国证券交易委员会波士顿地区办公室主任迈克·加里蒂（Mike Garrity）之前，一些美国证券交易委员会的主要代表没有足够的关于衍生工具方面的金融背景来理解他的观点。但是加里蒂能够理解马科波罗斯分析的重要性并将其提交给美国证券交易委员会纽约地区分支机构。2005 年 11 月 7 日，

---

① "Madoff Speaks: The Plea Allocation," WSJ Law Blog (blog), March 12, 2009, by Ashby Jones at http://blogs. wsj. com/law/2009/03/12/madoff-speaks-the-plea-allocution.

② http://www. pbs. org/wgbh/pages/frontline/madoff/cron.

③ Testimony of Harry Markopolos before the U. S. House of Representatives Committee on Financial Services, Wednesday, February 4, 2009, 10, digital copy at BPE website.

马科波罗斯立即向分支机构负责人梅根·张（Meaghan Cheung）提交了一份 21 页的报告，但梅根·张没有理解这份报告及其意义。

在他 2005 年 11 月 7 日的信中①，马科波罗斯确定了一系列的 29 个危险信号，并提供了分析以支持他对麦道夫活动的要点的总结：

- 麦道夫选择了一种不寻常的经纪人-交易商结构，其成本占年收入的 4%，超出了必要水平。除非是庞氏骗局，否则他为什么要这么做？
- 尽管更便宜的资金容易获得，麦道夫仍需支付平均 16% 的运营资金。
- 第三方对冲基金和组合基金不允许将麦道夫列为实际的基金经理。难道他不应该为他的优秀回报而宣传吗？
- 分割结转策略无法产生超过美国国债利率的回报，只能产生远低于支付给麦道夫客户的回报率的利率。
- 总的 OEX 期权不足以产生麦道夫所谓的分割结转策略每月 1% 的回报率、每年 12% 的回报率。实际上，麦道夫必须赚取 12%～16% 的净收益。
- 在过去的 14 年里，麦道夫只有 7 个月的损失，4% 的损失百分比，这简直好得令人难以置信。
- 没有足够的 OEX 指数看跌期权合约来对冲麦道夫所说的对冲方式。
- 对于瑞银集团和美林来说，交易对手信用风险太大，这些公司的信贷部门无法批准。
- 麦道夫期权的定制和保密要求超出了市场容量限制，而且成本太高，无法盈利。
- 跟踪所有需要的场外交易的文书工作量将是巨大的。
- 在数学上不可能实现使用包含指数期权（即代表市场的一篮子股票）的策略，而不产生跟踪整个市场的回报。因此，在 96% 的时间里持续正回报好得令人难以置信。
- 在一个可比的时期内，一只使用比分割结转策略更合理的策略的基金有 30% 的时间亏损。回报率也同样糟糕。
- 出现了大量质疑麦道夫合法性并发出危险信号的文章。
- 麦道夫的回报只有在他利用交易部门的交易信息来预先处理客户订单的情况下才能是真实的，这是一种内幕交易，也是非法的。此外，这不是他告诉对冲基金投资者他正在使用的策略。
- 然而，这种获取内部信息的途径是在 1998 年才出现的，所以抢先交易不可能产生麦道夫在此之前公布的最高利润。
- 如果麦道夫处于领先地位，他可以赚取非常高的利润，因此不需要支付 16% 的运营资金。由于他支付了 16%，他很可能没有抢先交易，而是很可能实施了庞氏骗局。
- 为了实现 4% 的损失率，麦道夫必须在市场低迷的几个月内补贴回报，这是对结果或

① Markopolos's letter to the SEC，November 2005，http://finances. unanimocracy. com/money/2009/01/07/harry-markopolous-markopolos-letter-to-the-sec-2005-against-madoff.

这些结果的波动性的错误陈述，因此构成证券欺诈。

- 据报道，麦道夫具有完美的市场营销能力。为什么不检查一下交易单呢？
- 麦道夫不允许外部绩效审计。
- 麦道夫被一些高级财务人员怀疑是欺诈，包括：
  - 高盛的一名董事总经理，所以他不和麦道夫打交道。
  - 排名前五的货币中心银行的一名官员，因此，他也不与麦道夫打交道。
  - 一些股票衍生品专业人士认为，麦道夫采取的分割结转策略是一种彻头彻尾的欺诈行为，无法实现声明的一致回报水平。
- 为什么麦道夫允许第三方对冲基金和基金公司的基金获得超过所需的 10% 的超额回报？
- 为什么只有麦道夫家族成员才知道投资策略？
- 麦道夫的夏普指数为 2.55。这太突出了，不可能是真的。
- 麦道夫宣布他管理的资金太多，正在摒弃新投资策略。他为什么不想继续成长？
- 麦道夫确实在运营着全球最大的对冲基金。但它是一家未注册的对冲基金，却面向在美国证券交易委员会注册的其他基金。尽管美国证券交易委员会定于 2006 年开始对对冲基金进行监管，但麦道夫是在第三方保护下运营的，因此麦道夫逃脱审查的可能性非常高。

虽然马科波罗斯继续打电话，但张女士没有回应。因此，他寻求其他途径，当他找到人们怀疑麦道夫是欺诈者的线索时，他将这些线索交给了美国证券交易委员会。不幸的是，美国证券交易委员会没有采取任何行动。马科波罗斯认为，如果美国证券交易委员会采取行动，麦道夫可能在 2006 年就被阻止继续操作。

直到 2008 年 3 月或 4 月初，马科波罗斯一直试图以口头和书面方式影响美国证券交易委员会，但没有得到明显的回应。2009 年 2 月 4 日，他就自己的担忧在美国众议院金融服务委员会（U. S. House of Representatives Committee on Financial Services）作证。在作证期间，他被问及为什么他和其他三名相关人员没有将麦道夫交给联邦调查局或联邦工业监管局（Federal Industry Regulatory Authority），他的回答如下：对于那些问我们为什么没有去联邦工业监管局举报麦道夫的人，答案很简单：麦道夫是其前身机构的董事会成员，他的兄弟彼得（Peter）是前副主席。我们担心向目标者通风报信，从而使自己受到巨大的伤害。对于那些问我们为什么不把麦道夫交给联邦调查局的人，我们认为联邦调查局会拒绝我们，因为他们会希望证券交易委员会以证券欺诈问题专家的身份提起诉讼。鉴于我们在证券交易委员会的待遇，我们怀疑联邦调查局是否认可我们。

马科波罗斯继续哀叹，许多知识渊博的人也知道麦道夫是个骗子，却默默地走开了，什么也没说，什么也没做。如果不能保证别人不会推卸他们的公民责任，我们如何前进？我们可以扪心自问，如果其他人提高了音量，结果会不会有所不同？这说明了自我监管市场的什么性质？

马科波罗斯在 2009 年 2 月的口头证词中对证券交易委员会态度强硬。例如，他声明如下：

- "我把历史上最大的庞氏骗局包装好并交给了证券交易委员会，他们忙得没时间调查。"
- "我递给他们，他们放在盘子上。"
- "证券交易委员会像老鼠一样吼叫，像跳蚤一样咬人。"

在提供口头证词期间和结束时，马科波罗斯指出了美国证券交易委员会要为许多事情负责的原因，它一再让投资者、美国纳税人和世界各地的公民失望。

为什么美国证券交易委员会没有早点抓到麦道夫？

马科波罗斯认为，证券交易委员会的调查人员和他们的上司都不称职，不愿意相信像麦道夫和他的兄弟彼得这样在投资界备受尊敬的人可能参与非法活动。麦道夫自己的网站①显示，麦道夫是五个最密切参与纳斯达克股票市场发展的经纪人之一。他曾是纳斯达克股票市场（NASDAQ Stock Market）董事会主席、NASD 董事会成员和众多 NASD 委员会成员以及伦敦国际证券结算公司（International Securities Clearing Corporation）的创始成员。

他的兄弟彼得曾担任 NASD 副主席、董事会成员和纽约地区主席。他还作为董事会和执行委员会的成员以及交易委员会的主席积极参与纳斯达克股票市场。他也是纽约证券交易商协会（Security Traders Association of New York）的董事会成员、存款信托公司（Depository Trust Corporation）董事会成员。

为了找出为什么证券交易委员会没有更早抓住麦道夫，证券交易委员会监察长办公室进行了内部审查。2009 年 8 月 31 日，监察长大卫·科茨（David Kotz）发布的《关于美国证券交易委员会未能揭露伯纳德·麦道夫庞氏骗局的调查——公开版（OIG - 509）》② 中，强烈谴责了美国证券交易委员会的调查和决策活动。尽管包括马科波罗斯在内的一些人多次向证券交易委员会提出关切、建议和分析，但他们发出的危险信号总是被忽视或不被理解，或者在调查时未能确定庞氏骗局。根据该报告，调查失败的原因如下：

- 调查人员缺乏经验，通常刚从法学院毕业。
- 调查人员未经法务工作培训：
  - 在进行的几次调查中，他们的做法通常是约谈麦道夫本人，然后写他们的报告，而不采取进一步的行动，尽管麦道夫在约谈中陷入了自我矛盾。
  - 他们的工作充其量是计划不周，领导不力，然而工作评价却是堪称典范，有些人还获得了晋升。
- 调查人员没有足够的资本市场、衍生品和投资策略知识来理解以下内容：
  - 市场和欺诈背后的基本原理。
  - 什么是危险信号或者值得跟进的危险信号。
  - 如何审查别人提出的危险信号。

---

① http://www.madoff.com, Quote taken from Markopolos, November 7, 2005, to the SEC; also referenced in Kotz Report, http://www.sec.gov/news/studies/2009/oig-509. pdf, 175.

② Kotz Report, http://www.sec.gov/news/studies/2009/oig-509. pdf.

■ 对麦道夫的口头声明或编造的书面声明进行外部第三方核实是必要的,这将揭示庞氏骗局。

■ 调查的正确范围应该是什么。

● 调查人员偏袒麦道夫,反对马科波罗斯。

● 调查人员经常因美国证券交易委员会的其他优先事项或美国证券交易委员会内部的竞争和官僚主义做法而延误工作。

大卫·科茨的报告和他对美国证券交易委员会人员和实践改进的相关建议值得称赞。任何阅读其报告的人都会得出结论:美国证券交易委员会在麦道夫丑闻中的表现是荒谬的、无能的。

有趣的是,尽管美国证券交易委员会一再得知的迹象表明,麦道夫的公司审计师可能是麦道夫的关联方,但美国证券交易委员会的相关人员从未核实过。麦道夫认罪后,纽约执法部门最终对其进行了检查。"在获得工作文件的几个小时内,纽约的律师即确定了公司没有进行审计工作。"① 显然,麦道夫的公司没有对交易或持有的证券进行外部或独立的审查。所谓的审计师是麦道夫的妹夫大卫·弗里林(David Friehling)②,他领导着一家名为弗里林 & 霍洛维茨(Friehling & Horowitz)的三人会计师事务所。此后,弗里林被控欺诈。③ 从 1991 年到 2008 年,他一直是麦道夫的审计师。

一个美好的结局?

幸运的是,麦道夫在 2008 年 12 月 11 日供认不讳,美国证券交易委员会随后指控他犯有 11 项欺诈罪。事实上,麦道夫在 2006 年④编造了一个故事来支持他对冲其投资组合的说法,但证券交易委员会调查人员未能从外部检查交易。如果他们进行检查,他们会发现基本上没有交易,即使麦道夫声称他是世界上最大的对冲基金的管理者。

2009 年 3 月 12 日,麦道夫出庭,对 11 项指控认罪。⑤ 2009 年 6 月 29 日,他重返法庭。他因"非常邪恶"被判处长达 150 年的监禁⑥,具体原因和年数如下:

欺诈的类型	监禁（年数）
证券	20
投资顾问	5
邮件	20
电报	20

① Kotz Report,http://www. sec. gov/news/studies/2009/oig-509. pdf,95.

② Ibid. ,146.

③ Larry Neumeister,"Prosecutors Charge Madoff's Accountant with Fraud," *The Associated Press*,Yahoo! Canada Finance website,March 18,2009.

④ Kotz Report,23.

⑤ Sinclair Stewart,"Madoff Goes to Jail on 11 Guilty Pleas," *The Globe and Mail*,March 13,2009,B1.

⑥ Aaron Smith,"Madoff Sentenced to 150 Years," CNNMoney.com,June 29,2009.

续表

欺诈的类型	监禁（年数）
与资金转移有关的国际洗钱	20
国际洗钱	20
洗钱	10
虚假陈述	5
伪证	5
向美国证券交易委员会提交虚假文件	20
从员工福利计划中盗窃	5

麦道夫被判刑时已经 70 多岁，所以他将在监狱里度过余生，他的朋友们也不好过。然而，多年来，他的一些朋友在麦道夫的投资中获得了可观的利润。其中一位是杰弗里·皮考尔（Jeffry Picower），他是一位老练的投资者，也是麦道夫的朋友和著名的慈善家。他被发现淹死在他的棕榈滩游泳池的底部，当时一个受托人试图收回杰弗里和他妻子从麦道夫手中获得的 700 万美元。[①] 法院指定的受托人将收回多少资金，仍有待观察。

【问题】

1. 麦道夫的刑期是否太长？

2. 一些美国证券交易委员会的人员玩忽职守。该怎么处理他们？

3. 美国证券交易委员会所进行的改革是否足够严厉且足够全面？

4. 麦道夫的审计师弗里林是他的妹夫，这有关系吗？

5. 弗里林没有做审计工作有关系吗？

6. 对联邦工业监管局自我监管的有效性以及对审计职业的有效性进行评论。有什么可能的解决办法？

7. 回答马科波罗斯的问题：如果不能保证别人不会推卸他们的公民责任，我们如何前进？我们可以扪心自问，如果其他人提高了音量，结果会不会有所不同？这说明了自我监管市场的什么性质？

8. 马科波罗斯和其他举报者怎么能更早地就他们的担忧采取行动？

9. 马科波罗斯的行为是否始终合乎道德？

10. 与麦道夫一起投资的人是否有责任确保他是一名合法的注册投资顾问？如果没有，他们的投资决策依据是什么？

11. 赚大钱的投资者（在市场下跌时每月赚 1%）是应该说"非常感谢你"，还是应该质疑他们获得的异常高的回报率？

12. 通过与麦道夫一起"投资"赚钱的投资者是否应该被迫放弃收益，以补偿那些损失资金的投资者？

---

① Diana B. Henriques, "Investor with Madoff Is Found Dead in His Pool," *New York Times*, October 25, 2009.

13. 这仅仅是一个提醒"买家谨慎"的例子吗？

通用汽车明显忽视的点火故障

在 2001 年的一个决定性的日子里，一位通用汽车工程师在土星 Ion 汽车的试生产测试中发现，有一个缺陷会导致小型车的发动机毫无预警地熄火。这种开关在 2002 年得到了工程师雷蒙德·迪乔治（Raymond DiGeorgio）的批准，他说他知道这种开关不符合标准，但"他认为这不会危及生命"[1]。2004 年，当雪佛兰 Cobalt 取代雪佛兰 Cavalier 的时候，这个缺陷又被发现了，当沉甸甸的钥匙链被膝盖晃动或者因路面的坑洞晃动的时候，它会导致开关松开。[2] 显然，通用汽车并没有意识到这个问题的严重性，直到 2013 年才后知后觉[3]，原来"这种缺陷会使汽车的动力转向、刹车、安全气囊失灵，导致至少 150 人因此死亡"。这种事情怎么会发生在世界上最大的汽车制造厂商之一呢？

一辆装有动力转向和刹车的汽车，当发动机停转时，驾驶员要立刻使出近乎超常的力量才能使汽车转弯或停车，并且安全气囊可能无法工作。当一辆行驶中的汽车毫无征兆地熄火时，司机会瞬间感觉自己在驾驶安装了车轮的混凝土块。即使司机没有被这种转变惊呆，汽车的方向和速度往往也不是一个有正常力气的人能控制的。如果安全气囊是电子启动的，那么即使是异常的力度也无法触发使其弹出，通用汽车就是这样。司机和乘客通常不得不在没有刹车和安全气囊保护的情况下开车去别的地方。这样难免造成很多人死亡或受伤。

2005 年 3 月，通用汽车公司拒绝修理点火开关，理由是"这将花费太多的钱和太长的时间"[4]。相反，通用汽车公司向其经销商发送了一份公告，警告说，当"驾驶员身材矮小并且有一个大的或重的钥匙链时，点火开关可能会出现故障。你们应该告知客户这种可能性，并且应该让客户去掉钥匙链上不必要的物品"[5]。后来估计的修理费用为每个开关 57 美分。[6]

通用汽车工程师雷蒙德·迪乔治在 2006 年确实重新设计了开关，但没有改变零件号，这"非常不寻常"[7]，也违反了通用汽车的政策。[8] 并且他也没有告诉任何人。[9] 重新设计的开关

———————————

①　Jessica Dye，"Ex-GM Engineer Acknowledges 'Mistakes' Made over Ignition Switch," Reuters，January 15，2016，accessed February 27，2016，at http://www. reuters. com/article/us-gm-recall-trial-idUSKCN0UT2DF.

②　Tanya Basu，"Timeline: A History of GM's Ignition Switch Defect," June 18，2014，published March 31，2014，accessed February 27，2016，at http://www. npr. org/2014/03/31/297158876/timeline-a-history-of-gms-ignition-switch-defect.

③　Ibid.

④　Ibid.

⑤　Ibid.

⑥　"GM Recall Linked to 57-Cent Ignition Switch Component," *Associated Press*，April 1，2014，updated April 2，2014，accessed February 28，2016，at http://www. cbc. ca/news/business/gm-recall-linked-to-57-cent-ignition-switch-component-1. 2593930.

⑦　Dye，"Ex-GM Engineer Acknowledges 'Mistakes' Made over Ignition Switch."

⑧　Todd Wasserman，"How One GM Engineer's Decisions Helped Lead to 5. 8 Million Recalls," June 17，2014，accessed February 27，2016，at http://mashable. com/2014/06/17/gm-engineer-ray-degiorgio/#eOywuU1kDqq8.

⑨　Ibid.

显然解决了 2006 年后制造的一些汽车的问题，但由于零件号没有改变，美国国家公路交通安全管理局（NHTSA）调查人员在 2007 年和 2010 年均没有发现开关故障与车祸死亡之间的联系。[①] 后来，在 2016 年，通用汽车承认这些重新设计的开关仍然没有达到最低标准，因此 2008 年至 2011 年间出厂的汽车也有缺陷。[②]

2007 年至 2008 年次贷危机时，通用汽车正处于财务困境，与其他汽车制造商一样，公司需要财政援助来保全其员工和供应商的工作。通用汽车的恢复计划包括破产，然后以"新的"通用汽车形象复出，目的是在 2009 年 6 月 1 日之前摆脱债务，包括对因点火开关故障而受伤的人应负担的债务。[③]

2014 年，公众和立法者的怒火被完全点燃，通用汽车董事会委托安东·沃卢克斯（Anton R. Valukas）撰写了一份报告，此人此前曾受命调查安然丑闻。2014 年 5 月 29 日，他出具了一份长达 325 页的报告，报告指出了这场悲剧涉及的个人和过程的许多细节。[④] 其中一条是关于通用汽车公司处理点火开关故障等棘手问题的方法。他写道：

> 虽然通用汽车从客户、经销商、媒体和自己的员工那里一遍又一遍地听到，汽车的点火开关可能会导致车辆随时熄火，但经过接二连三的小组、委员会与通用汽车共同审查这个问题，仍未能采取行动，或者行动太慢。尽管每个人都有责任解决这个问题，但没有人承担责任。这就是某位高管所说的"通用汽车点头"的例子，即每个人都点头同意一项拟议的行动计划，但随后离开房间，什么也不做。

2014 年 1 月，玛丽·巴拉（Mary Barra）成为通用汽车首席执行官。她在 2014 年 1 月 31 日得知点火开关有故障。从那以后，她不得不带领通用汽车渡过危机、诉讼，举行公开听证会和对数百万辆汽车进行召回。即使在 2008 年破产的情况下，通用汽车也面临着约 10 亿美元[⑤]的诉讼成本和数亿美元的改装成本，更不用说要处理声誉损失和未来销售损失了。由于在 2014 年领导公司，玛丽获得了 160 万美元的基本工资，并获得了价值超过 1 370 万美元但几年内无法兑现的股票奖励。[⑥]

---

① Basu, "Timeline."

② Nick Bunkley, "Lawmakers ID Engineer behind'06 GM Switch Redesign," *Automotive News*, March 31, 2014, accessed February 27, 2016, at http://www. autonews. com/article/20140331/OEM11/140339971/lawmakers-id-engineer-behind-06-gm-switch-redesign.

③ Basu, "Timeline."

④ Anton R. Valukas, "General Motors Report regarding Ignition Switch Recall," *Washington Post*, May 29, 2014, accessed February 28, 2016, at https://www. washingtonpost. com/apps/g/page/business/general-motors-report-regarding-ignition-switch-recall/1085. See also, for a copy of the report, http://www. npr. org/news/documents/2014/valukas-report-on-gm-redacted. pdf at p. 2.

⑤ David Ingram, Nate Raymond, and Joseph White, "GM to Pay $ 900 Million, Settle U. S. Criminal Case over Ignition Switches—Sources," Reuters, September 17, 2015, https://ca. finance. yahoo. com/news/gm-pay-900-million-settle-004103824. html; Jessica Dye, "GM Also Resolves Civil Lawsuits over Ignition-Switch Defect," Reuters, September 17, 2015, https://ca. finance. yahoo. com/news/gm-resolves-civil-lawsuits-over-192504285. html.

⑥ Rupert Neate, "General Motors CEO Mary Barra Paid 80% More Than Predecessor in First Year," *The Guardian*, April 24, 2015, accessed February 28, 2016, at http://www. theguardian. com/business/2015/apr/24/general-motors-mary-barra-first-year-pay.

【问题】

1. 为什么通用汽车公司在受到点火开关有故障的怀疑时没有采取有效措施？

2. 谁对造成的伤亡负有责任，为什么？

3. 公司应该通过宣布破产来逃避伤害的责任吗？

4. 是否应当有通用汽车公司的员工因点火开关故障而入狱？如果有，是谁？

5. 你会信任通用汽车，在未来购买其汽车吗？

6. 玛丽·巴拉的工作报酬对于她被要求做的工作来说够吗？

德意志银行——一场文化灾难

德意志银行是德国最大的银行和世界第六大投资银行。[1] 不幸的是，该银行的领导层乏善可陈，银行缺少组织文化，治理结构复杂，导致了糟糕的商业决策，使银行损失惨重，面临巨额罚款、处罚和经济损失。由于投资银行部门糟糕的财务表现和组织问题，2019 年 7 月，德意志银行宣布了一项重组计划，耗资 74 亿欧元，并在退出投资银行业务时解雇了占员工总数约 20％的员工。[2]

违法和有问题的活动

自 2008 年以来，德意志银行支付了超过 90 亿美元的和解金和罚款，主要与其投资银行活动有关。这些行为包括违反税收和投资者保护规定、证券交易欺诈、支持洗钱活动、帮助操纵伦敦银行同业拆借利率和在 2008 年金融危机中的不道德行为。其他不当行为包括合谋操纵黄金和白银价格，欺诈抵押贷款公司等。[3] 较轻微的罚款或和解金是因为数据提交缺陷、会计欺诈或缺陷、操纵能源市场和交易报告违规。德意志银行多年来的违规记录令人吃惊，表明德意志银行员工经常有系统地违反其业务所在国家的法律。

例如，德意志银行通过镜像交易帮助俄罗斯寡头洗钱。一个俄罗斯人成立了两家公司，一家在俄罗斯，另一家在离岸避税天堂，如英属维尔京群岛。通过德意志银行经纪人，这家俄罗斯公司将购买一家在莫斯科证券交易所交易的俄罗斯公司的股票。然后，德意志银行的经纪人将立即在伦敦证券交易所以美元、英镑或欧元出售这些股票，所得收益将流向离岸公司。由于买方和卖方实控人相同，德意志银行是在帮助俄罗斯人自己买卖，从而将他的卢布

---

① Jack Ewing, "Deutsche Bank Co-Chief Executives Resign," *New York Times*, June 7, 2015, https://www.nytimes.com/2015/06/08/business/dealbook/co-chief-executives-of-deutsche-bank-resign.html.

② Tim Sims and Hans Seidenstuecker, "Deutsche Bank to Cut 18 000 Jobs in 7.4 Billion Euro Overhaul," Reuters, July 7, 2019, https://www.reuters.com/article/us-deutsche-bank-strategy/deutsche-bank-to-cut-18000-jobs-in-7-4-billion-euro-overhaul-idUSKCN1U20J2.

③ Ed Caesar, "Deutsche Bank's $ 10-Billion Scandal: How a Scheme to Help Russians Secretly Funnel Money Offshore Unravelled," *The New Yorker*, August 22, 2016, https://www.newyorker.com/magazine/2016/08/29/deutsche-banks-10-billion-scandal.

兑换成西方货币。① 由于帮助俄罗斯寡头洗钱 100 亿美元，该银行在英国被罚 1.63 亿英镑，在美国被罚 4.25 亿美元。②

德意志银行通过交易员的虚假陈述协助系统性地操纵伦敦银行同业拆借利率，这些虚假陈述提高或降低了基准利率，以牺牲客户利益的方式为银行谋取利益。它为此支付了超过 20 亿美元的罚款。对于在 2008 年金融危机中扮演的角色，德意志银行支付了 5 500 万美元的罚款。③ 德意志银行的大多数不当行为都发生在投资银行部门。在 2012 年晋升为联合首席执行官之前，安舒·贾恩（Anshu Jain）一直负责该部门。④

组织文化

德意志银行有一种文化，鼓励员工通过虚假陈述和非法活动为银行赚取高额佣金和利润。前员工凯文·罗杰斯（Kevin Rogers）表示，德意志银行存在着无情的内部竞争的历史文化。这是一种充斥着内部摩擦和争吵的文化，各部门相互不信任，发展自己的经营方式。⑤ 正如巴拿马文件和天堂文件所揭示的那样，多年来，德意志银行帮助其富有的客户通过离岸投资和避税天堂逃税。

管理层没有对员工进行严格监督。德国监管机构联邦金融监管局（BaFin）表示，德意志银行高管"未能注意到违规行为，未能调查可疑的巨额利润，未能在需要控制的地方实施控制"⑥。相反，管理层对其员工的不当行为视而不见，赫弗南（Heffernan）称之为"故意失明"⑦。

治理结构

德意志银行的双层治理结构无效且复杂，如图 2-3 所示。⑧

虽然这种结构在其他德国公司运行良好，但它并没有在德意志银行提供有效的监督。问题包括：

---

① Ed Caesar, "Deutsche Bank's ＄10-Billion Scandal: How a Scheme to Help Russians Secretly Funnel Money Offshore Unravelled," *The New Yorker*, August 22, 2016, https://www.newyorker.com/magazine/2016/08/29/deutsche-banks-10-billion-scandal.

② Luke Harding, "Deutsche Bank Faces Action over ＄29bn Russian Money-Laundering Scheme," *The Guardian*, April 17, 2019, https://www.theguardian.com/business/2019/apr/17/deutsche-bank-faces-action-over-20bn-russian-money-laundering-scheme.

③ Caesar, "Deutsche Bank's ＄10-Billion Scandal."

④ Ewing, "Deutsche Bank Co-Chief Executives Resign."

⑤ Kevin Rodgers, "Deutsche Bank's Problem: A Historic Culture of Ruthless Internal Competition," *Efinancialcareers*, 2018, https://news.efinancialcareers.com/ca-en/320132/deutsche-bank-culture-competitive.

⑥ Francis Coppola, "The Willful Blindness of Deutsche Bank's Management," *Forbes*, July 18, 2015, https://www.forbes.com/sites/francescoppola/2015/07/18/the-willful-blindness-of-deutsche-banks-management/#42383cec615e.

⑦ Margaret Heffernan, *Willful Blindness: Why We Ignore the Obvious at Our Peril* (New York: Bloomsbury, 2012), 294.

⑧ Dieter Fockenbrock, "Of Laymen and Lemmings: The Flaws of Germany's Corporate Board System," May 28, 2018, https://www.handelsblatt.com/today/companies/of-laymen-and-lemmings-the-flaws-of-germanys-corporate-board-system/23582266.html?ticket=ST-13698834-rxZJfSFCpJ2DbLcDsux5-ap3.

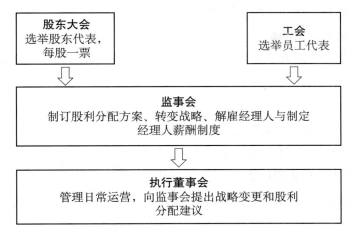

图 2-3　德意志银行的治理结构

- 监事会成员缺乏行业和其他相关专业知识，视野狭窄；
- 董事会成员薪酬较低；
- 德语要求使得监事会成员资格对潜在的外国成员没有吸引力；
- 性别不均衡；
- 接受自上而下的保密文化，回避对最高管理层的质疑；
- 由联合首席执行官（尤尔根·菲琴（Jurgen Fitchen）和安舒·贾恩）掌管银行。

遗憾的是，联合首席执行官们没有意识到治理问题的严重性。他们认为没有必要改变德意志银行的文化，并且监事会也没有强迫他们这样做。

与此同时，贾恩要面对关于他是否应该领导这家银行的批评。该银行的大部分罚款和处罚与其投资银行活动有关，而这些活动发生在贾恩负责投资银行业务的时候。2015 年，该银行支付了 20 亿美元的伦敦银行同业拆借利率罚款，并报告季度收益不佳，此后不久，贾恩辞去了联合首席执行官一职。此外，菲琴于 2016 年退休。①

重塑德意志银行

2016 年，该行将改变银行文化的任务交给了德意志银行法务部战略主管艾玛·斯拉特（Emma Slatter）。她制订了一个五年计划，通过让德意志银行"不那么复杂、更高效、风险更低、资本更充足"②来恢复人们对该银行的信任。具体包括以下内容：

- 取消执行委员会；
- 重组银行的业务部门，使其与法务部门保持一致；
- 设定新的财务目标，如资本比率；
- 让更多女性进入权力岗位；

---

① Ewing，"Deutsche Bank Co-Chief Executives Resign."
② Natasha Bernal，"Reinventing Deutsche Bank，"*The Lawyer*，May 2016，16-21.

- 通过设定明确的工作期望衡量指标来改善职业发展；
- 利用外部顾问来为新的培训项目建立框架。

总的来说，这些措施是为了支持责任文化。时间会证明这些举措是否足以改变德意志银行的文化。

【问题】

1. 德意志银行的企业文化有哪些不足？

2. 你认为斯拉特的五年计划足以改变德意志银行的文化吗？

3. 还有其他可以改善德意志银行文化的措施吗？

4. 为什么会认为德意志银行形成了对员工的不当行为故意视而不见的文化？

第**3**章

道德行为——哲学家的贡献

学习目标

几千年来，哲学家一直致力于道德行为的研究。他们提出的想法、概念和原则长期以来被认为是评估公司和个人活动的重要标准。对于公司战略和个人行动的道德性，不能放任其随意发展。因此，董事、高管和职业会计师需要意识到道德规范的重要性，并将这些道德规范融入他们的组织文化。鉴于公司中个体的多样性和面临的全球性挑战，将道德行为原则完全交由员工个人来决定是站不住脚的。组织必须雇用有道德意识的个体，并让他们了解哪些道德原则驱动行动。这些哲学家的贡献会在本章中讨论。这些哲学原理为董事、高管和职业会计师制订道德计划和做出决策提供了有益的基础。

伦理学是哲学的一个分支，是研究什么行为是正确的或者应该做什么的规范性判断。伦理学处理的是指导人类行为的原则，它是关于正确和错误，以及我们应该做什么和我们应该避免做什么的规范和价值观的研究。本章介绍的道德理论不会为实际问题提供样板式的解决方案，只是指导决策者识别可被接受和不可被接受的商业行为和行动。

决策源于对期望什么样的规范、价值和成就以及对某些行为的奖励和制裁的信念。当规范和价值观发生冲突，并且有可供选择的行动方案时，道德困境就会出现，这意味着决策者必须做出选择。与许多其他有明确决策标准的商业决策不同，对道德困境没有客观标准。因此，我们需要使用主观的道德规范进行判断。本章介绍的道德理论解释了如何理解、实施和遵守与适当商业行为相关的道德准则。

虽然本章描述的所有道德理论的基本原则和理念均适用于商业，但每种理论都无法让所有人满意。因此，我们在研究理论的优缺点时，需要表现出宽容。请记住，它们提供的是关于要考虑的因素的指导，而不是决策工具。最终仍是决策者考虑问题、做出决策，并采取相应行动以及承担后果。

阅读本章后，你将了解：

● 用于分析商业道德困境的基本道德理论。

● 对这些理论的优缺点的评价。

● 没有一种道德理论能够解决所有的商业道德困境。

3.1 伦理与道德准则

《哲学百科全书》从以下三个方面定义了伦理学：

1. 一般模式或"生活方式"。

2. 一套行为规则或"道德准则"。

3. 对生活方式和行为准则的探究。

在第一个层面上，我们会提及佛教或基督教伦理；在第二个层面上，我们会提及职业道德和不道德的行为；在第三个层面，伦理学是哲学的一个分支，经常被称为元伦理学。[①]

本书对第二个层面上的道德感兴趣，因为它涉及商业环境中人类行为的道德准则。我们不讨论关于人类应该如何生活以及实现宗教生活各种目标的正确方式的宗教信仰。我们对元伦理学并不感兴趣。相反，我们对研究与商业行为相关的道德准则感兴趣。

在《哲学百科全书》中，道德和道德准则有四个特征：

1. 它们是关于人类本性的信仰。

2. 它们是关于理想的信念，关于什么是好的或值得追求的信念。

3. 它们是规定应该做什么和不应该做什么的规则。

4. 它们是促使我们选择正确或错误路线的动机。[②]

每个特征都涉及了四个主要的伦理学理论，这四种理论——结果论、义务论、正义与公平以及美德伦理观适用于在商业环境中做出道德决策的人。

这些理论中的每一个都对这四个特征给予了不同的强调。例如，结果论强调规则在决定什么是好的或可取的方面的重要性，而义务论则考察道德决策者的动机，美德伦理观倾向于以更全面的方式审视人类、人性的本质。虽然每种理论都注重道德规范的不同方面，但它们都有许多共同的特征，特别是在应该做什么和不应该做什么方面。但是，正如罗尔斯所指出的，没有一个理论是完整的，所以我们必须接受它们的各种弱点和不足。"真正的问题是，在任意给定的时间里，已经提出的理论中的哪一个是总体上近似最好"[③]，我们的目标是能够使用这些理论来帮助我们做出道德决策。

---

① Paul Edwards, ed., *The Encyclopedia of Philosophy*, vol. 3 (New York: Macmillan 1967), 81 - 82.

② Ibid., vol. 7, 150.

③ John Rawls, *A Theory of Justice* (Cambridge, MA: Harvard University Press, 1971), 52.

多数人在多数时候知道对错的区别。道德困境很少涉及在两种截然相反的方向中做出选择。道德困境会出现通常是因为没有完全正确的选择，每种选择都有令人信服的理由，所以做出哪种选择取决于个人。一个有道德的决策者不应该仅仅为了与他人保持一致而选择他人已经选择的东西。相反，作为一个有道德的人，你有能力在人类社会的重要而困难的问题上表明立场，并能够解释和证明你的立场。你必须能够清楚地表达和捍卫你的行动方针。

如图 3-1 所示，本章介绍的道德理论为做出道德决策提供了指导。虽然还有许多其他道德理论，但这些理论对人们在商业环境中做出道德决策特别有用。在商业中，有许多制约因素会影响决策者做正确的事情。这些制约因素可以分为组织制约因素和个人品质特征制约因素等。组织制约因素包括奖励制度、组织文化和公司高层的基调。例如，人们做他们为了得到报酬要做的事情，如果奖励系统鼓励有问题的行为或不鼓励对拟定实施的行动方案进行道德讨论，那么员工不会在决策过程考虑道德因素。组织的价值观也影响员工以及高级管理者的行为。如果员工看到公司默许误导客户、董事会的行为，那么初级员工就会认为道德和做正确的事情并不重要。这些组织制约因素在第 5 章企业文化中有更详细的讨论。

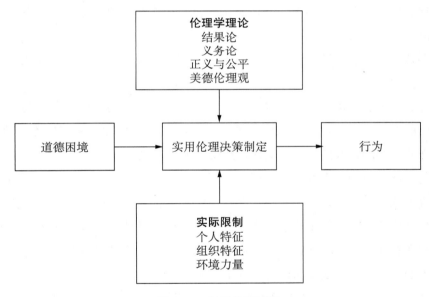

图 3-1 伦理推理过程

个人品质特征制约因素包括对商业的错误理解、对公司的过度承诺和道德不成熟。有些员工错误地认为企业的目标只是盈利。只要业务成功，方法正确与否不重要。这是一个错误的理念导致错误判断的典型例子。对公司的过度承诺会影响道德判断。德罗宁汽车公司（De-Lorean Motor Company）的创始人约翰·德罗宁（John DeLorean）对他的公司非常忠诚，以至于他试图非法出售可卡因来阻止他的公司破产。[①] 最重要的个人品质特征制约因素很可能是道德不成熟。和身体成熟一样，道德成熟也是随着年龄和经历而慢慢形成的。直到你面

---

① Hillel Levin，*Grand Delusions*：*The Cosmic Career of John De Lorean*（New York：Viking Press，1983）．

临一个实际的道德问题并不得不做出决策时，你才会真正知道你会做什么。

通常，在解决道德问题时，没有统一的正确答案。决策前需要仔细和深思熟虑地分析。一旦做出决策并制定行动方针，决策者必须决定采取行动还是不采取行动。本章和下一章提供了帮助你做出道德决策的框架。实际做什么取决于你自己，你必须承担后果。

3.2 道德与商业

阿奇·卡罗尔（Archie Carroll）敏锐地观察到，只有当企业在经济上可行时，才能有意义地谈论商业道德。[①] 如果企业不盈利，它就会倒闭，什么是道德和不道德的商业行为的讨论就没有意义了。因此，营利性企业的首要目标是持续经营。它通过以高效的方式提供社会所需的商品和服务来做到这一点。这是企业的根本目标，但不是唯一的目标，企业不应该不惜任何代价去追求利润，它必须遵守适用的法律，这是最低要求。适用的法律规定了可被接受的商业行为的基本水平。进口可卡因可能有利可图，但这是违法的。卡罗尔认为，企业的第三和第四项责任是道德和社会责任。企业在社会中运作，必须遵守社会规范，并应为改善社会做出贡献。

有些人会认为，盈利和遵守法律是企业仅有的两项责任，道德与企业无关。那么，为什么商人要讲道德呢？

个人为什么应该有道德的三个最常见的解释是基于对宗教的看法、我们与他人的关系以及我们对自己的看法。比如，一些人将道德定义为与人们应该如何基于宗教原则生活有关，例如"不要作假""爱人如己"。人们应该讲道德，因为这是法则。

另有一些人认为道德与宗教无关。相反，这与个人对他人的尊重有关，这种尊重通过爱、共情、仁慈等表现出来。人是群居动物，在社会中和其他人一起生活。我们自然也会对他人产生强烈的情感依恋，这种情感依恋通常通过爱和自我牺牲的行为表现出来。在我们的社交活动中，我们在意他人的情绪和感受。我们对他人的快乐、痛苦和满足感同身受。道德代表着我们对他人的共情，通常表现为慈善、友谊和爱。

还有一些人认为，人们的行为合乎道德是因为开明的利己主义。这种观点对许多商人来说很有说服力。如上所述，道德的第一个特征与人的本性有关。人性的一个基本方面是利己。虽然我们和社会上的其他人生活在一起，但每个人都过着自己独特的生活。这个视角采用以下模式：我的人生；我关心自身的利益。影响我的因素对我来说很重要，所以我关注那些会对我的生活产生影响的事情。但是，利己和自私是有区别的。自私是只关心个人，把个人的需求和利益放在他人利益之上。利己不能狭隘地定义为只和我有关，相反，它涉及对所有与我、我的家庭、我的朋友和我生活的社会有关的事情的利益。利己与经济行为有着密切的联系。

---

① Archie Carroll，"The Pyramid of Corporate Social Responsibility：Toward the Moral Management of Organizational Stakeholders," *Business Horizons* 34（1991）：39 - 48.

3.3　利己主义与经济学

在 1987 年的电影《华尔街》中，男主角戈登·盖柯（Gordon Gekko）在向泰尔达纸业（Teldar Paper）董事会的陈述中辩称，商业是建立在贪婪的基础上的。"女士们，先生们，关键是贪婪是正确的，贪婪是有用的。贪婪阐明、突破并抓住了进化精神的本质。一切形式的贪婪如对生命、金钱、爱情和知识的贪婪标志着人类的崛起。"比贪婪更好的词是利己主义，推动经济发展的是自身利益，而不是贪婪。在社会经济理论中，利己主义是起作用的并且是有利于社会经济的发展的，而自私、贪婪不是。在一个又一个案例中，无止境的贪婪创造了弱点，使个人和公司追求高风险战略，且最终通常以失败告终。

利己主义的概念在英国经验哲学中由来已久，用来解释社会和谐与经济合作。托马斯·霍布斯（Thomas Hobbes，1588—1679）认为利己主义激励人们建立和平的市民社会。在英国内战（1642—1651）之后，他比较了有助于社会稳定的因素和导致战争状态的因素，观察到人们有多种自然欲望，其中最基本的是自我保护。人们也被短期利益所驱使。有些人可能想要某个特定的商品或实现某个特定的目标，并愿意通过一切手段满足他们的欲望。但人们争夺同样的东西会导致战争和冲突。当人们被他们的低级欲望和不受约束的利己主义所驱使时，就出现了无政府状态：没有经济繁荣，没有社会基础设施，没有社会秩序。另外，和平符合每个人的最佳长期利益。它避免了霍布斯所谓的自然状态的不确定性和危险，在这种状态下，生活是"孤独的、贫穷的、肮脏的、野蛮的和短暂的"[①]。但是和平意味着接受限制个人自由的规则，意味着当个人目标会对其他人产生负面影响时，人们将不再能够追求这些目标。

从这个角度来看，市民社会可以被视为个体之间的自愿契约，其中一些个人自由和权利被放弃，以换取和平与保护。这是开明的利己主义。对个人安全的渴望使个人自愿限制其个人自由，以确保社会和谐。因此，社会可以被视为利维坦，一个保障公民和平与安全的联邦。虽然这可能会产生一些负面的短期后果，但大多数人会意识到，自愿避免剥削他人可以确保他们的人身安全。霍布斯认为，利己主义促使合作形成。

遵循这一思想，亚当·斯密（Adam Smith，1723—1790）认为利己主义导致经济合作。在他的著作《国富论》中，他观察到消费者和生产者都趋向于满足自身的需求和欲望。消费者希望消费行为效用最大化。卖家希望从交易中获得的利益最大化。在一个完美的市场中，买家和卖家协商出帕累托最优，斯密称之为自然价格。如果卖家把价格定得太高，没有人会买这个产品。如果价格很低，更多消费者会愿意购买产品。随着对产品需求的增加，要么生产者提高价格，要么新的生产者进入市场试图满足消费者对产品的需求。如果价格上涨过多，买家就会离开市场。这就是斯密所说的自由市场：买卖双

---

① Thomas Hobbes，*Leviathan*，ed. C. B. Macpherson（Middlesex：Penguin，1968），186.

方都可以自由进出市场，没有强迫。因此，生产者和消费者之间的竞争将价格调整至平衡价格，所有可供销售的产品都以消费者愿意为这些产品支付的价格和生产者能够接受的价格销售。

当商品和服务以高效的方式提供时，利润就产生了。斯密举了一个别针工厂的例子。10个独立工作的人每天能生产不到 20 个别针。然而，同样是这 10 个人，如果每一个人只做制作别针过程中的一部分工作，每天可以生产将近 48 000 枚别针。以高效的方式利用可用的劳动力可在给定的时间内生产出更多数量的具有相同质量的产品。通过合作分工提高产量符合每个人的最佳利益。

斯密经常被误认为是自由资本主义的倡导者。事实并非如此。他确实主张政府对市场的干预最小化：政府应该只负责建立社会基础设施，包括交通系统、公共教育和司法系统；企业应该能够处理所有其他事务。斯密既是经济学家又是伦理学家。他在格拉斯哥大学担任伦理哲学教授。1790 年，他发表了《道德情操论》，这是一篇基于共情的伦理学论文。共情是我们感受他人的方式，它被其他人的情绪所影响。因为我们认同其他人的情感，我们努力和其他人建立良好的关系。我们渴望得到他们的认可，避免他们的反对，这为慈善行为和社会正义提供了基础。对斯密来说，个人的行为不是出于狭隘的自私，而是出于对自己和他人的共情。换句话说，道德行为是建立在情感上的，而这反过来又限制了不受约束的利己主义。

这和他的经济理论有什么关系？斯密经济模型的主要特征是：首先，商业是一种合作的社会活动。企业提供社会所需的商品和服务。生产者和消费者通过双方同意的价格满足他们的需求来实现共同的目标。商业是一种社会活动，社会按照道德原则运作。其次，市场是竞争性的，而不是对抗性的。贸易依赖于公平竞争、履行契约和相互合作。健康的竞争确保以最低的价格提供最高质量的商品和服务。竞争还意味着企业努力尽可能高效地运作，以最大限度地增加其长期利益。最后，道德制约经济机会主义，道德抑制狭隘的自私和肆无忌惮的贪婪。根据斯密的说法，个人为了社会的利益而遵循道德准则。依此类推，出于经济利益，他们也应该遵循道德准则。因此，作为对戈登·盖柯的回应，推动市场的是利己主义，而不是贪婪，利己主义会带来意想不到的结果，即改善每个人的社会福祉。

斯密的见解是，利己主义导致经济合作。利己是分工的动力，合作的分工意味着能够以高效和有效的方式向社会提供更多更好的产品。市场将根据消费者需求、产品的可用性、产品的质量和产品的其他特性对这些产品进行定价。生产者获得的利益是提供产品的结果。所以，市场的目标不是让一个公司盈利。相反，其目标是让企业以高效的方式提供产品。利润是结果，不是目的。在竞争环境中，买卖双方的需求和欲望都通过自利的契约得到满足。合作契约导致市场以自然价格买卖商品和服务。这种制度促进了所有人和整个国家的经济福祉。

3.4　道德、商业和法律

施瓦茨（Schwartz）和卡罗尔（Carroll）[①] 认为，商业、道德和法律可以看作是维恩图中三个相交的圆，如图 3-2 所示。区域 1 代表法律或道德规范未涵盖的商业活动。例如，在美国，一套财务报表由资产负债表、利润表、所有者权益变动表和现金流量表组成。根据《国际财务报告准则》，它们分别被称为财务状况表、综合收益表、权益变动表和现金流量表，这些与道德或法律无关。区域 2 是与道德或商业无关的法律，区域 3 代表与商业无关且不违法的道德禁令。

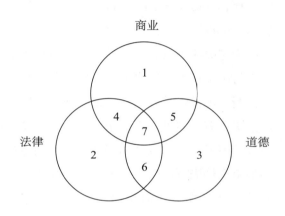

图 3-2　商业、法律和道德的交汇点

法律、道德和商业之间有许多交叉重叠的部分，但是也有人否认这种重叠。他们认为，区域 4 是存在的，只要公司不违反法律，它们的行为就是合乎道德的，即法律和道德在商业上是一致的。本书认为，道德应该引导逾越法律的行为。法律通常是可接受行为的最低标准，但有时法律会发生冲突（如在不同的国家），或者已经过时，或者在一个该有的地方没有。在这种情况下，道德要求的行为超出了法律规定的最低限度。

区域 7 是法律、道德和商业的交汇点，通常只有当法律与道德意见相左时，才成为一个问题。如在第二次世界大战期间的纳粹德国，其法律对犹太人有偏见。当面临如下选择时，一个有道德的商人应该做什么？

（1）法律鼓励剥削犹太人。

（2）法律对商人有利，因为不必向犹太员工支付报酬。

（3）商人知道剥削这些人是错误的。

《辛德勒的名单》生动地描绘了当法律、商业和道德交叉但不相容时的道德困境。本章剩

① Mark Schwartz and Archie Carroll，"Corporate Social Responsibility：A Three Domain Approach，" *Business Ethics Quarterly* 13，no. 4（2003），503-30.

余部分介绍了一些主要的道德理论，这些理论被商人用来帮助解决道德困境。这不是一个详尽的列表，但它涵盖了商业道德领域中需要使用的主要哲学。

3.5 有助于解决道德困境的主要道德理论

目的论：功利主义和结果论——影响分析

目的论在英国经验主义哲学中有着悠久的历史。约翰·洛克（John Locke，1632—1704），杰里米·边沁（Jeremy Bentham，1748—1832），詹姆斯·穆勒（James Mill，1773—1836）和他的儿子约翰·斯图尔特·穆勒（John Stuart Mill，1806—1873），都从目的论的角度审视了伦理学。目的论源自希腊语"telos"，意为目的、结论或结果。目的论从道德决策的结果或后果的角度研究道德行为。因为它关注决策会产生的影响，所以引起了许多注重结果的商人的共鸣。根据决策的后果，它将决策评估为好或坏、可接受或不可接受。

投资者根据期望的回报判断一项投资是好是坏，值得还是不值得。如果实际收益低于投资者预期，则被视为错误的投资决策；如果回报高于预期，则被认为是一个好的或有价值的投资决策。道德决策遵循类似的模式，正如投资的好坏取决于财务决策的结果，道德的好坏也取决于道德决策的结果。如果道德决策产生积极或消极的结果，那么它们就是正确的或错误的。道德上好的决策会产生积极的结果，而道德上坏的决策会产生不那么积极或消极的结果。

决策者和决策的道德性取决于行动或结果的价值。如果这个决策带来了积极的结果，比如帮助一个人实现自我，那么这个决策被认为在道德上是正确的。其他积极的结果包括快乐、享受、健康、美丽和知识，而消极的结果包括不快乐、痛苦、疾病、丑陋和无知。换句话说，对道德正确性的判断完全基于结果的好坏。

目的论在功利主义中有最清晰的表述，最著名的是边沁和约翰·斯图尔特·穆勒的著作。在《功利主义》一书中，约翰·斯图尔特·穆勒写道："将功利或最大幸福原则作为道德基础的信条认为，某行动是正确的，因为它倾向于促进幸福；某行动是错误的，因为它倾向于产生幸福的反面。"[1]

功利主义用快乐和痛苦来定义善恶。道德上正确的行为是产生最大快乐或最小痛苦的行为，这是一个很简单的理论。生活的目标是快乐，所有那些促进快乐的东西在道德上都是好的，因为它们倾向于产生快乐或减轻痛苦和苦难。对于功利主义者来说，快乐和痛苦可能是身体上的，也可能是精神上的。减轻精神压力、痛苦与减轻身体疼痛和不适同等重要。对于一个功利主义者来说，唯一值得拥有的是愉快的经历，而这些经历之所以好，仅仅是因为它们令人愉快。

---

① John Stuart Mill, *Utilitarianism*, ed. Roger Crisp（Oxford：Oxford University Press，1998），55.

约翰·斯图尔特·穆勒很快又指出，快乐和痛苦都有定性和定量两个方面。边沁基于强度、持续时间、确定性、接近性、繁殖力、纯度和程度开发了一种快乐和痛苦的演绎法。[①] 约翰·斯图尔特·穆勒补充说，快乐或痛苦的性质也很重要。有些快乐比其他快乐更令人向往，值得努力去获取。例如，一名运动员为了参加奥运会每天训练。训练可能会很痛苦，但运动员会专注于奖励，赢得金牌。当他站在领奖台上时，他的快乐超过了成为奥运冠军的艰辛。

享乐主义关注个体，寻求个人快乐或幸福最大化。伊壁鸠鲁（Epicurus，公元前 341—前 270 年）认为生活的目标是安全和持久的快乐。在这种生活中，痛苦只有在导致更大的快乐时才被接受，而快乐如果导致更大的痛苦则被拒绝。另外，功利主义不衡量个体的快乐和痛苦，而是衡量社会层面，需要考虑决策者以及可能受决策影响的所有人的快乐，但不应给决策者额外的权重。"构成行为正确与否的功利主义判断标准的幸福，不是代理人自己的幸福，而是所有相关者的幸福。在他自己的幸福和其他人的幸福之间，功利主义要求他像一个无私和仁慈的旁观者一样严格公正。"[②] 一位 CEO 说服董事会给他 1 亿美元的奖金，他可能会从奖金中获得巨大的快乐，但如果他不考虑奖金可能对他公司的所有其他员工、高管以及整个社会产生的影响，那么他就忽略了他决策的道德方面。

功利主义有几个关键方面。首先，道德性是根据结果来评估的。其次，道德决策应该面向增加快乐或减少痛苦，其中快乐和痛苦可以是身体上的，也可以是心理上的。此外，幸福和痛苦关系到整个社会，而不仅仅是决策者的个人幸福或痛苦。最后，道德决策者在计算一项决策的总体净可能结果时，必须不偏不倚，不额外考虑个人感受。

行为功利主义和规则功利主义

随着时间的推移，功利主义沿着两条主线发展成为行为功利主义和规则功利主义。前者有时被称为结果论，其观点是：如果一个行为可能会产生善与恶的平衡，那么它被认为在道德上是好的或正确的；如果一个行为可能产生相反的结果，那么它被认为在道德上是不好的或不正确的。规则功利主义认为我们应该遵循可能产生更好的善恶平衡的规则，避免可能产生相反结果的规则。

假设原则上有可能计算出与决策相关的净快乐或净痛苦。对约翰·斯图尔特·穆勒来说，"算术的真理适用于对幸福的评估，就像适用于所有其他可测量的量一样"[③]。投资回报是可以测量的，穆勒认为，幸福也是如此。这意味着决策者必须计算出，对于每一个可供选择的行动方案，每个可能会受到决策影响的人的相应快乐程度。同样，每个人在每种选择下的不快乐或痛苦程度也需要衡量。此外，正如投资者不会过多关注两项风险和回报水平相同的投资一样，如果两个备选方案有相同的净算术得分，并且每个得分都高于决策者可用的任何其

---

① Jeremy Bentham, *An Introduction to the Principles of Morals and Legislation* (Garden City, NY: Dolphin Books, 1961), 37 - 40.

② John Stuart Mill, *Utilitarianism*, ed. Roger Crisp (Oxford: Oxford University Press, 1998), 64.

③ Mill, *Utilitarianism*, 105.

他备选方案的得分，则两个备选方案在道德上是正确的。

规则功利主义稍微简单一些。它认识到人类的决策通常是由规则来引导的。例如，大多数人认为说实话比撒谎好。因此，规则功利主义往往会为最多可能受到行为影响的人带来最大的快乐。诚实通常在大多数时候给大多数人带来最大的快乐。同样，准确、可靠的财务报表对投资者和债权人做出投资决策极其有用。而虚假的财务报表没有用，因为它们会导致不正确的财务决策。"财务报表应该正确地反映公司的财务状况"的规则比"财务报表应该被篡改"的替代规则能给投资者带来更大的快乐。诚实和坦白通常会产生最好的结果，所以这些是应该遵循的原则。

手段和目的

在确定功利主义的一些问题之前，我们必须理解这一理论不是什么。"让尽可能多的人获得最大的幸福"这一原则并不意味着目的是手段的正当理由。后者是政治理论，不是道德原则。这种政治哲学的最重要的支持者是尼可罗·马基雅维利（Niccolò Machiavelli，1469—1527），他撰写了《君主论》，作为关于如何维持政治权力的入门读物。在书中，他指出"在人们的行动中，特别是君主的行动中没有什么东西具有吸引力，目的是手段的正当理由"①。国家作为主权国，可以随心所欲，君主作为国家的统治者，可以使用任何政治策略来维持权力。马基雅维利非常清楚，口是心非、托词和欺骗是君主保持对民众和对手的控制的可接受手段。"一个君主，尤其是一个新的君主，不能遵守所有对人类有益的规则，为了维护国家，他常常不得不违背信仰，违背慈善，违背人性。"② 显然，这是一个政治理论——一个有问题的理论——但它不是一个道德理论。

不幸的是，"目的是手段的正当理由"经常被断章取义，并被错误地用作道德理论。在 2001 年的电影《剑鱼行动》中，加布里埃尔（Gabriel）向斯坦利（Stanley）提出了一个问题："你有能力治愈世界上所有的疾病，但代价是你必须杀死一个无辜的孩子。你能杀了那个孩子吗，斯坦利？"斯坦利被迫做出的决定是不道德的，因为它侵犯了一个或多个个体的重要权利。通过这样描述这个问题，加布里埃尔试图以道德上的正当性引导斯坦利认为这个行为是正当的，因为牺牲一个人可以拯救更多人。这可能是一个极端的例子，但 CEO 的决策往往会对其他人的生活产生深远的影响。有毒废弃物、危险产品和工作条件以及污染和其他环境问题往往以目的为手段进行辩护。这一原则也被用来为大学生作弊、一些 CEO 滥用权力以及董事会违背企业责任辩护。

然而，规则功利主义认为，有些行为是明显正确和错误的，不管它们的结果是好是坏。污染和危险产品不会增加社会的整体长期福祉。杀害无辜儿童、投机取巧的 CEO 获取过多利益以及董事会无视公司行为准则，无论结果如何，都不是道德上正确的行为，因为它们会对整个社会的福祉有明显的负面影响。

---

① Niccolò Machiavelli，*The Prince and the Discourses*，intro. Max Lerner（New York：Modern Library，1950），66.
② Ibid.，65.

"目的是手段的正当理由"的政治原则不是道德理论。首先，它错误地假设手段和目的在道德上是等同的；其次，它错误地假设实现目的只有一种手段。以两个高管串通伪造一套财务报表为例：其中一个高管这样做是因为他将根据公司报告的净收入获得奖金；另一名高管实施欺诈是为了防止破产，因为他认为，如果公司继续经营，那么员工将有工作，客户将拥有公司的产品，供应商仍能向公司销售。他们的手段都一样，即进行财务报表欺诈，但他们的目的不同。前者出于纯粹的经济利益；后者出于对公司各种利益相关者错误的忠诚感。大多数人会认为这两种人是不一样的。尽管他们用相同的方法达到不同的目的，但这两种动机或目的——经济上的自私和被误导的利他主义，以及同一种手段，即欺诈，在道德上并不等同。大多数人会认为这些手段是错误的，并对第一位高管反感，但或许对后一位高管有些同情。

更重要的是，"目的是手段的正当理由"通常意味着要么只有一种手段来达到目的，要么有多种手段来达到目的，而所有的手段在道德上都是等价的，但事实并非如此。例如，公司有各种暂时阻止破产的方法，其中之一是实施财务报表欺诈。但公司还有其他选择，包括再融资。虽然再融资和欺诈可能会导致相同的结果，但这两种手段在道德上是完全不同的。一个在道德上是正确的，另一个不是。管理者的职责是看到这种差异，然后利用道德想象力来确定实现相同目标的替代方法。

有些人滥用功利主义，说目的是手段的正当理由，但这是对道德理论的不恰当应用。对于一个功利主义者来说，目的永远不会证明手段的正当性。相反，道德主体必须从产生幸福或者从规则的角度来考虑这个决策的后果，即如果遵循这个规则，可能会为所有人带来最大的幸福。功利主义的总体吸引力在于它看起来很简单，而如果想要一个全面的结果，充分考虑所有的后果是具有挑战性的。它采用了一个简单的标准：道德行为的目标是促进幸福。这一标准同时也是前瞻性的：它关注的是那些将会被这个决策影响的人未来的幸福。它也承认未来的不确定性，所以它侧重于可能的后果。因此，最好的道德选择是促进所有相关者最大快乐的选择。管理者们习惯于在不确定的条件下做出决策，评估对可识别的利益相关者的可能后果，然后选择可能对所有相关方产生最佳结果的替代方案。然而，该理论并非没有缺陷。

功利主义的缺点

功利主义假定幸福、效用、快乐、痛苦和苦恼等可以被量化。会计师非常擅长计量经济交易，因为货币是统一的计量标准。几乎所有的经济交易都可以用一种货币来衡量，比如欧元，人们知道 1 欧元能购买什么。然而，幸福没有共同的衡量单位，一个人的幸福也不等同于另一个人的幸福，而 1 欧元对两者来说都是一样的。但是金钱并不能代表幸福，它不仅买不到幸福，也无法捕捉到在一个温暖的夏日傍晚，坐在最喜欢的湖边看日落时的幸福，也无法捕捉母亲抱着新生儿脸上带着笑容时的快乐。

另一个问题是关于幸福的分布和强度。功利主义的原则是尽可能多地创造幸福，并尽可能地将幸福分配给更多的人。拉斐尔（Raphael）举了一个施舍的例子[1]：一种选择是，你给两个领取养老金的老人每人 50 美元，然后他们会买两件保暖的毛衣。或者你可以给 50 个领养老金的人每人一杯咖啡钱。对于收到保暖的毛衣的两个领养老金的人来说，幸福的强度肯定更高。但是更多的人会受到分发的 2 美元的积极影响，他们每个人都可以买一杯咖啡。你应该选择哪个选项？功利主义的原则太模糊，在这种情况下没有用。CEO 是应该全面加薪 0.05％，使所有员工稍微富裕一点，也更快乐一点，还是应该将高层管理团队的工资增加一倍，从而大大增加七位副总裁的总体幸福感？假设两个选项的幸福感相同（不管员工的幸福和不幸福是如何衡量的），两个选项是否等价？功利主义往往会像马基雅维利使用赤裸裸的政治权力一样冷酷无情。

还有一个度量问题涉及范围。它包括多少人？只有活着的人吗？如果不是，那么考虑多少后代？想想全球变暖和污染问题，当代人的短期幸福可能会以后代的痛苦为代价。如果要把后代包括在内，那么幸福的总量必须大大增加，以容纳足够的幸福分配给后代。此外，幸福的时机重要吗？假设不管排序，净分数都一样，那么今天的快乐、明天的痛苦和今天的痛苦、明天的快乐一样吗？我们是否愿意承担今天有过高的燃料成本和相关的经济痛苦，以便为后代提供足够的燃料？

阿尔·戈尔（Al Gore）在他的书和视频《难以忽视的真相》中清楚地说明了这一点，他在书中指出了污染是如何导致全球变暖的，我们正处于环境不可能被恢复的境地。这一结论与 20 世纪 80 年代末的一项联合国研究[2]得出的结论相同，并在 2015 年巴黎联合国气候变化大会上得到重申。

功利主义可能会侵犯少数人的权利。在民主国家，多数人的意志在选举日起支配作用。人们对此很满意，因为那些在一次选举中失败的人总是有机会在下一次选举中让他们的政党掌权，道德决策并非如此简单。考虑下面的例子：有两个选项能影响四个人，第一个选项将为四个人中的每一个人创造两个单位的幸福；第二个选项将为三个人分别创造三个单位的幸福，而为第四个人创造不幸福。第二个选项（九个单位）比第一个选项（八个单位）产生更多的快乐。然而，在第二个选项下，一个人得不到幸福。在这种情况下，他不可能等待下一个机会，从而无法分享幸福。一个人不能分享任何幸福公平吗？功利主义下的道德决策可能被认为是以牺牲其他利益相关者群体为代价的，且不公平地使一些利益相关者群体受益。

功利主义忽视动机，只关注后果，这让很多人不满意。考虑前面的例子，两位高管欺诈性地发布了一套财务报表，他们的动机截然不同。许多人会认为他们有不同程度的道德责任，以奖金为目的的高管比误入歧途的利他主义者更差。然而，功利主义认为两者的问题都是道德上的疏忽，因为他们决策的后果是一样的，即财务报表欺诈。这是"通往地狱的道路是由善意铺成的"这句话的一个例子。功利主义本身不足以产生一个全面的道德决策。为了解决

---

① D. D. Raphael，*Moral Philosophy*（Oxford：Oxford University Press，1981），47.

② The Brundtland Report，*Our Common Future*，New York，UN World Commission on Environment and Development，1987，http://www.un-documents.net/wced-ocf.htm.

这个问题，另一种道德理论——义务论，根据决策者的动机而不是决策的结果来评估道德性。

义务论——行为的动机

义务论是一个源于希腊语 deon 的术语，意思是"责任"或"义务"，是一种关于一个人的道德责任和义务的理论。它根据决策者的动机来评估行为的道德性。根据一位义务论者的观点，一个行为在道德上可能是正确的，即使它没有为决策者或整个社会带来一个善与恶的净平衡。这使得它成为功利主义的有益补充，因为满足这两种理论的行为可以说很有可能是道德的。

康德（Kant，1724—1804）在他的文章《道德形而上学基础》中对这一理论进行了最清晰的阐述。对康德来说，唯一不受限的善是一种善的意志，这种意志遵从理性的指示，而不考虑对自己的后果。他认为我们所有的道德观念都来自理性而不是经验。当一个人为了责任而行动时，他的善意就会体现出来，责任意味着对法律的认可和遵守。箴言可能是"在这种情况下，我应该做这样的事情"，也可能是"在这种情况下，我应该避免做那样的事情"。这些断言——这是我应该做的，那是我不应该做的——具有绝对约束力，不允许有任何例外。而这种出于责任感的行为是人类独有的。自然界的一切事物都是按照自然规律来行动的。人类可以根据法律的理念，也就是根据理性的原则来行事。

对康德来说，责任是判断道德行为的标准。只有当一个人出于责任感而行动时，道德价值才存在。当你承担你的道德责任和履行道德义务时，你的行为是正确的，不是因为它们可能导致好的结果，也不是因为它们可能增加你的快乐或幸福；相反，你这样做仅仅是出于责任。是责任的动机使你的行动具有道德价值。其他行动可能基于自身利益或对他人的考虑。当你因为想得到回头客而诚实地与顾客打交道时，你的行为是出于自我利益而非责任。以这种方式行事可能值得称赞，但缺乏道德价值。根据义务论者的观点，只有当你出于责任感行事时，你的行为才是合乎道德的。

康德提出了两个评估道德性的规则。第一个是绝对命令："我永远都不应该采取行动，除非以这样一种方式，我可以将我的准则变成一个普遍的定律。"① 这是道德的最高原则。它要求你只能以这样的方式行动，即你准备让处于类似情况的任何其他人都以类似的方式行动。准则是必不可少的，因为它必须被遵守；准则是绝对的，因为它是无条件的。即使这与你想做的相悖，也必须遵守。一个理性的原则或是道德法则正在被制定出来，供所有人遵守，其中也包括你。

绝对命令有两个方面。首先，康德认为法律包含义务，这意味着道德法包含道德义务。因此，个人有义务做出的任何道德行为都必须符合道德法或道德准则。这意味着所有的道德决策和行为都可以用道德准则来解释，也就是用必须遵守的法律来解释。其次，一个行为当

---

① Immanuel Kant，*Groundwork of the Metaphysic of Morals*，trans. H. J. Paton（New York：Harper Torchbooks，1964），17.

且仅当与该行为相对应的准则能够被持续普遍化时，在道德上才是正确的。你必须自发让处于类似情况的任何其他人来遵循你的准则，即使你个人会受到不利影响。你不允许自己成为规则的例外。

康德以违背承诺为例说明。假设你想毁约，如果你这样做了，那么你就是在把它变成一条被其他人遵循的准则。但是如果其他人遵循这条准则，那么当他们违背对你的承诺时，你可能会被利用。所以，除了你，其他人都应该遵守准则这一点是不合逻辑的。你不能说你在公司财务报表上对投资者撒谎是可以接受的，同时又说别人伪造财务报表是不可接受的，因为如果你在不知不觉中依赖了他们的虚假财务报表，你可能会失去你的投资。

康德的第二个规则是与他人打交道的实践命令："始终以对待人类的方式行事，无论是以你自己的方式还是以任何其他人的方式，不仅将其作为一种手段，还要将其作为一种目的。"[1] 对康德来说，法律具有普遍适用性，所以道德法毫无区别地适用于每个人。这意味着在道德法下，每个人都必须得到平等的对待。同样，你是一个目的，一个有道德价值的个体，其他人也是如此。他们本身也必须被视为目的，被视为具有道德价值的个人。因此，你不能忽视他们的道德价值，就像你不能忽视你个人的道德价值一样。

实践命令不是说你不能利用别人，而是简单地说，如果你把他们当作手段，那么你必须同时把他们当作目的。如果你仅仅把人当作一种手段，那会导致对他们的剥削。一种古老的主从关系就是将奴隶视为一种手段，而不是目的。奴隶被认为没有道德价值，没有欲望，并且无法做出选择。此外，健康的雇主-雇员关系中，雇主尊重雇员，给雇员以尊严，雇主视雇员既是手段，也是目的。

每个人都有权追求自己的个人目标，只要他们不违反实践命令。这就是康德的原理。将他人视为目的要求我们承认我们都是社会的一部分，是道德共同体的一部分。正如我要积极地为自己的目标而行动一样，我也积极负责地为他人的目标而行动。因此，当我帮助我的员工达成他们的意愿时，我把他们视为目的，同时接受他们和我一样有能力做出可能对社会、我们的道德社区产生影响的决策。

义务论的缺点

就像其他道德理论一样，义务论也有它的问题和缺点。一个根本的问题是，当两个或两种道德准则冲突并且只能选择其一时，绝对命令不能提供明确的指导方针来决定到底遵循谁。哪个道德准则优先呢？在这方面，功利主义可能是一个更好的理论，因为它可以根据结果来评估替代方案。不幸的是，对于义务论，结果是无关紧要的。唯一重要的是决策者的意图和决策者遵守绝对命令，同时将人视为目的，而不是实现目的的手段。

绝对命令设立了一个非常高的标准。对许多人来说，这是一个难以遵循的道德规范。人们没有得到尊重的例子并不少见，在这些例子中，人们仅仅被视为生产周期中的工具，当他

---

[1] Immanuel Kant, *Groundwork of the Metaphysic of Morals*, trans. H. J. Paton（New York：Harper Torchbooks, 1964），66 - 67.

们失去效用后就会被丢弃。企业因使用血汗工厂的劳动力或未成年工人、未能提供维持生计的工资或为支持专制政权进行采购投入而遭到客户抵制。2013 年，孟加拉国达卡郊外的拉纳广场坍塌，造成 1 000 多名服装厂工人死亡，另有 2 500 人受伤。全世界都在批评服装制造商，指责他们在不安全的工作条件下使用血汗工厂的劳动力。面对这一悲剧，全球性品牌如 Joe Fresh 等建立了一个基金来补偿受害者及其家人。然后，这些公司制定了一项协议，以改善孟加拉国服装厂的消防和建筑安全。① 践行康德的理想意味着承认我们都是一个道德共同体的一部分，这个道德共同体将责任置于幸福和经济福祉之上。如果有更多的管理者履行他们的道德义务，那么企业很可能会变得更好。然而，履行自己的责任可能会导致不利的结果，例如资源的不公平分配。因此，许多人认为，与其关注结果、意图或动机，不如将伦理学建立在正义和公平的原则之上。

正义与公平——审视平衡

英国哲学家大卫·休谟（David Hume，1711—1776）认为，人们需要正义有两个原因：人们并不总是仁慈的，而这里又资源稀缺。与英国的经验主义传统相一致，休谟认为社会是通过利己主义形成的。既然我们不能自给自足，我们就需要与他人合作，以实现我们的共同生存和繁荣（也就是说要获得其他利益相关者的支持）。然而，鉴于资源数量有限，而且一些人为了利益会以牺牲其他人的利益为代价，因此需要有一个可以公平分配社会利益和负担的机制。而正义就是那个机制。它的前提是人们对稀缺资源有合法的要求，并且他们可以解释或证明他们的要求。这就是正义的含义，即基于理性来给予或分配利益和负担。正义也有两个方面：程序正当（决策分配的过程）和分配公平（实际分配）。

程序正当

程序正当涉及如何管理正义。一个公正的法律体系的关键在于程序的公平和透明。这意味着法律面前人人平等，并且规则公正适用。不因某人的身体特征（种族、性别、身高或头发颜色）或社会与经济地位（法律以同样的方式适用于穷人和富人）而给予其优先权。无论是在法律管辖范围内还是在一段时间内，法律的适用都应该是一致的。此外，正当要根据案件的事实进行评估。这意味着用于评估的信息必须是相关的、可靠的和有效的。最后，必须有上诉权。败诉的一方应该能够要求更高一级的权威机构审查案件，以便纠正任何潜在的误判。对用于分配的信息的评估和上诉能力都取决于程序的透明度。在法律面前应人人平等。双方都可提出自己的主张和理由，由法官裁决。

这如何适用于商业道德？在商业环境中，程序正当通常不是一个重要的问题。大多数组织都设置了所有员工都能清楚理解的标准操作程序。这些程序可能是对的，也可能是错的，但因为它们是标准，所以通常会得到一致的应用。因此，大多数员工都愿意向监察员或高级

---

① The Canadian Press，"Bangladesh Factory Collapse：Joe Fresh Owner Loblaws Signs Up to Safety Pact，" May 14，2013，http://www.huffingtonpost.ca/2013/05/15/bangladesh-factory-joe-fresh-loblaws-safety-pact _ n _ 3275213. html.

官员甚至董事会的下属委员会陈述自己的情况，并让他们就此事做出裁决。一旦做出决策或制定新政策，大多数员工都愿意遵守，因为他们觉得自己得到了公平对待。

分配公平

亚里士多德（Aristotle，公元前384—前322年）是第一个主张"平等的群体应该被平等对待，不平等的群体应该根据他们的相关差异被不平等对待"的人。[①] 假定人人平等。如果有人想说两个人不平等，那么责任在于证明在这种特殊情况下，根据相关标准，他们是不平等的。例如，如果一名未来的员工只能坐在轮椅上，但能够履行正常的职责，那么不雇用该员工，还是让轮椅进入工作场所更符合道德（公平）？另一个例子则涉及同工同酬。用工的性别歧视已存在多年，薪资公平立法现在已经保证男女同工同酬。近期，银行和公共会计师事务所面临向员工支付加班费的压力。争论的焦点是无薪加班是不公平的，因为其他服务性组织的员工是有加班费的，但这些员工没有。这意味着并非所有劳动人员都得到了平等对待。

此外，如果群体不平等，那么他们就不应该得到平等的对待。如果工资差异是基于真正的差异，如培训、经验、教育和不同的责任水平，那么工资差异就是合理的。一名新律师的报酬不应比该事务所更有经验的高级合伙人高，因为尽管他们都接受过相同的正规法学院培训，但年长的合伙人有更丰富的经验，往往能够比经验较少的新人做出更快、更好、更准确的决策。

在分配公平理论下，判断公平分配的主要标准有三个：需求、算术平均和绩效。在大多数发达国家，税收制度是以需求为基础的。有能力支付税收的人被征税，这样，资金就可以分配给社会上不那么幸运的人——从有钱的人流向没钱的人。分配公平也可以发生在商业环境中。例如，公司的预算过程可能是基于稀缺资源的公平分配。这种系统可以用来激励每个单位的管理人员和雇员以最有效的方式利用他们有限的资源。另一个例子是考虑将什么样的利润留在其他国家可能是公平的，而不是使用转移定价技术将其重新分配到避税地，以最大限度地减少支付的企业税。

另一种分配方法是基于算术平均。例如，为了保证蛋糕的平均分配，让切蛋糕的人得到最后一块。假设每个人都渴望分享蛋糕，每个人都希望得到更大的一块，那么切蛋糕的人会确保每块都是相同大小，这样第一块就不会与最后一块不同。不平等的分配被认为是不公平的。

在商业环境中，当一家公司有两类股份享有同等的分红权（现金流权）但不享有同等的投票权（控制权），因此控制其现金流的权利不平等时，则违反了算术平均原则。德国、加拿大、意大利、韩国和巴西的许多公司都有双重股权，现金流权不等于控制权。

还有一种分配方法是基于绩效。这意味着，如果一个人对一个项目贡献更多，那么这个

[①] Aristotle, *The Nicomachean Ethics*, trans. David Ross, rev. J. L. Ackrill and J. O. Urmson (Oxford: Oxford University Press, 1925), 114.

人应该从这个项目中获得更大比例的利益。拥有更多股份的股东有权按其持有的更大股份比例获得更多股息。绩效工资是另一个例子。为公司财务繁荣做出更多贡献的员工应该分享这种繁荣，而这通常是以奖金的形式体现。基于财务表现的奖金相当普遍。不幸的是，这种基于绩效的计划也会鼓励董事、高管和员工通过人为地增加净收入获得奖金。

正义即公平

分配公平的一个问题是分配可能不公平。美国哲学家约翰·罗尔斯（John Rawls，1921—2002）通过研究一种正义即公平的理论来解决这个问题。在《正义论》中，他提出了一个基于利己主义和自力更生的论点。没有人能得到自己想要的所有东西，因为总有人会阻止，毕竟他们可能也想要同样的东西。因此，每个人都需要合作，而这符合每个人的最佳利益。因此，社会可以被视为充满了互利互惠的合作关系；这是一项平衡利益冲突和利益认同的冒险事业。合作能让每个人过上更好的生活。然而，人的本性是每个人都希望得到更大份额的利益和更小份额的负担，这就在如何分配社会的利益和负担方面产生了利益冲突。决定社会成员之间公平分配的原则是正义原则。"因此，我认为正义的概念是由正义原则在分配权利和义务以及确定社会利益的适当分工方面的作用来界定的。"[1]

罗尔斯使用假设的社会契约这一哲学手段，他问道："在无知的面纱下，自由和理性的人会选择什么样的正义原则？"无知的面纱意味着制定这些原则的人事先不知道他们在社会中的地位（阶层、社会地位、经济和政治状况、性别、种族或他们属于哪一代）、他们的主要价值（权利、自由、权力和机会）或他们的自然属性（健康、活力、智力、想象力等）。"在这种情况下，各方作为有道德的人被平等地代表，其结果不受任意的偶然性或社会力量的相对平衡的制约。"[2] 正义即公平意味着，在这种初始状态下，他们同意的任何原则都会被所有人认为是公平的，否则，就不会在社会契约条款上达成一致。

罗尔斯认为，在这个假设下，人们会同意两个原则：在分配基本权利和义务时应该平等，并且社会和经济不平等应该有利于社会中最弱势的成员（差异原则），以及对所有人开放这些不平等的机会（即机会平等）。"第一，每个人都有平等的权利享有最广泛的基本自由，与其他人享有的自由相一致。第二，社会和经济的不平等应被安排成：（a）对每个人都有利；（b）向所有职位的人开放。"[3]

1982 年，美国 CEO 的平均工资是普通工人的 42 倍。到 2014 年，这一数字已经上升到 373 倍。[4] 罗尔斯会说，只有向高管支付 373 倍以上的薪酬能帮助公司中收入最低的员工，这种差异才能出现。如果不是这样，那么高管薪酬过高就是不公平的。"因此，如果立法机构和法官的特权和权力改善了弱势群体的状况，那么他们似乎就可能普遍改善公民的处境。"[5] 这

① Rawls，*A Theory of Justice*，10.
② Ibid.，120.
③ Ibid.，60.
④ Tim Mullaney，"Why Corporate CEO Pay Is So High，and Going Higher，" CNBC，May 18，2015.
⑤ Rawls，*A Theory of Justice*，82.

意味着薪酬结构以及 CEO 的特权和权力应该旨在增加组织内所有员工的福祉，并且应该对整个社会有益。

对功利主义的批评是，它可能认为不公平的情况是可以接受的。罗尔斯举了奴隶制的例子。一个奴隶主可能会说，鉴于他所处的社会结构，奴隶制是一个必要的制度，因为奴隶的净痛苦可能不会超过奴隶主拥有奴隶所获得的效用。但是奴隶制是错误的，不是因为它不正义，而是因为它不公平。这并不是一种在无知的面纱下双方都同意这种做法就可以接受的情况，因为这种制度不利于社会契约中最弱势的人，即奴隶。在第三世界国家运营的跨国公司需要牢记这一点。它们支付的工资公平吗？支付的工资是否符合社会上每个人的利益，包括那些没有被跨国公司雇用的人？如果双方都处于初始状态，那么工资结构是双方都会同意的吗？如果不是，那么工资的设置就是不公平不正义的。

美德伦理观——对美德期待的分析

美德伦理观的灵感来自希腊哲学家亚里士多德。在《尼各马可伦理学》中，他探讨了美好生活的本质。他认为生活的目标是幸福。而这并不是享乐主义意义上的幸福。相反，对亚里士多德来说，幸福是灵魂的活动。我们通过过高尚的生活，即一种符合理性的生活来实现我们的幸福目标。美德是灵魂的一种特性，只有在自愿的行动中，也就是说，在深思熟虑后的自由选择中才能表现出来。所以，我们通过有规律的良性行为变得有道德。但亚里士多德也觉得有必要进行道德教育，从而让人们知道什么行为是道德的。

亚里士多德认为，我们可以通过将人的特征排列成三元组来理解和识别美德，两个极端是邪恶，中间是美德。对亚里士多德来说，勇气介于懦弱和鲁莽之间；节制介于自我放纵和麻木之间。自尊、雄心、好脾气、友好、诚实、机智、羞耻和正义等美德可以被视为两种恶之间的中间道路。美德是中庸之道。这不是一个算术平均值，而是一个可以根据情况变化的介于极端位置之间的路径。你需要用你的理性去识别每一个道德情境中的路径，随着经验的积累，你会变得更善于通过有德行的行为来做到这一点。

美德伦理观关注的是决策者的道德品质，而不是行为的结果（结果论）或决策者的动机（义务论）。它采用更全面的方法来理解人类的道德行为。它认识到我们的个性有许多方面。我们每个人都有各种各样的特征，这些特征是随着我们在情感和道德上的成熟而发展起来的。一旦这些特征形成，它们往往会保持极大程度的稳定。我们的个性是多方面的，我们的行为也是合理一致的。虽然我们都有许多相似的美德，但在情况相似时，我们也会以不同程度来展示它们。

通过关注具有独特美德组合的个人，这一理论避免了错误的二分法。它否认行动的结果是对的或错的，也否认决策者的动机是好的或坏的。在商业环境中，美德伦理观避免了高管戴两顶帽子的想法——一顶代表个人价值观，另一顶代表公司价值观。美德伦理观认为一名高管一次只能戴一顶帽子。有多少高管错误地认为自己正戴着两顶帽子，分别代表着公司价值观和个人价值观？他们忘记了在每顶帽子下都是同一个脑袋。美德伦理观否认错误的二分法，比如要么与商业有关，要么与道德有关。你可以做好事或赚钱，因此当你去上班时，你需要审视你的个人价值观。美德伦理观的优势在于它采取了更广阔的视角，承认决策者具有多种特征。

美德伦理观的缺点

美德伦理观有两个问题。商人应该具备什么样的美德？美德在工作场所是如何体现的？诚信是商业中的一个关键美德。2014 年，一项全球调查要求 CEO、总裁和董事会主席确定他们认为对未来成功至关重要的领导属性和行为。结果显示他们认为最重要的品质是诚信。[1]诚信是一种重要的领导品质，也是商业行为的基础。

诚信包括诚实和正直。对于一个企业来说，这意味着公司的行为与其原则是一致的。这要求公司即使面对强大的压力，也不能在核心价值观上妥协。以非营利组织筹款为例。大多数非营利组织都有非常明确的目标，比如大学教育与研究、临终关怀、儿童唱诗班训练。许多非营利组织的驱动力是它们在组织使命陈述中描述的核心价值观。非营利组织通过不接受与非营利组织核心价值观相悖的个人和组织的捐赠来表示诚意。例如，美国癌症协会（American Cancer Society）通常不接受烟草公司的钱，反醉驾母亲协会（Mothers Against Drunk Driving）拒绝了来自安海斯-布希（Anheuser-Busch）的捐赠。尽管它们经常需要资金，但许多非营利组织不愿意为了钱而牺牲自己的核心价值观和原则。

当公司坚持其核心价值观时，它们会表现出一致性，这些价值观通常在其使命陈述中得到阐述。1982 年，制药公司强生进行了第一次重大产品召回，因为其最热销的产品泰诺的包装瓶中被发现含有氰化物。伤害消费者利益违背了强生公司的核心价值观和公司准则，所以这些产品被召回了。类似的事情发生在 2008 年，枫叶食品公司（Maple Leaf Foods）撤回了其肉制品，当时有 22 人因食用含有李斯特菌的冷盘而死亡。该公司的使命陈述说，"枫叶食品公司是一家强大的、价值导向的公司，为我们的消费者、客户、员工以及我们生活和工作的社区做正确的事情令我们引以为豪。"撤回产品符合公司的价值观。有多少其他公司会表现出这种程度的诚意：仅仅因为产品违反了公司的核心价值观，就主动迅速移除盈利产品，并因此导致股价的下跌？

在个人层面，商人应该具备哪些重要的美德？伯特兰·罗素（Bertrand Russell）认为亚里士多德的清单只适用于受人尊敬的中年人，因为它缺乏热情和激情，似乎是基于谨慎和适度的原则。他可能是对的。这份清单也可能代表了中产阶层会计师的价值观。利比（Libby）和索恩（Thorne）指出了公共会计师珍视的美德。他们提出了一份亚里士多德式的清单，其中包括诚实、真诚、真实、可靠、可信赖和诚信。[2] 然而，美德伦理观的问题是，我们无法编制一份详尽的美德清单。此外，美德可能因情况不同而异。当一名公共会计师告诉 CFO 她

① The Conference Board，*CEO Challenge* 2014，https://www.conference-board.org/retrievefile.cfm?filename=TCB_R-1537-14-RR1.pdf&type=subsite.

② Theresa Libby and Linda Thorne，"Auditors' Virtue：A Qualitative Analysis and Categorization，" *Business Ethics Quarterly* 14，no. 3（2004）.

使用的会计政策导致公司财务报表不真实时，她可能需要勇气。一名CEO在把可能的裁员和缩减规模的信息传达给公司员工和居住在会受到工厂关闭的不利影响的社区的居民时，需要坦率和诚实。

清单上的许多项目在某些情况下可能是自相矛盾的。对待一个濒死的亲人，你应该诚实还是有同情心？假设你得知由于不利的经济因素，你的雇主将在下周末解雇三名员工。其中一名员工告诉你，她刚刚买了一套新的公寓，虽然很贵，但她能负担得起抵押贷款，因为她有这份好工作。你是告诉她不要签协议，因为她下周就要被裁员了（同情），还是因为你的老板是私下告诉你员工的名字所以保持沉默呢（不背叛信任）？

3.6　道德想象力

商科学生被培养成商业管理者，商业管理者被期望能够做出艰难的决策。管理者们在解决实际业务问题时要有创造性和创新性。当涉及道德问题时，他们应该同样具有创造性。管理者应该利用他们的道德想象力来做出双赢的道德选择。也就是说，他们做的决策需要对个人、企业和社会都有利。

本章提供了做出道德决策的理论基础的背景。第4章提供了一个道德决策制定框架。总之，这两章应该有助于你在解决道德问题和摆脱道德困境时富有创造性和想象力。

思考题

1. 当有人做出对你有负面影响的决策而且说"这不是个人问题，只是生意"时，你会如何回应？生意（或商业）是非个人的吗？

2. 一个基于明智的利己主义做出道德决策的人比一个仅仅基于经济考虑做出类似决策的人更值得或者更不值得称赞吗？

3. 既然幸福是极其主观的，你会如何客观地衡量和评估幸福？约翰·斯图尔特·穆勒认为算术可以用来计算幸福。你同意吗？金钱能够很好地代表幸福吗？

4. 有没有你能想到的有普遍适用性的准则？每条准则是不是都有例外？

5. 假设A公司是一家上市公司，其财务报表放在网上。任何人都可以访问和阅读这些信息，即使是那些不拥有A公司股份的人也可以。这是一种搭便车的情况，投资者可以将A公司作为对另一家公司做出投资决策的手段。这符合道德准则吗？搭便车是把别人当成一种手段，而不是目的吗？

6. 在年度会议上，一名企业高管如何在与不满的股东打交道时表现出美德？

7. 车上有一名以上乘客的通勤班车被允许在高速公路的特殊车道上行驶，而所有其他车辆的司机都必须应对走走停停的交通。这跟道德有什么关系？使用以下道德理论评估这种情况：功利主义、义务论、正义与公平、美德伦理观。

参考文献

Aristotle. 1925. *The Nicomachean Ethics*. Translated with an introduction by David Ross, revised by J. L. Ackrill and J. O. Urmson. Oxford: Oxford University Press.

Bentham, J. 1961. "An Introduction to the Principles of Morals and Legislation." In *The Utilitarians*. Garden City, NY: Dolphin Books.

Carroll, A. 1991. "The Pyramid of Corporate Social Responsibility: Towards the Moral Management of Organizational Stakeholders." *Business Horizons* 42: 39 – 48.

Edwards, P., ed. 1967. *Encyclopedia of Philosophy*. New York: Macmillan.

Frankena, W. K. 1963. *Ethics*. Englewood Cliffs, NJ: Prentice Hall.

Gore, Al. 2006. *An Inconvenient Truth: The Planetary Emergency of Global Warming and What We Can Do about It*. New York: Rodale.

Hobbes, Thomas. 1968. *Leviathan*. Edited with an introduction by C. B. Macpherson. Middlesex: Penguin.

Hume, D. 1969. *A Treatise of Human Nature*. Edited with an introduction by Ernest C. Mossner. Middlesex: Penguin.

Kant, I. 1964. *Groundwork of the Metaphysic of Morals*. Translated with an introduction by H. J. Paton. New York: Harper Torchbooks.

Levin, H. 1983. *Grand Delusions: The Cosmic Career of John De Lorean*. New York: Viking.

Libby, Theresa, and Linda Thorne. 2004. "Auditors' Virtue: A Qualitative Analysis and Categorization." *Business Ethics Quarterly* 14, no. 3.

Machiavelli, N. 1950. *The Prince and the Discourses*. Introduction by Max Lerner. New York: Modern Library.

MacIntyre, A. 1981. *After Virtue*. Notre Dame, IN: University of Notre Dame Press.

Mackie, J. L. 1977. *Ethics: Inventing Right and Wrong*. Middlesex: Penguin.

Mill, J. S. 1998. *Utilitarianism*. Edited by Roger Crisp. Oxford: Oxford University Press.

Raphael, D. D. 1981. *Moral Philosophy*. Oxford: Oxford University Press.

Rawls, J. 1971. *A Theory of Justice*. Cambridge, MA: Harvard University Press.

Russell, B. 1945. *A History of Western Philosophy*. New York: Simon and Schuster.

Schwartz, M., and Archie Carroll. 2003. "Corporate Social Responsibility: A Three Domain Approach." *Business Ethics Quarterly* 13, no. 4: 503 – 30.

Smith, A. 1993. *An Inquiry into the Nature and Causes of the Wealth of Nations*. Edited with an introduction and notes by Kathryn Sutherland. Oxford: Oxford University Press.

Smith, A. 1997. *The Theory of Moral Sentiments*. Washington, DC: Regency Publishing.

📖 案例讨论

应对失望的 iPhone 用户

2007 年 9 月 5 日，苹果公司的 CEO 史蒂夫·乔布斯（Steve Jobs）宣布 iPhone 将从大约两个月前的初始价格 599 美元大幅度下调 200 美元。① 不用说，他收到了数百封来自愤怒的顾客的电子邮件。两天后，他对以调价前原价购买的顾客给予了在苹果零售店和网上商店 100 美元的账户金额补偿。从道德角度来看，这一降低 200 美元售价的决定和方式是否合适？

iPhone 分析

iPhone 的这个营销决策的道德性可以用不同的道德理论来分析。有趣的是，得出的结论也不一样。道德理论有助于构建一个问题，并且有助于突出用纯经济术语分析案例时可能被忽略的方面。这些理论也有助于解释和捍卫最终选择，但最终，你必须有勇气坚持自己的信念并做出选择。

功利主义

功利主义认为，最好的道德选择是能够为最广泛的利益相关者带来最大净快乐的选择。在这种情况下，快乐可以用顾客满意度来衡量。想必无论是高价还是低价购买 iPhone 的顾客都对产品功能满意，所以不存在对产品不满意的情况。唯一不满意的是支付 599 美元的顾客。令他们感到不快乐的是，他们比现在的顾客多支付了 200 美元，现在的顾客只花了 399 美元的价格就购买了同样的产品。在降价后的两天内，史蒂夫·乔布斯收到了数百封电子邮件。

花 599 美元购买的顾客群体的不满意是否超过了花 399 美元购买的顾客群体的满意？据推测，有很大一部分顾客以较低的价格购买了 iPhone，因此，在所有其他条件相同的情况下，因花 399 美元购买而满意的顾客数量将多于因花 599 美元购买而不满意的顾客数量。所以，结论就是什么都不做。

然而，功利主义要求考虑对所有利益相关者的影响。感到不满的顾客通过电子邮件向史蒂夫·乔布斯表达了他们的不满。这大概降低了他的满足感。这些不满意的顾客也可以向苹果商店的销售代表发泄他们的愤怒。更重要的是，他们可能会通过再也不购入任何苹果产品来表示不满。为了缓解这种情况，史蒂夫·乔布斯应该向以 599 美元购买的顾客提供与他们的不满程度相等的返利。也就是说，返利应该足以确保这些顾客会回来购买其他苹果产品，而不是把他们的生意卷入更激烈的竞争。

---

① David Ho，"Apple CEO Apologizes to Customers，" *Toronto Star*，September 7，2007，B4.

义务论

义务论着眼于决策者的动机，而不是决策的后果。你愿意把每当价格下跌时所有以前的顾客都应该得到补贴作为一个普遍的规则吗？iPhone 于 2007 年 6 月推出，单价为 599 美元。顾客愿意为该产品支付 599 美元。然而，两个月后，9 月 5 日，价格降至 399 美元。据推测，生产成本在那个夏季并没有降低，所以降价 200 美元是因为 iPhone 最初定价过高，即使顾客自愿花 599 美元购买也不能说明其定价不高。

因此，道义上的问题变成了，是不是不管什么时候只要产品被错误地定高价，而且价格随后又因为生产效率以外的原因被降低，都应当给予返利。也就是说赔偿被多收款的人在伦理上是否正确？显然苹果公司认为应该给予返利，因此，该公司愿意向任何以更高价格购买 iPhone 的人提供店内返利。如果该公司不提供返利，那么它就是把最初的顾客仅仅作为产生异常利润的一种手段。从道义的角度来看，应该提供返利，否则你就是在以机会主义的方式对待第一批顾客，并把他们作为达到公司目的的一种手段。

然而，通过提供返利，公司是否为自己树立了一个不好的先例？是不是产品价格每下跌一次，所有支付较高价格的顾客都应该获得返利？技术进步如此之快，以至于电子产品的制造成本不断下降。因此，随着时间的推移，电子产品的价格往往会下降。iPhone 2.0 版本于 2008 年 6 月推出，比最初的 iPhone 晚了一年，不仅功能比之前的手机多，而且单价只要 199 美元。那些花 399 美元买了 iPhone 的人也应该得到返利吗？

很明显，2008 款与 2007 款有所不同。但是，如果消费者并不容易发现差异呢？假设销售价格因生产效率提高而下降。你准备好因为目前的生产成本降低了，所以现在的价格每下降一次，你就返利一次吗？如果按照苹果用户的看法，那么公司应该返利。

请记住，从义务论的角度来看，结果并不重要。重要的是这个决定是否出于正确的原因。顾客无法区分过度收费和生产效率提高这一事实无关紧要。唯一重要的是，决策者知道多收费和生产效率提高之间的区别，决策者在前一种情况下给予返利，但在后一种情况下不给予返利。返利是否存在可能影响未来销售这一事实也不重要。

正义与公平

分配正义认为，平等者应该得到平等的对待，不平等者在相关的不平等和差异方面应该得到区别对待。所有顾客都是平等的吗？这取决于你的时间范围。如果你假设没有来自任何顾客的重复业务，那么他们不是平等的。公平价格是指在非强制性公平交易中，自愿的买方和自愿的卖方都会接受的价格。假设没有不适当的销售压力，那么以 599 美元购买 iPhone 的顾客认为这是一个公平的价格。那些以 399 美元购买 iPhone 的人也认为这是一个公平的价格。因此，这两个群体都愿意在购买时为产品支付合理的价格。撤销这些交易没有道德上的理由。尽管价格不同，但两者很公平。

此外，如果一个企业试图与长期购买大量产品的顾客建立持续的关系，那么所有的顾客都是平等的。因此，他们需要得到平等的对待。这意味着一个企业不想疏远它的任何顾客群，所以它会提供返利以使每个人平等。

罗尔斯认为，社会和经济不平等只是为了每个人的利益。这意味着，如果价格差异与生产成本差异有关，它就只是单纯的价格差异。假设来自按 599 美元销售产品的现金流被用来为提高生产效率提供资金，而这使得公司能够在将产品价格降至 399 美元的同时保持相同的利润率。如果是这样，那么价格不平等将对每个人都有利。前期价格越高，后期价格越低。然而，实际价格下降发生在产品上市仅仅两个月后。据推测，那个夏季产量没有变化。因此，这种价格差异对每个人都不利，因此被认为是不公平的。

美德伦理观

美德伦理观关注决策者的道德品质。史蒂夫·乔布斯希望他的公司体现什么样的价值观呢？苹果公司的网站有关于负责任的供应商管理和苹果对环境的承诺的单独页面。该公司以高道德标准树立了高质量的形象。这家公司最不希望听到的是被批评其行为不负责任。

在苹果手机价格降至 399 美元的两天后，史蒂夫·乔布斯公开为定价错误道歉，并向那些为该产品支付了 599 美元的顾客提供 100 美元的用户账户金额补偿。史蒂夫·乔布斯通过公开道歉展示了什么价值观呢？通过承认自己的定价错误，并通过提供返利来弥补错误，他展现了自己的正直。他的道歉既诚实又坦率，是在为自己的错误负责。

你可能会说他没有表现出正直的一面，因为他是在压力下这样做的。这不是一个自发的决定，只是对公众压力的反应。他收到了数百封来自愤怒顾客的电子邮件。此外，他等了两天才屈服于压力。相反，他应该表现出勇气，坚持不提供返利。他可以说 599 美元在当时是一个公平的价格，而 399 美元在此时是一个公平的价格。没有人被迫以某种价格购买该产品。

伦理想象还是营销策略？

伦理想象意味着对道德困境提出创造性和创新性的解决方案。为了在假期更好地销售产品，iPhone 的价格降至 399 美元。提供 100 美元的用户账户金额是道德想象的实例，还是仅仅是另一种营销策略？

两个顾客群体都为它们的苹果手机支付了合理的价格，这意味着不应该提供返利。但如果应该提供返利，那么应该大概是 200 美元，从而使两组顾客的销售价格相等。因此，有两种选择，要么不提供返利，要么提供 200 美元的返利。然而，苹果选择了第三种：给予部分积分，以 599 美元购买的顾客可以获得 100 美元的用户账户金额，这些用户账户金额可以在未来购买时使用。这种用户账户金额的成本远低于 100 美元的现金返利。此外，100 美元只是降价数额的一半。因此，如果 599 美元的价格被错误地定得太高，而乔布斯真的对自己的定价错误感到懊悔的话，那么他为什么不提供 200 美元的全额现金返利呢？

可以说，史蒂夫·乔布斯愿意承认自己的定价错误，但他不愿意承担自己错误的全部财务后果。通过采取这种折中的立场，他设法转移了顾客的批评，同时不必进行实际的现金结算。批判者可能会说，第三种选择主要是出于营销考虑，而很少是出于道德考虑——这是一种安抚愤怒顾客的营销策略，苹果似乎在道德上负有责任，而不必承担其决定带来的全部经济后果。

总之，对于决策者来说，考虑消费者、员工和其他人对一个决策建议会有什么反应是明智的。它会满足人们对于什么是对和错的道德期待吗？在对决策的道德性得出总的结论时，应该权衡可以提供有用观点的道德理论。

加拿大航空业的商业间谍活动

在航空业，载客量就是每次航班上所占用的座位的数量。航空公司的目的是让所有飞机在所有航线上都达到满载状态。

2000 年 10 月，加拿大航空（Air Canada）前员工杰弗里·拉方德（Jeffrey Lafond）加入了西捷航空公司（WestJet Airlines），担任财务分析师。拉方德收到了加拿大航空为前雇员和退休人员赠送的五年内每年两张的机票作为其从加拿大航空公司离职物品的一部分，这些机票是通过加拿大航空公司的私密网站预订的。

马克·希尔（Mark Hill）是战略规划副总裁，也是西捷航空公司的联合创始人。希尔使用拉方德的识别码访问加拿大航空公司的网站，以获得有关载客容量、实际载客量和载客量百分比的信息。这些是非常有用的信息，希尔可以利用它来调整西捷航空公司的票价，以吸引乘客离开加拿大航空公司，从而最大限度地提高西捷航空公司的载客量。从 2003 年 5 月 15 日到 2004 年 3 月 19 日，拉方德的识别码被使用了 243 630 次来访问加拿大航空公司的私密网站。

2003 年 12 月 19 日，西捷航空公司的员工梅尔文·克罗瑟斯（Melvin Crothers）发现加拿大航空公司的标志和客座率出现在西捷航空公司销售总监邓肯·比罗（Duncan Bureau）的电脑屏幕上。克罗瑟斯想把这件事报告给西捷航空公司的 CEO 克莱夫·贝多（Clive Beddoe），但贝多正在度假。当天下午晚些时候，克罗瑟斯打电话给一位现任加拿大航空公司高管的前西捷航空公司高管，告诉他西捷航空公司的一名员工可以访问加拿大航空公司的一个私密网站。克罗瑟斯认为，加拿大航空公司的一名员工正在向西捷航空公司泄露信息。克罗瑟斯阐述了他通知加拿大航空公司的理由："我不喜欢我从网站上发现的东西。从道德和伦理上讲，这是错误的，我是一个基督徒。"[1]

五天后，也就是 12 月 24 日，加拿大航空公司企业安全和风险管理高级主管伊夫·迪盖（Yves Duguay）雇用了一家名叫 IPSA 国际公司的私人调查公司来调查克罗瑟斯的指控。一个月后，IPSA 国际公司发现在维多利亚地区有人反复访问加拿大航空公司的私密网站。IP 地址的痕迹使他们怀疑黑客是马克·希尔，他住在维多利亚郊区的橡树湾。但是加拿大航空

---

[1] Brent Jang and Patrick Brethour, "The WestJet Whistle-Blower," *The Globe and Mail*, October 18, 2006.

公司无法证明希尔获得了加拿大航空公司的机密信息。

2004年3月5日，希尔预订了加拿大航空公司从多伦多飞往佛罗里达州劳德代尔堡的航班。（他当时正在调查西捷航空公司是否应该将运营范围扩大到劳德代尔堡。）加拿大航空公司雇用了加拿大皇家骑警队前上士罗伯特·斯坦豪斯（Robert Stenhouse），并安排斯坦豪斯坐在希尔旁边。两个人挨着坐下并做了自我介绍。希尔说他是西捷航空公司的高管，斯坦豪斯说他以前是加拿大皇家骑警，但是并没有说他目前为加拿大航空公司工作，在飞行中，希尔把记录在纸上的数据输入笔记本电脑。当希尔去洗手间时，斯坦豪斯抄下了材料。这是一份关于加拿大航空公司航班号、飞行时间和载客量的详细信息。

两周后，加拿大航空公司雇用了其他私人侦探去检查希尔在橡树湾家中的垃圾。随后，加拿大航空公司安排了一家美国公司对希尔的碎纸进行数字化重建。

【问题】

1. 西捷航空公司做错了什么吗？

2. 加拿大航空公司做错了什么吗？

3. 梅尔文·克罗瑟斯没有因为他的所作所为从西捷航空公司或加拿大航空公司获得任何经济利益或任何感谢，克罗瑟斯做得对吗？

资料来源："Air Canada Suing WestJet," *The Globe and Mail*，April 6，2004.

Brent Jang，"WestJet Chief Aware of Spying：Air Canada," *The Globe and Mail*，November 6，2004.

Brent Jang，"The Gumshoe Who Stung WestJet," *The Globe and Mail*，December 6，2006.

决定谁接种猪流感疫苗

整个2009年，全世界都被甲型H1N1猪流感病毒所困扰。甲型H1N1猪流感病毒始于墨西哥，随后迅速蔓延。同年6月，世界卫生组织（WHO）定义甲型H1N1猪流感病毒是一场全球性的流行疾病。

感染病毒的人有打寒战、发烧、头痛、咳嗽、虚弱和全身不适的症状。在极端情况下，它可能会致命，全世界有数千人死于这种疾病。为了最大限度地减少感染猪流感的可能性，世界卫生组织建议每个人都接种疫苗预防这种疾病。然而，由于没有足够的疫苗，所以必须确定一个疫苗接种的顺序。亚特兰大疾病控制和预防中心（CDC）建议那些感染风险较大的人首先接种疫苗。孕妇、幼儿护理人员、医疗保健人员和紧急医疗服务人员将得到优先考虑。老年人被排除在外，因为65岁以上的老年人感染这种疾病的风险低于年轻人。

尽管有许多人选择不接种疫苗，但是那些想要接种疫苗的人还是要排几个小时的长队，有的人等了一天，轮到自己的时候才被告知疫苗已经用完了。2009年11月2日，《商业周刊》报道称，高盛集团、花旗集团和纽约的其他一些大雇主获得了被优先分配疫苗的权利。虽然这些公司遵守了CDC指南，但是实际上这些大公司的员工还是被认为插队了，特别是在得知高盛集团获批接种的剂量与纽约市伦诺克斯山医院（Lennox Hill Hospital）的获批剂量一样多之后。

据报道，在加拿大也出现了类似的情况。卡尔加里火焰队的许多曲棍球运动员及其家人、教练和管理层都接种了猪流感疫苗，这些人中没有一个属于优先群体。

【问题】

1. 从功利主义的角度出发，你认为谁应该属于优先群体？

2. 从正义与公平的角度出发，谁应该是优先群体？

3. 通过参与经济生产活动而使整个社会得到繁荣的人，比如说高盛集团的员工是否应该被列为优先群体？

4. 那些给人们带来欢乐的人，比如艺人和运动员，应该被放在优先群体中吗？

5. 如果你是生产猪流感疫苗的公司的 CEO，你会确保你的所有员工都先接种疫苗，还是建议他们也排队等候？

资料来源：Esmé E. Deprez，"New York Businesses Get H1N1 Vaccine，" *Businessweek*，November 2，2009，http://www. businessweek. com/bwdaily/dnflash/content/nov2009/db2009112 _ 606442. htm.

Tony Seskus，"Flames Skipped Queue for H1N1 Flu Vaccine，" *National Post*，November 2，2009，http://www. nationalpost. com/sports/story. html?id＝2179790.

Joe Weisenthal，"Goldman Sachs Received H1N1 Vaccine before Several Hospitals，" *Business Insider*，November 5，2009，http://www. businessinsider. com/goldman-sachs-received-h1n1-vaccine-before-several-hospitals-2009 - 11.

保险与遗传性疾病

当一方相较于另一方有信息优势的时候，逆向选择就出现了。就保险而言，投保的人比保险公司更了解自己的健康和生活方式。因此，为了减少信息不对称，保险公司要求潜在客户填写医疗问卷或接受医疗检查。了解与投保者相关的健康风险可以让保险公司更好地调整其收取的保费。例如，吸烟者的保费比不吸烟者高。

一些人患有遗传性疾病，如阿尔茨海默病、肌萎缩侧索硬化症和亨廷顿病。例如，亨廷顿病是一种不可治愈的大脑退化性疾病，每 10 000 人中就有 1 人患有这种疾病。患有亨廷顿病的父母的孩子有 50％的机会遗传到这种疾病。

比利时、丹麦、芬兰、法国、挪威和瑞典的立法规定，歧视可能患有遗传病的人是非法的。2008 年美国也颁布了类似的法律，当时的《反基因信息歧视法》禁止在就业和保险方面歧视那些由于基因问题而更有可能在未来患病的人。

但是在加拿大并没有这样的立法，2010 年 2 月，国会议员朱迪·瓦西利亚-莱斯（Judy Wasylycia-Leis）提出推出反基因歧视法。她反对基因歧视有三个原因：一是携带特定疾病基因编码的人最终可能会也可能不会患上这些疾病。二是有些人可能并不想参加这样的检测，因为他们不想知道自己在生活中最终的命运可能是什么。三是某些出于健康原因希望参加检测的人，最终也可能由于担心检测结果对他们未来的生活不利而不敢参加。最终她的议案没有通过初审。2013 年 4 月，参议员詹姆斯·考恩（James Cowan）提出了一项类似的法案，该法案将阻止保险公司基于基因检测的歧视。

【问题】

1. 你认为保险公司向高风险人群收取比低风险人群更高的保费是不道德的吗？

2. 保险公司要求客户披露医疗信息或接受体检是应当的吗？

3. 就赞成或反对参议员考恩提议的法案展开辩论。

资料来源：Paul Turenne，"MP Fights 'Genetic Discrimination,'" *Winnipeg Sun*，February 25，2010，http://www.winnipegsun. com/news/winnipeg/2010/02/25/13023676. html.

第**4**章

道德决策实践

学习目标

面临决策时，商人或职业会计师通常会参考行业或专业的普遍期望以及他们自己的道德价值观来进行决策。然而，商业道德失败已经造成了巨大的全球经济负面影响，例如，2002 年关于公司治理和问责制的信用危机、2008 年的次贷危机和 2012 年的伦敦银行同业拆借利率操纵，所有这些都清楚地表明，只建立在利润和法律基础上，全凭自身利益驱动决策已经不够了。

在未来，从利益相关者的角度来看，公司和职业决策应该在道德上是可以辩护的。合乎道德的决策的第一步是，遵守公司和职业行为准则。但这些通常不适用于所面临的问题，需要根据具体情况进行解释。当需要这样做时，为了做出切实可行的道德决策，决策者应该能够使用本章中讨论的原则、方法和框架。即使既定的准则和实践似乎涵盖了决策的道德方面，决策者也应该考虑他们是否满足了利益相关者当前的道德期望。无论是哪种情况，理解本章所涵盖的原则、方法和框架都将与做出合理的道德决策相关。

阅读本章后，你将了解：

- 如何做出实际的、合乎道德的决策。
- 利益相关者和利益相关者责任的重要性。
- 如何利用利益相关者影响分析做出负责任的道德决策。
- 如何将哲学理论和利益相关者分析整合到道德决策中。
- 如何识别常见的道德决策陷阱。

4.1 引 言

仅基于利润、合法性和自身利益的传统商业决策一再导致重大的伦理失败事件，这造成了广泛的、全球性的金融和人类后果。虽然利润、合法性和自身利益提供了有用和必要的核心标准，但历史表明，还需要补充道德理由进行道德上的辩护，并为董事、高管、职业会计师、投资者以及其他利益相关者提供保护。

一般的道德原则是什么，应该如何应用？在第3章讨论的哲学家的贡献的基础上，本章探讨了这些道德原则，并基于拟采取的行动将如何影响决策的利益相关者，开发了一个实用的、全面的决策框架。本章最后提出了一个制定道德决策的全面框架。

4.2　道德学习发展的原因

安然、安达信和世通公司的丑闻引起了公众的愤怒，导致资本市场崩溃，最终催生了2002年的《SOX法案》，该法案带来了广泛的治理改革。随后的一系列公司财务丑闻和次贷危机进一步提高了公众的意识，即公司高管可以做出更好的决策，并且应该这样做以维持公司的盈利能力和生存能力。随后的法案以及相关的罚款、监禁等都强调了这些决策需要减少法律制裁方面的弱点。舆论对行为不道德的公司和个人也很严厉，不道德和/或违法行为造成的声誉损失会减少收入和利润，损害股价，甚至在行为得到充分调查和责任得到充分证明之前，许多高管的职业生涯会因此结束。这些发展如此重要，以至于公司高管和董事们现在除了自身的角色之外，还必须更加关注公司治理及其提供的指导。此外，那些想要获得国际商学院协会（AACSB）认证的商学院将把道德教育融入其政策、实践和课程。[①] 具体来说，根据AACSB的道德教育任务小组（Ethics Education Task Force）[②]，商学院的课程应该涉及几个道德问题，包括企业社会责任、治理、企业道德文化和道德决策（AACSB，2004）。

从2003年开始，国际会计师联合会发布了《国际教育标准》（IES）。IES 4（2015）[③] 详细说明了职业会计师理解和履行国际会计师联合会《职业会计师道德准则》规定的职责所需的专业价值观、道德和态度。[④] 更重要的是，国际会计师职业道德准则理事会批准了职业会计师对不遵守法律法规行为应做出反应的准则（NOCLAR审计准则），这是对公众利益的重

---

① AACSB对全球的商学院进行认证。参见 http://www.aacsb.edu。

② The AACSB's Ethics Education Task Force is at http://www.aacsb.edu/~/media/AACSB/Publications/research-reports/ethics-education.ashx.

③ "IES 4，Initial Professional Development—Professional Values，Ethics，and Attitudes（2015）," in International Accounting Education Standards Board, *Handbook of International Education Pronouncements*（2015 ed.）［*International Education Standards*］（New York：International Federation of Accountants，2015）.（Download available at https://www.ifac.org/publications-resources/2015-handbook-international-education-pronouncements.）Standards IES 1（2015）to IES 6（2015），inclusive，are reproduced at www.cengage.com.

④ International Accounting Education Standards Board, *Handbook of the Code of Ethics for Professional Accountants*（2015 ed.）（New York：International Federation of Accountants，2015）. https://www.ifac.org/publications-resources/2015-handbook-code-ethics-professional-accountants-26#targetText = The%202015%20IESBA%20Handbook%20contains，be%20effective%20April%2015%2C%202016. A Revised Code，effective June 15，2019，may be downloaded from https://www.ethicsboard.org/iesba-code.

要贡献。①

这意味着所有的会员方的专业会计机构，包括那些在英国、美国、加拿大、澳大利亚和新西兰等国的专业会计机构，将考虑其代表委托人和雇主的职业会计师如何严格遵守准则并汇报不合规行为。这一变化将在第 6 章进一步讨论，它有能力将职业会计师的角色从保密的旁观者转变为决定报告公众利益问题的积极参与者，无论他们是审计师、顾问还是雇员。要想理解商业行为对公众利益的影响，关键是要明白什么是道德，什么是不道德。

仅仅做出有利可图和合法的决策和行动是不够的——行动还必须是符合道德的。

4.3 道德决策制定框架——总览

为了满足道德上可辩护的决策的需要，本章提出了一个实用的、全面的道德决策制定框架。这一道德决策制定框架纳入了对盈利能力和合法性的传统要求，被证明具有哲学重要性的要求，以及利益相关者近期提出的要求。它旨在通过提供以下内容来增强道德推理：

- 对识别和分析要考虑的关键问题以及要提出的问题或挑战的洞见。
- 将决策的相关因素相结合并应用于实际行动的方法。

一般来说，如果一个决策或行动符合某些标准，它就被认为是合乎道德的或"正确的"。几千年来，哲学家们一直在研究哪些标准是重要的，商业伦理学家近期也在他们的工作基础上有所发展。他们发现，仅靠一个标准不足以确保做出道德决策。因此，道德决策制定框架建议将决策或行动与三个标准进行比较，以全面评估道德行为。

道德决策制定框架通过审查以下内容来评估建议的决策或行动的道德性：

- 由利润、净收益或净成本创造的结果或福祉；
- 受影响的权利和义务；
- 动机或美德期望。

前两个考虑因素涉及结果论、义务论、正义与公平等哲学原则的实际应用，并通过关注一项决策对股东和其他受影响的利益相关者的影响来进行审查——这种方法被称为利益相关者影响分析。第三个考虑因素——决策者的动机——涉及运用哲学家们所知的美德伦理观。作为正常风险管理工作的一部分，它提供了在评估当前和未来的治理问题时可能有所帮助的见解。必须注意的是，必须彻底检查道德决策制定的这三个考虑因素，如果一项决策或行动在道德上是合理的，则必须在决策及其实施中应用适当的道德价值观。

图 4-1 提供了道德决策制定框架的概述。

道德决策实践——本章的重点——涉及使用基于哲学家提出的概念的实践方法。加强对哲学家倡导的道德决策制定方法的理解至关重要。

---

① 参见 IFAC 网站 2016 年 7 月关于应对不合规行为的公告，http://www.iaasb.org/projects/noclar。

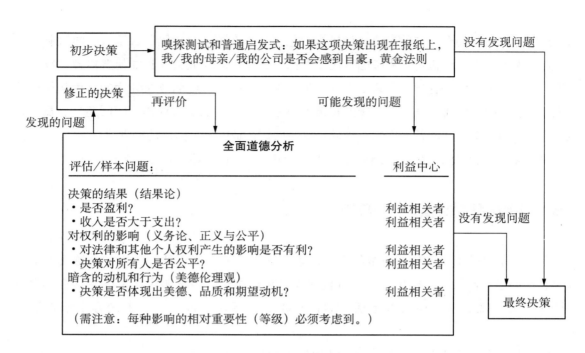

图4-1 道德决策制定框架——概述

表4-1展示了道德决策制定的考虑因素和相关哲学理论的交叉引用。

表4-1 道德决策制定的考虑因素：哲学基础

道德决策制定的考虑因素	哲学理论
富裕或富足	结果论、功利主义、目的论[1]
尊重利益相关者的权利	义务论（权利和义务）[2]
利益相关者之间的公平	康德的绝对命令[3]、作为公道的正义[4]
对品质特征、美德的期望	美德[5]
具体的道德决策制定问题	
不同文化下的不同行为（贿赂）	相对论[6]、主观主义[7]
利益冲突和自利行为的限制	义务论、主观主义、利己主义[8]

资料来源：[1] John Stuart Mill（1861/1998）.

[2] 参见 https://en. wikipedia. org/wiki/Deontological _ ethics or http://www. sophia-project. org/uploads/1/3/9/5/13955288/russo _ deontology1. pdf 等。

[3] Immanuel Kant（Stumpf，1988）.

[4] Rawls（1971）.

[5] Cafaro（1998）at http://www. bu. edu/wcp/Papers/TEth/TEthCafa. htm.

[6] 参见 http://plato. stanford. edu/entries/relativism 等。

[7] 参见 http://plato. stanford. edu/entries/heidegger-aesthetics/#SymSub 等。

[8] 参见 http://www. iep. utm. edu/egoism/or http://plato. stanford. edu/entries/egoism 等。

下一节总结了第3章展示的基本哲学方法的广泛应用，并将其与道德决策制定框架联系起来。

4.4 哲学方法——结果论（功利主义）、义务论和美德伦理观综述

哲学家长期以来一直专注于从社会和个人的角度做出最佳决策，但在商业和专业领域，人们并没有很好地认识或理解哲学的突出性。

安然、安达信和世通的丑闻以及随后的治理改革推动了道德教育和行政管理的改进，AACSB 道德教育任务小组呼吁商科学生熟悉道德决策制定的三种哲学方法：结果论（功利主义）、义务论和美德伦理观。这三种方法中的每一种都为商业或个人生活中的道德决策提供了不同的、有用的和可辩护的方法。然而，由于哲学上的某些原则和理论与其他学科相悖，并且似乎与可接受的商业惯例相冲突，特别是在世界各地的一些文化中，所以综合三种方法进行多方面考虑来衡量行为的道德性和指导决策，效果是最好的。

哲学家感兴趣的基本问题是，是什么使一个决策或行动或多或少地合乎道德？道德决策的三种哲学方法——结果论、义务论和美德伦理观——都关注正确行为的不同概念。然而，请记住，由于哲学家们几千年来一直在研究是什么使一个行为变好或在道德上正确，所以我们不可能做到在几页纸内提供对哲学概念的完整理解。

结果论与功利主义

结果论者致力于使决策产生的效用最大化。对他们来说，一个行为的正确与否取决于它的结果。这种方法对于良好的道德决策至关重要，对它的理解将是 AACSB 认证的商学院未来教育的一部分。AACSB 称：

> 结果论方法要求学生从多个利益相关者的损失和利益的角度来分析一个决策，并做出一个能为最多人带来最大利益的决策。[①]

结果论认为当且仅当某行为使净收益最大化时，该行为在道德上才是正确的。换句话说，如果一个行为（一个决策）的有利结果大于其不利结果，那么它就是合乎道德的。此外，一些人认为，只有有利结果减去不利结果的净收益最大化的行为才是道德上正确或合乎道德的。哲学家们的争论如下：

- 应该估算哪些结果？
- 应该如何估算？
- 谁被纳入应该考虑的受影响的利益相关者群体？

例如，应考虑的结果是否应该是实际的，而不是预知的、预见的、计划的或可能的？应考虑的结果是否取决于所涉及的价值观，如对生命、健康、快乐、痛苦、隐私权或财产权的影响，以及权重如何？整体评估应该如何开展？

---

① AACSB（2004），12.

- 仅仅基于最好的结果，还是基于所有的结果，或者仅仅是其中的一部分？
- 基于总净收益而不是人均净收益？
- 基于对所有人的影响还是对特定人群的影响？
- 基于假设所有结果都产生相同影响还是某些结果影响更大？
- 是否应该考虑行为对相关决策者或代理人的影响？

瓦尔特·辛诺特-阿姆斯特朗（Walter Sinnott-Armstrong，2015）的著作中有关于上述问题的很好概述和有效的参考资料。

功利主义——关注整体效用，它在商业、专业或组织环境的道德决策中只有部分用处。因为结果论和功利主义关注行动的结果或"目的"，它们有时被称为目的论。在制定随后的切实可行的道德决策时，本章采用了一种结果论的方法，涉及根据可预见的可能影响对一系列利益相关者及其利益进行决策和行动的影响分析，这些影响按重要性进行价值加权。备选决策和行动的总净收益被认为可用来确定最佳和/或最合理的选择。

义务论

义务论与结果论的不同之处在于，义务论者关注的是促进决策或行动的义务或责任，而不是行动的结果。义务伦理学认为，正义取决于对义务的尊重以及这些义务所反映的权利和公平。因此，义务论方法提出了与义务、权利和正义相关的问题，并教导学生使用道德标准、原则和规则作为做出最佳道德决策的指南。[①]

义务论原理主要基于康德（Kant，1964）的思想。康德认为，一个理性的人在决定什么是好的行为时，会考虑什么样的行为对社会所有成员都有好处。这种行为将改善决策者的福祉和社会福祉。

康德试图寻找一个压倒一切的原则来指导所有的行动——一个可以认为是普遍的或绝对的必要原则，每个人都应该毫无例外地遵守。这一探究导致了康德"绝对必要"原则的产生，这是义务论者的一个主导原则或规则。康德的原则表明，有义务或必要总是以这样一种方式行动，你也可以将你行动的准则变成一个普遍的法则。[②]

这意味着"如果你不愿意每个人都遵循同样的决策规则，你的规则就不是道德规则"（Kay，1997）。

作为一个普遍原则，每个人都应该遵循。假定一个人正在考虑是说谎还是讲真话。康德将认为说谎不是一个好的规则，因为相同规则下其他人也会对你说谎——这种情况可能是你不想看到的。诚实是一条好的规则。同样，公正也是正确的。此外，黄金法则——你希望别人怎样对待你，你就怎样对待别人——很容易成为一个普遍原则。

使用同样的方法可以产生对人权的普遍尊重和对所有人的公平。一个人必须履行尊重道德

---

① AACSB（2004），12.

② Charles D. Kay，"Notes on Deontology," 1997，http://sites.wofford.edu/kaycd/deontology.

或人权以及法律或契约权利的义务或责任。此外，只有当个人以"开明的利己主义"而不是纯粹的利己主义行事时，这一目标才能实现。在开明的利己主义下，个人的利益在决策中得到考虑——它们不会被简单地忽视或推翻。个人被认为是"目的"，而不是用来实现目的的"手段"。

约翰·罗尔斯发展了一套正义原则，包括对平等的公民自由的期望、最大化弱势群体的利益以及提供公平的机会（Rawls，1971）。他的方法是利用"无知的面纱"的概念来模拟不确定的条件，使决策者能够评估他们的行动的影响。决策者在不知道自己是受益者还是受害者的情况下决定最佳行动。

基于义务、权利和正义考虑的行为对专业人士、董事和高管来说尤其重要，他们被期望履行受托人赋予的责任。这些行为包括维持委托人的信任，在具有重大价值的事项上以委托人的最佳利益行事。例如，职业会计师有责任以委托人的最大利益为重，只要这种行为不违反相关专业和监管机构的法律和/或准则。董事和高管必须遵守公司治理的法律法规，以保护股东和其他利益相关者的利益，如第 5 章所述。这些义务必须取代利己主义、偏见和偏袒。

遗憾的是，功利主义和结果论侧重于效用，可能导致忽视、淡化或限制一项决策的正义或公平及其对相关人员的义务和权利的尊重。采用义务论分析（特别包括公平待遇）来扩充结果论，将会防止这样的情况发生。例如，添加义务论分析可以避免危及工人和/或公众的健康，以尽量减少危险物/废弃物处置的成本。从哲学的角度以及因近期金融丑闻受损的投资者、雇员和其他利益相关者的角度来看，企业对自身利益和短期利益的无节制追求导致了非法和不道德行为。

对社会来说，保护一些个体的权利——生命权和健康权——通常比最大限度地增加所有人的净收益更重要。然而有时候，例如在战争或可怕的紧急状态下，通过结果分析证明合理的选择被认为在道德上优先于道义考虑证明合理的选择。

美德伦理观

结果论强调行为的结果，义务论使用义务、权利和准则作为指导方针来纠正道德行为，而美德伦理观关注决策者表现出的道德品质特征。据 AACSB 称：

> 美德伦理观关注道德行为者的品质特征或完整性，并关注道德群体，如职业群体，以帮助识别道德问题并指导道德行为。[1]

亚里士多德的中心问题是：什么是美好的生活，我怎样才能过好它（Caaro，1998）？答案逐渐演变为繁荣、优秀和幸福是美好生活的标准，但人们一直在争论焦点应该是社会利益，还是我们自己的利益，还是两者兼而有之。此外，优秀包括"智力、道德和身体上的优秀，人类及其创造和成就的优秀"。然而，现代美德伦理观的焦点是导致开明的利己主义的美德，而不是只注重自我服务的实现。

---

[1]　AACSB（2004），12.

美德是那些促使一个人做出道德行为的特征，它促使一个人成为道德高尚的人。对亚里士多德来说，美德促使一个人做出合理的决策。谨慎是他在两个极端之间做出正确选择的关键美德。他指出的另外三种重要或基本的美德是勇气、克己和正义。基督教哲学家增加了信仰、希望和慈善这三种美德。其他经常被称为美德的特征包括诚实、正直、开明的利己主义、同情心、公平、正义、慷慨、谦卑和谦虚。

美德需要随着时间的推移而被培育，这样它们就会被嵌入一个人，从而成为一个一致的参考点。"如果你拥有一种美德，它会是你特征的一部分，是你通常在行动中表现出来的一种特质或品质。它不仅仅是你能够展示的东西，也是你通常或能够可靠地展示的东西。"①

对于美德伦理观者来说，美德是一个程度问题。例如，诚实可以意味着一个人说实话。如果一个人只与诚实的人或事业打交道，为诚实的公司工作，有诚实的朋友，教育自己的孩子诚实，等等，他的诚实可以被认为具有更高的水平。同样，评价一个人行为高尚的原因也很重要。例如，为满足贪欲而做出的诚实行为被认为不道德。在达到最高程度的美德方面的另一个问题是缺乏道德智慧，这在一些过度慷慨、过度同情的行为中是显而易见的，这些行为有时可能是有害的。

虽然缺乏道德行为的"合理"理由看似是学术方面的，但如果没有这种理由，很多商人和专业人士的行动就倾向于贪婪的自利行为，而不是现代开明的利己主义行为，并可能做出不道德或违法的行为。过度冲动可能会导致高管或员工在寻求和接收完整信息之前做出情绪化行为、冒太大风险或对他人造成不必要的伤害。美德的缺乏和亚里士多德所谓的"谨慎"的缺乏构成了治理的道德风险。

对于美德伦理观作为一种教育管理方法的优势，有许多保留意见。例如，美德伦理观与包含道德敏感性、感知、想象和判断的决策过程有关，一些人声称这不会有利于道德决策制定原则。其他批评包括以下几点：

- 对美德的解释是文化敏感的。
- 对什么是正当或正确的解释是文化敏感的。
- 一个人对正确的认识在某种程度上受到自我或自利的影响。

关于美德伦理观的更全面的讨论和提出的观点可以在第3章以及罗莎琳德·赫斯特豪斯（Rosalind Hursthouse，2003）和纳夫西卡·阿塔纳索里斯（Nafsika Athanassoulis，2004）的著作中找到。

4.5 嗅探测试和普通启发式——初步的伦理测试

哲学理论为有效的实际决策方法和辅助手段提供了基础，尽管大多数高管和职业会计师不知道这样做的方法和理由。董事、高管和职业会计师已经开发了测试和常用的规则，可用

---

① Prof. Jack T. Stevenson，personal correspondence，December 2005.

于初步评估决策的伦理性。如果这些初步测试引起关注，应该使用本章后面讨论的利益相关者影响分析技术进行更彻底的分析。

　　管理者和其他员工被要求以快速、初步的方式检查提议的决策，以确定是否需要进行额外的全面伦理分析，这通常是合适的。这些快速测试通常被称为嗅探测试。表 4-2 中记录了常用的嗅探测试。

表 4-2　道德决策制定的嗅探测试

如果这个行动或决策明天早上出现在一份全国性报纸的头条上，我会感到舒服吗？
我会为这个决定而骄傲吗？
我的母亲会为这个决定骄傲吗？
这一行动或决定是否符合公司的使命和准则？
我认为这样正确吗？

　　如果这些快速测试中有任何一项是负面的，员工将被要求寻找一名道德规范官进行咨询或对拟议的行动进行全面分析。这种分析应该保留，或许还应该由企业的伦理部门审查。

　　许多高管已经制定了自己的规则[①]来确定一项行动是否符合道德。常见的例子包括：

- 黄金法则：己所不欲，勿施于人。
- 直觉道德：按照"直觉"告诉你的去做。

　　不幸的是，虽然嗅探测试和常用的规则是基于道德原则的，并且通常非常有用，但是它们本身很少代表对决策的全面检查，因此所涉及的个人和公司容易做出不道德的决策。由于这个原因，当拟议的决策有问题或可能产生重大后果时，应该采用更全面的利益相关者影响分析技术。

　　图 4-2 将哲学家的标准和通过实际嗅探测试、常用规则和利益相关者影响分析评估的标准联系起来。

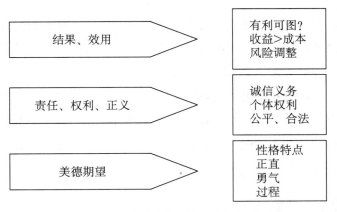

图 4-2　道德决策制定方法与标准

---

　　① A. B. Carroll, "Principles of Business Ethics: Their Role in Decision Making and Initial Consensus," *Management Decision* 28, no. 8 (1990): 20-24.

4.6 利益相关者影响分析——评估决策和行动的综合工具

总览

自从约翰·斯图尔特·穆勒在 1861 年提出功利主义的概念以来，一个公认的评估决策和行动实施的方法就是评估行动的最终结果。对大多数商人来说，这种评估传统上是基于决策对公司所有者或股东利益的影响。通常，这些影响都是以利润或损失来衡量的，因为利润是衡量股东想要的富裕程度最大化的标准。

这种传统的企业责任观近年来在两个方面有所改进。第一，所有股东都只希望短期利益最大化的假设似乎过于狭隘。第二，许多非股东群体，如雇员、消费者/客户、供应商、贷款人、环保主义者、企业所在社区以及对决策结果或在公司本身经营中有利害关系的政府，其权利和主张在公司决策中被赋予了一定地位。公司对股东和非股东群体负责，这两部分构成了公司的利益相关者。显而易见的是，如果一家公司失去了被称为主要利益相关者的特定利益相关者的支持，它就无法实现其全部潜力（甚至可能消亡）。

现代公司发现，它们的股东是由对长期前景和商业道德行为感兴趣的个人和机构投资者组成的。这些人和机构被称为道德投资者，他们对投资进行两种筛选：被投资公司的利润是否超过适当的最低回报？他们赚取利润的方式是否合乎道德？由于共同基金、养老基金和其他相关机构投资者的持股规模越来越大，企业董事和高管发现忽视道德投资者的意愿只会带来风险。道德投资者发展了非正式和正式的网络，通过这些网络，他们了解自己投资的公司的活动，决定如何投票选举管理者，并决定如何与董事会接触，他们关注环境保护、高管薪酬过高等问题。

道德投资者和许多其他投资者，以及其他利益相关者群体，倾向于不愿获得损害环境或其他利益相关者的权利的利益。他们倾向于选择在更广泛的层面上进行管理的公司，而不仅仅是追求短期利益的公司。通常，在一年以上的时间框架内实现利益最大化需要与大多数利益相关者群体建立良好的关系。负面的公共关系可能是决策过程中没有考虑利益相关者群体意愿的重大代价。无论特殊利益集团是否也是股东，它们通过媒体让公司承担责任的能力都是显而易见的，并且正在增强。高瞻远瞩的 CEO 和董事希望在利益被冒犯的利益相关者提醒他们之前考虑这些问题。企业发现，在过去，它们在法律上和政治上对股东负责，但它们现在也对利益相关者负责。

利益相关者的基本利益

因此，如果管理者希望保持利益相关者的支持，那么在做出决策时，考虑决策对每个利益相关者的潜在影响并考虑利益相关者的担忧或利益是一种明智的做法。然而，利益相关者和利益相关者群体的多样性使这成为一项复杂的任务。为了简化流程，最好确定并考虑一组

共同的或基本的利益相关者利益,用于集中进行道德层面的分析和决策,例如:

1. 这个决策会增加他们的利益。

2. 这个决策使得收益和负担公平分配。

3. 这个决策不会侵犯到包括决策者在内的任何人的利益。

4. 由此产生的行为应该像期望的那样承担符合美德的义务。

第一个源于结果论,第二、第三和第四个源于义务论和美德伦理观。在某种程度上,这些基本利益受到决策者面临的现实的制约。例如,虽然一项提议的决策应该最大限度地维护所有利益相关者的利益,但往往必须在利益相关者的利益之间进行权衡。因此,污染控制成本的产生可能与一些现有股东和管理者利益或短期利益相违背。同样,有时所有利益相关者都会发现一个决策是可以接受的,即使他们中的一个或多个或他们所代表的群体的处境可能因此而变得更糟。

一旦对总体改善的关注放松,转向仅追求富裕,从四个基本利益方面分析决策影响的需要就变得显而易见了。例如,可能会发现一个提议的决策可能会产生总体效益,但是决策的负担的分配可能会损害一个或多个利益相关者群体的利益,因此被认为是非常不公平的。或者,一项决策可能既产生总体效益又被认为是公平的,但可能会侵犯利益相关者的权利,因此被认为是不正确的。例如,决定不召回有轻微缺陷的产品可能是有成本效益的,但如果用户受到严重伤害,就不被认为是"正确的"。同样,一个没有表现出期望的品质特征、诚信或勇气的决策将被利益相关者视为缺乏道德。因此,如果提议的决策未能提供净收益,或产生了不公平,或侵犯了利益相关者的根本利益(见表 4-3),则可被认为是不道德的。仅根据单一准则来评估一个提议的决策肯定是目光短浅的,通常会导致错误的判断。

表 4-3 利益相关者的根本利益

收益高	提议的决策应该带来更多的经济利益而不是成本。
公平	利益和负担的分配应该公平。
权利	提议的决策不应该侵犯利益相关者和决策者的权利。
美德	提议的决策应该符合人们合理期望的美德。

一个决策要被认为是合乎道德的,必须满足这四个根本利益。

测量可量化的影响

利润

利润是股东利益的基础,对公司的生存和健康发展至关重要。幸运的是,利润的测量已经很成熟了,在道德决策中的应用几乎不需要质疑。然而,利润确实是一个短期指标,在确定利润时通常没有考虑到其他几个重要的影响因素。

未计入利润的项目：可直接测量

公司决策和活动的影响不包括在造成影响的公司利润确定中。例如，当一家公司产生污染时，清理费用通常由下游的个人、公司或市政当局承担。这些成本是外部性的，它们的影响通常可以直接用其他人产生的清理成本来衡量。

为了全面了解一项决策的影响，应该根据产生的外部性调整利益或损失。通常，随着时间的推移，忽视外部性的公司会发现，它们低估了当罚款和清理成本增加或不良舆论出现时决策的真实成本。

未计入利润的项目：不可直接测量

其他外部性存在于，当确定公司利润时，包括了成本，但是利益由公司以外的人享有。一些负面影响的收益和成本，如人们因污染而遭受的健康损失，都不能直接衡量，但它们应该包括在总体评估中。

虽然无法直接衡量这些外部性，但可以通过使用替代物或镜像替代物间接衡量这些影响。就奖金而言，收益的替代物可能是接受者收入的增加。健康损失的价值可以估计为收入损失加上医疗费用加上工作场所生产力的损失，用补缺工人的费用来衡量。

这些估计的准确性将取决于镜像测量的接近程度。然而，得出的结论很可能会低估所涉及的影响。尽管如此，利用总体上准确的估计要比根据直接措施做出决策好得多，直接措施只精确地衡量一项提议的决策的小部分影响。

布鲁克斯（Brooks，1979）的文章①进一步讨论了测量和使用代理人来评估公司决策的外部影响。

将未来影响折算到现在

将决策的未来影响引入分析的技术并不困难。它以与资本预算分析平行的方式处理，在资本预算分析中，未来价值按反映未来几年期望利率的利率进行贴现。布鲁克斯（Brooks，1979）将这种方法作为成本-收益分析的一部分进行了论证。使用资本预算分析的净现值方法，提议的行动的收益和成本可以评估如下：

$$净现值＝收益现值－提议的行动的成本现值$$

其中收益包括直接收益和好的外部性，成本包括直接成本和坏的外部性。

通常情况下，那些专注于短期利益的高管会拒绝将外部性纳入其分析。然而，这里提倡的不是他们放弃将短期利益作为衡量标准，而是考虑外部性的影响，这些外部性在未来很有可能影响公司。例如，污染成本很可能会变成罚款和（或）清理费用。此外，通过捐赠获得的优势将加强社会支持，并使公司在未来充分发挥其潜力。成本-收益分析（Brooks，1979）如表4-4所示，可使决策者更清楚地看到当前和未来可能对利润产生的影响。

---

① L. J. Brooks，"Cost-Benefit Analysis，" *CAmagazine*，October 1979，53–57. Reproduced at http://www.cengage.com/accounting/brooks.

表 4-4 成本-收益分析：对短期和长期利润的影响 单位：美元

	污染控制措施对利润的影响			大学入学奖学金对利润的影响		
	短期	长期	总计	短期	长期	总计
收益（利率 10%时的现值）						
工人健康费用减少		500 000	500 000			
工人生产率提高	200 000		200 000			
奖学金获得者的收入水平提高					600 000	600 000
总收益	200 000	500 000	700 000		600 000	600 000
成本（利率 10%时的现值）						
污染防治	350 000		350 000			
奖学金支出				400 000		400 000
总成本	350 000		350 000	400 000		400 000
净损益	(150 000)	500 000	350 000	(400 000)	600 000	200 000

处理不确定的结果

正如在资本预算分析中一样，有些估计是不确定的。然而，如今已经开发了一整套技术来将这种不确定性因素纳入对提议的决策的分析中。例如，分析可以基于最佳估计、三种可能性（最乐观、最悲观、最佳估计）或计算机模拟得出的期望值。这些都是期望值，期望值是一个值和它的发生概率的组合，这通常表示为：

期望值＝结果值×结果的发生概率

这种期望值公式的优点是可以修改成本-收益分析框架，以涵盖与需要包括的结果相关的风险。这种新方法被称为风险-收益分析，它可以应用于以下框架中风险结果普遍存在的情况：

风险调整值或期望值＝未来收益的期望现值－未来成本的期望现值

识别利益相关者并对其利益进行排序

利益相关者影响分析的有用性取决于对所有利益相关者及其利益的充分识别，以及对影响每个利益相关者地位的重要性的充分认识。

例如，在某些情况下，收益和成本的简单相加并不能完全反映利益相关者或所涉影响的重要性，例如当利益相关者承受影响的能力较低时。在这些情况下，可以对成本-收益分析或风险-收益分析中包含的价值进行加权，或者可以根据对所涉及的利益相关者产生的影响对所创造的净现值进行排序。在考虑不可测量的影响时，还可使用基于其承受能力的利益相关者及其影响的排名。

相对而言，财务数据并不是对利益相关者利益进行排名的唯一依据。事实上，有几个更令人信服的理由存在，包括提议的行动对利益相关者的生命或健康的影响，或对接近濒危或灭绝的植物群、动物群以及环境的某些方面的影响。通常，公众对那些将利益置于生命、健康或保护人类的家园之前的公司持非常负面的看法。

米切尔、阿格尔和伍德（Mitchell，Agle，and Wood，1997）建议从三个维度来评价利益相关者及其利益：合法性或法律；通过媒体、政府或其他方式影响组织的权力；紧迫性。这种分析迫使人们将被认为非常有害（尤其是对外部利益相关者）的影响考虑在内，这样，如果高管决定继续实施次优计划，至少潜在的负面影响是已知的。图4-3列出了三个维度。

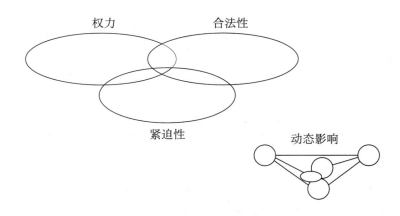

图4-3 利益相关者的认定与利益

资料来源：Mitchell，Agle，and Wood（1997）；Rowley（1997）.

逻辑表明，图4-3中三个椭圆重叠的部分（被认为是合法的、紧急的和由有权势的人持有的主张）将永远是最重要的。然而，情况未必如此。如果其他利益相关者的紧急诉求能够获得更多有权势者和合法诉求者的支持，并最终被视为具有合法性，那么这些诉求可能会变得最为重要。

许多高管忘记了一个组织的利益相关者会随着时间的推移而变化，他们所掌握的权力也是如此。在现实生活中，没有合法权力的利益相关者会试图影响那些有影响力的人。另一位研究人员蒂姆·罗利（Rowley，1997），建议将一组利益相关者视为一个动态网络，并预测网络中的哪些人将影响谁，以预测哪些问题和利益将变得更加重要。

衡量可量化的影响的方法总结

表4-5总结了之前讨论的衡量决策有效性的方法。

表4-5 衡量决策有效性的方法[*]

A. 仅考虑利润和损失
B. A＋外部因素
C. B＋结果的可能性
D. 成本-收益/风险-收益分析

[*]最优决策通常来自最彻底的方法。

评估不可量化的影响

利益相关者之间的公平

公平待遇是个人和团体期望得到的权利，因为它对道德决策很重要。对公平待遇的关切在社会近期对歧视妇女以及其他招聘、晋升和薪酬问题的关注中显而易见。除非一个决策对所有利益相关者公平，否则该决策将被视为不道德的。

公平不是一个绝对的概念。一项决策所带来的利益和负担的相对平均分配就证明了这一点。例如，增加税收的决策可能会给高收入人群带来更大的压力，但就他们支付这些税收的能力而言，可能会被视为相对公平。准确判断公平需要合理性和前瞻性。

利益相关者的权利

只有当决策的影响不侵犯受影响的利益相关者的权利和决策人的权利时，该决策才被视为合乎道德。后一点可以从高管的决策中看出，这些高管认同的价值观让他们对一些发展中国家使用童工或难以保障工人安全感到不满。做出决策的高管本身就是决策的利益相关者。

北美的个体利益相关者或团体利益相关者通常希望享有表 4-6 中列出的权利。

表 4-6　利益相关者权利

- 生活
- 健康与安全
- 公平对待
- 有良知的活动
- 尊严和隐私
- 言论自由

其中一些权利得到了法律的保护，而其他权利则通过普通法或对违法者的公开制裁来保障。例如，雇员和消费者受到健康和安全法规的保护，而尊严和隐私往往受到普通法的保护，有良知的活动会得到公众许可。

在许多情况下，即使通过法律进行保护，也需要相当多的判断才能知道个人的权利何时受到侵犯。在当今社会，法律、规章、普通法和基于价值观的判断之间的复杂的相互作用使得对侵犯利益相关者权利的行为进行仔细审查是明智的。

动机和行为的评估

不幸的是，正如许多道德丑闻所表明的那样，决策者没有认识到利益相关者对美德期望的重要性。如果他们能认识到这一点，就可以在很大程度上避免公司高管、会计师和相关律师做出的糟糕决策，以及随之而来的个人和组织的悲剧。一些高管的决策行为是出于自身的贪婪，而不是着眼于所有人的利益。其他人赞同这些不道德的决策，则是因为他们没有意识到他们应该投出反对票，并且有义务这样做。一些人的想法是，别人都在做类似的事情，这怎么可能是错的？关键是他们忘记了充分考虑他们应该表现出的美德（和责任感）。在对未来股东和其他利益相关者负有信托义务时，他们没能充分考虑自己应该展现的诸如正直、专业、勇气等性格特征。回顾过去，明智的做法是在任何道德决策制定过程中，都将对美德期望的评估作为一个单独的步骤，以加强治理和风险管理系统，防止产生不道德的、只关注短期利益的决策。

同样显而易见的是，那些出于错误的动机而不断做出决策的决策者——即使结果是正确的——可能会带来很高的治理风险。许多例子表明，受贪婪驱使的高管们做出了不道德的行为，而其他人则被错误的激励制度所误导。近期的许多财务丑闻是由高管们引起的，他们试图操纵公司利益来抬高公司股价，以提高自己的股票收益。当缺乏适当的自我指导和外部监督时，过于狭隘地基于自身利益的动机会导致不道德的决策。

虽然哲学家提出的一些美德可能不会引起现代利益相关者的共鸣，但表4-7中列出的这些美德确实在构建当前对道德商业行为的期望方面发挥了作用。如果个人或公司行为不符合这些期望，就可能会对声誉和持续实现战略目标的能力产生负面影响。

表4-7　期望的动机、美德、性格特征和过程

期望的动机
自我控制而非贪婪
公平或正义的考虑
善良、关心、同情和仁慈
期望的美德
应有的忠诚
正直与透明
真诚而非欺骗
期望的性格特征
根据个人和职业标准，勇于做正确的事情
信任
客观的、无偏向的
诚信、真实
无私而非自私
极端之间的平衡选择
过程反映期望的动机、美德和性格特征

利益相关者影响评估流程将提供一个机会来评估提议的决策或行动背后的动机。尽管观察者不大可能准确地知道决策者的真实动机，但很有可能预测出利益相关者对行动的看法。无论这些看法是否正确，它们都将影响决策声誉。此外，还可以从薪酬和其他激励系统中推断出决策者的动机是否合乎道德。

为了确保全面的道德决策制定方法，除了评估激励系统外，还应对决策或行动提出质疑，质疑可以通过使用表4-8中列出的每一个问题来实现。比如，"决策或行动是否包含并展现了期望的正直、公平和勇气？"或者，"决策或行动是否包含并展现了期望的动机、美德和性格？"这些方法的目标应该是构建一个关于动机、美德、性格以及决策或行动所涉及和表现的过程的概要，从而与期望进行比较。

表 4-8　修正的道德决策制定五问题方法*

在提出一项决策时询问以下五个问题：

该决策是否	利益相关者利益检查
1. 有利可图？	利益相关者——通常为短期的
2. 合法？	法定权利
3. 公平？	对所有人公平
4. 正确？	所有人的其他权利
5. 符合期望的动机、美德和性格特征？	期望的动机、美德、性格特征

（可以添加可选问题，以将决策过程集中在与组织或决策者相关的特定问题上）

* 这种方法基于格雷厄姆·塔克（Tucker，1990）提出的方法并有所修改，增加了对动机、美德和性格特征的具体考察。

4.7　利益相关者影响分析——传统道德决策制定方法的改进

已经开发出的几种方法利用了利益相关者影响分析向决策者提供关于拟议行动的道德性指导，下面讨论三种传统方法。每种方法都经过了修正，以包括美德期望。方法选择取决于决策影响期的长短以及涉及外部性的可能性。这些方法可以整合成定制的混合方法，以最好地应对特定情况。

修正的五问题方法——具有短期影响和无外部性的决策

修正的五问题方法，格雷厄姆·塔克（Tucker，1990）称之为五箱法，即通过表 4-8 中的五个问题来检查提议的决策。如果出现一个（或不止一个）否定的回答，决策者可以反复尝试修正拟采取的行动以消除否定或抵消它。如果修正过程成功，提议将是合乎道德的。如果没有，这个拟采取的行动应该被视为不道德而放弃。

提问的顺序并不重要，但所有的问题都必须被提出，以确保决策者不会忽略任何一个重要的影响领域。

修正的道德标准方法——涉及外部性的中长期决策

利益相关者影响分析的道德标准方法直接建立在表 4-3 中确定的利益相关者的根本利益之上。与五问题方法相比，这种方法在关注点上更具一般性，并引导决策者对净收益进行更广泛的分析，而不仅仅是将盈利能力作为提议的决策的最优先的考虑因素。因此，与五问题方法相比，道德标准方法提供的框架更适合于考虑对公司外部有重大影响的决策。

构成道德标准方法的道德标准列于表 4-9 中，如果质疑的结果是不利的，可以在修正的基础上调整拟采取的行动，并且可以重新质疑修订的方案，直到它尽可能合乎道德。

如表4-9所示，功利主义原则的满足是通过一个问题来检验的，这个问题侧重于成本-收益分析或风险-收益分析，而不仅仅是利润。因此，可以根据需要采用表4-6中的全部选项。

表4-9 道德决策制定修正的道德标准方法*

道德标准	对拟采取的行动的提问
功利主义： 　社会整体净收益最大化	行动是否使社会效益最大化、社会伤害最小化？
个体权利： 　尊重与保护	行动是否尊重与保护每个人的权利？
正义： 　利益和负担的公平分配	行动会导致利益和负担的公平分配吗？
美德： 　期望的动机、美德和性格特征	行动是否表现出所期望的动机、美德和性格特征？见表4-7
（四个道德标准都必须适用，单一适用无效）	

*这里对委拉斯奎兹（Velasquez，1992）创立的道德标准方法进行了修改，增加了对动机、美德和性格特征的具体考察。

此外，如委拉斯奎兹（Velasquez，1992）所说，对提议的决策如何尊重个人权利的审查应着眼于决策对每个利益相关者权利的影响，如表4-6所示。例如，是否使用了欺骗或操纵（或某种类型的武力，如胁迫），或是否限制了受影响的个人可获得的信息以及他们选择应对措施或补救的自由？如果答案是肯定的，那么他们的权利就没有得到尊重。在这方面，一个有趣的问题是，通知采取行动的意图是否意味着受到影响的个人的同意。通常情况下，通知并不意味着同意，除非通知提供了完整的信息并允许被通知者考虑，并且有合理的选择来避免影响。

在关注分配公正或公平方面，处理方式与五问题方法相同。

近期，人们认识到评估决策中内在美德作为一种有效的风险管理技术的重要性，这促使人们把提议的行动所表现出的动机、美德和性格特征与公司利益相关者的期望进行比较。各公司应确定其利益相关者对表4-7中确定的每个项目的期望，并应与员工沟通为什么以及如何在决策、监控和奖励时考虑这些期望。评估提议的行动时，至少应参考表4-7中的项目，提出以下问题：

　　　决策或行动是否包含并展示了期望的动机、美德和性格特征？

当一个提议的行动已经根据所有四个道德标准进行了评估，并且考虑了对利益相关者影响的相对重要性时，就可以对该提议行动的道德性做出总体判断。必须考虑所有四个道德标准，以确保做出全面的决策。

修正的帕斯汀法——公司内部决策；创新技术

帕斯汀（Pastin，1986）在他的《管理难题：获得道德优势》一书中，提出了他对道德分析的适当方法的想法，包括检查表 4 - 10 中提到的前四个关键方面。最后一个方面——对动机、美德和性格特征的考察——有助于确保道德决策质量。

表 4 - 10 修正的帕斯汀法*

关键方面	考察目的
基本规则道德	阐明组织和个人的基本规则和基本价值观
终点道德	为所有相关人员带来最大的净收益
规则道德	根据道德原则来决定一个人或组织应该考虑的范围
社会契约道德	调整考虑范围来消除矛盾
美德伦理	确保决策或行动展现的动机、美德和性格特征合乎道德

* 帕斯汀在《管理难题：获得道德优势》一书中提出的技术，已经过修改，增加了对美德伦理预期的具体考察。

帕斯汀使用基本规则道德的概念来捕捉这样的想法，即个人和组织有基本规则或基本价值观来管理他们的行为。为了理解现行的基本规则、正确衡量组织承诺和保护决策者，帕斯汀建议对过去的决策或行动进行审查。他将这种方法称为逆向项目决策，该方法试图把过去的决策分离开来，以观察它们如何以及为什么被做出。帕斯汀认为，个人在表达自己的价值观时经常（自愿或非自愿地）持一种谨慎态度，逆向项目提供了一种通过过去的行为来了解他们的价值观的方法。

在他的终点道德概念中，他建议充分利用表 4 - 5 中总结的方法。将这些方法应用于道德决策实践，有助于揭示只关注短期利益分析的缺陷。

规则道德的概念用来表明规则的价值，规则是将有效的道德原则应用到道德困境中时产生的。在这种情况下，这些原则包括尊重和保护表 4 - 6 中提到的利益相关者权利以及衍生原则，例如"己所不欲，勿施于人"的黄金法则。事实证明，当解释特别困难时，或者当高管们希望阐明他们认为在某些情况下应该做什么时，建立基于尊重个人权利的规则可能会有所帮助。例如，帕斯汀建议，由高管制定的帮助员工的规则，可以将可能的行为分为强制性的、禁止性的或允许性的。因此，规则道德代表了帕斯汀对所提议的决策对相关个人权利的影响的审查。

公平的概念被帕斯汀纳入了他的社会契约道德思想。在这里，他指出将提议的决策转化成一个虚构的契约将是有帮助的，因为这让决策者能够与受到影响的利益相关者互换立场。因此，决策者可以看到决策是否足够公平。如果决策者发现他不能接受在与利益相关者立场互换的情况下签订契约，那么为了公平起见，应该改变契约的条款（或边界）。这种立场互换的方法被证明是非常有用的，尤其是对于那些意志坚定的高管来说，他们经常被一些唯唯诺诺的人包围着。在真实契约的情况下，这种方法可以用于预测提议的行动将如何影响契约，或者是否会阻碍契约变更（如工会契约）。

由于上述原因，如同其他两种方法一样，对决策中的动机、美德和性格特征的评估被添加到了帕斯汀最初提出的一系列考虑因素中。各公司应确定其利益相关者对表 4 - 7 中的每个项目的期望，并应与员工沟通，说明在制定决策、监控和奖励时，为什么以及如何考虑这些期望。评估提议的行动时，至少应参考表 4 - 7 中的项目，提出以下问题：

决策或行动是否包含并展示了期望的动机、美德和性格特征？

当根据表4-10中列出的所有五个方面对提议的行动进行评估，并考虑到对利益相关者的影响的重要性时，就可以做出总体决策。必须考虑所有五个方面，以确保做出全面的决策。如果提议的行动被认为是不道德的，可以对其进行更改并反复评估，直到它被认为是道德的，然后采取行动。

扩展和融合传统的道德决策制定方法

有时公司中出现的道德决策并不能采用上述方法。例如，由道德问题引发的决策通常可以采用五问题方法进行评估，但是具有重大的长期影响或需要进行成本-收益分析而不是初级的利润分析的外部性问题可能就难以用五问题方法决策。幸运的是，成本-收益分析可以作为替代方法。同样，如果在处理公司内部环境的决策中有需要，基本规则道德的概念可以移植到非帕斯汀法上。然而，在扩展和融合这些方法时应该小心，确保对福利、公平、对个人权利的影响和美德期望等各个维度进行评估，以提供全面的分析，否则，可能会导致错误的道德决策。

4.8 哲学概念与利益相关者影响分析方法的整合

三种基本的哲学方法——结果论、义务论和美德伦理观——是三种利益相关者影响分析方法的基础，应牢记在心，以充实和丰富我们的分析。反过来，所使用的利益相关者影响分析方法应该提供一种对决策或行为中涉及的事实、权利、义务和公平的理解，这对于期望的动机、美德和性格特征的适当分析是必不可少的。因此，在对决策或提议的行动的道德性进行有效、全面的分析时，传统的哲学方法会扩展利益相关者模型，如图4-4所示。

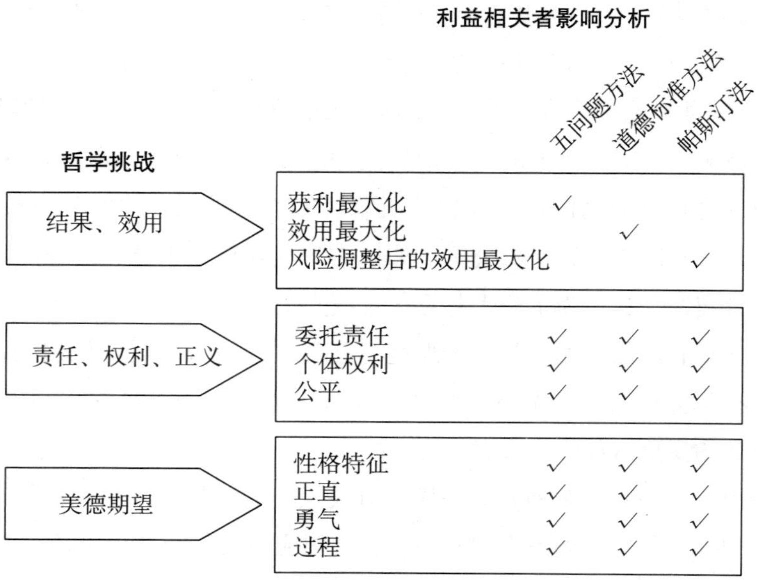

图 4-4　道德决策制定方法

资料来源：AACSB EETF Report，June 2004.

4.9 其他道德决策制定问题

公共问题

术语"公共问题"是指过度使用共同拥有的资产或资源。这个概念最早出现在古老的英格兰，那时的村民在共同拥有的土地上过度放牧牲畜，公地一词被用来指这种类型的牧场。

过度放牧的问题无法得到解决，每个人都有权使用牧场，因此不能阻止他们这样做。只有当大多数村民同意管理公地时，过度放牧才停止。有时，如果他们不能达成一致，就只能依靠外部权威解决问题。尽管这些问题似乎已经过时，但在现代，公共资源滥用的问题仍然存在。例如，污染代表着对环境的滥用，而环境是我们共有的。同样，如果企业中的每个人都试图占用有限的资金和服务，那么紧张的预算或繁忙的服务部门，结果将类似于过度放牧。

应从这一现象中吸取的教训是，对公共资源问题不敏感的决策者往往不会对资产或资源的使用予以足够高的重视，从而做出错误的决策。我们应该纠正这一点，并改进决策。如果一个管理人员面临资产或资源的过度使用，他会很好地运用过去曾应用的解决方案。

利用道德想象力做出更道德的行为

迭代改进是使用所提出的道德决策制定框架的优点之一。如果道德分析揭示了决策的不道德方面，则可以改进决策，以改善决策的整体影响。例如，如果一个决策被认为对某个特定的利益相关者群体不公平，也许可以通过增加对该群体的补偿，或者通过删除或替换冒犯性的词语、图像或特定行为来改变该决策。在每个道德决策制定方法的最后，都应该有一个更好的或双赢的结果，这个过程涉及道德想象力。

有时，由于分析的复杂性或不确定性、时间限制或者其他原因而无法确定最终选择，董事、高管或职业会计师将遭受决策瘫痪。为了解决这个问题，赫伯特·西蒙（Herbert Simon）[①] 提出，一个人"不应该让完美成为敌人"——在无法取得进一步进展之前的不断迭代改进应该产生一个在当时被认为足够好甚至是最佳的解决方案。

常见的道德决策陷阱

必须避免常见的道德决策陷阱。经验表明，不知情的决策者会反复犯以下错误：

● 遵循不道德的企业文化。有许多例子表明，不以道德价值观为基础的企业文化激励了高管和员工做出不道德的决策。如第 2 章和第 5 章所述，2008 年安然、世通、安达信和银行的不道德文化导致高管和员工做出引发悲剧的错误决策。在许多情况下，缺乏道德领导——错误的"高层基调"——是罪魁祸首。在另一些情境中，公司对核心价值观保持沉默或态度

---

① 赫伯特·西蒙在 1957 年创造了"满意度"一词。参见 http://en.wikipedia.org/wiki/Satisficing。

不够明确，或者这些价值观被误解为允许不道德和非法行为的实施。此外，一些公司不道德的奖励制度激励员工操纵财务结果或专注于不符合组织最佳利益的活动。决策者经常承受不合理的压力，以满足不切实际的期望并做出以较长期的业绩或目标为代价带来短期增长的决策。有时，员工只是对道德问题和期望缺乏足够的认识，无法理解道德行为的必要性，组织的筛选、监控、培训和强化计划不足以防止不道德的决策。

- 曲解公众期望。许多高管错误地认为不道德的行为是可以接受的，原因如下：
  - "这是一个竞争残酷的世界。"
  - "大家都在做。"
  - "即使我不做，别人也会做。"
  - "不是我的责任，因为我的老板命令我这么做。"
  - 这是一个在流行媒体或电影中出现过的故事或做法。

在当今世界，这些不道德决策的理由非常值得怀疑。必须根据第 3 章和第 4 章中讨论的道德标准严格审查每一项行动。

- 专注于短期利益和对股东的影响。通常，提议的行动最重要的影响（对于非股东利益相关者而言）是那些在未来出现的和那些首先发生在非股东利益相关者身上的影响。只有在其做出反应后，股东才会为不端行为承担成本。纠正这种短期行为的方法是确保在足够的中期或长期时间跨度上进行分析，并在成本效益的基础上考虑外部性。

- 只关注法律。许多管理者只关心一项行动是否合法。他们认为："如果这是合法的，那就是道德的。"不幸的是，许多人发现他们的公司受到消费者抵制、员工怠工、政府监管增加以及罚款的影响。有些管理者不在乎，因为他们只是打算在这家公司待一小段时间。事实上，法律法规落后于社会的期望。一项提议的行动是合法的，并不意味着它是合乎道德的。

- 对公平的限制。有时候决策者有偏见，或者只想对自己喜欢的群体公平。不幸的是，他们没有能力控制公众舆论，他们往往最终会为道德监督结果买单。许多高管被绿色和平组织等激进组织拒之门外，这时他们才认识到，忽视环境问题会带来风险。对于决策对所有利益相关者的公平性进行全面审查是确保决策合乎道德的唯一途径。

- 对权利的限制。偏见不限于公平。决策者应该调查对所有利益相关者的权利的影响。此外，应该鼓励决策者在做决策时考虑他们自己的价值观。北美法院不再接受"我是被我的老板命令这么做的"的理由，员工应该做出自己的判断。许多司法管辖区已经建立了保护性检举制度并通过了"拒绝权"法规来鼓励员工这样做。通常，强迫下属采取不当行为的管理者无论如何都不是为了股东利益最大化。

- 利益冲突。基于利益冲突的偏见并不是对提议的行动进行错误评估的唯一原因。判断可能会因利益冲突——决策者的个人利益与公司的最大利益相冲突，或者决策者偏袒的群体的利益与公司的最大利益相冲突而变得模糊不清，这两种情况都可能导致错误的评估和决策。有时，员工会陷入所谓的滑坡，他们从一个与雇主利益冲突的小决定开始，然后是一个又一个越来越重要的决策，纠正或肯定他们以前的决策会变得极其困难。通常情况下，一个员工会因为做了一件小事而被抓住，这件事可能会牵扯到更大的利益纠纷等，但是当这个员工想要停止这个行为时，却会被告知他们不能停止，或者他们的老板会知道他们之前的行为，这使得他们陷入一个滑坡中。

- 利益相关者之间的相互联系。决策者经常无法预料他们对一个群体的所作所为是否会引发另一个群体的行动。例如，破坏一个遥远国家的环境可能会引起国内客户和资本市场的负面反应。

- 未能识别出所有利益相关者。在评估对每个利益相关者的影响之前，就必须确定所有利益相关者的利益。然而，虽然这是一个一再被认为理所当然的步骤，但经常被忽视。帮助解决这个问题的一个有用方法是推测提议的行动可能会带来的负面影响，并尝试评估媒体将如何反应。这个方法往往会识别出最脆弱的利益相关者。

- 未能对利益相关者的实际利益进行排名。一个共同的趋势是平等对待所有利益相关者的利益。然而，那些紧急的事情通常是最重要的。忽视这一点确实是短视的，可能会导致一个不合适和不道德的决定。

- 未能评估收益、公平或其他权利。如前所述，如果忽略其中一个方面，就无法做出全面的道德决策。然而，决策者们一再地忽略并承受后果。

- 没有考虑决策动机。多年来，只要结果可以接受，商人和专业人士就不关心行动的动机。不幸的是，这样会导致许多决策者忽视增加所有人（或尽可能多的人）的总体利益的机会，做出短期内对自己或少数人有利、长期内对其他人不利的决策。这些目光短浅、纯粹自私的决策者给组织带来了高治理风险。

- 没有考虑到人们的美德期望。董事会成员、高管和职业会计师应诚信行事，并为委托方履行好代理人的职责。忽视人们对他们的期望会导致不诚实、虚假报告、不考虑利益相关者的利益的情况出现，以及在看到某些不道德行为或应当举报他人不当行为时选择袖手旁观。如果职业会计师忽视了人们对他们的期望，就会很容易忘记他们的职责是保护公众利益。

4.10　综合的道德决策制定框架

综合的道德决策制定方法应包括表 4－11 中的所有因素。这可以通过哲学分析、利益相关者影响分析或混合分析来实现。决策者应该选择哪一个？

最佳的道德决策制定方法将取决于提议的行动或道德困境的性质以及所涉利益相关者。例如，如上所述，涉及具有短期影响且无外部性的问题可能最适合的是修正的五问题方法。具有长期影响和/或外部性的问题可能更适合采用修正的道德标准方法或修正的帕斯汀法。一个对社会而不是对公司具有重要意义的问题可能最好用哲学方法或修正的道德标准方法来分析。无论采用何种道德决策制定方法，决策者都必须考虑表 4－3 中提出并在表 4－11 中阐述的所有根本利益。

表 4 - 11　综合的道德决策制定方法

考虑因素	描述
收益或结果主义	决策必须导致收益大于成本
权利、义务或义务论	决策不能侵害利益相关者（包括决策制定者）的权利
公平或正义	收益和负担的分配必须公平
道德期望或美德伦理观	决策动机应当反映利益相关者的美德期望
一个决策要被认为是合乎道德的，必须满足所有四项考虑因素。	

道德决策的步骤概述

前面讨论的方法和问题可以单独使用，也可以混合使用以帮助做出道德决策。经验表明，完成以下三个步骤为质疑提议的决策提供了坚实的基础：

1. 确定事实以及所有可能受到影响的利益相关者及其利益。

2. 对利益相关者及其利益进行排序，确定最重要的，并在分析中给予他们更高的权重。

3. 评估提议的行动对每个利益相关者群体利益的影响，涉及他们的福利、公平待遇和其他权利，包括期望的动机、美德和性格特征，使用综合框架，并确保后面讨论的常见陷阱不会出现。

使用美国会计协会（American Accounting Association, 1993）概述的以下七个步骤来组织道德决策分析可能会有所帮助：

1. 确定实际问题——什么事、谁、在哪里、何时、如何。

2. 定义道德问题。

3. 确定主要原则、规则和价值观。

4. 指定替代方案。

5. 比较价值观和备选方案，看看是否会做出明确的决策。

6. 评估结果。

7. 做出决策。

道德决策的步骤如图 4 - 5 所示。

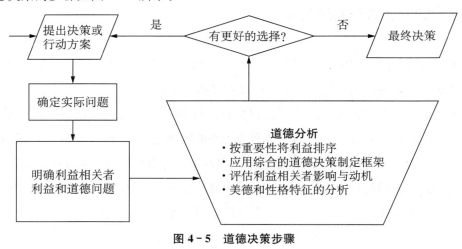

图 4 - 5　道德决策步骤

4.11 结 论

利益相关者影响分析提供了一种正式的方式,将组织及其个体成员(社会)的需求纳入决策。权衡很困难,而且可以从方法的进步中获益。重要的是不要忽视这样一个事实,即本章中回顾的利益相关者影响分析的概念需要作为一个集合一起应用,而不是作为独立的方法使用。只有这样,才能进行全面的分析,并做出合乎道德的决策。根据所面临的决策的性质和受影响的利益相关者的范围,进行适当的分析可以基于结果论、义务论和美德伦理观,或者修正的五问题方法、道德标准方法以及帕斯汀法中的一个(或混合),考虑可能出现的公共问题。

职业会计师可以根据对利益相关者的分析来做出关于会计、审计和实务问题的决策,并且应准备好为雇主或客户提供这种分析,就像目前其他领域的情况一样。尽管许多以"硬"数据为导向的高管和会计师对参与"软"的主观分析持谨慎态度——这种分析是利益相关者和美德期望分析的典型代表——但他们应该牢记,世界正在变化,非数字信息被赋予了更高的价值。他们不应该把太多的精力放在数字分析上,以免落入经济学家的陷阱,用奥斯卡·王尔德(Oscar Wilde)的话说,"知道一切的价格,却不知道任何东西的价值"。

董事、高管和会计师也应该理解,本章提供了一种更好地理解他们的组织和/或专业及其潜在支持者之间的相互作用的方法。对利益相关者影响的评估与每个利益相关者承受行动的能力的排名相结合,将在利益相关者满意的基础上更好地实现战略目标。想要在一个要求越来越高的全球利益相关者网络中成功运作,未来的行动不仅应是合法的,而且应是合乎道德的。

思考题

1. 为什么董事、高管和会计师应该理解结果论、义务论和美德伦理观?

2. 在近期的金融丑闻和治理改革之前,除了盈利能力之外,很少有企业领导人因其"美德"而被选中。这种情况有没有改变?如果有,是为什么?

3. 决策者在做出具有重大社会影响的决策时,应考虑的不仅仅是利润,这是否明智?为什么?

4. 如果要采用一个道德决策制定框架,为什么必须将收益、公平、个人权利和义务以及道德规范这四个方面都考虑进去?

5. 修正的五问题方法是否优于修正的道德标准方法或修正的帕斯汀法?

6. 在什么情况下最好使用以下框架?

a. 结果论、义务论和美德伦理观的哲学体系

b. 修正的五问题方法

c. 修正的道德标准方法

d. 修正的帕斯汀法

7. 你如何说服 CEO 不要将环境资源视为免费的公共资源？

8. 如何从公平的角度来尽可能合乎道德地裁员？

9. 从美德伦理观的角度来看，为什么将生产过程置于法律要求之外是合乎逻辑的？

10. 列出那些因道德文化中的以下失败而面临悲剧的公司：

a. 缺乏道德领导力；

b. 对核心价值观缺乏清晰认识；

c. 员工缺乏道德意识和期望；

d. 缺乏对行为道德性的监控；

e. 不道德的奖励制度；

f. 不切实际的绩效的不合理压力。

11. 请举出一个"每个人都这么做"，但是可能不是很合乎道德规范的例子。

参考文献

AACSB International（Association to Advance Collegiate Schools of Business）. 2004. *Ethics Education in Business Schools：Report of the Ethics Education Task Force*. St. Louis, MO：AACSB International. http://www. aacsb. edu/publications/researchreports/archives/ethics-education. pdf.

American Accounting Association. 1993. *Ethics in the Accounting Curriculum：Cases & Readings*. Updated ed. Sarasota, FL：American Accounting Association. See Introduction by William May.

Aristotle. 1925. *The Nicomachean Ethics*. Translated with an introduction by David Ross, revised by J. L. Ackrill and J. O. Urmson. Oxford：Oxford University Press.

Athanassoulis, N. 2004. "Virtue Ethics." In *The Internet Encyclopedia of Philosophy*. http://www. iep. utm. edu/v/virtue. htm.

Brooks, L. J. 1979. "Cost-Benefit Analysis." *CAmagazine*, October, 53 - 57.

Brooks, L. J. 1995. "Sniff Tests." *Corporate Ethics Monitor* 7, no. 5：65.

Cafaro, P. 1998. "Virtue Ethics (Not Too) Simplified." Paper presented at the Twentieth World Congress of Philosophy, Boston, August 10 - 15. See http://www. bu. edu/wcp/Papers/TEth/TEthCafa. htm.

Carroll, A. B. 1990. "Principles of Business Ethics：Their Role in Decision Making and Initial Consensus." *Management Decision* 28, no. 8：20 - 24.

Freeman, R. E. 1984. *Strategic Management：A Stakeholder Approach*. Boston：Pitman.

Hursthouse, R. 2003. "Virtue Ethics." In *The Stanford Encyclopedia of Philosophy*, fall 2003 ed., edited by Edward N. Zalta. http://plato. stanford. edu/archives/fall2003/entries/ethics-virtue.

International Federation of Accountants. 2003. *International Standards for the Education of Professional Accountants* (IES 1 - 6) including *IES 4*: *Professional Values*, *Skills and Attitudes*. New York: IES 4: 59 - 65.

Kant, I. 1964. *Groundwork of the Metaphysic of Morals*. Translated with an introduction by H. J. Paton. New York: HarperTorchbooks.

Kay, C. D. 1997. "Notes on Deontology." http://webs. wofford. edu/kaycd/ethics/deon. htm.

Mill, J. S. 1998. *Utilitarianism*. Edited with an introduction by Roger Crisp. New York: Oxford University Press, 1998. First published in 1861.

Mitchell, R. K., B. R. Agle, and D. J. Wood. 1997. "Toward a Theory of Stakeholder Identification and Salience: Defining the Principle of Who and What Really Counts." *Academy of Management Review* 22, no. 4: 853 - 86.

Pastin, M. 1986. *The Hard Problems of Management*: *Gaining the Ethics Edge*. San Francisco: Jossey-Bass.

Rawls, J. 1971. *A Theory of Justice*. Cambridge, MA: Harvard University Press.

Roty, A. O., ed. 1980. *Essays on Aristotle's Ethics*. Berkeley: University of California Press.

Rowley, T. 1997. "Moving beyond Dyadic Ties: A Network Theory of Stakeholder Influences." *Academy of Management Review* 22, no. 4: 887 - 910.

Sinnott-Armstrong, W. 2015. "Consequentialism." In *Stanford Encyclopedia of Philosophy*. http://plato. stanford. edu/entries/consequentialism.

Stumpf, S. E. 1988. *Socrates to Sartre*: *A History of Philosophy*. New York: McGraw-Hill.

Tucker, G. 1990. "Ethical Analysis for Environmental Problem Solving." In *Agenda for Action Conference Proceedings*. Toronto: Canadian Centre for Ethics & Corporate Policy, 53 - 57.

Velasquez, M. G. 1992. *Business Ethics*: *Concepts and Cases*. Englewood Cliffs, NJ: Prentice Hall.

案例讨论

应对失望的 iPhone 用户

2007 年 9 月 5 日，苹果公司 CEO 史蒂夫·乔布斯宣布，一直在热卖的 iPhone 手机将会降价出售，价格将从原来的 599 美元降低 200 美元。[1]

---

[1]　David Ho, "Apple CEO Apologizes to Customers," *Toronto Star*, September 7, 2007, B4.

　　不用说，他收到了数百封来自愤怒顾客的电子邮件。两天后，他向在苹果零售店和网上商店全价购买 iPhone 手机的早期顾客提供 100 美元的账户金额。从道德角度来看，这一降低 200 美元价格的决定和方式是否合适？

　　如果苹果管理层在做出决定之前使用了嗅探测试，他们可能会得出结论：他们的母亲不会为此感到骄傲或舒服。同样，他们会发现降价可能违反了苹果对待顾客的行为准则。

　　如果苹果管理人员考虑了该决定对利益相关者的影响，他们会意识到，虽然过去的消费者受到的影响最大，但苹果的声誉也会受到损害，这可能会影响他们试图鼓励的潜在消费者进行消费。此外，其中许多被苹果提供高质量创新解决方案的强大声誉所吸引的苹果员工会质疑公司的动机，这可能会削弱他们的忠诚度和承诺。

　　如果苹果的工作人员应用了传统哲学家的道德测试，他们会发现以下情况：

结果论

　　仅就利润而言，苹果预计将通过销量的增加来抵消每部手机 200 美元的利润下降。单就 iPhone 这一款产品而言，这可能是正确的，但苹果还有许多购买它的其他产品的顾客，这些顾客可能会受到负面影响，他们会将这一降价措施视为从异常高的起步价降价的机会主义。这可能会被顾客怀疑是欺诈行为，从而将损害苹果的价值主张，其他产品的销售将因此受到影响。总的来说，管理层可能无法平衡好苹果手机和其他产品的销售之间的利润。

义务、权利和正义

　　苹果公司的高管有责任盈利，只要这样做不违反任何法律。在这种情况下，iPhone 的早期顾客可能拥有法律强制执行的权利，从而对不公平的做法提起诉讼，但个人诉讼的可能性远远小于集体诉讼。虽然只是猜测，但由于上面提到的连锁反应，那些会进一步损害苹果形象的负面新闻的出现令人担忧。不公平降价的影响可能会被负面报道放大。尽管早期购买者拥有最新技术产品，但如果他们受到了影响，苹果管理层不太可能会认为降价 200 美元是公平的。

期望的美德

　　在苹果的顾客和员工心中，乔布斯是一个具有远见卓识的技术天才，他被驱使为利益相关者提供巨大的价值，这种形象已经转移到苹果公司本身。对许多利益相关者来说，这次价格下降并不符合他们对乔布斯或苹果公司的期望。

　　苹果公司也可能使用修正的五问题方法来测试拟议的 200 美元降价。如果是这样，答案可能如下：

　　1. 有利可图吗？——结果不清楚，如前所述。

　　2. 合法吗？——很可能，如果不触犯消费者保护法。

　　3. 公平吗？——对于一些顾客和员工来说，这是不公平的。

4. 正确吗？——不正确，根据一些高管、员工和潜在顾客的说法。

5. 符合期望的动机、美德和性格特征吗？——不，如前所述。

6. 可选问题：它是否是可持续的（保护环境或长期的）？本决策不涉及环境影响问题，但中长期影响可能是负面的，而且可能是显著的。重复这样的决策或忽视未来可能对声誉造成的负面影响是不明智的。

总的来说，苹果应该考虑到 200 美元的降价对早期购买苹果手机的人来说是不公平和不明智的。对于 100 美元的账户金额是否足够，限制使用是否合适，可以进行另一项分析，在可能的情况下运用道德想象力，并以修正的方式得出合理的解决方案。在这种情况下，我们很可能必须做出判断。时间会证明一切。无论如何，如果苹果在付诸行动之前使用道德决策工具来分析决策，乔布斯本可以避免最初的负面报道以及对他和苹果声誉的损害。

需要注意的是，尽管本案例中所描述的价格折扣并不罕见，也不被认为是严重的道德问题，但可以使用本章中讨论的道德决策制定方法对它进行道德方面的评估。它显然代表着可能削弱高管和相关公司声誉的风险。

资料来源：Reprinted with permission from L. J. Brooks & David Selley, *Ethics & Governance*: *Developing & Maintaining An Ethical Corporate Culture* (Toronto：Canadian Centre for Ethics & Corporate Policy，2012)，122 - 124.

第**5**章

公司的道德治理与道德责任

学习目标

"2018年，因道德问题被辞退的CEO甚至多于因财务业绩差被辞退的CEO。"

随着股东和其他利益相关者对公司的期望日渐提高，董事、高管和职业会计师也因此面临更多的挑战，公司日益复杂的运作环境不仅加大了公司道德方面的挑战，也给公司的道德治理与道德责任施加了相当大的压力。为了改善这种情况，最符合公司长远利益的做法就是促进诚信文化的发展。

试错决策方式会给公司战略目标实现带来极高风险从而造成不良后果，也会损害公司、员工、职业会计师的声誉。因此，会计行业和公司的领导者应该落实好公司的道德治理与道德责任，提供充分的道德指导，制订治理计划，以满足期望。尽管引入道德治理与道德责任是自愿的，且某些组织可能永远不会采用，但希望减少道德违规风险并持续获得利益相关者支持的董事、高管和职业会计师们会给予支持。

董事、高管和职业会计师在现有的公司道德治理与道德责任中均扮演着重要角色。他们的期望基本一致，但职责不尽相同。本章讨论了这些角色的相同点和不同点。本章首先介绍了新的框架，然后讨论道德治理和道德责任面临的常见威胁，以及公司治理和问责制的关键要素，等等。

阅读本章后，你将了解：

- 关键治理结构的重要性。
- 公司道德文化的重要性以及如何发展这种文化。
- 利益相关者治理和控制方法的关键要素。
- 如何应对公司的道德治理与道德责任所面临的威胁。
- 道德领导的重要性。

5.1　现代治理与责任框架——股东与其他利益相关者视角

新期望——恢复信任的新框架

第 1 章中解释了对一个组织特别是公司在做什么和如何做等方面的担忧。其实在 2002 年的信任危机和 2008 年的金融危机之前，公众就一直向公司施加压力，批判、揭露误导性的公司财务报告，以及公司在环境保护、雇员、客户、人权、商业贿赂、不当影响和极度贪婪等方面的丑闻。

利益相关者可以对公司在消费市场、资本市场以及其他利益相关者群体（如员工和债权人）中获得的支持产生巨大影响。公司的声誉很容易受到他们影响。公司董事和高管在经历员工罢工、收入和利润减少、员工离职后，也意识到了利益相关者的支持将对公司的中长期目标的实现至关重要。在学术界和其他人士的帮助下，公司董事和高管们制定了一个新的公司治理和问责制框架。

在 21 世纪初，安然、安达信和世通公司的破产暴露了传统的仅有股东治理和问责的模式的固有缺点和局限性。北美公司、职业会计师和资本市场的信誉一再受损。最后，如第 2 章所述，在世通公司宣布破产后，美国国会合并了两项提案，通过了《SOX 法案》。

《SOX 法案》针对希望从美国公众处筹集资金和在美国股票市场交易股票的公司，进行了公司治理和问责制框架的改革。美国证券交易委员会实施了《SOX 法案》提出的框架。它适用于美国证券交易委员会注册公司以及为其服务的职业会计师和外部律师。举例来说，这意味着所有美国公司、在美国市场上交易证券的其他国家的公司（包括 250 多家加拿大证券公司），以及这些公司的职业会计师和外部律师都必须遵守《SOX 法案》。随着时间的推移，它已经成为全球公司治理和问责制框架的基础。

几十年来，利益相关者的担忧以及对恢复信任的迫切需要，催生了新的公司治理和问责制框架。利益相关者十分关心那些影响投资者（尤其是领取养老金的投资者）的公司丑闻，而《SOX 法案》的出台迅速地做出了回应。最终，预期行为的不足是如此惊人，只有快速改革——制定一个全新的框架，才能恢复他们对公司治理和问责制的基本信任。

第 2 章中所述的 2002 年之后的丑闻，例如麦道夫庞氏骗局和次贷危机，进一步增强了人们对更好的道德治理和问责制的渴望。这加强了全球领先企业发展和维护诚信文化的承诺，成为良好公司治理和问责制的必要基础。

对公众压力改变公司治理目标的原因和途径的理解，应基于对公司治理含义及其实施方式的理解。为此，以下对公司治理进行综述。

公司治理综述

通常，公司是为了满足特定目的而设立的，包括营利性公司、非营利性公司或其他实体。

根据州、省或联邦等司法管辖区的法规，他们被称作"法人"，具备法定名称、权利（开展业务或追求其他目标）、义务（召开年度股东大会，并向会议提供年度财务报表和审计报告、解释股东投票表决权、选举董事、持有银行账户、协商贷款等）。

在美国的 35 个州和哥伦比亚特区，营利性公司有可能成为"福利公司"或者"共益企业"①，这类公司除了将创造利润作为自己的目标以外，还致力于对社会、员工、社区和环境产生积极影响。其目的是向股东或其他利益相关者表明，它们并非单纯追求传统意义上的利润最大化。或者，营利性公司如果同意宣布其未来将努力实现"严格的社会和环境绩效标准、问责制和透明度"②，就可以在注册后向共益实验室（一家非营利组织，致力于帮助企业家利用商业力量解决社会和环境问题）申请认证为共益企业。截至 2019 年 10 月，65 个国家和 150 个行业的 10 000 余家公司通过认证成为共益企业。其中，比利时达能乳品公司（Danone Dairy Belgium）就是一家共益企业。

无论公司的性质如何，所有公司都具有一个包含以下特征和要求的治理流程。

股东控股公司的治理是指对公司的活动和人员进行监督和控制，以确保其行为符合法律要求和利益相关者的期望，能够得到股东的支持。经合组织对"股东控股公司的治理"定义如下：

> 公司管理层、董事、股东和其他利益相关者之间的一系列关系。公司治理还提供了一种明确了公司目标、实现目标的路径以及监督绩效的方法的结构。良好的公司治理应为董事和管理层提供合理的激励，以实现符合公司及其股东利益的目标，并实施有效的监督。③

股东控股公司典型治理结构和治理关系如图 5-1 所示。

董事会的角色和授权在治理框架中至关重要。通常情况下，董事由股东在年度股东大会上选举产生。年度股东大会的主要目的是审议公司年度财务报表和审计报告，听取董事会主席、高管人员和公司审计师的意见。

传统上，公司董事会的责任就是代表和保护股东利益。在安然、世通和安达信破产之前，董事会只关心股东的利益。由于这些公司的破产导致了信任危机和股市崩盘，美国国会在 2002 年颁布了能暂时恢复信任的《SOX 法案》。接着，在 2008 年，美国抵押贷款危机引起金融危机之后（详见第 8 章），美国国会在 2010 年通过了《多德-弗兰克华尔街改革和消费者保护法案》。这些措施加强了公司治理框架，形成了图 5-1 所示的治理结构和治理关系，以及表 5-1 所示的功能性职责。

---

① 欲了解更多信息，参见 BenefitCorp. net，http://benefitcorp. net，and the Benefit Corporation Gateway at DePaul University，http://driehaus. depaul. edu/about/centers-and-institutes/institute-for-business-and-professional-ethics/Pages/Benefit-Corporations. aspx.

② B Lab at https://www. bcorporation. net/what-are-b-corps.

③ *OECD Principles of Corporate Governance*，April 2004，Preamble，accessed February 4，2013，at http://www. oecd. org/daf/corporateaffairs/corporategovernanceprinciples/31557724. pdf.

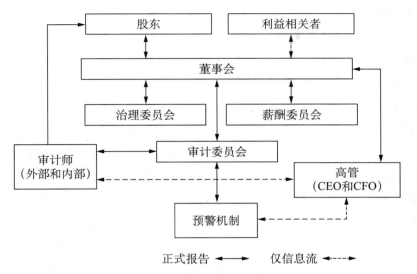

图 5-1 治理结构和治理关系

表 5-1 董事的功能性职责

- 维护公司股东利益
- 审查总体业务战略，在某些司法管辖区考虑利益相关者的利益
- 聘任公司高管并给予其报酬
- 评估内部控制和外部审计，并向股东推荐可选的外部审计师
- 监督公司的财务报表，并递交给董事会，然后转交至股东
- 监控公司整体绩效

改编自 2002 年 7 月 8 日美国参议院常设调查小组委员会
（Permanent Subcommittee on Investigations）
《关于安然事件中董事会作用的报告》

- 确保：
1. 有效的内部控制和内部审计机制
2. 向审计委员会举报的有效机制
3. 公司风险管理计划的有效性
4. 公司道德企业文化的有效性

《SOX 法案》和近期的治理期望

总结：对股东的法律责任；对利益相关者的战略责任

虽然在最初的法律中，董事在做决定时只能考虑股东的利益，但越来越多的司法管辖区现在在法律上要求（或允许）董事考虑其他利益相关者的利益。正如接下来的讨论将表明的，这是一个优秀的商业策略。

2019 年 8 月 19 日，发生了一件具有里程碑意义的事件，美国 192 家大公司的 CEO 中有 181 位签署了商业圆桌会议声明，宣布公司对所有利益相关者负有责任，公司所需考虑的不再仅限于股东的利益。[①] 他们宣称，公司的目的不仅仅是盈利。公司需要做到：

1. 为客户提供价值；

---

① Business Roundtable，"Statement on the Purpose of a Corporation，"September 6，2019，https：//opportunity. businessroundtable. org/wp-content/uploads/2019/09/BRT-Statement-on-the-Purpose-of-a-Corporation-with-Signatures-1. pdf.

2. 对员工投资；

3. 与供应商公平道德地交易；

4. 支持其经营地的社区；

5. 为股东创造长期价值。

该声明承认了公司正在面对的战略现实，认为要求公司只专注于利润最大化的法律原则是短视的。商业圆桌会议声明向其他 CEO、董事和法律专业人士表示，考虑利益相关者的利益谨慎且可取，这种权衡可以为所有利益相关者创造价值。综上所述，现在董事被认为在对股东负有法律责任的同时，也应当在战略意义上响应其他利益相关者的需求。

董事会通常有若干个下属委员会，这些委员会更专注于特定领域，代表全体委员负责某些行动或审查，但必须向整个董事会通报重大事项，并对重大决策进行表决。通常情况下，至少会有三个委员会审查与治理、薪酬、审计相关的事项，然后向全体董事会提出建议。公司治理委员会处理行为准则、公司政策以及各委员会之间的职责分配等问题；薪酬委员会审查高级职员的绩效，并就工资、奖金及相关薪酬计划的性质和规模提出建议；审计委员会评估内部控制系统和生成财务报告的系统、财务报告的适当性、公司内外审计的有效性、举报制度及其调查结果，并对审计收费和重新选举（或不选举）公司外部审计师进行提议。公司 CEO 的任命必须得到董事会的批准，而因为 CFO 职位的重要性，许多董事会要求 CFO 的任命也要由其批准。一般来说，CEO 任命其他高管，这些高管反过来任命向他们汇报的其他管理人员。

董事会的各委员会成员是根据专业知识、兴趣和性格挑选的，但他们的独立判断都应从公司整体的最佳利益出发。例如，审计委员会的成员必须具备财务等方面的专业知识以理解审计和财务事项。他们必须具有独立性（即不参与管理，也不依靠管理层来获得绝大部分的收入），并且准备好通过投票这一方式，支持全体股东的利益，而不仅仅是管理层或特定股东的利益。

表 5-2 中列出了一些行为期望，适用于所有董事。

表 5-2　对董事的行为期望

受托责任
- 为了公司（股东和其他利益相关者）的最大利益行事
- 通过独立判断展现忠诚
- 行动应以诚信为本，尽可能符合所有人的利益
- 行动应体现谨慎、勤奋和技能（即财务知识）

改编自商业圆桌会议（1997 年 9 月）的《公司治理声明》

冲突
- 要求披露和采取措施进行有效管理

责任问题
- 商业判断规则
- 压迫救济
- 侵权索赔的个人责任

Torys LLP（2009 年）《加拿大董事的职责》

所有董事都应履行一定的受托责任。股东依赖董事实现其自身利益，这意味着，董事必须站在公司最大利益的角度做出独立判断。董事必须在任何情况下都秉持诚信（真实目的，而非欺骗），以公司利益为重，运用适当的技能、勤奋并且具备应有的谨慎。

显然，董事有时会滥用他们所获得的信任，以牺牲股东利益为代价来获利。此时，董事的利益可能与股东的利益发生冲突。因此，为了避免股东利益受损，必须披露董事和股东的冲突，并对其进行管理以免侵害股东的利益。例如，如果一名董事在某些地产或被收购的公司中拥有权益，那么他应向其他董事披露，并避免对相关事务表决。对这些行动，应该提醒其他董事注意有利益冲突的董事可能存在自我交易行为，以避免没有利益冲突的董事误认为有利益冲突的董事的行为是完全基于公司利益的。

股东或第三方认为董事行为不符合他们的期望时，可能会起诉。但是，对于没有利益冲突的董事在审慎、合理、知情的基础上做出的决定，法院不会进行二次审查。这就是所谓的"商业判断规则"[①]，它可以保护那些行事诚实合理，却被指控违反注意义务的董事。

即使未发生侵犯合法权利的行为，股东也可以指控其利益受到公司或董事行为的压迫（即受到不公平的损害或不公平的忽视），法院可以对公司或董事个人给予所谓的压迫救济。但是，如果董事没有自我交易或挪用公司资产的机会[②]，则可能受到商业判断规则的保护，免于承担个人责任。

一些股东或第三方"选择就董事的行为，以个人侵权[③]的方式起诉董事，即使他们是在职责范围内真诚行事，并且被认为是在为公司的最大利益行事"[④]。最近，法院裁定，董事不能通过声称自己在履行公司职责时采取过行动来逃避此类个人责任。因此，董事或高管在做出符合行为准则的决策时也必须小心谨慎。

最近的公司丑闻对公众产生了影响，极大地改变了治理预期。人们认识到，大多数此类丑闻是由道德缺陷造成的，因此人们更加关注公司如何更好地发展诚信文化。以下内容阐明了这种情况发生的原因，以及公司如何发展诚信文化，包括认可利益相关者的利益，识别和管理风险与利益冲突，实施议题，制定准则和指南，监督道德绩效，以及培养道德领导者。

对股东或利益相关者问责？

非股东利益相关者在公司实现目标中的影响力不断增强，其敏感性也日益增强，这使得公司在很大程度上需要利益相关者的支持。第 2 章介绍的商业丑闻表明，旨在惠及现任高管、董事和某些股东的活动不一定符合公司潜在或现任股东（例如，领取养老金的投资者、其他投资者、员工、债权人等）和其他利益相关者的长远利益。这种短期内使董事、高管和投资

---

① Business Judgment Rule；see http://www.law.cornell.edu/wex/business_judgment_rule（accessed February 4，2013）.

② Torys LLP，*Responsibilities of Directors in Canada*，2009，19.

③ http://www.law.cornell.edu/wex/tort（accessed February 4，2013）.

④ Torys LLP，*Responsibilities of Directors in Canada*，2009，20.

者受益的行为可能会对整个公司治理和问责制的信誉造成损害。

《SOX 法案》引发的改革旨在将公司治理模式的重点重新放在董事对超越其自身利益的受托义务的责任上，并聚焦股东整体利益和公众利益。可引用调查安然破产的参议院常设调查小组委员会[①]的话如下：

> **董事会的信托责任。** 在美国，董事会位于公司治理结构的顶端。董事会的典型职责包括审查公司总体业务战略、选聘公司高管并给予其报酬、评估外部审计师、审查公司的财务报表以及监控公司整体绩效。根据商业圆桌会议，董事会的"首要职责"是维护公司股东的利益。[②]

州法律赋予董事信托义务，使其以合理谨慎的态度，本着公司及股东的最佳利益行事。法院通常讨论三种类型的信托义务。正如一个法院所说：

> 公司董事的信托义务有服从、忠诚和应有的谨慎。服从义务要求董事不能违反公司章程或州法律；忠诚义务规定董事必须对公司利益负责，不得将其个人利益凌驾于公司利益之上；谨慎义务要求董事在管理公司事务时勤勉谨慎。[③]

鉴于层出不穷的公司丑闻以及利益相关者对企业实现目标的影响，在董事的职责范围内，需维护股东利益并在创建其治理结构时谨慎考虑利益相关者的利益。

由于利益相关者的利益可能会与某些股东利益发生冲突，如上所述，美国许多州已经正式修改了公司法，允许董事在适当时考虑利益相关者的利益。董事必须在其和股东利益之间权衡，选择其中之一或者提出一个混合解决方案。幸运的是，长期的股东利益往往与利益相关者的利益一致。

基于利益相关者压力和鼓励利益相关者支持的愿望，公司意识到它们对利益相关者具有战略性责任（如果不是在所有司法管辖区都合法），它们正在进行自我管理，以最大限度地减少利益相关者责任框架中固有的风险。事实上，公司越来越意识到它们要对所有利益相关者负责。

股东价值迷思[④]

2012 年，康奈尔大学法学院杰出的公司法和商法教授林恩·斯托特出版了《股东价值迷思》（*The Shareholder Value Myth*）一书，引发了有关董事和管理层是否应该先为股东利益服务，再服务于其他利益相关者利益的争论。在书中，她以自己和玛格丽特·布莱尔的观点为基础，认为把股东利益放在第一位会损害投资者、企业和公众的利益。这也是商业圆桌会

---

① *Report on the Role of the Board of Directors in the Collapse of Enron*，U. S. Senate Permanent Subcommittee on Investigations，July 8，2002.

② *Statement of Corporate Governance*，Business Roundtable，September 1997，3.

③ *Gearheart Industries v. Smith International*，741 F. 2d 707，719（5th Cir. 1984），para. 42.

④ Lynn Stout，*The Shareholder Value Myth*（San Francisco：Berrett-Koehler，2012）.

议在 2019 年关于公司宗旨的声明中所传达的信息。

为了支持自己的观点，林恩·斯托特提供了文件，以证明当管理者关注股东价值时，会导致：

> 管理者以牺牲长期利益为代价，短视地关注短期收益报告，阻碍投资和创新，损害员工、客户和社区利益，导致公司鲁莽、反社会或对社会不负责任的行为。这会威胁消费者、员工、社区和投资者的福利。[1]

此外，她回顾了美国法律案例，断言"事实上，美国公司法并没有要求上市公司将股价或股东财富最大化"[2]。在《股东价值迷思》的第 2 章，她回顾了美国公司法的几个方面，最后提出了"商业判断规则排除了股东至上"的观点：

> 简而言之，商业判断规则认为，只要董事会不受个人利益冲突的影响，并且已做出合理努力来了解情况，法院就不会对董事会做出的对公司最有利的决定进行二次审查——即使这些决定可能损害了股东价值。[3]

林恩·斯托特认为，未来的重要问题是，董事和高管在以公司的最佳利益为目标行事时，如何考虑并平衡不同利益相关者的利益。

林恩·斯托特的观点与本书的基本原理非常吻合——董事和管理层需要将利益相关者的利益纳入其决策，因为他们最终要在战略意义上对利益相关者负责。同样，在许多司法管辖区，董事应出于公司的最佳利益行事。但直到现在，公司决策还是取决于是否符合股东利益，原因有两个：第一，股东拥有所有权，可以投票选择并替换董事，然后由董事替换管理层；第二，对董事行为的法律质疑被认为最好是基于股东价值问题而展开。

但是，这种观念已经在改变，许多司法管辖区都修改了其章程，使董事在做出符合公司利益的决定时专门考虑除利润以外的事项。随着这一改变，考虑利益相关者利益的战略重要性得到了更好的认识，并且林恩·斯托特和玛格丽特·布莱尔的想法也获得了公众的认同，政府实践将更有力地运用各种方法，将平衡利益相关者利益纳入考量范围。

广泛的利益相关者问责制治理

基于利益相关者利益的治理流程

一旦公司的董事和/或高管意识到公司在法律上对股东负责，在战略上对所有能显著影响其目标实现的利益相关者负责，他们就会站在所有利益相关者的角度管理公司。事实上，股东是利益相关者之一，但不再是唯一会影响公司的利益相关者群体。

为了最大限度地减少利益相关者的不满并提升公司未来的发展空间，公司应评估其行为是如何影响主要利益相关者的利益的。数十年来，这一直是环境扫描和问题管理的基本重点。

---

① Stout，*The Shareholder Value Myth*，vi.

② Ibid.，v.

③ Ibid.，29.

不同的是，利益相关者影响分析（一种用于评估决策的技术）变得更加完善，对利益相关者的利益进行识别、评估和排序时使用的工具也已纳入公司治理流程。

图 5-2 显示了利益相关者问责制导向的治理过程。

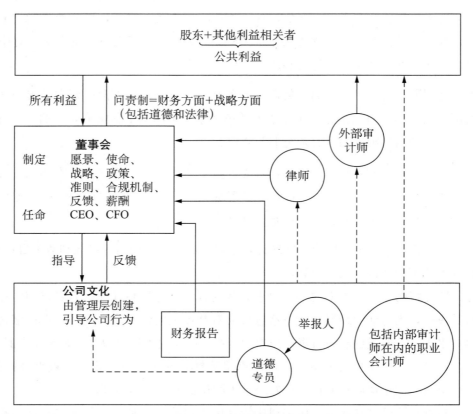

图 5-2　利益相关者问责制导向的治理过程

在以利益相关者问责制为导向的治理过程中，董事会必须考虑所有利益相关者的利益，并确保将他们纳入公司的愿景、使命、战略、政策、准则、合规机制、反馈和薪酬中。否则，公司重要的利益可能被忽略，可能失去利益相关者群体的支持。例如，忽略客户价值或对安全重视不够，或过于重视短期利润，可能会失去客户的支持。

必须通过反馈机制为管理层提供适当指导，并通过建设道德文化予以加强，否则管理人员可以将没有规定说明他们应该在什么范围内行动作为理由。该指导将影响财务报告的编制和其他反馈源头，影响公司在与客户、员工和其他利益相关者打交道时表现出的行为。

如果管理层的行为令人怀疑，员工、专业人士和专业代理人可能会向董事会报告。股东聘用外部审计师，就管理层编制的财务报表是否公允地反映公司的运营结果和财务状况、是否符合公认会计原则等提供独立意见。正如第 2 章所指出的，治理丑闻使审计重新致力于保护公众利益，而非只是保护高级管理层或现任董事的利益。外部审计师必须与董事会的审计委员会面对面讨论财务报表及其工作意见，以及公司内部控制措施的质量。

此外，公司内部审计师的职责是评估公司政策是否全面，是否得到落实。即使他们可能每天向 CEO 或 CFO 报告，他们也应该在管理层不在场的情况下，定期直接向审计委员会报告。

根据《SOX 法案》，公司的律师应该让董事会意识到一个问题——管理层在被告知存在不当行为时，没有做出适当回应。

现代利益相关者问责制的另一个要素应该是道德专员或监察员，他们负责监督道德文化，并接收举报人的匿名举报。道德专员应向董事会的审计委员会报告，并成为举报人向董事会报告的渠道。与内部审计人员类似，道德专员可以每天向 CEO 报告，但应定期在管理层不在场的情况下，亲自向审计委员会报告。值得注意的是，虽然《SOX 法案》要求审计委员会设立举报人机制，获取财务信息，但董事会还是需要掌握非财务举报人的举报，因为这些举报通常会显著影响公司声誉，从而影响公司有效实现其战略目标的能力。从治理的角度来看，如果公司不建立一个向董事会提供财务和非财务问题举报的机制，就显得非常短视。

公司雇用的职业会计师应遵守职业行为准则，以服务于公众利益。因此，他们应该向 CFO 报告财务不当行为。如果 CFO 未采取适当解决措施，则应向道德专员、CEO 和审计师报告那些未被处理的违规行为。他们不可以参与虚假陈述。根据《SOX 法案》，这些职业会计师应该随时做好准备，在公司内部报告或举报这些违规行为，特别是向董事会的审计委员会报告。

识别组织价值观——行为和信誉的基础

新的问责制框架基于对股东和其他利益相关者利益的回应，现代治理框架应指导公司将这些利益整合到其战略、规划和决策中。第 1 章和第 2 章表明，公众不仅对公司所做的事情有期望，而且对如何实现它也有期望。因此，确定这些利益是什么，哪些是最重要的，以及应该管理的风险在哪里，都是必要程序，它应优先于组织的愿景、使命、战略、政策和程序的建立。

这个过程可用图 5-3 表示。第 4 章讨论了对特定组织的利益相关者利益进行识别、评估和排序的具体方法。

本质上，我们需要探索利益相关者的利益和他们对组织的期望，这样才能将这些利益和期望融入公司价值观中。这将减少员工采取不符合股东利益但对实现公司目标至关重要的行动的可能性。

动机和行动之间的这种联系反映在图 5-4 中。每个人对于是非对错都有自己的信仰，这些信仰的来源有很多，但主要来自个人持有的价值观。有些价值观是由他们的父母、尊敬的人、老板、朋友等直接或间接传递的，有些则来自组织中现有（或缺失）的规则和激励系统，信仰会激励人们的行为。

个人的行为会被看作"公司行为"。公司本身是无生命的。人是行动的主体，所以他们的动机与利益相关者的期望保持一致至关重要。只有通过确保公司激励要素（即公司文化、准则、政策等）保持一致，才能可靠地实现利益相关者的期望。无论董事考虑的是绩效或绩效奖励、股票期权奖励制度、对渎职行为的惩罚，还是对杰出模范的奖励，确保这种一致性都是董事的一项重要责任。

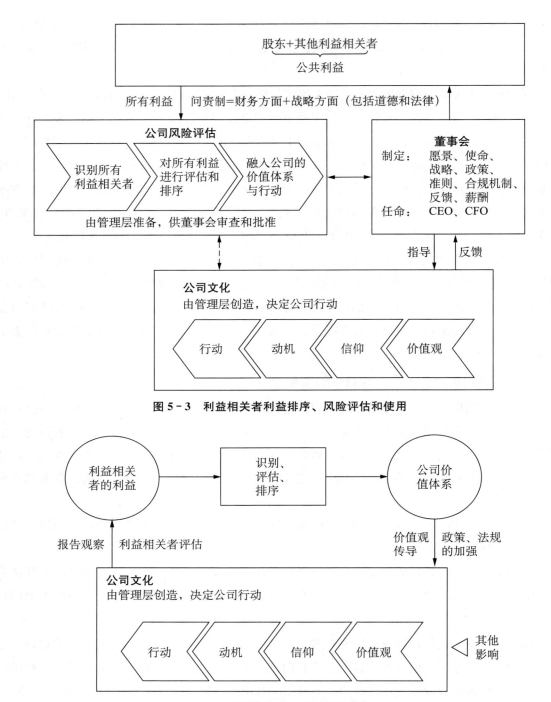

图5-3 利益相关者利益排序、风险评估和使用

图5-4 调整道德动机和行动的价值观

利益相关者利益的识别、评估和排序应该为组织发展出一套全面的价值观。但是，不同的民族、区域或文化的价值观和优先事项各不相同。随着组织面对的文化类型的增加，情况也会更加复杂。一些文化高度重视个人权利，另一些则把对家庭、公司等的责任放在首位。

在相互竞争的激励员工的价值体系面前，公司应该考虑哪一套价值观最适合股东和最重要的利益相关者——他们最能影响其消费者和资本市场以及其实现战略目标的能力。现代媒体的报道范围正在使世界缩小，因此世界另一端发生的事情将很快被世界各地的利益相关者知晓。例如，美国有线电视新闻网（CNN）对污染事件的报道能迅速地引起大家的注意。

研究人员致力于更好地理解和简化这种多元文化的价值多样性。他们正在努力确定一套可以嵌入公司价值体系的价值共识。尽管严格来看，对这些价值观的解释因文化不同而异，但目前已有六个超规范能够相对普遍地被接受——诚实、公平、同情、正直、可预测性和责任感（见表 5-3）。

表 5-3　文化价值观和超规范

范围/文化	主要价值体系
北美	权利本位：权利、正义、效用
日本	责任本位：对公司的责任
中东	责任本位：对宗教中救世主的责任
欧洲	人权
南美	责任本位：对家庭、宗教价值观的责任

影响因素
与人交往、雇佣、性别
贿赂
经营的动力
时间范围（短期或者长期）
生活质量问题的重要性
超规范
诚实、公平、同情、正直、可预测性和责任感

董事们应该考虑将这些价值共识嵌入他们的公司价值体系中，以确保所有重要的价值观都包含在内，并确保在与多种文化打交道时使其获得最大限度的接受和尊重。

值得注意的是，安然事件、次贷危机和麦道夫庞氏骗局使利益相关者更坚定了希望公司诚信经营的决心。这就是识别和嵌入公司价值观以指导公司行为的总体目标——产生和维持一种正直的文化。

指导机制——道德文化和行为准则

为了提供给员工必要的指导，传递激励员工信念和行动的价值观，公司会制定行为准则，强调公司推崇的价值观、价值观产生的原则以及必须遵循的规则。正如后面章节中提到的，已有研究对准则有效性的改进进行了一些探索。例如，原则比规则更有用，因为当遇到具体情况并不完全符合规则时，原则更有助于解释。原则和规则混合使用通常是最理想的。

不幸的是，准则本身可能只不过是挂在墙上的"道德艺术"，很少有人研究或遵循。经验表明，要使准则有效，就必须用全面的道德文化来加强。发展道德文化需要不断地在多个方面进行努力。准则应该成为新成员加入组织时的培训课程，每年更新一次。最高管理层必须在演讲和简报中提及预期的道德行为，例如，他们需要经常提及他们的健康和安全计划、反污染计划，否则员工会认为这不太重要。如果员工从来没有或很少听说过道德期望，他们就

会认为道德期望并不重要。同样，企业应该建立一个与反馈、认可和晋升系统相联系的道德行为报告机制。举报人也是必要的监控、风险管理和补救系统的一部分。通常情况下，有行为准则但缺乏道德文化支持的公司只是在"装门面"，并不能提供有效的道德指导。

本章下文将讨论有效的行为准则和必要的支持性道德文化的开发。

5.2 对道德治理和道德责任的威胁

从前那种认为员工会自觉按照公司所有者意愿行事的假设不再成立；现在，人们的行为更多受自身利益驱动，也可能来自强调不同优先级责任的多种多样的文化。因此，员工的行为需要明确的指导，更需要发现和有效处理公司治理面对的威胁。接下来讨论三个重要的威胁。

误解目标与诚信义务

即使不考虑文化差异，员工也可能会误解组织的目标以及自己的角色和义务。例如，正如第 2 章所提到的，安然公司的许多董事和员工明显认为，能够带来短期利润的行为最有利于实现公司的目标：

- 不诚实的行为——操纵加利福尼亚州的能源市场或在交易市场做虚假陈述。
- 虚假的特殊目的实体交易。
- 以牺牲其他利益相关者的利益为代价的行为——向特殊目的实体支付特别费用和佣金。

通常情况下，员工会试图走捷径从而违反道德要求，原因是他们认为这样做符合最高管理层的期望，或者他们接受了管理层的命令或受到了错误的激励。尽管董事会希望员工不要这样做（有时是事后诸葛亮），但事与愿违。工作人员误解了董事会的期望，得到了不明确的指导，被引入歧途，也不明白向谁或如何报告问题以采取适当的纠正行动。

缺乏适当的指导或报告机制可能是由于董事和其他人不了解自己作为受托人的职责。如前所述，董事对股东和监管者负有多项义务，包括服从、忠诚和应有的谨慎；资产的保护；准确、全面、透明的报告等。许多董事一直在谋求自己的利益，几乎没有花时间保护股东、其他利益相关者和公众的利益，使其免受高管影响。即使公司提供良好的指导，合规机制也可能存在缺失、失灵或被忽视的问题，大多数董事专注于推动公司向前发展，忽视公司的道德缺陷。

幸运的是，《SOX 法案》在很大程度上澄清了董事、高管和职业会计师对信托关系缺乏理解的问题。安达信的职业会计师在对安然财务报表给出意见时，忘记了自己应该为公众利益服务，允许高管私下改动报告，损害了股东、员工、债权人等的利益。

幸运的是，随后的调查和《SOX 法案》已经明确了职业会计师最关心的应当是公众利益。这种规定不仅适用于外部审计师，也适用于组织内的职业会计师。作为雇员，他们有义务对雇主忠诚，但这并不能代替他们对公众利益、职业或自身的义务。当职业会计师成为主管或经理时，必须遵守他们的职业行为准则，例如，不能陷入虚假陈述案件。这些责任的优先次序将在后面更充分地讨论。

同样，正如第 2 章所讨论的，如果外部律师发现了管理层未能纠正的严重违法行为，美国证券交易委员会可能会要求他们通过"喧闹的离职"程序向董事会披露这些事项。令人惊讶的是，许多律师事务所反对强制执行这一程序，声称这种披露可能不符合公司的利益。律师"无声的离职"肯定会有利于知道内幕的管理层，而对事件一无所知的其他利益相关者仍被蒙在鼓里。

未能识别和管理道德风险

认识到现代公司利益和经营固有的复杂性、不稳定性和日益增加的风险，当公司的经营范围扩大到不同的国家，接触各种类型的文化时，必须进行风险识别、评估和系统管理。20 世纪 90 年代末，董事会必须确保其公司的风险管理程序是有效的，很多研究报告也说明了如何建立这种程序，以及这种风险管理程序可以识别哪些类型的风险。

然而，系统地寻找道德风险，即那些可能使利益相关者期望无法满足的风险，并不是公司的目标，但应该成为公司的目标，因为以利益相关者为导向的问责和治理制度正在占据主导地位。表 5-4 说明了通常由公司审查人员调查的风险领域。

表 5-4　公司风险评估领域

1. 治理和目标
2. 影响范围/领域
 　名誉
 　资产、收入、费用
 　绩效
 　利益相关者
3. 风险来源
 　环境
 　策略
 　经营
 　信息
4. 具体困难
5. 风险控制——低、中、高
6. 文件记录

通常，内部审计师会进行一项旨在保护资产的检查，同时确保符合政策。外部审计师审查财务报表并确保内部控制落实到位，确保财务报告准确。

但是，考虑到第 2 章中提到的会计和审计失误问题，内部、外部审计师现在都希望花更多的时间来审查公司欺诈行为。外部审计师拒绝对未发现的欺诈行为负全部责任，因为欺诈行为很难发现，而且发现欺诈行为所要付出的成本远远高于董事会同意授权且管理层愿意承担的成本。

历史上，相对而言，很少有公司有全面、系统的年度流程来评估公司的行动是否符合利益相关者的期望，并将董事、高管和顾问的注意力集中在这些领域。然而，在某种程度上，利益相关者确实参与公司的环境和可持续性影响评估，但参与程度往往不深，参与时间也相对较短暂。可持续发展项目的利益相关者参与计划将在第 7 章中讨论。

道康宁（Dow Corning）有一套系统的调查程序来评估利益相关者面临的风险，但由于偏见和短视的技术，这一程序存在缺陷。此外，其"道德审计过程"以规避法律责任为导向，而不是为满足客户和其他利益相关者的利益。硅胶隆胸事件导致公司破产后，它的母公司公开表示，法律责任并不会波及母公司。与通常的产品责任案件一样，道康宁支付的罚款相对于声誉、持续的业务关系、利益相关者受到的损害来说微不足道。强生公司最初召回泰诺的行为受到了普遍称赞，这就是把顾客利益放在首位的一个例子。

道康宁的所有利益相关者都将受益于更广泛的道德风险定义，该定义明确了利益相关者的期望可能没有得到满足的地方。道康宁的审计程序也有一些缺陷，但可以很容易地修复，以作为发现道德风险的一种方法。其他方法包括将年度总结作为年度道德审核或培训过程的一部分；让内部审计师负责识别和评估；让道德专员负责发现、评估，并向 CEO、董事会和审计委员会报告；对报告人员应当给予奖励。预防是道德危机管理中最重要的方面，如果不尽早识别道德风险，道德风险就有可能变成真正的危机。

道德风险管理原则见表 5-5。随着道德风险管理成为董事会尽职调查的正常内容和管理层责任的重要组成部分，利益相关者的重要性有所提高，并被广泛接受。

表 5-5　道德风险管理原则

对于利益相关者导向的问责和治理制度来说，风险的一般定义过于狭隘；
利益相关者的期望无法满足时，道德风险就可能会出现；
为了避免危机或避免失去利益相关者的支持，必须发现问题，并采取补救措施；
分配责任，制定年度流程，董事会进行审查。

利益冲突

在许多丑闻中，利益冲突一直是一个极其重要的主题，主要表现为员工、代理人和专业人士未能代表他们的委托人进行适当的判断。例如，在 2002 年安然事件中，高级管理人员、律师和职业会计师的行为都出于自身利益，而忽视了其他的利益相关者。在 2008 年的金融危机中（详见第 8 章），投资银行家、零售商银行家、投资销售人员、债券评级机构和公共会计师的行为都是出于自身利益，而不是客户和公司的利益。决策者与股东之间的利益冲突干扰了判断，使股东的利益屈从于决策者的利益。2008 年金融危机导致了多家公司宣告破产、投资者失去了储蓄、资本市场丧失了信誉并陷入混乱。随后，公司的治理框架和会计相关理论也因此改变。

简单地说，当一个人违背其他人的最大利益做出决定时，就会发生利益冲突。高管或员工应该根据公司的最佳利益做出判断。从法律上讲，董事应根据公司及其股东的最佳利益做出战略判断，以免使其他利益相关者和公众利益受到损害。人们希望会计师可以从公众利益的角度出发做出判断。

决策者通常对需要履行的职责区分优先级，而利益冲突会使决策者对其职责有所混淆和分心，导致那些未被满足的合法期望受到损害。这种情况如图 5-5 所示，其中决策者（D）有利益冲突，当且仅当：（1）D 与另一个人或者公司（P）处于一种关系中，需要 D 代表 P 做判断；（2）D 有特殊利益，这会影响在该关系中正确进行判断。①

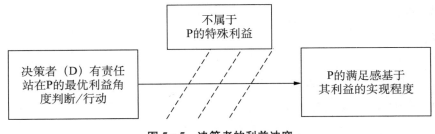

图 5-5　决策者的利益冲突

无论利益冲突是否明显，是否有可能产生损害，公司都必须承认利益冲突并立即处理。明显的利益冲突是可以看到其潜在的伤害的。在某些情况下，由于无形的保障措施，利益冲突不太可能产生损害。即便如此，这种明显的利益冲突仍需要避免或加以管理，以免决策者或公司的声誉受到影响。在明显的利益冲突中，如果没有足够的保障措施来防止损害，或者利益冲突虽然存在但不明显，并且损害可能由带偏见的决定引发，则必须采取行动来避免或减轻损害。公司还应采取行动，确保所采取的行动在道德上是负责任的，避免或最大限度减少名誉损害。图 5-6 阐述了这些概念。

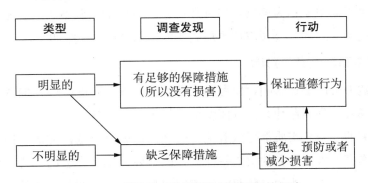

图 5-6　利益冲突的类型和需要采取的行动

特殊或冲突的利益可能来源于"任何权益、势力、忠诚、忧虑、情感或其他倾向于使 D 的判断（在该情况下）比正常情况下更不可靠，但不会使 D 无能的特征"。经济利益和家庭

---

① Michael Davis and Andrew Stark，eds.，*Conflict of Interest in the Professions*（Oxford：Oxford University Press，2001），8.

关系是最常见的利益冲突来源，但爱、事先声明、感激和其他主观的判断也可能是利益冲突来源。[①] 表 5-6 列出了利益冲突产生的原因。

表 5-6 利益冲突产生的原因

判断受什么影响？
权益、势力、忠诚、忧虑、情感或其他倾向于使判断比正常情况更不可靠的特征
个人利益
贿赂、回扣——支付给决策者及其家人、被委任者的款项或财产
礼物、公费旅行、提拔
特殊优惠——商品的非市场折扣
特殊待遇——奉承、社交参与
与家庭或亲属的关系
欺诈
挪用资金或财产
费用造假
伪造文件
窃取现金、资产或资源
伪造业绩，以获得奖金、绩效工资或晋升
误解
令人混淆的信号或激励措施
从众
文化差异
滑坡
一个小恩惠导致更大的需求

对利益冲突的担忧源于以下几点：

- 如果 D 不做出回应或补偿，那么依赖 D 的决策的人可能会受到伤害。
- D 知道或者应该知道的信息，但是没有告诉 P，那么 D 就是在欺骗 P。
- D 的判断较正常而言不可靠。

利益冲突不可以简单概括为偏见，偏见是可以进行衡量和调整的。但是利益冲突造成的影响的性质和程度是未知的，公司应该更加关注由偏见导致的利益冲突。[②]

通过管理避免和降低负面影响

为了降低利益冲突的潜在影响，应考虑三种方法：（1）回避；（2）向依赖决策的利益相关者披露信息；（3）管理利益冲突，以使做出的判断利大于弊。

如果利益冲突的表象和实质都可以避免，那么回避就是首选的方法。冲突的表象对决策者的声誉造成的伤害通常与冲突的实质一样大，因为要想挽回失去的声誉，要付出极大的努力和代价，只凭运气是不可能的。因此，应该制定禁止给予或接受回扣的规定，因为事后为回扣进行争辩真的无关紧要。

如果潜在的利益冲突不可避免，并且管理利益冲突的成本-收益分析结果是有利的，则管

---

① Michael Davis and Andrew Stark，eds.，*Conflict of Interest in the Professions*（Oxford：Oxford University Press，2001），9.

② Ibid.，8.

理利益冲突是一种有用的方法。在权衡中，必须考虑声誉损失的可能性以及相关成本。表 5-7 列出了与管理利益冲突相关的重要方面。

表 5-7　利益冲突的管理

需要采取的步骤

通过以下方式确保警觉性：

- 行为准则
- 初始、持续的有关培训

制订一个计划并了解以下内容：

- 雇主对利益冲突的关注度
- 主要问题：
  - 最好能够避免
  - 滑坡
  - 管理技术：
    - 确认、审核和合规机制
    - 礼物、行为准则
    - 咨询、报告、强化
    - 信息壁垒、防火墙和审查

在应对这些影响的过程中，第一步是通过行为准则和有关培训，确保所有员工都知道措施以及相关后果；培训中应涵盖的一项内容是"滑坡"问题——一个人通过向别人提出似乎无害的请求，先得到一点好处，然后请求更大的好处，最终诱使彼此建立关系，除非做出严重违规行为，否则将不会被揭露。在这种"滑坡"中，坡度在最初太平缓以至于许多人没有太注意，但坡度往往变得越来越陡峭，"下滑"得很快。

第二步是了解原因：为什么雇主不能承担不可控的利益冲突风险？为什么需要制定更多的指导方针来避免这种情况的发生，即使他们会针对这种风险进行咨询和要求强制性报告，并对不报告和发生风险进行严惩？关于道德行为和遵守雇主行为准则的年度书面确认应包括签署人遇到的利益冲突和涉及他人的利益冲突。

真正有用的准则特指那些何时可以接受礼物或优待的相关说明。表 5-8 列出了这方面的问题。它们旨在评估赠送礼物或者给予优待是否可能影响专业人士的独立判断。为了宣传推广企业，赠送价值适中（一般不超过 100 美元）的礼物给一群人，或者赠送给对自己命运有影响的人一件珍贵的礼物，两者相较，前者带来的影响更小。

表 5-8　接受礼物或优待的准则

1. 它是名义上的还是实质上的？
2. 预期的目的是什么？
3. 是什么情况？
4. 接受者的职务敏感性是什么？
5. 公认的惯例是什么？
6. 公司的政策是什么？
7. 它是合法的吗？

通过宣传，进一步进行典型案例分析和剖析问题，有助于员工认识和理解公司政策。合规系统也必须到位，对重大不当行为进行适当的惩罚，以提供另一种类型的强化。

代理理论与道德规范

董事、高管和职业会计师应该意识到，激励机制是否可以真正激励员工取决于激励机制的设计方式。在许多情况下，高管的股票期权计划促使他们做出对其他利益相关者不利的事情。

根据代理理论，股东希望管理层和非管理层员工的行为符合公司设定的目标。委托人或股东希望他们的代理人能够按照他们的意愿行事。激励制度和惩罚制度的建立是为了使代理人做出正确的行为。显然，公众对企业的期望已包括道德标准，因此公司设立的奖惩制度也应反映道德层面，否则股东会感到失望。事实上，公司的战略计划应包括道德层面，以确保企业内外的代理人都受到一定程度的影响，避免利益冲突。西尔斯薪酬计划提供了一个例子，说明在奖励系统设计错误后需要控制其造成的损害。

⚡ 西尔斯薪酬计划适得其反

基于绩效的薪酬计划并不总是激励员工的最佳手段。1991年，西尔斯罗巴克公司（Sears，Roebuck & Company，简称西尔斯）面对极大的财务压力，决定修改西尔斯汽车中心（Sears Auto Centers）机械师的激励机制。以前，机械师的工资只按小时计算。西尔斯的管理层希望提高生产率和利润，因此设计了一个激励机制，从理论上讲，该机制会向机械师支付较低的时薪，但会通过配额和佣金的方式向他们提供绩效奖金。此外，机械师承受着巨大的压力，因为许多人被告知，如果不能完成维修销售配额，他们将失去工作。很快，机械师们发现，实现目标和赚钱的唯一方法是专注于销售更多的产品，而不是服务客户。新的激励机制导致机械师和服务经理向客户超额收费，甚至对未完成的工作和不需要收费的工作收费。随后，西尔斯为创建了一个误导性的激励机制而道歉。

资料来源：Mike Harden，"Learn from Sears：Don't Make This Monumental Mistake，" *Huffington Post*，July 8，2014.

信息壁垒与防火墙

防止道德违规行为的一个重要系统是信息壁垒或"防火墙"，这种做法利用了无法渗透的墙来类比那些防止客户信息从组织的一个部分传递到另一个部分的措施和方法。这种防火墙或信息壁垒在三维意义上是看不见的，指的是一套多维的措施，例如：

- 对信息保密的指示
- 不能获取特定类型的信息并对其采取行动的指示
- 高层管理人员的教育计划和强化
- 监督和合规签字程序
- 对证券内幕交易或关键人物交易的审查
- 信息传递的物理障碍，例如：

- 独立的计算机或物理存储系统
- 对不同的员工进行分工
- 信息在不同的位置或建筑等的分割
- 不同的锁定系统
- 任命一名负责监督防火墙有效性的合规专员
- 违反防火墙的纪律处分

多年来，信息壁垒或防火墙一直是公司的正常组成部分。例如，当客户参与公开发行证券的筹备工作时，发行团队的成员（律师、职业会计师和承销商等）不得向任何外人透露承销细节。幸运的是，按照目前的规定，没有建造防火墙是不可以公开发行证券的。即使防火墙依靠所涉人员的诚信来发挥效力，仍被认为能有效保护公众、现有客户和以前客户的利益。

专家和证据：20/60/20 规则

董事、高管或职业会计师必须考虑利益冲突是否会导致严重渎职、欺诈行为或根据保险单追偿的损失。在这种情况下，如果现有的公司人员请求调查和取证专家的帮助，专家将根据对情况的了解采用相应的技术。

许多管理者可能认为，他们的同事和员工几乎不会做出不道德行为。然而，专家指出，他们的经验表明，一般人可分为三类：

- 20％的人永远不会发生欺诈行为。
- 60％的人会在被发现的概率很低的情况下做出欺诈行为。
- 20％的人在任何情况下都会试图做出欺诈行为。

虽然百分比的精确性可能存在争议，但这种洞察的真正贡献在于，大部分员工的行为会受到道德文化的强烈影响，也就是说，诚信文化会使员工知道什么是他人期待的行为，并且违背公司的价值观会有什么后果。图 5-7 显示，有了良好的治理，公司多达 80％的员工可能会受到影响，支持和遵守公司价值观和目标，如果这个比例达到 5/90/5，那么公司 95％ 的员工可能会遵守。无论是工作、投资还是购买商品或服务，你会喜欢道德文化良好、大多数员工遵循公司章程的公司，还是道德文化差、不道德行为普遍存在的公司？有效的公司章程是极其重要的。以下是关于发展和维护道德文化的讨论。

- 治理——指导、监督和执行——决定决策和行动
- 20/60/20/规则是降低风险的关键
  - 通过良好的治理和道德规范，将大幅度降低试图偷窃或做出欺诈行为（偏差）的员工的比例

治理决定程度

不会偏离　　如果他们认为自己不会被抓住，　　频繁偏离
　　　　　　他们就会试图偏离

图 5-7 治理决定了遵从或偏差的程度

GONE 理论：识别潜在的不利情况和可能的犯罪者

司法鉴定人能够洞察谁会实施欺诈以及哪些情况可能在决策中发挥作用。他们指出，在大多数欺诈行为或机会主义行为的例子中，他们可以通过使用 GONE 理论来发现潜在的犯罪者。GONE 由四个英文单词或短语的首字母组成，代表非法行为动机的产生原因，具体如下：

- G：贪婪（greed）
- O：利用机会（opportunity to take advantage）
- N：需要被夺走的一切（need for whatever is taken）
- E：被抓到的概率很低（expectation of being caught is low）

专家指出，如果采取足够的事前预防措施，识别具有或表现出这些特征的人员，就可以避免问题的发生。这些措施包括监督人员努力进行更多的审查工作，将焦点转移到公司未完善的领域，采取额外的审查或审计程序，等等。例如，如果一名员工的生活方式远远超出了他的能力，那么额外的审查可能是有必要的。

个人角色决定其责任

尽管这种对利益冲突的分析焦点放在个人上，但值得注意的是，公司、组织或行业内的群体也可以采用类似的分析。然而，无论是作为个人还是群体，他们所扮演的角色——以及那些依赖他们所采取的行动的人期望他们承担的职责——通常定义了利益冲突的本质。例如，如果客户要求一名职业会计师担任代理人，那么在其审计财务报表时，不太可能没有偏见或客观地审计他自己的工作。所以为了确保职业会计师能够足够客观地履行为公众利益服务的职责，他们制定了确保独立性的标准。[①] 这些将在下一章中讨论。

5.3 公司治理和问责制的关键要素

企业道德文化的有力证据

董事、股东和高管逐渐意识到，他们和员工需要理解：（1）公司应当考虑利益相关者的利益，而不仅仅是股东的利益；（2）决策时应该考虑基本道德价值观，因为公司、专家和个人的价值观会为决策提供框架，所以创造一个环境或拥有企业文化是至关重要的，在这个环境或企业文化中，所有利益相关者都需要创造、理解、培育和发展同一价值观。

最近有证据表明道德计划对于一个公司及其管理人员走向成功和获得声誉的重要性，指出道德计划可以促进公司道德文化的发展和建设。以下摘录和评论有力地证明了公司的道德

---

① International Federation of Accountants（IFAC）*Code of Ethics for Professional Accountants*，November 2001，or the *IFAC Code of Ethics for Professional Accountants*，International Federation for Accountants Ethics Committee，New York，2005，http://www.ifac.org/Store/Category.tmpl?Category5Ethics&-Cart51215563035160178. Both versions of the IFAC are from downloadable from http://www.cengage.com.

文化与公司的成功是相关的，它不仅考虑短期利润，还考虑利益相关者的利益。对此，公司也正在做出回应。

● 毕马威在《2013 年诚信调查》① 中，对有道德计划和没有道德计划的企业进行了比较，结果发现，道德计划显著改善了人们对商业行为和相应的商业举措的看法：

  ■ 在过去 12 个月内被发现的不当行为或违反价值观/原则的行为减少了 13%～17%。
  ■ 不良行为的预防提高了 6%～13%。
  ■ 向主管报告不当行为的舒适度提高了 36%～46%。
  ■ 对举报不当行为后，会有有关部门采取适当行动的信念提高了 37%～41%。
  ■ 认为 CEO 和其他高管设定了正确的"高层基调"的人增加 32%～43%。
  ■ "做正确的事"的动机提高了 43%～47%。

● 道德资源中心（Ethics Resource Center）② 的《2009 年全美商业伦理调查》称，公司拥有浓厚的道德文化减少了以下问题：

  ■ 向标准妥协的压力；
  ■ 不当行为的发生；
  ■ 发现不当行为却没有报告；
  ■ 因举报而遭到报复。

● 普华永道的报告《建立成功的风险意识文化》③ 指出，无论你如何清楚地定义自己的风险偏好和风险控制，除非企业文化强调"做正确的事"，否则为你工作的人不会一直都能做出正确的决策。

● 毕马威关于企业责任报告的国际调查④表明：

  ■ 展示对利益相关者利益敏感性的企业责任报告已成为商业中约定俗成的规矩。
  ■ 企业责任报告可以提高财务价值。
  ■ 全球 250 家经营规模最大的公司（G250 公司）中，有 95% 的公司有企业责任报告，其中 2/3 的报告者在美国。
  ■ 近 60% 的中国大型企业已经公布了企业责任报告指标。

关于领导能力，特雷维诺（Treviño）和她的同事们⑤发现，要想成为一名有道德的领导者，必须说出并展示公司所期望的道德价值观。如果不这样做，员工将会认为公司唯一重要

---

① KPMG Forensic，*Integrity Survey 2013*（KPMG LLP，2013），http://www.kpmginstitutes.com/advisory-institute/insights/2013/pdf/integrity-survey-2013.pdf.

② Ethics Resource Center，*2009 National Business Ethics Survey*，http://www.ethics.org/resource/2009-national-business-ethics-survey.

③ PricewaterhouseCoopers，*Building a Risk-Aware Culture for Success*，http://www.pwc.com/gx/en/risk-regulation/risk-aware-culture.jhtml.

④ KPMG Forensic，*KPMG International Survey of Corporate Responsibility Reporting 2011*，http://www.kpmg.com/Global/en/IssuesAndInsights/ArticlesPublications/corporate-responsibility/Pages/2011-survey.aspx.

⑤ Linda Klebe Treviño，Laura Pincus Hartman，and Michael Brown，"Moral Person and Moral Manager：How Executives Develop a Reputation for Ethical Leadership，"*California Management Review* 42（2000）：128-42.

的事情是赚钱。如果管理者在道德问题上保持沉默，即使他们个人是道德的，他们的声誉和公司的声誉也将面临相当大的风险。

　　然而，仍然有一些高管和董事以及股东专注于赚取利润，不关心他们的行为是否合乎道德和法律。这些决策者不关心也不考虑长期决策中缺失道德战略所造成的潜在损害。随着公司经营日益复杂，步伐不断加快，人们将更加依赖建立关系与管理道德风险。这就越来越需要为决策制定一个额外的参考点——用道德文化引导员工做出合乎道德的行为。

⚡ 富国银行因不道德文化受到损害

　　2016 年 9 月 9 日，富国银行错误的企业文化导致其因非法银行业务被罚款 1.85 亿美元。在这种企业文化中，银行激励员工对现有的客户交叉销售，使其至少使用 8 种富国银行产品。这种激励导致员工开立了大约 150 万个银行账户，开办了 56.5 万张未经银行客户授权的信用卡。当客户投诉后，银行进行调查并发现虚假账户，因此，银行最后解雇了不包括主管在内的 5 300 名员工。按照计划，未被解雇的主管要么退休，要么继续工作并保留重要的股票期权。然而，监管机构和公众的压力迫使该银行退还了约 260 万美元不当收取的费用①，两名高管还被没收了 7 000 多万美元的退休津贴。②

　　但这并不是富国银行因其错误的企业文化而造成的全部损失。这家银行曾在 2008 年安然渡过次贷危机，没有要求救助，因为它没有参与有可疑行为的活动，但这一次它的结果却是：

● 失去了清廉和道德交易的声誉。

● 失去了客户的信任，因为它必须在较少客户受到负面影响时通知所有 4 000 万客户。③

● 失去了加利福尼亚州的生意。④

● 失去了一位知名 CEO。约翰·斯坦普夫（John Stumpf）在政府听证会上遭到严厉斥责后，决定辞去 CEO 一职。⑤

---

① "A Case of Unchecked Incentives. Wells Fargo Fined $185 Million for Fraudulently Opening Accounts," *New York Times*, September 9, 2016, http://www.nytimes.com/2016/09/09/business/dealbook/wells-fargo-fined-for-years-of-harm-to-customers.html? emc=edit_th_20160909&nl=todaysheadlines&nlid=34879348&_r=0.

② "Wells Fargo CEO Gives Up $41 Million in Stock after Probe," The Presidential Daily Brief, Ozy.com, September 28, 2016, http://www.ozy.com/presidential-daily-brief/pdb-72153/payback-72160.

③ Matt Egan, "5 300 Wells Fargo Employees Fired Over 2 Million Phony Accounts," CNN Money, September 9, 2016, http://money.cnn.com/2016/09/08/investing/wells-fargo-created-phony-accounts-bank-fees/index.html.

④ Michelle Fox, "Despite Stumpf's Departure, California Not Ready to Do Business with Wells Fargo," @MFoxCNBC, October 13, 2016, http://www.cnbc.com/2016/10/13/despite-stumpfs-departure-california-not-ready-to-do-business-with-wells-fargo.html.

⑤ Michal Corkery and Stacy Cowley, "Wells Fargo Chief Abruptly Steps Down," *New York Times*, Octber 12, 2016, http://www.nytimes.com/2016/10/13/business/dealbook/wells-fargo-ceo.html? hp&action=click&pgtype=Homepage&clickSource=story-heading&module=second-column-region&region=top-news&WT.nav=top-news&_r=0.

● 失去了政府监管机构的支持。2016 年 12 月 7 日，据报道，美国《社区再投资法》的监管机构正在考虑将富国银行自 2008 年以来保持的排名下调两级，这"可能会限制该银行的近期扩张"①。

在随后的风暴中，富国银行文化中其他令人不快的方面也暴露了出来，包括：

● 那些抵制非法营销策略/向道德热线举报这些行为的员工会因迟到而被解雇，即使他们只迟到了两分钟。②

● 据称，约翰·斯坦普夫在 2007 年收到了一封提到该公司非法、欺诈性销售行为的信，并被警告称"公司将面临声誉的损害、股东诉讼，监管机构的制裁也将随之而来"。这名员工"后来在针对富国银行的联邦举报者报复案中胜诉"。第二封信据称已送交富国银行董事会。虽然"CNN 财经频道还不能确定这些信是否真的寄出了，也不能确定约翰·斯坦普夫或董事会成员是否读过或收到了这些信"③，但这家公司的声誉将继续受到损害。

无论富国银行的传奇故事要花多长时间才能展开，显然，这家银行尽管曾经有着令人自豪的传统，但现在已经成为一家拥有不道德文化并为此付出高昂代价的公司。④ 毫无疑问，董事会、高管和投资者更希望该银行能够保持其声誉。

培育、实施和管理企业道德文化

指导决策的企业道德文化的发展取决于识别、分享、培育和承诺适当的企业价值观，并将其纳入企业的决策中。然而，可靠的、风险可控的决策，不能简单地依赖于把道德问题交由经验和背景不同的员工团队中的个人反复试验来实现，也不能简单地通过发送邮件敦促员工保持最佳行为或发布行为准则来实现。为了确保对适合组织的道德原则或价值观的承诺，组织成员必须清楚地看到，最高管理层对此是大力支持的，而且这种支持在整个组织的治理系统中是明显的。

一直在研究组织文化的组织行为学专家，比如埃德加·沙因（Edgar Schein），认为在一个组织中发展正确的共享价值观，并对其做出承诺，可以带来很多好处。他认为，组织的文化是一个认知框架，由组织成员共同的态度、价值观、行为规范和期望组成。⑤ 韦恩·雷施

---

① Patrick Rucker, "Exclusive: U. S. Regulator Set to Fail Wells Fargo on Community Lending Test-Sources," Reuters, December 7, 2016, http://www. reuters. com/article/us-wells-fargo-accounts-idUSKBN13W2HA? feedType＝RSS&-feedName＝businessNews.

② Matt Egan, "I Called the Wells Fargo Ethics Line and Was Fired," September 21, 2016, http://money. cnn. com/2016/09/21/investing/wells-fargo-fired-workers-retaliation-fake-accounts/index. html.

③ Matt Egan, "Letter Warned Wells Fargo of 'Widespread' Fraud in 2007-Exclusive," CNN Money, October 18, 2016, http://money. cnn. com/2016/10/18/investing/wells-fargo-warned-fake-accounts-2007/index. html.

④ Ron Carucci, "Early Lessons from Wells Fargo: Three Ways to Prevent Ethical Failure," September 13, 2016, http://www. forbes. com/sites/roncarucci/2016/09/13/early-lessons-from-wells-fargo-3-ways-to-prevent-ethicalfailure/#a4318372d6a9.

⑤ E. H. Schein, *Organizational Culture and Leadership* (San Francisco: Jossey-Bass, 1985).

克（Wayne Reschke）和雷·阿尔达格（Ray Aldag）将那些通常被认为构成组织文化的要素以及可用来加强这种文化的机制集合成一个模型（见图 5-8）。他们已经发现个人、团队和组织绩效的某些方面可能会从文化的适当发展中受益。还有一些人开发了评估和描绘一个组织文化的方法①，来评估组织文化，并为其向全新共享文化的转变提供动力。通常，最先评估的是组织的战略核心——使命、愿景、推动组织不断增值的信念以及如何对待利益相关者。所有这些因素和组织文化的强化因素将越来越依赖于道德方面。为了保证对组织的道德原则进行有效理解和持续承诺，许多公司制订了道德计划。

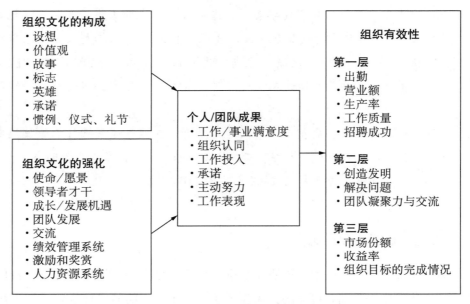

图 5-8　组织文化、个人/团队成果和组织有效性

资料来源：A Model of the Impact of Organizational Culture on Individual/Team Outcomes and Organizational Effectiveness, *The Business Case for Culture Change*, W. Reschke & R. Aldag, Center for Organizational Effectiveness, August 2000.

为了确保对组织道德原则的有效理解和持续承诺，道德计划最重要的一个方面也许是选择方向。研究人员称，道德计划有五个方向，如表 5-9 所示。

表 5-9　道德计划方向

方向	主要焦点
● 基于合规性	● 预防、发现和惩处违法行为
● 完整性或基于价值观	● 定义组织价值并鼓励员工做出承诺
● 外部利益相关者的满意度	● 改善与外部利益相关者（客户、社区、供应商）的关系
● 保护高管人员不受指责	● 防御性地开脱罪责
● 以上的组合	● 例如，基于价值观和合规性

资料来源：Treviño, Weaver, Gibson and Toffler, 1999, 135-139; Paine, 1994, 111; Badaracco & Webb, 1995, 15.

---

① J. A. Chatman and K. A. Jehn, "Assessing the Relationship between Industry Characteristics and Organizational Culture: How Different Can You Be?," *Academy of Management Journal* 37 (1994): 522-33.

研究人员通过对来自不同行业的六家美国大公司的员工的随机调查，继续从几个维度评估这些方向的影响的有效性。评估影响的七个维度如下：

1. 不道德或违法行为。

2. 员工对工作中出现的道德问题的意识。

3. 在公司内部寻求道德/合规方面的建议。

4. 向管理层传达坏消息。

5. 在组织中有违反道德/合规性的报告。

6. 因为公司的道德计划和合规计划，公司能做出更好的决策。

7. 员工对组织的承诺。

根据他们的研究，以及在企业道德计划设计方面的咨询经验，鼓励员工遵守道德计划的最重要因素是员工认为它是有价值依据的。这在所有维度都产生了更加积极的结果。合规性和外部取向在七个维度上产生了良好的结果，但是不如基于价值观的方法，后者产生了更加积极的结果。外部取向的结果不如基于合规性的方法。有人认为防御性地开脱罪责的方法是"有害的"，因为它导致在所有方面都得出负面结果。有人认为，综合办法可能是有效的，例如，如果价值观取向"以对违规者的问责制和纪律处分作为后盾"，"相应价值观可传达对客户、供应商和社区以及股东和内部利益相关者如雇员的关心"[①]。

这项研究也为道德文化的重要方面提供了一些有用的见解。如表 5-10 所示，对于一个正在评估如何制订新的道德计划或改善其当前的道德文化的公司来说，这些特别有用。根据韦弗（Weaver）、特雷维诺和科克伦（Cochran）的一项研究[②]，正式的道德计划通常包括表 5-11 中列出的维度。

表 5-10　道德文化：重要方面

道德文化结合正式和非正式的因素来指导员工的思想和行动，包括：
- 高管和主管的道德引导*
- 考虑道德的奖励系统*
- 考虑公平感，公平对待员工*
- 在组织中公开讨论道德*
- 权威结构强调员工有责任质疑自己的行为，并有义务在出现问题时质疑权威*
- 系统性地传达对员工和社区，而不是自身利益的关心
- 官方政策和程序（道德规范、惯例、行为）
- 相应辅助机构（例如道德专员、监察员）
- 配套结构（如热线电话、举报人保护、准则签发、培训等）

＊特雷维诺等人（Treviño et al.，1999）发现的最具影响力的因素。

资料来源：Treviño et al.，1999.

---

① L. K. Treviño, G. Weaver, D. G. Gibson, and B. L. Toffler, "Managing Ethics and Legal Compliance: What Works and What Hurts," *California Management Review* 41, no. 2 (1999): 139.

② G. Weaver, L. K. Treviño, and P. L. Cochran, "Corporate Ethics Programs as Control Systems: Influences of Executive Commitment and Environmental Factors," *Academy of Management Journal* 42, no. 1 (1999): 41-57.

表 5 - 11　道德计划的常见维度

1. 正式的道德规范
2. 道德委员会制定政策，评估行动，调查和裁决违反政策的行为
3. 道德沟通系统
4. 道德专员或监察员协调政策，进行教育或调查指控
5. 进行道德培训，提高员工的道德意识，帮助员工应对道德问题
6. 对不道德行为的惩戒程序

《SOX法案》、来自证券交易委员会和其他来源的公司治理指导方针的相关变化导致了这样的期望：受人尊敬的公司将至少拥有道德计划的基本要素。最近，重点已经转移到如何使道德计划有效。

毕马威的《2013年诚信调查》提供了一些有趣且具有指导意义的数据，包括表5-12所示的数据，这些数据来自3 500份对美国员工调查的反馈。尽管被调查者表示几乎所有计划要素的应用都有所增加，但道德计划的有效性仍有相当大的改进空间。2013年和2006年的调查结果显示，受访者表示，正式设立的高级道德合规专员（增加11%）、热线（增加25%）、监控系统（增加12%）和支持行为准则的激励措施（增加18%）显著增加。

表 5 - 12　根据毕马威的《2013年诚信调查》，是否存在道德计划要素（%）

回复：我的组织……	正式存在	非正式存在	不确定	完全没有
是否有行为准则阐明组织的价值观和标准	80	8	10	2
是否有高级道德合规专员	62	10	23	6
是否对潜在员工进行背景调查	66	10	20	4
是否就公司的行为准则与员工沟通，进行培训	73	12	11	3
员工是否有可靠的匿名热线渠道可以举报不当行为或寻求建议	61	10	19	10
审计师、员工和管理者行为是否与准则一致	56	17	21	6
是否有政策要求员工和管理者对违反行为准则的行为负责	68	12	17	4
是否激励员工坚持行为准则	41	11	23	26
是否有政策对不当行为进行调查并采取纠正措施	69	10	17	4

资料来源：KPMG Forensic，*Integrity Survey 2013*，p. 21.

毕马威调查的更多数据表明，道德计划的存在是多么重要。受访者被分为"有计划"和"无计划"两组，他们对更多问题的答案总结在表5-13中。例如，该表显示，有遵循道德计划的CEO和其他高级管理人员的公司中，受访者认为"高层设定了正确的基调"的比例比没有遵循道德计划的公司多41%。表5-13所显示的结果也非常引人注目，显然，道德计划的存在改善了人们的认知和潜在的各个方面的相关行为。[①] 毕马威的《2013年诚信调查》还提供了关于不当行为的流行程度和性质的有趣信息，以及关于了解各组织如何预防、发现和应对不当行为的信息，使其成为最有价值的基准资料来源。

---

① Article reprinted from KPMG *Integrity Survey* 2013 and 2005 - 2006. Copyright © 2013，2006 KPMG International. All rights reserved. Printed in Canada. Reprinted with permission of KPMG International. All Rights Reserved.

表 5 - 13 根据毕马威的《2013 年诚信调查》，道德计划对行为和认知的影响（%）

认知或行为	计划带来的改进		
	2013 年	2009 年	2005 年
观察——过去 12 个月的不当行为	13	17	6
● 在过去 12 个月，有过违反组织价值观和原则的不当行为	17	23	12
行为不当的原因——因为压力而尽一切努力实现目标	11	9	10
● 对适用的工作标准缺乏了解	6	6	9
● 相信政策和程序很容易被绕过或推翻	12	16	16
● 相信奖励是基于结果而不是过程	13	10	16
发现不当行为——认为应该将不当行为报告给监管者	36	37	40
● 应该将不当行为报告给法律部门	46	51	48
● 应该将不当行为报告给内部审计师	43	47	44
● 应该将不当行为报告给董事会	38	43	39
对不当行为的反应——相信会采取适当的行动	39	45	43
● 相信会受到保护，免受报复	40	43	46
● 相信会有一个令人满意的结果	37	38	44
● 相信报告不当行为是正确的选择	41	29	27
感知到的基调和文化——CEO 和其他高管制定了正确的顶层基调	41	48	55
● 在道德问题上是平易近人的	36	35	43
● 将道德和诚信置于短期商业目标之上	43	49	54
● 如果意识到不当行为，会做出适当回应	42	44	50
● 了解组织内部的行为类型	32	41	—
● 设定在不违反行为准则的情况下可以实现的目标	42	50	—
团队文化和环境——人们有动力去"做正确的事情"	43	47	39
● 认为应该提出和解决道德问题	46	48	49
● 秉持正确的价值观进行决策和行动	45	45	37
● 对诚信有较高的承诺	43	41	41
● 几乎没有做出不当行为的机会	46	37	42
● 几乎没有掩盖不当行为的能力	43	38	—
● 几乎没有容忍不当行为的意愿	43	40	49
● 会进行充分的检查以发现不当行为	47	53	—

资料来源：KPMG Forensic, *Integrity Survey 2005 - 2006*, pp. 14 - 19, and *Integrity Survey 2013*, pp. 22 - 26.

一旦道德计划建立起来，下一步就是让它尽可能有效。在一般意义上，更高的有效性来自一个计划培育公司文化的全面性以及文化的强化。一项对《财富》500 强企业的研究①发现，在鼓励共享价值观、支持员工抱负、传播价值观以及建立信任和信心等计划中，价值观或合规性取向在某种程度上体现了道德计划的控制模式。研究结论是，《美国量刑指南》的主要影响是使最高管理层的承诺和企业道德程序趋向于合规。② 随着时间的推移，人们希望高层管理人员能够认识到，包括鼓励共享价值观、支持员工抱负、传播的价值观以及建立信任和信心在内的价值观取向将会产生巨大的效益，而道德计划也将朝着这个方向发展。

值得注意的是，目前的研究表明，除了上述或表 5－13 所述的好处以外，以价值观为导向的道德计划还可以带来其他好处。特别是，在组织内部建立信任可以提高员工分享信息和想法的意愿，从而提高企业的创新能力和利用机会的能力。这个过程被称为道德重建。适当培养的信任也可以使员工重视对组织目标的承诺、提高生产力，所有这些都将提高企业盈利能力和竞争力。在设计行为准则时，适当注意这些可以对企业的上述能力加以促进。③

在道德文化的发展过程中，大多数公司都接受了书面道德指导的概念，但它们对于道德支持方面的建设还差很多，而这些机制对于发展和维护健康的道德文化非常重要。最令人担忧的疏漏包括缺乏强有力的 CEO 参与、缺乏培训、未能每年重申员工对准则的承诺以及缺乏有关道德操守的沟通和会议。从其他来源，我们发现人们对以下问题表示关切：缺乏正式的计划跟进；未能建立可信的调查跟进和制裁程序；采用"快速解决"方法而不是制订长期解决方案；由那些没有承诺接受结果的人进行培训（最高管理层应该更加坚定和突出）；电话由远方的外部人员接听，让来电者难以相信公司对来电态度认真。④ 此外，具有讽刺意味的是，当将当前的证据与作为控制系统的道德文化进行比较时，发现它们并不理想。

关于这一点的讨论提供了一个解释，即为什么组织——无论是公司、非营利组织或专业公司——都应该发展道德文化，为什么需要这种文化以及应该采取什么形式。表 5－14 将这些想法按顺序排列在一起，后面的章节还会介绍经理、道德专员或职业会计师可以用来发展和维护企业道德文化的其他想法。从道德专员协会（Ethics Officer Association）和本特利学院商业道德中心（Center for Business Ethics at Bentley College）获得的信息将有助于跟上当前的发展。

---

① Weaver et al., "Corporate Ethics Programs as Control Systems."
② Treviño et al., "Managing Ethics and Legal Compliance."
③ L. J. Brooks, "Codes of Conduct: Trust, Innovation, Commitment and Productivity: A Strategic-Cultural Perspective," *Global Outlook: An International Journal of Business, Economics, and Social Policy* 12, no. 2 (2000): 1–11.
④ Treviño et al., "Managing Ethics and Legal Compliance."

表 5 - 14　发展及维护企业道德文化

步骤	目标
分配责任： ● 董事长或 CEO ● 道德专员 ● 道德委员会 道德审计 道德风险评估 最高管理层支持 就关键道德价值达成共识 制定行为准则、道德决策标准和协议 设计道德计划： ● 领导者参与 ● 发起 ● 训练 ● 强化政策： 　■ 合规性签发 　■ 绩效测量 　■ 包括战略目标和管理者目标 　■ 包括监督和奖励结构 　■ 沟通计划 　■ 模范奖励制度 ● 道德质询服务 ● 危机管理 建立审查机制	成功的计划通常包括： ● 高层问责制和充足的预算 ● 支持者、仲裁者 ● 监督、反馈、建议和鼓励 了解组织道德实践及其利益相关者和利益网络 确定可能出现的重要道德问题 对成功坚持绝对至关重要 制定政策和程序的必要性 为员工和所有其他利益相关者提供指导 成功地提出并提供指导过程的机制 信息、调查和举报人保护 确保道德是生存反应的一部分

职业会计师完全有设计和实施道德规范的能力，因为他们了解内部控制系统的性质、目的和运作情况，而这些系统是提供高质量财务报表和报告的重要基础。目前，已有专业会计机构制定了有关道德规范和反欺诈方案的公告与指南，例如美国注册会计师协会的审计准则声明第 99 号[①]，发布了有关于管理反欺诈方案和控制的资料。许多大型专业会计机构和咨询公司开发了道德和诚信服务以及法庭或治理服务，可在 www. cengage. com 获得这些服务。

公司行为准则

目标、焦点和定位

大多数企业道德计划的基础是公司准则或商业行为声明。公司商业道德原则声明强调两个目标：

1. 提高员工做出符合政策和法律要求的决策的能力；
2. 具体体现公司的使命感和公司员工应尽的义务和责任。[②]

---

① 可从 http://www. aicpa. org 下载。
② *Global Corporate Ethics Practices*：*A Developing Consensus*（New York：The Conference Board，1999），16.

　　有效的准则是组织价值观的体现，它代表了主要的组织结构，通过其实施道德约束[①]、进行信息传达与沟通，引导员工行为符合预期、符合企业文化，并且帮助组织找到适合自己的战略以及法律定位。如果不以书面形式告知员工他们应该如何表现，经理、高管和董事们很容易因被指控未能向员工提供充分的指导而被处以重罚，甚至在某些司法管辖区内被判入狱。更重要的是，有人指出，在道德困境中所涉及的罚款和诉讼费用通常比未来因为客户的觉醒而损失的利润要小。有效的道德准则也可以防止在公司外进行举报，因为它们有助于营造一种道德文化，在这种文化中，员工相信做正确的事情是应该的，并且提出对不道德行为的担忧不会给自己造成麻烦。

　　可以起草准则来满足公司在实践中的不同需要，并提供不同覆盖深度的准则。

　　表 5-15 描述了四种常见的覆盖深度。

表 5-15　准则的覆盖深度

信条	对关键价值观的鼓舞人心的简短陈述
道德准则	涉及道德原则（简短）
行为准则	处理原则和额外的例子等
业务准则	实施细则

　　会议委员会（The Conference Board）的调查发现，制定准则的理由[②]如下：

　　1. 工具——让员工意识到"员工遵守公司的道德原则是成功的关键"。

　　2. 合规性——提供"管理员工行为的注意事项声明"。

　　3. 相关者承诺——对利益相关者关系中的预期行为进行讨论。

　　4. 价值观/使命——建立"某些道德原则、行为模式和思维习惯，对于成为公司的员工或代理人至关重要"（参见下面专栏中强生著名的信条，其信条因促成第一次泰诺产品召回而得到认可）。

　　5. 以上理由的组合。

⚡ 强生的信条

　　我们认为强生的首要任务就是对医生、护士、病人、母亲以及所有使用我们产品和服务的人负责。为了满足他们的需求，我们所做的一切都必须是高质量的。我们必须不断努力降低成本，以保持合理的价格；必须及时、准确地处理客户的订单。我们的供应商和分销商必须有机会获得公平的利润。

　　我们对我们的员工负责，对全世界与我们一起工作的每位员工负责。每个人都应该被看作独立的个体。我们必须尊重他们的尊严，承认他们的价值，让他们对工作有安全感，

---

① Patrick E. Murphy, "Creating Ethical Corporate Structures," *Sloan Management Review*, Winter 1989, 81-87.

② Ibid., 24-27.

报酬必须公平和足够，工作环境干净、有序、安全。员工必须可以随时自由提出建议和投诉。我们的员工，必须有平等的就业、发展和晋升机会。我们必须提供称职的管理，我们的行为必须公正和合乎道德。

我们对我们生活和工作的社区以及对国际社会负责。我们必须成为好公民——创造就业岗位和支持慈善事业，承担我们应该承担的税收。我们必须鼓励公民进步，有更加强健的体魄，接受更高等的教育。我们必须保护好公司的财产、自然环境以及自然资源。

我们最后要对我们的股东负责。做生意必须有可观的利润。我们必须敢于尝试新的思想、大胆地进行产品研发、开拓新的创新项目，为自己犯下的错误买单；必须购买新设备，提供新设施，推出新产品；必须建立储备以应对不可预测的艰难时期。当我们按照这些原则经营时，股东们就会得到公平的回报。

公司行为准则应鼓励员工在科尔伯格（Kohlberg）道德发展阶段的更高层次上的行为。[①] 科尔伯格认为，人们的道德成熟经历了六个阶段。第一阶段，人们普遍是有道德的，因为他们害怕如果不这样做就会受到惩罚，小孩子通常处于这个阶段。第二阶段，个体是有道德的，因为他们意识到这样做对他们最有利。例如，小孩子会玩彼此的玩具。第三阶段，人们展现出来的道德行为是其他人期望的，人们因为同伴的压力而有道德。第四阶段，个人服从道德和法律的约束。第五阶段，个人开始关心社会福利。第六阶段，个体心中产生了是非观念和良知，他们自愿遵守道德以及社会准则，是因为他们知道那是指导全社会运行的道德原则。关于个人在社会中的角色、责任和义务，每个阶段都比前一阶段有更广阔的视角。虽然很少有人能够达到第六个阶段，但应当建立组织结构，鼓励和促进个人提高道德水平。企业行为准则可能会对此有所帮助。

研究人员发现，采用诚信或价值取向的公司准则比其他选择更能有效地促使人们遵守期望的道德标准。[②] 最成功的价值观是建立在保护利益相关者利益的基础上的价值观，这种价值观固有的约束力会引导各方来遵从这种价值观。这种复合导向的准则将鼓励共享价值观，支持员工的抱负，传达价值观，建立信任和信心，同时表明监督和评判道德绩效的程序已经到位。在这种形式下，复合导向的准则将为处于科尔伯格的六个道德发展阶段的员工提供激励。

指导和预期行动的形式与性质也会影响个体眼中道德行为的合理性。就所提供指导的性质而言，有四种可能的选择。所选择的方案将向员工提供一个信号，告诉他们组织如何看待其控制结构——从外部强加的控制结构到个体自我约束的控制结构。表 5-16 列出了四种指

---

① L. Kohlberg, *Essays on Moral Development*. *Volume 1*：*The Philosophy of Moral Development*. （San Francisco：Harper & Row，1981），and *Essays on Moral Development*. *Volume II*：*The Psychology of Moral Development* （San Francisco：Harper & Row，1984）.

② Treviño et al.，"Managing Ethics and Legal Compliance，" and Weaver et al.，"Corporate Ethics Programs as Control Systems."

导方案以及它们所代表的控制的性质。

表 5 - 16　准则的指导方案和控制的性质

已提供的指导	控制的性质
遵守规则	强制控制
在实施之前寻求建议	↑
按照你认为最合理的方式执行，但要披露你所做的事	↓
指明"这就是我们的本质和我们的主张"的指导原则	自我控制

资料来源：Clarkson & Deck, 1992；Clarkson, Deck & Leblanc, 1997.

　　专制的管理方式不如民主或参与的方式有效，所以强制控制方法可能不是最优选择。[①]马斯洛认为，专制管理针对人类较低层次的需求（生理和安全），而民主或参与式管理则针对较高层次的需求（归属与爱、尊重和自我实现），因此可以提供更具持续性的约束力。[②] 由于员工授权的增多，强制控制的准则可能不如鼓励员工自我控制的准则有效。鼓励自我控制的准则适用于科尔伯格的六个道德发展阶段，而强制控制的准则只适用于前四个阶段。与支持复合导向、价值观导向、合规导向准则的逻辑一致，咨询经验表明，最成功的准则鼓励自我控制或授权，在必要时引入绝对规则。这些准则通常提供一套原则，并对每个原则给出解释或理由。员工可以利用这些原则进行决策，如果他们需要咨询，也能知道应该咨询谁。

准则的主题和范围

　　大量材料概述了不同准则涵盖的主题。[③] 各大公司的网站均载有不同准则的例子。

　　准则的定位及其主题的选择在一定程度上取决于准则的范围。准则是否旨在为公司自己的员工或其合作伙伴提供指导？地理位置，工会合同，法律限制，竞争行为，以及决策中固有的所有权和合作伙伴的支持程度，都对主题的选择至关重要。如果一家公司对准则给出的指导意见不满意，那么应该考虑承担这种责任是否风险太高。

　　20 世纪 90 年代末，耐克发现其供应商使用血汗工厂和童工，并且生产低成本产品，这件事引起了罢工，也暴露了建立监督和报告机制的必要性。自从这些早期利益冲突发生，利益相关者更加积极主动地要求公司对供应商和合资企业的行为负责。SAI、公平劳工协会（Fair Labor Association）、马奎拉团结网络（Maquila Solidarity Network）和国际劳工局（International Labor Office）四个组织牵头制定了供应商/工作场所标准和行为准则。SAI 制定了 SA8000 标准。这个标准旨在改善全球的工作条件，并对从事 SA8000 认证工作的审核员

---

① D. McGregor, *The Human Side of Enterprise* (New York：McGraw-Hill，1960).

② A. Maslow, *Motivation and Personality* (New York：Harper and Brothers，1954).

③ Clarkson and Deck (1992)；White and Montgomery (1980)；Mathews (1987)；Berenbeim (1987)；Brooks (1989)；Institute of Chartered Accountants in England and Wales, "Developing and Implementing Organisational Codes of Conduct：An Overview of Implementing and Developing Codes of Conduct," http://www. icaew. com/en/technical/ethics/practice-business-ethics/practice/developing-and-implementing-organisational-codes-of-conduct；International Federation of Accountants，2007，"Defining and Developing an Effective Code of Conduct for Organizations," 2007，http：//www. ifac. org/sites/default/files/publications/files/Defining-and-Developing-an-Effective-Code-of-Conduct-for-Orgs_0. pdf. The last two were accessed August 30，2013.

进行培训。它是仿照 ISO 标准建立的。

表 5-17 列出了企业为员工、供应商和合资企业制定准则时，具有代表性的主题。

表 5-17　准则的主题

道德原则——诚实、公平、正直、同情、可预测性、责任感
尊重利益相关者的权利以及对每位利益相关者的责任
愿景、使命以及与上面有关的所有关键政策
道德决策制定框架、嗅探测试、经验法则以及在相互竞争的目标之间进行权衡的指南
何时以及从哪里寻求建议
在超过 5% 的员工、供应商、合资企业准则中发现的特定主题：

- 贿赂/非正当支付及影响
- 利益冲突
- 专有信息的安全性
- 接受赠予
- 歧视/平等机会
- 送礼
- 环境保护
- 性骚扰
- 反垄断
- 工作环境安全性

- 政治活动
- 合作关系
- 私人信息保密性
- 人权
- 员工隐私
- 举报及保护机制
- 资源滥用
- 裙带关系
- 童工

资料来源：The Conference Board Research Report，*Global Corporate Ethics Practices*，1999，29.

每家公司都应该在公司出现问题和风险，需要修改准则范围时，对准则进行审查。例如，表 5-18 中，公司面临外部冲击和影响时修改了准则。

表 5-18　外部冲击和影响带来准则修改

反贿赂法：1977 年美国《反海外腐败法》
该法为制定准则提供了早期的动力
1991 年《美国量刑指南》
为尽职调查辩护做了准备
环保责任
酸雨、空气污染、臭氧消耗（1987 年联合国布伦特兰委员会（Brundtland Commission）报告）
新环境保护条例
埃克森·瓦尔迪兹号油轮漏油事件带来了《瓦尔迪兹原则》（现在的《CERES 原则》）
公平问题
员工：
　女性：性骚扰、平等的薪酬水平和晋升机会
　少数群体：歧视
　健康、安全和福利
　　供应商的员工：没有血汗工厂或童工
　毒品问题：隐私与安全
　举报者
顾客：买家注意渐渐变成卖家注意
　当心健康和安全问题——汽车召回
　道德消费主义、质量
利益相关者
　内部消息误用
　利益冲突
　委托和操作是合乎道德的

今后，公司应对准则进行修改以包括以下内容：

● 早在 1999 年，经合组织中的约 30 个成员方就颁布了反贿赂法规。这些国家响应透明国际的呼吁，制定标准，禁止贿赂外国官员，并允许竞争对手进行跨境调查和诉讼（见 www. cengage. com）。此外，指南还应涵盖美国《反海外腐败法》的全球应用以及第 7 章讨论的范围更广的英国《反贿赂法》（2010 年）。

● 供应商应遵守公司准则，特别是在国外经营中，遵守关于童工、公平薪酬、无强迫劳动等相关准则。

● 信誉或价值取向。

● 自我控制而非强制控制。

● 信息安全

● 环境管理及表现。

● 可持续发展目标和管理。

● 治理原则——明确对董事会和利益相关者的责任、常规风险管理和道德风险管理。

● 目标和竞争实践的道德性。

这些修改也将以适用于准则的有效性测量为指导。可以对准则进行评分或审查，以了解覆盖范围的全面性和控制的性质。已经确定了其他测量，例如调查员工对准则/培训方案的关键方面的认识和理解，以及员工将这些认识和理解应用于道德困境的能力。

许多顾问都进行了准则基准分析。公司员工也可以通过将准则与信息服务报告的相关主题或在第 7 章讨论的 GRI 的相关内容进行比较来实现这一点。

在准则编制方面，以下几个机构提供了有用建议：

● 商业道德研究所（Institute of Business Ethics）

● 道德与合规倡议组织（ECI）

有效的实施

由于多种原因，准则的实施对组织的成功至关重要。正确实施准则对以下几个方面非常重要：

● 发展和维护道德企业文化——诚信文化。

● 有效的内部控制制度。

● 董事和高级管理人员的尽职调查辩护。

● 有效授权员工做出合乎道德的决定。

● 向外部利益相关者发出正确的信号。

为了避免准则在实施上出问题，应该牢记：最高管理层必须认可和支持该准则，并严格遵守准则，否则它将只停留在口头上。关键是管理层要“言出必行”，否则整个计划都将是浪费时间和金钱。

准则的导向、基调和内容必须体现“相对于只采用特定原则，一般性的原则更合适”，否则员工会发现该准则不公平、难以解释；在难以获取细节信息时，准则必须给出充分的解释。

经验表明，为广泛应用的规则设计的准则几乎没用，因为它们太难参阅。如果给出了特定行为模式的潜在原因，员工会更容易理解，他们会接受而不会反对这些准则。获得员工的认可和支持是十分重要的。

准则应该为公司权衡短期利润和社会责任提供指导。如果公司员工认为为了获得利润可以不惜一切代价，那么这种短期思维带来的不道德行为很可能会让公司陷入困境。

关于环境问题，应该有一个完整的尽职调查辩护，其基本特征如表 5 - 19 所示。

表 5 - 19　关于环境问题的尽职调查辩护的基本特征

1. 通过书面环境政策，告知相应的员工
2. 具有防止环境不法行为的可操作方法，包括为确保全面、及时处理事故的应急计划
3. 员工了解自己在政策中的职责，以及潜在的个人责任和他人责任
4. 员工了解法律要求，包括向政府发出通知并附上联系人名单
5. 有主要负责环境事宜及监察合规事宜的人
6. 考虑进行环境审查或咨询专家，以启动保护程序并监测进展
7. 监控污染控制系统并及时报告事故
8. 定期审查有关合规、环保指控的潜在问题、定罪和员工培训的报告
9. 管理层及时了解新法规，对合规性进行内部审查，就结果向董事提出建议，并使其划拨合理预算，以实现这些职能

员工应该被授权做出合乎道德的决定。这应该包括创建决策协议，要求员工使用且能根基第 6 章进一步概述的准则或问题捍卫自己的决策。决策过程应包括使用嗅探测试——用快速、简单的问题提醒决策者何时进行深入的道德分析或寻求建议。当员工对固有的行为方式有疑问时，应该寻求建议。为了防止员工做无用功浪费时间，公司应该鼓励员工向他们的上级或道德专员咨询，或使用热线电话。

准则应确保听证程序的公平和保密，否则举报人将不会站出来。即使举报有利于公司的最大利益，他们也不想冒险为举报付出代价。同时，他们也不希望被举报者被草率处理，他们想要一个快速、公平的听证程序，保护双方。举报应该是合法的，站出来举报的人应该受到保护。

应该有人负责不断更新准则，这样问题出现时就可以被及时注意到。否则，许多问题将在日常活动的压力下被忽略，提出解决方案的建议者也不知道把他们的建议提到哪里。

准则应该分发给所有员工阅读，这样就没有人能说他们没有被告知如何行动。令人惊讶的是，一些公司认为它们的一线员工对环境法或对其他员工的行为不承担责任。实践中，不仅应该宣传优秀的行为，也应该披露不道德的行为，并通过将管理人员、一线员工纳入准则体系，加强对公司一般性活动的支持。

支持准则的培训是必不可少的。培训的重点应该是员工对道德问题的认识、根据最高管理层的意愿解释准则、使决策超越准则的道德分析方法、现实案例的讨论、对道德问题的讨论和举报的合法化。准则是由委员会编写的，每一段都花费很长时间才能完成，每个员工如何通过快速阅读就知道所有准则构建的想法呢？培训对于准则含义的理解以及新问题的应用是至关重要的。

应通过鼓励合规、监督和保护举报不当行为的机制来进一步加大对准则的执行力度。这些问题不应任其自由发展，否则，可能会发展成严重的问题，或者使公司错过实现道德绩效目标的机会。表 5-20 总结了这些机制。

表 5-20 鼓励合规、监督和保护举报不当行为的机制

鼓励合规
　　奖励、奖金
　　绩效评估、薪酬决策和职位晋升
　　训斥、停职、降级、罚款、解雇
监督
　　道德审计或内部审计程序
　　由法律部门和外部专家进行评审
　　由所有或部分员工每年签字同意
　　员工调查
保护举报不当行为
　　保证公正的听证程序
　　保护：绝对保密、举报人保护计划
　　咨询/信息：调查员方案、热线、人力资源
　　确保委员会监督：董事会道德委员会、审计委员会

加强准则的措施应包括：衡量准则的效力；为管理目的报告道德绩效；在公司刊物上刊登合乎道德的行为表现；确保公司的其他政策有支持作用，包括与薪酬制度挂钩。如果不能度量这些行为（在第 4 章、第 6 章和第 7 章中讨论了具体方法），那么管理这些行为将非常困难。报告绩效具有产生计分卡的影响，这种计分卡会引导人们改进以后的行为。宣传员工积极的工作表现可以对公司后续的整体业绩产生有益的影响，将这种行为表现纳入公司的奖励系统将有助于强调道德问题对最高管理层的重要性。

董事会应积极审查和监督举报人对公司财务和非财务事项或道德计划的反馈。这将确保董事及时意识到问题，并能在公司的声誉或利益相关者受到损害之前采取适当的行动。

要建立有效的企业文化，不仅需要在道德专员的监督下不断更新准则，还必须不断改善培训计划、绩效的衡量和报告、合规性和举报机制。此外，还有必要定期对公司的文化、准则和其他机制进行正式的外部或内部审查（通常被称为道德审计），尽管它可能由内部审计人员或新上任的经理进行，但外部咨询服务会提供有用的反馈。

最后，应该明确的是，员工如果认为管理层有可能容忍某些领域的可疑行为，就不太可能看到公司经营的某些领域中道德行为的价值。举个例子，除非举报者认为自己和被举报的当事人都会得到公平对待，否则他们不会站出来举报。因此，在公司内部建立道德文化是行为准则有效实施的必要前提。

关于行为准则的内容、制定和实施的基本原理，可参考以下机构的资料：英格兰和威尔士特许会计师协会的《发展和实施组织行为准则》；国际会计师联合会的《为组织定义和制定有效的行为准则》。

道德领导

没有有效的道德领导，就无法有效地分享、实施、培育和监督企业道德文化或诚信文化所包含的价值观。如果没有正确的"高层基调"，管理者和员工将不会认同组织的道德价值观，会认为只有短期利润最大化才是重要的。

对公司和相关人员来说，任由员工对公司价值观的看法自由发展是一种风险非常高的策略。因此，有效的道德领导对于公司，以及希望做出贡献、渴望在职业生涯中继续进步的高管、经理和业务主管来说变得越来越重要。他们需要了解什么是道德领导，道德领导包含什么，以及如何实现它。同时，我们也必须明白，虽然道德领导应该来自所有担任领导职务的人，但如果 CEO 和董事会主席缺乏强有力的、显著的道德领导，企业道德文化就无法建立和维持。

道德领导者在发展和维护企业的道德文化方面负有明确而重要的责任。但是，他们首要的任务就是了解自己的领导行为是否道德。本质上，一个有道德的领导者必须在其工作中体现组织的愿景和价值观，并使其他人也能够跟随他的领导。[①] 在职能上，一个有道德的领导者必须做到以下几点：

- 确保组织的愿景和价值观在道德上是健全的。
- 认同并支持它们。
- 传播它们，展示领导者对它们的承诺。
- 确保组织的道德文化（道德准则、培训、决策、绩效指标、奖励系统和监控系统）支持其愿景和价值观。
- 激励其他领导和员工坚持这些原则。
- 监督员工绩效并进行奖励或惩罚。

⚡ 瑞士信贷间谍丑闻：道德领导？

2019 年 10 月 1 日，瑞士信贷董事长乌尔斯·罗纳（Urs Rohner）仓促地举行了新闻发布会。这与一场詹姆斯·邦德式的间谍行动有关，涉及银行 CEO 提贾尼·蒂亚姆（Tidjane Thiam）、首席运营官皮埃尔-奥利维耶·布埃（Pierre-Olivier Bouée）、曾从事财务管理工作的伊克巴尔·汗（Iqbal Khan）。

伊克巴尔·汗和提贾尼·蒂亚姆的关系并不融洽。他们的家位于苏黎世的一个高档社区，彼此毗邻。在一次鸡尾酒会上，他们就树木挡住了湖的风景一事展开了激烈的争论。由于个人恩怨，两人不可能再一起工作：2019 年 7 月，伊克巴尔·汗离开了瑞士第二大银行瑞士信贷，于 9 月加入了瑞士最大的银行——瑞银集团。

---

① R. Edward Freeman and Lisa Stewart，*Developing Ethical Leadership*（Business Roundtable Institute for Corporate Ethics，2006），3，http://www.corporate-ethics.org.

布埃认为伊克巴尔·汗可能试图说服瑞士信贷的客户将他们的账户转移到瑞银集团，所以他雇用了私家侦探来监视伊克巴尔·汗。但并没有证据表明伊克巴尔·汗偷窃客户。

从 9 月 4 日到 9 月 17 日，在两周时间里，私家侦探们开车跟踪伊克巴尔·汗，并在苏黎世的街道上徒步跟踪他。最终伊克巴尔·汗发现了其中一名私家侦探，与之对质，并用手机拍下了车牌，然后伊克巴尔·汗向瑞士警方报警。瑞士警方随即展开调查。9 月 24 日，布埃雇用的一名私家侦探自杀。

在 10 月 1 日的新闻发布会上，乌尔斯·罗纳表示，他对布埃发起间谍行动的"离奇决定"感到"非常难过"，"我们不能容忍这种行为"，"命令监视是错误的……显然，这不是我们开展业务的标准方式"[①]。董事会称聘用私家侦探的决定"是错误的，与企业名誉是不相称的，已经给银行造成了严重的声誉损害"[②]。

布埃辞职，未得到任何赔偿，他手下的安全主管也辞职了。尽管提贾尼·蒂亚姆和伊克巴尔·汗之间存在敌意，但银行没有发现任何证据表明这位 CEO 知道首席运营官发起了一场间谍行动。提贾尼·蒂亚姆保住了他的职位。在新闻发布会上，罗纳向自杀的私家侦探的家人表示哀悼。

因为担心前雇员会抢走客户而雇用私家侦探不是道德领导的表现。董事会必须保持警惕，防止这种傲慢、报复或不安全感导致的行为的发生，避免其对公司声誉造成潜在不利后果，避免削弱企业文化在其他员工心中的形象。

参考文献

Neghaiwi, Brenna Hughes, and Michael Shields. "Credit Suisse Clears Its CEO in Spying Scandal That Rocked Swiss Banking," Reuters, October 1, 2009. https://www. reuters. com/article/us-credit-suisse-gp-khan/credit-suisse-clears-ceo-thiam-of-spying-on-star-banker-idUSKBN1WG2RT.

领导者为了更好地实现道德目标，必须使企业道德文化影响其他高管和主管以及员工。持久的影响建立在尊重的基础上。研究表明，有效率的、有道德操守的领导者因其品格而受到尊重，因为他们关心他人和自己的利益，能够做出公平的决策，且知行合一。[③]

由于道德领导者的目的是影响道德行为，道德领导者只有树立道德领导者的形象以供效仿，才能得到员工的尊重。这需要考虑道德领导者的性格特征、动机、人际关系风格、道德判断水平和道德利用水平。

研究表明，以下性格特征对有效的道德领导有直接影响：

● 亲和性——他们是利他的、易信任他人的、善良的和善于合作的吗？

● 开放性——他们是有想象力、有好奇心、有艺术天赋、有洞察力的吗？

---

① Rupert Neate and Julia Kollewe, "Credit Suisse Chief Operating Officer Fired over Spying Scandal," *The Guardian*, October 1, 2019, https://www. theguardian. com/business/2019/oct/01/credit-suisse-spying-scandal-investigation.

② Ibid.

③ Michael E. Brown and Linda K. Treviño, "Ethical Leadership: A Review and Future Directions," *The Leadership Quarterly* 17 (2006): 595 – 616.

- 外向性——他们是否积极、果断、精力充沛、外向？
- 责任心——他们是可靠的、负责任的、尽职的、有决心的吗？
- 神经质——他们焦虑、敌对、冲动或感到紧张吗？他们不应如此。[①]

这些特征可以概括为正直、可信赖、诚实、真诚、坦率或直率[②]，这决定了受尊敬的道德领导者应该具备的道德价值观或性格特征，以使他们被认为是不虚伪的。这是他们与其他领导者和员工建立信任的关键，这一点对于愿意成为组织愿景和价值观的追随者与支持者的人来说至关重要。信任对于克服组织中普遍存在的、认为企业目标是不惜一切代价获取利润的犬儒主义至关重要。

组织的犬儒主义也是道德领导者必须通过有形的、明显的方式来支持他们组织的道德愿景和价值观的原因。如果他们保持沉默，他们的沉默可能会被解读为他们是"不惜一切代价获取利润"的做法的支持者。如果道德领导者在人际关系中使用诡计、欺骗或表现出机会主义，下属很可能会认为任何关于道德愿景和价值观的说法都是无稽之谈。为了达到最有效的效果，道德领导者在使用权力时，不应以自我为中心，而应该顾及和关心员工的利益。

道德领导使人产生信任还涉及道德判断水平。[③] 例如，如果一个领导者希望传达一个道德信息，与威胁他人的生计相比，通过对每个人都有价值的道德原则和积极的社会互动来吸引追随者是更有效的。如果领导者内心认同道德思想，他们必须在行动中证明这一点，例如力践公平，否则由于如何最好地激励追随者的错误假设以及组织犬儒主义，他们的思想将不会被正确理解。

正如特雷维诺和其同事所指出的那样，真正有效的道德领导者一定既是有道德的人也是有道德的管理者，否则当他们的本性显露出来时，其追随者会认识到他们是伪君子。特雷维诺等人提出了如图 5-9 所示的模型，来表示高管在每个维度上的排名，以及每个维度对领导者作为道德领导者的声誉的贡献。

与道德领导相关的特征（正直、可信赖、诚实、真诚、坦率或直率）体现在以下行为中：

- 做正确的事
- 关心他人
- 在讨论受到关注的问题时开诚布公和平易近人
- 具有个人道德

同样，合理的行政决策应做到：

- 坚持期望的价值观

[①]　Michael E. Brown and Linda K. Treviño, "Ethical Leadership: A Review and Future Directions," *The Leadership Quarterly* 17（2006）: 595-616.

[②]　Treviño et al., "Moral Person and Moral Manager."

[③]　柯尔伯格的道德发展模型确定了道德推理动机的六个层次，最低层次与威胁有关，最高层次与高尚的道德原则有关。他发现，使用的道德推理水平越高，激励潜力就越大，参见 L. Kohlberg, *Essays on Moral Development*, vols. 1 and 2（New York: Harper & Row, 1981, 1984）。

图 5-9 高管责任和道德领导

资料来源："Moral Person and Moral Manager：How Executives Develop a Reputation for Ethical Leadership," L. K. Treviño et al，*California Management Review*，Vol. 42，No. 4，Summer 2000.

- 客观公正

- 关心社会

- 遵循合理的道德决策规则[1]

这些行为和决策特征应该显而易见，否则它们可能会被误解，高管可能不会被视为一个有道德的人。

然而，高管个人的道德声誉并不能等同于其作为道德管理者或领导者的声誉——这取决于一名高管在多大程度上有效和广泛促进公司的道德。特雷维诺等[2]发现可以通过以下方法有效地做到这一点：

- 工作中作为一个可见的道德榜样

- 定期就道德标准、原则和价值进行有说服力的沟通

- 采用奖励制度，让所有员工遵守道德标准[3]

要成为道德领导者，就需要有同时作为一个有道德的人和有道德的管理者的强有力表现：如果自身的思想意识和行为并不道德，那么成为道德领导者的风险很大，因为被发现是伪君子的可能性很高。一个不道德的领导者在道德管理和道德领导这两个维度上的得分都很低，一个没有进行公开道德领导的人会被视为道德中立的领导者，即使这个人是一个很有道德的人。

道德领导的关键是在道德基础之上采取明显且有效的行动。这种领导方式将极大地推动公司的道德计划，并努力发展和维持一种企业道德文化。如果没有来自高管和主管的强有力的道德领导，试图发展和维持企业道德文化很可能会失败。总之，如果道德领导者真的想要其下属学习适当的行为，避免适得其反或不道德的行为，他们就必须充分展现预期的公司愿景和价值观，不仅内心要相信它们，而且行动上和言语中也要传达它们。只有这样，他们才

---

[1] L. Kohlberg，*Essays on Moral Development*，vols. 1 and 2（New York：Harper & Row，1981，1984）. 131.

[2] L. K. Treviño，L. P. Hartman，and M. Brown，"Moral Person and Moral Manager：How Executives Develop a Reputation for Ethical Leadership," *California Management Review* 42，no. 4（2000）：128-42.

[3] Ibid.，134.

能提供正确的"高层基调"。

⚡ 一份非常有用的出版物摘要：商业圆桌会议对发展道德领导力的看法

据埃德·弗里曼（Ed Freeman）和丽莎·斯图尔特（Lisa Stewart）所说，在对道德理想的理解中，道德领导者体现了组织及其成员的目的、愿景和价值观。他们将组织的目标与内部员工和外部利益相关者的目标联系起来。

道德领导者不仅将他们的下属视为追随者，而且将他们视为为共同目标、愿景和价值观努力奋斗的利益相关者。这些追随者和利益相关者有他们自己的个性和自主权，必须得到尊重，以维持一个道德共同体。道德领导者努力建立开放、双向的对话，从而对不同观点、价值观和下属意见保持宽容。他们愿意接受别人的意见和想法，因为他们知道这些意见和想法会让他们领导的组织更好。[①]

埃德·弗里曼和丽莎·斯图尔特认为道德领导者应具备以下特征：

1. 阐明并体现组织的宗旨和价值观。
2. 关注组织的成功，而不是个人。
3. 找到最优秀的人并培养他们。
4. 为利益相关者创造一个关于道德、价值和创造价值的活跃对话。
5. 建立异议机制。
6. 宽容地理解他人的价值观。
7. 在做出艰难决定时富有想象力。
8. 了解他们生活中的价值观和道德准则的限度。
9. 用道德的术语来定义行为。
10. 将基本的价值主张与利益相关者的支持、社会合法性联系起来。[②]

企业精神变态者

不是每个人都能成为道德领导者。最近，观察者们[③]开始推测，有一些商界人士根本就没有能力成为道德领导者，因此，仔细甄别这些人并保证他们无法进入公司领导层是极其重要的。"企业精神变态者"这一术语被创造出来是为了描述具有如下特征的人。

● "缺乏良知，缺乏情感，对他人没有感情、同情心或同理心。"[④]

---

① R. Edward Freeman and Lisa Stewart，*Developing Ethical Leadership*（Business Roundtable Institute for Corporate Ethics，2006），14，http://www.corporate-ethics.org.

② Freeman and Stewart，*Developing Ethical Leadership*，3 - 7.

③ 参见 Clive R. Boddy 在 *Journal of Business Ethics*，2005，2006，2010，2011 中的文章。

④ Clive R. Boddy，"The Corporate Psychopaths Theory of the Global Financial Crisis," *Journal of Business Ethics* 102（Spring 2011）：256.

- "无情地操纵他人，毫无良知，为达到自己的目的不择手段。"①
- "尽管他们看起来圆滑、迷人、老练、成功……但理论上会对他们工作的组织造成几乎完全的破坏。"②
- "冷酷无情地无视他人的需要和愿望，撒谎、欺骗，无视或损害他人的福利。"③

不用说，企业精神变态者很可能在一个组织内具有极大的破坏性，并且不能在发展和维护一个企业的道德文化方面起到有效的模范作用。

更令人担忧的是，企业精神变态者会被吸引到投资业和银行业等特定行业，并可能是导致 2008 年次贷危机中不道德的超额奖金、证券化和贷款行为的重要原因。这些问题将在第 8 章讨论。

人们逐渐认识到企业精神变态者可能造成的伤害，所以确保这些人不会获得实权职位十分重要，他们可以通过阻碍一个道德企业文化的健康发展，阻止企业形成诚信文化。

董事和官员责任

公司道德治理和道德责任不再仅仅是一项好的业务，而是法律。《SOX 法案》引发了全球的美国证券交易委员会注册公司的治理改革，并在许多其他国家的司法管辖区催生了类似的治理改革规定。《SOX 法案》第 404 节要求公司审查其内部控制系统在财务报告方面的有效性。CEO、CFO 和审计师必须报告并证明内部控制系统的有效性。CEO 和 CFO 故意错报可能会受到刑事和民事指控。

内部控制的强制性审查涉及将公司系统与公认的内部控制框架，例如 COSO 为企业风险管理（ERM）制定的框架进行比较。④ COSO 的 ERM 框架于 2004 年推出，涵盖了一个实体如何在四个维度（战略、运营、报告和合规）上实现其目标。在每个维度中，ERM 框架都涉及八个相互关联的组成部分（内部环境、目标设定、事件识别、风险评估、风险应对、控制活动、信息和沟通以及监测），涉及企业管理的运行方式，以及它们是如何与管理过程整合在一起的。2016 年 6 月，COSO 网站发布了一个更新的 ERM 框架，该框架增强了企业风险管理与组织战略和企业绩效之间的联系，第 7 章会对此展开进一步讨论。

道德和企业道德文化被视为在构建控制环境、创建有效的以企业风险管理为导向的内部控制系统并影响其结果方面起着至关重要的作用。因此，以 COSO 系统的 ERM 框架为导向的审查将检查最高层的基调、行为准则、员工意识、达到不切实际或不适当目标的压力、管理层推翻既定控制的意愿、绩效评估中的准则遵守情况、监测内部控制系统的有效性、检举

---

① P. Babiak and R. D. Hare，2006，*Snakes in Suits When Psychopaths Go to Work*（New York：HarperCollins，2006）.

② Boddy，"The Corporate Psychopaths Theory of the Global Financial Crisis，" 256.

③ S. E. Perkel，"Book Review：Bad Leadership：What It Is，How It Happens，Why It Matters，" in B. Kellerman，ed.，*Consulting to Management* 16，59 – 61.

④ Committee of Sponsoring Organizations of the Treadway Commission，*Enterprise Risk Management—Integrated Framework：Executive Summary*，September 2004，http://www.coso.org/guidance.htm.

程序以及针对违规行为采取的补救措施。①

不足为奇的是，这些新的治理要求已经部分得到了证券交易所的认可，证券交易所要求上市公司符合这些要求，这些要求包括最高层的基调、准则的存在、政策的遵守和充分披露等。纽约证券交易所、多伦多证券交易所和其他交易所的治理要求可访问 www. cengage. com 进行查询。

如果这些新的治理要求没有得到满足，会发生什么呢？除了对违规董事或管理层施加限制外，违反证券交易所规定的公司可能会被处以罚款、停牌或退市。企业如果不遵守美国证券交易委员会法规或世界各地类似的委员会法规，可能会导致民事或刑事起诉。前者可能会导致罚款和个人限制，而后者可能会给高管带来相当数量的"刑期"。高管和董事可能被要求个人支付这些罚款，而不是用公司的资金或通过保险计划支付。这种可怕的景象导致 10 名安然公司的董事和 10 名世通公司的董事自己支付了总共 3 100 万美元来解决诉讼。②

在决定是否提起公诉时，美国司法部使用其已发布的指导意见中确定的因素。③ 例如，审查的重要因素包括：

- 合规计划是实质性的还是仅仅纸上谈兵？
- 管理层是在强制执行项目还是鼓励不当行为？
- 是否有足够的员工来监督和审核合规计划？
- 雇员是否知道这个计划并相信公司对该计划的承诺？④

如果被定罪，管理层和董事将在美国面临符合 2004 年《美国量刑指南》修正案的处罚。因编制财务报表及其报告过程中的不当行为而违反《SOX 法案》的处罚可能包括向发行方偿还 CEO 和/或 CFO 下一年收到的奖金和激励性报酬或基于股权的报酬，以及在此期间的股票销售利润。此外，有意识地证明明知不符合规定的声明将被处以 100 万美元的罚款和 10 年以下的监禁，而有目的地证明此类声明将被处以 500 万美元的罚款和 20 年以下的监禁。《SOX 法案》还调整了禁止个人担任发行方董事或高级管理人员的标准，即从"严重不合格"变为"不合格"。⑤ 如毕马威调查所述，"这些指南现在更明确地要求组织促进道德行为和道德文化，根据合规风险调整每一个项目要素，并定期评估项目有效性"⑥。

这些处罚非常严重，误解和未能减轻处罚对违规者而言是无趣的。表 5-21 列出了在根据 2004 年《美国量刑指南》实施处罚时应考虑的特定道德期望指南。

---

① KPMG Forensic，*Integrity Survey 2005 - 2006*，2005.

② J. S. Lublin, T. Francis, and J. Weil, "Some Outside Directors Consider Quitting in Wake of Settlements," *Wall Street Journal*, January 13, 2005, B13.

③ Ibid. , KMPG *Integrity Survey 2005 - 2006*, 21.

④ KPMG Forensic, *Integrity Survey*.

⑤ Principal source：*CEO and CFO Certification：Improving Transparency and Accountability，a Canadian Performance Reporting Board Discussion Brief*，Canadian Institute of Chartered Accountants，2004，41.

⑥ KPMG Forensic, *Integrity Survey*.

表 5 - 21　2005—2006 年毕马威诚信调查的《美国量刑指南》道德标准

具体来说，修订后的指南呼吁各组织：

- 推动建立鼓励道德行为和遵守法律的文化。
- 建立预防和侦查犯罪行为的标准和程序。
- 确保董事会和高级管理人员了解道德标准并对合规性进行合理监督。
- 在组织内部指派一名高层人员来确保组织拥有合规性和道德机制，并将日常运营责任委托给拥有足够资源和权限的个人，使其直接向董事会汇报。
- 努力尽职尽责，将从事非法活动或行为不符合合规性和公司道德机制的人排除在重要职位之外。
- 为董事、高管、员工和其他代理人实施有效的培训计划，并定期向这些人提供符合其各自在合规性和道德机制中的角色和职责的信息。
- 确保遵守合规性和道德机制，包括通过监控和审计来及时发现违法犯罪行为。
- 发布一个可能涉及匿名和保密机制的系统，组织的员工和代理人可以通过该系统进行报告，寻求对有关潜在或已经发生的不当行为的指导，而不用担心遭到报复。
- 定期评估合规性和道德机制的有效性。
- 通过激励和纪律措施，始终如一地促进和执行合规性和道德机制。
- 采取合理措施对不当行为做出适当回应，包括对道德规范和行为准则进行必要的修改。

资料来源：Reprinted from KPMG *Integrity Survey 2005 - 2006*. Copyright © 2006 KPMG International. 所提供的所有信息均为一般性信息，并非针对任何特定个人或实体的情况。尽管我们努力提供准确及时的信息，但无法保证该信息在收到之日准确无误，或在未来仍准确无误。在对特定情况的事实进行彻底审查后，如果没有适当的专业建议，任何人不得对此类信息采取行动。有关更多新闻和信息，请访问毕马威网站。

公共问责基准

董事会和管理层在制定支撑公司文化和员工行为的价值观、政策和原则时，需要考虑的最新进展之一是利益相关者审查的激增以及对透明度和公众问责制的需求。以前从未有人对一家公司在做什么以及如何做感兴趣。

在美国、加拿大和英国，有一些评级服务根据竞争对手和外部基准对公司治理体系和绩效进行审查和评分。美国、英国和加拿大的公司通过与伦敦证券交易所挂钩的社会评级服务（如 FTSE4Good 服务），获得了新的知名度。企业社会责任和信息披露的新标准正逐步被制定出来，这些标准将帮助企业在构建和观察其机制、绩效评估、公开披露信息中建立对比。如果公司的业务不能很好地匹配这些新的标准，那么公司是否是负责任的公司就值得商榷。因此，公司至少应该对表 5 - 22 中列出的新公共问责标准和举措保持关注。第 7 章将进一步讨论公司的社会责任和企业公民身份。

表 5 - 22　新公共问责标准和举措

GRI	全球报告倡议：一个经济、社会和环境报告的框架。有数千份可供使用的报告。
ISO 26000	《社会责任指南》：制定和实施企业社会责任计划和报告的原则、主题和方法。
SASB	会计委员会的可持续性：可持续性问题，以及绩效的衡量、核算和披露标准。
AA1000	问责制：一种鉴证标准，旨在为组织的公开报告质量及其基本系统和过程的质量提供保证。
FTSE4Good	FTSE4Good 由使用客观的全球社会责任投资标准的公司组成。该指数的选择标准涵盖三个方面：（1）努力实现环境可持续性；（2）与利益相关者建立积极关系；（3）维护和支持广泛的人权。

续表

多米尼 400 社会指数	根据 11 项标准经过道德筛选的 400 家公司（主要是美国公司）被纳入该指数，以供道德投资者使用。
Jantzi 社会指数	对 400 家加拿大公司进行社会和环境筛选，类似于多米尼 400 社会指数和 FTSE4Good。
SA8000	社会责任国际：正在制定 SA8000 标准，以提供有关工作场所行为的指导，特别是关于血汗工厂行为的指导。审计师也接受培训。

5.4　总结——迈向诚信文化

对合乎道德的公司治理的需要不仅对企业有利，也对法律有利。最近治理监管的变化正在显著改变人们的期望。在一个审查日益严格的时代，道德不当行为会对公司目标的实现产生深远影响，因此，对公司治理体系提供适当的指导和进行一定的问责，在很大程度上符合股东、董事和高管的利益。

董事必须在管理公司的商业和道德风险方面进行尽职调查。他们需要确保有效的道德文化在公司中盛行。这就需要制定行为准则，以及创造适当行为意识的基本手段，以使员工认识并加强这种行为，确保将基本价值观嵌入公司战略和运营中。公司需要提前明确自己在利益冲突、性骚扰和类似主题上的立场，密切关注并及时更新公司文化，以使公司文化与当前的期望保持同步。

如果董事们能够通过一个有效的、符合道德规范的治理体系，认识到并准备好进入利益相关者问责的新时代，他们不仅会降低风险，而且能够在客户、员工、合作伙伴、环保主义者和其他利益相关者中产生竞争优势，这一定会对股东有吸引力。

总而言之，董事、高管和职业会计师如果希望满足其股东的期望，现在应该充分关注发展并维护诚信文化。

思考题

1. 公司是否应注册为慈善性质的公司，以便合法地考虑除追求利润之外的其他行为？

2. 如果林恩·斯托特的观点"对股东价值的驱动是一个神话"是正确的，为什么还有那么多公司把它作为一个目标？

3. 从道德治理的角度看，董事会的角色是什么？

4. 解释为什么公司在法律上对股东负责，但在战略上也对其他利益相关者负责。

5. 员工在送礼物或收礼物时应该考虑什么？

6. 员工何时应满足自己的利益，而非雇主的利益？

7. 对于高管或公司来说，有足够的保护措施防止产生损害情况下的利益冲突和保护措施不充分情况下的利益冲突一样重要吗？

8. 公司如何控制和管理利益冲突？

9. 道德文化的作用是什么？谁应对此负责？

10. 企业行为准则最重要的贡献是什么？

11. 准则中某一个或多个基本原则会比其他原则更重要吗？为什么？

12. 为什么准则应该关注原则而不是具体的细则？

13. 你如何监督一个公司对行为准则的遵守情况？

14. 企业如何将道德行为纳入其奖励和薪酬计划？

15. 除了行为准则，公司文化的哪些方面最重要？为什么？

16. 《SOX法案》驱动的审查内部控制系统有效性的努力是否值得？为什么？

17. 为什么有效的举报机制应被视为《SOX法案》合规计划中的"故障保护机制"？

18. 如果你被要求评价一个组织的道德领导的质量，你希望评价的五个最重要的方面是什么？你会如何评估？

19. 为什么人们怀疑企业精神变态者会被某些行业所吸引？这些行业中的公司应该怎么做？

20. 年度报告中有时会包含对公司社会绩效的描述。这是表现良好的标志，还是只是装点门面？如何提高此类描述的可信度？

21. 职业会计师是否应该推动企业社会绩效报告综合框架的开发？为什么？

22. 职业会计师是否具备审计公司社会绩效报告的专业知识？

参考文献

AICPA，2003. *Statement of Auditing Standards*（SAS）No. 99.

Badaracco，J. L.，and A. P. Webb. 1995. "Business Ethics：A View from the Trenches." *California Management Review* 60，no. 2（Winter）：8-28.

Berenbeim，R. E. 1987. *Corporate Ethics*. New York：The Conference Board，Inc.

Brooks，L. J. 1989. "Ethical Codes of Conduct：Deficient in Guidance for the Canadian Accounting Profession." *Journal of Business Ethics* 8，no. 5（May）：325-36.

Brooks，L. J. 1990. "A Survey on the Effectiveness/Compliance of Corporate Codes of Conduct in Canada." Unpublished manuscript.

Brooks，L. J. 1993. "No More Trial and Error：It's Time We Moved Ethics Out of the Clouds and into the Classroom." *CAmagazine*，March，43-45.

Brooks，L. J. 2000. "Codes of Conduct：Trust，Innovation，Commitment and Productivity：A Strategic-Cultural Perspective." *Global Outlook：An International Journal of Business，Economics，and Social Policy* 12，no. 2：1-11.

Brooks，L. J.，and V. Fortunato. 1991. "Discipline at the Institute of Chartered Accountants of Ontario." *CAmagazine*，May，40 - 43.

Canadian Institute of Chartered Accountants. 1995. *Guidance for Directors—Governance Processes for Control*. Toronto：Canadian Institute of Chartered Accountants.

Canadian Institute of Chartered Accountants. 2004. *CEO and CFO Certification：Improving Transparency and Accountability，A Canadian Performance Reporting Board Discussion Brief*. Toronto：Canadian Institute of Chartered Accountants.

Centre for Applied Ethics，University of British Columbia. Now transferred to the EthicsWeb Bookstore at http://www. ethicsweb. ca/resources/business/codes. html.

Chatman，J. A. ，and K. A. Jehn. 1994. "Assessing the Relationship between Industry Characteristics and Organizational Culture：How Different Can You Be?. " *Academy of Management Journal* 37：522 - 33.

CICA Handbook Section 5135. 2002. *The Auditor's Responsibility to Consider Fraud and Error in an Audit of Financial Statements*.

Clarkson，Max B. E. ，and M. Deck. 1989. "Towards CSR4：Defining Economic and Moral Responsibilities. " Unpublished manuscript.

Clarkson，Max B. E. ，and M. Deck. 1992. "Applying the Stakeholder Management Model to the Analysis and Evaluation of Corporate Codes. " Clarkson Centre for Business Ethics，University of Toronto.

Clarkson，Max，M. Deck，and R. Leblanc. 1997. *Codes of Ethics，Practice and Conduct*. Toronto：Society of Management Accountants of Canada，1997.

Council on Economic Priorities. Updated continuously. SA8000：*Guideline for Social Accountability*. New York：Council on Economic Priorities. ，http://www. cepaa. org.

Davis，Michael，and Andrew Stark，eds. *Conflict of Interest in the Professions*. New York：Oxford University Press，2001.

Enterprise Risk Management—Integrated Framework：Executive Summary. 2004. Committee of Sponsoring Organizations（COSO）of the Treadway Commission，September，downloadable from http://www. coso. org/guidance. htm. See also 2013 update on the COSO website.

EthicScan Canada. *Corporate Ethics Monitor* （A bimonthly publication published by EthicScan Canada，Toronto. ）

Institute of Business Ethics. http://www. ibe. org. uk.

Institute of Internal Auditors Research Foundation. 2001. *Enterprise Risk Management：Trends and Emerging Practices*. Altamonte Springs，FL：Institute of Internal Auditors Research Foundation.

International Federation of Accountants. 2001. *IFAC Code of Ethics for Professional Accountants*. London：International Federation of Accountants. http://www. ifac. org/Ethics/

index. tmpl.

International Accounting and Audit Standards Board. 2001. *ISA 240：The Auditor's Responsibility to Consider Fraud and Error in an Audit of Financial Statements*（rev. 2004）. International Accounting and Audit Standards Board.

KMPG Forensic Advisory Service. 2005. *Integrity Survey 2005 -2006*. New York：KMPG Forensic Advisory Service，http：//www. kpmg. com.

2001. *Managing Risk in the New Economy*. New York and Toronto：AICPA and CICA.

Maslow，A. 1954. *Motivation and Personality*. New York：Harper and Brothers.

Mathews，M. C. 1987. "Codes of Ethics：Organizational Behaviour and Misbehaviour. " In *Research in Corporate Social Behaviour*，107 - 30. Stanford，CT：JAI Press.

McGregor，D. D. 1960. *The Human Side of Enterprise*. New York：McGraw-Hill.

Paine，L. S. 1994. "Managing for Integrity. " *Harvard Business Review*，March-April，106 - 17.

Reschke，W. ，and R. Aldag. 2000. "A Model of the Impact of Organizational Culture on Individual/Team Outcomes and Organizational Effectiveness. " In *The Business Case for Culture Change*，14. Center for Organizational Effectiveness.

Schien，E. H. 1985. *Organizational Culture and Leadership*. San Francisco：Jossey-Bass.

Stout，Lynn. 2012. *The Shareholder Value Myth*. San Francisco：Berrett-Koehler.

The Business Roundtable. 1997. *Statement of Corporate Governance*. The Business Roundtable.

The Conference Board. 1999. *Global Corporate Ethics Practices：A Developing Consensus*. New York：The Conference Board.

Toronto Stock Exchange. 1994. *Report of the Toronto Stock Exchange Committee on Corporate Governance in Canada*，December. Toronto：Toronto Stock Exchange，paras. 4. 3 and 4. 4，p. 17.

Treviño，L. K. ，G. Weaver，D. G. Gibson，and B. L. Toffler. 1999. "Managing Ethics and Legal Compliance：What Works and What Hurts. " *California Management Review 41*，no. 2（Winter）：131 - 51.

Treviño，Linda Klebe，Laura Pincus Hartman，and Michael Brown. 2000. "Moral Person and Moral Manager：How Executives Develop a Reputation for Ethical Leadership. " *California Management Review* 42，no. 4（Summer）：128 - 42.

UN Brundtland Commission Report. 1987. *Our Common Future*. Oxford：World Commission on Environment and Development，Oxford University Press.

U. S. Senate Permanent Subcommittee on Investigations. 2002. *Report on the Role of the Board of Directors in the Collapse of Enron*，July 8. See http：//www. cengage. com.

U. S. Sentencing Commission 1991. *U. S. Sentencing Guidelines*，November 1. Washington，DC：U. S. Sentencing Commission.

Valdez（CERES）Principles.

Weaver，G. R.，L. K. Treviño，and P. L. Cochran. 1999. "Corporate Ethics Practices in the Mid-1990's：An Empirical Study of the Fortune 1000. " *Journal of Business Ethics* 18：283 - 94.

Weaver，G. R.，L. K. Treviño，and P. L. Cochran. 1999. "Corporate Ethics Programs as Control Systems：Influences of Executive Commitment and Environmental Factors. " *Academy of Management Journal* 42，no. 1（February）：41 - 57.

White，B. J.，and R. Montgomery. 1980. "Corporate Codes of Conduct. " *California Management Review*，Winter，80 - 87.

案例讨论

西门子贿赂丑闻

西门子是一家有着超过 160 年历史的工程和电子行业巨头。它是欧洲最大的企业集团之一，2007 年的利润为 39 亿欧元，收入为 724 亿欧元，比 2006 年的收入增加了 60 亿欧元。

西门子公司在全球拥有超过 475 000 名员工和业务员。但是，它还形成了一种腐败的组织文化，为了拿到利润丰厚的合同，数亿欧元被投入贿赂基金中用来行贿。下面是被曝光的细节信息：

● 2006 年 11 月，西门子审计机构毕马威完成了一份机密报告，详细列报了一些无法核实的付款。它无法确定谁收到了这些钱或提供了哪些服务。2000 年至 2006 年的可疑付款共计 13 亿英镑（约合 18.8 亿美元）。当时，该公司表示，高管们并不知道这些款项。

● 2007 年 1 月，该公司向欧盟委员会支付了 4.18 亿欧元的罚款，原因是该公司被指控领导一个垄断电站设备市场的卡特尔组织。西门子对这一罚款提出质疑。

● 2007 年 10 月，该公司因在通信设备业务中行贿被处以 2.01 亿欧元罚款。

一些高级管理人员还被指控并判处行贿罪，其中包括：

● 发电业务单元首席财务官安德烈亚斯·克利（Andreas Kley），因 1999 年至 2002 年间为获取意大利一家能源公司燃气轮机合同行贿 600 万欧元而被定罪（2007 年 5 月）。法官还对西门子处以 3 800 万欧元的罚款，并要求该公司放弃其在该合同中获得的利润。

● 执行董事约翰内斯·费尔德迈尔（Johannes Feldmayer）因向被认为对西门子管理层友好的工会（独立雇员协会（Associaton of Independent Employees））行贿而被定罪（2008 年 7 月）。这笔款项于 2001 年至 2005 年间支付，旨在抵消控制着西门子董事会近一半席位的德国金属工业工会（IG Metall）的权力。

● 赖因哈德·西卡泽克（Reinhard Siekaczek）是电信业务单元的一名销售经理，他因建立了一个旨在支付贿赂金的贿赂基金系统而被定罪（2008 年 7 月）。法官说，西卡泽克是按照上级的命令行事的，他"是一个有组织的不负责任的系统的一部分，这个系统被默许存在于公司之中"。

尽管 CEO 克劳斯·克莱因菲尔德（Klaus Kleinfeld）和监事会主席海因里希·冯·皮耶尔（Heinrich von Pierer）从未被指控有任何不当行为，但在 2007 年 4 月，他们都辞职了，同年 7 月，来自制药商默克公司的彼得·罗旭德（Peter Löscher）担任 CEO，罗旭德开始改变组织结构和文化。以前，每个业务线都有一名总经理和一个独立的董事会，这种结构抑制了问责制，也使腐败蔓延。罗旭德将公司重组为三个板块，即工业、能源和医疗保健，这三个板块的经理都是慕尼黑的中央管理委员会成员。他还采取了零容忍政策，传达了必须结束腐败的信息。

【问题】

1. 西门子的高级管理人员大部分工作时间都在纵容德国境外贿赂但不纵容德国境内贿赂的环境中度过。然而，他们没有注意到一位对双重标准感到尴尬的德国人倡导了透明国际倡议的变革，并最终导致了一个新的全球反贿赂制度。为什么他们忽略了变革？

2. 如果你是新任 CEO 彼得·罗旭德，你会如何向员工和外部利益相关者表明，你实际上对贿赂采取零容忍政策？

露露乐蒙公司存在问题的领导者

露露乐蒙公司（Lululemon Athletica）成立于 1998 年，专门销售瑜伽运动服装。2012 年，这家总部位于温哥华的公司在加拿大多伦多证券交易所和美国纳斯达克上市，销售额 14 亿美元，净收入 2.7 亿美元。它的 211 家门店分布在加拿大、美国、澳大利亚和新西兰。

露露乐蒙的董事会主席兼 CEO 奇普·威尔逊（Chip Wilson）曾发表过有争议的言论。例如，他说避孕药导致了高离婚率，而且避孕药的使用与乳腺癌有关。2005 年，他告诉《卡尔加里先驱报》，露露乐蒙不生产大码服装，因为制造成本要比正常大小的服装高出 30%。

2008 年，威尔逊聘请了星巴克的克里斯汀·戴伊（Christine Day）担任露露乐蒙的 CEO。2011 年，戴伊被多伦多《环球邮报》和加拿大营销协会（Marketing Association）评为"年度 CEO"。

2013 年 3 月 18 日，该公司由于生产的黑色瑜伽裤过于单薄透光，引起了公众的强烈抗议，该公司宣布召回这些黑色瑜伽裤。克里斯汀·戴伊坦率地承认："事实上，检验这个问题的唯一方法就是穿上裤子弯腰。"① 露露乐蒙公司向购买过这批瑜伽裤的人提供全额退款。据

---

① Holloe Shaw，"Lululemon at Loss to Explain Sheer-Pants Debacle That Could Shave 27￠ a Share Off Earnings for Year," *Financial Post*，March 21，2013.

估计，被召回的产品达公司库存的 17％，露露乐蒙花费了约 6 000 万美元，每股收益降低 27 美分。公司宣布产品召回后，股价下跌超过 6％。三个月后，戴伊辞去了露露乐蒙 CEO 的职务。2013 年 11 月 5 日晚，在彭博电视的采访中，奇普·威尔逊在被问及产品召回的问题时说，本公司的瑜伽裤并不适合所有的女性："坦白说，透光有时是因为大腿的摩擦。"① 威尔逊此言立刻在社交媒体上被指责为"肥胖羞辱"，他后来为自己的言论道歉，并于 12 月 10 日辞去了露露乐蒙董事会主席的职务。

【问题】

1. 你认为露露乐蒙的高管表现出了道德领导力吗？能否改善？

2. 当出现需要召回产品的生产和营销灾难时，CEO 是否有道德责任辞去 CEO 的职务？

3. 当发生需要召回产品的产销灾难时，董事会主席是否有道德责任辞去董事会主席职务？

4. 如果董事会主席向新闻界发表有争议的声明和评论，董事会是否有道德责任谴责董事会主席？

监视惠普董事

2006 年 1 月，惠普董事长帕特里夏·邓恩（Patricia Dunn）聘请了一个独立的电子安全专家小组来确定惠普长期战略机密泄露的来源。2006 年 9 月，媒体报道称一些独立专家监视了惠普董事会成员和几名记者。他们使用了一种不道德且可能违法的方式："假托"，以此获取了惠普董事会成员和九名记者的通话记录，其中包括 CNET、《纽约时报》和《华尔街日报》的记者。邓恩声称她不知道调查人员用来确定泄密来源的方法，但她在丑闻发生后辞职了。10 天前，对该泄密事件负责的董事乔治·基沃思（George Keyworth）辞去了其在惠普董事会的职务，而他已经在惠普任职 21 年了。

公司简介

惠普成立于 1939 年，业务遍及 170 多个国家和地区，是全球最大的个人电脑销售商之一，提供广泛的产品和服务，例如数字摄影、数字娱乐、计算和家庭打印。此外，惠普还提供从手持设备到世界上最强大的超级计算机设备的基础设施和业务产品。惠普是世界上最大的信息技术公司之一，截至 2008 年 1 月 31 日的四个财务季度的总收入为 1 077 亿美元。2007 年，惠普在《福布斯》500 强企业中排名第 14 位。惠普的公司总部位于加利福尼亚州帕洛阿尔托。

机密信息泄露和惠普的调查

邓恩于 1998 年加入惠普董事会，并于 2005 年 2 月当选为非执行董事长。1995 年至 2002

---

① Anonymous，"Chip Wilson，Lululemon Founder：'Some Women's Bodies' Not Right for Our Pants," *Huffington Post Canada*，November 6，2013.

年，她担任巴克莱全球投资者公司（Barclays Global Investors）的 CEO。2006 年 1 月，在线技术网站 CNET 发表了一篇关于惠普长期战略的文章。这篇文章引用了惠普内部的一个匿名消息来源的内容，其中包含只有公司董事才知道的信息。在 CNET 的文章发表后，邓恩在惠普安全人员和公司法律顾问办公室的协助下，授权一个独立的电子安全专家小组调查信息泄露的来源。调查针对的是惠普董事们 2006 年 1 月期间的通信，不仅包括在惠普的内部电话和内部电子邮件中的记录，还包括他们个人账户的记录。

顾问们并没有真的在监听电话。他们只是在寻找一种接触方式。调查采用了从有争议到不一定合法的多种策略。这些策略包括让私人调查员冒充惠普董事会成员，哄骗电话公司交出这些董事会成员个人电话账户的通话记录。九名记者的通话记录也是以类似的方式获得的。这种技术被称为"假托"。只需要一个家庭住址、一个账户号码或者其他某项个人信息，调查者或者假托人就可能通过扮演某人的方式从电话公司获得个人信息。

汤姆·珀金斯辞职

顾问发现了信息泄露的来源，在 2006 年 5 月举行的董事会会议上，邓恩认定在惠普公司任职时间最长的董事基沃思就是所谓的泄密者。他道了歉，然后对其他董事说："我本应该把这些全都告诉你们，你们为什么不直接问呢？"2006 年 9 月 12 日，基沃思在公开辞职信中道歉并陈述了他向 CNET 泄露信息的原因：

> 我承认我是 2006 年 1 月发表的一篇 CNET 文章的信息提供者。惠普公司公关人员经常要求我与记者交谈——无论是正式发言还是仅供参考——为了提供一个在公司任职长达公司大部分历史时期的董事会成员的视角。我的评论总是被公司高级官员称赞为对公司有帮助——这一直是我的意图。我认为我提供给 CNET 记者的见解符合公司的最佳利益，也不涉及机密或破坏性信息的披露。

被指控后，基沃思立即离开了董事会，另一名董事汤姆·珀金斯（Tom Perkins）是硅谷著名的风险投资家，也是公司创始人的朋友，他抗议内部秘密调查，认为这是非法的、不道德的，也是邓恩设置的错误的公司优先事项。珀金斯是董事会提名和治理委员会的主席，但邓恩没有通知他本次监控的情况，虽然他也知道邓恩这样做是为了找出泄密者。董事会召开了要求基沃思辞职的董事会会议后，珀金斯也宣布自己辞职。第二天公司公开宣布珀金斯辞职，但没有透露他离职的原因。惠普在四天后向美国证券交易委员会报告了珀金斯的辞职，同样没有给出辞职理由。

8 月初，在惠普无视他提出的惠普需要采取行动的要求后，珀金斯正式请求美国证券交易委员会和加利福尼亚州及纽约的检察官强制惠普公开提交他的书面辞职解释。到 9 月初，惠普无法推迟披露这起丑闻，向美国证券交易委员会提交了一份文件，在其中列出了"假托"的故事。与此同时，这个故事由珀金斯向新闻界发布。2006 年 9 月 12 日，基沃思公开辞去董事会职务，惠普宣布惠普 CEO 兼总裁马克·赫德（Mark Hurd）将在 2007 年 1 月 18 日惠普董事会会议后接替邓恩担任董事长。

国会听证会和指控

2006 年 9 月 21 日，赫德在惠普的一份官方新闻稿中解释说："起初是为了防止机密信息从惠普董事会泄露出去，但事态最终却朝着意想不到的方向发展了。"一天后，邓恩辞去了惠普董事一职，在辞职信中陈述了她离职的原因以及她参与的内部调查：

> 应董事会的要求，我今天辞职了。未经授权泄露机密信息严重违反了我们公司的行为准则。我遵循适当的程序，寻求惠普安全人员的帮助。我没有直接确定进行调查的人选，这是在与董事会成员协商后进行的。我接受了查明泄密来源的任务，但我没有提出调查的具体方法。我自己就是被调查的对象，我的通话记录也像其他人一样被检查了。惠普开展了这类调查，这让我和整个公司都感到很失望。

一周后，9 月 28 日，相关各方出现在美国众议院能源和商业委员会监督和调查小组委员会（Energy and Commerce Committee Subcommittee on Oversight and Investigations），以正在进行刑事调查为由，惠普总法律顾问安·巴斯金斯（Ann Baskins）在出庭作证前几个小时辞职，并援引宪法第五修正案拒绝回答问题。在听证会上，邓恩和赫德就内部调查作证。邓恩作证说，她从未批准使用有问题的策略，直到 2006 年 6 月下旬或 7 月，她才意识到"假托"可能涉及冒充某人的身份以获取通话记录。

2006 年 10 月，加利福尼亚州司法部长对惠普公司、邓恩和其他惠普员工提起民事和刑事诉讼。惠普在 2006 年 12 月解决了这起诉讼，支付了 1 450 万美元的罚款，并承诺改善其公司治理方式。2007 年 6 月，一名加利福尼亚州法官驳回了对邓恩和其他卷入丑闻的员工的欺诈指控。

与此同时，被惠普外部顾问获取通话记录的记者对该公司提起了诉讼。两年后，即 2008 年 2 月，惠普同意与《纽约时报》和三名《商业周刊》记者达成财务和解协议。和解金额未披露，所得款项已捐赠给慈善机构。

【问题】

1. 董事长是否应该被允许对公司内部控制系统的弱点进行调查？

2. 为了获得能够加强公司内部控制系统的关键信息，"假托"是否是一种可以接受的手段？惠普就该主题获得了相关法律建议：委员会的外部法律顾问告知委员会，在调查开始时使用"假托"一般来说并不违法（金融机构除外），但这些法律顾问无法证实外部咨询公司和该公司聘用的当事人所使用的技术在所有方面都符合适用的法律。[①]

3. 从董事会辞职的原因应该公开吗？

资料来源：Hewlett-Packard，September 2006 to July 2008，CNN Archive，http://money. cnn. com.

Hewlett-Packard，September 2006 to July 2008，Newsweek Archive，http://www. newsweek. com.

Hewlett-Packard，September 2006 to July 2008，New York Times Archive，http://www. nytimes. com.

Hewlett-Packard，2006，press releases，http://www. hp. com/hpinfo/ newsroom/press/2006/index. html.

作者感谢米格尔·米努蒂（Miguel Minutti）对这个案例的贡献。

---

① Floyd Norris, "Euphemisms and Crimes at Hewlett-Packard," *New York Times*, September 7, 2006.

巴林银行的魔鬼交易员

那是伦敦一个星期五的清晨，确切地说，是 1995 年 2 月 24 日上午 7 点 15 分——彼得·诺里斯（Peter Norris）给彼得·巴林（Peter Baring）打了个电话。巴林家族从 1763 年开始从事银行业。他们享受着英国女王的赞助，为拿破仑战争和加拿大横贯大陆的铁路提供资金。根据诺里斯的消息，伦敦历史最悠久的商业银行巴林银行很快将被外资所拥有。

前一天的早些时候，投资银行业务主管诺里斯被巴林证券（Baring Securities）地区总经理詹姆斯·巴克斯（James Bax）传唤到新加坡。该公司的明星交易员尼克·利森（Nick Leeson）自新加坡时间周三下午以来就一直没有露面，而且他似乎给巴林银行留下了大量未对冲证券头寸。如果不对冲，巴林银行将会破产，或在未偿还债务到期时由其他可以偿还债务的公司所有。

起初，巴林银行的高管并不确定到底发生了什么，或者潜在损失有多大。当他们确实发现其债务的性质时，他们意识到证券合约仍然未平仓，因此直到合约的收盘日期才知道其损失的上限。如果届时相关市场进一步下跌，巴林银行的亏损将进一步扩大。这完全出乎利森的意料，因为他本应在完全对冲的头寸中交易，通过短期价格变动赚钱，几乎不会损失大笔资金。发生什么事了？

诺里斯的发现证实了巴克斯告诉他的事情。实际上，利森已经建立了两个巨额的证券头寸。在他安排的期货合约中，巴林银行将在未来购买价值 70 亿美元的日本股票和价值 200 亿美元或更多的利率期货。不幸的是，由于日本神户大地震，日本股市下跌，因此股票合约的价值低于他支付的金额，预计的损失也在增加，但尚未达到最大值。实际上，据估计，股市每下跌 1%，损失就会增加 7 000 万美元。

周五中午，巴林银行行长彼得·巴林向英格兰银行（Bank of England）表示，他的银行可能出现了问题，估计合并损失为 4.33 亿英镑（6.5 亿美元），该数值接近其 5.41 亿英镑的股东权益。英格兰银行行长埃迪·乔治（Eddie George）从法国滑雪度假中被召回，他的副手鲁珀特·彭南特-雷（Rupert Pennant-Rea）召集其他英国银行家在英格兰银行会面，承诺提供资金，帮助解决巴林银行的问题。整个周六都在对潜在买家进行游说，但损失估计上升至 6.5 亿英镑，且暂时还看不到上限。他们进行了多项选择，包括联系世界首富文莱苏丹。英国银行家于上午 10 点在英格兰银行再次会面，一直到下午 2 点，他们已同意提供 6 亿英镑。关于"他们预付这笔钱的回报是什么"的问题正在讨论中，但谁来承担损失上限的问题仍然存在。苏丹提出了承担损失上限的条件，包括接管巴林银行。不幸的是，这项提议在交易完成之前就被撤回了，埃迪·乔治不得不签署一项行政命令，命令的基本内容是将巴林银行置于英格兰银行的管理之下。晚上 10 点 10 分，英格兰银行宣布巴林银行破产。巴林家族 233 年的统治结束了。

荷兰第二大保险公司荷兰国际集团（ING）是潜在买家之一，该公司仍有兴趣，并派出了一个由 30 余人组成的小组来完成尽职调查。荷兰国际集团感兴趣的是评估其他损失的风险程度，以及伦敦和新加坡办事处人员在利森问题中的共谋程度。荷兰国际集团董事长雅各布（Jacobs）同意在 2 月 28 日（周二）日本股市开盘前两小时买入巴林银行股份。作为交易的一部分，他同意在银行保留巴林家族的名字。此外，他随后同意支付巴林银行管理层在那个著名电话前两天向员工承诺发放的 1.05 亿英镑奖金中的大部分。

这场灾难是如何发生的？直到英格兰银行监管委员会的报告出炉，真相才慢慢浮出水面。2 月 28 日，尼克·利森仍然没有被找到，直到他和妻子于 3 月 2 日（周四）抵达法兰克福后，他才被拘留，此前他曾在吉隆坡和马来西亚哥打基纳巴卢度过了一段时间。他最终将达成协议协助调查人员，但仍将被送回新加坡受审。

尼克·利森之前曾去新加坡担任期货交易的部门负责人，并取得成功。

他通过买卖日经 225 期货等日本股票的期货合约赚钱。这些日经 225 期货合约在大阪证券交易所和新加坡国际金融交易所（SIMEX）进行交易。由于每家交易所的价格略有不同，目光敏锐的交易员可以在一家交易所买入，在另一家交易所卖出，从价差中赚钱。这是相对安全的，因为每次购买都会立即出售，否则巴林银行将面临非常大的风险，因为交易杠杆率很高。他的部门，1992 年赚了 118 万英镑；1993 年赚了 883 万英镑；在 1994 年的前七个月，总共赚了 1 960 万英镑，占整个集团总利润的 1/3 以上。尼克是个明星。

巴林银行确实曾派了内部审计师，以确保一切正常。尽管这份长达 24 页的报告谴责了监管的缺乏，特别是让一个人同时负责前台（投资）和后台（记录），但由于担心激怒利森而使其跳槽到另一家经纪公司，巴林银行并没有采取行动。毕竟，利森赚的利润为所有人带来了奖金。尽管利森的行为变得有些怪异，但相关部门始终没有采取任何行动。例如，5 个月前，他因在酒吧里脱下裤子，并怂恿一群女人用他的手机报警而被罚款 200 美元（新加坡）。

他的自负和追求更高利润的压力促使他转向了风险更大的投资方向，他开始进行非对冲交易，即不能立即卖出或买进来盈亏相抵的交易。因此，由于经济下行，他需要资金来满足非对冲交易追加保证金的要求。他没有向巴克斯汇报，而是直接向伦敦总部汇报，他在 1 月底和 2 月初拿到了总部送来的 4.54 亿英镑。

不知怎么回事，他让总部相信他的操作是稳健的——他是怎么做到的呢？可能是他控制后台部门的能力给了他这样做的机会。早些时候，当他开始大量交易时，其中夹杂着在证券交易所的交易网点伪造的交易，使得后台部门应接不暇。据称，前衍生品交易主管戈登·鲍泽（Gordon Bowser）曾建议他建立一个虚构账户——错误账户号 88888——来解决交易问题，并且不向伦敦总部汇报，以免引起审计注意。然而，利森却把这个账户作为自己损失的藏身之处。1992 年，他总共损失了 200 万英镑；1993 年，他损失了 2 300 万英镑；1994 年底，他损失了 2.08 亿英镑；截止到 1995 年 2 月 27 日巴林银行进行破产管理后，他损失了 8.27 亿英镑。当这个假账户的电脑报告从打印机上打印出来后，利森把它销毁了。

巴林银行的财务主管安东尼·霍斯（Anthony Hawes）碰巧视察了新加坡网点。在 3 月 22 日（周三），两人共进午餐，他告诉利森，他将在 3 月 24 日（周五，新加坡时间）获得至少200万美元的奖金。此外，他还告诉利森，银行有一项新的控制政策，所以他想审查后台操作和会计操作。利森声称妻子流产了，需要他，便在周四与霍斯会面后急忙赶往吉隆坡。显然他意识到他马上就会被抓了。

在他被抓后，利森的妻子透露，利润压力变得太大，他开始铤而走险。到最后，他只想挽回损失。据报道，在被抓之前，利森从马来西亚酒店打电话给一个朋友，说："我的上司完全知道我在冒险。很多人都知道……但是出了问题，他们就试图把所有的责任都推到我身上。"① 我们真的能了解事情的真相吗？

【问题】

1. 如果一个明星交易员对附加的控制极为敏感，这可能意味着他不可信或者他在文书工作和解释上花费更多时间，你会怎么做？

2. 你对荷兰国际集团在巴林银行建立道德控制和会计控制有什么建议吗？

3. 谁更有错——高层管理者还是尼克·利森？

资料来源："Leeson Expected to Receive a Light Sentence," *Financial Post*, December 2, 1995, 12.

"Police Hunt Rogue Trader Who Torpedoed Barings," *Financial Post*, February 28, 1995, 3.

"Buyers Circle Barings' Corpse," *Financial Post*, March 1, 1995, 5.

"Death Came Sudden and Swift for Barings," *Financial Post*, March 4, 1995, 6, 7.

"Leeson Says Barings Told Him to Set Up a Secret Account," *Financial Post*, February 14, 1996, 10.

"Ex-Barings Directors Sued by Auditors," *Financial Post*, November 30, 1996, 15.

"Barings Bank Goes Bust in 17 Bn Scam," *Manchester Guardian Weekly*, week ending March 5, 1995, 1.

"Busting the Bank," *The Observer*, March 5, 1995, 23-25.

"Barings' Dutch Master," *The Observer*, March 12, 1995, 8.

"Leeson's Resignation," *Toronto Star*, March 7, 1995, D1.

"Barings Loss Expands 50% as Take-Over Approved," *Toronto Star*, March 7, 1995, D6.

"Barings Saved, but City Faces Inquiry," *Manchester Guardian Weekly*, March 12, 1995, 1.

"Norris Was a Director in Singapore," *The Observer*, March 12, 1995, 1.

道康宁硅胶乳房植入物

1992年1月6日，"关于安全问题的争议愈演愈烈，使得美国食品药品监督管理局呼吁暂停隆胸手术"②。随着1月一天天过去，危机愈演愈烈，直到1月30日，多伦多《环球邮报》刊登了《纽约时报》的一篇题为《道康宁在损害控制方面的失误》的文章。文章指出：

> 公共关系和危机管理专家说，无论道康宁公司是否能让监管机构相信其硅胶乳房植入物是安全的，该公司似乎都有可能被贴上处理问题手段拙劣的标签。
>
> "这是一个典型的危机管理案例"……"看起来是律师在尽责，试图限制他们的责

---

① "Busting the Bank," *The Observer*, March 5, 1995, 25.

② Barnaby Feder, "Dow Corning Fumbles in Damage Control," *The Globe and Mail*, January 30, 1992, 3.

任"。"但如果他们在舆论上输了，对公司的损害要比在法庭上败诉严重得多。"

顾问们承认，正如道康宁辩解的那样，大部分的伤害索赔几乎没有证据支持伤害是道康宁公司造成的，该公司很难在不破坏其法律策略的情况下表现出同情。

争议不断升级，直到 3 月 20 日，在美国当局呼吁严格限制使用、加拿大当局选择暂停使用的一个月后，道康宁停止了其硅胶乳房植入物产品线。该公司还向美国没有被纳入私人健康保险范围内的女性提供每人高达 1 200 美元的植入物移除手术费用。此外，该公司还将花费 1 000 万美元用于硅胶乳房植入物的研究。①

这一争议引发了对诸多问题的讨论，其中包括道康宁如何出售有缺陷的硅胶乳房植入物。近十年来，在哈佛大学的三个案例中，该公司曾经因其杰出的道德项目而备受推崇。该项目②的基本内容如下：

六名管理者在商业行为委员会（Business Conduct Committee）任职三年；每个成员每年花六周的时间在委员会工作上。

两名审计成员每三年审核一次业务运作；该小组每年检查多达 35 个地点。

35 名员工参加了时长三个小时的审核。委员会成员以道德规范为框架，鼓励员工提出道德问题。

审核结果将报告给董事会的由三名成员组成的审计和社会责任委员会（Audit and Social Responsibility Committee）③：

有趣的是，尽管硅胶乳房植入物操作自 1983 年以来已经经历了四次审计，道德审计方法也未发现任何存在问题的迹象，但担任商业行为委员会主席的地区副总裁耶雷·马齐尼亚克（Jere Marciniak）表示："他没有触及……道德项目……'它会帮助和指导我们渡过这个困难时期'。"

💡 道康宁取消硅胶乳房植入物生产线

罗布·麦肯齐（Rob McKenzie）

《金融邮报》（1992 年 3 月 20 日）

身陷困境的道康宁公司昨日结束了硅胶乳房植入物业务，向一些需要移除植入物的美国妇女提供资金，但加拿大患者的医疗费用将由加拿大纳税人承担。

道康宁加拿大公司总裁伯特·米勒（Bert Miller）说，从医学角度来说，植入物移除手术的数量不会像批评人士预期的那么多。

---

① Rob McKenzie, "Dow Cancels Implant Line," *Financial Post*, March 20, 1992, 3.

② 细节参见 "Dow Corning Corporation: Business Conduct and Global Values (A)," Harvard Business School case # 9-385-018.

③ John A. Byrne, "The Best Laid Ethics Programs," *Businessweek*, March 9, 1992, 67-69.

他说："老实说，我不认为这是个很大的数字。"

道康宁坚称，其硅胶乳房植入物没有健康危害。

道康宁董事长兼 CEO 基思·麦肯诺（Keith McKennon）在一份声明中表示："我们停止生产和销售的原因与科学或安全问题无关，而是与市场现状有关。"

米勒在多伦多告诉记者，他"个人深信，没有不必要的风险不值得这样做"。

他补充道："我们道康宁对自己的产品有信心。"

许多女性表示，该公司的硅胶乳房植入物可能导致伤残，或将因泄漏或爆裂而产生其他健康问题。

2 月 20 日，美国食品药品监督管理局的一个小组建议严格限制这种植入物的使用。在加拿大，相关部门已对其暂停使用。

道康宁公司是道化学公司（Dow Chemical Co.）和康宁公司（Corning Inc.）在密歇根州建立的合资企业，该公司售出了 60 多万个硅胶乳房植入物，其中在加拿大售出的估计有 2.7 万个。

除了停止生产和销售，该公司还表示将花费 1 000 万美元用于硅胶乳房植入物研究。在美国，它将向因医疗原因需要移除植入物但不属于私人健康保险范围内的女性提供每人 1 200 美元的补贴。

那些担心植入物会伤害自己，但还没有任何不良反应的女性，不符合获得援助的条件。

米勒说："如果植入者没有任何生理症状，而且植入物也没有带来任何问题，就应该平静下来。"

加拿大公司的业务发展经理布赖恩·格鲁克斯（Bryan Groulx）补充说："我们来这里不是为了提供不必要的手术的。"

道康宁公司最强烈的批评者之一——渥太华顾问、隆胸专家皮埃尔·布莱斯（Pierre Blais）博士说，昨天的公告是"一个勇敢和恰当的决定"。

隆胸产品约占道康宁公司销售额的 1%。

【问题】

1. 为什么道康宁公司的道德审计项目没有披露任何关于硅胶乳房植入物生产线的担忧？
2. 使道德审计项目有效运行的关键因素是什么？
3. 道康宁的声明是否明智且合乎道德？
4. 这个案例是否引发了其他道德困境？

资料来源："Dow Cancels Implant Line," *Financial Post*，March 20，1992.

第 **6** 章

公众利益领域的职业会计师

学习目标

职业会计师在提供投资者和公众所需要的信托服务时经常面临特定事件的挑战，有几次，这些挑战或外部对于会计人员的期望差距导致了会计行业的信誉危机，因此需要行业或监管机构用更严格的道德标准进行规范和引导。安然、安达信和世通的财务丑闻促进了美国 2002 年《SOX 法案》的出台，随后商界进入了保护利益相关者的新时代。之前职业会计师从受托人向商人的角色转变受到质疑，并且被强制叫停和逆转。新的公众期望和职业准则引发了职业会计师的行为方式、提供的服务以及绩效考核标准的变化，这些考核标准已经纳入国内国外新的治理结构和指导机制中。

此外，推动会计全球化标准的发展也是为了维护世界职业会计师的声誉，消除信誉差距。从长远来看，国际会计准则理事会（IASB）和国际会计师联合会与《SOX 法案》一样产生了深远影响，因为世界各地管理注册会计师的专业会计机构和注册会计师协会正在将其制定的会计准则逐步向两个机构的准则靠拢。

由于财务丑闻的广泛影响，大数据、数据分析以及人工智能的发展应用，最近出现的两项新进展注定会改变职业会计师的行为方式：

● 英格兰和威尔士特许会计师协会和加拿大特许职业会计师协会重构了会计专业的研究，这些机构和其他注册会计师管理机构与美国注册会计师协会一同重建专业会计的知识框架体系。[1]

● 新的行为标准（NOCLAR 审计准则）已经在世界范围内被采纳和实施，要求职业会计师在发现或怀疑其客户或雇主没有遵守法律法规时进行报告。这些标准旨在要求职业会计师以保护公众利益为主要目的，与之前要求为客户保密的规定相悖。

---

[1] https://www. utm. utoronto. ca/pac/pac-events/pac-2019-annual-conference-professional-accounting-futures-september-13 - 2019.

本章介绍了这些准则的作用和效果，并为其在当前和未来实践的重要领域提供见解。前几章阐述了面向客户和利益相关者的问责制框架，本章在此基础上继续探讨公众对职业会计师的期望，以及职业会计师应遵守的原则。这些原则会促使职业会计师考虑他们提供的服务带来的影响，以及会计人员应该关注的关键增值服务或竞争优势，进而在工作中维护行业及个人声誉和合法性。本章还介绍了道德治理和指导的来源，包括国际会计师职业道德准则理事会、美国注册会计师协会和安大略省特许职业会计师协会的准则。

阅读本章后，你将了解：

- 会计师的专业精神意味着为公众利益服务。
- 现在和以前对专业会计行为的期望。
- 专业的会计判断与决策。
- 对职业会计师的指导，包括行为准则和 NOCLAR 审计准则。
- 塑造了专业会计未来的标志性案例。

6.1 会计师的职业精神

职业精神是指能够代表某一职业人士的行为、目标或品质。[1] 对于以保护公众利益为目标的职业会计师来说，职业精神包括：

- 职业价值观、道德和态度，包括：
  - 对专业胜任能力的承诺
  - 道德行为（如独立、客观、保密和正直）
  - 专业态度（如谨慎、及时、礼貌、尊重、负责和可靠）
  - 追求卓越（如不断改进和终身学习）
  - 社会责任（如对公众利益的认识和考虑）[2]
- 职业怀疑态度
- 在压力面前保持职业精神的道德和勇气

这些因素对于维护会计行业的信誉和财务报告的完整性必不可少，两者都需要职业会计师保护公众利益，维持公众信任。

不论是刚刚进入行业的新人，还是经验丰富的职业会计师，都有必要理解以上每一个要素，以确保他们按照公众期望的角色履行职责。许多学生进入会计专业学习时，目光过于狭隘，只关注获得专业技能，以至于他们无法理解做出判断、决策时其他因素的重要性。他们需要知道，任何一个熟练的簿记员都可以做财务报表，但正是会计师的价值观、道德、态度

---

① http://www.merriam-webster.com/dictionary/professionalism.
② IAESB Glossary of Terms，p. 29.

以及其他特征保证了报表的完整性，使利益相关者可以依据报表做出判断。

很少有财务丑闻缘于会计师的专业胜任能力，大多数丑闻如英国卡里利恩的财务丑闻，都缘于会计师的道德问题或者不专业行为导致的判断失误。因此，为了恢复公众的信任，美国和加拿大注册会计师的管理机构现在要求其成员完成关于道德和职业行为的强制性职业继续教育（CPE）课程。

鉴于当前会计行业的状况，职业会计师必须完全理解专业性的重要、每个要素的本质、对行业正确行为的指导，以及如何评估、减少和避免对于个人乃至整个行业的威胁。

6.2　职业会计师的传统角色

传统意义上，职业会计师被认为是编制、分析、解释和使用财务报表的专家，但是职业会计师不应仅仅知道如何处理财务数据。由于财务报表涉及许多估计数和在不同价值、程序和披露之间的选择，职业会计师必须利用专业判断做出这些选择，以增加财务报表的可信度并保护公众的利益。而专业判断又取决于对职业标准所规定的、体现在实际工作中的行为对错的理解。

专业行为取决于对预期的理解判断，以及根据财务数据的可信度和为公众利益服务的效果来选择替代方案的勇气。这些选择通常取决于决策者的个人价值观，如诚实、正直和独立，以便对所有利益相关者群体——包括已有的和潜在的股东、政府机构、非股东群体——使用的财务报表做出明确的解释。

鉴于这种对个人价值观的依赖，以及对当前和未来利益的平等对待，职业准则为职业会计师提供了正确的价值观标准，确保信息的合理披露和对客户的平等态度。本章的其余部分将探讨职业会计师应具备的职业素质，以确保其在工作中做出正确的专业行为。如果太多的职业会计师行为不当，那么整个行业的公信力就会受到损害，失去公众的信任。

6.3　历史上会计行业在满足公众期望方面的缺陷

历史表明，职业会计师常常无法达到利益相关者的期望，使投资者和其他受到公司倒闭或经济疲软影响的人蒙受损失。当财务报告不能真实可信地反映事实时，许多人可能会被误导，结果是可能会产生对财务报告和公司治理的信任危机，还可能会引发经济危机以及对职业会计师个人和职业声誉的损害。

过去，会计行业试图通过更严格更规范的行为准则（或其解释）或更多规范性实践来改进道德指导方法，从而满足公众对会计行业的期望。从最近的财务丑闻引发公众的愤怒可以看出，仅靠会计行业自我纠正是不够的，所以政府或行业监管机构制定了新的规定。这些新规定是否足以恢复和维持公众对职业会计师的信任？时间会证明一切。

当今时代的职业期望是多种因素共同作用的结果。首先，正如第 1 章所讨论的，利益相关者对公司或会计行业不良行为的关注度和敏感性正逐渐增加。这种日益增长的敏感性，对企业活动和全球化投资的认识，以及第 2 章中讨论的早期财务丑闻，推动了专业会计准则和会计实践的国际化。例如，国际会计师联合会于 1977 年成立，现在通过 100 多个国家和司法管辖区的 175 个以上的成员和准成员代表近 300 万名会计师[①]，并制定了指导方针，如世界各地成员协会普遍采用的道德准则和标准。

第 2 章中讨论的丑闻推动了相关法律法规的出台，促使有关部门加强对会计行业的管理。安然、安达信和世通的财务丑闻引发了商界、资本市场以及被视为问题一部分的职业会计师的信誉危机。愤怒的公众希望会计师恢复建立在信任、正直、报告透明度等价值观基础上的信誉，并重新致力于维护公众利益。为此，美国政府颁布了《SOX 法案》，要求美国证券交易委员会制定法规，对公司和会计行业进行治理改革，这在很大程度上发挥了作用。这些改革迫使那些希望进入美国资本市场的美国和外国公司（即美国证券交易委员会注册公司）及其审计师做出改变。

安然和其他公司的财务丑闻也进一步增强了制定更透明的全球披露标准的必要性，并促使国际会计师联合会制定推行可在所有司法管辖区直接采用或加以修改便可采用的会计标准。2001 年，国际会计师联合会发布了初版《国际会计师联合会道德准则》，目的是让成员组织的职业会计师能够遵守这些准则。随后国际会计师联合会通过国际会计师职业道德准则理事会发布了几个修订文件，推出 2018 年的《国际职业会计师道德准则》。国际会计师联合会的成员组织——世界各地的专业会计机构，如美国注册会计师协会、特许会计师协会（Institutes of Chartered Accountants）、加拿大特许职业会计师协会等——同意将自己的准则与国际会计师联合会准则保持一致，其中规定：

> 会计职业的一个显著特征是承担为公众利益服务的责任。

《SOX 法案》和国际会计师联合会的改革要求企业更广泛地对公众投资者负责，并要求职业会计师牢记自己的责任，保护投资者和其他利益相关者的利益。职业会计师不应为了协助管理层，或避免失去审计收入或工作的风险进行虚假报告。

投资者以外的利益相关者（如客户、员工和环保主义者）的担忧在一定程度上妨碍了企业实现其目标。但是道德问题对企业声誉造成的损害是非常严重的，甚至是致命的，例如曾经是世界上最大、最具权威性的审计公司之一的安达信。

因此，企业和职业会计师都应认识到，严格遵守治理法规、更透明的报告标准，满足利益相关者的期望，会对未来的成功产生重大影响。现在企业和会计行业的治理机制比以往任何时候都更需要确保这些要求得到满足。然而，历史表明，这些教训需要反复总结、吸取。

---

① IFAC website at https://www.ifac.org/about-ifac, accessed May 13, 2016.

6.4　职业会计师与公众利益

公众期望控制声誉

长期以来，为公众利益服务一直是备受推崇的职业要求。因此，满足公众对专业人士应如何行事、提供何种服务以及如何提供服务的期望，对专业人士和整个行业的声誉至关重要。

安然、安达信、世通、卡里利恩和其他公司新近发生的财务与管理方面的丑闻都证实，职业会计师应首先对公众利益，而不是他们的客户、管理层或他们自己负责。除非职业会计师清楚并恰当地理解自己的角色，否则他们不能始终以道德上负责的方式回答利益相关者关注的重要问题，这可能会导致职业会计师发表不当意见，损害自身和行业声誉。职业会计师要明白他们的角色对于在面临道德困境时正确回答问题、提供恰当的服务至关重要，例如：

- 谁才是我真正的客户——公司、管理层、当前股东、未来股东、公众？
- 在我面临道德困境不得不做出决定时，应该忠诚于我的雇主、客户、上司、职业、公众和我自己中的哪一方？
- 作为一名职业会计师，即使是一名雇员，我是否也要受到专业标准的约束？
- 专业会计是一种职业还是一种生意？可以两者兼有吗？
- 什么时候我不应该提供服务？
- 我可以同时为两个有利益冲突的客户服务吗？
- 某些情况下违反职业准则，不泄露客户机密是合理的吗？

公众对职业会计师的期望

毫无疑问，公众对特定职业人员（如医生或律师）与非职业人员（如销售或人事经理）的行为有不同的期望。这是为什么呢？似乎是因为这些特定职业人员从事一些真正有价值的工作，因此公众信任他们的能力和责任心。最终，公众对某一特定职业的尊重将决定该职业拥有的权利：经常垄断所提供的服务；控制进入该行业的门槛；获得较高的收入；能够自我调节，被同行而不是被政府评判。但如果一个职业失去了公众的信任，后果可能相当严重。

什么构成了职业？在最后的分析中，我们认为职业由共同的专业价值观下的特征、责任和权利构成，这些价值观决定了职业人员如何做出决定并付诸行动。

表 6-1 总结了贝尔斯（Bayles，1981）和贝尔曼（Behrman，1988）的思想，这些思想主要关注职业的主要特征。职业出现的目的是服务社会，为社会提供服务需要高水平的专业知识，而这反过来要求高质量的教育培训主要集中于智力方面，而不是提供机械的或者无关紧要的培训。最受推崇的职业几乎都获得了大众执业的许可，而代表该职业的组织对教育和执照项目施加的控制程度，可以明显地体现出该职业的自治程度，即多大程度上不受政府规章和繁文缛节的约束。

表 6-1　什么造就了一个职业

基本特征（Bayles，1981）
- 广泛培训
- 为社会提供重要服务
- 所需的训练和技能主要是智力方面的

典型特征
- 一般持有资格证或经过认证
- 由组织、协会或机构代表
- 自治

道德价值的基础（Behrman，1988）
- 通过道德考虑因素而不是技术或工具显著描绘，并建立在道德基础之上

　　自治对于一个职业是非常重要的，自治即不受政府法规和监管机构约束的自由，使一个行业的成员可以由同行来客观评判，而不是由政府监管机构来评判，也可以不在公开情况下实施制裁。这使得一个行业能够有效谨慎地管理其事务，对公众负责并且取得公众的信任。然而，如果公众开始担心这些程序不公平或不客观，或者公众的利益没有得到保护，政府就会介入。因此保持行业的信誉是极其重要的。

　　由于财务丑闻造成会计行业的信誉危机，美国证券交易委员会在 2002 年设立了 PCAO-B[①]，加拿大证券管理机构设立了加拿大公共责任委员会（CPAB）。[②] PCAOB 负责监督对 SEC 注册公司进行审计的职业会计师，这些公司来自世界各地，其股票在美国证券交易所进行交易，或者打算从美国公开渠道筹集资金。这意味着 PCAOB 的监督影响着世界范围内大型职业会计师事务所的行为，并且会影响到这些公司的会计政策。CPAB 是加拿大的审计师监督机构，致力于提高审计的质量，负责对加拿大证券发行公司的审计公司进行检查、报告和制裁。它将问题提交相关监管机构，并就审计和会计准则提出建议。

　　职业服务对社会非常重要，因此社会应给予该职业应有的权利，也要对其加以监督以确保该职业的人员履行应尽职责。一般而言，一种职业的职责包括：

- 拥有专业胜任能力并且合理运用
- 提供服务时保持客观
- 在与客户的交易中保持正直
- 对客户的信息保密
- 对没有履行这些职责的成员进行处分

　　由于职业人员与其客户之间的信托关系，这些职责对所提供的服务质量变得更加重要。当所提供的服务对客户极其重要，并且职业人员和客户之间的专业知识水平存在较大差异，客户不得不信任和依赖职业人员的判断和专业知识时，就存在信托关系。维护信托关系中固有的信任是职业人员角色的基础，以至于职业人员在客户或公众的利益受到威胁时，应当做

---

① PCAOB website，http://www.pcaobus.org.
② CPAB website，http://www.cpab-ccrc.ca.

出个人牺牲。

过去，有人认为，一个组织的员工可以不用遵守所在职业的道德准则，而应以为雇主服务为主要目的。不幸的是，这种短视的缺陷在一些案例中暴露了出来，造成巨大的负面影响。例如安然事件中的财务业绩的披露有利于当时的管理层，而不是当时和将来的股东。在这种情况下，相关职业会失去公众信任，损害自身的声誉。在安然事件发生之前，一些工程和会计职业已在行为准则中明确规定对公众承担主要责任。

美国参议院、美国证券交易委员会和国际会计师联合会（以及其全球成员机构）等已经明确表示，为公众利益服务是最重要的。只对雇主忠诚的理念已被驳斥，因为这显然与当前公众的期望不符。信托关系的条件——信任或依赖职业人员的判断和专业知识，适用于在组织内作为雇员服务的职业人员，也适用于直接向公众提供服务的职业人员。无论在何种情况下，一个组织提供的服务都是为了公众的利益。

为了促进这种职业特征、职责和权利的结合，行业必须发展出一套价值观或基本原则来指导其成员，并且每位职业人员都应具备与之相符的个人价值观。通常，理想的个人价值观应包括诚实、正直、客观、谨慎、勇于追求自我价值的实现以及抵制诱惑。没有这些价值观，就无法维持信托关系所需的信任，因此行业通常会实行一些措施评估成员是否具有这些价值观。这种筛选审查通常在个人资格审查或任职期间进行，或者由该行业的纪律委员会进行。通常，有犯罪行为的个人会被取消职业资格，如果不遵守行为准则中的职业标准，相关机构可以采取补救措施，例如罚款、中止执业或取消职业资格。

职业会计师，无论从事审计或管理工作，还是作为雇员或顾问，都应具有会计师和职业人员的双重角色。与相关领域（如管理控制、税收或信息系统）的非职业人员相比，职业会计师应具有更高的技能水平。另外，职业人员除了应履行上述一般职责和践行相应价值观，还应遵守其所属专业机构制定的特殊标准。违背职业规范会导致公众对整个行业缺乏信任。例如，当职业人员将自己的利益置于客户或公众利益之上时，就会引发公众对整个行业的质疑，进而引发对该行业的普遍调查。美国特雷德韦委员会（Treadway Commission，1987）和加拿大麦克唐纳委员会（Macdonald Commission，1988）的调查就是这种情况。后来行业的信誉危机，例如安然、安达信和世通的丑闻，都受到了新法律法规（例如《SOX 法案》和 SEC 相关法规）或中介机构（如 PCAOB）的监管，这些机构负责监督职业人员，保护投资者和公众利益，在对上市公司进行审计并出具审计报告时保证完整、独立、准确。[1]

在一个价值框架中，会计职业应是特征、责任、权利和价值观的组合。表 6-2 专门对会计职业进行了总结。

---

[1]　https://pcaobus.org/About/History/Pages/default.aspx.

表 6-2　会计职业的特征、责任、权利和价值观

特征

　　向社会提供信托服务

　　具备广泛的专业知识和技能

　　所需的训练和技能主要是智力方面的

　　由自治的行业组织监督

　　对政府当局负责

信托关系中必不可少的责任

　　关注客户和其他利益相关者的需求

　　发展所需的知识和技能，包括职业怀疑态度

　　在工作中对客户负责，具备应有的价值观，维持信托关系中的信任

　　维护个人声誉

　　保持行业声誉

大多数司法管辖区允许的权利

　　作为指定的职业人员提供信托服务

　　设定准入标准和考察候选人

　　进行以行为准则为基础的自律

　　参与会计和审计实务

　　从事会计和审计工作

履行职责和享有权利必备的价值观

　　诚实

　　正直

　　在独立判断的基础上保持客观

　　保持应有的谨慎和职业怀疑态度

　　必须具有专业胜任能力

　　保密

　　将公众、客户、行业、雇主或公司的利益置于自身利益之上

以道德价值观而不是会计或审计技术为主导

　　大多数会计师认为，掌握会计或审计技术是会计职业的必要条件。但大众普遍听闻的大多数财务丑闻其实不是由技术应用中的方法错误造成的，而是由对技术的合理使用或相关披露的判断错误造成的。其中一些判断错误缘于对问题复杂性的误解，而另一些错误缘于忽视了诚实、正直、客观、谨慎、保密等道德价值观，以及将他人利益置于自身利益之下。

　　过分重视会计专业技术而缺乏道德，从而做出错误决策的例子不胜枚举。例如，一个从概念上看很出色的会计处理如果有偏差或准备不充分，会达不到预期。企业在快破产时，没有合理披露坏账或应收账款通常不是因为会计的专业能力问题，而是因为对管理层、客户或自身的错误判断或错误的忠诚，但是会计本应对可能投资于银行或储蓄贷款公司的公众负责。

　　然而我们必须承认，有些情况下财务披露问题很复杂，或者权衡利益冲突很困难，因而会计师选择不进行披露似乎是合理的。例如，会计师会面临何时披露以及披露多少财务状况的问题。如果有足够的时间，公司有可能解决现存的财务问题，但披露这些问题可能会导致破产。

　　特别是在充满不确定性的情况下，会计人员做出决定必须遵守正确的道德价值观，道德

和技术能力都是不能缺失的必要条件。然而，当会计人员发现当前无法解决的问题时，道德价值观会使他们披露这一情况。没有道德价值观，就无法维持信托关系所需的信任，也会使行业声誉受损，降低会计行业的服务质量。

有时，其他行业的人员会在不考虑道德后果但技术上可行的情况下犯一些错误。例如基因克隆被称为技术要务，意思是如果可以做，就应该做。当在会计中出现这种情况时，通常是因为现有的会计准则不禁止这种做法，因而默认这种行为是允许的。例如对逾期抵押贷款重新谈判，披露为当前贷款，只有当它们被认为不能公平、客观地满足公众利益时才会被加以限制或改进。换句话说，他们不符合基本的道德原则。即使技术上的可行性会使会计师做出一些短期决策，但长期来看道德考量仍应是主要因素。只考虑技术方法而不考虑道德问题是否能很好地提供社会服务是一个值得研究的问题。可以想象的是，如果一个有效的"道德筛查"可供使用，那么利益冲突以及安然的 3% 特殊目的实体外部投资相关的问题将是可以预见的，并且可以设定约束条件。

信托关系中责任、忠诚、信任的优先顺序

谁应该是一个职业会计师真正的或最重要的客户？职业会计师的主要职责是为社会提供重要的信托服务，这些服务往往会以牺牲其他人的利益为代价保护以下几类人的利益：支付你费用或工资的人，现在的股东或所有者，未来的股东或所有者，以及其他利益相关者（包括员工、政府、贷款人等）。每个决定都会在短期和长期对利益相关者产生不同的影响，这取决于每个利益相关者的利益和情况，因此会计师在预期会产生重大影响的地方应仔细检查并慎重做出每一个决定。第 3 章和第 4 章深入讨论了利益相关者产生影响的复杂性，但对于审计师和会计师来说，需要关注几个一般性社会现象。

职业会计师有权利向社会提供信托服务，因为他们承诺维护信托关系中的信任。职业会计师不仅要具备专业知识，还需要具备勇气、诚实、正直、客观等品格，保持应有的谨慎、专业怀疑态度、胜任能力和保密，避免虚假陈述，以使利益相关者相信会计师会维护他们的利益。

然而，历史已经表明，这些价值观、特征和原则不足以确保会计师选择最佳的会计或审计处理方法。因此，为了缩小会计处理或审计实践中会计师可选择的范围，职业会计师必须遵守公认会计原则和公认审计准则。制定这些被广泛接受和使用的原则和标准，目的是让会计师维护所有公众的利益，即财务报告和审计意见等文件的使用者的利益。例如，经过审计的财务报表要维护现有股东、未来股东、债权人、管理层、政府等多方利益。如果经审计的财务报表偏向于某一类使用者的利益，就会破坏这种信托关系的基础，而所涉及的职业会计师将不值得信任，并将使其同行的声誉受损，从而影响整个行业的声誉和信誉。

坚持道德价值观和公认会计原则，对于管理领域的职业会计师、员工、咨询顾问以及审计人员来说都是非常重要的。有经验的数据管理人员和职业会计师之间的区别在于，使用者可以依赖或信任职业会计师的工作。无论职业会计师的具体工作是什么，任何虚假陈述、有偏见的报告或不道德的行为，都会破坏相关方对职业会计师的信任，并且损害其他从业人员

的声誉。

　　如果想成为一名职业会计师，必须时刻保持诚信。例如，不应因对客户或雇主的愚忠而做出虚假陈述或其他违法行为。将公众利益置于首位，并遵守行业行为准则是进入会计行业的必要条件。

　　审计人员是由股东或所有者指定的代理人，负责审查一个机构的活动，并报告其财务系统的健全性和年度报表的合理性。这样做是为了保护股东/所有者的利益，使他们免受包括管理层不道德行为在内的一系列问题的影响。现有和潜在的股东、债权人、政府和其他各方都需使用和依靠经审计的财务报告，因此，这种信任对整个行业的有效运行至关重要。选择牺牲未来收入来最大化当前收入的会计处理方式，可能会破坏与公众之间的信任关系，进而导致整个行业的声誉受损。因此，审计师首先要对公众忠诚，并将公众利益置于现有股东和所有者的利益之上，最后是管理层的利益。

　　对于受雇于组织或审计公司的会计师而言，没有对股东或公众的法定或合同义务。但是在履行对雇主的职责时，职业会计师仍应遵循诚实、正直、客观和应有的谨慎等价值观。这些价值观禁止职业会计师虚假陈述，因此当发现雇主有不当行为时，职业会计师应承担他们对其他利益相关者，包括会因为该不当行为而处于不利地位的其他职业人员，以及对行业声誉的责任。从这个角度来看，职业会计师的首要职责是确保工作的准确性和可靠性，以造福于最终用户——公众。职业道德或行为准则要求职业会计师不参与虚假陈述，不发布不实信息。然而一些现行法规仍要求职业会计师保持沉默或为客户保密，让不知情的利益相关者听天由命。需要注意的是，维护信托关系所需的信任基于公众对整个行业的信任，因此从长远来看，准则应明确规定保护公众利益，而非保护某一类利益相关者。IESBA 认识到了维护公众利益的必要性，并于 2017 年 7 月发布了 NOCLAR 审计准则。在接下来的几年里，国际会计师联合会成员组织将把 NOCLAR 审计准则引入世界各地职业会计师的行为规范中。下文将解释 NOCLAR 审计准则。

　　简而言之，如果为公众利益服务不是职业会计师的首要工作动机，就会损害公众对于会计行业的信心和支持，这一点在专业行为准则中得到了体现。因而政府将对改革会计行业施压，或创建一个新的无偏私且忠于公众利益的行业。正如第 2 章所讨论的，安然、安达信和世通的丑闻导致会计行业声誉大为受损，也引发了《SOX 法案》的改革，新的治理法规颁布，同时国际会计师联合会对于公众利益的重视得以加强。

　　有时，客户或雇主认为职业会计师应该与他们有一个实际存在或默认的合同，以实现客户或雇主的利益最大化。必须注意的是，有些合同要求职业会计师对客户或雇主保持绝对忠诚，而不是对行业或公众忠诚，这是不合理的。相比之下，要求会计师将客户或雇主的利益置于自身利益之前是合理的，否则就会破坏信托关系中的信任基础。会计师要对合法业务机密问题保密，以免因过早披露损害客户或雇主的合法利益，并防止他人滥用企业机密。审计的范围可能会因此受到限制，这对审计人员、行业和公众都是不利的。为防止泄露客户或雇主的机密信息，大多数行为准则要求除非是法庭或专业纪律程序的要求，否则会计人员不得泄露保密信息。

归根结底，职业会计师在面临两难境地时应该努力维持信托关系中的固有信任，首先是与公众，其次是与行业，再次是与客户和雇主，最后是与职业人员个体。在客户或雇主的要求损害公众利益或行业利益时，会计师应将公众利益置于客户和雇主利益之前。必须牢记历史上的教训，曾经备受尊敬、拥有 8.5 万名员工的安达信会计师事务所，在安然事件曝出之后失去了公众信任，不到一年的时间便破产了。

保密性：严格保密或有限保密

根据上文的分析，有时职业会计师会处于两难的境地：他们必须对客户或雇主的某些信息进行保密，但他们不认为这些信息应当保密，而这些信息可能不会对公司的财务活动产生较大影响或引起公众关注。例如，如果该职业人员因拒绝将应收账款错报为当期应收账款而被解雇，他只能另找工作，但又不能透露离职原因。会计人员只能与受保密规则约束的人（即会计师事务所的人或专门为此聘请的律师）讨论客户或雇主的问题。除非职业协会可以提供道德顾问，否则在许多方面职业会计师将会处于不利地位，这也给了无良的客户和雇主逃脱惩罚的机会。

职业协会已经开始认识到，这种严格保密不符合包括公众在内的利益相关者的利益，于是推出了有限保密的咨询服务，以确保职业会计师在做出正确决定时可以得到免费援助，督促客户或雇主做出回应、解决问题，并让潜在雇主放心。国际会计师联合会在其 2018 年道德准则中强调，职业会计师需要应对基本原则之间存在冲突的情况，在这种情况下，冲突可能是保密性和公众利益之间的冲突。准则建议，除其他事项外[1]，职业会计师应考虑"从相关专业机构或法律顾问处获得专业建议，从而在不违反保密原则的情况下获得有关道德问题的指导"[2]。这项建议在世界范围内通用，因为专业会计机构的准则与国际会计师联合会的准则是一致的。

同样值得注意的是，一般来说，职业会计师不会向证券监管机构、税务当局或职业协会报告有问题的会计处理。然而，如下所述，新的 NOCLAR 审计准则在全球范围内实施后，将要求职业会计师在某些情况下违反保密规定。在加拿大，所有注册职业会计师必须报告明显违反行为准则的行为，金融机构的审计师必须向金融机构监管部门报告企业持续经营能力的问题。此外，在英格兰和威尔士，如果企业为毒品收入和恐怖分子洗钱，职业会计师必须报告相关情况。对这些责任有任何疑问的职业会计师应咨询所在地协会，并将下节讨论的 NOCLAR 审计准则作为行动指南。

6.5 新的 NOCLAR 审计准则

如果有正当理由，职业会计师必须对客户或雇主的信息保密。不幸的是，在许多情况下，

---

① 2018 IFAC-IESBA Code，Section 114.1 A1，A2.

② Ibid.，Section 110.2 A2.

由于企业存在欺诈、逃税或其他渎职行为，这种限制会严重损害公众利益。即使职业会计师知道他们的客户或雇主没有遵守法律法规，也不报告，导致当违法行为最终暴露时，所涉及的职业会计师、他们所在事务所以及会计行业本身都遭受巨大的声誉损失。众所周知的商业丑闻和可疑的商业行为给会计行业带来了巨大的压力，2016年7月，全球职业会计师道德标准制定机构国际会计师职业道德准则理事会①批准了《职业会计师道德准则》②（2015年准则）的修订版，该修订版于2017年7月15日生效。这些变化随后被纳入2018年4月③发布的重新起草的《国际职业会计师道德准则》（简称《国际准则》）。

这些变化明确规定：职业会计师要抛开传统的保密规则，并报告客户或雇主可能对公众利益造成重大影响的违法行为或潜在违法行为（即 NOCLAR 审计准则）。由于国际会计师职业道德准则理事会是国际会计师联合会的一个标准制定委员会，国际会计师联合会的170多个成员组织（如美国注册会计师协会、加拿大特许职业会计师协会以及英格兰和威尔士特许会计师协会等）④ 必须协调它们当地的道德规范与准则。因此，短期内，最早在2021年，世界上大多数的职业会计师将被要求遵守其专业会计协会或管理机构所采用的这些准则。一些早期的采用者要求所有从事鉴证和非鉴证工作的成员遵守 NOCLAR 审计准则，但是其他采用者不要求扮演非鉴证角色的成员遵守这些规定，即使国际会计师职业道德准则理事会要求所有人都要遵守。⑤

要理解会计行业普遍遵守 NOCLAR 审计准则的原因，关键是认识到职业会计师了解已经发生的严重的商业丑闻和非法行为，但公众却无法了解这些未被报道的丑闻，导致公众利益受损。根据国际会计师职业道德准则理事会准则，职业会计师的最高责任是保护公众利益，但他们并没有这样做。在某些情况下，职业会计师遵守为客户或雇主保密的原则，这样做实际上是在保护罪犯，而不是公众。然而，以公众利益为代价保持沉默从而维护犯罪分子，或辞去审计工作而不透露原因，不是保密原则希望达到的效果，NOCLAR 审计准则指明了这一点。

违反 NOCLAR 审计准则的丑闻和违法行为包括：

● 安然、世通、泰科、帕玛拉特和卡里利恩丑闻；

● 欺诈、腐败和贿赂；

● 证券市场及交易；

---

① International Ethics Standards Boards for Accountants (IESBA), *Responding to Non-Compliance with Laws and Regulations：Final Pronouncement*，July 2016，downloaded December 3，2019，from https：//www. ethicsboard. org/publications-resources/responding-non-compliance-laws-and-regulations.

② Ibid.，*Code of Ethics for Professional Accountants*，2015，https：//www. ethicsboard. org/publications-resources/2015-handbook-code-ethics professional-accountants.

③ Ibid.，*International Code of Ethics for Professional Accountants*，2018，https：//www. ethicsboard. org/international-code-ethics-professional-accountants.

④ https：//www. ifac. org/who-we-are/membership.

⑤ https：//www. utm. utoronto. ca/pac/pac-events/pac-annual-conference-professional-accounting-futures-september-14–2018.

- 洗钱、恐怖主义融资和犯罪收益；
- 误导性的金融产品和服务；
- 逃税、拖欠养老金和滥用公款；
- 破坏环境；
- 威胁公共卫生和安全；[1][2]
- 不道德的行为，如不当的盈余管理或资产负债表估值。[3]

这些丑闻和违法行为都对社会产生了重大的负面影响，它们的继续存在对公共机构是一种威胁。职业会计师在阻止这些不当行为，防止其产生严重后果方面发挥着关键作用。如果职业会计师想要维护自己的声誉，他们就不能保持沉默。

对职业会计师发现实际或潜在的 NOCLAR 行为的指导

遵守 NOCLAR 审计准则要求职业会计师做到：

- 发现实际的或可疑的 NOCLAR 行为；
- 考虑它是否重要或是否需要报告；
- 考虑哪些法律法规或职业义务可能适用；
- 向管理层报告此事，评估应对措施，并在必要时上报给董事会和相关机构；
- 遵守所有适用的法律法规要求；
- 遵守所有的专业标准。

NOCLAR 行为定义如下：

> 不遵守法律法规（"不服从"），包括由客户、负责治理的人员、管理层，以及为客户工作或在其指导下工作的其他个人违反现行法律法规的故意或无意的不作为或委托行为。[4]

该定义已纳入 2018 年《国际准则》。

若 NOCLAR 行为对投资者、债权人和员工造成重大损害（即严重的不良后果），则需要职业会计师采取行动。[5] 例如 "实施给投资者造成重大经济损失的欺诈行为，违反环境法律法规，危害员工健康或公众安全"[6]。但是，职业会计师不需要报告与客户或雇主的业务活动无关的个人行为，也不需要报告第三方的违规行为。[7]

---

[1]　IESBA，*NOCLAR—Overview*，December 2017，pp. 3，12，and 13；https://www.ifac.org/system/files/publications/files/NOCLAR-Overview.pdf.

[2]　IESBA，*Responding to Non-Compliance with Laws and Regulations*，Section 225.6.

[3]　Ibid.，Section 210.4.

[4]　Ibid.

[5]　Ibid.，paraphrase of Section 225.7.

[6]　Ibid.，Section 225.7.

[7]　Ibid.，Section 225.9.

　　如果 NOCLAR 事项很重要，为了澄清和评估潜在的后果，职业会计师需要进一步"了解该事项，包括行为的性质以及已经发生或可能发生的情况"①。虽然这并不要求职业会计师对法律法规的理解水平高于自身业务或工作所需水平，但鼓励职业会计师向同事、专业机构或法律顾问进行咨询。②

　　职业会计师应当发挥职业判断的能力，考虑管理层、个人或负责人谁能够调查此事并采取适当行动，避免利益冲突。通常情况下，接受报告的人至少比涉事人高一级。如果管理层被怀疑不作为，那么应该报告给负责治理的人，比如董事会或者董事会的下属委员会，如审计委员会，或者向董事会报告的人，例如内部审计师等。

　　职业会计师与管理层或董事会讨论的目的应该是：

● 确保他们理解正在讨论的问题或寻求法律及其他建议。

● 建议他们采取及时合理的行动来纠正、减少或避免 NOCLAR 行为，尽可能减轻或避免相应后果，或将此事提交有关当局处理。③

　　当然，职业会计师应遵守与报告时间或向外部机构报告相关的法律法规，了解与欺诈相关的审计标准，与审计委员会沟通，并将其纳入审计报告。④

　　职业会计师必须评估报告对象的反应，以考虑是否需要采取进一步措施来保护公众利益。这需要考虑及时性、所进行的调查、补救或预防措施（包括再次发生的风险）、向当局披露信息、事件的紧迫性、管理层或负责治理的人是否诚信，以及实际或潜在的危害。此外，可以咨询第三方，在权衡所有具体事实和情况后，第三方可能会得出职业会计师的行为符合公众利益与否的结论。⑤

　　职业会计师的进一步行动包括向当局披露有关事项，或在法律法规允许的情况下退出业务。然而，沉默地退出是不合适的，必须向接手工作的职业会计师披露具体情况。如果涉及的 NOCLAR 行为危害很大，例如会导致失去经营许可证、威胁到股票市场的秩序、对金融市场构成系统性风险、对公众健康或安全造成损害，则需要向适当的机构披露。⑥此外，还应考虑外部因素，例如：是否有适当的外部机构；是否存在可靠的保护措施，使职业会计师免于承担民事、刑事或职业责任或者免遭报复，如举报机制；对安全的威胁；等等。⑦

　　不出所料，NOCLAR 审计准则要求职业会计师记录他们发现的 NOCLAR 问题，包括涉及的实质性问题、采取的行动、接触的人员及其反应、当局的建议以及职业会计师在所有阶段的推理。如果涉及审计，审计工作底稿中必须包含适当的类似文件。

---

① IESBA, *Responding to Non-Compliance with Laws and Regulations*, Section 225.12.
② Ibid., Section 225.13.
③ Ibid., Section 225.18.
④ Ibid., Section 225.20.
⑤ Ibid., Section 225.28.
⑥ Ibid., Section 225.34.
⑦ Ibid.

NOCLAR 对提供审计或非审计服务的职业会计师的要求

当职业会计师在审计过程中发现了 NOCLAR 行为，但不是来自审计任务中的高级人员时，发现该行为的会计师必须：

- 让高级会计师了解调查结果；
- 将信息传递给负责的合伙人、相关管理人员或董事会委员会；
- 确保最终采取适当的处理措施。

在进行网络审计（涉及多家事务所或同一事务所的办事处）的情况下，必须通知网络中的高级职业会计师。如果为客户提供非审计服务的职业会计师发现了 NOCLAR 行为，必须向审计业务合伙人提供建议。咨询服务的目的是确保向负责审计工作的高级人员提供意见，以保障公众利益。

企业职业会计师的 NOCLAR 责任

正如第 360 节为从事审计或咨询服务的职业会计师提供了国际准则指导，第 260 节为企业职业会计师（PAIB）提供了类似的指导。然而，对于企业职业会计师来说，NOCLAR 披露和报告的主要责任由高级职业会计师承担。高级企业职业会计师的定义如下：

> 高级企业职业会计师是指能对用人单位的人力、财务、技术、物质和无形资源的获取、部署和控制施加重大影响，并做出决策的董事、领导或高级雇员。[1]

非高级企业职业会计师的责任是向高级企业职业会计师报告其发现的 NOCLAR 行为或潜在的 NOCLAR 行为，然后监督此事的处理。如果高级企业职业会计师没有遵守规定，那么非高级企业职业会计师有责任根据《国际准则》中的 NOCLAR 审计准则采取措施保护公众利益。

NOCLAR 审计准则实施问题

NOCLAR 审计准则代表了职业会计师部分角色的重大转变，但是行为上的改变需要进一步辩论、探讨和考虑。最后，由于 NOCLAR 审计准则代表"职业会计师主要服务于公众利益"这一基本原则的延伸，世界各地逐渐采用这一准则。但是在一些司法管辖区，如加拿大，职业会计师受 13 个省和地区的法规，而不是统一的国家法规的管辖，因此每一个法规都必须由当地成员投票表决，这可能会导致细微的差异。

其实，在职业会计师的实际工作中，NOCLAR 审计准则存在问题或难以应用。例如，税务从业人员可能会发现，他们较为激进的做法可能产生不符合公众利益的后果，这可能需要根据 NOCLAR 审计准则进行报告。一些税务从业人员可能会担心他们的客户会选择聘请非

---

① IESBA，*Responding to Non-Compliance with Laws and Regulations*，Section 360. 13.

专业的税务顾问，或者许多公司已经存在了几十年的商业行为（如贿赂、洗钱、环境破坏或盈余管理）会使企业职业会计师在与之对抗时遇到重重困难。由于类似的种种原因，NO-CLAR 审计准则在职业会计行为准则中的应用并未在世界范围内统一。在德国，从事审计工作的职业会计师被纳入准则的适用范围，而非审计人员则不包括在内。在英国，所有的职业会计师都采用这种方法。在美国①和加拿大，相关机构仍在讨论修改意见。

在关于实施的讨论最终尘埃落定时，职业会计师必须决定预期专业程度。他们希望成为为公众利益服务的专业人士，还是想以牺牲公众利益为代价来保护一些群体的私人利益？从长远来看，这种二分法对会计行业的声誉可能不会造成持续性损害。此外，如果不要求企业职业会计师服务于公众利益，那么在实际工作中能够依赖审计期间提供的财务报表和陈述吗？

6.6 对所提供服务的影响

鉴证和其他服务

职业会计师在以下传统领域发展了信托服务：

- 会计和报告原则、惯例、系统
- 对会计记录、系统和财务报表的审计
- 财务预测：准备、分析和审计
- 税务：准备纳税申报单并提供咨询服务
- 破产：受托人的职责与建议
- 财务规划：建议
- 决策：通过分析和方法促进
- 管理控制：系统的建议和设计
- 公司和商业事务：一般建议

所有这些服务都受限于职业会计师的主要业务领域：会计。但是，随着管理需要的变化，人们认识到，在计量、披露和解释数据方面的会计专业知识可以用于提供传统会计领域以外的服务。例如，非财务质量指标已经成为控制系统的重要组成部分，比传统的财务报告更及时、更有用。

更重要的是，在研究美国和加拿大注册会计师的愿景时，人们认识到可以提供鉴证服务，职业会计师可以通过增加报告或程序的可信度来增加自身价值。② 尤其是，这些服务的质量

---

① Catherine R. Allen and David N. Mair, "Disclosure of Noncompliance with Laws and Regulations: What Whistle-blower Protections Exist for CPAs?," *CPA Journal*, March 2019, downloaded December 10, 2019, from https://www.cpajournal.com/2019/04/01/disclosure-of-noncompliance-with-laws-and-regulations.

② AICPA Assurance Services Executive Committee, "A White Paper for Providers and Users of Business Information," 2013, 2, http://www.aicpa.org/InterestAreas/FRC/AssuranceAdvisoryServices/DownloadableDocuments/ASEC_WP_Providers_Users_BI.PDF.

依赖于职业会计师对信托责任、证据收集、技能评估、职业怀疑态度、客观性、独立性、完整性以及报告技巧的理解。1997 年，美国注册会计师协会的鉴证服务特别委员会（Special Committee on Assurance Services）估计，传统审计服务每年将产生约 70 亿美元的收入，而新的鉴证服务每年将产生 210 亿美元收入。这项研究虽然已经过时，但指出了一个长期存在的问题，即传统审计业务在萎缩，不再成为会计师事务所收入的主要组成部分。鉴证服务特别委员会列出了超过 200 种可能的新鉴证服务，然后筛选出以下鉴证服务：

- 风险评估
- 企业绩效评估
- 信息系统可靠性
- 电子商务（网站审批章）
- 医疗绩效评估
- 养老计划

不出意外，美国注册会计师协会和国际会计师联合会随后都制定了指导方针，以协助职业会计师提供这些鉴证服务。例如，国际会计师联合会支持国际审计与鉴证准则理事会[1]，而美国注册会计师协会在其网站上提供了建议。[2]

美国证券交易委员会和国际会计师联合会独立规则

美国注册会计师协会鉴证服务特别委员会最初没有预料到的是，当向同一客户提供审计和其他服务时，其成员无法处理内在的利益冲突情况。这在一定程度上导致了安然、安达信和世通的破产。正如第 2 章所讨论的，《SOX 法案》已经对其进行完善，限制审计师提供的服务。第 5 章已经讨论了利益冲突管理，本节继续讨论。

《SOX 法案》和美国证券交易委员会都禁止在美国证券交易委员会注册的公司的审计师审计自己的工作或为客户辩护。这是为了避免损害审计师的独立性，保护公众利益。例如，在审计客户的信息系统时，审计师出于自身利益（如留住来自审计客户的收入）可能不会指出客户的错误。此外，倡导客户立场可能影响审计师严格按照公认会计原则披露信息的判断，促进当前股东或管理层的利益。尽管大多数审计师几十年来成功处理了大部分利益冲突情况，安然、世通和其他公司的财务丑闻仍在警示我们，未能妥善管理相关风险可能带来严重后果。

为了避免大公司审计中的利益冲突风险，保护公众利益，《SOX 法案》要求美国证券交易委员会禁止以下可能会损害审计人员独立判断的服务，因此禁止审计师向其注册公司提供以下非审计服务：

- 代理记账，或其他与被审计客户的会计记录或财务报表有关的服务
- 财务信息系统的设计与实施

---

① http://www.ifac.org/auditing-assurance.

② http://www.aicpa.org/INTERESTAREAS/FRC/ASSURANCEADVISORYSERVICES/Pages/AssuranceAdvisoryServices.aspx.

- 评估或估价服务、公平意见、土地估值报告
- 保险精算服务
- 内部审计外包服务
- 管理职能或人力资源服务
- 经纪或交易商、投资顾问、投资银行服务
- 与审计无关的法律服务和专家服务

美国证券交易委员会关于审计师提供服务的独立性原则主要基于三项基本原则，违反这些原则将损害审计师的独立性：（1）审计师不能在管理层任职；（2）审计师不能审计自己的工作；（3）审计师不能为其客户辩护。①

除限制提供的具体服务外，美国证券交易委员会还采取了以下措施：

- 要求审计业务小组中的合伙人连续审计时间不超过五年或七年，这取决于合伙人参与审计的程度，但某些小型会计师事务所可以不遵守这一要求。
- 规定如果客户管理层的某些成员在审计程序开始前一年内曾是会计师事务所审计业务小组的成员，则会计师事务所不具有独立性。
- 要求审计师向客户的审计委员会报告某些事项，包括使用的"关键"会计政策。
- 要求审计委员会预先批准审计师提供的所有审计和非审计服务。
- 要求向投资者披露审计师提供的审计和非审计服务，以及向其支付的费用的相关信息。②

《SOX 法案》和美国证券交易委员会的这些限制，以及日后增加的限制，只适用于向全球范围内美国证券交易委员会注册用户提供的服务。所有的服务可以继续提供给非美国证券交易委员会注册审计客户和其他事务所的审计客户。此外，世界上绝大多数的会计师事务所并不为在美国证券交易委员会注册的大型公司提供服务。世界范围内其他地区的治理规则或指导方针也面临同样的问题。

不过，职业道德或行为准则中的独立性标准正在修订，以使独立性原则适用于所有职业会计师。在这方面，所有职业会计师的职业道德准则正在与国际会计师联合会的准则协调一致。

然而，由于美国证券交易委员会和国际会计师联合会的声明并不是很具体，职业会计师仍需要自己判断应提供哪种鉴证服务、如何提供这些服务以及如何管理所面临的利益冲突风险。

由职业会计师提供的关键增值服务

对服务的关键价值的理解影响了职业会计师对其提供何种服务以及如何提供服务的判断。诚信是职业会计师在新型鉴证服务和传统鉴证服务中的关键增值部分。在最近的远景规划中，

---

① U. S. Securities and Exchange Commission, *Final Rule*: *Strengthening the Commission's Requirements Regarding Auditor Independence*, February 6, 2003, http://www.sec.gov/rules/final/33-8183.htm.

② U. S. Securities and Exchange Commission, *Commission Adopts Rules Strengthening Auditor Independence*, January 22, 2003, http://www.sec.gov/news/press/2003-9.htm.

这一点变得更加明显。

　　当然，能力是一个基本因素，有能力的高水平会计师确实具有竞争优势。但很明显，非专业人士也可能拥有高能力，因此，高能力本身并不是职业会计师的关键增值部分。客户/雇主和广大公众对会计行业的信任取决于行业的声誉，而声誉源于所坚持的职业价值观。诚实和客观是职业会计师的关键增值部分，除了确保会计师具有专业胜任能力外，还增加了报告或服务的可信度。个人的道德价值观加上专业标准的强化，为职业会计师提供了竞争优势，并确保他们的服务符合用户的需求。用芝加哥论坛公司（Chicago Tribune Company）总裁斯坦顿·库克（Stanton Cook）的话来说，会计师、企业家、制造商、销售人员，甚至律师最终销售的产品都是信誉。

行为预期标准

　　公众，特别是客户期望职业会计师在工作中能够具有专业胜任能力，具备诚实和客观的品质。无论提供何种类型的服务，诚实对会计师工作的重要性都在于能保证会计师公平地提供服务，不遗漏或虚假陈述细节，以免掩盖事实真相，误导用户。在数据的收集、测量、报告和分析方面，诚实和准确性是非常关键的。同样，客观意味着在选择测量基础和披露时不存在偏见，以免误导用户。除非职业会计师具有独立性，不受其他利益相关者的不当影响，否则不可能保持客观。在接下来关于利益冲突的讨论中，独立性是一个更值得讨论的问题。

　　正直、诚实和客观是会计师正确履行受托责任所必须遵守的原则。在适当谨慎地发挥专业能力的情况下，它们对增加会计行业的关键价值非常重要，因此他们必须受到该行业的保护，以保障未来发展。因此，专业会计机构和组织需要全力调查并惩罚在道德价值观方面存在问题行为的从业人员。

判断与价值观

增值的重要性

　　会计师能否具备专业胜任能力，具备正直、诚实和客观的道德价值观，主要取决于其个人的道德价值观。如果职业本身有很高的标准，个别职业人员可以选择忽视这些价值观。然而，通常职业人员不能充分意识到潜在的道德困境，或没有具备适当的价值观来履行职责，以及缺乏对道德问题严重后果的正确判断。因此，行业的信誉取决于它所提倡的价值观，包括每个成员的个人和职业价值观，以及个人职业判断。

判断和价值的发展

　　职业会计师如何在道德困境中做出正确的判断？在过去，不论是在成长、工作还是向其他人学习、传授经验的过程中，试错都成为一种既定的模式。但是试错的局限性是显而易见的，会计人员、客户、社会和行业可能会因此承担巨大的成本。此外，面向未来的合理框架可能永远不会被开发出来，职业人员所达到的水平也可能不足以保护利益相关者，包括职业人员自己。

有组织的培训或教育永远不能完全取代试错，但是前面提到的许多缺陷可以通过一个有序的、启发性的学习计划来弥补。这个学习计划用于处理职业人员要面对的主要问题，并建议用实际的、合乎道德的方法来解决这些问题。在解决这些问题方面，职业人员的道德判断能力，以及如何提高这种能力是很重要的。为此，科尔伯格开发了一个模型。

科尔伯格认为，每个人都会经历道德发展的六个阶段，这在关于会计师的文章（Ponemon，1992；Ponemon and Gabhart，1993；Etherington and Schulting，1995；Cohen，Pant，and Sharp，1995；Thorne and Magnan，1998）中有所描述。正如申克尔（Shenkir，1990）所指出的那样，在设计教育项目时要使学生接触到这六个阶段，每个阶段及其动机对未来的个人决策会有帮助。接触这六个阶段可以培养学生处理道德问题时的意识和技能，并通过使学生理解每个阶段的动机，将学生的道德推理能力提升到更高水平。科尔伯格道德发展的六个阶段中影响人们的动机见表6-3。

表6-3 科尔伯格道德发展的六个阶段中人们的动机

阶段	动机
最初阶段	**自身利益**
1. 服从	害怕惩罚和权威
2. 以自我为中心——工具交换和社会交换	自我满足，只关心自己的事情
传统阶段	**一致性**
3. 人际关系和谐	角色期望或他人的认可
4. 法律与义务（社会秩序）	遵守道德准则、法律和秩序
后传统的、自主的或有原则的阶段	**他人利益**
5. 社会认可的一般个人权利和标准	关心他人和更广泛的社会福利
6. 自己选择遵守的原则	关注道德原则

研究人员发现，面临道德选择的一些商科学生处于第二或第三个阶段，因此他们还有相当大的成长空间。一些商科学生认为，与非商科学生相比，他们的成功依赖于违反道德原则的实践，因此道德教育似乎是很有必要的，以免这些态度渗透到未来进入会计行业的学生中。让会计专业的学生在试错中成长，而不是通过有意义的思考和接受正式培训，这本身就是不道德的。相比于反复试错，通过学习道德教育材料和相关课程，以现实案例进行教学，能够让学生更好地理解道德问题、困境、解决方法，以及树立做出正确道德判断所需的价值观。进一步探讨道德认知发展的问题，请参阅国际会计师联合会教育委员会（Education Committee）的《国际教育》第3、4期①，以及国际商学院协会的2004年《道德教育委员会报告》②。

道德准则的来源

职业会计师的专业团体、公司或雇主的行为准则或道德规范是重要的道德准则来源。除

---

① http://www.cengage.com.

② Ibid.

此之外，还有许多其他的来源，例如会计师所在国家和国外的各种专业会计组织、标准制定者、监管者、法院、政府、金融市场和公众的期望与标准。

对职业会计师行为的期望体现在以下方面：

● 标准制定者（国际会计师联合会、美国上市公司会计监督委员会、财务会计准则委员会（FASB）、国际会计准则理事会、加拿大特许职业会计师协会、英格兰和威尔士特许会计师协会等）

　■ 公认会计原则

　■ 公认审计准则

● 广泛理解的实践标准

● 研究及文章

● 监管机构（美国证券交易委员会、美国上市公司会计监督委员会、安大略省证券委员会（OSC）、纽约证券交易所、多伦多证券交易所等）指南

● 法院判决

● 下述组织的行为准则：

　■ 雇主（公司或会计师事务所）

　■ 本地职业会计组织

　■ 国际会计师联合会

无论是美国、加拿大还是其他地方，没有任何一个组织能够给出统一确定的职业会计师期望或标准。如表 6-4 和表 6-5 所示，北美的几个国家和国际会计组织（例如，美国注册会计师协会），加上它们在美国各州或加拿大各省的分支机构以及一些监管机构，共同制定了北美监管框架。这加速了全球准则的趋同，使得国际会计准则理事会和国际会计师联合会的准则成为越来越重要的指导来源。国际会计师联合会准则将成为主导会计师行为的道德框架。

重要的是，虽然国家机构可以制定行为准则，但在北美，地方组织制定行为准则（使用国家准则作为指导，但不总是采用国家准则的所有条款），监管和约束其成员。因此，道德期望的标准因管辖区和组织不同而有所不同。虽然如此，道德行为的基本原则适用于所有的组织，鉴于道德原则、会计标准和审计标准的全球化趋势，有望在世界范围内制定统一的标准。

表 6-4　北美的国家和国际会计组织

组织名称	资格名称	主要职责	地点
美国注册会计师协会	CPA	审计、管理会计	美国
管理会计师协会（IMA）	CMA	管理会计	美国
加拿大特许职业会计师协会	CPA	审计、管理会计	加拿大
特许公认会计师公会（ACCA）	ACCA	会计教育	全球

表 6 - 5　各组织对北美职业会计师监管框架的贡献

组织	管理组织成员/用户的贡献
美国注册会计师协会	注册会计师资格，审计准则，研究报告，期刊文章，行为准则
管理会计师协会	注册会计师资格，会计实务报表，研究报告，期刊文章，行为准则
财务会计准则委员会	《财务会计准则》（FAS）
加拿大特许职业会计师协会	注册会计师资格，加拿大会计和审计标准，研究报告，期刊文章，行为准则
美国证券交易委员会	与美国公开证券市场相关的法规，涉及公司披露和治理、公认会计原则、公认审计准则、审计师和其他专业人员在证券交易委员会受约束的行为；关于公司在美国筹资披露的法规；注册会计师审计美国证券交易委员会注册公司的独立性标准
加拿大安大略省证券委员会	与加拿大主要证券市场（安大略省）的财务披露相关的法规，这些法规已被美国证券交易委员会接受
美国和加拿大法院	制定界定法律责任的普通法
国际会计师联合会：	促进全球标准的统一
国际会计师职业道德准则理事会	《国际职业会计师道德准则》
国际审计与鉴证准则理事会	《国际审计准则》（ISA）
国际会计准则理事会	《国际会计准则》（IAS）
国际财务报告准则基金会（IFRS Foundation）	IFRS、国际财务报告准则解释委员会（IFRIC）
公共会计监督委员会（PAOB）：	美国（PCAOB）和加拿大（CPAB）的监管
美国上市公司会计监督委员会	发布审计标准（美国）、检查、制裁
加拿大公共责任委员会	检查报告、制裁

6.7　职业行为准则

目的和框架

　　职业行为准则旨在规范专业人员的行为，以确保提供的服务的质量，维护行业的声誉。如果声誉受损，那么信托关系就会被破坏，会计师无法提供高质量的专业服务。声誉受损也可能是因为某一成员违反了社会规范，败坏了该行业的名声，从而失去了公众的信任。

　　为了确保行为准则的有效性，行为准则需要将基本原则与具体规则相结合。如果希望出台一套能够覆盖所有可能出现的问题的准则，那么它将是极其庞杂的——很少有成员会花费大量时间熟悉内容过于烦琐以及内容不断增加的准则。因此考虑到实用性，大多数准则应用了表 6 - 6 中概述的框架。

表 6-6　职业会计师行为准则的典型框架

准则介绍和目的
基本原则、标准和风险评估方法
在公众实践中适用的一般规则、在商业中适用的一般规则
适用于公众实践和商业活动的具体规则
纪律
行为准则阐释

基本原则和标准

表 6-7 中描述的基本原则在大多数准则中都能找到，国际会计师联合会在其 2001 年版的《职业会计师道德准则》中阐明了为什么职业会计师应该为公众利益服务：

> 专业从业者的特征是必须对公众负责。会计专业人员所面对的公众包括客户、债权人、政府、雇主、员工、投资者、企业和金融界，以及其他需要依靠客观诚实的会计信息维持商业有序运转的利益相关者。公众利益是指职业会计师所服务的社群和机构的集体利益，不只是满足个别客户或雇主需要的利益。会计职业的标准在很大程度上是由公众利益决定的。

这也是 2018 年国际会计师联合会发布的准则的理论基础，即"会计专业的特征之一是对公众利益负责"。国际会计师联合会暗示，如果某个职业会计师组织在工作中不诚实的行为被揭发，将给予其他组织为公众提供该项服务的资格。

表 6-7　职业会计师行为准则的基本原则

成员应该做到：
- 维护公众利益
- 维护行业声誉，为公众利益服务
- 具备以下特征：
  ——正直
  ——客观和独立
  ——专业胜任能力、谨慎以及专业怀疑态度
  ——保密
- 不发表误导公众的结论或虚假陈述
- 认识到不遵守这些原则的风险

维护良好的声誉是职业会计师能够享有当前的权利的基础，这些权利包括自我管理、标准设置、为公众和政府所认可以及不需要建立新的竞争性专业组织来更有效地为公众利益服务。维护行业声誉在任何时候都是重要的，因为公众会把职业会计师的任何违规行为，包括那些在业务或职业活动之外的违规行为，视为整个行业的污点。因此，如果一个职业会计师被判定刑事犯罪或欺诈，通常会吊销他的职业资格证书。

谨慎原则也是职业会计师在提供服务的过程中必须遵守的。在准备报告、选择会计方案和分析会计数据时，正直、客观和诚实的价值观将确保职业会计师不向客户和公众提供误导

性信息。如果职业会计师缺乏独立性，则有可能出具带有偏见的报告或意见。

对于偏见的指控很难澄清，因此通常要求职业会计师避免可能导致偏见的情况或关系。这就是为什么尽管在过去许多专业人士担任过簿记员、审计师、股东和董事等多种职务，但现代行为准则禁止这种利益冲突的情况。审计师很有可能为了自己或其他股东的利益而出具虚假报告，因此准则禁止这种情况的发生。这也导致组织内部实行职责分离，并尽量在簿记和审计之间实行职责分离。基于行业视角，简而言之，如果美味的食物可能会被人偷吃，为什么还要把刚烤好的饼干放在柜台上呢？有趣的是，我们可以思考，究竟是那个把饼干留在不安全地方的人更可恨，还是那个偷吃饼干的人更可恨。

如果职业会计师不能保持其在当前的信息披露标准、会计处理和商业惯例方面的能力，那么他就不可能提供达到公众期望水平的服务。除了理解和发展现行标准的能力，职业会计师还必须具备应有的谨慎。

运用应有的谨慎包括职业会计师在不同情况下对自己应具备的谨慎的理解。例如，职业会计师不可能对客户或雇主的欺诈行为无所不知，但是一旦发现，需要遵照行为规范行事，诚实报告，包括采用 NOCLAR 审计准则。同样，审计程序不必涵盖一个组织的全部事务，可采用判断抽样和统计抽样的方法将调查范围缩小至适当的水平。这一水平将参照其他专业人员基于谨慎原则有足够证据支撑的意见确定。在法庭上，专家证人将被传唤出庭作证，以说明何种程度的判断代表了具备应有的谨慎。

谨慎的一个重要表现是持有专业怀疑态度。一个专业的会计师不应该相信审计对象提供的所有信息。运用适当的专业怀疑态度比较对方提供的信息与自己收集到的信息是否一致，当存在差异以及其他可用的信息时，必须对这些差异进行调查并做出令人满意的解释。此外，应不断质疑实际情况、决定或行动是否符合客户的最佳利益，是否符合道德标准，特别是在公众利益方面。最近发生的财务丑闻中许多会计师的表现可以证明，如果缺乏专业怀疑态度，会计师很难以可信赖的水平为客户、社会、行业提供专业服务。

从以下几个角度可以看出保密是信托关系的基础。首先，信托关系对客户或雇主的利益而言非常重要，在工作中通常涉及个人信息或对组织活动至关重要的信息，如果这些信息被他人知晓，将导致隐私泄露或竞争优势的丧失。例如，在商业交易中如果交易的另一方得到交易信息，就可以在谈判中讨价还价。其次，这些信息有可能被专业人员用于获取自身利益。最后，如果客户或者雇主怀疑职业会计师没有遵守保密原则，则不太可能提供全部信息，这会使审计和其他服务建立在错误的信息基础上，从而可能导致出具的审计意见和报告不符合要求或具有误导性。

然而，为客户保密不应导致或包庇违法行为。例如，行为准则通常规定，职业会计师不应参与虚假陈述。如果专业人员无法说服客户修改不合理的地方，应该辞职以避免虚假陈述等违法行为。准则通常也禁止职业会计师披露虚假陈述，除非 NOCLAR 审计准则要求，或接受听证会或法庭询问，或向法律顾问和专业会计团体的顾问披露等。

为确保时刻警惕未能遵守这些基本原则的情况，职业会计师应持续执行风险评估程序。

他们需要通过考量威胁和保障措施来评估风险，确定采取哪些措施来规避或减少风险。下文
将进一步讨论可能存在的威胁和相关保障措施。

国际会计师联合会 2018 年《国际职业会计师道德准则》的基本原则和风险管理概念性框
架如表 6-8 所示，以供参考。

表 6-8 2018 年《国际职业会计师道德准则》：基本原则和风险管理概念性框架

《国际职业会计师道德准则》（第 100.1 A1 节）
（a）正直：在所有的专业和业务关系中都保持坦率和诚实。
（b）客观：不因偏见、利益冲突或他人的不当影响而做出有损行业声誉的事情。
（c）专业胜任能力和应有的谨慎：
　（ⅰ）具备所需的专业知识和技能，以确保根据当前技术、专业标准及相关法律为客户或雇主提供合格的服务；
　（ⅱ）按照适用的技术和专业标准行动。
（d）保密：对由于专业和业务关系而获得的信息保密。
（e）职业行为：遵守相关法律法规，了解损害职业声誉的行为。
对违背基本原则的威胁进行管理的概念性框架
职业会计师的方法：（a）识别可能会违背基本原则的威胁；（b）评估处理措施；（c）将风险降低至可接受水平。（第 120.2 节）这要求职业会计师使用专业判断，识别、评估和减轻威胁，具备独立性和职业怀疑态度。（参见第 120 节）

纪律

通常，行为准则提供相关职业协会采取纪律措施的流程。成员们应该了解向谁报告、如何报告、调查过程、听证过程、如何做出决定、可能受到的处罚及罚款、如何报告结果以及如何考虑上诉。了解了这些基本流程，以及一些实施制裁的例子，专业人员才能正确判断成员的道德行为对社会的重要性。

对不道德行为的制裁如表 6-9 所示。注意，这些制裁并不都是由专业会计机构或管理机构实施的。

表 6-9 会计师职业道德准则中对不道德行为的可能惩罚

	负责者	
	专业人员	会计师事务所
警告	是	是
训斥	是	是
同行评议	是	是
完成课程要求	是	否
停职：		
• 在一定时期内	是	否/是*
• 无限期	是	否
• 直到完成具体要求	是	否
• 从出现在监管机构（SEC、OSC）面前	是	是

续表

	负责者	
	专业人员	会计师事务所
● 从审计美国证券交易委员会或安大略省证券委员会注册公司	是	是
取消成员资格	是	否
损失赔偿	是	是
罚款	是	是
承担听证会成本	是	是
其他要求：		
● 社区工作	是	否
● 财政支持	是	是

＊美国证券交易委员会暂停了一家公司审计其注册公司和对新客户进行审计的资格。
资料来源：北美各司法管辖区案例。

通常，流程始于向专业组织提出有关成员或公司道德行为的投诉，或者对后果（欺诈等）的法律指控。投诉或法律指控由工作人员进行调查，并决定最终是否提出指控。提出指控需要举行听证会，以确定有罪或无罪，而听证过程可能相当烦琐。它可以公开或不公开进行。由原告（专业机构的工作人员）的律师和被告的律师以及一个审判席或小组来审理案件，通常包括一名外部人士，以确保过程遵循合理的程序，为公众利益服务。

听证会的成本可能比较高，包括自付费用和损失的工作时间，这些费用可能会由当事人支付。最后，最大的成本就是会计人员的名誉损失——在审计界，信誉是专业人员最需维护的，因为信誉能够保证他们出具的审计意见的价值。没有人需要缺乏信誉的会计人员提供的审计服务。

当职业会计师或会计师事务所被判有罪时，案件的细节通常会在该行业组织公开。必须公布完整的细节，以警告其他成员可能会面对的道德问题以及相应惩罚，维护行业在公众面前值得信任的形象。

违反法律的专业人员应该预判到自己受到的处罚，例如警告、罚款，以及支付律师费和听证会费用。处罚也可能是取消成员资格，直到完成一系列必修课程，并赔偿损失。如果专业人员需要被监督一段时间，处罚可能包括由同行审查其所有工作。罚款的数额从不足1 000美元到超过对受害方造成的损失不等。近年来罚款数额不断增加，在美国，已经收缴了数百万美元的罚款，特别是对如第 2 章所述的安达信及其一些合伙人的罚款。如果处罚涉及禁止从业或禁止出现在证券委员会面前，确实会损失很大一笔收入。不能在美国证券交易委员会或上市公司会计监督委员会出现似乎是对会计师事务所最有力的制裁，因为这可能会暂停或取消事务所对美国证券交易委员会注册公司的审计资格，并且带来声誉损失。然而，值得注意的是，尽管安达信因美国证券交易委员会的处罚而破产，但这种情况再次发生的可能性不大，因为公众认为，公平是应该让少数违法违规的人受到惩罚，而非让整个公司受到惩罚。[1]

对行为准则的解释

当规则的合理运用存在争议而引起业内人士的关注时，相关人员就会通过解释行为准则做出澄清。这些解释往往构成准则的补充或附录部分，可在情况需要时添加相关内容。

财务丑闻和公众期望促进职业准则的改变

多年来，改变职业准则的动机都较为相似，而且是周期性的。米歇尔·库克（Michael Cook）的文章《美国注册会计师协会 100 周年：公众信任和职业自豪感》（The AICPA at 100：Public Trust and Professional Pride，1987 年 5 月）总结了早期的职业压力和发展。通常，大约每隔十年，会计行业就会因为财务或会计丑闻而面临压力，这些丑闻也会侵蚀会计行业的信誉。[2]"期望差距"是指"公众的期望与审计人员可以达到的目标之间的差异"（MacDonald，1988，ⅲ）。为了应对信誉危机，产生了几个调查，包括梅特卡夫调查、特雷德韦委员会调查[3]（1987）和麦克唐纳委员会调查（1988），目的是调查美国注册会计师协会和加拿大特许会计师协会的成员是如何服务于公众利益的。为了回应特雷德韦委员会《关于国家欺诈性公共报告委员会的报告》，美国注册会计师协会的一个委员会重新设计了《美国注册会计师协会职业标准：道德和规章制度》（Anderson，1985，1987）。安德森委员会和麦克唐纳委员会对美国和加拿大法律提出的修订案中，重点强调恢复公众对行业为公众利益服务的信心。

尽管引发这些早期研究的是一些具体问题，但人们对财务报告可信度的担忧，与安然和世通的财务丑闻发生时相似。职业会计师逐渐忘记了职业道德的重要性，需要有人提醒他们。

一般来说，当北美经济疲软时，这种压力是最大的，经济疲软导致公司和个人进行欺诈、谎报财务结果，或利用法律和会计准则的漏洞造假。相关机构为此重新修订了职业准则，为今后避免此类问题提供了更详细的指导。

但是有两个因素与 21 世纪初不同。第一，安然、安达信和世通的破产发生在经济繁荣时期——尽管它们损害了行业，进而导致公众信心不足，影响了经济发展。这一变化表明，道德问题将会发挥比之前想象的更为重要的作用。第二，促进全球商业和资本流动的全球标准趋同或协调的愿望，是变革的动力，超越了以往正常的、在国内占主导地位的政治和企业游说的影响。因此，道德规范的趋同可能会导致产生比以往更强大的标准和更快速的持续变化。时间会告诉我们，美国证券交易委员会和安大略省证券委员会是否会在欧洲和世界各地统一配套监管的合规和执法框架，以充分改进现有规定。事实上，全球趋同促进了国际会计师联合会的产生，其成员是来自 100 多个国家的专业会计组织、证券监管机构和类似组织。反过

---

[1] Presentation of Mary Beth Armstrong, February 2, 2003 at the American Accounting Association Accounting Programs Leadership Group Conference, New Orleans.

[2] "Why Everybody's Jumping on the Accountants These Days," *Forbes*, March 15, 1977, http://www.forbes.com/forbes/1977/0315/037 _ print. html.

[3] AACSB *Ethics Education Committee Report*, 2004, http://www.cengage.com.

来，国际会计师联合会也成立了其他委员会，制定了全球标准和国际会计师职业道德准则理事会认可的国际道德准则，作为共同遵守的道德标准的核心。

美国注册会计师协会、安大略省特许职业会计师协会（CPAO）、国际会计师联合会职业行为准则

世界主要工业国家现行的职业会计师准则是由20世纪80年代后期的关注、调查、考察团、委员会所产生的，这些准则与国际会计师联合会-国际会计师职业道德准则理事会的国际会计准则中的原则一致。但是，其他国家不需要完全照搬国际会计师联合会的准则，特别是在文化或管理方面存在差异的情况下，需要仔细研究相关国家准则，并与国际会计师联合会职业行为准则进行比较。为了便于参考，表6-10提供了国际会计师联合会职业行为准则目录。

表6-10　2018年《国际职业会计师道德准则》——简化目录

第1部分：遵守准则、基本原则和概念框架
100 遵守准则
110 基本原则
　111 正直
　112 客观
　113 专业胜任能力和谨慎
　114 保密
　115 专业行为
120 概念框架
第2部分：企业职业会计师
200 应用概念框架
210 利益冲突
220 信息的准备和呈现
230 具备足够的专业知识
240 与财务报告和决策相关的财务利益、薪酬和激励
250 用于奖励、礼物和招待
260 对不遵守法律以及规定的行为做出回应（NOCLAR审计准则）
270 违反基本原则的压力
第3部分：公共部门的职业会计师
300 应用概念框架
310 利益冲突
320 专业任命
321 补充性意见
330 费用和其他类型的报酬

340 用于奖励、礼物和招待
350 客户资产的保管
360 对不遵守法律以及规定的行为做出回应（NOCLAR审计准则）
独立的国际标准
第4A部分：审计和审查业务的独立性
400 应用概念框架
410 费用
411 薪酬和评估政策
420 礼品和招待费
430 实际诉讼或诉讼威胁
510 经济利益
511 贷款和担保
520 商业关系
521 家庭和人际关系
522 最近为审计客户提供的服务
523 担任董事或高级职员
524 审计客户的雇佣关系
525 临时个人助理
540 长期与审计客户联系
600～610 提供非保险服务
800 关于特殊目的声明的报告
第4B部分：独立于审计和评审业务之外的鉴证业务
900～990 与400～800有相同的标题，但不等同于525节
术语表，包括缩写的列表

资料来源：IESBA (International Ethics Standards Board for Accountants), *International Code of Ethics for Professional Accountants* (including International Independence Standards), 2018, https://www.ethicsboard.org/international-code-ethics-professional-accountants.

根据覆盖的注册会计师成员数量，北美地区影响最广泛的两个行为准则是《美国注册会计师协会职业行为准则》和《安大略省特许职业会计师协会职业行为准则》。为供参考，现将现行美国注册会计师协会和安大略省特许职业会计师协会的准则摘列如下。

美国注册会计师协会准则

美国注册会计师协会准则摘要

职业行为准则*，2015 年 12 月 15 日生效，2015 年 12 月 10 日更新

前言概述、结构和应用、原则、定义

0.300　　职业行为准则要求成员遵守：

责任原则——在所有工作中做出职业判断和道德判断。

公众利益原则——服务于公众利益，维护公众信任，行为体现专业精神。

诚信原则——在履行所有专业职责时做到诚信，以增强公众的信心。

客观性和独立性原则——在履行专业职责时应保持客观，并避免利益冲突。在提供审计和其他鉴证服务时，应该保持独立。

尽责原则——遵守本行业的技术及道德标准，不断努力提高业务能力及服务质量，并尽其所能履行责任。

服务的范围和性质原则——在确定所提供服务的范围和性质时遵守职业行为准则。

第 1 部分　从事公共实践的成员应关注：

1.000.010　概念框架——在考虑现有的保障措施后，评估现有的关系或情况是否会导致了解相关信息的第三方得出结论，认为对成员遵守规则的威胁处于不可接受的水平；提供了可接受水平、保障措施和威胁的定义。

概念框架的方法——识别威胁，评估其重要性，识别并运用保障措施，确认威胁是否降低到可接受的水平；如果没有，判断是否拒绝或停止专业服务。

威胁类型——损害利益、倡议、熟悉、参与管理、自我利益、自我审查、不当影响。

保障措施——由专业、法律或法规制定的保障措施类型；由客户实施；由公司实施。

1.000.020　道德冲突——成员可能会遇到下列情况：（a）由于内部或外部压力而无法采取适当行动；（b）在应用相关专业标准或法律标准时发生冲突。在上述情况下应讨论行动方案并进行评估。

1.100　　诚信和客观原则——在提供专业服务时，应保持客观和正直，避免利益冲突的情况，不得故意歪曲事实或被他人影响判断。

1.110　　利益冲突——成员或其所在的公司在提供专业服务时可能会面临利益冲突。在判断一项专业服务、关系或事项是否会导致利益冲突时，成员应运用职业判断，考虑到知情的第三方在知悉后是否会认为存在利益冲突。例如对确定、评估、披露和同意进行讨论，根据独立、诚实、客观以及保密原则进行判断，同时考虑到主管职位。

1.120 礼品和馈赠原则——考虑、给予和接受的条件。

1.130 虚假陈述——根据正直和客观原则禁止虚假陈述，分为几种情况在细则中进行了讨论。

1.140 客户主导——是对正直、客观和独立的威胁。

1.150 第三方提供服务——向客户披露信息。

1.200 独立规则——公共专业会计人员在提供专业服务时，必须按照理事会指定机构颁布的标准进行，保持独立性。

独立的概念框架——对应用、定义、方法，包括威胁、保障和损害做了讨论。

1.220 网络公司、替代实践结构、合并等——有关公司的规定。

各种各样的实践问题。

1.300 通用标准规则——成员须具备专业胜任能力、应有的专业谨慎、规划、监督，以及足够的资料数据。该概念框架将用于评估对此类绩效的威胁和保障措施。

专业胜任能力——成员必须具备相应的资格，能够提供专业服务，并根据需要监督和评估所完成的工作的质量。专业胜任能力包括掌握有关专业标准和专业技术的知识，以及在专业服务中运用这些知识的正确判断能力。

1.310 符合标准规则——会员从事审计、审查、编制、管理咨询、税务或其他专业服务，应遵守理事会指定机构所颁布的标准。

1.320 会计原则规则——没有公认会计原则中禁止的虚假陈述；应用概念框架评估风险；当公认会计原则产生误导信息时，应做出替代选择。

1.400 行为失信规则——成员不得做出有损行业名誉的行为；应用概念框架评估风险；失信行为包括歧视或骚扰，泄露注册会计师考试的问题和答案，未提交纳税申报单或未履行纳税义务，在编制财务报表或记录时有疏漏……

保密——在工作中获得的资料不得披露。

在推广专业服务时，不得有虚假、误导或欺骗行为。

不得滥用注册会计师证书。

处理记录。

1.500 费用和其他类型的报酬——除特殊情况外，不收取或产生费用。

1.600 广告和其他形式的宣传——不得使用虚假、误导性或欺骗性的形式；可以使用概念框架评估风险；使用注册会计师证书。

1.700 保密性信息

客户信息保密规则——未经客户同意，成员不得披露任何保密性客户信息；应用概念框架；接替的新审计师和其他相关人员除外。

| 1.800 | 组织形式和命名规则——必须符合理事会的要求。 |

第 2 部分　企业职业会计师在评估威胁时，应适用：

| 2.000.010 | 企业会计人员的概念框架——同第 1.000.010 节的概念框架，并且包括关于威胁和保护成员的措施的例子。 |
| 2.000.020 | 道德冲突——同第 1.000.020 节，适用于成员工作中的情况。 |

以下各节与上述各节类似，适用于成员工作中的情况。

2.100	正直和客观规则
2.110	利益冲突
2.120	礼品和招待
2.130	虚假陈述——如上所述，此外必须对外部会计师坦诚
2.160	教育服务——被认为是专业服务
2.300	一般标准、规则和能力——与实践中的成员一致
2.310	遵守标准规则
2.320	会计准则规定
2.400	失信行为规则

信息保密

不得使用虚假、误导性或欺骗性的形式推广宣传专业服务

不得滥用注册会计师证书

第 3 部分　其他成员——非从业或非商业人员

| 3.400 | 失信行为规则——同上 |

信息保密——同上，适用于从业人员

不得使用虚假、误导性或欺骗性的形式推广宣传专业服务

不得滥用注册会计师证书——同上

附录 A、B、C 和 D

＊2016 年 5 月 16 日从 http://pub.aicpa.org/codeofconduct/Ethics.aspx 下载。

⚡ 安大略省特许职业会计师协会准则

摘要

职业行为准则＊，2016 年 2 月 26 日通过

序言

职业特征

基本特征：

- 通过长期的训练和教育掌握特定的智力技能。
- 传统的基础是公共实践——利用专业技能在为他人提供服务时获得报酬。

- 工作核心是会计师的个人服务，而不是商品交易。

- 客观性。

- 将个人利益置于公众利益之后，对公众负责。

- 由职业协会成员组成的独立的协会或机构，制定资格标准，证明个人从业者的能力，并保障和发展职业协会的技能和标准。

- 道德规范是由社会或机构制定并执行的道德行为规范，主要是为了保护公众利益。

- 会计师通过交换意见，为行业的发展做出贡献，增加专业技能知识，并与其他成员分享知识和技术上的进步，这是一种信念。

指导行为的基本原则

基本原则源于专业人士以公众利益为出发点行事的基本责任，以及公众对完整真实的财务报告和合理意见的依赖。

- 职业行为指在任何时候都能保持良好的职业声誉，并且为公众利益服务的行为。

- 正直和应有的谨慎——行为标准、保持专业能力、遵守规则。

- 客观——不存在会误导判断或使会计师产生偏见的任何影响、利益冲突或关系。

- 专业胜任能力——通过了解、遵守专业标准来保持和提高专业能力。

- 保密——保密义务，不得滥用因工作和业务关系而获得的信息，未经允许、法律许可或并非由于专业责任不得披露。

- 个人性格和道德行为——安大略省特许职业会计师协会准则是最低标准，合规性基于个人性格，高水平的成就是值得努力争取的。

- 指导企业责任的原则——原则适用于所有企业，企业需要对会计师的错误行为和错误指导负责。

条款	覆盖的问题	关键解释
101	成员和公司必须遵守法律、规章制度、安大略省特许职业会计师协会准则	• 成员和公司须强制遵守
102	应向安大略省特许职业会计师协会、其他人报告的事项	• 对犯罪行为或类似行为定罪，如欺诈、盗窃、洗钱、证券欺诈、税务欺诈
103	没有对安大略省特许职业会计师协会提供虚假或误导性信息	• 信件、报告、声明或陈述
104	必须及时回复安大略省特许职业会计师协会的信件，并在需要时出席	
105	没有对安大略省特许职业会计师协会造成阻碍、不良影响或恐吓	

续表

条款	覆盖的问题	关键解释
公众保护（影响公众利益的标准）		
201	维护行业的良好声誉以及为公众利益服务的能力	• 在任何时候，无论是成员还是公司 • 在加拿大其他司法管辖区的定罪导致安大略省特许会计师协会（ICAO）的指控 • 指导批评专业人员的工作，辞退或解雇审计师
202.1	正直和应有的谨慎	• 对所有成员、学生和企业都是强制性的 • 在信托关系中必须履行适当的信托义务
202.2	客观	• 职业判断不能受到偏见、利益冲突或他人的不当影响 • 允许辩护 • "客观是一种精神状态。独立不仅是一种精神状态，还包括理性人的视角下独立的表现。这是一种合理的测试，它将'独立'与'客观'区分开来，并且使公众相信不存在偏见、利益冲突或其他不当影响"（Guidance-Rule 202，12，p. 23） • 流程图：鉴证业务独立性标准概述
203	专业胜任能力	• 强制成员遵守
204	独立	• 必须应用框架来确定和评估对独立和保障措施的威胁，如果威胁没有降低至可接受水平，则不应采取行动。准则中描述了威胁和保障措施 • 具体禁止事项包括财务利益关系、贷款、担保、业务关系、家庭和个人关系、雇佣、担任高级职员或董事、长期交往、未经客户审计委员会批准的服务、绩效管理职能；估值、内部审计、诉讼支持，审计或审查客户的法律服务，以及对客户进行审计或审查的其他服务（人力资源、公司财务、税务筹划或税务咨询、审计前非鉴证服务） • 费用和报酬问题 • 禁止不合理的收礼和接受款待，对成员、学生或公司不重要的除外 • 客户并购和收购问题 • 必须书面披露（指明）并非明显无关紧要的威胁 • 成员或者学生必须披露禁止存在的利益和关系

续表

条款	覆盖的问题	关键解释
204	独立	• 公司必须确保合规 • 必须披露独立性受到损害的情况 • 在合理的观察者看来，公司须确保对财务报表发表的意见或正在进行破产业务的成员、公司或者公司成员，不存在任何会损害（或者看起来会损害）专业判断和客观性的影响，以及涉及利益或关系的纠纷
205	虚假信息，或者误导性文件或口头陈述	• 即使给出了免责声明，成员或者公司也不得有任何关联 • 覆盖书面或口头的信件、报告、陈述、财务报表
206	遵守专业标准	• 加拿大注册会计师手册中规定的或权威来源确定的公认会计原则和公认审计准则 • 适用于审计师、编制人、批准人、审计委员会成员、董事会成员或专业服务提供者
207	任何未经授权的利益	• 来自客户或雇主
208	信息的保密	• 除非客户或前客户、雇主或前雇主知晓并同意，或者遵守法律、理事会或专业委员会的程序，否则不得披露 • 不得为了个人利益、公司利益、第三方的利益或者损害客户利益而滥用信息 • 成员或企业必须采取措施并且取得书面协议来保护自己
209	从客户手里取得贷款	• 一般不被允许
210	利益冲突	• 有责任在签订合同之前检查是否存在利益冲突 • 除非成员或公司能够应对利益冲突，加强风险管理，并且所有受影响者都能得到建议并且同意，否则公司或者成员不得接受冲突（成员/公司与客户，客户与客户，客户/雇主与第三方） • 冲突、应对冲突的解决方法、选择该办法的理由以及向相关方披露的文件都需要被记录 • 如果对方同意继续服务，那么必须保存文件来证明受影响的一方已经知道情况并且他们同意继续服务 • 提供的指导：（a）就业、公共会计或相关业务、专业服务领域的利益冲突实例。（b）处理利益冲突的程序：识别；评估；开发方法和选择管理技术；披露信息和获得同意；评估冲突管理方案的有效性；在审计期间重新评估计划。（c）编制文件。（d）其他注意事项 • 利益冲突管理决策图见第 140 页

续表

条款	覆盖的问题	关键解释
211	注册会计师准则中规定有义务报告的违规行为	• 任何会引起对会计师专业胜任能力、诚实或执业能力怀疑的资料 • 除非有特别豁免，或违反法定义务、律师与当事人特权的情况 • 在进行刑事或民事调查时延迟报告
212	处理信托基金及其他财产	• 根据信托条款和信托法，将资金单独存入信托账户，并进行妥善记录 • 谨慎处理
213	不参加非法活动	• 不参与任何被划定或者应该划定为非法的活动
214	费用报价及账单	• 只有在获得有关任务的充分信息后才提供 • 在定价公平合理的基础上，提供必要的解释以供理解
215	或有收费	• 禁止或有收费，除非不存在实际或明显的利益冲突（规则 204），并且客户以书面形式同意，或者此类费用不会影响同一客户的汇编约定或者所得税申报表
216	报酬的支付或收取	• 从事公共会计工作的人员，除销售、购买会计业务外，不得支付或收取报酬 • 如果不从事公共会计工作，可以支付或收取报酬，前提是符合规则 207，包括披露和同意
217	广告、招揽和背书	• 广告不能是虚假的或误导性的，不能对能力或诚信造成不良影响，不能包含未经证实的陈述，也不能损害行业声誉 • 如果是持续的、胁迫的或骚扰的，则不允许招揽 • 经过合适的调查，在严格遵守条件的情况下，可以背书
218	文件和工作底稿的保存	• 在一段合理时间内保存
与职业同事的关系		
302	与前任会计师沟通	• 在有现任会计师的情况下，如果存在不询问即将离任的会计师是否存在应予以考虑的情况，现任会计师不能接受任命 • 现任会计师需做出回应，考虑保密问题并寻求建议，必须报告是否存在保密事项，但不能提供细节
303	提供客户资料	• 如果收到接任会计师的书面要求，需要及时回复 • 提供必要的客户信息，并给予合作
304	联合任命	• 承担连带责任 • 必须向其他会计人员报告活动

续表

条款	覆盖的问题	关键解释
305	向任职者传达特别任务	• 必须与任职者沟通，除非客户在业务开始前以书面形式提出要求，或者提供不属于公共会计的服务
306	在职人员的责任	• 不得从事损害其他会计人员的工作 • 不得提供超出原推荐条件的服务，除非经推荐人同意

公共会计实务

条款	覆盖的问题	关键解释
401	服务名称	• 品位高雅，经机构认可，不具有误导性或自我称赞成分
402	描述形式	• 必须使用"特许职业会计师"或"公共会计师"，除非是公司名称的一部分 • 如果非注册会计师共享专有权益，则不能使用"特许职业会计师"
403	与公司的关系	• 如果有合伙人不是注册会计师，则限制与以"注册职业会计师"执业者的关联
404	从事公共会计工作的途径	• 办公室必须由通常参与工作的注册会计师负责 • 除规定外，不得设立兼职办公室
405	代理办公室	• 如果仅由另一名会计师代理，则不被允许
406	非成员的责任	• 与本业务或其他相关业务有关的非成员未能遵守注册会计师准则，由会计师负责
408	与非成员在公共实践中的联系	• 除非保持良好的职业声誉，并遵守安大略省特许职业会计师协会管理规则和注册会计师准则，否则不得结社，且不得使用任何形式、陈述或交流方式暗示非成员为成员 • 可以从事相关业务
409	企业中的公共会计实务	• 除非符合安大略省特许职业会计师协会规则，例如通过在安大略省或其他省份合法注册的专业公司执业，否则予以禁止

企业

条款	覆盖的问题	关键解释
501	符合专业标准的政策和程序	• 制定和维护行业准则所需的政策和程序，必须符合专业人士的要求，并且符合专业人士公认的执业标准和特定业务或实践的标准
502	执业行为的政策和程序	• 使执业成员和与执业成员有合同的其他人员的能力符合预期所需的政策和程序
503	与公司的关系	• 另一家公司需符合403规则的所有权要求

    * 2016年5月17日从 https://media. cpaontario. ca/stewardship-of-the-profession/pdfs/CPA-Ontario-Code-of-professional-conduct. pdf 下载。

美国注册会计师协会和安大略省特许职业会计师协会准则都进行了重大修订（分别在 2015 年 12 月和 2016 年 2 月），以与国际会计师联合会准则一致（见表 6 - 10），包括：

● 规定注册会计师的主要职责是为公众利益服务。

● 要求企业职业会计师采用统一的基本原则来处理一般事务、公众实践。

● 使用一个框架来评估和记录注册会计师在遵从基本原则时面临的威胁（和保障措施）的风险和影响，这些基本原则是会计师服务于公众利益和维护行业良好声誉必须遵守的。美国注册会计师协会准则讨论了概念框架的应用，以评估一般问题或实践、道德冲突、独立性和利益冲突。安大略省特许职业会计师协会准则与此类似，特别是在与独立性和利益冲突有关的事项上。

● 要求对独立性和利益冲突问题进行广泛的分析。由美国注册会计师协会、安大略省特许职业会计师协会和国际会计师联合会提出的风险评估框架将在后面关于利益冲突的部分讨论。

● 在适当情况下考虑解决冲突的过程。

● 对难以解释的领域提供了广泛的、有帮助的指导，如安大略省特许职业会计师协会准则中的流程图。

职业准则的缺陷

在过去，大多数职业会计师倾向于认为他们的准则不如他们需要处理的技术挑战重要。在某些情况下，问题的根源在于对准则的重要性缺乏认识，而在另一些情况下，是因为准则无法解释一般原则和规则。随着我们的道德环境发生变化，道德缺失已被视为对职业实践的严重威胁，已经有许多人呼吁会计专业人员加强对职业道德的理解和承诺。

根据国际商学院协会[①]的规定，职业道德教育是职业会计师正规教育的官方要求，一些专业机构在行业新人参加职业考试前引入了强制性的职业道德教育，在他们获得职业会计资格后继续进行职业道德教育。因此，越来越多的职业会计师意识到道德问题和道德准则的重要性，并将道德分析逐步引入会计课程中。然而，还需要更多地强调道德分析，因为仅有对问题和职业行为准则的简单认识并不能解决职业会计师面临的所有问题。幸运的是，美国注册会计师协会、安大略省特许职业会计师协会和国际会计师联合会的行为准则都要求对具体问题的威胁和保障措施以及相关文件进行更多分析。然而，除此之外，还需要了解实际的道德决策和技术，以便职业会计师能够充分认识、识别和量化专业服务的道德威胁与保障，并就业务决策向客户或雇主提供咨询。

行为准则鼓励职业会计师通过其专业协会或外部法律顾问就道德问题寻求帮助，这已成为惯例。虽然过程需要循序渐进，但应注意外部律师的法律思维模式可能会导致忽视重要利益相关者的利益，特别是长期利益，这可能损害职业会计师的声誉和收入来源。

---

① Institute of Chartered Accountants of Ontario，*Rules of Professional Conduct and Council Interpretations*，1997，foreword，p. 505. 不断更新中。

最后，行为准则没有清楚地解释错误行为可能带来的惩罚。因此，重要的是寻找专业会计机构采取惩罚措施的记录，并预测违反准则的行为可能会受到的惩罚。

公司行为准则通常无法解决的问题

我们在分析了公司和专业会计行为准则的性质、内容和缺陷之后，转而研究它们之间的重叠部分。有些问题通过行为准则往往得不到解决，而员工（包括职业会计师）都可能会面临这些问题。因此，在制定或修订公司法时，应考虑以下事项：

1. 准则之间的冲突。有时，专业人员或其他雇员会遵守公司/雇主的行为准则以及其他准则，如工程师或会计师的专业准则。为避免让相关人员陷入道德困境，关于应遵从哪一套准则，至少应该咨询道德专员或监察员。通常情况下，会计师的行为至少要符合职业会计准则，保护公众利益。

2. 利益冲突或企业利益相关者之间的冲突。有时会明确冲突的利益的优先顺序；如果没有，则应提供咨询。本章和第5章详细讨论了这个问题。

3. 专业人员应该在什么时候、向谁预警？这个问题已在前面的NOCLAR审计准则部分讨论。但是，应该为职业会计师提供一个受保护的内部讨论和报告渠道。雇主应该认识到，每一个职业会计师都要履行道德义务，这胜过对雇主的忠诚。如果职业会计师协会能像在英国和其他司法管辖区那样，在保密的基础上向专业人员提供咨询，以协助其做出决定，那对会计人员将是很有益的。

4. 充分保护举报人。最成功的预警途径包括举报，即向级别较高的管理层举报或者向其他人员举报，再由他们报告给高级管理层。例如，监管人员将在对举报人姓名保密的情况下跟进举报的问题，或披露被举报人的情况，并直接向高管报告。有这种程度的支持措施，监管人员就可以不受干扰地进行调查，同时向举报人进行反馈。

5. 涉及判断的服务决策。应当制定行为准则，以便专业人员在一些情况下做出判断时，不排除运用自己作为专业人员的价值观。归根结底，只有运用这些价值观和基于这些价值观做出判断，才能使个人、公司、行业和公众不受道德问题的困扰。当前面临的挑战是制定准则和培育文化，并且这些准则和文化不强迫专业人员放弃个人价值观，而是促进个人价值观和判断的发展与合理运用，从而在真正需要的时候获得利益相关者的信任。

评估对遵守准则构成威胁的概念框架

职业会计师行为准则首先规定了职业会计师为公众利益服务所必须遵守的基本原则，以提升其职业道德；然后提供了一个概念框架，以确定和评估遵守这些原则所面临的威胁，以及对评估记录的要求；此外，还必须考虑保障措施，以将威胁降低至可接受的水平。如果没有将威胁降低至可接受的水平，则应采取适当行动消除威胁或停止提供服务。图6-1展示了许多国家准则（包括美国注册会计师协会和安大略省特许职业会计师协会准则）采用的概念框架。

```
┌────────────────────────────────────────┐
│        承担社会责任，                     │
│        服务公共利益     （100 A1）        │
├────────────────────────────────────────┤
│          遵守基本原则                     │
│          正直、客观                       │
│      职业胜任能力和应有的谨慎             │
│      保密、专业行为   （110.1 A1）        │
├────────────────────────────────────────┤
│    评估对遵守基本原则的威胁的概念框架      │
│   识别、评估、消除威胁，或将威胁降至可接受的 │
│     安全等级独立标准和专业怀疑态度 （120）  │
│  威胁 （120.6 A3）   保障 （120.10, 300.8 A2）│
│  自身利益、自我审查   职业准则、培训或标准   │
│  宣传、熟悉、恐吓     客户、公司或业务的相关 │
│                     法律法规和规定         │
└────────────────────────────────────────┘
```

图 6-1　国际会计师联合会-国际会计师职业道德准则理事会 2018 年国际道德准则概念框架

资料来源：IFAC-IESBA 2018 Code of Ethics for Professional Accountants，April 2018.

概念框架要求职业会计师评估他们在遵守基本原则时所面临的威胁，同时考虑所涉及情况相关的保障措施。表 6-11 和表 6-12 列出了职业会计师应注意和评估的正常威胁和保障措施。

该评估过程的目的是让职业会计师根据定量和非定量的威胁和保障措施判断，由于特定的行动过程，不遵守基本原则的风险是否达到可接受（或不可接受）的程度。该决策所依据的分析应记录备案并保存。

如果在考虑了可减少威胁的保障措施后，总体评估仍认为威胁可能导致职业会计师违反准则，那么职业会计师应考虑减少威胁，增加保障措施，或拒绝该行为。如果仍有疑问，则其应咨询同事、道德顾问和法律顾问。

表 6-11　遵守基本原则的威胁

遵守基本原则可能受到多种情况的威胁，可以分为以下几类：

利益冲突威胁：由于会计人员的利益与客户的利益冲突，影响客观性。

自身利益威胁：会计人员可以从客户或相关人员的利益或关系中获得经济利益或其他利益。

自我审查威胁：会计人员不能合理评估自己之前所做的判断或自己监督的服务

管理参与威胁：会计人员承担客户的管理角色或以其他方式承担管理责任，这可能发生在提供非鉴证服务的约定期间。

宣传威胁：会计人员努力增加客户的利益或提升其地位，以致其客观性或独立性受到损害。

熟悉威胁：由于与客户的长期或密切的关系，会计人员会较关心客户的利益或接受客户的工作或产品。

恐吓威胁：客户或相关方的声誉或专业知识、攻击性或支配性人格、胁迫等会对会计人员的判断产生不利影响。

2015 年《美国注册会计师协会职业行为准则》（1.000.010.08～1.000.010.16）
国际会计师联合会 2018 年《国际职业会计师道德准则》（120.6 A3）
2015 年《安大略省特许职业会计师协会职业行为准则》（204.3）

表 6-12　减少利益冲突风险的保障措施

行业、法律或法规的保障（美国注册会计师协会准则 S1.000.010）

a）入职教育、培训、经验要求。

b）继续教育。

c）专业标准、监督和纪律流程。

续表

d）由法律授权的第三方对职业会计师提供的报告、回复、沟通文件或其他信息进行外部审查。

e）企业质量管理体系的外部评审。

f）有关公司独立性要求的立法。

g）专业资格的胜任能力和经验要求。

h）就道德问题提供咨询的专业资源，例如热线。

客户实施的保障措施（美国注册会计师协会准则 S1.000.010）

a）客户拥有具备相应技能、知识或经验的专业人员，他们能够对专业服务的提供进行管理决策，并根据需要向第三方咨询。

b）企业高层强调客户对财务报告公允，以及遵守适用的法律、规章和公司治理政策的承诺。

c）制定政策和程序，保证财务报告的公允，并遵守适用的法律、规章和公司治理政策。

d）制定处理道德行为的政策和程序。

e）有治理结构，如积极的审计委员会，以确保就公司运营做出适当的决策、监督与沟通。

f）现行政策禁止实体雇用一家公司提供不符合公众利益或被认为会损害公司独立性或客观性的服务。

公司实施的保障措施（美国注册会计师协会准则 S1.000.010）

a）公司领导应强调遵守规则的重要性，并希望参与团队为公众利益采取行动。

b）旨在实施和监督参与质量控制的政策和程序。

c）识别和评估对遵守规则构成的威胁，采取措施将威胁降低至可接受水平。

d）旨在监督公司政策和程序合规性的内部政策与程序。

e）旨在确定公司或其合伙人、专业人员和公司客户之间的利益或关系的政策和程序。

f）使用不同合伙人、合作方，以及来自不同办公室或向不同主管报告的参与团队。

g）为所有合伙人和专业人员提供公司政策和程序及其变化的培训与及时沟通。

h）旨在监测公司、合伙人、合作方对单一客户收入依赖的程度，如果存在过度依赖，采取相应的解决措施。

i）18 项其他保障措施；见美国注册会计师协会准则 S0.100.010.23。

后文阐释了风险评估概念框架在利益冲突上的应用。

利益冲突对独立性的威胁

职业会计师面临的困境之一是对利益冲突情况的识别、避免和管理。这是因为利益冲突的情况威胁到会计专业人员提供的鉴证服务，即影响到职业会计师为保护公众利益做出的独立判断。因此，会计行业必须遵循的独立性标准对会计行业、从业人员及其所在公司的发展至关重要。

一般而言，职业准则要求职业会计师不受与客户事务有关的利益或关系的影响，以保障其职业判断和客观性。[①] 因此，有两个不同的方面需要牢记：存在利益冲突的情况以及可能会存在利益冲突的现象。因此，对利益冲突的传统定义涉及任何可能导致职业会计师的判断偏离专业标准的影响、利益或关系，但这仅涵盖职业会计师面临的部分利益冲突风险。

也有例外情况，如第 5 章所讨论的，职业会计师对利益冲突情况的看法与董事、高管或其他员工非常相似。应回顾第 5 章中的讨论（见图 5-5、图 5-6 以及表 5-6），因为它们适用于职业会计师及其所面临的环境。

---

① IFAC 2005 Code is available at http://www.ifac.org/Ethics and downloadable at http://www.cengage.com.

另一个例外情况是，职业会计师是公众的受托人。职业会计师必须保护客户或雇主的利益，但不能以损害公众利益为代价。职业会计师必须遵守在利益相关者之间保持中立和保护公众利益的原则，不应该为特定客户的利益服务，除非同时保护了公众利益。职业会计师提供的服务必须是值得信任的，因而职业会计师必须具有良好的独立判断。

使用概念框架评估利益冲突的威胁

国际会计师联合会对遵守基本原则的威胁的讨论，强调了职业会计师保持独立的必要性，以确保职业会计师的正直和客观不受损害。它不仅关系到工作表现，也关系到职业会计师在工作中的形象，否则可能会削弱信息的有效传递，进而影响行业声誉。这就需要时刻注意职业会计师的心理状态及其独立性。正如 2018 年准则第 400.5 节所述，独立与客观和正直原则相联系，它包含实质上的独立和形式上的独立：

实质上的独立是一种心理状态，是在职业判断不受损害的情况下得出结论，从而保证会计师的行事正直、客观且具备职业怀疑态度。

形式上的独立指避免使理性且知情的第三方在权衡具体的事实和情况后认为，公司或审计团体成员的正直、客观或职业怀疑态度已受到损害。

图 6-2 反映了这些组成部分和正确判断的相关性。

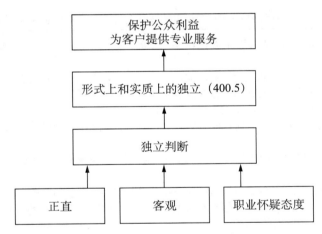

图 6-2　国际会计师联合会准则的独立性判断框架

职业会计师必须警惕利益冲突问题，因为这可能损害独立性。如表 6-11 所示，美国注册会计师协会准则等列出了七种可能动摇职业会计师为公众利益服务的立场的威胁或冲突的情况：利益冲突；自身利益；自我审查；管理参与；过度推介客户立场；与客户的管理层、董事或所有者存在密切关系；恐吓。具体来说，这些类别包括以下内容：

● 当职业会计师的利益与客户的利益冲突时，如果为两个或两个以上相互竞争的客户进行服务，就会产生问题。在庭审诉讼中判断一个人是否处于不利地位是非常困难的。

● 自身利益势必会影响职业会计师的判断。安达信想保留安然、世通、废弃物管理公司和阳光电器等多个客户，赚取利润，造成极大事故。

● 审计自己的工作是自身利益问题的另一种形式，即审计师不愿找出自己的问题，在客户管理层面前丢面子。

● 担任管理者的职业会计师可能会因为参与管理活动、激励和策略制定，严重影响其正直、客观和职业怀疑态度。

● 向第三方宣传客户的立场有时会使职业会计师处于不利地位，无法按照公认会计原则或披露信息再提出不同的或更好的立场。

● 对客户、董事或所有者的熟悉会导致建立人际关系，使职业会计师不想让朋友或亲密伙伴失望，或得罪他们。

● 在许多情况下，公司的高级管理人员对职业会计师进行恐吓或不正当的影响，从而迫使他们做出虚假陈述、违法行为或不合理的会计决策。这个问题在第2章的世通公司案例中进行了说明。

在确定这些潜在的利益冲突情况后，应通过实施保障措施来避免、消除或减少风险。美国注册会计师协会准则和国际会计师联合会准则建议：（1）从专业指南、立法和监管文件中详细阐述的技术和方法中找到保障措施；（2）由客户实施；（3）由职业会计师事务所执行。表6-13列出了美国注册会计师协会准则中指出的部分利益冲突。

表6-13　利益冲突示例——2015年美国注册会计师协会准则第1.110.010.04节

a. 当公司在审计过程中获得可能与交易有关的机密信息时，向寻求获得公司审计客户的客户提供公司财务服务

b. 当建议可能与双方的竞争情况相关时，同时向两个正在竞争收购同一公司的客户提供咨询

c. 就同一交易向作为公司客户的卖方和买方提供服务

d. 为在同一资产上处于对立状态的两个客户进行资产评估

e. 同时代表两个客户处理同一件事，而这两个客户之间存在法律纠纷，例如在离婚诉讼或合伙关系解除期间

f. 向许可方提供一份许可协议到期的特许权使用费报告，同时通知被许可方同一许可协议应付金额的正确性

g. 建议客户投资一项例如该成员的直系亲属能够在业务中获得经济利益的业务

h. 在与客户的竞争对手有合资企业或类似利益关系的情况下，向客户提供关于竞争地位的战略建议

i. 建议客户收购自己也准备收购的公司

j. 建议客户购买产品或服务，同时与该产品或服务的潜在供应商之一签订特许权使用费或雇佣协议

k. 向客户提供调查服务，以支持另一客户的预期诉讼

l. 为一个家庭中的多个成员提供税务或个人理财服务，这些成员之间有利益冲突

m. 将个人理财计划或税务客户介绍给保险经纪人或其他服务提供商

由于利益冲突的重要性，表6-13中列举了美国注册会计师协会准则中利益冲突的例子。下面是对利益冲突的进一步讨论。

大多数职业会计师非常重视处理利益冲突的情况，因为这是维护信托关系的基础。许多职业会计师事务所，包括最大的会计师事务所，都有附加的行为准则提供指导。很多办公室或网络公司的成员通常会签署文件，承诺不讨论任何客户的证券事务或交易，并保留一份有限的客户名单供参考。事务所的成员被告知，即使他们个人没有客户信息，一些利益相关的

公众也可能会认为他们拥有客户信息。职业会计师在工作中必须注意避免利益冲突的情况出现，因为恢复声誉难度太大，成本太高。因此，大多数公司在管理利益冲突方面采用了几种技术，以尽量减少潜在的损害。具体包括下列技术：

- 除了专业机构制定的会计行业准则，公司另外制定准则
- 设立培训课程，强化理解
- 提供所有地区的客户名单以供参考，并签字表明不会投资
- 审查证券交易，特别是与新发行证券有关的交易
- 设立防止公司内部信息流动的信息屏障（也称为防火墙）
- 向高级领导汇报和咨询
- 回避
- 制定为潜在利益冲突的客户服务的规则
- 明确接受新客户、提供新服务、终止客户关系的规定

利益冲突：利益相关者影响分析

在上述背景下，有必要考虑职业会计师最常见的利益冲突情况。根据对利益相关者的影响，可以将这些情况分为四类：

1. 专业人员的自身利益与其他利益相关者的利益相冲突；
2. 专业人员和一些利益相关者的自身利益与其他利益相关者的利益存在冲突；
3. 一个客户或雇主的利益优先于另一个客户或雇主的利益；
4. 一个或多个利益相关者的利益优先于其他利益相关者的利益。

第一类情况是指职业会计师与其他利益相关者在一些领域的冲突会损害专业人员的独立判断，表现在提供的服务、不当使用自身的影响力和滥用信息等方面。第二类情况是指职业会计师会与一些利益相关者共谋，损害其他利益相关者的利益，这也会导致他们做出不合理的判断。第三类情况主要针对不同客户或雇主的利益。第四类情况涉及利益相关者群体，与会计师自身利益关系不大，主要侧重于信息的保密问题。表 6－14 总结了这些关系，并讨论了这些活动如何破坏会计师的职业判断。

表 6－14　职业会计师面临的利益冲突：利益相关者影响分析

分类	受影响范围	例子
自己 vs. 其他利益相关者	提供的服务 不当使用自身的影响力 滥用信息	相互冲突的服务，服务质量下降 与客户进行不合理的产品交易 亲属参与不适当的投资
自己与一些利益相关者 vs. 其他利益相关者	提供的服务	过多地参与到管理层或董事会会损害独立性
客户 vs. 客户 雇主 vs. 雇主	提供的服务	同时为竞争的客户或竞争的雇主提供服务
利益相关者 vs. 其他利益相关者	滥用信息（保密）	向政府或监管机构举报

影响会计师提供服务的利益冲突

无论是审计师还是管理会计师，自身利益都是非常强大的驱动力，它可能导致客户、公众和其他利益相关者的利益受损，降低专业服务质量。审计师之所以可能会经不住诱惑，是因为审计师的"业务"方面占主导地位，对利润或个人利益的追求可能会使审计师难以维持信托关系。专业人员将自身利益置于其他利益相关者的利益之前，会导致信托关系破裂。

例如，会计人员盲目追求利润可能导致服务质量不达标。由于成本上升或为了增加利润，会计人员可能会以低于标准的质量提供服务。这种情况可能是由于会计师工作经验不足或对他们的监督不到位。改变这种情况会给员工带来压力，使他们的工作时间超过合理水平，或者命令员工长时间工作，但不向客户收取相应的费用。这两种情况除了因对工作人员的不公平对待容易导致人员疲劳，还会导致发现错误的能力下降。虽然服务质量降低对客户和公众的影响较大，但这些工作条件也使员工面临如何处理的问题：他们应该投诉吗？如果投诉，投诉程度如何，向谁投诉？这些问题将在本章后面的部分讨论。

会计师提供的服务的质量也可能因为其他原因而受到影响。为了开发新客户或留住老客户，专业人员可能会提供较低报价。报价较低也会带来两难的局面，既要满足紧张的审计预算，又可能导致服务质量不合格或使审计人员承受工作时间过长的压力。在审计服务的价格预期呈上涨趋势或在税务和咨询服务的利润较高时，低报价有时是可以接受的。但审计计划有时并非如此，所以预算有时会较为紧张。此外，预期的高利润有可能无法真正实现，因此许多专业协会禁止固定费用报价。当出现意外情况时，固定费用或者低收费会使审计人员承担加班成本，产生利益冲突。如果根据审计人员的级别按小时收费，即使审计期间发生意外情况，也可以将审计人员提供的服务的费用纳入总费用中。

在与其他利益相关者发生利益冲突的情况下，会计师有时会出于自利动机提供服务。例如，审计人员在提供管理咨询服务或鉴证服务时已经对客户有了全面的了解，如果审计人员此时为客户配置内部控制系统，当内部控制系统的缺陷在随后的审计过程中暴露时，他们可能不愿意承认缺陷。即使使用同一家公司的非审计人员，也会出现这种不愿承认内部控制系统存在缺陷的情况。然而有缺陷的内部控制系统就像一颗定时炸弹，增加了客户和公众的风险。另一个常见的例子是，合伙人与客户的首席财务官就坏账准备是否充分计提进行讨论，但他知道下周首席财务官将决定把一项较大的咨询业务安排给他的公司或竞争对手。这对于客观性的威胁是显而易见的，然而该合伙人仍应保持客观。

对于这种涉及自我审查和业务冲突的情况，有什么补救办法？可以拒绝提供这样的服务，但这可能导致客户产生不必要的成本，以及专业人员的收入下降。长期以来，会计行业的地位一直取决于专业人员的个人信用，当业务发生冲突时，他们作为专业人员能够自我审查和纠正。然而，对于美国证券交易委员会注册公司的审计人员来说，这种对他们作为专业人员的价值观、性格和道德意识的依赖已经被《SOX 法案》的相关规定所消除。职业会计师为了维护自身利益可能会站在某些利益相关者群体一边而损害他人的利益，很容易在工作中与客户、供应商或其他利益相关者产生紧密的关系，影响职业判断。收礼物也会产生这样的问题。审计人员参与管理层的决策或与管理层和董事会保持紧密关系，都会损害信托关系。引用马斯洛的需求层次理论，由于与其他利益相关者的关系，专业人员可能会受到自我实现需求、社交需求甚至生理需求的影响，从而威胁到专业人员的独立性。

有时，职业会计师与客户存在共同利益，或者与客户的高管有密切的关系，影响职业怀疑和判断。紧密关系、合作伙伴、维持现有收入来源、未来获得更多收入、社交以及发展前景，都可能影响会计师职业判断的独立性，进而影响公众利益。必须确保职业会计师或事务所不会过分依赖某一客户提供的收入，做出损害公众利益的决定。历史上产生过这样的教训，如第 2 章安达信、安然、世通和废弃物管理公司的案例。

在安达信破产之前，咨询和其他服务对职业会计师独立性的影响已经在美国引起了会计行业及其监管机构的担忧。1998 年，普华永道①在合并后的审查中发现，其前身公司并未合理监督其咨询和审计的合作人以及人员，普华永道近 50％的美国合作人对公司的审计客户进行了投资，这违反了法律和美国证券交易委员会的利益冲突准则，并且在一定程度上促使美国证券交易委员会对在美国注册的公司的审计人员的独立性提出新要求。② 在所提供的其他指导意见部分，修订后的准则明确了美国证券交易委员会注册公司的审计人员允许和不允许提供的服务，以维护职业判断的独立性。值得注意的是，上述修订草案中所涉及的事项已经被《SOX 法案》和美国证券交易委员会声明③所取代。

尽管普华永道的违规行为最初产生了恶劣影响，但普华永道以及美国证券交易委员会等监管机构并没有要求将审计或鉴证服务与咨询服务完全分离。如前所述，《SOX 法案》要求美国证券交易委员会指出哪些是可以提供给审计客户的服务。一些大公司已经提供了审计服务，它们仍然继续经营咨询等多种业务，向非审计客户提供服务。

会计行业的行为需要一套强有力的指导方针和组织文化，以防止判断的独立性和专业怀疑态度受损。职业会计师不能因发展高利润业务而损害低利润审计业务，受其影响向客户提供不合理的建议，从而导致税务实务风险管理问题就是一个例子。经营多种业务的公司还可能面临会计师、律师和工程师的职业规范和实践之间的潜在冲突。例如，会计师通常不会举报客户，但工程师要举报存在的所有安全隐患。同样，律师也有不同的保密标准，这使得他们不能向竞争对手提供建议，而职业会计师经常会给相互竞争的客户提供建议，前提是有足够的保护措施。还有一些鉴证服务被列为非审计服务或咨询服务，以减少事务所的法律责任。强化管理利益冲突的原则，对于维护会计行业以及其他相关行业的声誉至关重要。

---

① SEC independent consultant，*Report of the Internal Investigation of Independence Issues at PricewaterhouseCoopers LLP*，January 6，2000，http://www. sec. gov/news/press/pressarchive/2000press. shtml.

② *Proposed Rule*：*Revision of the Commission's Auditor Independence Requirements*，July 17，2000，http://www. sec. gov/rules/proposed/34 - 42994. htm，109. 最终规定于 2003 年 1 月公布。

③ *Final Rule*：*Strengthening the Commission's Requirements regarding Auditor Independence*，February 6，2003，http://www. sec. gov/rules/final/33 - 8183. htm；*Commission Adopts Rules Strengthening Auditor Independence*，January 22，2003，http://www. sec. gov/news/press/2003 - 9. htm.

表 6-14 中列举的放纵自身利益的情况会使专业人员的声誉处于危险之中，因为在信托关系中，客户、雇主或公众的利益可能不会优先于专业人员的自身利益被考虑。职业会计师为从客户投资中赚取个人利润，可能会操纵披露信息或会计原则，提高股价，而不向股东传达真实情况。幸运的是，这种投资在大多数专业法规中已被禁止多年。同样，在过去，降低服务质量，特别是审计服务质量，也是难以抗拒的。由于以服务价格为基础的竞争变得更加激烈，专业会计人员应从长期视角考虑声誉损失、罚款和更高的保险费的影响。

职业会计师及其客户在交易中可能代表多个客户，这样做风险很大。即使专业人士对事情非常了解，例如，如果审计客户被出售，专业人士同买方和卖方都有朋友关系，除非以牺牲另一方为代价，否则很难为其中一方争取最大利益。之后，如果买方或卖方不再抱有幻想，它可能会怀疑它的利益受到了损害，并提起诉讼。因此，即使客户希望会计师提供服务，也应注意会计师的独立性是否受损。有时只服务其中一位客户是明智的选择，当向多位客户提供服务时，职业会计师必须证明自己已经采取了所有合理的预防措施，以保护各方利益。

对于管理会计师而言，为多个雇主服务同样是有风险的，即使雇主不是竞争对手，也不可避免地会出现利益冲突，更不用说雇主之间是竞争对手关系的情况。当管理会计师向竞争对手提供服务时，这种道德问题会更加凸显，必须注意确保利益冲突不会对会计师的工作表现产生不利影响。

正如盲目的野心被视作许多管理者的祸根一样，盲目的利己主义可能会导致职业会计师生涯的毁灭。然而，职业会计师通常不会受困于盲目或狂热的利己主义，但他们会忽视从事的是某一职业还是某一业务。他们最好记住，很少有企业能享有信托关系中的特权。职业会计师需要寻求将公众、客户、专业人士、公司或雇主的利益置于自身利益之前的平衡。

涉及不当使用影响力的利益冲突

专业会计人员的自利动机可能导致不当使用自身的影响力，从而导致判断的独立性受损。例如，为一家公司工作的职业会计师可能会安排一个朋友进该公司工作。然而，在此过程中，职业会计师的行为可能会受到该公司管理层关注，当管理层想要获得回报时，就可能会使其采取不披露、延迟披露或最小化披露财务问题的形式，从而可能致使公众、股东、其他管理层和审计师在这个过程中被误导。

审计人员也可能在不知不觉中被自己的影响力所困。他们常常希望从客户手里得到利益，比如以更低的折扣价从客户处购买商品或服务，而客户也支持并鼓励这种行为。但是风险在于，这可能会驱使审计人员产生为了自身利益而损害公众利益的动机。同样，公司雇用的专业人员也可能希望以折扣价从供应商处购买商品或服务。那么这样做合理吗？答案是要视具体情况而定。

或者说，审计人员或公司的其他员工可以得到客户或供应商提供的礼物、款待、娱乐、旅行或优惠待遇。那么接受这样的礼遇是否合乎道德？同样，答案也要视具体情况而定。值得庆幸的是，表 5-8 中列出了避免对方期望付出的成本得到回报时可能产生利益冲突的指导方法。

涉及使用或滥用信息的利益冲突（保密）

职业会计师滥用信息可能会损害客户或其他利益相关者的利益。例如，在其他人有权使用这些信息之前，专业人员滥用这些信息是不公平的，也是不道德的。审计人员或员工（即"内部人"）等了解公司内幕信息的人，可能会利用这些信息进行内幕交易，这些都是基本问题。为了维护股票市场的公平，以便公众和其他非内部人员有意愿进入这个市场，美国证券交易委员会、加拿大安大略省证券委员会之类的监管机构，要求内部管理人员等到信息向公众公布后才可进行交易，同时他们必须披露这些交易，以让公众知情。从长远来看，内部人员利用信息优势进行"作弊游戏"不仅损害了公众利益，也损害了利用市场进行融资的公司的利益。内幕交易规则同样适用于了解内幕者的家属，包括那些不属于直系亲属但了解内幕者对其具有明显影响力的人。在公共服务中担任要职的人会进一步采取措施避免这种利益冲突。为了看上去完全合乎道德，一些政客甚至将其自身及家属所持股票放入所谓的"保密信托"中，由其他人管理，并指示不得与其他政客讨论交易或持股事宜。

对于审计师来说，情况有所不同，正如本书前文所述，基于真实或潜在的利益冲突，禁止审计师持有客户的股票或金融工具。大多数审计公司在实践中采用以下两种方式。第一，该禁令适用于审计师的家属以及被视为重要亲属或受其影响的人。第二，禁令也可能适用于该公司的任何客户，即使该客户是完全独立（对于国际公司，甚至是在另一个国家）提供服务的，通常也被要求与该公司没有个人接触。如果对没有直接参与客户事务的员工交易客户股票放宽限制，则应特别注意通过信息屏障、防火墙和报告或审查机制来管理由此产生的利益冲突。人们对防止内幕交易的关注程度以及看法表明，大多数公司对内幕交易持警惕态度。

保密用来描述对客户或雇主的机密信息进行保守。如果将这些信息披露给公众或竞争对手，会对客户的利益产生不利影响，也不符合信托关系中对会计人员的信任预期。对于审计师而言，这种对信任和隐私的期望对于客户愿意讨论与审计密切相关的棘手问题，以获得审计师对在财务报表及附注中处理这些问题的意见至关重要。如果审计师有可能披露其信息，那么客户对有争议的或有负债的讨论将会有多坦诚？如果有可能向税务机关自愿披露，那么如何讨论有争议的税务处理？因此，维持客户的信任对于行使审计职能和在充分讨论各种可能性的基础上提供最佳建议至关重要。

然而，有些行业在其行为准则或监管框架中明确规定了对隐私的限制。例如，当工程师认为一种结构或机制可能对使用者产生不利影响时，比如存在违反建筑规范而导致的倒塌风险时，他们必须向相应的政府官员汇报。在加拿大，两家特许银行的破产导致了新要求的出现，即客户银行生存能力不足时，需要直接向联邦金融机构监管办公室报告。在英国，必须报告为毒品交易和恐怖主义洗钱的行为。审计人员的公共责任受到越来越多的关注，公众越来越希望审计人员能够采取行动，而不是保持沉默。在实施阶段完成后，当上面讨论的 NO-CLAR 审计准则表明当雇主或客户不遵守法律或法规时，职业会计师的行为可能就会发生变化。

客户、公众、监管者、专业人士和管理层之间的利益权衡，将成为会计师未来面临的一个越来越严峻的考验。一个未被充分理解的问题是，如果职业会计师对其雇主的违规行为保密，并受到职业准则的要求，在无法说服雇主改变行为时选择辞职，这遵守了行为准则，因为准则要求除非在法庭或纪律听证会上，否则不得披露客户和雇主的机密信息，同时需辞职以避免虚假陈述。在默默辞职的情况下，除了作恶者和沉默的专业人士之外，所有利益相关者都不会认识到这种不道德的行为。那这如何保护公众、股东或专业人士的利益呢？本书前面对这一问题的讨论引发了争议，即修改严格保密的规定，并引入涉及与相关专业机构人员协商的辅助保密。也许通过这样的磋商，可以找到一种更好的方法来判断什么信息需要保密，什么时候披露和如何披露信息，以及如何保护专业人员和公众的利益。但对于审计师来说，情况就不同了。当审计师被解雇或更换时，新入职的审计师有权询问即将离职的审计师（和客户）其被解雇或辞职的原因。在一些司法管辖区，被解雇的审计师甚至有权在股东年度会议上或通过邮件向股东发表声明，而费用由相关公司承担。

首先要考虑的是，当职业会计师发现客户或雇主逃税时，应该采取什么行动。逃税涉及向税务机关虚假陈述事实，导致欺诈行为。在 NOCLAR 审计准则完全实施之前，既定的做法是不参与虚假陈述，不提出反对意见，也不向当局报告问题。因此，犯罪者不必担心他们的不当行为会被举报给税务当局或公众。所以，一旦这些不当行为被发现时，公众、股东和行业的利益将受到损害。为了纠正尚未曝光的问题，避免被公开批评和罚款，希望公司能够意识到不鼓励举报者通过受保护的内部渠道举报产生的巨大成本。

面对逃税，专业会计人员睁一只眼闭一只眼的做法似乎不符合道德规范。在某些情况下，职业会计人员可能认为相关的解释是有争议的，所以这个问题是应该"避免"的问题，在当局发现并解决这个问题之前，其边缘性是可以利用的。当然，避税是合法的，是一种边缘性的行为，而逃税既违法又不道德（Lynch，1987）。但避税和逃税的界限是模糊的，因此在这些问题上获得保密的咨询对于会计师做出正确的道德行为是至关重要的。

根据美国参议院财务委员会（Committee on Finance）的报告[1]，安然公司使用避税策略（见第 2 章）提供了一个有趣的避税案例。对安然公司避税交易的处理反映了以下趋势：（1）填补漏洞；（2）加强对交易商业目的的审查；（3）加大对过激解读的制裁力度。由此产生的公众舆论、潜在的声誉损失和诉讼的可能性使公司顾问考虑制定道德准则，以限制此类行为，降低潜在的道德风险。这标志着许多从事税务实务的专业人士的思维方式发生了重大变化。

另一种税务实务即风险管理，同样值得一提。如果风险管理涉及税务问题，则是需要规避的问题，要评估风险。然而，由于税务审计人员数量很少，如果风险管理包括评估是否会发现已知的违法行为，那么这种做法似乎意味着支持逃税。

---

[1] U. S. Senate Committee on Finance，*Report of the Investigation of Enron Corporation and Related Entities regarding Federal Tax and Compensation Issues*，*and Policy Recommendations*，*Volume 1：Report*，February 22，2003，http://www.cengage.com.

不合理的税务服务和行为

除了上文提到的避税和逃税行为外，一些税务服务已被归为职业会计师容易受到代价高昂的利益冲突影响的领域，这些利益冲突给他们的公司和他们自己带来了严重的财务和声誉后果。此外，公司和会计行业应该关注那些可能进一步损害声誉的行为。职业会计师应该充分认识到以下行为的潜在后果：

- 推销过于激进的避税手段
- 不公平减税：
  - 转移定价
  - 反向收购

下面将讨论这些不合理的行为。

推销过于激进的避税手段：影响重大

在 1935 年格里高利诉赫尔弗林（Gregory v. Helvering）税务案中，美国联邦最高法院裁定，纳税人可以从事任何合法活动来减少应向政府缴纳的税款。"毋庸置疑的是，纳税人拥有在法律允许的范围内减少或完全避免税款的合法权利。"[①] 1936 年，英国也有过类似的裁决，当时法官汤姆林勋爵（Lord Tomlin）做出了支持威斯敏斯特公爵（Duke of Westminster）的避税计划的裁决，该计划已被上诉到英国上议院。

在此期间，纳税人和税务从业人员设计了许多避税手段来减少税额，但是，其中一些手段是不合法的。

从税务人员的角度来看，避税方案的优势在于，成本通常是在设计避税方案时产生，之后避税方案的执行数量越多，投资回报就越大。20 世纪 90 年代，安永设计了四种避税手段，可以有效地将股票期权的纳税时间延迟长达 30 年，这些复杂的避税方案只卖给安永最富有的客户。安永的审计客户斯普林特公司的两名高管——威廉·埃斯里（William Esrey）和罗纳德·勒梅（Ronald LeMay）就购买了避税方案。他们每个人都获得了相应的约 3 亿美元的股票期权，这些期权在 1998 年至 2000 年期间兑现后，产生了约 1.5 亿美元的利润和约 6 000 万美元的应纳税额。然而，因为他们从安永那里购买了避税方案，所以都不用缴税。美国国税局禁止这种避税手段，要求他们支付股票期权税以及罚款。安永在 2003 年 7 月 2 日向美国国税局支付了 1 500 万美元的和解金。

从 1996 年到 2003 年，毕马威也在向财力雄厚的客户兜售避税方案，这些避税方案只针对缴纳 1 000 万～2 000 万美元税款的个人。通过涉及离岸银行账户、合资企业和外币购买的一系列复杂交易，纳税人将投资 140 万美元，而后可以申报 2 000 万美元的税收减免。这些计划给毕马威的客户带来了 110 亿美元的人为税收减免，给政府造成了超过 25 亿美元的税收损失。

2004 年 1 月，毕马威宣布，它正在接受政府关于出售其避税方案的调查。毕马威董事长

---

① U. S. Supreme Court，*Gregory v. Helvering*，293 U. S. 454（1935），http://supreme. justia. com/us/293/465/case. html.

尤金·奥凯利（Eugene O'kelly）决定不与政府和解。在奥凯利因身体原因退休后，蒂莫西·弗林（Timothy Flynn）担任董事长，面临进退两难的境地。如果毕马威在法庭上败诉，则可能会破产。2002年，安达信在安然审计中被判妨碍司法公正。由于安达信与安然的关系，其美国证券交易委员会注册公司审计师的资格被暂时中止，同时还有一项刑事指控，令安达信的声誉严重受损。等到安达信最终被定罪时，它已经失去了大部分客户和员工，面临破产。如果毕马威败诉，它也可能遭遇同样的命运。因此，2005年8月，弗林与政府达成和解。毕马威没有被勒令停业，而是支付了4.56亿美元的罚款，并同意接受三年的监管。这是当时有史以来对会计师事务所开出的最高数额罚单。"八名前合伙人和一名向毕马威提供建议的律师被控避税欺诈。"① 毕马威还让负责这一业务领域的前合伙人杰弗里·艾沙伊德（Jeffrey Eischeid）进行行政休假。此前他作证说："正在讨论的税务策略是毕马威较早时期的策略，并且当时处于一个完全不同的监管和市场环境。毕马威目前没有提供任何类似的税收策略或其他策略。"②

有人认为，作为一家公司，毕马威急于避免刑事诉讼，因为害怕被定罪导致遭受与安达信同样的命运。其他大型会计师事务所也因类似的税务服务问题被处以罚款，并达成庭外和解。

美国政府称毕马威出具了欺诈性意见书，对避税手段的合法性做了虚假陈述。他们曾说过，这些避税手段的目的是分散客户的投资组合，而实际上是虚假交易。毕马威也没有披露这些避税手段不是独立的，而是由公司设计、实施和经营。毕马威承认违反法律，并支付了罚款。

2007年，安永的四名合伙人承认了税务欺诈，他们一直向一些财力雄厚的客户出售不同的避税方案，涉及的避税手段包括外币期权、合伙企业和空壳公司。从1999年到2001年，这些避税方案卖给了大约400个客户，为安永带来了1.21亿美元的收益。美国政府称这些避税方案是伪造的，不允许减税。参与该计划的安永合伙人被解雇，安永在美国国税局的指控下被收购。尽管合伙人没有被起诉，但安永的声誉再次因与欺诈性的税务筹划有关而受到损害。

2012年，德豪美国会计师事务所（BDO USA）因设计、推广和实施非法避税而被处以5 000万美元罚款，其非法避税行为使美国政府损失了15亿美元。两年后，德豪美国三名合伙人中的最后一位，因参与设计这些非法避税手段而被处以罚款并入狱服刑，而这些避税手段只惠及该会计师事务所的富有客户。

职业会计师必须为公众利益服务或维护公众利益，这是不容置疑的规定，会计师事务所应在不违背这一基本原则的前提下追求盈利。德豪美国、安永和毕马威错误地将自身利益置于公众利益之上，安达信也是如此，这导致了它的破产。这些公司通过出售避税方案获取巨额佣金。此外，避税手段本身也只为那些能够降低应纳税额的富豪群体提供福利。由于会计

---

① Peter Morton，"KPMG Pays US＄456 Million to Settle Fraud Allegations，" *Financial Post*，August 30，2005，FP1.

② Robert Schmidt，"Tax-Shelter Pressure Sparks KPMG Shakeup?，" *Financial Post*，January 13，2001，FP4.

行业难以进行自我监督，美国国税局发布了第 230 号通告。

第 230 号通告：税务会计师需要以专业的方式处理问题

避税和解协议向政府表明税务从业人员没有责任。因此，在 2007 年 9 月，美国国税局发布了第 230 号通告[①]，任何准备纳税申报单或为薪酬提供美国税务建议的人，包括税务会计师和律师，都必须按照行业行为准则行事。一般来说，纳税申报人和顾问必须在准备纳税申报单和提供税务建议时进行尽职调查，特别是评估客户提供的信息的真实性。

第 230 号通告列出了最佳做法。税务会计师必须做到以下几点：

- 提供最高质量的专业服务，行事公正、正直。
- 与客户进行沟通，清楚了解客户的需求和期望。
- 确定真实的税收情况，得出合法合理的结论。
- 就最终结果和可能的处罚向客户提出建议。
- 不建议客户采取明显不合理或轻率的措施。

此外，会计人员必须做到以下几点：

- 除非在少数受限情况下，不得收取"不合理的"费用或风险代理费。
- 代表多个客户时应避免利益冲突。
- 不得从事虚假或具有误导性的广告或招揽活动。
- 不代表客户兑现美国国税局的支票。

总的来说，会计师必须确保基于现实情况提供纳税申报单和税务咨询的建议。如果受到质疑，这些建议应该能够基于它们的价值持续下去。换句话说，建议不能是草率的。

第 230 号通告还涉及避税问题，即所谓的"隐含意见"：会计师不能提供以避税或逃税为主要目的的建议。不过，可以出具"可信赖的意见"，提供税务建议，如果美国国税局提出质疑，会计师认为他们可能会做出有利于客户的决定。应再次强调的是，会计师不应该建议客户轻率行事。相反，会计师要查明事实，做出合理的假设，然后得出合法合理的结论，并且尽可能取得成功（超过 50% 的可能性）。这一结论被称为"市场化意见"，以支持所提议的税收策略的营销。

第 230 号通告的一个后果是，税务会计师和税务律师在他们所有的书面文件（包括电子邮件）中都增加了标准的免责声明。免责声明的部分内容为："我们需要告知您，本文中所包含的任何税务建议都不是为了避免美国国税局可能实施的税务处罚而设计或编写的。"在提供税务建议时，他们没有进行必要的尽职调查，而是选择更加谨慎。现在，他们做出了错误选择，在提供收取报酬的建议时避免任何潜在的代价高昂的后果。

避税天堂与道德责任：巴拿马文件

2016 年 4 月，一位名为约翰·多伊（John Doe）的黑客向德国《南德日报》提供了总部

---

① Treasury Department Circular No. 230（Rev. 4—2008），"Regulations Governing the Practice of Attorneys，Certified Public Accountants，Enrolled Agents，Enrolled Actuaries，Enrolled Retirement Plan Agents，and Appraisers before the Internal Revenue Service，" http://www. irs. gov/pub/irs-utl/circular _ 230. pdf.

位于巴拿马的律师事务所莫萨克·冯赛卡数据库中的超过 1 150 万份文件。这些被称为"巴拿马文件"的文件显示，世界上有几十万家离岸空壳公司被富人用来避税，巴拿马文件中提到的富人包括非洲独裁者、毒枭以及商人和政界人士。这些文件公布后不到一周，冰岛总理西格门迪尔·京勒伊格松（Sigmundur Gunnlaugsson）就因其家族被指控在海外避税港藏匿数百万美元而辞职。同样，当英国首相戴维·卡梅伦（David Cameron）被曝出他父亲生前投资于这些离岸空壳公司时，他也受到了严厉的指责。[①]

职业会计师为他们富有的客户设计、宣传和销售避税方案。有时，会计师事务所的避税方案会超出法律限制，设立非法避税所，比如 2003 年的安永、2005 年的毕马威以及 2012 年的德豪美国。这些会计师事务所承认参与税务欺诈并分别支付了 1 500 万美元、4.56 亿美元和 5 000 万美元的和解金或罚款，来自德豪美国的税务合伙人也被判入狱。显然，职业会计师是不允许从事违法活动的，但那些合法却不被社会接受的避税方案呢？

会计专业机构作为一个自治团体运作，其目的是实现社会利益的最大化，即使是牺牲职业会计师的个人利益，职业会计师也必须始终把公众利益放在首位。《美国注册会计师协会职业行为准则》规定，当出现利益冲突时，公共会计师必须履行保护公众利益的义务。如果公共会计师履行其保护公众利益的义务，那社会所有成员的利益都会得到维护。那么为世界上最富有的 1% 的人设计避税方案是否符合公众利益的最大化？

根据税务会计师的工作性质，他们有义务鼓励客户进行合理合法的避税，如美国的 401（k）计划和个人退休账户，加拿大的退休储蓄计划，以及英国的个人养老金缴款，这些避税手段是法律准许的。税务会计师是否也应该投入大量的时间和精力来仔细研究所得税法，寻找法律的最小漏洞，以便让富有的客户缴纳的税款降到最低？

许多会计师辩称，他们向客户提供避税方案没有违法。这一观点的问题在于，会计师必须始终遵守法律，而法律只是可接受的最低标准。但是，会计人员在他们的职业行为准则下，要遵守比法律更高的标准。他们在道德上和职业工作中都有义务以社会利益最大化为目标，将自己和客户的利益置于社会利益之后。

税务会计师正在面临这样的困境：他们如何在维护公众利益的同时将客户的利益最大化？一方面，客户想要将应纳税额降至最低。另一方面，社会公众普遍认为不合理的避税手段不符合公众利益最大化原则。这些避税方案是由经验丰富的税务会计师设计的，目的是将社会中最富有成员的税额降至最低。[②] 税务会计师必须对这种道德困境以及如何最好地平衡这些相互冲突的利益进行长远而认真的思考。

通过转移定价来人为降低税额

跨国公司可以利用转移定价将利润转移到低税或免税的司法管辖区。会计师必须运用职

---

① J. Garside, L. Harding, H. Watt, D. Pegg, H. Bengtsson, S. Bowers, O. Gibson, and N. Hopkins, "Mossack Fonseca: Inside the Firm That Helps the Super-Rich Hide Their Money," *The Guardian*, April 8, 2016.

② P. Dunn, "Accounting Profession: Heal Thy Self," *The Globe and Mail*, May 16, 2016, B4.

业判断来确定这是否合法或合乎道德，以确保得出可靠的结论。跨国公司需要考虑设在世界各地不同国家的子公司的活动，最终产品或服务可能是跨国公司全球业务中的一系列活动的结果。业务通常都是由在外国司法管辖区成立的跨国公司的子公司作为法人进行的。转移定价是将跨国公司总利润的一小部分分配给帮助产生最终利润的合法独立的子公司的机制，但是这些利润应该如何在子公司之间进行分配呢？

转移定价方法的选择在供应链上不同税率的国家之间会有很大差别，这促使经合组织制定了一套指导方针来帮助企业确定适当的转移价格，以避免因分配不当而收取费用和罚款。以下是经合组织确定的三种不同的衡量方法，每一种方法都需要职业会计师具备较好的职业判断。

● 可比非受控价格。根据安永的一份报告，这是最普遍的方法。它使用的是转移定价：如果交易双方保持公平交易，则该价格将生效。假定双方在公平交易中有一个不受人为控制的价格，例如，如果一个子公司将原糖出售给另一个子公司，则转移价格应为该子公司将原糖出售给独立第三方时本应生效的可比价格。

● 转售价格法。这种方法调整了向独立第三方销售中的毛利率。例如，假设两个分销商销售同一产品，但其中一个分销商提供保修服务，而另一个分销商不提供保修服务。在这种情况下，转移价格应根据保修服务进行调整。

● 成本加成法。这种方法增加了产品的成本。这种方法通常用于子公司之间的半成品转移。

由于关联公司之间的跨境交易根据单边税法（即每个国家都有自己的税法）和双边税收协定（各国可能同意尊重彼此的税收条款）征税，会计师可以调整产品的转移价格，以便将利润从高税率国家转移到低税率国家。

跨国公司可以利用转移定价来人为地将利润从一个地区转移到另一个地区，通常是从高税率国家向低税率国家转移。避税天堂包括爱尔兰、百慕大群岛、列支敦士登、马恩岛、泽西岛、根西岛以及开曼群岛。通过使用转移定价，跨国公司可以合法地减少它们所支付的公司税，尽管其中的合法性值得怀疑。为了解决这个问题，相关机构已提出了很多建议：

● 为公司建立一个共同的税基，并在跨国公司开展业务的各个国家之间划分税基，这样产生的结果是，即使将利润转移到低税率国家，也不会获得税收优势。然而，在资源共享的国家之间几乎不可能达成协议。

● 税收分配基于一些经营因素，如销售总额、员工数量和投入的资本。这将防止避税国在公司税前利润中所占比例过高。

企业会计人员应该考虑所有的利益相关者群体，而不仅仅是股东。股东可能会从公司减少的税收支出中受益，但社会不会受益。企业享受着社会带来的好处，作为回报，也应该承担社会责任。税收为企业享受的社会服务提供资金，如果没有足够的税收，企业就缺少促进商品和服务高效流动的基础设施。这些服务并非无偿的，所以每个人都应该支付自身相应的资金份额。除非所有政府都同意一个标准化的系统，否则这个问题将继续存在。

苹果公司的转移定价

基本上苹果所有的硬件都是在亚洲制造的，组装是在爱尔兰进行的，最终产品从爱尔兰运到世界各地的苹果商店销售给苹果客户。根据其 2012 年年报，净销售收入如下：

项目	净销售收入（10 亿美元）	占比（%）
美国	57.5	36.7
亚洲	43.9	28.1
欧洲	36.3	23.2
零售	18.8	12.0
总销售收入	156.5	100.0

但苹果公司 65% 的净销售收入被转移到爱尔兰，报告称这些收入是在爱尔兰获得的，而在爱尔兰没有缴税。净销售收入最高的地区和产品的发源地是美国，但报告中那里的利润相对较低，因此缴纳的税额也较低。在许多美国人看来，苹果似乎没有在美国缴纳足够的税款。

为了回应公众的强烈抗议，2013 年 5 月，苹果公司的首席执行官蒂姆·库克（Tim Cook）接受了一个由美国参议员组成的小组关于其离岸税务行为的质询。参议员们批评了其离岸避税的行为，表示苹果的转移定价政策是令人费解且有害的。库克的回应是，苹果按照税法要求支付了所有税款。

转移定价使苹果得以将 2009 年至 2011 年期间 300 亿美元的利润转移到其爱尔兰子公司苹果国际运营公司（Apple Operations International），该公司无须为这些利润缴纳企业所得税。另一家爱尔兰子公司苹果国际销售公司（Apple Sales International）在欧洲、亚洲、中东和非洲销售产品，获得了 220 亿美元的税前利润。但苹果国际销售公司只缴纳了 1 000 万美元的税款，实际税率不足 0.05%。库克说得没错，这些交易都不违法，但它们在道德上存在问题，因为这并不公平。[1]

转移定价仍在实践中继续发展。例如，商业现实测试的发展影响了转移定价中一些因素的确定，该测试源于加拿大最高法院对葛兰素史克公司的一项裁决，下文将对此进行描述。

转移定价的商业现实测试

关联公司之间的转移应保持公平交易，如在相同条件下双方独立谈判一样。确定价格时应考虑哪些因素？2015 年，加拿大最高法院裁定，在确定公平价格时，转移定价决定必须考虑所有经济相关因素。这个裁决与葛兰素史克公司有关。

---

① J. Slater and B. Curry, "U. S. Grills Apple on Offshore Tax Practices," *The Globe and Mail*, May 22, 2013, B1, B8.

葛兰素史克加拿大公司是葛兰素史克公司在加拿大的子公司，而 Adechsa 是葛兰素史克公司在瑞士的子公司。雷尼替丁是 Zantac 的主要成分。Adechsa 以每千克 1 521～1 651 美元的价格将雷尼替丁卖给了葛兰素史克加拿大公司。其他制药公司以每千克 194～304 美元的价格购买雷尼替丁，以生产 Zantac 的非专利替代品。

加拿大税务局（CRA）不允许葛兰素史克加拿大公司支付给 Adechsa 的款项的扣除，理由是它们的定价高于正常价格。葛兰素史克加拿大公司辩称，作为允许公司使用 Zantac 名称的许可协议的一部分，它必须向葛兰素史克公司支付 6% 的特许权使用费。因此根据许可协议，支付给 Adechsa 的款项是有效的。下级法院裁定加拿大税务局胜诉，理由是这两项协议涉及不同的事项。

在上诉中，加拿大最高法院驳回了下级法院的裁决，加拿大最高法院称在这种情况下葛兰素史克加拿大公司的付款是合理的。该问题涉及"在公平交易的情况下，应该调查那些站在葛兰素史克加拿大公司立场上[①]的购买者认为并决定为雷尼替丁支付多少费用"。相关因素有：

- 葛兰素史克公司拥有与 Zantac 相关的知识产权。
- Zantac 的价格高于同类产品。
- 如果没有授权协议，葛兰素史克加拿大公司将无法出售 Zantac。

因此，最高法院裁定葛兰素史克加拿大公司为雷尼替丁支付的价格是合理的。

这个案例的重要性在于它为转移定价设置了一个商业现实测试。在确定关联方之间转移的货物或服务的相关价格时，不能脱离其他交易和协议。转移价格需要根据当时的经济环境确定。

美国取消税务倒置

世界各地的企业税率并不统一。例如美国的企业税率较高，约为 39%，而爱尔兰和列支敦士登的企业税率较低，约为 12.5%。因此美国跨国公司具有在低税率国家注册的经济动机。

美国跨国公司的一项战略是进行反向收购，即较大的（美国）公司在实质上收购较小的（外国）公司，然后将新合并公司的总部从美国迁到外国管辖区。总部位于迈阿密的美国公司汉堡王与加拿大公司蒂姆·霍顿斯（Tim Hortons）合并时就是这样，将新合并公司的总部搬到了加拿大。美国制药公司辉瑞希望与爱尔兰艾尔建公司（Allergan）合并，并将新公司的总部设在爱尔兰。为什么要进行这些合并？因为加拿大和爱尔兰的公司税率比美国低。

在美国，企业只有在将利润汇回美国时政府才对企业在国外赚取的利润征税。一些公司采取了以下策略来避税。美国跨国公司在税率低于美国税率的外国收购或合并子公司。然后，美国公司确保跨国公司的利润是在低税率的外国"赚取"的。之后美国公司从外国公司借款（即赚取的利润），这样这笔钱在不纳税的情况下回到美国。事实上，借入的资金的利息在美

---

① Julius Melniter, "GlaxoSmithKline Transfer Pricing Case Settled," *The Financial Post*, January 12, 2015, https://business.financialpost.com/legal-post/glaxosmithkline-transfer-pricing-case-settled.

国可按高税率抵税，在外国司法管辖区可按低税率对收入征税。这被称为收益剥离。[①]

在 2016 年总统竞选期间，希拉里·克林顿（Hillary Clinton）和伯尼·桑德斯（Bernie Sanders）都反对美国公司使用这种策略来避税。唐纳德·特朗普（Donald Trump）说："我们有这么多公司离开美国，这是可耻的。"2016 年 4 月 4 日，美国财政部宣布对税务倒置法律条文进行修改，并表示这将使美国公司更难以进行收益剥离。此外，新的税收规则使美国公司在反向收购后，更难人为地将其公司总部迁往外国司法管辖区。[②] 特朗普决定继续奥巴马的反税务倒置举措，并在 2016 年 10 月将税务倒置定为非法行为。

但对于非美国公司来说，税务倒置仍是可能的。接下来的问题是，这些税收筹划策略是否合乎道德？当然，公司和股东都会从中受益。这也是低税率国家或地区增加税收收入的一种手段，但这损害了高税率国家或地区的税收收入。这就产生了一个问题，职业会计师有义务维护公众利益，他们是否应该参与跨国公司税收筹划以降低（例如美国）跨国公司的税额，但同时增加美国社会其他领域的税收负担？虽然目前为此类交易提供便利是合法的，但它是否很快会变成非法的？职业会计师是否应该在国家禁止此类业务或在公众舆论转向反对之前停止此类行为？

💡 税务倒置：交易与不交易

2014 年 12 月，汉堡王和蒂姆·霍顿斯合并成为餐厅品牌国际公司（Restaurant Brands International），公司总部位于安大略省奥克维尔。这一价值 120 亿美元的合并创造了世界第三大快餐连锁公司，其在 98 个国家或地区拥有超过 18 000 家门店，全球销售额达 230 亿美元。合并后两家连锁餐饮公司继续作为独立实体经营。拥有 13 667 家餐厅的汉堡王总部仍设在佛罗里达州的迈阿密，而拥有 4 546 家餐厅的蒂姆·霍顿斯总部仍在奥克维尔。对于为何公司总部设在安大略省而业务总部设在迈阿密和奥克维尔，公司没有给出正式解释。不过在合并之前，汉堡王在美国的税率约为 35%，而蒂姆·霍顿斯在加拿大的税率约为 26%。

2015 年 11 月，辉瑞和艾尔建两大制药巨头宣布了价值 1 600 亿美元的合并计划，这将创建全球销售额最高的制药公司。辉瑞的股东将拥有新合并公司 56% 的股份，艾尔建的股东将持有剩余 44% 的股份。辉瑞是总部设在纽约的一家美国公司，艾尔建是总部设在都柏林的爱尔兰公司。据宣布，新公司的运营总部将设在纽约，但公司总部将设在都柏林。公告还表示，新公司的实际税率将为 17%～18%。辉瑞在宣布合并时的税率大约是 25%，通过合并预计每年可减少 10 亿美元的税款。

2016 年 4 月 4 日（星期一），美国政府宣布了限制税务倒置的新规则。次日，辉瑞宣布取消与艾尔建的合并。

资料来源：T. Kiladze, "Explainer: What Is Tax Inversion and What Does It Have to Do with Donuts?," *The Globe and Mail*, August 25, 2014; C. Humer and R. Pierson, "Obama's Inversion Curbs Kill Pfizer's $160 Billion Allergan Deal," Reuters, April 6, 2016.

[①] V. Houlder, "Tax Inversions: What the New Rules Mean," *Financial Times*, April 5, 2016.
[②] C. Humer and R. Pierson, "Obama's Inversion Curbs Kill Pfizer's $160 Billion Allergan Deal," Reuters, April 6, 2016.

6.8 法律和法理

职业会计师也可以参考法律案例和咨询律师来解释他们的法律责任和潜在的辩护。为了帮助读者，本章内容包含了对趋势的分析和重要法律决策的概述，《会计师和审计师的法律责任趋势和可用的法律辩护》记录了早期趋势，即责任范围从根据合同对股东承担责任扩大到对可能使用财务报表的利益相关者负责。为在一定程度上改变会计师过度负责的趋势，最近的一些案例，如 1997 年赫拉克勒斯管理公司等诉安永案（Hercules Managements Ltd. et al. v. Ernst & Young）已经决定支持审计师负有非常有限的责任。由于该案的辩护理由相当离奇，即财务报表不应用于投资决策，因此审计师对股东和投资者不承担任何法律责任，大多数观察者认为，这是审计师承担更多责任的过渡。事实上，美国参议院常设调查小组委员会在关于安然破产的报告中指出，财务报表和审计师的独立意见及其可信度对公共投资过程至关重要。

随着审计师责任不断增加，陆续出现审计师的安全港或有限责任条款等应对举措。正如后文关于有限责任的合伙企业的讨论中所指出的，这些条款限制了每个合伙人在每起诉讼中必须承担的法律赔偿的金额。但是，类似的诉讼案件还在发生。

然而，在将法律标准应用于道德问题时应谨慎，原因有三。第一，法律似乎是永恒的智慧的结晶，但现实是不断变化的，法律应跟随社会趋势发生变化。换句话说，法律通常滞后于社会认为合乎道德的趋势。

第二，也是更重要的一点，合法的东西并不总是合乎道德的。美国最高法院前大法官波特·斯图尔特（Potter Stewart）认为，道德涉及"知道你有权做什么和你做什么才是对的之间的区别"。法律标准、道德伦理标准之间有很多区别，例如，在一些国家，一家公司的工作可能会有害于工人健康、污染环境，因为当地的标准没有那么严格。有时法律标准很明确，比如在税务、贿赂等方面，但社会上很大一部分人并不遵守，因此预期的道德或规范是不同的。关于什么行为是正确的，法律和道德标准有所不同。

第三是过于依赖法律解释和补救措施。法律解释和补救措施似乎与诉讼案件的发起或最终处置不太相关，特别是在美国。1960—1990 年，针对美国 15 家最大的审计公司的 800 起审计失败指控中，只有 64 起被判决有罪（Palmrose，1991，154）。尽管有些案件仍在审理中，但提交给法官或陪审团的案件不到 10%，这一比例在 1985—1989 年下降到 2.1%。

到目前为止，帕尔姆罗斯（Palmrose）研究所引用的案例中，以实际原因而非法律先例解决的诉讼案件比例最高。通常，审计公司发现和解要比上法庭打官司成本更低。不仅法律费用和时间成本会给它们带来巨大损失，还会有声誉的损失。因此它们一般会避免诉诸法院，即使在诉讼没有法律依据的情况下也是如此。这种趋势已经愈演愈烈，而且没有出现逆转的迹象。

　　1992 年 8 月，六大会计师事务所发表了一份题为《美国的责任危机：对会计职业的影响》的立场声明，概述了这种奇怪现象的原因。声明指出，在法律框架和程序中形成的一些不合理现象是审计专业人员无法忍受承担过重责任的原因，过重的责任导致审计师犹豫或拒绝该工作，并在 1990 年导致最大的会计师事务所之一 Laventhol & Horwath 破产。正如六大会计师事务所的一位负责人所说的："要恢复责任体系的公平和健全，并为公共会计行业能够继续履行其公共义务提供合理的保证，就需要对联邦和州的责任法进行实质性改革。"声明提出了几项改革建议，但由于涉及多个司法管辖区，以及可能会产生的法律费用和连带责任原则的根深蒂固等，改革迟迟没有发生。

　　此外，还有两个发展值得关注。1995 年 12 月，美国国会颁布了《私人证券诉讼改革法案》，该法案将审计师必须与合伙人平等分担责任改为必须承担由相关陪审团分配的部分责任（Andrews & Simonette，1996，54）。许多地区允许将会计师事务所的组织形式改为有限责任合伙制，让事务所的无过错合伙人负担有限责任。在过去，会计师事务所必须是合伙企业，如果事务所被起诉，每位合伙人都要承担连带责任，并必须用他们对事务所的投资（如果需要的话，还需要用他们的个人资产）支付事务所的全部损失。之后，他们可以起诉其他合伙人，如果这些人还有剩余资金，他们也有责任追回自己的财产。这意味着合伙人可能会失去对公司的投资和个人资产，即使是其他人的过错。这种处罚是极为严厉的，但被社会普遍认为是确保职业会计师提供高质量服务的适当方式。有限责任合伙制改变了这一规定，规定有错的合伙人要用他在企业的资产加上个人资产进行赔偿，而无过错的合伙人只需用其在企业的投资进行赔偿，个人财产受到保护。安永于 1994 年 8 月 1 日成为纽约第一家有限责任合伙企业。许多其他地区也颁布了类似的法律。

　　在这种情况下，解决问题的法律"疗法"仍然是令人不快的——企业可能会因为一场诉讼破产，尽管不会牵涉到大多数合伙人的个人资产——"预防医学"，或使自己从一开始就不陷入困境可作为首要目标。将高标准的职业道德灌输到会计专业人员及其组织的价值观和文化中，被证明是避免在工作中陷入困境的重要保障。即使在加拿大或英国等司法管辖区，责任危机并不十分严重，但在应用这些法律时，高道德标准和熟练的判断可以消除或减少职业风险。

　　《律师对会计师职业义务的看法》一文的作者是具备法务会计资格的律师、铭伦律师事务所（McMillan LLP）合伙人戴维·德贝纳姆（David Debenham），该文旨在研究会计职业责任所涉及的法律问题以及对其进行法定变更的理由。他在该文中提出了一些问题，这些问题将增强读者对专业准则、公认会计原则、公认审计准则、业务约定书和职业判断的作用的理解。此外还涉及：专家的使用；赔付范围；支持和反对纳入共同被告的策略；信托义务、疏忽和关注义务；诚信的六大原则；对社会的职业义务；职业道德与个人道德的关系。大多数问题通常由会计或审计专业人士或伦理学家来处理，但执业律师的视角为分析职业责任问题提供了有趣和必要的参考。

6.9 道德勇气对职业会计师至关重要：全球化提高了这一要求

职业会计师为了履行对社会的主要责任，不仅需要认识到道德问题和实际问题，而且必须有道德勇气处理它们。这意味着职业会计师要有勇气对客户或第三方说不，并向雇主、客户或他们的审计委员会解释或报告问题及其原因，有时必须向专业会计机构和监管机构报告。如果专业人员是一名公司员工，他应该揭发内幕；如果专业人员是一名公共会计师，则需要考虑辞职或更换任务。

职业会计师经常面临需要道德勇气的选择。来自客户和朋友的压力，以及职业会计师的自利动机是难以抵抗的。但如果职业会计师妥善处理了利益冲突，突破自身能力的限制，则会获得良好的声誉。

例如，当职业会计师遇到重大的审计问题时，他必须如实发表审计意见，这些问题在外国司法管辖区发生时可能更为严重。因此，职业会计师必须认真思考并采取行动，勇于揭露这些问题或采取适当的措施。有时，经营不稳定的公司的资产估值必须降至零。一些需要运用道德勇气的情况可能包括：

- 世界各地的司法管辖区：
  - 法律规则不存在，或应用较随意，以致资产所有权和违反当地惯例的责任存在不确定性。
  - 审计人员的安全将受到极大威胁，无法访问重要资产或业务的现场。
  - 贿赂占主导地位。
- 记录被故意破坏或因自然灾害损毁。
- 没有知识渊博的管理人员来支持或配合审计工作。
- 审计证据丢失且不可恢复。

有时，职业会计师并不认为处理道德或实践问题是需要道德勇气的。更常见的情况是，人们认识到了这个问题，但缺乏道德勇气和为社会最大利益行事所需的品格力量。

未来是明确的。职业会计的全球化趋势必然会增加不确定性和挑战，这需要道德勇气。

6.10 当法律法规不起作用时

职业会计师经常会发现自己面临行为准则中没有明确提到的情况，或与判例不太接近，无法从这些指导中获取有效信息的情况。专业会计机构可设置道德顾问向其成员提供咨询服务。然而，最常见的情况是，职业会计师可以从律师或道德专家队伍中聘请自己的顾问，但最终会计师只能依靠自己的知识、价值观和判断做出决定。如果足够幸运的话，他们将理解第 3 章和第 4 章讨论的框架，以做出道德决策。

6.11 拓宽职业会计师的作用

在准备和提交财务分析与财务报告时，对正直、独立判断、专业知识和悟性的需求并没有减少，而是增加。朝着以基本原则为基础的国际会计和报告准则的方向发展，必将进一步加强这一趋势。

除了传统的受托人角色之外，职业会计师最适合在以下项目的设计、准备和管理中发挥主导或辅助作用，这些项目在利益相关者问责制时代对良好的治理至关重要：

- 利益相关者利益评估
- 以利益相关者为中心的绩效指标和激励制度
- 面向管理层、董事会和公众的利益相关者报告
- 道德企业文化
- 公司行为准则
- 道德合规机制和向董事会报告
- 道德决策指导框架
- 道德风险管理系统

职业会计师了解导致安然、世通、安达信事件，次贷危机，以及其他类似危机的问题，也了解组织内部控制系统的作用，以及不道德文化的负面影响。虽然职业会计师的关注重点是财务报告，但也有必要关注未来的绩效，以及如何对其进行指导和管理，以确保道德被纳入战略计划、董事会合规审查和企业激励制度。

董事会一直在努力考虑和处理这些新的需求。能力不足和意识缺乏导致了安然事件和其他许多类似的问题。在新的道德敏感的时代，如果职业会计师愿意开阔视野，他们可以给予董事会极大的帮助。

6.12 结 论

安然、安达信、世通、帕玛拉特、卡里利恩以及次贷危机，重新将职业会计师的注意力吸引到了他们作为公众利益受托人的预期角色。这个行业的声誉和未来地位受到了一系列丑闻和事件的损害，需要职业会计师以公众利益为目标进行弥补以重振行业声誉。

职业会计师必须具备职业判断能力以及良好的价值观和性格特征以满足公众的期望，这也是新兴的利益相关者导向的问责制和治理框架所需要的。道德准则正在被逐步完善以更好地指导职业会计师工作，确保专业人员的独立性不受自利动机和偏见的影响。NOCLAR 审计准则和新的国际独立性准则表明，现在职业会计师比以往任何时候都更坚定地为公众利益服务。

全球化正在影响着会计准则的制定以及与国际会计师联合会准则的协调，而且必将继续下去。利益相关者已经成为公司治理机制中的主导力量，公司治理机制管理范围已经超越了本地管辖范围和边界，世界各地的利益相关者在确定职业会计师的绩效标准方面将发挥更大作用。职业会计师将越来越多地服务于全球资本市场和跨国企业，他们的成功需要更多的员工和合作伙伴的尊重和支持。

鉴于职业会计师拥有的知识和技能，看看他们是否能抓住机会拓宽自己的角色是值得期待的。职业会计师有能力协助这些机制并促进它们进一步发展，为企业组织提供道德指导。他们知道准则并不能涵盖所有情况，单靠准则是不够的。了解第 3 章和第 4 章中的道德决策制定框架以及第 7 章中涉及的特殊问题，将有助于职业会计师充分利用未来机会。

思考题

1. 诚实的财务报表和完整的财务报表有什么区别？

2. 职业会计师如何培养专业怀疑态度？

3. 职业会计师如何培养道德勇气？

4. 回答 6.4 节的七个问题。

5. 信托关系是什么意思？

6. 为什么会计师面临的大多数道德决策都是复杂的而不是直截了当的？

7. 会计师应该何时把对公众的责任置于对客户或雇主的责任之前？

8. 你会选择哪一个作为会计职业道德行为的核心理念："保护公众利益"还是"保护行业信誉"？为什么？

9. 为什么为客户或雇主保密对审计或会计关系的有效性至关重要？

10. NOCLAR 审计准则如何改变对审计或客户信息保密的传统做法？为什么？

11. 具备"应有的谨慎"和"专业怀疑态度"有什么区别？

12. 为什么美国证券交易委员会禁止向美国证券交易委员会注册审计客户提供某些非审计服务，即使已经可以有效地管理利益冲突的情况？

13. 在科尔伯格框架中，你会把自己通常的决策动机放在哪里？

14. 为什么很多职业会计师不报告不道德行为？思考他们对道德问题的认识和理解，以及他们这样做的动机。

15. 如本章所定义的，独立似乎非常简单。为什么国际会计师联合会下设的国际会计师职业道德准则理事会 2018 年发布的新版《国际职业会计师道德准则》用大约 50% 的篇幅来阐释准则第 4A 和 4B 部分的国际独立性标准？

16. 哪种类型的利益冲突更应该引起职业会计师的关注：实际发生的还是明显会发生的？

17. 审计人员都有自利动机，但是，如果有的话，什么时候应该抑制对利益的追求？

18. 如果提供管理咨询服务会产生利益冲突，为什么审计企业仍在提供这些服务？

19. 如果你是一名审计师，你会以 17% 的折扣在你审计过的经销商处购买新车吗？

20. 如果你是一名管理会计师，你会以 25% 的折扣从供应商那里购买产品以供个人使用吗？

21. 如果你是一名职业会计师，你发现你的上司虚报开支，你会怎么做？

22. 职业会计师能为两个利益冲突的客户服务吗？解释一下。

23. 如果审计费用由客户公司支付，是否会导致审计师缺乏客观性？为什么？

24. 为什么国际会计师联合会准则认为利益冲突与可能影响职业会计师思想独立的真实但不明显的影响一样重要？

25. 职业或企业行为准则最重要的贡献是什么？

26. 行为准则中是否有一项或多项基本原则比其他原则更重要？为什么？

27. 引发特雷德韦委员会和麦克唐纳委员会的期望差距是财务报表使用者、管理层、审计师还是决定披露标准的准则制定者的过错？

28. 为什么法规应该关注原则问题而不是具体的细则？

29. 拥有道德文化对拥有有效的内部控制系统是否重要？为什么？

30. 如果审计师认为客户存在道德问题，他应该怎么做？

31. 在建立道德文化方面，会计师事务所的进行管理的合伙人是否受到"与公司高管类似的尽职调查要求"的约束？公司或其管理者是否会因员工的不当行为而受到制裁？

32. 一家大型综合会计师事务所雇用的工程师发现客户工厂存在严重危害客户工人安全的情况。工程师认为工程专业规范要求其向当局报告这种情况，但会计专业规范不要求。公司负责人应该如何解决这个问题？

33. 转移定价可以用来将利润转移到低税或无税的司法管辖区，以减少跨国公司的应纳税额。如果这种利润转移是合法的，那么它是否合乎道德？苹果将 300 亿美元的利润转移到不需要为这些利润缴纳企业所得税的爱尔兰子公司是否明智？为什么？

34. 许多职业会计师知道交易存在问题，但没有公开披露。这种道德勇气的缺失能得到纠正吗？怎么做？

35. 为什么行为准则或现有的判例不能为职业会计师在道德问题上提供充分的指导？

参考文献

Anderson, G. D. 1985. "A Fresh Look at Standards of Professional Conduct." *Journal of Accountancy*, September, 93 – 106.

Anderson, G. D. 1987. "The Anderson Committee: Restructuring Professional Standards." *Journal of Accountancy*, May, 77.

Andrews, A. R. and G. Simonette Jr. 1996. "Tort Reform Revolution." *Journal of Accountancy*, September, 54.

Arthur Andersen & Co., Coopers & Lybrand, Deloitte & Touche, Ernst & Young, KPMG Peat Marwick, and Price Waterhouse. 1992. *The Liability Crisis in the United States*:

Impact on the Accounting Profession.

Bayles，M. D. 1981. *Professional Ethics.* Belmont，CA：Wadsworth.

Behrman，J. N. 1988. *Essays on Ethics in Business and the Professions.* Englewood Cliffs，NJ：Prentice Hall.

Brooks，L. J. 1989. "Ethical Codes of Conduct：Deficient in Guidance for the Canadian Accounting Profession." *Journal of Business Ethics* 8，no. 5 (May)：325 – 36.

Brooks，L. J. 1993. "No More Trial and Error：It's Time We Moved Ethics Out of the Clouds and into the Classroom." *CAmagazine*，March，43 – 45.

Brooks，L. J. 2000. "Codes of Conduct：Trust，Innovation，Commitment and Productivity ：A Strategic-Cultural Perspective." *Global Outlook ：An International Journal of Business，Economics，and Public Policy* 12，no. 2，1 – 11.

Brooks，L. J. and V. Fortunato. 1991. "Discipline at the Institute of Chartered Accountants of Ontario." *CAmagazine*，May，40 – 43.

Cohen，J. ，L. Pant，and D. Sharp. 1995. "An Exploratory Examination of International Differences in Auditor's Ethical Perceptions." *Behavioral Research in Accounting* 7：37 – 64.

Colby，A. and L. Kohlberg. 1987. *The Measurement of Moral Judgment：Theoretical Foundations and Research Validations，and Standard Scoring Manual.* Vols. 1 and 2. New York：Cambridge University Press.

Cook，J. M. 1987. "The AICPA at 100：Public Trust and Professional Pride." *Journal of Accountancy*，May，307 – 79.

Dunn，P. 2016. "Accounting Profession：Heal Thy Self." *The Globe and Mail*，May 16，B4.

Etherington，L. D. and L. Schulting. 1995. "Ethical Development of Accountants：The Case of Canadian Certified Management Accountants." *Research in Accounting Ethics* 1：235 – 51.

Final Rule ：Strengthening the Commission's Requirements Regarding Auditor Independence，U. S. Securities and Exchange Commission，http：//www. sec. gov/rules/final/33 – 8183. htm，modified February 6，2003，and *Commission Adopts Rules Strengthening Auditor Independence*，U. S. Securities and Exchange Commission，http：//www. sec. gov/news/press/2003 – 9. htm，January 22，2003.

Gunning，K. S. 1989. "Completely at Sea." *CAmagazine*，April，24 – 37.

International Ethics Standards Board for Accountants and International Federation of Accountants. 2006. *IFAC Code of Ethics for Professional Accountants*，Section 290 (Revised). New York：International Ethics Standards Board for Accountants and International Federation of Accountants，http：//www. ifac. org/Store/Category. tmpl? Category ＝ Ethics&Cart ＝ 1 215563035160178；http：//www. cengage. com.

International Federation for Accountants. 2001. *IFAC Code of Ethics for Professional Accountants*. London: International Federation for Accountants. http://www. cengage. com.

International Federation for Accountants Ethics Committee. 2005. *IFAC Code of Ethics for Professional Accountants*. New York: International Federation for Accountants Ethics Committee, http://www. ifac. org/Store/Category. tmpl? Category = Ethics&Cart = 1215563035160178; http://www. cengage. com.

Kohlberg, L. 1981. *Essays on Moral Development. Volume Ⅰ: The Philosophy of Moral Development*. San Francisco: Harper & Row.

Kohlberg, L. 1984. *Essays on Moral Development. Volume Ⅱ: The Psychology of Moral Development*. New York: Harper & Row.

Lane, M. S. and D. Schaup. 1989. "Ethics in Education: A Comparative Study. " *Journal of Business Ethics* 8, no. 12 (December): 58 – 69.

Lynch, T. 1987. "Ethics in Taxation Practice. " *The Accountant's Magazine*, November, 27 – 28.

Macdonald Commission. 1987. See Canadian Institute of Chartered Accountants. 1988. *The Report of the Commission to Study the Public's Expectations of Audits*. Toronto: Canadian Institute of Chartered Accountants.

O'Malley, S. F. 1993. "Legal Liability is Having a Chilling Effect on the Auditor's Role. " *Accounting Horizons* 7, no. 2 (June): 82 – 87.

Palmrose, Z. V. 1992. "Trials of Legal Disputes Involving Independent Auditors: Some Empirical Evidence. " *Journal of Accounting Research* 29, supplement: 149 – 85.

Ponemon, L. A. 1992. "Ethical Reasoning and Selection—Socialization in Accounting. " *Accounting, Organizations and Society* 17, no. 3/4: 239 – 58, esp. 239 – 44.

Ponemon, L. A. and D. R. L. Gabhart. 1993. *Ethical Reasoning in Accounting and Auditing*, Vancouver, BC: CGA-Canada Research Foundation.

Priest, S. 1991. "Perspective: The Credibility Crisis. " In *Ethics in the Marketplace*, 2. Chicago: Center for Ethics and Corporate Policy.

SEC's Independent Consultant's Report of the Internal Investigation of Independence Issues at PricewaterhouseCoopers LLP. 2000, http://www. sec. gov/news/press/2000 – 4. txt; http://www. sec. gov /news /press/pressarchive/2000press. shtml.

Shenkir, W. G. 1990. "A Perspective from Education: Business Ethics. " *Management Accounting*, June 1990, 30 – 3.

Thorne, L. and M. Magnan. 1998. "The Generic Moral Reasoning Development and Domain Specific Moral Reasoning of Canadian Public Accountants. " Unpublished manuscript. For a copy, contact lthorne@bus. yorku. ca.

Treadway Commission. 1987. See American Institute of Certified Public Accountants，*Report of the National Commission on Fraudulent Public Reporting*. Washington，DC：American Institute of Certified Public Accountants.

United States Sentencing Commission. 1991. *U. S. Sentencing Guidelines*. Washington，DC：United States Sentencing Commission.

Weber，J. and S. Green. 1991. "Principled Moral Reasoning：Is It a Viable Approach to Promote Ethical Integrity？." *Journal of Business Ethics* 10，no. 5（May）：325 – 33.

案例讨论

卡里利恩公司破产： 一个动摇了英国会计职业根基的噩梦

由几起审计人员未能预警的公司丑闻所引发，英国的一些职业会计师由于损害了公众利益，正在接受调查。之后卡里利恩公司破产，带来了一个动摇了英国会计职业根基的噩梦，英国职业会计师的角色、功能和结构均面临严重的挑战。在 2018 年 1 月破产之前，卡里利恩公司一直是英国第二大建筑公司，在全球拥有 43 000 名雇员，其中有 19 000 名英国人。卡里利恩公司在中东和加拿大也有重要影响。它建造了伦敦的泰特现代美术馆（Tate Modern）、阿曼的大清真寺（Grand Mosque），还对多伦多的联合车站（Union Station）进行过翻新。①

公司从为私营公司提供的公共服务外包中获益。卡里利恩公司与英国政府签订了 450 项合同，包括 900 个学校的午餐管理项目、监狱的维护、医院的维护和设施管理服务，以及国防部人员住宅的建设和维护。在公司破产时，未完成的三个主要的英国基础建设项目分别是 HS2 高速铁路（合同金额 14 亿英镑）、苏格兰的阿伯丁旁路（合同金额 7. 45 亿英镑）以及皇家利物浦大学医院（合同金额 3. 35 亿英镑）。②

不幸的是，卡里利恩公司遭遇了经营不善危机，同时公司没有披露真实的财务信息。

2017 年 3 月 31 日，卡里利恩公司的审计机构毕马威对其截至 2016 年 12 月 31 日的财务报表发布了一份无保留审计意见。四个月后，卡里利恩公司发布了利润预警，并对公司建筑合同减记 8. 45 亿英镑，在 9 月，减记的金额增加至 10. 45 亿英镑。2018 年 1 月，该公司宣告破产，负债 70 亿英镑，现金仅有 2 800 万英镑。议会将卡里利恩公司的破产归因于"轻率、

---

① Hallie Detrick，"What You Need to Know about the Collapse of Carillion，a U. K. Construction Giant，" *Fortune*，January 15，2008，https://fortune. com/2018/01/15/what-you-need-to-know-about-the-collapse-of-carillion-a-u-k-construction-giant.

② BBC News，"Carillion：Six Charts That Explain What Happened，" *BBC News*，January 19，2018，https://www. bbc. com/news/uk-42731762.

狂妄和贪婪"。①

毁灭性的后果

卡里利恩公司破产的影响是巨大的。

● 一夜之间，卡里利恩公司的员工失业了。

● 卡里利恩公司提供的基础建设服务停止了。政府投入了 1.5 亿英镑来维持必要的服务继续维持下去。②

● 众多尚未完成的建筑合同雇用了 30 000 家小公司。卡里利恩公司欠它们 20 亿英镑，它们有很大可能只能收回 1%。③

● 卡里利恩公司有 13 个养老金固定收益计划，覆盖人数为 27 000 人，无基金的养老金负债高达 26 亿英镑。尽管英国政府通过养老金保护基金承担了部分负债，但是领取养老金的人不会得到全部福利。④

商业模式

卡里利恩公司扩张速度极快。为了消除竞争，它经常以高于净资产账面价值的价格并购它的竞争公司，由此创造了许多商誉。因此，卡里利恩公司的资产负债表上有相当多的商誉和负债。商誉累计价值达到 16 亿英镑，占据公司总资产的 35%，但是直到破产，其商誉价值显然为 0，公司才计提商誉减值准备金。

卡里利恩公司通过债务融资来进行扩张。2016 年 12 月，公司的债务为 6.89 亿英镑，债务股本比为 5.3∶1。⑤ 然而，公司董事会并不认为越来越多的债务有什么问题，它也没有考虑计提潜在的商誉减值准备金。

卡里利恩公司使用现金来支付股利以及管理津贴。2016 年的股利要高于往年的股利，为 7 900 万英镑。高级管理层虽然没有完成财务目标——尽管这些目标能够轻易实现——但也能获得大额的现金津贴。同时，公司还削减了养老金计划的支出。⑥

对高级管理层的控制不足。理查德·亚当（Richard Adam）担任了十年的财务总监，是卡里利恩公司激进会计政策的设计者。在他看来，养老金计划的支出是一种浪费。理查德·豪森（Richard Howson）在 2012—2017 年担任 CEO，他的领导是具有误导性且自以为是的。

---

① House of Commons，Business，Energy and Industrial Strategy and Work and Pensions Committees：Carillion，*Second Joint Report from the Business*，*Energy and Industrial Strategy and Work Pensions Committees of Session 2017 – 19*，https://publications. parliament. uk/pa/cm201719/cmselect/cmworpen/769/769. pdf.

② House of Commons，Business，Energy and Industrial Strategy and Work and Pensions Committees：Carillion，Summary.

③ Rob Davies，"'Recklessness，Hubris and Greed'—Carillion Slammed by MPs，"*The Guardian*，May 16，2018，https://www. theguardian. com/business/2018/may/16/recklessness-hubris-and-greed-carillion-slammed-by-mps.

④ House of Commons，Business，Energy and Industrial Strategy and Work and Pensions Committees：Carillion，paras. 140 and 143.

⑤ Ibid.，para. 78.

⑥ Ibid.，para. 66.

董事会的监管不力加剧了公司治理结构的缺陷。董事会主席菲利普·格林（Philip Green）被认为是"一个毫无疑问的乐观主义者"。总的来说，公司内部相互制衡还不足。①

卡里利恩公司的商业模式是一场无法长久维持的现金短跑。不可思议的并不是它破产了，而是它是如何坚持了如此之久。除了将竞争者驱逐出市场外，公司的并购缺乏合乎逻辑的策略，未能获得更高的利润率。并购的资金来源于越来越多的负债，为未来积累了愈加严重的养老金问题。同样，海外市场扩张的动力由乐观主义推动，而不是基于任何专业性建议。②

会计政策

卡里利恩公司有一些十分激进的会计政策。公司会确认未被客户批准确认的建筑工程的收入。这样一来，公司能否收回现金就不确定了。这些合同的金额总数多达 2.94 亿英镑，占总建筑收入的 10%。③

卡里利恩公司在长期合同中采用完工百分比法，即在每个报告期内，公司都会基于实际产生的成本占预计完工总成本的百分比来确认完成项目的一定比例的毛利润。2016 年 11 月，皇家利物浦大学医院的横梁上出现了裂缝。修复裂缝的额外费用意味着这个工程需报告损失12.7%。公司选择忽略这些额外费用。相反，公司确认了 4.9% 的工程利润率，2016 年的净收益高达 5 300 万英镑。7 月的利润预警将其修正为亏损 5 300 万英镑。④

卡里利恩公司和一些银行达成了反向保理协议。公司通常在 120 天后向供应商付款。如果一个供应商想要立即获得款项，它可以从银行支取，但是金额会减少。银行之后会从卡里利恩公司收取款项。卡里利恩公司没有将欠银行的款项记为银行债务，而是将银行记为贸易和其他应付款中的其他债权人。这就掩盖了银行融资的实际成本。这种分类方法也使得营运资本比率看起来比实际的更加令人满意。穆迪（Moody's）的调查表明，卡里利恩公司隐藏的银行债务约为 4.98 亿英镑。⑤

负责调查的议会委员会的批评相当尖锐：

> 卡里利恩公司使用了十分激进的会计政策，向市场展示了公司良好的发展状况。公司维持既定合同利润，以示态势乐观，甚至计入尚未达成的营业收入，使其维持明显健康的收入流。公司将对供应商的早期支付工具作为信用卡来使用，但是并不将其解释为借款。支撑利润的唯一现金来源于拒绝向供应商付款的银行存款的积累。无论公司所做的这些是否遵守会计法律，它都在企图欺骗债权人和投资者。公司这样做是完全不可持续的：最终，卡里利恩公司需要的是现金的流入。⑥

---

① House of Commons, Business, Energy and Industrial Strategy and Work and Pensions Committees: Carillion, Summary.

② Ibid., para.14.

③ Ibid., para.88.

④ Ibid., paras.83 and 86.

⑤ Ibid., paras.40，41，and 91.

⑥ Ibid., para.96.

会计人员

议会审查的目的部分在于查清楚在毕马威发布了无保留审计意见，并且4个月后卡里利恩公司记录了一笔巨大数额的减记并发布利润预警的情况下，卡里利恩公司是如何坚持了6个月后才倒闭的。

毕马威是一家外部审计机构，19年来收取了2 900万英镑的审计费。每一年，毕马威都会给卡里利恩公司提供无保留审计意见。皮特·米汗（Peter Meehan）是主管审计的合伙人。

当被问到卡里利恩公司的收入确认政策，米汗表示他个人并不认为这个政策是激进的，但是承认在评估更高风险的建筑合同时，公司倾向于乐观。[1]

米汗也不认为应该对商誉减值计提准备金。毕马威的审计主管米歇尔·辛奇克利夫（Michelle Hinchcliffe）向议会负责审查的委员会指出评估商誉并不是审计人员的责任。相反，审计人员评估了管理层的判断。管理层决定对商誉不进行减值确认，毕马威也就没有质疑它的判断。[2] 在公司收到无保留审计意见的10个月后，商誉账户从16亿英镑减到了0。

在海外，卡里利恩公司和Msheireb Properties公司在卡塔尔签订了一份有关2022年国际足联（FIFA）世界杯的重要合约。后来，卡塔尔的项目规模增加一倍，年限从3年延长到了6年。卡里利恩公司建设了这个工程18个月，没有任何报酬。议会委员会发现卡里利恩公司和Msheireb Properties公司各自声称对卡塔尔项目合约有2亿英镑的应收账款。议会成员皮特·凯利（Peter Kyle）询问米汗这个问题，并表示怀疑："你不知道是你的客户欠了2亿英镑，还是被欠了2亿英镑？……要是我，我决不会聘请你作为我的审计师。"[3]

米汗知道卡里利恩公司股票是伦敦证券交易所中做空最多的股票，这表明许多投资者认为卡里利恩公司股票的价值被高估了。他也承认卡里利恩公司有许多问题。但是他认为卡里利恩公司"有面对这些挑战的底气"。另外，他还为2016年的财务报表上发布的无保留审计意见进行辩护。"我认为我和我的团队已尽我们所能做到了最好，并且我仍支持在2016年12月31日的财务报表上发布无保留审计意见的决定。"[4]

议会委员会联合主席瑞秋·里弗斯（Rachel Reeves）对此有不同的观点。她说审计人员"仅仅是旁观者，充其量是评论员，当然不是裁判，受轻率又自私自利的领导者的摆布……审计看起来就是对时间和金钱的巨大浪费，只是为了向投资者、员工以及公众提供虚假的保证"[5]。

总的来看，议会报告对毕马威提出严肃批评，说如果毕马威做好了挑战管理层的准备，

---

[1] Alia Shoaib，"Carillion Inquiry：Missed Red Flags，Aggressive Accounting and the Pension Deficit，" *Accountancy-Age*，February 26，2018，https：//www. accountancyage. com/2018/02/26/carillion-inquiry-missed-red-lights-aggressive-accounting-pension-deficit/.

[2] Ibid.

[3] Ibid.

[4] Ibid.

[5] Ibid.

对于值得高度怀疑的有关建筑收入和历史收购积累的商誉无形资产的假设就会发出警告信号。这些假设对于年度审计报告中呈现的公司健康的发展状况来说是必要的。毕马威对于卡里利恩公司激进的会计政策未能运用专业判断并表达专业的怀疑，就这一点来说，毕马威和卡里利恩公司是同谋。①

议会的成员问毕马威，尤其是米汗，在对卡里利恩公司、SLA（一个持有卡里利恩公司10％股份的主要投资者）以及养老金计划进行审计的时候是否存在利益冲突。"米汗说出现利益冲突的情况是常见的。"②

委员会还批评了德勤和安永。德勤公司自 2010 年以来，一直为卡里利恩公司提供内部审计服务，每年获得 775 000 英镑的收入。尽管这家会计师事务所发现了问题，它也很少将这些问题放在优先位置。德勤公司同时还负责为债务追讨提供咨询，但是对于卡里利恩公司与Msheireb Properties 公司谁被欠了 2 亿英镑并不知情。德勤公司要么是没能有效地将有关卡里利恩公司商业行为的风险报告给董事会，要么是不愿意这样做，要么故意忽略这些风险。③

安永公司为卡里利恩公司服务了 6 个月，提供节约成本的建议，获得了 1 080 万英镑的收入，但这些建议都没有实施。建议之一就是让公司 126 天之后再向供应商付款。然而，安永公司在卡里利恩公司宣告破产前 3 天追回了它对卡里利恩公司的服务费：

> 对公司状况视而不见和有机会从濒临破产的公司获得咨询费的审计人员以及其他顾问都获得了丰厚的补偿。在某些情况下，他们在卡里利恩公司破产后继续从中获益。④

四大会计师事务所形成了寡头垄断的局面，它们为伦敦证券交易所（FTSE 指数）100 家最大公司里 99％的公司以及 250 家最大公司里 97％的公司提供审计服务。对于其他会计师事务所来说，这个市场有巨大的进入壁垒。在 2018 年，英国第六大会计师事务所均富国际（Grant Thornton International）停止为伦敦证券交易所 350 家最大公司的任何一家公司提供审计服务。委员会认为四大会计师事务所是一个"舒适俱乐部"，缺乏有意义的竞争。此外，会计师事务所为了销售具有更高利润空间的咨询服务，经常将一项审计服务作为低价商品出售。这就进一步导致了潜在的利益冲突。⑤

报告总结道，现在是时候采取行动了。现有的系统运作有利于四个巨头的垄断，而不符合公众利益。因此，在有关卡里利恩公司破产的众多建议中，议会委员会呼吁分裂四个巨头以及限制会计师事务所提供管理咨询服务：

---

①　House of Commons，Business，Energy and Industrial Strategy and Work and Pensions Committees：Carillion，para. 124.

②　Shoaib，"Carillion Inquiry."

③　House of Commons，Business，Energy and Industrial Strategy and Work and Pensions Committees：Carillion，para. 125.

④　Ibid.，para. 167.

⑤　Ibid.，paras. 202 and 204.

我们建议政府将法定的审计市场交由竞争与市场管理局（Competition and Markets Authority）进行管理。审查职权范围应该明确考虑将四个巨头拆分为更多会计师事务所，以及从提供其他专业服务的机构中分离出审计部门。①

【问题】

1. 审计人员需要为证明财务报表的行为负责到何日？是年终审计人员报告的日期，还是年终对外发布财务报表以及审计人员报告的日期？为什么？

2. 为公司财务报表证明时审计人员是对谁负责？

3. 考虑债权人、贷款机构、员工、建筑工程客户、供应商以及基础建设中断的损失，如果会计师事务所的审计意见未提出任何担忧，而客户破产，会计师事务所应该承担什么责任？

4. 审计人员应该负责发现舞弊行为吗？卡里利恩公司存在欺诈吗？

5. 基于卡里利恩公司所发生的事情，你认为四大会计师事务所应该被拆分，为大公司的审计业务引入更多的竞争吗？

毕马威道德亮红牌——提前获取 PCAOB 信息与没有通过道德考验

2002 年《SOX 法案》出台，根据该法案成立了上市公司会计监督委员会（PCAOB）。PCAOB 向美国证券交易委员会报告。PCAOB 的职责之一是通过业务检查对会计师事务所进行审计，以确保会计师事务所符合会计和审计的专业标准。为了确保审计审查程序的完整性，PCAOB 不会事先通知会计师事务所它将检查哪些审计工作文件以及何时会这样做。

毕马威会计师事务所是四大会计师事务所之一，由于其审计工作报告存在不足，曾被 PCAOB 多次点名。2013 年，PCAOB 检查的审计业务中，几乎有一半存在审计缺陷；还有一年，34％的审计工作文件存在审计缺陷。然而，如果被审单位事先知道 PCAOB 将检查哪些审计工作文件，那么它们的文件就会被修改，以弥补缺陷。即使毕马威已经向客户出具了审计意见，这些更正也将确保审计工作文件通过 PCAOB 检查。

从 2015 年到 2017 年 2 月，毕马威的六个合伙人提前获得了内部信息，以便他们可以修正和改进审计工作文件，从而在 PCAOB 检查之前消除一切审计缺陷。怎么会出现这种情况？2015 年 5 月，毕马威聘请了 PCAOB 的检查员布赖恩·斯威特（Brian Sweet）。斯威特在离开 PCAOB 之前，下载了机密信息，包括 PCAOB 计划在明年检查哪些审计工作文件。他还继续从 PCAOB 检查员辛西娅·霍尔德（Cynthia Holder）那里获得有关毕马威未来检查的机密信息，后者随后于 2015 年 7 月加入毕马威。第三名 PCAOB 检查员杰弗里·瓦达（Jeffrey Wada）也是一名泄密者，他在毕马威求职时泄露了 PCAOB 的信息。

---

① House of Commons, Business, Energy and Industrial Strategy and Work and Pensions Committees: Carillion, para. 213.

与此同时，早在 2015 年 11 月，毕马威员工就曾在内部道德测试中作弊。合伙人将必修道德、诚信和合规培训课程的答案分享给了员工，以便员工能够及格。由于这些都是内部测试，毕马威的人事部门操纵了用于培训考试的电脑，以降低及格线。只要答对 25％的问题就能通过考试。

2019 年 6 月 17 日，毕马威承认了这两项道德问题，并同意支付 5 000 万美元的罚款。美国证券交易委员会还要求对毕马威的内部道德和诚信体系进行独立审查。

并不是每个人都对这个结果满意。托马斯·福克斯（Thomas Fox）是独立顾问兼律师，他在博客中写道："简而言之，处分文件中描述的行径十分恶劣，这是一种完全脱离道德基础的文化，以至于任何一家聘请毕马威执行审计的公司都必须询问一些非常严肃的有关它们所得到的服务的质量的问题，以及这些服务的基础等问题。"① 在《市场观察》的一次采访中，福克斯问："如果合作人和工作人员愿意撒谎、欺骗和窃取来违抗 PCAOB 和美国证券交易委员会，他们很可能会做些什么来取悦客户并创造更多的利润？"②

【问题】

1. 找出你认为导致毕马威将利用内幕消息和在道德考试中作弊作为合法的商业行为的文化因素。

2. 评价托马斯·福克斯对毕马威道德问题的评论。

3. 会计界可以做些什么来防止这两种道德问题的发生？

资料来源：Gorman, Y. T. 2019. "KPMG Partner, PCAOB Official Guilty Stealing Inspection Schedules." *SEC Actions*. https://www.secactions.com/kpmg-partner-pcaob-official-guilty-stealing-board-inspection-schedules/.

PCAOB. 2019. "About the PCAOB." https://pcaobus.org/About.

SEC. 2018. "Six Accountants Charged with Using Leaked Confidential PCAOB Data in Quest to Improve Inspection Results for KPMG." Press release. January 22. https://www.sec.gov/news/press-release/2018-6.

SEC. 2019. "KPMG Paying $ 50 Million Penalty for Illicit Use of PCAOB Data and Cheating on Training Exams." Press release. June 17. https://www.sec.gov/news/press-release/2019-95.

会计准则的改变增加苹果电脑公司的收入

许多公司，包括计算机和通信公司，销售有多种可交付成果的产品。例如，电话公司可以一次性向客户出售一部电话和为期两年的长途电话套餐。公司应如何处理一次性收到的款项？会计准则要求供应商在两个交付物之间分配一次性收到的金额，将硬件销售收入和服务销售收入分开。这被称为"认购会计"，它要求电话公司立即记录硬件销售的收入，但推迟确认来自两年期长途电话套餐的收入。

---

① Thomas Fox, "Day of Reckoning for KPMG—Failures in Ethics," *Thomas Fox's FCPA Compliance & Ethics Updates*, June 18, 2019, available at https://www.jdsupra.com/legalnews/day-of-reckoning-for-kpmg-failures-in-73056.

② Francine McKenna, "The KPMG Cheating Scandal Was Much More Widespread Than Originally Thought," *MarketWatch*, June 18, 2019, available at https://www.marketwatch.com/story/the-kpmg-cheating-scandal-was-much-more-widespread-than-originally-thought-2019-06-18.

　　许多高科技公司反对这一会计规则，包括苹果电脑公司（Apple Computer）。在认购会计准则下，苹果记录了大量与 iPhone 和 Apple TV 产品销售相关的递延收入。史蒂夫·乔布斯就是一个态度特别强硬的反对者，他认为，认购会计掩盖了公司真实的盈利增长……苹果将不再被迫使用认购会计准则。在提交给美国证券交易委员会的一份修订过的 10-K 文件中，苹果指出：

> 在认购会计准则下，iPhone 和 Apple TV 的销售收入以及相关产品成本在销售的同时递延确认，并在每个产品的预计经济寿命中以直线法确认。这导致了与 iPhone 和 Apple TV 相关的大量收入和销售成本的递延……根据历史会计原则，截至 2009 年 9 月 26 日，与 iPhone 和 Apple TV 销售相关的累计递延收入和递延成本分别为 121 亿美元和 52 亿美元……根据新的会计原则，iPhone 和 Apple TV 的销售收入和产品成本在销售时均予以确认……采用新的会计准则后，公司 2009 年、2008 年和 2007 年的净销售额分别增加了 64 亿美元、50 亿美元和 5.72 亿美元。截至 2009 年 9 月 26 日，修正后的 iPhone 和 Apple TV 销售累计递延收入总额为 4.83 亿美元；这种销售修正后的累计递延成本为零。

　　2009 年第四季度，苹果的营收为 156 亿美元，而上年同期为 22 亿美元。收入的增加归因于两个因素：假日购物季销售的增加和收入确认会计政策的改变。不过，管理层不愿透露增加的收入有多少与会计政策的变化有关。收益高于分析师的预期。苹果的股价上涨了 5.33 美元（2.7%），接近 203.08 美元。

　　实质上记录当期所有收入是否体现了公允？威尔科克斯（Wilcox）认为，这项政策掩盖了苹果与客户保持持续关系的事实。"iPhone 处于持续不断的研发中，这体现在两次完全的软件升级和持续的更新。"另外，记录递延收入将凸显苹果对买家的义务。

　　【问题】

　　1. 你认为与 2009 年美国财务会计准则委员会的报告一致的苹果的新会计政策，会带来公允的财务报告吗？

　　2. 你认为苹果的股价应该因会计政策的改变导致收入增加而上涨吗？

资料来源：Daniel Eran Dilger, "Inside Apple's iPhone Subscription Accounting Changes," *Roughly Drafted Magazine*, October 21, 2009, https://appleinsider.com/articles/09/10/21/inside_apples_iphone_subscription_accounting_changes.

　　Omar El Akkad, "Apple Rides iPhone, Mac to Record Profit," *The Globe and Mail*, January 26, 2010, B1, B6; Financial Accounting Standards Board, "Revenue Recognition (Topic 605): MultipleDeliverable Revenue Arrangements—A Consensus of the FASB Emerging Issues Task Force," *Accounting Standards Update No. 2009-13*, October 2009, http://www.fasb.org/cs/BlobServer?blobcol=urldata&blobtable=MungoBlobs&blobkey=id&blobwhere=1175819938544&blobheader=application%2Fpdf.

　　U. S. Securities and Exchange Commission, "Amendment No. 1 to Form 10-K," Apple, Inc., January 25, 2010, http://www.sec.gov/Archives/edgar/data/320193/000119312510012091/d10ka.htm.

　　Joe Wilcox, "Accounting Rules Shouldn't Change to Benefit Apple, Other High-Tech Companies," *Beta News*, September 22, 2009, http://www.betanews.com/joewilcox/article/Accounting-rules-shouldnt-change-to-benefit-Apple-other-hight-tech-companies/1253649045.

毕马威的不合理避税手段

2016 年巴拿马文件的泄露揭示了数十万家被全球富人用来避税的离岸空壳公司的存在，提高了公众对富人享受优惠待遇的关注度，也重新引发了对不公平税收的担忧。但巴拿马文件的披露并不是这种担忧的开始。

此前，毕马威承认通过收取平均 1 万美元的费用，它把 27 位加拿大富豪送往避税天堂马恩岛，导致加拿大政府损失了数百万美元的税收。此外，毕马威还反对法院要求提供这些投资者姓名的命令。因此，2015 年 5 月 1 日，加拿大税务局向这些逃税者下达了税收特赦令，条件是他们需缴纳通过投资马恩岛而逃避的税款。获得此项特赦的人不会被处以罚款或其他处罚。

后来人们发现，自 2010 年起，加拿大税务局的工作人员曾多次在由加拿大会计行业税收政策委员会赞助的各种活动中接受宴请。2014 年和 2015 年，向毕马威客户提供税收赦免方案的加拿大税务局工作人员同毕马威的工作人员一起，在渥太华著名的里多俱乐部（Rideau Club）接受了款待。

毕马威在两个不同层面上受到了批评。一些人对毕马威出资宴请负责税收的政府工作人员的做法感到愤怒。民主观察组织（Democracy Watch）的达夫·科纳彻（Duff Conacher）认为，邀请加拿大税务局的工作人员出席由会计师事务所资助举办的私人招待会是存在利益冲突的，因为加拿大税务局负责对会计师事务所进行监管、审计，并在必要时进行处罚。加拿大税务局的助理专员泰德·加利文（Ted Gallivan）辩称税务局工作人员参加这些活动是因为"我们……会尽力配合我们所服务的公民，其中包括大型会计师事务所。我认为这没有问题"。毕马威合伙人格里高利·维贝（Gregory Wiebe）质疑加拿大税务局工作人员会因为这点小事受到影响："我从事这个行业已经 30 多年了，我认识加拿大税务局的很多人，我无法想象一杯啤酒、一块奶酪就能影响他们的诚信。"

其他人认为，会计师事务所故意利用所得税法中的漏洞和歧义条款，与该行业促进公众利益的目标不一致，特别是在税务会计师比大多数人更理解政府为什么制定法律禁止避税的情况下。他们的观点是，税务会计师蓄意寻找禁止避税法律中的漏洞，从而让其富有的客户到避税天堂投资，这种做法违反了法律精神，并且不会促进公众利益。针对这种批评，毕马威合伙人维贝在加拿大议会关于逃税和避税的听证会上辩称，其会计师事务所并没有做错什么，因为这些避税天堂虽然像在餐馆吸烟一样在社会上不被接受，但从技术上来说并不违法。

【问题】

1. 技术上合法但对社会而言不可接受的离岸避税港符合公众利益吗？

2. 会计师事务所为帮助富人降低纳税额或避税而设计、推销和销售避税手段是否可以促进公众利益？

3. 使用法律认可的庇护手段（如退休储蓄账户）的税务规划策略与使用不合理的离岸避税港的税务规划策略有区别吗？

4. 你认为政府税务工作人员应不应该与会计行业的税务政策制定者来往，并且/或者直接与从业者来往？

资料来源：H. Cashore，K. Ivany，K. Pedersen，and F. Zalac，"CRA Exec Treated to Soirees at Private Club amid KPMG Probe," *CBC News*，April 18，2016，http://www.cbc.ca/news/canada/kpmg-canada-revenue-agency-receptions-conferences-1.3540285.

B. Curry，"Tax-Avoidance Schemes Becoming Taboo，Finance Committee Hears," *The Globe and Mail*，May 3，2016，B.

P. Dunn，"Accounting Profession：Heal Thy Self," *The Globe and Mail*，May 16，2016，B4，http://www.theglobeandmail.com/report-on-business/rob-commentary/panama-papers-leak-reveals-the-dark-side-of-the-accounting-profession/article30027339.

International Consortium of Investigative Journalists，*Giant Leak of Offshore Financial Records Exposes Global Array of Crime and Corruption*，*Overview of the Panama Papers*，April 3，2016，accessed May 29，2016，at http://www.webcitation.org/6gVXG3LvI.

激进避税手段的营销

2002 年以前，会计师事务所会为同一家公司提供多种服务。它们由股东聘请，对管理层编制的财务报表进行审计，同时向管理层提供咨询服务。一些会计师事务所向审计客户的管理者提供税务建议。然而，2002 年的《SOX 法案》限制了可以提供给审计客户管理层的咨询服务的类型和程度，因为它可能会损害审计师审计由管理层代表股东准备的财务报表时的客观性。然而，在《SOX 法案》通过前后，安永和毕马威都在为富有的纳税人和审计客户的高级管理者提供非常激进的避税手段。

安永

20 世纪 90 年代，安永创造了四种避税手段，出售给富人。其中一项名为"股权补偿策略"的计划，使得纳税人几乎不需要纳税。这个复杂的避税计划是一种拖延手段，可以将行使员工股票期权所产生的利润推迟 30 年纳税，而这些利润的税额本应在行使股票期权的当年支付。安永向纳税人收取免税金额的 3% 的费用，向一家律师事务所支付 5 万美元，以获得该律师事务所的法律意见书，这一意见书认为，这个避税手段"很有可能"通过税务审计。

长期以来，安永一直是斯普林特公司的审计机构。斯普林特的高管威廉·埃斯里和罗纳德·勒梅是其客户。2000 年，安永收到：

- 250 万美元（来自对斯普林特的审计）
- 260 万美元（来自与审计相关的其他服务）
- 6 380 万美元（来自信息技术和其他咨询服务）
- 580 万美元（来自埃斯里和勒梅的税务咨询）

1999 年，埃斯里宣布了斯普林特和世通的合并计划，这可能会使合并后的组织成为世界上最大的电信公司。由于未能获得监管机构的批准，该交易未能完成。尽管如此，埃斯里和勒梅还是获得了价值约 3 亿美元的股票期权。

安永向埃斯里和勒梅分别出售了一份股权补偿策略。从 1998 年到 2000 年的三年时间里，埃斯里获得的期权利润为 1.59 亿美元，如果他没有购买这项避税措施，他需要缴纳的税款约为 6 300 万美元。勒梅的期权利润为 1.522 亿美元，税款约为 6 030 万美元。

随后，美国国税局否定了这两个人的避税行为。斯普林特随后要求两位高管辞职，他们也确实辞职了。斯普林特还停止了安永为公司提供的审计服务。

2003 年 7 月 2 日，安永与美国国税局达成了一项和解金额为 1 500 万美元的和解协议，原因是安永大肆推销其不合理的避税手段。2007 年，安永的四名合伙人被控税务欺诈。这四位合伙人曾在安永旗下名为 VIPER 的子公司工作，VIPER 秉持"价值理念产生非凡成果"的宗旨，后来更名为 SISG，即战略性个人解决方案集团。它的目的是向富有的纳税人大力推销被称为 Cobra、Pico、CDS 和 CDS Add-Ons 的避税手段，其中许多人是通过与技术相关的业务获得财富的。从 1999 年到 2001 年，这四种避税手段被销售给约 400 名富有的纳税人，为安永带来了约 1.21 亿美元的收入。政府声称，这些避税手段是虚构的，纳税人被重新评估欠税额、罚款和利息。

毕马威

2005 年 8 月 26 日，毕马威同意支付 4.56 亿美元的罚款，因为该公司在 1996 年至 2003 年期间出售避税产品，造成超过 25 亿美元的美国政府税收损失。这四种避税手段分别是 FLIP、OPIS、BLIPS 和 SOS。例如，在 BLIPS 这一手段下，纳税人将从一家离岸银行借钱，投资于一家合资企业，该合资企业将从同一家离岸银行购买外汇。大约两个月后，合资企业将这些外币卖回给银行，造成税收损失。然后，纳税人会以税务为目的为 BLIPS 投资申报损失。根据 BLIPS 的结构，纳税人只需支付 140 万美元，就可以以减税为目的申报 2 000 万美元的损失。它们针对的是通常要缴纳 1 000 万～2 000 万美元税款的富有高管。然而，购买 BLIPS 实际上将投资者的应税收入降为零。它们被卖给了 186 位富人，造成了至少 50 亿美元的税收损失。FLIP 和 OPIS 涉及通过开曼群岛进行的投资互换，SOS 是一种类似于 BLIPS 的货币互换。政府认为，这些都是虚假交易，因为贷款和投资是无风险的。他们的唯一目的就是人为地减少税收。

一些人认为，毕马威的避税行为太过恶劣，应该让这家会计师事务所停业。然而，安达信在 2002 年破产，如果毕马威破产，就只剩下三家大型会计师事务所：德勤、普华永道和安永。毕马威董事长蒂莫西·弗林表示："公司对参与这些交易感到悔恨，并向员工说明这种行为'不可原谅'。"[①] 毕马威仍在营业，但被罚款近 5 亿美元。

【问题】

1. 非常激进的避税手段和合理的避税手段有什么区别？

---

① Carrie Johnson, "9 Charged over Tax Shelters in KPMG Case: Accounting Firm Agrees to Pay as More Indictments Expected," *Washington Post*, August 30, 2005, A01.

2. 由于安永和毕马威的税务惨败，大型会计师事务所对推广非常激进的避税手段变得谨慎起来。现在，大多数避税方法都是以经营规模小得多的税务"精品"出售的，因此不太可能受到美国国税局的调查。会计师推销激进的避税手段是正确的吗？这些避税手段是否符合公众利益？

资料来源：L. Browning，"Four Charged in Tax Shelter Case," *New York Times*，May 31，2007；H. Gleckman，A. Borus，and M. McNamee，"Inside the KPMG Mess," *BusinessWeek*，September 12，2005；Internal Revenue Service，*KPMG to Pay ＄456 Million for Criminal Violations*，IR-2005-83，August 29，2005；D. Johnston and J. Glater，"Tax Shelter Is Worrying Sprint's Chief," *New York Times*，February 6，2003.

第 **7** 章

管理道德风险和机会

学习目标

前面的章节介绍了对商业和职业会计师的道德期望变化的理解，由道德、治理和商业丑闻推动的利益相关者问责与治理的新框架，以及如何为将来的道德行为提供足够的指导。鉴于一些研究领域对于公司、董事、高管以及职业会计师现在及将来的成功十分重要，未来应当对这些领域进行更加有针对性的讨论和研究。这些领域风险和机会并存，现代商人和专业人士必须加以考虑，以确保并维持利益相关者的支持。

阅读本章后，你将懂得如何有效地识别、评估和管理道德风险与机会。本章包含的主题有：

- 道德风险与机会的识别和评估
- 企业风险管理
- 有效的利益相关者关系
- 可持续发展/企业社会责任报告
- 工作场所的道德
- 举报人计划和道德质询服务
- 欺诈和白领犯罪
- 贿赂与国际业务
- 危机管理

7.1 道德风险与机会的识别和评估

企业风险管理必须涵盖道德风险与机会

道德风险与机会

认识到企业利益相关者问责制的必要性，必然会认识到现代治理系统需要反映出满足利益相关者利益的重要性。反过来，利益相关者的满意度是基于企业对每一个利益相关者群体的利益的尊重，企业期望并需要这些利益相关者群体的支持来实现其战略目标。在这种背景下，没能达到利益相关者期望可能导致对公司目标的潜在支持的丧失，而超出期望则有获得支持的机会，因此关注道德风险和机会非常有必要，它可以避免对公司目标潜在支持的丧失，还可以带来赢得更强有力的支持的机会。

与大多数公司在传统的企业风险管理（ERM）方法中的做法相比，风险评估需要视野更广阔的框架和思维模式，因为传统的企业风险管理方法通常是从股东的角度出发，而不是从更具包容性的利益相关者的角度出发。如果没有从利益相关者利益或支持的视角考虑，研究者可能无法认识到可能导致失去支持的风险以及基于竞争优势或对其他利益相关者利益的关注而创造支持的机会。为了促进从利益相关者的角度出发考虑问题，一种新的道德风险的定义——一种由于未能将道德价值观应用到利益相关者所期望的水平而产生的风险——以及一种新的风险识别方法出现，以促进基于利益相关者利益的道德风险审查。

自20世纪90年代末以来，风险管理一直是一个常用的概念，当时主要的证券交易所将其列为董事需要监督的事项之一。[①] 然而，通常情况下，风险管理很少涉及对道德风险和机会的全面检查。人们越来越关注与欺诈有关的问题，但这还不足以防止声誉和利益相关者支持的损失。最近对ERM协议的修改在这方面做出了承诺，后续的道德和文化风险的讨论将进一步强调这一承诺。

传统 ERM 方法的局限性

在20世纪90年代，龙头公司已经采用了某种形式的风险管理，但大多数其他公司还没有。2002年《SOX法案》有效地使风险管理成为良好治理不可或缺的一个组成部分，它为世界各地的美国证券交易委员会注册公司带来了治理改革，并在许多其他司法管辖区催生了类似的发展。例如，《SOX法案》第404节的重点在于风险评估和预防，要求每个公司检查其内部控制系统在财务报告方面的有效性，并且首席执行官、首席财务官和审计师必须报告和证明其有效性。

正如第5章所述，内部控制的强制性审查涉及将公司系统与公认的内部控制框架进行比较，譬如与COSO为ERM开发的内部控制框架进行比较。有关COSO方法的更多信息可参

---

① 1995年，多伦多证券交易所将风险管理确定为需要由董事们监督的事项。

阅审计文本或 COSO 网站。① COSO 在 2004 年开发②的传统的 ERM 框架从四个维度来评估一个企业是如何实现其风险管理目标的：战略、运营、报告和合规。在每个维度中，ERM 框架都涉及对企业管理方式的八个相关方面的风险的评估（例如，创内部环境、目标设定等）。

在第 5 章中探讨的道德和企业道德文化在设置组织的控制环境、创建一个以 ERM 为导向的有效的内部控制系统并影响其结果中发挥着至关重要的作用。因此，COSO 在 2004 年开发的以 ERM 为导向的审查将主要检查高层基调、行为准则、员工意识、达到不切实际的或不恰当的目标的压力、管理层推翻既定控制的意愿、绩效评估中的准则遵守情况、内部控制系统有效性的监测、举报制度以及应对行为违规的补救措施。③ 但该审查对于本章所涉及的道德风险和机会并不会进行深入探讨。

2017 年新的 ERM 修订版框架

2016 年 6 月，COSO 发布了一份征求意见稿《企业风险管理：将风险与战略和绩效相结合》④，提出对 ERM 框架进行重大修订并征求意见。基于收到的建议和意见，COSO 在 2017 年发布了一份新的 ERM 框架。

2017 年的 ERM 框架侧重于风险和机会如何影响战略目标的实现以及价值的创造、保持、实现或侵蚀。ERM 的定义为：

> 企业依赖于与战略制定及其执行相结合的文化、能力和实践来管理创造、保持和实现价值的风险。⑤

其中，企业风险管理强调其通过以下几个方面来管理风险，主要有：

- 认可企业文化和能力。
- 应用实践。
- 与战略制定和战略执行相结合。
- 管理战略和业务目标中存在的风险。
- 与创造、保持和实现价值相关联。⑥

新的 ERM 框架进一步涵盖了对组织文化的影响的考量，具体涉及组织的使命、愿景和核心价值观，框架中的具体表述为，当企业风险管理和战略制定相结合时，企业就能更好地理解：

① Committee of Sponsoring Organizations (COSO) of the Treadway Commission, *Enterprise Risk Management—Integrated Framework*: *Executive Summary*, September 2004, http://www. coso. org/documents/COSO_ERM_ExecutiveSummary. pdf.

② Committee of Sponsoring Organizations of the Treadway Commission, *Enterprise Risk Management—Integrated Framework*: Executive Summary, September 2004, 5.

③ KPMG Forensic, *Integrity Survey 2005－2006*, 2005.

④ *Enterprise Risk Management*: *Aligning Risk with Strategy and Performance*, June 2016 Edition, Committee of Sponsoring Organizations, of the Treadway Commission, http://erm. coso. org/Pages/viewexposuredraft. aspx.

⑤ Ibid. , p. 10, Section 27.

⑥ Ibid. , Section 28.

● 在制定战略时，使命、愿景和核心价值观如何形成可接受的风险类型和风险数量的初始表达。

● 战略和业务目标与使命、愿景和核心价值观不一致的可能性。

● 组织所选择的战略可能给自己带来的风险的类型和数量。

● 执行战略和实现业务目标所面临的风险类型和数量。[①]

如图 7-1 所示，新 ERM 框架主要有 5 个组成部分共 20 项原则。

新 ERM 框架的 5 个组成部分和 20 项原则				
管理与文化	**战略与目标设定**	**业绩**	**审查和修订**	**信息、沟通和报告**
● 执行董事会风险监督 ● 建立运营结构 ● 定义所需的文化 ● 展示对核心价值观的承诺 ● 吸引、发展和留住人才	● 分析相关的业务 ● 定义风险偏好 ● 执行替代策略 ● 制定业务目标	● 识别风险 ● 评估风险的严重性 ● 实施应对风险的措施 ● 开发投资组合视图	● 评估重大改变 ● 审查风险和业绩 ● 追求 ERM 的改进	● 利用信息和技术 ● 风险信息沟通 ● 报告风险、文化和业绩

图 7-1 新 ERM 框架——整合战略和绩效（2017）[②]

资料来源：COSO ERM Presentation，Sept. 2017，https://www. coso. org/Documents/COSO-ERM-Presentation-September-2017. pdf.

这些组成部分和原则在在线发布的执行摘要[③]和报告[④]中做了介绍。下面提供的关于道德风险与机会的识别和评估的评论很适合新的框架，并在此基础上进行了有益的扩展。

未被发现的道德风险

很少有公司在支持利益相关者问责制和治理的新时代所必需的全面道德风险管理框架内进行风险管理。传统的风险管理往往侧重于从对股东的财务影响的角度来分析问题，并不考虑由利益相关者的财务或非财务影响带来的道德风险。例如，金融机构倾向于关注金融风险，如借款人的破产，或贷款和衍生投资的损失风险。其他公司则关注广泛的商业风险，比如内部审计师协会（Institute of Internal Auditors）研究中提到的相关风险，或者美国注册会计师协会[⑤]和加拿大特许会计师协会（现在的加拿大特许职业会计师协会）[⑥] 联合发布的研究中提到的相关风险。表 7-1 概述了两项研究中识别出的商业风险。鉴于其关

---

① *Enterprise Risk Management*：*Aligning Risk with Strategy and Performance*，p. 12，Section 40.

② 本图中只有 19 个原则，查阅资料发现第三部分"业绩"中少了第三条：风险排序。——译者

③ COSO，"Enterprise Risk Management—Integrating with Strategy and Performance," executive summary，2017，https://www. coso. org/Documents/2017-COSO-ERM-Integrating-with-Strategy-and-Performance-Executive-Summary. pdf.

④ COSO，"Enterprise Risk Management Framework：Integrating with Strategy and Performance," 2017，https://www. coso. org/Documents/COSO-ERM-Presentation-September-2017. pdf.

⑤ Tillinghast-Towers Perrin and the Institute of Internal Auditors Research Foundation，*Enterprise Risk Management：Trends and Emerging Practices*（Altamonte Springs，FL. Institute of Internal Auditors，2001）.

⑥ American Institute of Certified Public Accountants and the Canadian Institute of Chartered Accountants，*Managing Risk in the New Economy*（New York：American Institute of Certified Public Accountants and the Canadian Institute of Chartered Accountants，2001）.

注的焦点，传统的 ERM 方法通常在涉及许多利益相关者直接利益以及股东间接利益的问题上受到限制。

表 7-1　商业风险识别

		美国注册会计师协会/ 加拿大特许会计师协会*	内部审计师协会
企业目标		√	
影响的领域	声誉	√	
	资产、收入、成本	√	
	业绩	√	
	利益相关者	√	
风险来源	环境	√	
	战略	√	√
	运营	√	√
	信息	√	
	财务		√
具体危害或危险	诉讼		√
	火灾	√	
	盗窃	√	
	地震/自然灾害	√	√
风险控制程度	低、中、高	√	
文件记载		√	

*加拿大特许会计师协会于 2013 年 1 月发展为加拿大特许职业会计师协会。

具体来说，由于传统的 ERM 并不关注利益相关者，因此：

- 它没有专门搜索道德风险或价值相关风险，包括：
  - 文化支持风险——当组织的文化不能提供足够的支持和指导以确保诚信的文化时就会存在。
  - 心态风险——存在于决策者、雇员和代理人身上。
    - ◆ 动机不正确。
    - ◆ 用不合道德的理由来做决定。
  - 系统道德风险——存在于特定结果导向的风险之上。
- 它在识别、评估和补救与事件相关的特定风险而不是检查道德相关的因果关系方面存在误导。
- 它通常被认为是敷衍了事的合规工作。

总之，尽管使用传统的 ERM 方法可以发现一些道德相关的风险，但它并没有彻底检查所有的道德风险和其他风险的与道德相关的潜在原因。这两个缺点都使预防工作无效，并使公司不得不面临成本高昂的问题。

ERM 对审计人员的错误依赖

此外，即使在传统的注重财务影响的 ERM 方法中，也存在对外部审计师的错误依赖。

一些董事和高管认为，审查风险的外部审计师会将发现的任何风险都告知管理层和/或董事。然而，这种依赖无论是过去还是现在都是错的。

虽然，部分外部审计师会审查公司的内部控制以及部分业务风险，但通常外部审计只关注所发现的风险中会导致公司经营结果或财务状况重大错报的那部分。此外，由于外部审计师只是在进行检查，他们不可能发现财务报告中的所有问题或欺诈行为。然而，值得注意的是，外部审计师从来没有被要求寻找和报告所有的道德风险或机会。

美国注册会计师协会针对安然和世通事件以及《SOX 法案》发布的《审计标准声明》（SAS 99）① 说明了外部审计师是如何被引导到更强的舞弊意识、检查和报告上的。具体来说，SAS 99 要求如下：

● 在审计前和审计期间，审计团队必须就舞弊导致的财务报表重大错报的可能性和原因进行讨论和头脑风暴。②

● 为识别舞弊风险，应遵循数据收集和审计程序的指引。③

● 根据发现的风险因素和修正的管理层从无罪到有罪的推定④，对舞弊风险进行强制性评估：

■ 通常假定存在因欺诈而操纵收入的风险。

■ 始终要识别和评估管理层无视控制的欺诈风险。

● 提高了检查、记录和报告等所采用的审计步骤的标准，以确保不发生操纵行为。

● 其他措施，包括：

■ 支持对欺诈行为的研究。

■ 制定反欺诈标准和控制措施。

■ 将 10% 的继续教育（CPE）学分分配给欺诈研究。

■ 为公众开发反欺诈培训项目。

■ 鼓励在大学开展反欺诈教育，并提供适当的材料。⑤

即使在《SOX 法案》实施后，外部审计人员也会寻找可能导致财务报表重大误报的舞弊和/或控制缺陷。通常不认为外部审计人员会寻求不重大的或其他非财务的风险。换句话说，他们通常不会向管理层或审计委员会或任何其他委员会或董事会报告所有道德风险。因此，负责监督所有道德风险的董事和高管必须设计内部审计或审查流程，或者专门与指定的外部人士签订合同来执行这种审查或审计。

道德风险审查或审计——一个全面的方法

一般来说，道德风险（和系统道德风险）可以通过对组织活动及其所依赖的活动的价值

① "SAS 99," Official Releases column in the *Journal of Accountancy*，January 2003，105 - 20.
② "Auditor's Responsibility for Fraud Detection,"*Journal of Accountancy*，January 2003，28 - 36.
③ Ibid.，30 - 32.
④ Ibid.，32.
⑤ Ibid.，36.

和实践进行道德风险审查或审计来识别。这种审查或审计可能是一项艰巨的任务。

在确定支撑公司活动的价值观之后，需要一种具有反思性的方法来预测这些价值观将如何在短期、中期和长期影响利益相关者。需要提出一系列问题，包括：

- 所采用的价值观是否会对任何利益相关者产生负面影响？
- 这些价值观是合理的和可持续的吗？
- 是否有其他最优和可持续的价值观？

不用说，尽管这是一项艰巨的任务，但如果能得到第二次机会，避免遭受损失，深陷2008 年次贷危机和其他道德危机的高管和投资者将乐于享受这种审查带来的好处。

道德风险和机会的全面识别与评估可以通过多种方式进行，图 7－2 中呈现并在后文讨论的三阶段方法是一种全面的方法。

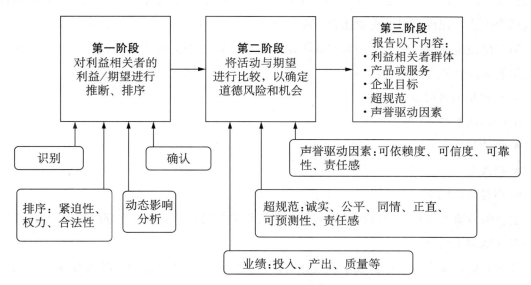

图 7－2　道德风险和机会的全面识别与评估

一个健全的道德风险和机会识别与评估过程的第一阶段应该从使用第 4 章中讨论的技术手段识别公司的主要利益相关者和他们的利益开始。然后，调查人员应利用紧迫性、合法性、权力框架①和动态影响分析②（同样在第 4 章已有讨论），对利益相关者利益的重要性进行排序。完成这些后，调查人员应该对哪些利益相关者的利益问题是敏感和重要的以及为什么，有一个预期的理解。

接下来，调查人员应该通过与一个有代表性的利益相关者小组和重要的利益相关者团体进行互动来确认这些预期。这将显示出对他们利益的关心，并在建立信任的基础上进行对话，这种信任将在日后出现问题时提供帮助。在这一利益相关者协商过程结束时，就会形成一个

---

① R. K. Mitchell，B. R. Agle，and D. J. Wood，"Toward a Theory of Stakeholder Identification and Salience：Defining the Principle of Who and What Really Counts，" *Academy of Management Review* 22，no. 4（1997）：853－86.

② T. Rowley，"Moving beyond Dyadic Ties：A Network Theory of Stakeholder Influences，" *Academy of Management Review* 22，no. 4（1997）：887－910.

确定的重要利益相关者对绩效的期望网格。

在第二阶段，针对重要利益相关者的期望，调查人员应该考虑他们公司的活动，并评估未达到预期而存在的风险或超出预期而存在的机会。当考虑是否达到预期时，应该对相关的投入、产出、质量和其他业绩指标进行比较分析。

此外，应该使用第1章中确定的在大多数文化中普遍受到尊重的六个超规范（诚实、公平、同情、正直、可预测性和责任感[1]）来比较公司活动和利益相关者的期望。如果企业的活动尊重这些超规范，那么这些活动很有可能也会尊重企业重要利益相关者的期望，无论在国内还是在国外，也无论现在还是将来。

最后，从对企业声誉的潜在影响的角度重新评估企业活动与期望的比较。查尔斯·丰布兰的模型[2]（在第1章中也有提及）指出企业声誉取决于可依赖度、可信度、可靠性和责任感这四个因素，该模型可以构成比较所需的有用框架。

第三阶段包括编写报告。公司的具体需要决定所提交的报告的性质，但至少应考虑以下有关道德风险和机会的内容：

- 利益相关者群体
- 产品或服务
- 企业目标
- 超规范
- 声誉驱动因素

这将为董事和高管监控道德风险和机会提供相关数据，以便制订计划以避免和减轻风险，并战略性地利用机会。

公司高管，如企业伦理官或企业社会责任官，应该负责持续监控道德风险和机会的识别与评估模型的假设和输入，定期向董事会相关委员会进行报告。让企业对这种持续的监管放松警惕可能会产生非常严重的后果，就像通用汽车、福特和克莱斯勒等公司在环境可持续产品领域（如混合燃料/电动汽车）相对于丰田所发现的那样。

寻找特定的道德风险

如上所述，传统的 ERM 经常忽略利益相关者的道德期望没有得到满足的情况，导致声誉受损和利益相关者支持的丧失，从而阻止全面地和/或有效地实现战略目标（这种情况被定义为"道德风险"）。换句话说，传统的 ERM 常常忽略重要的道德或价值缺陷，这些缺陷可能导致整体层面的道德风险，以及与组织文化、不恰当的心态或系统风险相关的具体道德风险。道德风险和三个重要的具体风险在表 7-2 中有所描述。

---

① Ronald E. Berenbeim, *Global Corporate Ethics Practices: A Developing Consensus* (New York: The Conference Board, May 1999).

② C. J. Fombrun, *Reputation: Realizing Value from the Corporate Image* (Boston: Harvard Business School Press, 1996).

表 7 - 2　道德风险

当利益相关者的道德期望没有得到满足时，道德风险就会产生：

——导致声誉受损和利益相关者支持的丧失。

——妨碍全面和/或有效地实现战略目标。

重要的道德风险：

- 当一个组织的文化不能提供足够的支持和指导来确保诚信时，组织文化风险就产生了。
- 当决策者、员工和代理人存在以下情况时，心态风险就会产生：

——动机不当。

——为他们的决策给出不道德的理由。

- 系统风险通常起源于组织外部，并影响整个活动系统。

组织文化风险

最常见的道德风险类型之一是一个组织的文化不能提供足够的支持和指导来确保诚信。在第 5 章中有一个论点，即组织应该发展一种诚信文化，为员工和代理人应用道德政策提供指导。然而，有时组织文化并不能被证明是有效的，道德问题随即出现。例如，在以下情况下，产生道德违规行为的风险会增加：

- 存在道德准则但没有遵守。
- 无人对组织文化负责。
- 组织价值观鼓励不惜一切代价获取利润。
- 奖励制度鼓励短期利润（或其他指标，如收入或新客户）的最大化，不惜一切手段并且无论结果如何。

这些是文化警示信号，是文化风险的体现。如果对诚信文化的以下几个重要方面进行审查，就可以识别和评估它们与其他类似的情况：

- 价值观指导：规范、顶层基调、强化。
- 结构支持：规范、首席道德官、道德项目（培训、监督、奖励或惩罚）。
- 程序惯例：
  - 对日常事务、重大决策和危机做出道德决策；
  - 道德咨询服务；
  - 强有力的内部控制以防范不法分子。
- 失效保护机制：
  - 向董事会直接上报的举报人鼓励和保护计划；
  - 周期性的道德审计；
  - 定期审查组织的核心价值观及其应用。

心态风险

第二个非常重要的领域是，当决策者、员工和/或代理人被不当激励，或者他们的决策和行动植根于不道德的理性基础时，未能运用道德价值观，导致严重的道德风险，而传统的 ERM 并没有对此进行彻底的检视。

对于欺诈者，大多数调查和法务会计师同意以下逻辑：

● 他必须有做出不正当行为的机会。

● 他的动机必须是基于贪婪、自我或地位的不平衡的利己主义，以及/或购买毒品或抵消损失的需求。

● 他必须用错误的或不道德的理由来做决定。

这些维度包含在欺诈三角形中，如图 7-3 所示。

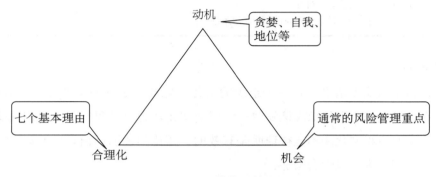

图 7-3　欺诈三角形

资料来源：D. L. Crumbley et al.，2005，pp. 3-131.

长期以来，人们都知道代表组织所做的决策会受到决策者自身利益或偏见（贪婪、自我需要、地位、歧视等）的影响。这些影响代表了利益冲突，可能产生不符合组织长期目标的决策，可能会损害组织对利益相关者的道德待遇。

此外，约瑟夫·希思（Joseph Heath）公布的七个常见的不道德决策的理由（见表 7-3）提供了一套有用的高风险理论，供决策者、员工和/或代理人查询。

表 7-3　七个常见的不道德决策的理由

● 否定责任
● 拒绝伤害
● 否认受害者
● 对谴责者的谴责
● 呼吁更高的忠诚度
● 其他人都在这么做
● 权利

资料来源：Joseph Heath, "Business Ethics and Moral Motivation: A Criminological Perspective," *Journal of Business Ethics* 83 (2008): 595-614.

其中一些理由是经常遇到的。我们有多少次听到过这样的情况：个人意识到有些地方出了问题，但又觉得他们没有责任说出来或干预！我们又多少次听到这样的说法：虽然一个行为值得怀疑，但这个行为发生在一家很有经济实力的公司，所以这家公司确实没有受到重大伤害！我们又多少次听说过：一个行为在道德上是合理的，因为实际上没有受害者，因为它是针对政府或其他机构的！同样，许多行为不当的人往往认为他们的行为是正当的，因为那些批评行为不道德或非法的人自己也做了可疑的行为，因此缺乏道德权利来反对前者。还有一些做错事的人为自己的行为辩护，因为他们认为自己是在为他人做好事，而且好处大于坏处——比如为误导投资者辩护，称其目的是挽救一家公司，使其免于破产，让员工可以继续工作。通常，我们可以听到这样一些说法：对你的所得税或费用账户造假是合理的，因为每个人都这样做；获取公司的资源是可以的，因为它们没有支付你的价值应有的回报；这是你建立的公司，所以公司的一切都是你的。这些基本理由大多对决策者的利益有利，而对其他利益相关者有害，因此很可能是不道德的。

心态风险可以通过审查贪婪、自我满足、追求地位和/或个人放纵的异常实例，或做出不道德决定的七个理由中的任何一个来发现。[①] 雇员和管理人员可以接受道德决策方面的培训，并意识到他们应该注意需要报告的异常情况。部门经理和主管每年可通过问卷或访谈收集资料，以确保他们对心态问题保持警觉。此外，对过去问题的分析、举报人报告和头脑风暴会议可以提供对问题程序的见解，并触发政策和培训的改变，或对问题人物的挽救。也许不久以后，就会有心理测试来确定雇员对不正当动机或理由的倾向。

不可忽视的是，董事会需要不断评估董事会成员的动机和心态，特别是组织的高级管理人员。有缺陷的领导可能会迅速把组织带向错误的方向。

系统道德风险

系统道德风险是一种通常起源于组织外部，影响整个活动系统，涉及多个组织的风险。例如，在 2008 年的次贷危机中，支撑美国房地产市场的价值观被破坏，导致全球金融市场和所有参与其中的人的工作被破坏。一种系统风险破坏了住房融资体系，并继续给金融市场及其参与者带来系统风险。

通常，传统的风险管理系统关注可能会阻碍组织实现其战略目标的事件或结果。虽然这种类型的评估通常会考虑重要的外部影响，以确定是否存在汇率风险、政治风险或新的监管风险，但它并不寻求或评估价值观或交易背后的道德原则中的潜在风险、组织或所提供的服务的基本原理。例如，在次贷危机之前的风险管理做法，在大多数情况下都没有考虑到向不知情的人提供不可持续的按揭、购买证券化按揭投资的不合理评级以误导投资者、向毫无戒心的投资者出售本质上无法收回的证券化按揭、破坏以前出售的证券的市场价格、损害客户利益等不道德行为的后果。相反，现有的风险管理实践要么被忽视、无法执行，要么被用来评估正常的商业风险。所进行的风险管理实践并不是为了在每个组织中寻找不道德的价值观，也不是为了寻找那些与世界金融市场的主要方面有关的价值观。在这种情况下，当不道德的资产估值和操作被证明是不可持续的，全球金融市场的系统道德风险就变得显而易见，崩盘随之发生。只有少数几家公司躲过了这场危机。有些人这么做是因为他们明白存在道德弱点或风险需要规避（道明银行（TD Bank）就是如此），或者他们明白道德风险导致的市场的不稳定。关于次贷危机的进一步评论将在第 8 章中给出。

---

① 见本章后面关于欺诈和白领犯罪部分进一步的讨论。

7.2　道德风险与机会：管理和缓解

一旦确定和评估了组织的道德风险和机会，就需要制定战略和战术来更好地管理它们，以解决问题，并使活动与利益相关者的利益相一致。接下来的讨论涵盖了使用的工具和技术，以及如何处理董事、高管和职业会计师面临的重大问题。

7.3　道德风险与机会：有效的利益相关者关系

在评估利益相关者的利益及其可能发生的变化的基础上，可以制定相应战略和战术来应对每一个利益相关者或群体。萨维奇等（Savage et al.，1991）提出的一种方法关注利益相关者对组织构成威胁或与组织合作的可能性。利益相关者可能容易被邀请合作或成为共同支持者，或者，如果他们不服从公司的立场，要考虑是否需要监控他们或何时需要防备他们。图 7 - 4 为考虑这些决策提供了一个有用的模型。

利益相关者构成威胁的可能性

	高	低
高	第四类 好坏参半的 策略 合作	第一类 支持 策略 参与
低	第三类 不支持的 策略 防御	第二类 次要的 策略 监控

（纵轴：利益相关者合作的可能性）

图 7 - 4　组织利益相关者的诊断类型

资料来源：G. Savage et al.，"Strategies for assessing and managing organizational shareholders," *The Executive*, Vol. 5，no. 2，May 1991，65.

该模型表明，最理想的利益相关者（第一类）对组织的目标构成低威胁，具有高合作可能性。如果可能的话，让这个群体更紧密地参与到组织中是有意义的，因为它很可能会予以支持。合作和威胁的可能性均高的利益相关者，是有一些希望的（也就是说，这是一件好坏参半的事），尝试与他们合作以维持他们的支持可能是明智的。如果一个利益相关者群体被列为高威胁可能性和低合作可能性，它就会被认为是不支持的，应该加以防御。一个具有低威胁和低合作潜力的群体对实现公司目标的支持是微不足道的，但在情况发生变化时监控其期望可能是明智的。

应该注意的是，这是一种静态分析。因此，任何改善利益相关者支持的策略都应通过利用紧迫性、权力、合法性框架，特别是媒体报道的地位和趋势，定期重新分析利益相关者可能结成的联盟并加以确认。出乎意料的困境会很快侵蚀利益相关者的支持。在可能的情况下，与支持者进行提前沟通有助于维持他们的支持。当然，建立融洽和信任的关系将有助于提供一个机会来解释问题或在必要时需采取的策略。

同样值得考虑的是，如何将模型中的一类利益相关者转移到具有更大支持力度的位置。即使某一群体是持反对立场的，继续考虑如何使该群体转变为支持者也是非常值得的。因此，企业应定期重新考虑所有利益相关者群体的利益，以供改进支持战略。

这种定期或持续的对利益相关者利益和公司行为的潜在差距的重新考虑可以成为组织环境扫描或问题管理程序的一部分，并可以为其企业和政府关系项目提供建议。尽管问题管理项目已经存在了几十年，但传统上，它们的重点没有放在一个全面的利益相关者利益差距分析框架上。

企业和政府关系项目也是如此，这些项目的重点一直放在具体问题上，直到最近才转向建立和维持总体支持，从而促进具体问题的管理。此外，向政府提交的成功提案的框架也发生了变化——强调对公众利益（即所有利益相关者）而不是对特定群体的影响，这或许是因为对说客丑闻有了更多的认识或对政府需要保护公众利益有了更强的意识。毫无疑问，利益相关者利益差距分析在提供建议以及建立和维持利益相关者整体支持方面都非常有用。

7.4　道德风险与机会：利益相关者问责制

可持续发展、企业社会责任和企业公民

公司一直被认为在法律上只对股东或所有者负责，但正如前面章节所指出的，在现实中，如果它们希望获得实现战略目标所需的支持，它们就需要对更广泛的利益相关者负责。就此而言，范式的转变是显而易见的——从股东问责制到利益相关者问责制。

因此，组织越来越关注利益相关者对它们的期望，它们是如何按照这些期望行事的，以及它们的行为如何被认为是符合这些期望的，以便增强利益相关者的支持。从利他的角度出发，还有一些投资者、董事、高管和员工，他们对企业在非金融事务上的表现感兴趣。这两个群体——一个是从工具角度出发的，另一个是从利他角度出发的——都对企业社会责任（CSR）或可持续发展①计划和绩效感兴趣，或者像一些人更喜欢描述的那样，对企业公民感兴趣。

虽然许多公司持续提供企业社会责任报告，但越来越多的公司开始按照 GRI、联合国全球契约组织（UNGC）和 Corporate Register 等组织的要求来披露可持续发展报告。从 2016 年 6 月 24 日到 2019 年 11 月 3 日，它们的受欢迎程度分别增长了 43%、98% 和 43%。目前提供的资料如下：

- GRI——有 14 030 个组织提供了 33 820 份 GRI 报告。②

---

① 随着 GRI 的出现，许多组织都在采用 GRI 的可持续发展方法和对企业社会责任的定义。

② http://database.globalreporting.org.

- UNGC——有超过 55 381 份进展沟通（COP），分为三个级别：高级，7 057 份；活跃，42 611 份；学习者，5 713 份。[1]
- Corporate Register——18 616 个组织的 109 332 份企业责任报告。[2]

无论选择哪一种标签——企业社会责任、可持续发展或企业公民——都反映一个组织考虑利益相关者的利益并采取尊重这些利益的行动的程度。对企业的高度赞扬不再仅仅是因为高利润，更取决于利润是如何获得的，以及在这个过程中利益相关者的利益是如何得到尊重的。关键问题是：我们的组织希望如何被了解？我们该如何计划并实现它？

因此，人们对评估利益相关者的利益，计划将其整合到公司治理、决策和行动过程中，以及度量、报告和审计对利益相关者的影响越来越感兴趣。为了有效地管理道德风险和机会，组织需要决定哪些元素是重要的，以及如何在内部和外部整合、度量和报告它们。因为企业的行动以及企业社会责任/可持续发展信息披露的准确程度将决定企业将获得的企业公民形象。

组织目标和可持续发展/CSR 框架

要为企业社会责任制定一个全面的计划或框架，组织应该考虑它的国内外战略目标——作为一项业务，以及它希望如何作为一个企业公民出现、它的运作将面对的文化、它的利益相关者的利益。这些需要考虑的事项，在了解企业社会责任的可用措施后，将使公司系统的架构师能够将其期望与允许监测和加强的措施相匹配。也许同样重要甚至更为重要的是，它们还将使组织的战略规划者能够制定符合道德以及尊重利益相关者利益与所面对的文化的目标。

一些组织提供了对可持续发展和企业社会责任报告状况的概述或审查。例如，《变化的趋势：毕马威 2015 年企业社会责任报告调查》在以下方面提供了有价值的见解：（1）碳核算；（2）全球最大企业社会责任报告的质量；（3）全球趋势。[3] 报告指出，目前世界上最大的 250 家公司的企业社会责任报告率超过 90%。

目前开发出的框架倡议旨在协助利益相关者参与公司的规划和决策，组织公司活动并报告这些活动，审查公司正在做什么和报告什么。下文讨论了其中三个更广泛地涉及可持续性问责制和企业社会责任的框架，包括以下内容：

- GRI G4，其已经嵌入最近创建的 GRI 标准
- 联合国全球契约
- ISO 26000

GRI G4 报告倡议

GRI 是包括专业会计机构在内的众多利益相关者组成的组织，它制定的《可持续发展报告指南》为企业社会责任/可持续发展规划、绩效评估和报告提供了一个全面的框架。[4] GRI

---

[1] https://www.unglobalcompact.org/participation/report/cop.

[2] https://www.corporateregister.com.

[3] 可从 https://assets.kpmg.com/content/dam/kpmg/pdf/2016/02/kpmg-international-survey-of-corporate-responsibility-reporting-2015.pdf 下载。

[4] GRI G4 指南可在 https://www.globalreporting.org/standards/g4/Pages/default.aspx 上查看。

提供学习和交流的机会，以及报告注册和查看数据库的功能，并已成为企业社会责任报告的主要中心。

2016 年，GRI 开始将其 GRI G4 披露框架转变为一套更灵活、更清晰、更简单的 GRI 标准，详见 https：//www. globalreporting. org/standards。由于 G4 框架的所有方面都将包括在新兴的 GRI 标准中，下面的分析将集中在 G4 框架上。

GRI 可持续性披露框架的第四版，即 G4 指南，见表 7 - 4。在 G4 指南下，每个公司都要进行一系列的一般标准披露，以提供有关实体及其可持续性和披露意图的背景资料。此外，每个实体都要公布一系列具体标准（指标），以便监测其业绩，并与其他实体进行基准比较。有关这些披露的细节可以在 GRI 网站上找到。GRI 和 AccountAbility 两方形成了战略联盟，AccountAbility 负责有关利益相关者群体参与的信息，而 GRI 负责在管理和可报告集中要考虑的信息。使用 GRI 框架报告的公司能够将它们的活动和其他企业或目标进行比较。

表 7 - 4　GRI G4 披露

一般标准披露	具体标准披露
战略与分析	管理方法的指标
组织简介	经济
重要方面和界限	环境
利益相关者参与	社会
报告概要	劳动规范和体面劳动
治理	人权
道德和诚信	社会
	产品责任

为了编写 G4 报告，必须做出若干决定，如图 7 - 5 所示。首先，必须决定组织是在有限的或"核心的"基础上报告，还是在全面的或"综合的"基础上报告。然后，需要就衡量所披露因素的原则达成一致。最后，确定披露的信息。

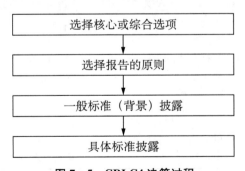

图 7 - 5　GRI G4 决策过程

表 7 - 5 列出了应考虑的报告原则。一些原则涉及报告涵盖范围的边界，包括要涵盖或排除在外的利益相关者利益，实体认为自己是可持续发展背景的一部分（即它打算如何在未来做出贡献），一个事件被报告必须超过的规模和/或影响（如重要性），以及该报告的完整程度（即是否有任何排除的事项）。还必须对表 7 - 5 所示的与报告中测量的基本质量有关的因素做出决定。《GRI G4 可持续发展报告指南：报告原则和标准披露》第 1 部分第 4 节对这些原则

和必要的选择进行了讨论。①

表 7-5 GRI G4 边界和质量决策

决定性原则	
报告内容	报告质量
利益相关者的包容性	平衡
可持续发展背景	可比性
重要性	准确性
完整性	及时性
	清晰
	可靠性

根据这些决定，可以确定一般标准披露和具体标准披露，并完成 GRI 报告定稿。表 7-6 列示了披露类别的性质和预期的具体指标。这些项目在 GRI G4 第 1 部分指南的第 5 节中讨论。

表 7-6 GRI G4 指南中的分类和方面

分类	经济	环境
方面	经济表现 市场份额 间接经济影响 采购做法	材料 能源 水 生物多样性 排放 废水和废物 产品和服务 合规 运输 整体 供应商环境评估 环境申诉机制

分类	社交			
次分类	劳动实践和体面工作	人权	社会	产品责任
方面	就业 劳动/管理关系 职业健康与安全培训和教育 多样性和平等机会 男女同酬 供应商劳动实践评估 劳动实践申诉机制	投资 非歧视 结社自由和集体谈判自由 童工 强制劳动 安全实践 本土居民权益评估 供应商雇员权益评估 申诉机制	当地社区 反腐败 公共政策 反竞争 行为 合规 供应商评估对社会的影响 申诉机制对社会的影响	客户健康与安全 产品和服务标签 营销传播 客户的隐私 合规

资料来源：GRI G4 Table 5，p. 44.

联合国全球契约

联合国全球契约宣称自己是"世界上最大的企业可持续发展倡议"，它"呼吁企业将战略

---

① 可从 https://www.globalreporting.org/resourcelibrary/GRIG4-Part1-Reporting-Principles-and-Standard-Disclosures.pdf 下载。

和运营与人权、劳工、环境和反腐败的普遍原则保持一致，并采取行动推进社会目标"①。它的使命是鼓励"企业成为一股向善的力量……致力于可持续发展，共同承担责任，创造一个更美好的世界"。具体来说，这份倡议认为，创造可持续和包容的全球经济，为人民、社区和市场带来持久利益是可能实现的。为了实现这一目标，联合国全球契约支持企业：

1. 以负责任的态度开展业务，使其战略和运营与人权、劳工、环境和反腐败十项原则保持一致。

2. 采取战略行动，推动更广泛的社会目标，如联合国可持续发展目标，并强调协作和创新。②

联合国全球契约的十项原则详见表 7-7，UNGC 网站提供了一些指导用以理解公司可持续发展，实施可持续发展项目，形成旨在展示公司与它们的目标的进展和成就相关的十项原则的报告、企业社会责任报告、进展情况通报。这些将提交给 UNGC，在那里它们被分为高级、活跃或学习者，并通过 UNGC 的网站向公众开放。

表 7-7　联合国全球契约的十大原则

人权

1. 企业应该支持和尊重对国际公认的人权的保护。
2. 确保它们不是侵犯人权的同谋。

劳工

3. 企业应维护结社自由和有效承认集体谈判权。
4. 消除一切形式的强迫和强制劳动。
5. 有效废除童工。
6. 消除就业和职业方面的歧视。

环境

7. 企业应支持对环境挑战采取预防措施。
8. 采取措施，加强对环境的责任。
9. 鼓励发展和推广环境友好型技术。

反腐败

10. 企业应打击各种形式的腐败，包括敲诈勒索和贿赂。

资料来源：https://www.unglobalcompact.org/what-is-gc/mission/principles.

ISO 26000

国际标准化组织（ISO）于 2010 年 11 月 1 日发布的 ISO 26000（《社会责任指南》）③ 也可以作为企业社会责任框架。GRI G4 指南侧重于报告模式，而 ISO 26000 则侧重于企业社会责任的本质，以及企业计划如何为可持续发展做贡献，将可持续发展作为企业社会责任的总体目标。根据 ISO 26000 的引言：

---

① https://www.unglobalcompact.org/what-is-gc.

② https://www.unglobalcompact.org/what-is-gc/mission.

③ International Organization for Standardization, *ISO 26000 Guidance on Social Responsibility*, accessed December 31, 2010, at http://www.iso.org.

　　该国际标准提供了关于社会责任的基本原则，识别社会责任和参与的利益相关者，以及与社会责任有关的核心主题和问题的指导……以及如何将社会责任行为融入组织……这份国际标准强调社会责任绩效的结果和改进的重要性。①

　　表 7-8 概述了 ISO 26000 所涵盖的主题。该标准可以在 ISO 网站下载。

表 7-8　ISO 26000 概述

条款/主题	
1. 范围	6. 社会责任核心主题
2. 术语及定义	● 公司治理
3. 理解社会责任	● 人权
4. 社会责任原则	● 劳动实践
● 问责制	● 环境：基本原理、核心问题
● 透明度	● 公平的运营实践
● 道德行为	● 消费者问题
尊重：	● 社区参与和发展
● 利益相关者的利益	7. 在整个组织中整合社会责任
● 法律法规	● 理解组织的社会责任
● 国际行为准则	● 社会责任自愿举措
人权	● 提高社会责任的公信力
5. 社会责任的基本实践	● 审查和改进社会责任的行动和实践
● 识别社会责任	● 沟通社会责任
● 利益相关者的识别与参与	● 组织特征与组织社会责任的关系

资料来源：*ISO 26000 Guidance on Social Responsibility*，First Edition 2010-11-01，Figure 1，http://www.iso.org.

ISO 26000 的条款详见图 7-6。

　　值得注意的是，ISO 26000 附录 A 中包含的自愿举措和工具的例子代表了大多数政府间、多方利益相关者、单个利益相关者甚至部门组织的重要研究和/或声明的出色概述。修订 ISO 26000 的计划已经在进行中，因此对 ISO 网站的持续关注将是明智的。

　　当为一个特定的组织创建一个企业社会责任框架时，这个框架必须响应可能遇到的实际利益相关者的利益。这些可以通过第 5 章中介绍的与行为准则、道德决策和企业文化设计相关的利益相关者调查、分析和焦点小组技术来实现。

可持续发展/企业社会责任的业绩衡量

　　为可持续发展/企业社会责任选择的具体衡量标准应突出有助于实现企业战略目标的关键因素。这将涉及确定战略目标，以及这些目标得到国内外利益相关者支持所需要的东西。此外，所选择的企业社会责任衡量标准应能够为客户（如政府采购员）使用报告提供便利，这可能需要企业社会责任的详细信息，如员工中女性和少数族裔的比例，或向少数族裔提供贷款的详细信息，以便投标或保证企业社会责任流程。最后，如上所述，一些组织正在制定标准化的企业社会责任报告或审计协议的指导方针，在最终确定企业社会责任衡量标准和报告协议之前，应对它们的行为进行审查。

---

① *ISO 26000 Guidance on Social Responsibility*，vi.

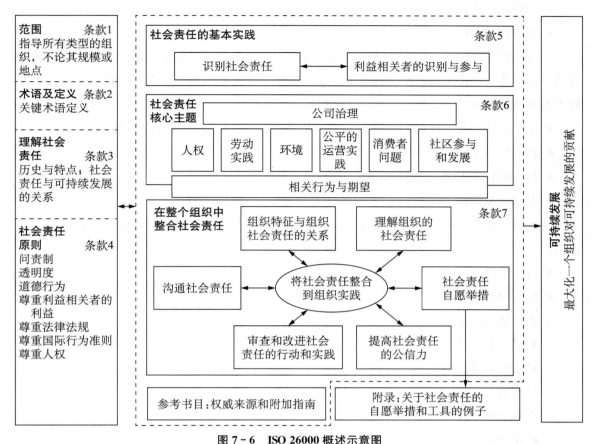

图 7-6　ISO 26000 概述示意图

资料来源：*ISO 26000 Guidance on Social Responsibility*，ix.

　　企业社会责任的测量可以采取多种形式。有许多组织①对公司的社会责任进行评估，它们列出的标准可以作为形成一套适当测量标准的指南。例如，EthicScan Canada 首先在其《企业道德监督》② 中使用了基于向公司高级管理人员发送的自愿调查的历史事实指标，随后在公司简介中使用这些指标，具体包括以下内容：

- 存在的指导声明及其流行与强化；
- 就业记录，包括员工总数以及董事会或管理岗的女性和少数族裔成员的人数；
- 比较慈善捐赠金额相对于该行业其他公司的水平，并允许与利润进行比较，以评估相对慷慨程度；
- 社区关系项目的存在和性质；
- 劳动关系以及健康与安全；
- 环境管理指标；

---

①　例如，美国，KLD Research and Analytics, Inc.，http://www.kld.com；加拿大，EthicScan Canada，http://www.ethicscan.ca，Sustainalytics，http://www.sustainalytics.com；英国，伦理投资研究服务（EIRIS），ethics@eiris.win.uk.net。

②　《企业道德监督》由 EthicScan Canada 出版：http://www.ethicscan.ca。

- 环境绩效指标；

- 有道德的采购和贸易政策。

在揭示管理者和员工对道德问题的态度方面，还有一些测量标准可能会有用。这些可能有助于捕捉关于即将采取的行动的信息，或由管理人员自愿或非自愿发送的信号，或员工对环境的解读而导致的态度变化。这种预见性测量标准的示例如下：

- 员工态度调查，比如沃克信息公司（Walker Information）所做的调查[1]；

- 客户或其他利益相关者调查；

- 付费购物者的评价或征求的顾客的意见；

- 媒体评论评估。

其他测量标准则侧重于组织支持道德行为机制的运营价值。这可能包括以下方面的质量评估：

- 行为准则

- 培训项目

- 强化机制，包括：

  - 通信和信件

  - 薪酬和奖励制度

  - 晋升

- 检举氛围/保护

  - 保护检举人

  - 跟进报告的问题

  - 响应速度

  - 调查、听证和处罚的公平性

还可采用以下测量标准：

- 员工对道德问题的理解程度[2]；

- 员工道德行为的主要激励因素[3]；

- 员工是否会因为认为自己有能力影响此类讨论的结果而倾向于提出道德问题（控制点测试[4]）；

---

[1] 沃克信息公司的网站是 http://www.walkerinfo.com。

[2] 参见 James R. Rest 在 *Development in Judging Moral Issues*（Minneapolis：University of Minnesota Press，1979）中讨论的定义问题测试（DIT）。

[3] L. Kohlberg，*Moral Development*，Volumes Ⅰ and Ⅱ：*The Psychology of Moral Development*（San Francisco：Harper & Row，1981 and 1984）。

[4] 控制点是性格中自我调节的一面，它捕捉了个体的倾向，即认为自己的生活掌控在自己手中（内部控制点）或他人手中（外部控制点）。那些"内在型"的人会为自己的行为负责，因此更有可能按照自己的道德判断行事。外在型的人不太可能为自己的行为负责，因此更容易受到环境压力的影响，感觉有点无能为力。参见 Joanne Jones, Dawn W. Massey, and Linda Thorne，"Auditors' Ethical Reasoning：Insights from Past Research and Implications for the Future," *Journal of Accounting Literature*，2003。

● 在"制订计划、设定目标、寻找机会、分配资源、收集和沟通信息、衡量业绩以及人员晋升和提拔"中增加对道德问题的考虑程度。[1]

设计测量方案的另一个来源可以在纽约的社会责任国际 SA8000 工作条件标准中找到。其网址是 www. cengage. com。

表 7-9 说明了所讨论的措施如何与维持企业道德文化所涉及的过程相关联。

表 7-9　道德过程和绩效的测量技术

成文目标	各层次对组织道德价值观的承诺
● 存在——广泛的、具体的功能 ● 内容——全面的价值观集合；覆盖范围的清晰度；相关性 ● 最近修订日期 年度签署——是/否；最少；涉及的报告责任 给董事、管理层、员工的指南 ● 过程——培训课程、研讨会和员工 ● 咨询监察员和其他人 ● 覆盖范围的全面性（例如，新员工） ● 频率、流行性——委员会审查、传播 对问题的理解 ● 由负责道德项目的人员对每一级员工进行评级 ● 测试是可用的（例如，定义问题、道德推理阶段） 纳入道德关注 ● 管理层在决策过程中的评估 ● 涵盖"制订计划、设定目标、寻找机会、分配资源、收集和传播信息、衡量业绩以及人员的晋升"* ● 覆盖范围作为议程项目的频率	● 由监察员评级 ● 报告道德问题——欺诈，以及客户和员工投诉 ● 高层管理人员的明显鼓励 达到道德目标 ● 存在的组合；计划的完成阶段；事件的数量；花费的资金；经历的数量 ● 监督及持续改善 ● 识别责任人 ● 分配的资源是否足够 ● 定期向高级管理层和董事会报告 ● 基于反馈的明确的行动 报告的有效性 ● 存在——内部的；外部的 ● 对员工和外部利益相关者的影响分析 ● 研究人员的有效性分析 ● 媒体的正面/负面报道

* Lynn Sharp Paine，"Managing for Organizational Integrity," *Harvard Business Review*，March-April 1994.

监督可持续发展/CSR 业绩

在确定了 CSR 衡量标准、收集了数据并完成报告之后，下一步就是监督公司的表现。与大多数测量方案一样，在以下方面进行比较是有帮助的：

● 战略目标——关键成功因素

● 类似的组织

● 基准测试的最佳实践替代方案

● 如前所述的那些已经发布的标准

● 行业统计数据及平均值

● 目标管理

● 前期取得的成果

道德表现也可以通过参考外部研究、关于"最佳"或"获奖"公司的书籍或出版物、GRI、UNGC 或 Corporate Register 网站提供的行业或部门报告来有选择地进行监测。《对……而言的

---

[1]　Lynn Sharp Paine，"Managing for Organizational Integrity，" *Harvard Business Review*，March-April 1994，112.

50 只最佳道德股票》[①] 之类的书或行业研究也可能是有用的，比如《企业责任杂志》[②] 上的《100 位最佳企业公民》等年度研究。此外，还设立了年度商业道德奖以表彰表现优异的公司。[③] 甚至像《经济学人》这样的普通商业出版物也会在调查和社论中提供有用的信息。也存在如多伦多的社会投资组织（SIO）这样的组织，它们提供从企业社会责任事务中获得的信息。在特定的公司层面上，可以从研究机构（如 Jantzi Sustainalytics 或 EthicScan Canada）获得关于企业社会责任表现的具体报告，这些研究机构正在向企业和投资界提供这些报告。除此之外，聘请一个专门从事道德绩效评估的顾问也可能是有益的，特别是如果该顾问在其他组织拥有丰富的道德过程经验，且这些经验可以在保密的基础上用于基准测试。

在持续的基础上审查和分析报告将是最有用的。执行审查和分析的首席道德官和其他个人应熟悉道德绩效流程，并应致力于改进。他们应该被正式任命，并且整个组织都知道他们有责任改善流程，也应该有责任向高级管理层和/或董事会的一部分人报告。这些人可能是道德咨询委员会的成员，或向该委员会报告，该委员会有责任和权力修订公司的道德计划，或向董事会下属委员会报告。

首席道德官可以通过道德与合规官员协会（http://www.theecoa.org）或道德中心（http://www.ethicscentre.ca）等组织保持最新的测量和审查技术。值得注意的是，那些加入了 UNGC 却没有进行报告的公司会在 UNGC 的网站上公布。

公开报告

实施企业社会责任评估项目的企业必须考虑如何报告绩效，以及报告是仅供内部使用还是向公众开放。内部报告可以采取任何形式，但应侧重于项目的绩效目标。

如上所述，一些组织已经为企业社会责任和可持续发展报告及其审计制定并发布了指导方针。这些组织不断测试和完善其创造，并将进一步修改它们。因此，明智的做法是对下列事项保持关注：

● 上文讨论的 GRI 涉及 G4 可持续发展/企业社会责任综合报告框架，涵盖经济、环境和社会绩效，该框架由一个全球集团开发，包括著名的利益相关者环保主义者、会计师和其他人。2019 年 11 月 3 日，该集团网站的可持续发展信息披露数据库共有 56 991 份可持续发展报告和 33 820 份 GRI 报告。

● UNGC 鼓励报告公司在前述十项原则方面的进展，其数据库（https://www.unglobalcompact.org/participation/report/cop）至 2019 年 11 月拥有超过 5.5 万份报告，可供公开审查。

● Gorporate Register 还提供 http://www.corporateregister.com 网站上的 CR 报告数据库，截至 2019 年 11 月，该数据库拥有超过 10.9 万份报告。

---

① Deb Abbey and Michael C. Jantzi, *2001 Edition* (Toronto：Macmillan Canada，2000).

② CR's 100 Best 2011，http://www.thecro.com/content/corporate-responsibility-magazine's-"100-best-corporate-citizens-list"（accessed March 23，2011）.

③ 例如，《企业骑士杂志》制订了一个提供类似最佳实践资源的奖励计划。加拿大 50 强企业公民年度调查可在 http://www.corporateknights.ca/reports 上找到。

● AccountAbility 是一家来自英国的机构，它制定了 AA1000 可持续性发展报告原则，为"如何建立系统化的问责过程和如何保证底层系统、流程和能力符合《AA1000 鉴证标准》"提供指导（见表 7 - 10）——详见 https://www.accountability.org/standards。

● 社会责任国际开发了 SA8000———一种"在全球供应链中管理合乎道德的工作场所条件的全面而灵活的系统"，以及 SAI———一种对 SA8000 绩效进行审核的系统和审计师认证系统——详见 http://www.sa-intl.org。

G4、联合国契约和 AA1000 是发展前景较好的框架。

表 7 - 10　《AA1000 鉴证标准》摘要

目的、可持续发展报告及鉴证：

● 《AA1000 鉴证标准》是评估、证明和加强报告组织的可持续性报告及其基本过程、系统和能力的可信度或质量的普遍适用标准。它提供了对鉴证过程的关键要素的指导（是一个指导审计可持续发展报告的标准）。

● 《AA1000 鉴证标准》主要是供鉴证服务提供者用于指导其鉴证服务的设计和实现方式。

● 鉴证应该为报告组织的利益相关者，特别是报告的直接使用者，提供值得信任的基础报告信息。

根据普遍接受的标准编制可持续发展报告的保证：

● 《AA1000 鉴证标准》要求报告遵循特定的标准和指南（无论是否公开），并由报告组织特别编制。它是专门为了与《全球报告倡议可持续发展报告指南》以及其他相关标准保持一致而设计的。

报告组织的承诺：

● 报告组织承诺：(1) 识别和理解其环境；(2) 响应其利益相关者的期望；(3) 就组织的决策、行动和影响向利益相关者提供解释。

鉴证原则：

● 重要性：鉴证服务提供者必须评估报告是否包含影响组织利益相关者做出明智的判断、决定和行为所需要的所有关于报告组织可持续发展绩效的重要信息。

● 完整性：鉴证服务提供者必须评估报告组织是否遗漏其业绩的任何重要方面。

● 响应性：鉴证服务提供者必须评估报告组织是否响应了利益相关者的关注、政策和相关标准，并确认是否在报告中充分披露了相关信息。

证据（支持报告的数字和披露的数据）：

● 鉴证服务提供者必须评估报告组织是否提供了足够的证据来支持报告中所包含的信息。

鉴证声明（例如审计师意见）：

● 声明应该涉及报告的可信度，以及提供相关信息的系统、过程和能力，并支持报告组织的绩效。

● 声明（例如审计师报告）的要素包括：AA1000 使用声明；所做工作的描述；关于报告质量的结论；潜在的组织过程、系统和能力；如有必要，可附加注释。

鉴证服务提供者标准（即审计师的独立性和胜任能力）：

● 鉴证报告的可信度依赖于鉴证方的胜任能力、独立性和公正性。

　　——鉴证服务提供者应独立于报告组织，并对组织的利益相关者保持公正。任何损害这种独立性和公正性的利益行为都需要由鉴证服务提供者予以披露。

　　——鉴证服务提供者必须公正地对待报告组织的利益相关者。

　　——鉴证服务提供者和报告组织必须确保参与特定鉴证过程的个人可证明是有能力的。

　　——由个体提供鉴证服务的组织必须能够证明该个体具备足够的资格和能力。

资料来源：AA1000 Assurance Standard（2008），http://www.accountability.org/images/content/0/5/056/AA1000AS% 202008.pdf.

公开报告越来越普遍。报告的道德绩效包括以下几点：

● 提高组织内部对道德问题的认识

● 鼓励员工坚持道德目标

● 通知外部利益相关者

● 提升公司形象

道德绩效的内部报告有几种形式。通讯可以提供全部或部分报告。它们还可以识别员工的模范行为。其他内部报告系统包括公告板上的图表或进度报告、部分或完整的独立文件报告以及高级管理人员的口头或视频报告。书面报告可以由内部工作人员撰写，并由外部代理人（如审计人员、教授或道德出版物的编辑）认证。另外，报告也可以完全由独立于公司的个人撰写。一些组织（包括纽约的经济优先认可委员会（CEPAA）和多伦多的 EthicScan Canada）培训审计人员来检查企业社会责任/复杂事件处理活动，而大型会计师事务所提供相关服务，包括道德与诚信（毕马威）、信誉鉴证（普华永道）、可持续性（安永和德勤）。详情可查阅各机构网站。

大公司不断向公众发布道德绩效报告，且其频率越来越高。这些报告可能是年度报告中的几个段落，也可能不被明确定义为道德绩效报告，或者最近被定义为可持续发展报告。例如，当苹果公司和其他电脑与手机制造商被问及其零部件中的原材料是否"无冲突"[①] 时，苹果公司向公平劳工协会[②]提交了独立审计报告——这是第一家这样做的科技公司。苹果现在自己对其供应商进行审计（2015 年有 640 家），这在《苹果供应商责任：2016 年进展报告》[③] 中有所提及。

其他有趣且有用的报告包括：

● 微软 2019 年的企业社会责任报告（https://www.microsoft.com/en-us/corporate-responsibility）；

● 森科尔（Suncor）2019 年可持续发展报告；

● 飞利浦 2019 年年度报告（包括综合报告以及财务和利益相关者合并报告）（https://www.sustainability-reports.com/company/koninklijke-philips-nv）；

● 泰勒斯（Telus）2018 年可持续发展报告（https://www.telus.com/en/about/sustainability）。

值得注意的是，高级管理人员可能不支持公开报告，特别是在报告可能带来不利结果或很可能触犯法律的情况下。然而，这是一个正在不断发展的领域。诸多利益相关者对道德绩效越来越感兴趣，各行业的龙头企业也在对此做出回应。各个企业逐渐意识到，即使报告的结果是不利的，报告本身也会对它们有利。即使最初报告隐瞒了不利结果（这可能被认为是不道德的），改进的动机仍然可以作为披露报告的理由，因为未来可以报告有利的结果。应当指出的是，环境绩效在欧洲是强制性披露项目。

最后，有必要认识到综合报告是可持续发展/企业社会责任报告的最新发展领域，非常值得继续关注。一个共同观点是一家公司的报告种类正变得越来越多，投资者和其他利益相关

---

① "冲突矿产"包括金、钨和钽，但在刚果民主共和国和邻国的民兵控制下开采。参见 Nicholas D. Kristof, "Death by Gadget," *New York Times*, June 26, 2010, accessed June 15, 2012, at http://www.nytimes.com/2010/06/27/opinion/27kristof.html?_r=1。

② Fair Labor Association, http://www.fairlabor.org.

③ Apple, *Supplier Responsibility: 2016 Progress Report*, http://www.apple.com.

者需要努力去分析和理解，因此来自世界各地的几个团体（包括监管机构、投资者、公司、标准制定者、会计专业人员、非政府组织和 GRI）联合起来成立了国际综合报告理事会（IIRC）[①]，并为综合报告或最终报告设计了一个框架。该框架即《国际综合报告框架》，发布于 2013 年 12 月。[②] 一份综合报告应包含财务、环境和社会问题等领域详细报告的关键绩效指标。尽管我们需要有详细内容的报告，但除此之外，也需要一份全局报告来了解公司业绩和对社会的影响。更多有关信息可以在 http：//integratedreporting.org 上找到。与此同时，各大机构也开始陆续发布综合报告，包括一些网站公布的报告，例如由 PotashCorp 的综合报告中心提供的在线报告。[③]

可持续发展和企业社会责任报告的评级

有许多机构希望对企业的某方面问题进行评估，或对企业可持续发展和企业社会责任报告进行调查。[④]

投资研究公司可以为投资者和公司进行公司业绩评级，包括以下内容：

- GMI 评级（http：//www3.gmiratings.com）
- RobecoSAM（http：//www.robecosam.com）
- Sustainalytics（http：//www.sustainalytics.com）
- Vigeo Eiris（http：//vigeo-eiris.com）

此外，投资者还利用可持续发展指数或企业社会责任指数来帮助他们做出投资决策，或使公司有资格让其股票在特定证券交易所交易，例如：

- Jantzi 社会指数——由 60 家加拿大公司组成的基准股票指数，根据 ESG 标准进行评级。Jantzi 社会指数的成分公司是由 Sustainalytics 根据特定标准选择的，以满足广泛意义上的 ESG 标准，以及与军事武器、核能和烟草相关的特有标准，这使得许多关联公司没有资格被纳入该指数。[⑤] 另外，有两家公司创建了共同基金，其中包括指数中的 60 家公司（有些变动）。它们分别是 Meritas Jantzi 社会指数基金中的 Meritas 共同基金[⑥]，以及 iShares Jantzi 社会指数®基金中的 iShares，一个交易所交易基金[⑦]。

- FTSE4Good 指数系列——符合"全球公认企业责任标准"的公司的基准和可交易指数（https：//www.ftserussell.com/products/indices/ftse4good）。如今，通过 FTSE4Good 标准[⑧]（由道德投资研究服务机构（EIRIS）及其合作伙伴研究的企业责任标准）的 FTSE 的交

---

① IIRC 的信息可以在 http：//integratedreporting.org/the-iirc-2 上找到。

② 《国际综合报告框架》可以从 IIRC 网站下载。

③ http：//www.potashcorp.com/irc/company/overview/ceo-letter.

④ CSRwire，http：//www.csrwire.com/members.

⑤ 参见 Sustainalytics，*Jantzi Social Index Methodology Update*，2012，http：//www.sustainalytics.com/sites/default/files/jantzisocialindexmethodology-updatedseptember 2012 _ revised2.pdf.

⑥ Meritas 共同基金，现在是 OceanRock Investments Inc. 的一部分。参见 http：//www.qtrade.ca/oceanrock/aboutus/about_meritas.jsp。

⑦ http：//ca.ishares.com/product_info/fund/overview/XEN.htm.

⑧ 富时集团（FTSE Group）最初由英国《金融时报》和伦敦证券交易所组成，是一家注册公司，名称富时由伦敦证券交易所授权富时集团使用。

易公司①被分到 11 个区域指数，以供 ESG 投资者利用。

● 道琼斯可持续发展指数——以所有行业的经济、环境和社会标准选出的"一流"公司为基础计算出的基准指数。道琼斯可持续发展世界指数——道琼斯可持续发展指数之一，其目标是根据专注于"可持续性投资"的 RobecoSAM 公司所提供的企业可持续性评估，囊括"全球可持续发展领军企业"。"该指数包含基于长期的经济、环境和社会标准的标准普尔全球BMI 指数中 2 500 家最大公司中的前 10%。"②

● MSCI KLD 400 社会指数——最早的社会报告指数之一，1990 年开始作为多米尼 400社会指数。它根据 ESG 表现的几个维度来对公司进行评级，而获得最佳评级的公司会被投资者选中。此外，Blackrock 等公司还创建了几只投资基金（例如，iShares MSCI KLD 400 社会交易型开放式指数基金），将评级最佳的公司聚集在一起，作为共同基金进行投资。欲了解更多信息，请参见 https://www.msci.com。

奖励计划是另一种评级机制。一些项目每年或定期宣布"最佳"可持续发展评选结果或企业社会责任表现情况，包括：

● 公司注册报告奖；

● 加拿大特许职业会计师协会奖项；

● 企业骑士——世界上最具可持续性的 100 家公司的年度排名；

● 卫报可持续商业奖——一个广泛的年度奖励计划；

● 欧洲企业社会责任奖——由欧洲企业社会责任商业网络（European Business Network for Corporate Social Responsibility）提供。

对可持续发展和企业社会责任报告的审计鉴证

所谓的可持续发展和企业社会责任报告的审计范围一直在扩大，尤其是在欧洲。欧洲在环境保护方面的倡议及其通过 ISO 采取的行为对大多数公司行为都产生了驱动性影响，同时欧洲要求企业必须公开披露环境绩效。因此，许多个体、一些大型公共会计公司和其他类型的公司都参与了报告的披露，如下面的例子所示：

● 森科尔 2019 年可持续发展报告已由安永会计师事务所审计；

● 泰克资源有限公司（Teck Resources Ltd.）2018 年可持续发展报告由普华永道会计师事务所审计；

● 爱立信（Ericsson）2018 年可持续发展和企业责任报告由普华永道（斯德哥尔摩）审计。

近年来，可持续发展报告的审计工作取得了进展，并制定了一些框架来指导报告编制人

① FTSE, "FTSE4Good Index Inclusion Criteria: Thematic Criteria and Scoring Framework," 2013, accessed November 27, 2013, at http://www.ftse.com/Indices/FTSE4Good_Index_Series/Downloads/FTSE4Good_Inclusion_all_copy_Aug2013.pdf.

② S&P Dow Jones Indices, McGraw-Hill Financial, *Fact Sheet.* "Dow Jones Sustainability World Index," October 2013, accessed November 27, 2013, at http://www.djindexes.com/mdsidx/downloads/fact_info/Dow_Jones_Sustainability_World_Index_Fact_Sheet.pdf.

员和审计人员。想获取更多有用的信息,可以参考苏妮塔·拉奥(Sunita Rao)的题为《可持续发展报告鉴证现状》的文章。[1]

耐克、阿迪达斯和茵宝(Umbro)等零售商和制造商的产品主要来自不发达国家和发展中国家,因此对劳工行为进行独立审计已经变得相当普遍。美国公平劳工协会等组织也为这些公司[2]跟进和报告供应链的劳工实践,并在需要时提供认证。[3] 需要注意的是,千万不要轻易相信认证结果,因为目前的审计标准还无法在此类报告上取得很好的适用效果,它可能会对是否遵守报告原则(即来自 AA1000)提供评论,而不会对披露的具体内容的质量做出评判。然而,越来越多的国家和国际会计机构(如国际会计师联合会[4]),以及一些其他组织(如 CEPAA 和 AccountAbility),都把重点放在对审计标准适用性的需求上,包括审计报告内容和认证的标准。此外,ISO 指南的下一阶段很可能将目前注册的公司从系统的文件编制阶段推向报告和审计阶段。

公司可以让其人员审核企业社会责任报告——可以交给内部审计人员,也可以交给其他部门的经理。这种管理审计方法曾被道康宁公司采用,并在硅胶乳房植入物丑闻之前被作为哈佛商学院的案例。应该指出的是,道康宁商业行为委员会主席虽然相信公司道德审计计划的价值,但同时他也承认在审计过程中不断改进计划是有必要的。

小结

企业对利益相关者的战略责任已经变得十分明显,并广泛地被接受,如果一个组织没能发展出一种有效的企业公民概念和企业社会责任计划,那将是短视的且注定无法长远的。这两个概念将帮助企业更好地进行组织的道德文化和绩效管理,并且有助于企业获得利益相关者群体的广泛支持。更重要的是,让员工和其他人更加了解企业的社会责任预期或企业公民概念,可以有效降低企业道德风险,并有助于企业有条不紊地把握道德机会。[5]

7.5 道德风险与机会:关键风险问题与工具

工作场所道德标准

概述——利益和趋势的平衡

人们对工作场所道德行为的期望在几个方面发生了变化。例如,采取的行动不能仅仅满

---

① Sunita Rao, "Current State of Assurance on Sustainability Reports," *The CPA Journal*, July 2017, https://www.cpajournal.com/2017/07/26/current-state-assurance-sustainability-reports.

② http://www.fairlabor.org/affiliate/adidas-group.

③ http://www.fairlabor.org/affiliate/nike-inc.

④ International Federation of Accountants, *Investor Demand for Environmental, Social, and Governance Disclosures: Implications for Professional Accountants in Business*, February 6, 2012, accessed June 3, 2012, at http://www.ifac.org/publications-resources/investor-demand-environmental-social-and-governance-disclosures.

⑤ L. J. Brooks and D. Selley, *Ethics and Governance: Developing and Maintaining an Ethical Corporate Culture*, 3rd ed. (Toronto: Canadian Centre for Ethics and Corporate Policy, 2008).

足雇主的利益，即行动不仅需要考虑雇员的利益，而且与雇主相比，雇员的利益应被置于同等或更高地位。天平显然已经从只考虑雇主利益的模式转向了同时考虑雇员和雇主利益的模式。雇主再也不能在雇员事务上为所欲为了。

下面将讨论、考虑以下问题：

● 雇员不能因一时的情绪冲动或个人偏见而被解雇——解雇的原因必须与个人无法胜任工作有关。

● 雇员不能因为家庭状况、宗教、性取向和其他一些受法律保护的问题而被雇用或不被雇用甚至是被询问——必须根据他们的工作能力来决定。

● 性别歧视案件通常是根据那些被歧视的雇员所认为的情况来判决的，而不是根据那些歧视他人者（通常是经理或老板）认为合理的看法来判决的。此外，雇主也应为未能提供一个无骚扰的工作场所而负责。

● 雇主再也不能忽视或淡化女性对男性管理者的性侵或暴力行为的举报。"我也是"运动有了令人满意的结果，现在必须追究管理者的责任并实施重大惩罚。

● 雇主应该遵守法律法规，为员工提供保护，避免一些不好的情况发生，比如隐私泄露和人身攻击。

由于公众的敏感性以及利益相关者要求雇主和监管机构采取更负责任的企业行为，职场道德预期发生了变化。法规也发生了变化，公司也引入了包括行为准则在内的治理程序，以严格遵守法律要求，降低涉及不当行为的风险，并与竞争对手要求一样或比竞争对手要求更严格。通常情况下，公司的声誉（招聘和留住优秀员工的关键）取决于他们对员工权利和需求的反应程度。还有人说，员工往往认为，公司对待他们的方式反映了公司是否有道德，反映了公司对于其他利益相关者的态度，从而影响公司的整体道德水平。

在这个变化的过程中，一些员工的利益或权利相对于雇主而言有所增加，包括以下部分：

● 能够践行自己的良知——例如，不污染环境，不危及自身或他人的健康或安全，以及在真相被歪曲时能直言不讳；

● 隐私和尊严得到尊重；

● 得到公平对待；

● 拥有健康和安全的工作环境；

● 免受性骚扰和暴力；

● 拥有文明的工作环境。

虽然管理者通常能够意识到这些变化，但他们可能并不能够完全认识到变化的程度或涉及的具体问题。因此，谨慎的风险管理需要通过治理机制不断培训和加强，以确保员工得到应有的待遇，以此来维护或提高公司的声誉。

具体而言，对于商务人士来说，有必要去了解工作场所中出现的或正在出现的与员工行为有关的主要道德问题。下面的指导并非旨在提供详尽的审查，但它们将提高人们对所涉问题的认识，并提供一些指导，包括应该何时去寻求更明智的建议。

员工的权利

自 20 世纪 70 年代初以来，越来越多的人意识到，相对于雇主的权利，雇员个人的权利应该得到比以往更多的尊重。例如，雇主的权利发生了变化，雇主不能再命令其雇员污染环境，危及雇员自身或他人的健康或安全，或在真相被歪曲时一言不发。有些改变了的权利受到了立法的保护，而另一些则受到了习惯法案件、工会合同和对利益相关者压力敏感的公司惯例的影响。

表 7 - 11 列出了北美地区给员工带来新期望的员工权利主题。

表 7 - 11　北美地区的员工权利主题

个人隐私和尊严、个人信息和财产
- 个人权利、雇主权利和公众权利的界限
- 适当的程序：通知和同意
- 药物滥用测试
- 骚扰：性骚扰和其他
- 工作环境

公平对待
- 歧视：年龄、种族、性别、工作、报酬
- 公平的政策
- 平等意味着公平吗？

健康和安全的工作环境
- 期望：合理的知情权、压力、家庭生活、生产力
- 生活质量问题：吸烟、健康
- 家庭友好型工作场所

践行良知的能力
- 盲目的忠诚
- 举报

信任：领导、创新、忠诚和业绩的关键在于道德
- 运营：裁员、非固定工

隐私和尊严，包括提供文明的工作环境

雇主原本可以搜索雇员的个人信息，查询雇员个人财产，但如今这样的权利已大大减少。社会现在认可这样的观点，即雇员的个人权利比雇主的个人权利更重要，除非能证明在特定的情况下雇主的利益是合理的、合法的，而且在道德上是可以接受的。例如，在大多数地方，除非由于暴力袭击或毒品交易等对生命和健康构成威胁，否则不能在洗手间安装摄像头。即使在这些情况下，公司在进行监控之前，也应咨询外部法律机构，在某些情况下，可能需要公示使用摄像头的意图。

但是应当指出，仅仅通知员工并不意味着他们同意了这一程序。在法院认为遵循适当程序之前，必须满足特定的条件。事实上，员工必须获得所谓的知情权，让他们有时间深思熟虑，从而在合理的选项中自由选择，并有足够的信息来辅助决策。此外，这一选择必须是法院认为员工可能会做出的选择。例如，员工不会牺牲他的生命权或承担极其严重的健康风险。

因此，在采取行动之前，法律咨询是至关重要的。

在北美，如果没有令人信服的理由，社会是不愿意接受个人隐私受到侵犯的，而药物检测正是一个相关领域，通常涉及同事或其他人的生命和健康。事实上，如果不考虑安全问题，随机药物检测在许多地区都是非法的。以飞行员为例，随机药物检测在很早就被接受了；20世纪90年代末，美国最高法院批准了该行为。

此外，在衡量对被诬告者造成的潜在伤害时，药物检测被认为是相对不准确的，因此，如果在提出任何指控之前的最初检测呈阳性，则需要进行离散的重复检测。如果可能的话，应在整个期间遵守保密原则。现有一些针对办公室职员的检测项目，其中几个项目被法院以不合理为由否决。例如，埃克森的随机检测计划（始于埃克森·瓦尔迪兹号沉船事件）被认为不太合理，因为它导致雇员被重新调职或停职长达七年之久。

然而，与毒品和酒精检测项目相关的污名似乎是可以避免的。一些卡车公司要求司机在电脑游戏（以手眼协调为特点）中取得好成绩，也达到了同样的目的（保护公众和他们的资产），因为只有通过测试者才会拿到卡车钥匙。社会并不认为这种测试是对隐私的侵犯，因此不反对使用它。这一点非常重要，因为由于诊断的滞后和个体差异，药物检测并不是那么立竿见影，一些摄入酒精或毒品但没有被及时检测出来的人员，如卡车司机，更有可能由于无法通过电脑游戏而避免造成伤亡。

当然，骚扰是令人反感的，这不仅是出于尊严和隐私的考虑，也是出于公平的考虑。对骚扰的定义因地点而异，但趋势是比大多数商人或专业人士最初设想的更严格。骚扰可以被定义为任何针对你的不当行为，这些行为是你认为冒犯到你的，而其他人也知道或应该知道该行为是不受欢迎的。请注意，如何界定骚扰不是看骚扰者对其行为的看法，重要的是被骚扰者的看法，以及当地司法部门是否认定这是合理的行为。通常情况下，司法部门站在被骚扰者一边。因此，如果雇员声称受到骚扰，那么必须立即对其索赔进行仔细调查。如果索赔是正当的，那么应该立刻警告骚扰者，如果其已经受到警告，则应根据所涉公司的正当程序将其解雇。如果未能及时采取行动，那么涉事管理者和公司可能会因为没有提供一个无骚扰的工作环境而面临法律诉讼。事实上，如果一个正在出差的销售人员或审计师被客户骚扰，他所在的公司必须立即联系骚扰者所在公司的管理层采取适当的行动；否则，被骚扰者的管理者及公司可能会面临法律诉讼。除了在发生骚扰和职场欺压的情况下需要迅速采取行动外，如果公司没有进行适当的培训，也没有制订合规计划，董事和管理人员可能会承担直接责任。

各行业龙头公司已经开始证明，有必要在保证个人隐私和尊严的前提下开展相关工作。相关规定如下：

- 礼貌、尊重、谦恭、体谅他人。
- 用适当的声调说话。
- 尊重他人表达观点的权利，即使你不同意。

- 以尊重的方式处理与他人的冲突，而不是以对抗的方式。[①]

但是更多企业更关心的是一种不文明行为的模式，而不是单个行为。被认为不文明的行为包括以下几种：

- 大喊大叫；

- 对一个或多个人亵渎、辱骂、攻击或使用语言暴力；

- 使用带有暴力倾向的工具；

- 摔门；

- 投掷物体；

- 侮辱、贬低、恐吓他人；

- 散布关于个人的谣言，无论是口头的还是书面的，包括在网上，如果看到这些不合理的评论，可能会对个人产生负面影响；

- 讲不合适的笑话。[②]

免受性骚扰和暴力

2017—2018 年，"我也是"运动达到了一个转折点，它让企业认真对待女性对男性管理者的投诉，她们指控这些人性骚扰、猥亵或对她们有暴力行为。在此之前，高管、董事会、警察和法院通常不会认真对待指控，也不会让被告承担重大责任。通常情况下，人们会找到让被告摆脱困境的方法，比如将责任推到涉案女性身上，或者与涉案女性达成和解，条件是她们同意以后不公开谈论案件或解决方法。这些"封口费"使被告免于被指认，并纵容被告继续骚扰和强奸更多的受害者，而被告通常对这些女性的职业生涯造成很大的伤害和影响。

但在 2017 年和 2018 年，一系列备受瞩目的案件引起了公众的关注，并促使公司董事会和法院严肃对待女性对性骚扰和性暴力的投诉。这是"我也是"运动的巨大胜利。"我也是"运动致力于争取这样一个公正的结果。

如今著名的、引人注目的案件一个接一个地出现，每一起案件都加剧了公众对女性所反抗的明显不公正的厌恶：

- 2016 年 7 月，美国保守的有线新闻网络福克斯新闻（Fox News）的著名电视主持人格雷琴·卡尔森指控首席执行官罗杰·艾尔斯性骚扰，接受了 2 000 万美元的和解金，并签订了保密协议。这份协议让她不可能出演电视剧，以及关于她的处境的一部 2019 年的电影《爆炸新闻》。2016 年 7 月，艾尔斯因其他女性提出类似指控而辞职。[③] 另一位著名的福克斯

---

① University of Toronto，*Human Resources Guideline on Civil Conduct*，http://www. hrandequity. utoronto. ca/Asset952. aspx?method=1.

② Ibid.

③ Chris Lindahl，"Gretchen Carlson：It's 'Frustrating' I Couldn't Participate in 'Bombshell,' Where She's Portrayed by Nicole Kidman，" IndieWire，October 14，2019，https://www. indiewire. com/2019/10/gretchen-carlson-bombshell-loudest-voice-1202181470.

新闻主持人梅根·凯利也声称，早在 2005 年，艾尔斯就对她进行了性骚扰。[①] 其他一些电视名人也因性骚扰指控被解雇或辞职，包括美国全国广播公司（NBC）的马特·劳尔（Matt Lauer）、福克斯新闻的比尔·西恩（Bill Shine）、福克斯新闻的比尔·奥莱利（Bill O'Reilly），以及哥伦比亚广播公司（CBS）、公共广播公司（PBS）和彭博社的查理·罗斯（Charlie Rose）。[②]

● 然后在 2017 年 10 月，著名的奥斯卡获奖人和电影导演哈维·温斯坦被董事会解雇后，被一名女性成功指控，随后其他女性也加入其中[③]，数十年来，关于他对新晋女星进行性剥削的谣言一直在流传。[④] 由于这些指控，他的公司基本上已经破产，尽管该案直到 2020 年 1 月才开始审理。

● 随着此类事件的发酵，广受欢迎的喜剧演员比尔·科斯比最终因一名原告受审（该案涉及的其他受害者也参与了指控），于 2018 年 9 月被判处 3～10 年监禁，尽管他当时已经 80 多岁，双目失明。[⑤] 科斯比通常给受害者下药然后进行性侵。他和温斯坦一样，几十年来一直免于被起诉。

● 2018 年 9 月 27 日，布伦特·卡瓦纳（Brent Kavanagh）面对克里斯蒂娜·布莱西·福特（Christine Blassey Ford）数十年来对他的性骚扰指控，在努力成为美国联邦最高法院大法官的过程中，参与了美国参议院的听证会。卡瓦纳得到了共和党占主导地位的参议院的肯定，但他将永远承受确认过程的创伤，尤其是考虑到电视报道有他受指控的记录。[⑥]

公众对揭露出来的这一系列令人作呕的事件感到愤怒，这些事件被惯犯和/或他们所在的公司系统性地掩盖。因此，高管和法院已经注意到这一点，对更多性骚扰事件的容忍度已经急剧下降。美国联邦最高法院法官、女权捍卫者露丝·巴德·金斯伯格（Ruth Bader Ginsburg）对"我也是"运动的这个转折点发表了积极评论，但她希望作为和解协议一部分，被

---

① Emmanuel Ocbazghi and Alyson Shontell，"Megyn Kelly Details How She Was Allegedly Sexually Harassed by Roger Ailes，Then Advised to 'Just Steer Clear of Him,'" August 22，2019，https://www. businessinsider. com/megyn-kelly-details-sexually-harassed-roger-ailes-fox-news-2017-11.

② Rob Frehse，"Charlie Rose Sued for Sexual Harassment by Former Makeup Artist," CNN，September 21，2019，https://www. cnn. com/2019/09/21/us/charlie-rose-sexual-harassment/index. html.

③ Ronan Farrow，"From Aggressive Overtures to Sexual Assault：Harvey Weinstein's Accusers Tell Their Stories," *The New Yorker*，October 10 and 23，2017，https://www. newyorker. com/news/news-desk/from-aggressive-overtures-to-sexual-assault-harvey-weinsteins-accusers-tell-their-stories.

④ Jodi Kantor and Megan Twohey，"Harvey Weinstein Paid Off Sexual Harassment Accusers for Decades," *New York Times*，October 5，2017，https://www. nytimes. com/2017/10/05/us/harvey-weinstein-harassment-allegations. html；Daniel Victor，"How the Harvey Weinstein Story Has Unfolded," *New York Times*，October 18，2017，https://www. nytimes. com/2017/10/18/business/harvey-weinstein. html.

⑤ Chris Francescani and Luchina Fisher，"Bill Cosby：A Timeline of His Fall from 'America's Dad' to a 'Sexually Violent Predator,'" August 19，2019，ABC News，https://abcnews. go. com/Entertainment/bill-cosby-trial-complete-timeline-happened-2004/story?id＝47799458.

⑥ "Watch Brett Kavanaugh's Full Opening Statement," CNN，September 27，2019，https://www. cnn. com/videos/politics/2018/09/27/brett-kavanaugh-opening-statement-senate-hearing-vpx. cnn；"Brett Kavanaugh and Christine Blasey Ford Testify in Supreme Court Hearing," ABC News，September 27，2017，https://www. youtube. com/watch?v＝OPRzW-dAt9fk.

性骚扰女性签署的保密协议"不会被法院强制执行"①。如果出现这种情况，许多高管将会在一定程度上感受到他们的受害者多年来所感受到的个人焦虑。即使这种情况没有发生，对女性性骚扰指控的高度关注也将使性骚扰从 2018 年起成为一种高风险、不道德的行为。

公平对待

如果歧视涉及年龄、种族、性别和性偏好，则被认为是不道德的，并且是违法的。此外，一般认为，人们应该有平等的就业机会并且同工同酬，女性和少数族裔更应该享有这样的权益。许多龙头公司努力在它们的员工队伍中雇用足够的代表，以反映它们重视这一要求。"打破玻璃天花板"是用来描述妇女在其组织内克服晋升障碍的一个短语，一些公司通过消除障碍和为男女创造平等的竞争环境而获得竞争优势。例如，蒙特利尔银行（Bank of Montreal）发现，许多优秀的女性管理人员在该银行这样做时会提出求职申请，这使得加拿大其他银行面临着可晋升女性匮乏的问题。

北美的雇员认为他们有权享受公平的政策。公平政策应该包括公平的工资，合理的工作时间，公正的晋升与裁员考虑，以及对所有问题的公平听证。如果解雇是必要的，那么员工期望它将根据适当的或正当的程序，包括充分的通知或支付代通知金。不公正的解雇是指没有遵循正当程序，可能导致复职、提供补偿金和/或罚款。

应当指出的是，残疾人获得的就业机会往往不仅仅是平等的。考虑到他们的残疾，这种待遇不仅是公平的，而且被认为是道德的。

关于雇用和解雇，关键的原则是必须根据一个人的工作能力来做决定。任何其他问题都可能引发歧视诉讼，即使是无意的。因此，在招聘时，应避免问与个人工作能力无关的问题，包括：

- 婚姻状况；
- 国籍和种族；
- 年龄；
- 宗教；
- 是否残疾（除非一个人的残疾是显而易见的或公开的，那么问他如何履行某些固有的工作职责是合适的）；
- 拘留史，除非有明确的商业需要；
- 财务状况，除非与工作有直接关系；
- 个人问题，包括性取向。②

健康和安全的工作环境

员工和所有者权力之间的平衡已经转变到这样一种程度：员工期望自己的健康和安全不

---

① Joan Biskupic，"Ruth Bader Ginsburg 'Skeptically Hopeful' about Preserving Roe v. Wade and the Court's Future，" CNN，November 2，2019，https://www.cnn.com/2019/11/02/politics/ruth-bader-ginsburg-abortion-row-v-wade-harvey-weinstein/index. html.

② Shawn Smith，"Illegal Job Interview Questions，" http://www.sideroad. com/Human _ Resources/illegal-job-inter-view _ questions. html.

会受到不合理的损害，这被认为是合乎道德的。他们必须事先知道风险是什么，并且许多司法管辖区制定了知情权法律，以确保各组织容易获得关于危险物质、程序和相关处理的信息。

目前，人们对这些观点的关心拓展到较不明显的领域，如预期加班时间、极端的生产力水平和家庭生活的退化等方面的过度压力。虽然当下还没有出台指导方针，但这些领域的压力将会加大，因此应密切关注这方面的未来发展。

很明显，负责任的公司在因改变规章制度而被迫尊重员工的偏好之前，就表现出了对员工的尊重。无烟区就是一个很好的例子。此外，其他公司也认识到健身和娱乐的需要，在工作场所设立了这些中心。为了改善工作场所的家庭友好性，已经为雇员的子女提供了公司日托所，实行了灵活的工作时间，以及其他类似的安排。

一项针对 35 岁及以下的职业会计师进行的调查显示，除了对所从事的工作感兴趣，吸引和留住员工的最重要因素是为他们提供工作和生活的平衡。雇主不仅要给员工机会实现工作和生活的平衡，还必须改变其组织文化。雇主不应该让员工因为没有超时工作而感到内疚，也不应该通过绩效评估来惩罚他们。[①]

践行良知的能力

正如其他地方所指出的那样，认为一个员工只是做了他被命令做的事情（即，盲目忠诚地行动）的论点在许多司法管辖区将不再为员工提供保护，因此员工应该践行自己的良知。无论如何，盲目忠诚的观念并不是很多员工都能接受的。他们更愿意把自己的担忧提出来，对污染或其他不当行为大声疾呼，但他们经常因为担忧面临同事或管理者的愤怒而无法这么做。

虽然检举可以促成一个更道德的组织，但大多数北美人在成长过程中都被教导不要做这件事，并且它仍然是一种耻辱。为了鼓励举报人在组织内部站出来，而不是让他们在企业外部报告他们的担忧，许多公司正在创建举报人鼓励和保护计划（以下简称举报人计划）。在这些计划中，调查或指控是由员工信任的人处理的，他会在不透露被调查者姓名的情况下进行迅速、公正的调查。如果调查人有必要指证被调查者，那么调查人会被要求这样做，但也可以拒绝。收到的调查报告是在汇总的基础上做出的，没有披露举报人的姓名。一些公司将这种服务称为道德咨询服务，而不是使用"热线"或"举报"等更具贬义的词语来表述。

也有越来越多的法规旨在保护举报人。因此，由于秘密几乎总是公开的，对于组织来说，促进组织内部员工良知的践行是明智的，这样可以在不损害公司声誉的情况下采取适当的行动。为了便利公司的举报人计划，许多律师事务所、专业咨询公司和其他公司现在都提供电话和/或电子邮件热线。举报人计划的详细信息可从毕马威的诚信调查中获得。[②]

信任及其重要性

直到最近，研究人员才开始记录有远见的所有者和经理人早就知道的事情。正如前面提

① "The Price of Happiness," *CAmagazine*, September 2006, http://www.camagazine.com/archives/print-edition/2006/sept/upfront/camagazine8265.aspx.

② KPMG Forensic, *Integrity Survey*.

到的，一个组织的道德直接与人们如何看待领导者，人们是否有足够的信任来分享想法而不害怕失去工作或他们的同事和管理者的尊重，以及他们是否相信所在的组织值得忠诚和勤奋工作相关（Brooks，2000）。在目前北美的工作场所，员工和管理者越来越不愿意听从不值得信任或不道德的领导者的指示，如果他们有选择的话。如果员工害怕受到惩罚或其职位受到某种形式的侵蚀，他们就不愿意为创新做出贡献，他们也可能不会代表公司主动采取行动。因此，组织会发现它可能落后于那些员工信任公司和领导者的竞争对手。

如果员工对他们的处境有足够的信心，他们会全心全意地参与那些甚至涉及裁员的重组会议（这被称为道德重建的过程），并可能在了解更多信息的情况下接受分担工作任务或兼职工作合同的必要性（这就产生了所谓的临时劳动力）。为了维持这些步骤所必需的信任，一个组织必须做出可靠的承诺，在可能的情况下将雇员召回为全职员工，或提供公平的解雇或合同安排。继续发放福利可能是保持临时劳动力信任的一种方式。

道德的工作场所的整体效益

许多专家和成功的实践者都相信，员工对于公司对待他们的方式的认知决定了他们对公司道德计划的看法。因此，如果一个组织想要员工践行一套公司的道德价值观，员工必须相信这个组织真的是说到做到，而且必须有一定程度的信任使这种信念得以落实。正确对待员工不仅是道德的，对他们执行组织的道德计划和实现组织的战略目标也是至关重要的。

举报人计划和道德质询服务

举报人计划以及道德质询服务通常是结合在一起的，因为它们通常为同一个人服务。无论它们被称为"道德热线"或"道德质询服务"还是其他名称，它们在现代组织中都是必不可少的。原因如下：首先，这些计划使雇员能够像前文所描述的那样践行他们的良知。其次，这些计划强化了组织的道德目标，并提供了必要的准则和道德计划的要素，为管理者、雇员和代理人提供适当的指导。最后，由于董事会成员、管理者不能经常与所有员工和代理人保持联系，他们必须依靠信息系统给自己带来关于当前绩效和问题的信息。如果设置得当，举报人计划和道德质询服务可以充当"故障保护"信息系统，保护董事、员工和公司免受不道德行为对声誉和功能的损害。

如果没有提供一个询问或咨询的机制，很容易就能破坏一个道德计划。道德或行为准则中包含的概念通常是复杂和令人感到陌生的。因此，员工经常对它们的适用性产生疑问，需要有人来提供咨询。如果没有答案，道德问题可能就不会被报告。

不幸的是，员工可能意识到有些事情不对劲，但不敢去问或者把错误的行为告诉公司管理者。在许多文化中，告发某人被认为是不合适的。这样做的后果可能包括：来自同事的敌意；被被举报人报复；被卷入该过程的管理者报复，他们可能知道问题但没有采取行动，或者是被举报人的朋友。在任何一种情况下，进行调查或报告的人的后果都可能是非常令人不快的，包括丧失业绩、晋升机会，通常还有他们的工作。

这种对做正确的事情和提出有道德公司想知道的问题的消极反应，根本不符合相关个人或公司（特别是董事会）的利益。等待公司的文化改变来支持道德质询不是一个好主意。因此，龙头企业提供道德质询服务，鼓励举报并保密。当不道德的行为被报告时，它们会迅速而公正地进行调查。报告者的姓名是保密的，除非必须上法庭。即使在那时，报告者也会被询问是否允许使用他的姓名。相关部门每季度或每年向高级职员及董事会下属委员会提交质询及跟进的报告，但不透露报告者的个人姓名，这些做法对于减轻质询人员和报告者的恐惧（这些恐惧往往是有根据的）以及减少高管和董事们的噩梦至关重要。

道德与合规倡议组织《2018年全球工作场所道德基准》[①] 的研究结果强化了这些意见，并为过去十年中更普遍实施的有道德的企业文化和报告机制的发展提供了有趣的支持。虽然已经取得了进展，但随着道德标准妥协和报复的压力增加，美国还需要进一步改进。美国的调查报告主要内容如下：

- 道德文化薄弱的公司比例从2011年的42%下降到33%。
- 在工作中目睹不当行为的员工比例降至30%以下。相比之下，2009年这一比例为49%，与2007年55%的历史高点相比有很大下降。
- 报告过他们看到的不当行为的人从2011年的65%上升到了75%。
- 然而，针对员工举报人的报复率却飙升至53%。相比之下，2011年和2017年这一比例分别为22%和12%。
- 认为为了完成工作而不得不向标准妥协的员工比例从2011年的13%上升至22%。

这些道德质询系统和举报人保护项目通常由组织的道德专员、监察员、人力资源办公室、内部审计或法律部门负责。要注意不发出会让员工拒绝使用服务的信号。在这方面，将服务设在内部审计部门或法律部门内不如设在人力资源部门或作为一个独立部门有吸引力。通往未披露或第三方目的地的热线也可能受到怀疑，这取决于人们对其效能、可信度和可依赖性的看法。现有服务部门收到的询问中，超过50%是询问人事政策和做法方面的信息，因此建议在人力资源相关部门或专门处理这些事项的独立部门设立查询系统。[②] 虽然这可能会在人力资源活动或政策方面引起利益冲突，但经验表明，与大量寻求信息的电话相比，这种情况相对较少。

如果不引入某种形式的道德质询服务以及鼓励和保护举报人的计划，现代组织就无法发展和维持一个成功的道德计划。如果没有这些基本服务，组织及其高管和董事会将继续面临重大的道德和经营风险。

欺诈和白领犯罪

所有组织都面临的挑战之一是如何应对那些从事欺诈和白领犯罪的不道德员工。管理层

---

① Ethics & Compliance Initiative，2018 Global Benchmark on Workplace Ethics，downloaded on November 1，2019，from https://www. ethics. org/knowledge-center/interactive-maps.

② 更多信息参见 Leonard J. Brooks，"Whistleblowers—Learn to Love Them！，" *Canadian Business Review*，Summer 1993，19-21.

应确保其采取一切合理的行动来指导、影响和控制可能会参与其中的员工，外部审计师应警惕潜在的问题。经验表明，了解导致和助长欺诈与白领犯罪的情况及其动机为预防措施提供了有用的基础。为了提供这种理解，此处提供了对白领诈骗犯沃尔特·帕夫洛（Walt Pavlo）的动机的分析。沃尔特·帕夫洛是 MCI 的明星，也是 MCI 600 万美元欺诈案的关键推动者。

沃尔特·帕夫洛作为 MCI 明星进行欺诈的动机和理由①

调查人员和法务会计师使用一个有用的框架——欺诈三角形②及其延伸，即欺诈钻石③——来识别潜在的欺诈者和潜在的欺诈情况。如图 7 - 3 所示，舞弊的可能性来自三个因素的作用：动机——财务或其他方面；机会——缺乏控制或过于好斗的文化；将欺诈行为合理化的意愿和能力。欺诈钻石增加了第四个因素，即能力或知识。

这些因素可以通过使用马斯洛的需求层次理论④和希思的不道德决策的七个理由⑤的附加框架来进行分析，这将在后面讨论。这些事实摘自沃尔特·帕夫洛的《无枪偷盗》一书中收集的关于他对 MCI 及其客户的欺诈。⑥

沃尔特·帕夫洛故事的简短版本

沃尔特·帕夫洛于 1992 年加入 MCI，当时 MCI 是一家大型的美国电信公司（MCI 现在是威瑞森通信的子公司），并迅速成为公司财务或长途电话收款领域的第二大公司。沃尔特于 1996 年离开 MCI，最终于 1997 年初辞职。在这四年以及之后不久，他参与了几起针对 MCI 以及与 MCI 打交道的客户的欺诈。

沃尔特在 2001 年 1 月被发现妨碍司法公正、洗钱和电信欺诈，且其对此供认不讳。他被判入狱 41 个月，并被责令向 MCI、AT&T 和 BTI 支付超过 570 万美元的赔偿金，此外，银行赢得了对他的金额达 550 万美元的判决。沃尔特最终在联邦监狱服刑 24 个月，并于 2003 年获释。这一结果对他的两个儿子和妻子来说尤其难以接受，他的妻子于 2003 年与他离婚。

沃尔特金发碧眼，体格健壮，是工商管理硕士（MBA）毕业生，有一个年轻的妻子和两个年幼的儿子。他有能力成为 MCI 的明星。那么究竟发生了什么？沃尔特参与欺诈的动机是什么？他又是如何为自己的行为辩解的？

了解欺诈者的动机——马斯洛需求层次理论

像许多刚毕业的 MBA 学生一样，沃尔特有极强的成功动力。他想实现自己的梦想：

---

① Walter Pavlo Jr. and Neil Weinberg, *Stolen without a Gun：Confessions from Inside History's Biggest Accounting Fraud—The Collapse of MCI WorldCom* (Tampa，FL：Etika Books LLC，2007).

② CICA Handbook Section 5135 or the new CAS 240；W. S. Albrecht，C. C. Albrecht，and C. O. Albrecht，*Fraud Examination*，2nd ed. (Mason，OH：Thomson South-Western，2006)，31.

③ David T. Wells and Dana R. Hermanson，"The Fraud Diamond," *The CPA Journal*，December 2004，38 - 42.

④ "The Hierarchy of Needs," from A. H. Maslow，"A Theory of Human Motivation," *Psychological Review* 50 (1943)：394 - 95，as reprinted in Deborah C. Stephens，ed.，*The Maslow Business Reader* (New York：Wiley，2000)，3 - 4.

⑤ Joseph Heath，"7 Neutralization/Rationalization Techniques," speech at the Centre for Ethics at the University of Toronto，April 9，2007.

⑥ Ibid.

- 向他的父母和妻子以及她富裕的家庭证明自己。
- 挣到足够的钱以过上舒适的生活，放纵自己。
- 因为在工作上的贡献得到认可，得到他认为他应该得到的报酬，并且有工作保障。
- 他的老板拉尔夫·麦克坎伯（Ralph McCumber）曾是一名军人，他希望得到他的老板的尊重和友好对待。

这些梦想促使沃尔特以他认为会成功的方式行事，包括以下几点：

- 毫无疑问地服从命令，就像在一个军事文化中一样①，比如通过任何可能的手段来"达到目的"，包括通过各种糟糕的方式歪曲坏账的状况。
- 行为激进，即使有些行为令人不快，第二天来的时候也要准备好"咬掉鸡头"。
- 撇开公司政策不谈，比如允许客户信贷状况恶化的"零容忍"政策，公司高管对此只是口头上敷衍了事。
- 在老板不知情的情况下创建了看似有用的机制，但他没有披露其中的风险。这方面的一个例子是快速推进的"保理"计划，以加速托收。沃尔特代表他的公司签署了未经授权的银行贷款担保。
- 与不法分子勾结，敲诈他的公司及其客户。
- 效仿他的老板鼓励下属，告诉下属"不要担心……"。
- 一旦陷入滑坡②，最终屈服于"绝望和贪婪的盲目力量"。

沃尔特的欲望完全符合马斯洛的需求层次理论③，如图 7-7 所示。马斯洛断言，个人的需求可以被分类，并且会优先从金字塔的底部得到回应。后来的研究人员④不同意这种自下而上的优先顺序，他们引用了许多例子，表明金字塔顶端的需求比底部的需求产生更大的影响。尽管如此，马斯洛分类法在理解人类需求方面受到了广泛的重视并有所帮助，也可以用于理解白领罪犯和诈骗犯的动机。

沃尔特的欲望表明他的动机是养家糊口（生理需求）和工作保障（安全需求）。此外，他还想赢得老板、其他 MCI 员工和上级的尊重。到了创建快速推进的保理计划的时候，他在没有通知上级的情况下为融资银行签署了一份担保，因为他想感觉自己真的在做贡献，想感受自我实现的喜悦。他的老板显然利用了沃尔特对归属与爱的需求——被视为一个有价值的员工，一个"实现目标"或"咬掉鸡头"的人。沃尔特受到各层次需求的影响。只有他才能说出哪个范畴或哪个层次（自我、社会或物质需求）起了主导作用。然而，可以肯定地说，现

---

① 有一次，当讨论如何"粉饰"一笔 5 500 万美元的债务时，麦克坎伯咆哮道："不要告诉我什么能做，什么不能做！订单就是订单。你要完成你的任务。"*Stolen without a Gun*，92.

② "滑坡"一词指的是这样一种情况：一个人首先做了一些有点不道德的事情，但后续行为越来越不道德，结果发现他必须继续高度不道德的行为来掩盖之前的事情，或者因为别人知道其早期的犯罪行为，威胁要揭露它们，他不得不做出进一步的不道德行为或违法行为。

③ Maslow，"The Hierarchy of Needs."

④ A. Wahba and L. Bridgewell，"Maslow Reconsidered：A Review of Research on the Need Hierarchy Theory，"*Organizational Behavior and Human Performance* 15：212-40.

代管理能够而且将会使用所有层次来激励员工，而且管理人员和员工个人都应该了解其中的漏洞。

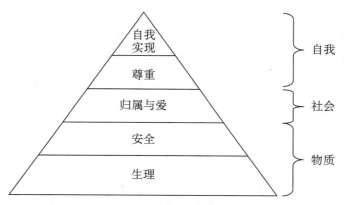

图 7-7　马斯洛需求层次理论

理解舞弊的合理化——希思的七个理由

希思确定了七个通常为不道德决策辩护的理由。

沃尔特·帕夫洛的行为符合希思的七个理由。在他的书中，沃尔特解释说，他只是在为他领导的会计欺诈行为接受命令，而另一个薪水更高的人要负责决定所涉及的行为是否符合道德。同样，当考虑到他吸走的钱时，他说"这不是偷，那些是他们无法得到的东西"，这表明他不相信他的行为会造成任何真正的伤害。此外，沃尔特认为，通过隐瞒 MCI 坏账的真实情况，他随后促成一项即将进行的收购，从而帮助高管和现有股东获得较好的股票价格，而不是使他们成为他的罪行的受害者。[①] 他还认为他从 MCI 的诉讼客户（他认为不道德的客户）那里偷来的钱是"没有受害者的骗局"，因为这是从骗子那里偷来的钱。

沃尔特开始意识到，他并没有因为他的良好工作而被认可，而且他由于以高于自己工资的价格雇用直接向他汇报的员工而处于不利状况。沃尔特认为，通过要求他隐瞒坏账的真实状况，他正在被要求做一件不可能的事情。因此，他谴责了高管和整个公司。他认为公司对他有亏欠，他有权通过欺诈来帮助自己。他的观点是，许多高管都知道发生了什么，却对隐瞒坏账问题的规模视而不见。他相信他们知道会计和报告系统一团糟——一个真正的黑洞——并且正在被利用。他认为其他人都在这么做，为什么他不能这样做？沃尔特用他对家人的忠诚来证明他的某些行为是正当的。他安排他的父亲买了一家公司，让他的家人有了他们本不会有的高级的生活方式。他对家庭的忠诚高于对 MCI 的忠诚。

进行欺诈的机会和能力

即使可能有必要进行欺诈，而且这种行为可以合理化，但也必须有机会、有能力或有知

---

① 在沃尔特·帕夫洛任职期间，一名加入 MCI 相对较晚的高级经理辩称，MCI 的最高管理层希望他解决坏账问题，他在这方面得到了他们的支持。

识进行欺诈，并且有可能被抓住和受到严厉惩罚。

在沃尔特的案例中，他认为 MCI 会计系统是一个名副其实的黑洞，后来有人将其描述为一个"绝对的混乱"。报告是不准确的，并且似乎没有人介意。没有明显的对向正确账户付款的准确性的控制。除了沃尔特，没有人花时间去了解快速发展以及其他正在落实到位的计划的基本性质和经济实质。最终，MCI 财务报表中虚造的经济价值在归因于其他问题的巨额注销中被抹去。很明显，高级管理人员没有正确地履行他们的监督职责，组织文化不支持检举者，也不鼓励他们站出来，内部审计功能也没有发挥作用。

这些失误提供了沃尔特一直在寻找的相信自己不会被抓住的机会。当他的老板或同谋告诉他"现在不用担心"时，他特别容易受到影响。也许这就是他的信念，即他可以控制局面以使他不会被发现。最终，他意识到他无法控制他贪婪的同事，并且他忘记了一个事实，那就是他除了行骗以外还抢劫了银行。这两种错误判断后来都困扰着他。

最终，对于沃尔特来说，滑坡是无法控制的。沃尔特在一开始听到"我会让你觉得是值得的"这句话的时候就应该更加怀疑才对。他应该听听拉尔夫·麦克坎伯的话，这是他的第一个老板，也是他崇拜的人，拉尔夫·麦克坎伯有敏锐的"胡扯探测器"，喜欢说："不要许下你兑现不了的承诺"。

经验教训

当管理人员和审计人员考虑欺诈和白领犯罪可能出现的地方时，他们应该好好利用欺诈三角形或欺诈钻石、马斯洛的需求层次理论和希思的不道德决策的七个理由，将这些作为在危险问题导致重大伤害之前发现它们的框架。这种审议过程可以作为年度或定期集思广益会议的一部分，一些司法管辖区现在要求审计师这样做。在规划或设立新的激励和奖励制度时也应考虑到这些框架，因为它们为引入功能失调的压力提供了机会。同样，在评价监管人员的业绩时，不妨考虑使用这些框架来评价所使用的激励方法从长期来看是否可能有害。虽然它们在短期是有成效的。最后，为了确保充分认识和了解这些框架，应在监督培训课程中讨论它们的使用方法。例如，一个敏感的主管应该能够警示并纠正员工使用的潜在有害的合理化措施。

这里的分析表明，会计系统在员工有意利用的时候是非常脆弱的。很明显，除了沃尔特之外，还有几个人怀疑有些事不对劲，但他们没有质疑或报告这些事情。这是因为 MCI 的企业文化不鼓励此类调查或举报。事实上，它接受甚至鼓励操纵文化的行为，而不是道德的行为。建立一个有举报机制的企业道德文化，在员工刚入职时就向他们不断灌输这些文化，无疑是有好处的。

此外，还有一种军事化微文化，在这种文化中，员工被要求服从命令，而非坚守良知。尽管这从短期来看很有吸引力，但它使企业不能获取长期利益，并增加了企业的整体风险。

最后，沃尔特的行为分析中强调了在公司战略和运营方面考虑道德问题的必要性，还强调了公司应任命一名高管，负责维护公司及内部各重要部门的道德规范。持续监督这些问题应该是董事会下属委员会的一项重要职能。只有在公司治理中考虑道德问题，才能有效地管理道德风险和道德机会。

幸运的是，对董事会和高级管理层来说，会计的一个分支——法务会计已经发展起来，它利用专门的调查技术来侦查金融犯罪，评估犯罪和纠纷中涉及的损失，并向法庭解释金融犯罪和纠纷。法务会计师现在既可以从事咨询工作，也可以在公司、警察部门或政府的反欺诈小组长期工作。如果将法务会计纳入内部审计小组、风险管理小组、监管机构或世界组织（如联合国或世界银行），他们的专业知识将会起到非常大的作用，因为这些组织需要确保它们分配的资源能惠及预期的受害者。

法务会计师通过大学课程学习专业知识，如法务会计[①]或鉴证与欺诈检验课程[②]。除毕业证书[③]外，也有一些组织提供法务会计专业知识能力认证，如金融取证认证（CFF）[④] 或注册舞弊审查师（CFE）[⑤]。四大职业会计师事务所和其他众多小会计师事务所会提供法务会计专业知识服务，也存在许多专业的一流法务会计师事务所。

由于金融犯罪的种类较多、发生率较高、影响较大，法务会计领域受到的关注日益增加。法务会计师已经成为金融犯罪调查、损失量化、专利侵权、业务估值、腐败和采购欺诈、风险管理和合规、反洗钱、举报、网络安全、数字取证和取证数据分析等领域的专家。成功的法务会计师需要高度的质疑精神、正直的品格、良好的沟通能力以及透过现象看本质的能力。同时他们还需要学会享受不断破解新谜题的乐趣。

贿赂与国际业务

当公司在其国际市场开展业务时，必须重新考虑如下几方面的员工日常指引：

- 他们的日常经营活动将如何影响当地的经济和文化；

- 国外习俗不同，像普遍的送礼甚至贿赂等是否应该被认可或禁止；

- 国内利益相关者，特别是主要利益相关者，包括主要客户和资本市场对这些变化的反应。

对当地经济和文化的影响

跨国公司可能会对当地文化产生重大影响，这在美国是十分罕见的。它们必须谨慎经营以免在以下方面对当地造成不利影响：

- 劳动力市场：工资率和供应情况；

- 原材料和其他要素市场；

---

① 多伦多大学（University of Toronto）。
② 西弗吉尼亚大学（University of West Virginia）。
③ 西弗吉尼亚大学。
④ 美国注册会计师协会。
⑤ 注册舞弊审查师协会（Association of Certified Fraud Examiners，ACFE）。

- 政治和法律程序；
- 宗教和社会习俗。

例如，如果一个跨国公司无视当地的宗教和/或社会习俗，公司及其员工可能会被控告文化入侵，同时可能难以在后续的经营活动中开展合作。同样，公司由于规模较大，可能会在当地占据主导地位，进而无意中对地方政府、法院或选举产生重大影响，这也可能在某个时候突然产生负面作用。

国内外文化冲突

如果企业主要利益相关者的价值观与国外当地利益相关者的价值观不同，可能会导致问题变得非常棘手。近年来媒体所注意到的不同之处存在于以下几个方面：

- 允许贿赂；
- 雇用童工；
- 使用奴隶劳动；
- 不健康的劳动环境；
- 女性的待遇；
- 在经营地支持专制政权；
- 缺乏结社自由；
- 尊重环境；
- 主动而不是回避与家庭成员打交道。

通常，企业选择在一个国家开展业务，只是因为它想要获得廉价劳动力、更低的环境保护成本或更少的政府的繁文缛节，并且企业是在当地政府的激励手段下受邀前来的。既然如此，当商人们发现这些机会时，他们为什么要为利用这些机会而感到担心呢？原因在于利益相关者期望并要求公司承担起新的更广泛的全球责任。简而言之，有影响力的利益相关者群体让企业在世界所有地方都遵循它们的价值观，保护它们的价值观不被冒犯。示例如下：

- 抵制在恶劣的劳动环境中生产的服装：
  - 正如2013年孟加拉国拉纳广场服装厂的倒闭所凸显的那样。
  - 耐克、锐步（Reebok）、阿迪达斯等鞋类制造商。
- 壳牌公司企图将布伦特·斯帕尔钻井平台在北海凿沉，以及欧洲对壳牌产品的抵制。
- 全世界抵制雀巢公司的产品，因为它向南非的母亲们销售婴儿奶粉，这些母亲用污水冲奶粉，伤害了她们的婴儿。
- 北美的激进投资者因许多矿业公司在某些地方的环境保护措施不力而对它们进行追究；
- 抵制在亚马孙雨林被砍伐的土地上养殖食用牛。

此外，国外政客还对引发博帕尔事件等环境和个人灾难的公司提起诉讼，而正是这些政客邀请了这些公司，甚至恳求它们留在不利的环境中。美国国内司法管辖区也有类似的诉讼案件，投资者和/或外国人声称由于管理层疏忽大意，没有在违规公司股票进行交易前及时提醒交易者由安全措施减少导致的风险增加。虽然看起来有些顾客想要便宜的商品，有些投资者喜欢高额利润，但总有一些人关注商品的生产过程并愿意为之提起诉讼。

公司应该意识到，比审判成本更重要的是时间损失、罚款和法律费用，对其声誉的损害通常是它们遭受的最严重的影响。失去声誉的影响可能短期内不会显现，但一定会导致未来收入的巨大损失。

最后，外部环境会认为国内雇员的工作毫无价值，这会影响员工工作的积极性，员工高质量、高效率的工作愿景可能也会受到巨大的冲击。

贿赂和疏通费

跨国公司在进行国际经营时很可能会被要求支付疏通费或进行贿赂。疏通费通常是象征性的，只是为了促进迟早会产生的结果的出现。例如，进口商向海关官员支付一笔小额款项，以促进货物的流通，这通常不会提供竞争优势。而贿赂的金额比疏通费高得多，它是为了获得竞争优势而支付的，没有这种优势，预期的结果就不会产生。两笔费用都意在影响结果，但一些观察人士认为，疏通费比贿赂的道德后果更轻。其他人则不这么认为。

💡 洛克希德公司行贿催生了美国的《反海外腐败法》

1976 年，美国参议院的一个委员会决定，洛克希德公司为保证顺利购买飞机向不同政府官员共支付了数百万美元。其中包括：在日本购买 F-104 战斗机和 L-1011 客机，在西德购买 F-104 战斗机，在意大利购买 C-130 运输机，在荷兰购买 F-104 战斗机。该公司还向军火商支付了 1.06 亿美元的佣金，以确保将飞机出售给沙特阿拉伯。由此引发的公众抗议和调查催生了 1977 年的美国《反海外腐败法》，该法禁止对外国官员的行贿行为。

大多数商界领袖明白，向政府官员行贿是违反当地法律的。但与此同时，他们也知道，在一些地区，贿赂已经成为做生意的正常方式，法律很少甚至几乎不发生作用。

然而，这种懈怠的执法制度正在发生改变。由于跨国集团透明国际的鼓动，美国和其他主要经合组织[①]成员方决定同意签署经合组织的《反贿赂公约》[②]，每个签约国会在 1998 年年底和 1999 年年初制定与《反海外腐败法》类似的法律。一旦国际机制到位，如果一家公司怀疑其国外竞争对手向第三国官员行贿，该公司可以通过本国法律体系追究违规公司。例如，一家美国公司，怀疑一家德国公司贿赂南美国家的官员，就可以采用美国的法律体系进行追

---

① http://www.oecd.org.

② OECD Convention on Combating Bribery of Foreign Public Officials in International Business Transactions，http://www.oecd.org/daf/anti-bribery/oecdantibriberyconvention.htm.

究。反过来，美国法律机关将与德国当局接触，德国当局将会搜索该德国公司的记录作为必须在法庭上提出的呈堂证供。这一举措将使向外国政府官员行贿的风险大大增加。这与之前的情况大不相同，例如，德国认为在国外的贿赂是合乎道德和免税的，而在国内的贿赂则是不道德和违法的。

截至 2018 年 5 月，已有 44 个国家①通过了《反贿赂公约》，并立法规定向外国政府官员行贿为违法行为。在美国，《反海外腐败法》之所以广为人知，是因为它自 1977 年以来就一直存在，由洛克希德公司贿赂丑闻催生。《反海外腐败法》由美国证券交易委员会执行。该法的处罚手段越来越严厉，譬如在戴姆勒公司事件和西门子公司事件中对责任方都采取了罚款和监禁并行的处罚。然而，仍有许多商人不知道其他国家也制定并执行了几乎完全相同的法律。

更重要的是，自 2010 年以来，《反海外腐败法》的执行范围已经从美国拓展至全世界。2010 年，英国政府也在更大范围内效仿美国，通过了《反贿赂法》。英国《反贿赂法》适用于英国的所有公司以及非营利组织（即使总部不在英国），该法不仅针对对政府官员的行贿案件，还适用于对商业人士的行贿案件，处罚行贿的公司或个人以及未能充分防范、收受贿赂的公司。此外，美国《反海外腐败法》对疏通费的规定不适用于英国《反贿赂法》，尽管合理的支出（需要持续的审查和解释）显然不会引发指控。最后，英国《反贿赂法》规定了不限额罚款和长达 10 年的监禁。其结果是，那些在世界各地的商业交易中行贿的企业高管和腐败的政府官员现在正面临高额的罚款和长久的监禁。甚至连加拿大也开始起诉这些公司。简而言之，公司、非营利组织及其高管现在正面临一种全新的、更严格的反贿赂制度。

图 7-8 汇总了反贿赂的发展历程，并标注了洛克希德、戴姆勒和尼科资源（Niko Resources）等的案例。

> ### 💡 尼科资源——加拿大第一起重大贿赂起诉
>
> 2011 年 6 月，尼科资源承认向孟加拉国政府的一名官员行贿，赠予他一辆价值 19 万美元的汽车，以及免费旅游等其他好处，以换取对存在缺陷和疏忽的钻井作业（这些作业导致了不安全的环境和爆炸）处以较低的罚款。该公司同意为该行贿支付 950 万美元的罚款。这是加拿大自《外国公职人员腐败法》颁布后的第二起案件。第一起案件是海德鲁·克林集团（Hydro Kleen Group Inc.）管理人员向一名美国海关检查员行贿 28 299 美元。海德鲁·克林集团在 2005 年被罚款 2.5 万美元。

---

① OECD Anti-Bribery Convention，Ratification Status as of May 2018，http://www.oecd.org/daf/anti-bribery/WG-BRatificationStatus.pdf.

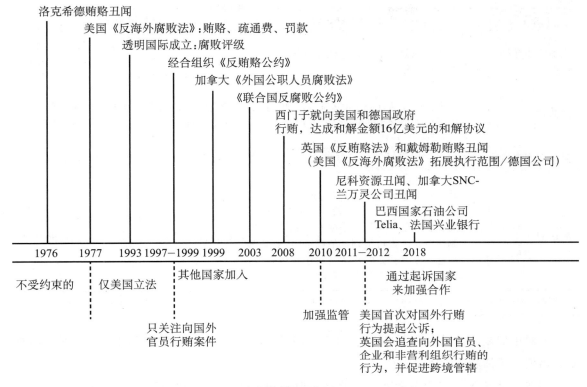

图 7-8 反贿赂的发展历程 (1975—2019 年)

表 7-12 比较了美国的《反海外腐败法》和英国的《反贿赂法》。

表 7-12 美国《反海外腐败法》与英国《反贿赂法》比较

条款	《反海外腐败法》	《反贿赂法》
行贿对象	只禁止向"外国官员"支付或提供贿赂（"任何有价值的东西"）	禁止向任何人行贿以诱使他们"不当"行事（不仅限于外国官员）
所获利益的本质	行贿必须是"为了获得或保留业务"	重点是不正当行为，而不是商业关联（公司的严格责任除外）
"主动犯罪"和"被动犯罪"	只禁止行贿，不禁止受贿	界定了两种犯罪：行贿罪（主动犯罪）和受贿罪（被动犯罪）
公司的严格责任	严格责任只适用于上市公司的会计规定（未能维持足够的内部控制系统）	为商业组织未能阻止贿赂行为设立了一种新的严格责任的公司罪（抗辩理由是有防止贿赂的"适当程序"）
管辖范围	美国公司和在美国证券交易所上市的外国公司，美国公民或任何在美国工作的人	英国公民或常居英国的个人，以及在英国建立或在英国开展业务的组织
业务推广支出	允许积极抗辩，与业务推广或合同履行直接相关的支出，可被认定为合理、善意的支出	没有类似的辩护（但可以论证这样的支出不是"不正当的"，因此不违反《反贿赂法》）

续表

条款	《反海外腐败法》	《反贿赂法》
当地法律允许的情况	如果支出是合法的，将依据外国法律/法规积极抗辩	在外国成文法允许的情况下，不得违反本法（仅适用于贿赂外国公职人员的情况；否则，需要单独考虑）
疏通费	只允许向外国官员支付疏通费以加速或确保采取常规（无酌情决定权）政府行动	没有疏通费的例外情况，尽管指导方针可能会规定小额支付不太可能被起诉
民事和刑事执法	美国司法部和证券交易委员会都可以提起民事和刑事诉讼	仅由英国严重欺诈办公室进行刑事执法
潜在的处罚	贿赂：对个人而言，可判处最高 5 年监禁和最高 25 万美元罚款；对于企业，最高罚款 200 万美元。账簿和记录/内部控制违规：个人可被判处最高 20 年监禁和高达 500 万美元的罚款；对于实体企业，罚款最高可达 2 500 万美元	对个人，最高可判处 10 年监禁，并可处以无限额罚款；对于企业，可能判处无限额罚款

资料来源：http://www.transparency-usa.org/documents/FCPAvsBriberyAct.pdf. Reprinted with permission from Transparency International-USA.

　　面对更加复杂、风险更高的环境，企业需要将反贿赂风险识别和管理技术纳入其战略规划、培训、评估和激励体系。

　　当然，从纯粹的道德角度来看，贿赂和腐败也是不好的。它们可能对发展产生毁灭性影响，并对那些无法受益或不得不行贿的人造成不公正的结果。它们也损害了声誉，例如加拿大大型工程咨询公司 Acres[①]，该公司在莱索托被判犯有行贿罪。尽管 Acres 否认有罪，但它实际上还是受到影响被迫停业了。SNC－兰万灵被判定在利比亚行贿，导致它几乎失去了与加拿大政府签订合同的竞标权。2013 年 4 月，世界银行声明"一个 SNC－兰万灵的子公司在 10 年内不得竞标世界银行的项目，原因是其在孟加拉国和柬埔寨的项目中存在不正当行为"[②]。有趣的是，在 2019 年年初，加拿大总理特鲁多（Trudeau）和他的幕僚长试图说服司法部长安排 SNC－兰万灵接受一份暂缓起诉协议（例如，罚款），而不是被禁止在 10 年内与加拿大政府签订合同。尽管这一干预旨在维持公司的正常经营，但特鲁多也因此失去了很大一部分公众和两名离职内阁部长的支持，这可能导致特鲁多所在的自由党在 2019 年 10 月的加拿大议会选举中失去众多选票。[③] 最近遭受声誉打击的公司以戴姆勒和西门子为例。

　　2012 年以来，在调查和诉讼数据共享方面的国家间合作势头强劲。根据安理国际律师事

---

　　① "Corruption in Lesotho：Small Place，Big Wave，" *The Economist*，September 19，2002，accessed November 24，2013，at http://www.economist.com/node/1338833.

　　② "SNC-Lavalin Face Charges of Fraud and Corruption in Libyan Business Dealings，" CTV News Montreal，February 19，2015，accessed June 13，2016，at http://montreal.ctvnews.ca/snc-lavalin-face-charges-of-fraud-and-corruption-in-libyan-business-dealings-1.2243475.

　　③ Nicolas Van Praet and Andrew Willis，"Justice，Jobs and SNC-Lavalin，" *The Globe and Mail*，March 2，2019，B6，B7，https://www.theglobeandmail.com/business/article-justice-jobs-and-snc-lavalin-how-much-does-the-engineering-giant.

务所（Allen & Overy）的数据①，以下是 2018 年其他国家参与的根据美国《反海外腐败法》起诉并达成和解的案例：

- 巴西国家石油公司——向美国和巴西政府支付 17 亿美元；
- Telia——支付给美国、荷兰和瑞典当局 9.65 亿美元；
- 法国兴业银行——向美国和法国当局支付了 5.85 亿美元。

同一份报告还指出，2018 年美国证券交易委员会收到的举报人的举报增加了"创纪录的数量，包括来自 72 个国家的 5 200 份举报。自 2012 财年以来，举报的数量增加了 76%。自 2016 年以来，依据《反海外腐败法》举报的数量一直稳定在每年 200 起以上"②。根据这些数字可以推测，对贿赂和腐败的起诉很可能会继续增加。

与其让员工自己决定什么时候付款合适，公司不如制定一个关于不允许贿赂的政策，并规定疏通费的给付条件。例如，仅仅说不允许行贿可能是不够的；重要的是为员工提供指导，告诉他们如果碰上行贿该怎么做。如果一家公司允许疏通费的存在，它就需要有非常严格和明确的支付政策。应当对付款进行定义，制定限制和审批程序，并在账户中妥善记录。

应当明确的是，协助付款或贿赂是有问题的，除了违法以外，还包括以下几点：

- 增加经营、商品或服务的成本。
- 破坏在一个国家或公司内择优采购的做法。
- 被利益相关者群体发现而带来负面后果的风险。
- 行贿后无法强制履行合同或无法获得合同。
- 无法评估销售队伍的有效性。
- 向公司其他部门的员工表明，无论公司的行为准则是什么，贿赂都是允许的。
- 向在其他地方寻求贿赂的人表明，如果他们要求贿赂，贿赂是可能的。
- 如果贿赂被曝光，可能会给当地雇员和外籍人员带来风险。
- 政权更迭尤其是革命可能使过去的行为被揭露，并给公司和当地员工带来严重后果。
- 破坏内部控制。（通常，贿赂无法追踪（如，经常通过现金进行），管理层无法确切知道真正的受益人是否如报告所述。事实上，受贿人可能是该公司的一名员工，他假装需要向外部人员行贿来隐藏自己的受贿事实。）

一些跨国公司在禁止行贿、支付疏通费后仍能在有关国家盈利。但另一些公司声称它们的生意输给了没有类似顾虑的公司。小公司由于经济实力和影响力较弱，抗压能力也相对较低。经合组织的公约和其他由此产生的立法有助于公司公平竞争，但这对小公司有多大帮助还有待观察。

在一些国家，特别是东南亚和日本，送礼具有悠久的传统，它有助于建立长期关系，促进商业交易。在这种情况下，公司最好制定一项宽松的政策，要求员工咨询公司道德专员，

---

① Allen & Overy, *Anti-Bribery and Corruption Year in Review*：*2018*，January 2019，p. 6，http://www.allen-overy. com/SiteCollectionDocuments/Anti-Bribery%20and%20Corruption%20Year%20in%20Review%202018.pdf.

② Ibid.，p. 7.

确保员工在不违反国内外法律的情况下遵守企业的文化规范。送礼可能包括像 iPad 这样的东西，但肯定不会昂贵到诸如一辆奔驰。

这是一个很好的例子，说明商业问题已经恶化为道德问题甚至法律问题。但这仍然是一个道德问题。当一家公司被要求行贿时，就需要在公司行为准则、商业政策和惯例中考虑这个道德问题。政策必须明确且毫不含糊，特别是针对某领域决策制定者的政策。如果忽视这个问题，甚至采取措施隐瞒高风险国家当地发生的事情，管理人员必然会陷入困境。特别是，雇用代理人处理海外业务并不能使管理层摆脱困境。他们负责向代理人提供不行贿的适当指示，并监管他们的支出，以警惕那些可能表明发生行贿的支出。詹姆斯·米克洛茨（James Miklotz）写的《看不见就没有防御》就提出了这个问题。① 其他一些文章提供了关于礼物和贿赂之间微妙区别的有用信息，例如马修·麦克利恩（Matthew McClearn）的《2011 年里什么是贿赂？》② 和格雷格·麦克阿瑟（Greg McArthur）的《送给侯赛因先生的礼物》。③

在世界上高风险地区运营的公司的董事会、审计委员会和管理层希望其审计师注意并在审计中考虑非法贿赂的相关风险。④

💡 戴姆勒-克莱斯勒受制于美国反贿赂法律

第一起违反《反海外腐败法》的国外贿赂案涉及德国汽车公司戴姆勒-克莱斯勒。尽管德国在 1999 年就规定贿赂外国官员为非法行为，但在 2001 年，戴维·巴泽塔（David Bazzetta）通过德国斯图加特的一家公司的审计执行委员会了解到，戴姆勒-克莱斯勒的子公司仍在继续这样做，甚至还在密谋继续这样做。由于该公司在美国募集资金，它在美国证券交易委员会注册过，因此受到《反海外腐败法》的监管。巴泽塔可以根据《反海外腐败法》进行举报，这导致了 2010 年 4 月初在美国对德国和俄罗斯的业务单位行贿行为的指控，以及未能按照《反海外腐败法》的要求维护账簿和记录、进行内部控制的有罪抗辩。对检举人指控的调查只集中在 51 宗交易上，但发现戴姆勒-克莱斯勒在 22 个国家都有贿赂行为。戴姆勒-克莱斯勒在 2010 年向美国证券交易委员会支付 9 140 万美元的返还利润，并向美国司法部支付 9 360 万美元以了结在美国境外行贿总计 1.85 亿美元的相关刑事指控。

禁止送礼、贿赂或疏通费中的显著文化冲突

正如前面提到的，在东南亚和日本等地，送礼具有悠久的传统，主要目的是培养长期关

① James Miklotz, "Not Seeing Is No Defence," *CAmagazine*, October 2006, http://www.camagazine.com/3/3/9/9/2/index1.shtml.

② Matthew McClearn, "What Is a Bribe in 2011?," *Canadian Business*, October 19, 2011, and November 7, 2011, http://www.canadianbusiness.com/article/51851--what-is-a-bribe-in-2011.

③ Greg McArthur, "A Gift for Mr. Hossain," *Report on Business*, September 2011 [Niko Resources bribery], https://secure.globeadvisor.com/servlet/ArticleNews/story/gam/20110826/ROBMAG_SEPT2011_P38_39_40_41_42_43_44.

④ 这是加拿大、美国和国际审计标准的要求。

系，促进商业交易。此外，人们普遍认为，除非向官员付款，否则公司无法在某些国家开展业务。因此，有人说，如果一个公司想要在某些市场开展业务，贿赂或支付疏通费是必要的。然而，事实上，一些公司已经发现，它们能够凭借优质的产品或服务而非行贿或支付疏通费开展业务。艾利斯·查尔默斯（Allis Chalmers）和花旗银行就是这样的公司。

道德想象力

在其他公司，经理们使用他们的道德想象力去设计备选方案，这些备选方案既满足当地文化的需要，同时符合北美可接受的行为规范。一名经理拒绝向一个潜在经营城市的官员行贿，原因是公司政策有相关规定。在官员们一再坚持的情况下，这位经理寻求并获得了公司的批准，以便在当地的一个公园里建立一个社区中心，为老年人提供服务。这符合当地的文化价值观，也符合公司在当地的社区支持政策。它与贿赂的区别在于，没有为了私人利益而向个人付钱，所有的支付都是公开而不是秘密进行的。

洗钱

贿赂是一种试图让决策者放弃对雇主的责任，转而支持期望从中受益的第三方的行为。有时贿赂被用来让银行和其他金融机构的员工参与非法洗钱计划，这些计划设计将财富从软通货转移到硬通货上，或者将犯罪获得的财富转移到银行账户等可用于合法目的的渠道，如经济稳定的时候购买房地产。有时，银行雇员会因受到对其个人或家庭成员的威胁而被迫合作。为洗钱提供便利而被抓到现行的银行会面临巨额罚款，因此银行治理机制正在不断完善，以防止串通犯罪。基本的治理政策，比如了解你的客户是谁、仔细审查和/或向监管机构报告超过 10 000 美元的可疑交易，对于银行避开洗钱的陷阱是必不可少的。

对于洗钱的工作原理，包括放置、分层和集成的阶段，以及诸如拆分洗钱等技术，网上有一些描述文章，如茱莉亚·莱顿（Julia Layton）和奥辛·库兰（Oisin Curran）所写的文章。[①] 洗钱是一种普遍、持续的犯罪行为，因此，反洗钱专业知识的需求量很大，这就是为什么它是专业法务会计师培训的一个组成部分。

国外业务的道德实践指南

有两位作者对在外国经营的道德规范进行了广泛的研究，并就这个问题撰写了优秀的图书。汤姆·唐纳森（Tom Donaldson）和理查德·德·乔治（Richard T. De George）都为跨国经营的公司提出了有用的指导方针。

唐纳森[②]认为，在外国文化中经营的跨国公司及其代理人应当采用保护下列基本权利的最起码的行为标准：

- 身体运动自由；
- 财产的所有权；

---

① Julia Layton and Oisin Curran, "How Money Laundering Works," *How Stuff Works*, https://money.howstuffworks.com/money-laundering1.htm.

② Tom Donaldson, *The Ethics of International Business* (Oxford：Oxford University Press, 1989)，81.

- 免于酷刑；

- 公正的审判；

- 一视同仁的待遇；

- 身体安全；

- 言论和结社自由；

- 最低教育保证；

- 政治参与；

- 生存。

他说，保护这些基本权利将保护一家公司的道德权利。① 这是一种影响声誉的状况，现在人们认为声誉对持续成功的影响远比法律权利重要。

乔治②提出了七项实用的、以行动为导向的原则来指导跨国公司的活动，这将有助于为"评估和应对不道德行为的指控"提供一个健全的基础。③ 这些原则包括：

1. 不故意造成直接伤害。

2. 对东道国来说利大于弊。

3. 通过它们的活动为东道国的发展做出贡献。

4. 尊重员工的个人权利。

5. 只要当地文化不违反道德规范，就应尊重该文化并与之合作，而不是与之对抗。

6. 缴纳它们应缴的税款。

7. 在制定和执行公正的背景制度方面与当地政府合作。

一些组织也制定了道德原则或准则，供跨国公司在制定适当政策和采取行动时使用，包括：

- UNGC（2011 年更新）——与人权、劳工、环境和反腐败有关的十项原则：http://www. unglobalcompact. org/AboutTheGC/TheTenPrinciples/index. html。

- 考克斯圆桌会议商业原则（2010 年更新）——关注尊重利益相关者的权利和法律，以及在法律条文和几项相关的利益相关者管理指南之外建立信任的七项原则：http://www. cauxroundtable. org/index. cfm?menuid＝8。

- 《经合组织跨国企业准则》（2008 年）——经合组织成员方针对跨国公司的一套政策、披露和实施的指南，涵盖利益相关者权利、良好治理，以及对当地文化和政府的支持：http://www. oecd. org/dataoecd/56/36/1922428. pdf。

- 国际劳工组织——1997 年创立的一套保护工人权利的基本原则：http://actrav. itcilo.

---

① Tom Donaldson, *The Ethics of International Business* (Oxford: Oxford University Press, 1989), 62.

② Richard T. De George, *Competing with Integrity in International Business* (Oxford: Oxford University Press, 1993), 45－56.

③ Weber Shandwick, "Crisis Management Is Number One Success Factor for Global Chief Communications Officers, According to Annual Survey," press release, June 26, 2012, http://www. webershandwick. com/news/article/crisis-management-is-number-one-success-factor-for-global-chief-communicati.

org/actrav-english/telearn/global/ilo/guide/main. htm。

蒂莫·赫罗尔德（Timo Herold）和克里斯托弗·施特尔（Christopher Stehr）综合这些框架①，制定了一系列企业行为准则的超规范来指导跨国公司。他们首先考虑的是，正确的观点应该是本土文化优先（种族中心主义观点）还是当地文化优先（相对主义观点），或者行为是否应该在所有文化中普遍存在。他们总结出了一系列的超规范，涵盖了公司对员工、客户、供应商、环境和社会的责任。

在行动之前进行咨询

一个组织最好拥有统一且严格的道德文化的认知可能是不正确的。研究（Dunn，2006；Dunn and Shome，2009）表明，文化差异导致不同国家或地区的商科学生在面对可疑的会计和商业情况时，对采取适当的行动持有不同的态度。让员工去思考如何应对在国际运营中遇到的各种文化是一个高风险的策略。所有开展国际业务的组织都应使其雇员对文化差异保持敏感，并使他们了解本组织希望他们如何处理可能出现的重大问题。至少，应该有一个与国内总部高管协商的渠道，并清楚地了解何时使用该渠道。

危机管理

在当前的商业环境中，危机无处不在，具有巨大的破坏性，经常破坏或创造公司及其高级管理人员的声誉和财富。根据 2012 年对全球首席沟通官的年度调查，超过 70％ 的人表示，他们的公司在过去两年经历了声誉受到威胁的情况，而危机管理是全球首席沟通官成功的首要因素。②

在普华永道 2019 年全球危机调查中③，接受调查的来自 43 个国家 25 个行业的 2 084 名高管中，有 69％ 表示，他们在过去 5 年至少经历过一次危机。图 7-9 对所分析的 4 515 次危机进行了分类。

普华永道的调查继续指出了哪些危机是最具破坏性的以及哪些危机在未来最令人担忧，如图 7-10 所示。

危机有可能对公司及其管理人员的声誉、公司达成其目标的能力和公司生存能力产生非常重大的影响。④ 因为"对于处理危机的公司来说，危机会带来很高的成本——大多数 CEO（74％）会花时间解决危机。并且 CEO 需要大约 15 个月的时间才能解决危机，而这样的危机会引发一系列其他问题，比如更多的媒体审查（60％）、更多的政府审查（51％）和员工士气

---

① Weber Shandwick, "Crisis Management Is Number One Success Factor for Global Chief Communications Officers, According to Annual Survey," press release, June 26, 2012, http://www. webershandwick. com/news/article/crisis-management-is-number-one-success-factor-for-global-chief-communicati.

② Ibid. , 45.

③ *PwC's Global Crisis Survey 2019*：*Crisis Preparedness as the Next Competitive Advantage*：*Learning from 4 500 Crises*, accessed November 1, 2019, at http://www. pwc. com/globalcrisissurvey.

④ Timo Herald and Christopher Stehr, "Developing Hypernorms for Corporate Codes of Ethics," *Journal of Global Strategic Management* 7 (June 2010), http://www. isma. info/dosyalar/100-111_developing_hypernorms_for__corporate_codes_of_ethics. pdf.

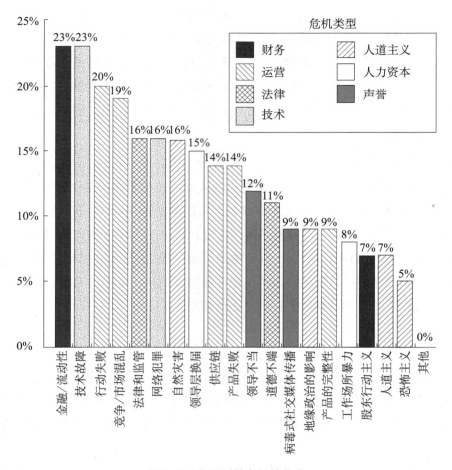

图7-9 经历过的危机的分类

资料来源：*PwC's Global Crisis Survey 2019*：*Crisis Preparedness as the Next Competitive Advantage*：*Learning from 4 500 Crises*，p. 6，http://www.pwc.com/globalcrisissurvey.

下降（42%）"①。因此，高管们已经认识到，危机是要避免的，而且，即使无法避免危机，也必须对危机进行管理，以将危害降至最低。董事们已经认识到，危机评估、计划和管理必须是现代风险管理程序的一部分。

不幸的是，危机的紧迫性引起了人们对生存的关注，且道德上的细微差别在很大程度上被遗忘了。根据勒宾杰（Lerbinger）的说法，危机"是一种事件，它会或可能会使一个组织名誉扫地，危及其未来的盈利能力和发展，甚至危及其生存"②。有效管理这类事件需要尽量减少所有有害影响。在现实中，危机驱动的反应很少能够达到这一目标，除非事先的计划是广泛的并且是源于对包括维护基于道德行为的声誉的重要性在内的危机管理技术的良好理解。

---

① O. Lerbinger，*The Crisis Manager*：*Facing Risk and Responsibility*（Mahwah，NJ：Lawrence Erlbaum Associates，1997），4.

② Ibid.

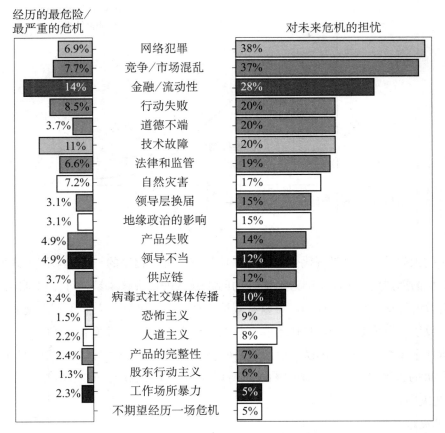

图 7 - 10　经历的最危险/最严重的危机

资料来源：*PwC's Global Crisis Survey 2019：Crisis Preparedness as the Next Competitive Advantage：Learning from 4 500 Crises*，p. 7，http://www. pwc. com/globalcrisissurvey.

　　如果道德行为在企业的正常活动中被认为是非常重要的，那么在危机情况下道德考虑应该更重要，因为危机解决决策通常决定着企业未来的声誉。不仅危机决策是对声誉的潜在影响中最重要的因素之一，而且如果道德行为不是危机管理过程的一个明确部分，机会也可能会失去。例如，如果员工对利益相关者的需求具有道德敏感性，危机的避免可能会更容易；如果期望员工有道德行为，危机持续的时间可能会缩短；如果公众希望根据过去的企业行为评估公司道德绩效，对声誉的损害可能会最小化。此外，道德关怀在企业文化中所培育的信任将确保没有信息或选择被压制或者不送达决策者。最后，对道德原则的持续关注应该确保对重要问题的识别和最佳选择的讨论，以便为公司产生最佳决策。

　　正确管理危机的基础是理解危机的四个阶段：危机前、失控、控制和声誉恢复。图 7 - 11 概示了这些情况。危机管理的主要目标应该是避免危机。如果这是不可能的，那么应该将危机的影响最小化。这可以通过预测危机或尽快识别早期预警信号并响应来实现，以减轻或最小化影响并缩短危机失控的时间。要实现这些目标，最好的办法是适当的预先计划、持续的监测和危机期间迅速有效的决策。图 7 - 11 显示了两条成本曲线，其中较低的一条反映了早期控制所带来的好处，从而最大限度地减少了总成本和对声誉的持续损害。

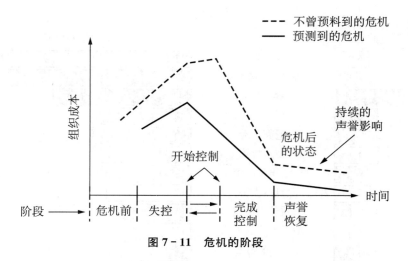

图7-11 危机的阶段

对危机的预先计划应该是现代企业风险评估和应急管理程序的一部分，因为人们越来越认识到意外危机的潜在负面影响。通过对潜在的问题领域进行头脑风暴，对已识别的问题进行评估，并为有效的行动制订应急计划，可以有效地实现目标。另外，人们识别出现的危险信号或预警指标，以便尽早采取行动，将成本降至最低。现在，预先计划通常包括确定高层管理人员和关注危机的企业级危机管理团队，以及通知公众、员工、政府和媒体其危机沟通计划。

识别危机的头脑风暴过程应解决勒宾杰所识别的七种可能产生的问题①：

1. 自然灾害；

2. 技术灾难；

3. 会导致冲突的个人、群体和公司之间期望的差异；

4. 恐怖分子、极端分子、政府和个人的恶意行为；

5. 不符合环境和社会要求及义务的管理价值观；

6. 管理欺骗；

7. 管理不当行为。

一旦危机发生，有效地管理危机对实现危机管理目标至关重要。迅速识别和评估危机有助于有效地影响结果。一场危机的关键特征之一是，如果不采取行动它就会恶化②，因此，在识别和采取行动方面的拖延可能造成严重后果。

准备充分的公司应该开展危机意识、识别和管理的内部培训，许多公司还使用外部合同培训师和模拟演练。德勤③和普华永道④的出版物还提供了更多关于成功实践的见解，这些成

① O. Lerbinger，*The Crisis Manager*：*Facing Risk and Responsibility*（Mahwah，NJ：Lawrence Erlbaum Associates，1997），10 – 14.

② C. F. Hermann，"Some Consequences of Crisis Which Limit the Viability of Organizations," *Administrative Sciences Quarterly* 8，no. 1（1963）：62 – 82.

③ Dent，Peter，Rhoda Woo，and Rick Cudworth，*Stronger，Fitter，Better. Crisis Management for the Resilient Enterprise*（survey and report）. *Deloitte Insights*，2018，https：//www2. deloitte. com/content/dam/insights/us/articles/GLOB305 _ Crisis-management-survey/DI _ Crisis-Management-Survey. pdf.

④ *PwC's Global Crisis Survey 2019.*

功实践可以使企业在危机后变得更加强大。

一心一意地关注危机，避开让决策者感到困惑的其他问题，将会导致更好的决策，就像在应急基础上制订计划和将道德融入决策过程一样。

在评估危机和避免或尽量减少其影响期间应铭记的最重要方面之一是对本组织声誉的直接和持续影响。组织对危机的反应将影响利益相关者对其诚信、责任、可靠性和可信度的感知，决策者可以选择让所有利益相关者受益并且经常提升组织的声誉资本或缩短衰退期。

道德可以从许多方面融入危机管理的决策过程。表 7 - 13 列出了涉及预防和警告、分析方法、决策本身和有关道德意图的沟通的具体实例。

表 7 - 13　如何将道德融入危机管理

预防和警告：
- 行为准则：识别价值，采纳，强调，并使之有效
- 识别潜在的道德问题和预警指标，并预先计划响应，作为持续进行的企业风险管理和应急计划项目的一部分
- 道德上的"危险信号"或警告指标：
  - 通过培训来强调如何识别和如何处理它们
  - 将检查作为持续的企业风险管理系统的一部分
- 以宣传好榜样、颁发纸质奖章等方式进行鼓励

分析方法：
- 应用利益相关者分析框架
- 外部道德顾问
- 检查表或在特定时间进行思考：
  - 道德问题、选择和机会

决策本身：
- 道德/公司价值观——将其融入决策：
  - 考虑危机或其影响如何在道德上受到影响：时机、成本、缓解？
  - 具体考虑如何强化组织的声誉驱动因素，包括可信度、责任感、可靠性和可依赖度
  - 特定的道德传播目标
  - 分配道德监督员的责任
  - 使用带有特定道德目标的清单或模板
  - 应用前文讨论的道德想象力

有关道德意图的沟通：
- 媒体、员工、客户、政府、公众和其他利益相关者

道德在危机恢复阶段的沟通方面也可能是有帮助的。随着社交媒体的使用变得越来越普遍，它可以为企业提供一种非常快速且准确的方式，去直接与利益相关者沟通，而不是通过会歪曲信息的媒体来进行沟通。然而，一个以不道德活动和误导性传播而闻名的公司不能认为其社交媒体的使用不会立即受到怀疑论者的挑战。毕竟，声誉将根据企业赖以生存的潜在道德价值来评判，而社交媒体无论好坏都可以将这些道德价值置于聚光灯下。

7.6　结　论

现代企业和其他组织之所以能够成功，是因为它们创造、维持或提升了其价值。最终，

成功取决于它们得到利益相关者的支持，而这也取决于它们展现出的对利益相关者期望的尊重。因此，适当或合乎道德的行为受到利益相关者期望的限制，应注意提供指导和其他方式以鼓励员工"做正确的事"。

在这个利益相关者问责制的新时代，组织应该很好地遵守这六个超规范：诚实、公平、同情、正直、可预测性和责任感。这些价值观应该纳入治理、风险管理、战略、运营、道德决策制定、披露和危机管理中。声誉和成功取决于你是董事、高管还是职业会计师。

思考题

1. 如本章所述，道德风险与机会管理在哪些方面超越了传统风险管理的范围？

2. 如果一个公司的治理过程不涉及道德风险管理，该公司可能会面临什么样的不幸后果？

3. 为了履行 SAS 99 在发现舞弊方面的职责，美国外部审计师的心态将如何改变？

4. 公司向股东以外的利益相关者汇报的情况呈爆炸式增长。这是为什么？利益相关者真的能很好地利用现有的所有信息吗？

5. 企业如何利用利益相关者分析来制定战略？

6. 关于企业社会责任绩效的描述性评论有时包含在年度报告中。这是良好绩效的象征，还是仅仅是装点门面？如何才能提高这种评论的可信度？

7. 为什么企业要利用一个综合框架来考虑、管理和报告企业的社会责任表现？它们应该怎么做？

8. 职业会计师具有审计企业社会绩效报告的专业能力吗？

9. 你认为与北美员工打交道时最重要的五条道德准则是什么？

10. 信任真的很重要吗？员工难道不能为他们害怕的人有效地工作吗——或者至少在存在一些"创造性张力"的情况下？

11. 在国外经营的北美公司应该尊重遇到的每一种外国文化，还是坚持所有员工和代理人只遵循一种企业文化？

12. 在一个女性被视为次要于男性、不被允许进行合同谈判或担任公司高级职位的其他国家，一家北美公司应该怎么做？

13. "我也是"运动终于成功地让管理层和董事会认真对待女性对性骚扰的指控。为什么过了这么久才达到这个临界点？

14. 你对企业认识与《反海外腐败法》和《反贿赂法》相关的全球反贿赂执法措施有何建议？

15. 如果一家公司因 10 年前行贿而被判刑，那么该公司是应该在 10 年内被禁止参与所有政府合同或被处以罚款还是两者兼而有之？考虑对所有利益相关者群体的影响，包括现任和前任股东、现任员工及其家人、行贿的人、现任和前任董事会成员，以及可能需要支付罚款的其他国家的竞争对手。

16. 为什么道德决策应纳入危机管理?

参考文献

Albrecht, W. S. , C. C. Albrecht, and C. O. Albrecht. 2006. *Fraud Examination*. 2nd ed. Mason, OH: Thomson South-Western.

American Institute of Certified Public Accountants and the Canadian Institute of Chartered Accountants. 2001. *Managing Risk in the New Economy*. American Institute of Certified Public Accountants and the Canadian Institute of Chartered Accountants.

Berenbeim, R. E. 1999. *The Conference Board, Director, Working Group on Global Business Ethics Principles*.

Brooks, L. J. 1990. "A Partial Preliminary Report on a Survey on the Effectiveness/Compliance of Corporate Codes of Conduct in Canada." Unpublished manuscript.

———. 2000. "Codes of Conduct, Trust, Innovation, Commitment, and Productivity: A Strategic Cultural Perspective." *Global Focus* 12, no. 2: 1 - 11.

Brooks, L. J. , and D. Selley. 2008. *Ethics and Governance: Developing and Maintaining an Ethical Corporate Culture*. 3rd ed. Toronto: Canadian Centre for Ethics and Corporate Policy.

Corporate Ethics Monitor. Toronto: EthicScan Canada.

Crisis Management Survey of Fortune 1000 Companies. Conducted by the George Washington University Institute for Crisis, Disaster, and Risk Management and the Corporate Response Group.

De George, R. T. 1993. *Competing with Integrity in International Business*. New York: Oxford University Press.

Donaldson, T. 1989. *The Ethics of International Business*. New York: Oxford University Press.

———. 1996. "Values in Tension: Ethics Away from Home." *Harvard Business Review*, September - October, 48 - 62.

Dunn, P. 2006. "The Role of Culture and Accounting Education in Resolving Ethical Business Dilemmas by Chinese and Canadians." *Accounting and the Public Interest* 6, no. 1: 116 - 34.

Dunn, P. , and A. Shome. 2006. "Cultural Crossvergence and Social Desirability Bias: Ethical Evaluations by Chinese and Canadian Business Students." *Journal of Business Ethics* 85, no. 4: 527 - 43.

Fombrun, C. J. 1996. *Reputation: Realizing Value from the Corporate Image*. Boston: Harvard Business School Press.

Gellerman，S. W. 1986. "Why Good Managers Make Bad Choices. " *Harvard Business Review* 64，no. 4：85 – 90.

Global Reporting Initiative. 2013. *G4 Sustainability Reporting Guidelines*，https：// www. globalreporting . org/standards/g4/Pages/default. aspx.

Heath，Joseph. 2007. " 7 Neutralization/Rationalization Techniques. " Speech at the Centre for Ethics at the University of Toronto，April 9，2007. Later published as "Business Ethics and Moral Motivation：A Criminological Perspective，" *Journal of Business Ethics* 83 (2008)：595 – 614.

Hermann，Charles F. 1963. "Some Consequences of Crisis Which Limit the Viability of Organizations. " *Administrative Sciences Quarterly* 8，no. 1：62 – 82.

Institute of Social and Ethical Accountability. *AccountAbility*. http：//www. accountability. org. uk.

International Organization for Standardization. 2010. *ISO 26000 Guidance on Social Responsibility*. http：//www. iso. org (accessed December 31，2010).

Jones，Joanne，Dawn W. Massey，and Linda Thorne. 2003. "Auditors' Ethical Reasoning：Insights from Past Research and Implications for the Future. " *Journal of Accounting Literature* 22：45 – 103.

KPMG Forensic. 2005. *Integrity Survey 2005 – 2006*. New York：KPMG Forensic.

Lerbinger，Otto. 1997. *The Crisis Manager：Facing Risk and Responsibility*. Mahwah， NJ：Lawrence Erlbaum Associates.

Maslow，A. H. 1943. "A Theory of Human Motivation. " *Psychological Review* 50： 394 – 95. Reprinted in Deborah C. Stephens，ed. ，*The Maslow Business Reader* (New York： Wiley，2000)，3 – 4.

——. 1954. *Motivation and Personality*. New York：Harper and Row.

Michael Ramos. "Auditor's Responsibility for Fraud Detection. " 2003. *Journal of Accountancy*. January，28 – 36. Available online at http：//www. journalofaccountancy. com/issues/2003/jan/auditorsresponsibilityforfrauddetection. html.

Mitchell，R. K. ，B. R. Agle，and D. J. Wood. 1997. "Toward a Theory of Stakeholder Identification and Salience：Defining the Principle of Who and What Really Counts. " *Academy of Management Review* 22，no. 4：853 – 86.

Mitroff，I. I. ，P. Shrivastava，and F. E. Udwadia. 1987. "Effective Crisis Management. " *Academy of Management Executive* 1，no. 3：283 – 92.

Nitkin，D. ，and L. J. Brooks. 1998. "Sustainability Auditing and Reporting：The Canadian Experience. " *Journal of Business Ethics* 17：1499 – 507.

Nudell，Mayer，and Norman Antokol. 1988. *The Handbook for Effective Emergency and Crisis Management*. Lexington，MA：Lexington Books.

Paine，Lynne Sharp. 1994. "Managing for Organizational Integrity." *Harvard Business Review*，March – April，112.

Pavlo，Walter，Jr.，and N. Weinberg. 2007. *Stolen without a Gun：Confessions from Inside History's Biggest Accounting Fraud—The Collapse of MCI WorldCom*. Tampa，FL：Etika Books LLC.

Pellizzari，P. 2002. *Conscious Consumption：Corporate Social Responsibility and Canada's Grocery Giants*. Toronto：EthicScan Canada.

Rest，James R. 1979. *Development in Judging Moral Issues*. Minneapolis：University of Minnesota Press.

Roth，N. L.，T. Hunt，M. Stravropoulos，and K. Babik. 1996. "Can't We All Just Get Along：Cultural Variables in Codes of Ethics." *Public Relations Review* 22，no. 2（Summer）：151 – 61.

Rowley，T. 1997. "Moving beyond Dyadic Ties：A Network Theory of Stakeholder Influences." *Academy of Management Review* 22，no. 4：887 – 910.

"SAS 99." Official Releases column in the *Journal of Accountancy*，January 2003，105 – 20.

Sethi，S. P. 1999. "Codes of Conduct for Global Business：Prospects and Challenges of Implementation." In *Principles of Stakeholder Management*. Toronto：Clarkson Centre for Business Ethics，Rotman School of Management，University of Toronto，9 – 20.

Smith，Shawn. "Illegal Job Interview Questions." http：//www. sideroad. com/Human _ Resources/illegal-job-interview _ questions. html.

Social Accountability International. 1997. *SA8000：Guideline for Social Accountability*. New York：Social Accountability International.

"The Price of Happiness." 2006. *CAmagazine*，September，http：//www. camagazine. com/archives/print-edition/2006/sept/upfront/camagazine8265. aspx.

Tillinghast-Towers Perrin and the Institute of Internal Auditors Research Foundation. 2001. *Enterprise Risk Management：Trends and Emerging Practices*. Altamonte Springs，FL：Institute of Internal Auditors.

U. K. Bribery Act. 2010. http：//www. justice. gov. uk/publications/bribery-bill. htm.

University of Toronto. 2010. *Human Resources Guideline on Civil Conduct*. http：//www. hrandequity. utoronto. ca/Asset952. aspx?method＝1.

U. S. Securities and Exchange Commission. *Complaint，United Sates Securities and Exchange Commission v. Daimler AG*，United Sates District Court for the District of Columbia，Case：1：10-cv-00473. http：//www. sec. gov/litigation/complaints/2010/comp-pr2010-51. pdf (accessed November 26，2010).

Wartick，S. L.，and P. L. Cochran. 1985．"The Evolution of the Corporate Social Per-formance Model." *Academy of Management Review* 10，no. 4：758－69.

Wolfe，D. T.，and D. R. Hermanson. 2004．"The Fraud Diamond：Considering the Four Elements of Fraud." *The CPA Review*，December，38－42.

📚 案例讨论

哈利·波特与绿色卫队

哈利·波特对数千万读者来说是 J. K. 罗琳虚构的人物。身为好人，他是天才的学徒魔术师和崭露头角的巫师。哈利·波特和他的伙伴们在一个又一个故事和许多电影中打败了邪恶的巫师，包括：

- 《哈利·波特与魔法石》
- 《哈利·波特与密室》
- 《哈利·波特与阿兹卡班的囚徒》
- 《哈利·波特与火焰杯》
- 《哈利·波特与凤凰社》
- 《哈利·波特与混血王子》
- 《哈利·波特与死亡圣器》

但是，大多数人不知道的故事是，哈利·波特是如何对付绿色卫队并通过挥动他真正的魔杖对社会产生非常切实的影响的。

2003 年，绿色卫队——一个由环保组织和环保人士组成的团体，包括绿色和平组织和其他组织——宣布成功地让《哈利·波特》的英国出版商布鲁姆斯伯里（Bloomsbury）"使用 10％的消费后再生纸（成人版图书用的是 20％的再生纸）"印刷《哈利·波特与凤凰社》。[①] "绿色和平组织希望在市场上看到更多的使用可回收材料的图书，纸张中使用的任何原始纤维都来自管理良好的森林，并通过森林管理委员会（Forest Stewardship Council）的标准认证。"[②]

由雨岸书坊（Raincoast Books）和布鲁姆斯伯里共同出版的加拿大精装版书籍，采用 100％消费后无氯纸张印刷，从而节约了以下生态成本：

- 39 320 棵树

[①] Greenpeace UK，"Harry Potter Goes on Part Recycled Paper," July 17，2004，accessed November 20，2010，at http://www. greenpeace. org. uk/media/press-releases/harry-potter-goes-on-part-recycled-paper.

[②] Ibid.

- 64 435 801 升水（相当于 42 个奥运会规模的泳池的水）
- 854 988 千克固体废物
- 可供普通家庭使用 262 年的电力
- 相当于驾驶一辆燃油汽车 530 万千米排放的温室气体①

找到足够的再生纸并不容易，最终它来自威斯康星州。雨林联盟（Rainforest Alliance）发言人泰萨·范德科普（Tessa Vanderkop）表示：

> 使用所谓的"古代森林友好纸"（这种纸由 100％ 消费后回收的不含氯的纸和纤维制成），每本书要额外花费 3％。在哈利·波特项目上，雨岸书坊要额外花费 20 万美元。

> "我们已经在纸上完成了这一巨大的项目的第一次运行，"她在周三说道，"我们希望《哈利·波特》系列图书的高知名度能让其他出版商也参与进来。这将有助于降低价格，以便出版商更能够接受。"②

罗琳很高兴，并敦促其他出版商效仿雨岸书坊的做法。尽管如此，压力仍然存在。2005 年，绿色和平组织和国家野生动物联合会（National Wildlife Federation）呼吁抵制美国版的《哈利·波特与混血王子》，该书由学乐公司（Scholastic Inc.）出版。相反，它们鼓励人们购买百分百使用消费后回收纸张的雨岸书坊版。③

重大突破出现在 2007 年，学乐公司发布了关于《哈利·波特与死亡圣器》的公告。

> 根据与雨林联盟的协议，《哈利·波特与死亡圣器》的纸张将包含至少 30％ 消费后可回收纤维。此外，这些纸张的 2/3 将由森林管理委员会批准。在新闻声明中，学乐声称："这是一个购买 FSC 认证纸张的最大订单，用于印刷单一图书的历史性承诺。"

> 学乐还宣布，这本书将会有一个特别的豪华版，将完全使用 100％ 的再生纸印刷。④

《哈利·波特与死亡圣器》在 2007 年 7 月出版的第一天，就在美国和英国卖出了 1 100 万册。⑤ 难怪一位环境保护主义者说："如果我们有《哈利·波特》和《圣经》，那差不多就覆盖畅销书了。"⑥

---

① Greenpeace UK, "Harry Potter Goes on Part Recycled Paper," July 17, 2004, accessed November 20, 2010, at http://www. greenpeace. org. uk/media/press-releases/harry-potter-goes-on-part-recycled-paper.

② "Harry Potter Author Runs Out of Paper," *Harry Potter Daily Prophet News*, April 8, 2006, accessed November 21, 2010, at http://www. harrypotter. ca/news-detail. php?ID＝58.

③ Alisa Elizabeth King Terry, "Harry Potter and the Deathly Hallows Goes Green," *Associated Content*, March 27, 2007, accessed November 20, 2010, at http://www. associatedcontent.com/article/193973/harry_potter_and_the_deathly_hallows. html?cat＝38.

④ Ibid.

⑤ "Harry Potter Finale Sales Hit 11m," *BBC News*, July 23, 2007, accessed November 25, 2010, at http://news. bbc. co. uk/2/hi/entertainment/6912529. stm.

⑥ "Harry Potter and the Deathly Hallows Goes Green. "

【问题】

1. 如果用再生纸印刷《哈利·波特》系列图书的成本增加 3%，考虑到对《哈利·波特》系列图书的需求如此之高，即使遭到抵制，所有的书也可能售出，出版公司真的是在为股东的利益服务吗？解释原因并得出结论。

2. 使用再生纸有可能节省大量的环境成本。如果书籍以数字形式出版，节省的费用会更多吗？发行商是否应该立即转向 100% 的数字模式？为什么？

3. 对于未来 5 年将要出版的图书，你认为有什么合理的环境策略可以推荐给作者和出版商？

诺华性别歧视案

2010 年 5 月 17 日，纽约的一个联邦陪审团裁定，总部位于瑞士的制药公司诺华（Novartis）歧视女性，应向在庭审中作证的 12 名女性原告支付 337 万美元的补偿金。[1] 由于原告是代表全体 5 600 名女性进行集体诉讼，如果 2/3 的原告到纽约陈述案情，总赔偿可能达到 10 亿美元。[2]

2010 年 5 月 19 日，经过进一步的审议，陪审团裁定总额 2.5 亿美元的惩罚性赔偿，即集体诉讼所代表的 5 600 名女性每人约 4.4 万美元。[3] 这个金额是美国所有歧视案件中惩罚性赔偿最高的，相当于诺华 2009 年 95 亿美元营收的 2.6%。原告律师要求赔偿诺华公司收入的 2%~3%。[4]

根据由 5 名女性和 4 名男性组成的陪审团的说法，诺华"在雇用条款和条件方面歧视孕妇，并在薪酬和晋升方面歧视女性销售代表"[5]。审判中列举的具体歧视事例包括：

● 一名地区经理"向女性展示色情图片，并邀请她们坐在他的大腿上"[6]，该公司的律师后来表示，"他不是一个糟糕的经理。他只是对女人很不好"[7]。后来，原告律师对陪审团说，诺华"就是不明白。如果你对女性不好，你就不能成为一个好的管理者"[8]。

● 一名妇女作证说，一名男性经理让她去堕胎。

---

① Chad Bray, "Women Awarded $250-Million in Bias Case against Novartis," *The Globe and Mail*, May 20, 2010, B13.

② David Glovin and Patricia Hurtado, "Novartis Must Pay $250 Million in Gender Bias Lawsuit (Update 5)," *Bloomberg Businessweek*, May 19, 2010, accessed November 26, 2010, at http://www.businessweek.com/news/2010-05-19/novartis-must-pay-250-million-in-gender-bias-lawsuit-update5-.html.

③ Ibid.

④ Ibid.

⑤ Bray, "Women Awarded $250-Million in Bias Case against Novartis."

⑥ Larry Neumeister, "Novartis Hit with $250M Gender Bias Damages," MSNBC.com, from http://www.msnbc.msn.com/id/37233213/ns/business-us_business# (accessed November 28, 2010).

⑦ Ibid.

⑧ Ibid.

● "该诉讼还称，这些女性的薪酬更低，没有晋升到管理层，如果她们怀孕，就会受到惩罚。"①

在判决之后，诺华表示将上诉，并且该公司于 2010 年 7 月 14 日宣布了一项 1.525 亿美元的和解协议，但须经法官确认。该解决办法包括下列内容：

● 在三年内拨款 2 250 万美元改善其人事政策；

● 向原告律师支付律师费 4 010 万美元；

● 支付 6 000 万美元用于解决欠薪；

● 为 2002 年 7 月 15 日至 2010 年 7 月 14 日期间担任销售职位的女性提供 4 000 万美元的补偿金；

● 额外支付费用给记名的原告和那些出庭作证的人。②

诺华不承认存在系统性歧视。相反，它的首席执行官表示："我们的一些同事受到了与我们价值观不一致的管理行为的影响。"③ 不过，该公司确实同意"修改其性骚扰政策和相关培训，强化员工投诉流程，聘请外部专家帮助识别公司中的性别薪酬差异，并修改其绩效管理流程"④。

【问题】

1. 裁决公正吗？

2. 这一裁决是否会促使其他公司对发现的系统性歧视进行审查和补救？

3. 如何防止系统性歧视？

4. 给律师的费用公平吗？

5. 如果不是集体诉讼，这个案子能被成功起诉吗？

巴克莱银行：如何避免泄密

巴克莱银行总部位于伦敦，是一家投资和金融服务银行，业务遍及全球。2015 年 12 月，巴克莱聘请杰斯·斯特利（Jes Staley）担任首席执行官。此前，斯特利在摩根大通的投资银行部门已经工作了 30 年。2016 年 6 月，斯特利聘请他的朋友、摩根大通前同事蒂姆·梅因（Tim Main）担任巴克莱在纽约的金融集团的负责人。

---

① Courtney Rubin, Inc., "Novartis Verdict Opens Door for More Gender Bias Lawsuits," May 20, 2010, accessed November 28, 2010, at http://www.inc.com/news/articles/2010/05/novartis-gender-bias-case-opens-door-for-more-lawsuits.html.

② "Novartis Reaches $152.5 Million Sex-Bias Settlement," *Bloomberg Businessweek*, July 14, 2010, accessed November 28, 2010, at http://www.businessweek.com/news/2010-07-14/novartis-reaches-152-5-million-sex-bias-settlement.html.

③ Ibid.

④ Ibid.

一位匿名者向巴克莱董事会发送了两封信，对梅因的聘用表示质疑。检举人对"这位高级雇员的个人性格，斯特利在以前单位对类似问题的了解和处理此类问题时所发挥的作用，以及巴克莱在这次招聘过程中所遵循的招聘程序的正当性"提出了担忧。①

斯特利对这些信件感到不安，称这是骚扰。"这些指控涉及许多年前的个人问题，在我看来，记者公布这一切的目的是恶意诽谤。"② 斯特利想知道写信人的身份，所以他两次要求巴克莱的内部安全团队追踪告密者。在第二次行动中，安全团队获得了美国执法机构的帮助，但无济于事。他们未能查明告密者的身份。

受 2008 年金融危机影响，英国政府通过制定高级管理者制度（SMR）加强了对银行业的公众监督，该制度旨在让金融服务业的高级管理人员更负责任。③ 根据高级管理者制度，金融行为监管局和审慎监管局（Prudential Regulation Authority）调查了斯特利的行为。2018 年 5 月，它们得出结论称，斯特利未能"以应有的技巧、细心和勤勉行事"，并对他处以 64.2 万英镑的罚款。④

这笔罚款大约是斯特利全部薪酬的 1/5。2016 年，他获得了 235 万英镑的工资和 130 万英镑的奖金。斯特利接受了裁决和处罚，他说："我始终认为，我个人卷入这件事是不适当的，我已经为我所犯的错误道歉。"⑤ 他承认，巴克莱合规办公室本应处理此事。

与此同时，巴克莱聘请西盟斯律师事务所（Simmons & Simmons）进行内部调查。根据该律师事务所的报告，巴克莱董事会得出结论称，斯特利在寻找告密者的过程中"诚实但错误"。⑥ 银行削减了斯特利 50 万英镑的奖金。

巴克莱没有解雇斯特利，尽管他受到了银行监管机构的强烈指责。英国董事学会（Institute of Directors）表示，对"巴克莱违反了其保护举报人的规定"感到失望。⑦ 工党议员约翰·曼恩（John Mann）更进一步，要求斯特利辞职。BBC 商业记者约蒂·布鲁姆（Jonty Bloom）表示，斯特利很轻松地逃脱了惩罚。"作为巴克莱的首席执行官，斯特利本应树立一个如何处理泄密行为的榜样。而不是……设立银行内部调查小组，以查明举报人的身份。"⑧

【问题】

1. 你认为未来举报人揭发巴克莱公司不法行为的可能性会降低吗？

---

① Graham Ruddick and Julia Kollewe，"Barclays Boss Used Bank's Security Team to Hunt for Whistleblower," *The Guardian*，April 10，2017，https://www.theguardian.com/business/2017/apr/10/barclays-boss-jes-staley-may-lose-bonus-over-bid-to-expose-whistleblower.

② Ibid.

③ PWC, *The Senior Managers Regime*，https://www.pwc.co.uk/industries/financial-services/senior-managers-regime.html.

④ BBC News，"Barclays Boss Jes Staley Fined ￡642 000 for 'Conduct Breach,'" *BBC News*，May 11，2018，https://www.bbc.com/news/business-44081942.

⑤ Ibid.

⑥ Ruddick and Kollewe. Op. cit.

⑦ Ibid.

⑧ BBC. Op. cit.

2. 你认为斯特利的处罚合适还是不合适？为什么？

3. 你觉得斯特利应该怎么做？

附加参考文献：Patrick Collinson，"Barclays CEO Jes Staley Faces Fine over Whistleblower Incident，" *The Guardian*，April 20，2018，https://www.theguardian. com/business/2018/apr/20/barclays-ceo-jes-staley-facing-fine-over-whistleblower-incident.

QuadrigaCX——加密货币交易失败

加密货币，是一种可用于金融交易的数字商品。与美元或加拿大元不同，加密货币没有政府支持。只有当别人愿意为它支付相应价格时它才具有价值。加密货币交易所提供了一个市场，在这一市场中，人们可以使用与互联网相连的在线"热钱包"或离线的"冷钱包"购买、交易和存储加密货币。

银行和受监管的投资交易商遵守"了解你的客户"这一规则，以确保它们的交易不涉及犯罪或洗钱收益。然而，对于加密货币的投资，所有者的身份通常不为人知，因此为有组织的犯罪分子和富人提供了一个洗钱和/或逃税的黄金机会。

2013 年，杰拉尔德·科顿（Gerald Cotten）成立了 QuadrigaCX 作为加密货币交易所。[①] 该公司最初在温哥华证券交易所（VSE）上市。2016 年，QuadrigaCX 没有向 VSE 提交所需的财务报告，因此被退市，科顿解雇了所有为其 VSE 上市提供必要控制的公司人员。[②] 后来，他把业务搬到了新斯科舍省，员工只有他和妻子詹妮弗·罗伯逊（Jennifer Robertson）。

2018 年 12 月 9 日，据说科顿在印度度蜜月时死亡。他的妻子根据他死前 12 天签署的遗嘱继承了他的遗产，并对他的尸体进行了防腐处理，将尸体送到新斯科舍省的哈利法克斯安葬。罗伯逊暂时继续运营 QuadrigaCX 的加密货币交易所，但公司的热钱包或冷钱包中几乎没有任何类型的钱（真实货币或加密货币）。由于加密货币交易所的风险极高，当时没有一家加拿大银行会提供银行特权，所以其没有公司银行账户。

据称，科顿没有告诉任何人离线冷钱包的数字密码，所以没有人能够访问这些账户和存储在其中的所谓的加密货币。结果，尽管罗伯逊向该公司垫付了自己的钱，QuadrigaCX 仍难以履行其财务义务。2019 年 2 月 5 日，新斯科舍省最高法院暂停了诉讼程序（即债权人保

[①]　Doug Alexander and Matt Robinson，"A Criminal Past Haunts Surviving Founder of Troubled Cryptocurrency Exchange Quadriga：After Serving Time in the U. S. for His Crimes，Omar Dhanani Was Deported to Canada，Where He Changed His Name and Reinvented Himself as a Bitcoin Entrepreneur，" *Financial Post*，March 19，2019，https://business. financialpost. com/technology/blockchain/a-criminal-past-haunts-surviving-founder-of-troubled-cryptocurrency-exchange-quadriga.

[②]　Doug Alexander，"Quadriga's Downfall Began When Founder Abruptly Fired All the Exchange's 'Law and Order' Folks，Former Lawyer Says：Christine Duhaime Says Gerald Cotten Decided One Day in 2016 He No Longer Wanted the Crypto Exchange to Be a Listed Company，" *Financial Post*，March 28，2019，https://business. financialpost. com/technology/blockchain/quadrigas-former-lawyer-says-founder-rid-the-crypto-exchange-of-law-and-order-folks.

护），以便有时间追踪和恢复加密货币。①

2019 年 2 月 6 日，安永成为法院指定的 QuadrigaCX 监测机构，并迅速发现以下情况：

● 没有账簿和记录。公司是用科顿的笔记本电脑运作的。

● 没有冷钱包的数字代码，无法识别或获取余额或追踪交易。

● 外国加密货币交易商/交易所经常忽视收到的余额确认请求。

● 要求提供信息和访问存储的外国加密货币的传票（在加拿大是合法的）也被忽视了。

● 科顿没有被进行尸检，无法确定他是否真的死亡。②

● 从 2013 年到 2017 年，科顿与一名已知的诈骗犯有联系。③

QuadrigaCX 于 2019 年 4 月 8 日进入破产程序。安永随后的一份报告披露：

● 科顿似乎"清算了价值约 8 000 万美元的比特币……大概持续了三年以上"，而安永"不知道该过程中发生了什么"。

● 科顿使用化名"Chris Markay、Aretwo Deetwo 和 Seethree Peaohh"创建用户账户。这些账户被用于交易，"提高了平台的交易量，并产生了额外的费用收入"。

● 客户的资金被汇集到 QuadrigaCX 的资金中。

● 科顿显然把客户的钱转到了他自己的账户里，然后进行投机性交易，造成了巨大的损失。事实上，安永早些时候的一份报告披露，QuadrigaCX 的许多冷钱包自 2018 年 4 月以来一直是空的。④

● 科顿和罗伯逊在新斯科舍省购买了 16 处房产、一架私人飞机、多辆豪华汽车和一艘私人帆船。

● 科顿在 2014 年、2015 年和 2017 年没有申报个人所得税。当他提交纳税申报单时，申报单显示他并没有从 QuadrigaCX 获得收入。

● QuadrigaCX 没有提交任何所得税或销售税申报表。

● QuadrigaCX 欠 7.6 万用户超过 2 亿美元。

● 截至 2019 年 6 月，安永已追回 3 200 万美元现金，并追回或定位了 100 万美元加密货币。⑤

在 QuadrigaCX 运营期间，它不受政府监管，因为不列颠哥伦比亚省或新斯科舍省的加

---

① Andrea Gunn, "Indian Death Certificate Scams Fuel Skepticism around QuadrigaCX CEO's Death," *Chronicle Herald*, February 13, 2019, https://www.thechronicleherald.ca/news/local/indian-death-certificate-scams-fuel-skepticism-around-quadrigacx-ceos-death-284247.

② Ibid.

③ Alexander and Robinson, "A Criminal Past Haunts Surviving Founder of Troubled Cryptocurrency Exchange Quadriga."

④ Doug Alexander, "Quadriga Crypto Mystery Deepens with 'Cold Wallets' Found Empty," Bloomberg.com, March 1, 2019, https://www.bloomberg.com/news/articles/2019-03-01/quadriga-has-6-cold-wallets-but-they-don-t-hold-any-crypto.

⑤ Erica Alini, "Founder of Crypto Exchange Quadriga Moved Users' Funds to Personal Accounts: Ernst & Young," *Global News*, June 20, 2019, https://globalnews.ca/news/5411298/quadriga-cotten-customer-funds-personal-accounts-ernst-young.

密货币交易所没有监管机构。加拿大证券管理局（Canadian Securities Authority）于 2019 年开始考虑建立此类监管机构。① 从某种意义上说，监管当局没有对可能出现的欺诈行为保持警惕，这一案件类似于美国的麦道夫诈骗案，由于麦道夫没有在美国证券交易委员会登记，他的运作多年来没有受到监管，尽管该委员会多次收到了有关麦道夫行为的提醒，但它未能有效地跟进。在这两起案件中，公众都遭受了重大损失。

【问题】

1. 如果你是安永的法务会计师，你会如何着手：

a. 确保客户的加密货币索赔是合法的？

b. 发现 QuadrigaCX 接受的加密货币的去处？

c. 追回 QuadrigaCX 亏欠的合法加密货币？

2. 法务会计师还应该遵循哪些程序、调查或步骤？

3. 如果你是投资者：

a. 为什么要购买加密货币并将其放在 QuadrigaCX 这样的交易所？

b. 在利用 QuadrigaCX 这样的交易所之前应该检查什么？

4. 哪些缺失的证据会阻止审计成功完成？

5. 如果审计可以完成，那么对于 QuadrigaCX 这样的加密货币交易所，审计的价值是什么？

6. 你认为 NOCLAR 审计准则对这种情况有帮助吗？

丰田的召回问题②

2000 年，丰田在质量方面享有越来越高的声誉。2001 年，丰田在全球推出了第一款成功的商用混合动力汽车普锐斯（Prius），这使丰田在工程方面的表现达到了顶峰。但到 2010 年，超过 1 000 万辆的个别召回③——包括对部分车型的多次召回——已经让丰田的声誉受损，这使其他制造商得以重获动力，甚至在销售方面取得领先地位。最终，丰田总裁——丰田章男（Akio Toyoda）于 2010 年 2 月 24 日从日本启程前往美国众议院监督和政府改革委员会（Oversight and Government Reform Committee）作证。这种命运的转变是一个复杂而有趣的故事。

---

① Canadian Securities Administrators（CSA）and Investment Industry Regulatory Organization of Canada（IIROC），"Joint Canadian Securities Administrators/Investment Industry Regulatory Organization of Canada—Consultation Paper 21 - 402—Proposed Framework for Crypto-Asset Trading Platforms," March 14, 2019, https://www.albertasecurities.com/-/media/ASC-Documents-part-1/Regulatory-Instruments/2019/03/5450795-CSA-ConsultationPaper21402ProposedFrameworkforCryptoAssetTradingPlatforms20190301.ashx.

② 该案例得益于以下学生在多伦多大学管理和专业会计硕士课程——布鲁克斯（Brooks）教授的"2010 年商业和职业道德课程"（MGT 1102）中准备的分析：Jaclyn Chiang、Leon Sun、Tina Sun 和 Neal Yang。

③ "2009 - 2010 Toyota Vehicle Recalls," Recall Timeline, Wikipedia, http://en.wikipedia.org/wiki/Toyota _ recalls（accessed January 23, 2010).

丰田自己的网站报告了从 2000 年到 2010 年的 17 次召回。[①] 这些召回都与脚垫对油门踏板的干扰或其他原因导致的油门故障有关。据称，在常规的夏季脚垫上安装冬季脚垫，会导致加速器在高速行驶时卡住，使汽车失控，甚至发生撞车事故。为了解决这个问题，丰田联系了现有的车主并解释了这个问题。丰田告诉顾客，两个垫子不能互相叠在一起。该公司还缩短了油门踏板，以防止两个脚垫卡住踏板。报告的第二组问题疑似与油门连杆或加速控制软件的缺陷有关，该缺陷也会导致汽车突然加速且失控。解决这个问题的方法是在踏板连杆上安装一个小的金属芯片，以消除机械装置卡住的可能性。丰田坚称，在任何情况下，汽车的刹车系统都能够让汽车停下来，而丰田在部分汽车上还安装了刹车优先系统，来进一步加强这一点。

几则骇人听闻的新闻报道加剧了丰田汽车召回问题的严重性。这些报道称，司机除了待在车中祈求被救之外别无他法。在加利福尼亚州，一名普锐斯汽车司机不得不在一名高速公路巡警的指示下，踩下刹车踏板，并拉下手刹来让汽车减速。[②] 据报道，一名雷克萨斯（Lexus）司机开车时油门踏板被卡住，他在车祸前直到车祸发生一家四口全部遇难期间所拨打的 911 呼救电话在一些媒体上被播出。[③] 电视台播出的其他采访中，有人声称油门踏板卡住导致了类似的事故。压力急剧增加，以至于丰田似乎面临着一堵批评之墙。

在许多观察人士看来，丰田对这些看起来很明显的问题反应却很迟缓。此外，还有指控称，早在召回事件发生或与车主共享信息之前，丰田就已经知道这些问题了。还有人声称，丰田对这些问题漠不关心或不予理会，以减少预期的法律成本。该公司因为没有及时报告潜在的问题，后来被罚款 1 640 万美元。美国国家公路交通安全管理局要求必须在 5 天内报告相关问题，而该公司虽然在 2009 年 9 月 29 日就知道油门踏板卡住的问题，却直到 2010 年 1 月才报告。[④]

丰田为此付出了巨大的代价。"在召回前曾考虑购买丰田汽车的受访者中，超过 20% 的人现在表示，他们不再考虑购买该品牌的汽车。此外，丰田的整体品牌排名跌至第三，落后于其在美国的竞争对手——第一名福特和第二名雪佛兰。"[⑤] 从 2010 年 1 月 1 日到 2010 年 10 月 22 日，丰田在纽约证券交易所的股价下跌了约 16%，因此扎克斯股票研究（Zacks Equity Research）将其列为投资者的"强力抛售"股票。[⑥] 包括保修费用和销售损失在内的召回成

---

① Toyota, "Toyota Recall Update," http://www.toyota.com/toyotaSearch/search? keyword = recalls&locale = en (accessed January 23, 2011).

② "Runaway Prius in California," Reuters, March 9, 2010, http://www.reuters.com/news/video?videoId=54378733.

③ "CHP Releases 911 Call in Officer's Fiery Crash," *Metacafe*, October 1, 2009, accessed January 23, 2011, at http://www.metacafe.com/watch/3474726/chp_releases_911_call_in_officers_fiery_crash.

④ Ken Thomas, "Toyota to Pay Record $16.4 Million Recall Fine," Associated Press, April 19, 2010, accessed January 25, 2011, at http://www.msnbc.msn.com/id/36634661/ns/business-autos.

⑤ Kelley Blue Book, "Kbb.com Study: Toyota Brand Consideration, Vehicle Interest Dramatically Drops Following Recall," February 3, 2010, accessed January 25, 2011, at http://www.prnewswire.com/news-releases/kbbcom-study-toyota-brand-consideration-vehicle-interest-dramatically-drops-following-recall-83425457.html.

⑥ Zacks Equity Research, "Total Recall Rerun," October 22, 2010, accessed January 25, 2011, at http://finance.yahoo.com/news/Toyota-Recall-zacks-2538726313.html?x=0&.v=1.

本估计高达 20 亿美元。集体诉讼的数量每天都在增加。①

丰田承受着越来越大的压力。2010 年 2 月 24 日，丰田章男被要求在华盛顿公开作证。他在证词中表示：

● 在过去的几个月里，我们的客户开始对丰田汽车的安全性感到怀疑，我对此负全责……

● 在过去的几年里，丰田公司的业务一直在迅速扩张。坦率地说，我担心我们的发展步伐可能太快了。在此我想指出的是，丰田的优先事项传统上是以下几个：第一是安全；第二是质量；第三是体量。后来这些优先事项变得混乱，我们无法像以前那样停下来思考和改进，我们倾听客户的声音来制造更好产品的基本立场也有所弱化。我们追求的增长速度超过了我们能够发展人才和组织的速度，我们应该注意到这一点。我很抱歉这导致了我们今天面临的召回事件中所描述的安全问题，我对丰田的车主们遭遇过的一切事故感到由衷的抱歉。

● 我特别要对在圣地亚哥发生的事故中塞勒（Saylor）的家人表示哀悼。我要再次祈祷，我将尽我所能确保这样的悲剧不再发生。

● 自我上任以来，我个人把提高质量而不是数量置于首位，并与我们的利益相关者分享了这一点。大家都知道，我是丰田创始人的孙子，所有丰田汽车都以我的名字命名。对我来说，当汽车被损坏时，我就好像也被损坏了一样。我比任何人都更希望丰田的汽车是安全的，希望我们的客户在使用我们的汽车时能感到安全。在我的领导下，我想重申我们的价值观，即将安全和质量放在我们的优先事项清单的首位，这是我们从成立之初就坚持的价值观。我还将努力制定一个制度，在这个制度下，我们肯定可以执行我们所看重的……

● 我想讨论一下我们计划在未来如何管理质量控制。到目前为止，所有召回决定都是由丰田的客户质量工程部做出的。这个部门负责确认是否存在技术问题，并决定是否需要召回。然而，今天反思这个问题，我们所缺少的是客户的视角。

● 为了对此进行改进，我们将对召回决策过程进行以下更改。在做出召回决策时，将在流程中增加一个步骤，以确保管理层从"客户安全第一"的角度做出负责任的决定。为此，我们将设计一套系统，使世界各地的客户的声音能够及时传到我们的管理层，并使每个地区都能在必要时做出决策。此外，我们将组建一个由来自北美和世界各地受人尊敬的外部专家组成的高质量咨询小组，以确保我们不会做出错误的决定。最后，我们将在美国大力投资以提高质量，包括建立一个汽车质量卓越中心，并引入新的职位——产品安全主管，在公司内部共享更多关于产品质量决策的信息和责任，包括与缺陷和召回相关的信息。

---

① Margaret Cronin Fisk, "Toyota Recall Cost to Exceed ＄2 Billion, Lawyers Say (Update 2)," *Bloomberg Businessweek*, February 9, 2010, accessed January 25, 2011, at http://www.businessweek.com/news/2010－02－09/toyota-recall-cost-to-exceed-2-billion-lawyers-say-update2-.html.

● 更重要的是，我将确保管理团队的成员实际驾驶汽车，并让他们自己检查问题所在以及问题的严重性。我自己就是一名训练有素的试驾员。作为一名专业人士，我能够检查汽车的问题，并能理解汽车的安全问题有多严重。我驾驶了因油门踏板被召回的车辆以及普锐斯，比较了在不同环境下采取补救措施前后的车辆。我相信只有通过现场检查问题，才能从客户的角度做出决定。我们不能仅在会议室里依赖报告或数据。

● 根据我刚才所说的措施，以及我们正在与国家公路交通安全管理局合作进行的调查的结果，我打算进一步提高丰田汽车的质量，践行我们客户至上的原则。

● 每辆车上都有我的名字。我个人承诺，丰田将努力工作，不断恢复客户的信任。[①]

尽管有关削减成本和领导层误导[②]的传言继续影响着消费者对丰田质量的评估，但对丰田章男证词的反应总体上是有利的。例如，两位公司前总裁——渡边捷昭（Katsuaki Watanabe）和奥田硕（Hiroshi OKuda）认为，这些问题"与其说是质量危机，不如说是丰田章男造成的管理和公关危机"[③]。其他人猜测，丰田的公司治理机制是部分原因，因为丰田利用了"母国豁免"，免受《SOX 法案》的限制。此外，该公司的董事可能缺乏独立性，对股东的忠诚度也较低。这可能催生了"一种推诿和保密的文化"[④]。

在这段时间里，美国媒体继续用一个又一个骇人听闻的故事来搅浑水。一些观察人士怀疑，一些报道可能更倾向于损害丰田相较于北美汽车制造商的声誉。这些北美汽车制造商已遭遇破产和接受救助，在主要市场上的销量都输给了丰田。从某种程度上说，丰田迟迟不对此类事件做出强有力的回应，可能造成了本可以避免的声誉损失。

公平地说，关于丰田的新闻报道可能言过其实了。直到 2010 年 7 月中旬，公众才知道当时美国国家公路交通安全管理局使用涉案车辆的"黑匣子"调查了 75 起由油门踏板卡住导致突然加速的致命事故，结果发现"油门大开，刹车没有被踩下"。这一结果表明，司机的失误是事故原因，因为"司机以为踩下了刹车踏板，却错误地踩了油门"。所有的油门连杆都没有故障。只有一次是油门踏板卡住了，这是由于另一辆汽车的全天候脚垫被安装在丰田脚垫之上。[⑤]

【问题】

1. 丰田处理召回事件的方式是否合乎道德？为什么？

2. 你对丰田危机管理方法有什么建议？为什么？

---

① Akio Toyoda, *Prepared Testimony of Akio Toyoda*, President, Toyota Motor Corporation, February 24, 2010, accessed January 25, 2011, at https://oversight. house. gov/wp-content/uploads/2012/01/20100224Toyoda. pdf.

② Steve Tobak, "Inside Toyota: Leadership Conflict Turns Destructive," BNET, April 20, 2010, accessed January 25, 2011, at http://www. bnet. com/blog/ceo/inside-toyota-leadership-conflict-turns-destructive/%204421.

③ Steve Tobak, "Inside Toyota: Leadership Conflict Turns Destructive."

④ Michael W. Stocker and Yoko Goto, "A Recall for Toyota's Corporate Governance?," *Pensions and Investments*, April 5, 2010, accessed January 25, 2011, at http://www. pionline. com/article/20100405/PRINTSUB/304059981.

⑤ Scott Evans, "DOT Report: Driver Error, Not Defects to Blame in Toyota Sudden Acceleration," *Wall Street Journal*, July 14, 2010, reprinted in *Automobile*, accessed January 25, 2011, at http://rumors. automobilemag. com/dot-report-driver-error-not-defects-to-blame-in-toyota-sudden-acceleration-3942. html.

3. 你认为丰田章男 2010 年 2 月 24 日的证词有作用吗？该如何改进呢？

4. 丰田没有立即披露每辆车都有一个飞机式的"黑匣子"，记录了汽车运行的细节。这个披露时机合适吗？

5. 丰田迟迟不向美国国家公路交通安全管理局报告 2009 年 9 月 29 日的问题，可能的原因是什么？

6. 丰田能从召回事件中恢复过来吗？如果能的话，需要多长时间？丰田需要做什么才能完全恢复？

风河能源公司的危机

林恩·詹姆斯（Lynn James）陷入了一系列危机的旋涡中。林恩是一名企业家，也是风河能源公司（Wind River Energy Inc.）的首席执行官，拥有公司 75％的股权。再过一周，林恩将完成一笔交易，在纽约和多伦多著名股票经纪人的帮助下，通过在纳斯达克的首次公开募股（IPO），为现有和新业务筹集急需的资金。林恩所从事的一切工作都有付之一炬的危险，并且对无辜的员工和公民的生活也可能带来极大的风险。林恩究竟能做什么，又应该做什么？

在过去的九年里，林恩非常成功。起初，林恩对开发小型、独立的能源装置的可能性很感兴趣，这些装置可以将电力输送到区域电网，或为偏远的小城镇提供电力。收购和翻新几座小型水力发电站是可能的，因为这些发电站已经被东北部的大型能源生产商或仍拥有它们的小城镇封存。由于化石燃料和核燃料成本的上升，这些瀑布式电站的投资资本回报率约为 22％。这些年来，林恩和各种合作伙伴购买并翻新了五家工厂，卖掉了两家，并继续经营着安大略省和佛蒙特州的三家工厂。根据在东部成功的业务，林恩安排成立了风河能源公司，将能源资产转移到该公司，为银行贷款和供应商抵押融资提供担保。

在过去的六年里，林恩对利用风车发电产生了兴趣。在参观了加利福尼亚州和丹麦海岸的风力发电场后，林恩意识到，落基山脉东部的风力条件非常有利。他开始研究如何为该地区的偏远小镇提供能源。四年前，在艾伯塔省弗里曼镇外开发了一个 10 座风车的装置，最初是为了满足该镇的能源需求。该镇的河边有一个旧的水力发电厂，还有一个备用的汽油发电机系统以备不时之需。两年前，风河能源公司收购了该镇的能源发电系统，成为该镇唯一的能源来源。四年前，弗里曼是一个拥有 2 000 户家庭的小镇，它使用它所能生产的所有的能源，所以它欢迎风车的安装。从那时起，又建造了 750 多座房屋来安置该地区两个新矿山的工人，并扩大了镇上的医院。现在需要进一步投资以提供额外的发电能力。

在弗里曼镇良好的运营基础上，风河能源公司建立了可靠的声誉。该公司以信守承诺为荣——这一事实引起了弗里曼镇和附近韦斯特福克镇镇长及其他官员的注意。他们与风河能源公司进行了接触，并与林恩签订了一份合同，合同的基本内容与弗里曼镇所签合同相同。预期融入的部分资金是为购买韦斯特福克镇的发电设施提供资金。

上周发生了灾难。周一，在弗里曼镇的风河能源公司经理本·特伦特（Ben Trent）打电话给在多伦多的林恩，说通往水电站的一条输水管被堵住了，他想知道该怎么办。夏天刚刚开始，对空调电力的需求将超过风河能源公司的供给量。风河能源公司的总工程师外出度假了，但是林恩和他的助手查了一下，助手建议如果输入阀门可以关闭，那么可以让人进入与输入管道相交叉的需清洗管道。当把这一情况告知本时，他说，他认为输入阀门从来没有关闭过，可能没法关闭，而且在工厂运行的40年里也没有清洗过管道。他会检查这些管道，然后再打电话回复他们。周二，林恩收到了来自安大略省的通知，要求风河能源公司在安大略省的水电站必须在周四之前关闭。法院命令称，输水管所在的池塘边缘的积水可能会滋生蚊子，从而传播西尼罗病毒。在工厂重新启动之前，必须解决死水问题，从周二到积水问题解决的五天内被诊断感染西尼罗病毒的当地社区居民，风河能源公司都将对他们负责。当林恩去咨询总工程师的助理（员工中另外唯一一位真正的工程师）时，他发现助理生病刚回家，该助理患上了流感。不幸的是，总工程师正在落基山脉进行背包旅行，除非他打开林恩坚持要他带的卫星电话，否则无法联系上他。

周三，本打电话回来说，他们终于关上了输入阀门，刚刚派了一个瘦小的男人进入管道进行清洗，清除障碍物。因为那家伙太热心了，本让他爬到进气口，试着给里面的铰链涂润滑油。

星期四早上，本打电话来说，清理输水管的工作做得很好，并且检查了输入门内侧的铰链。他刚刚回去试着拆下铰链销，更换销钉周围的衬套，并给衬套和销钉上润滑油。镇长很高兴，因为清理管道的工人是他的姐夫，他从来没有真正把其他事情做好过。

周四中午，林恩的律师打电话提醒他下周二要开会，在会议期间，林恩、首席财务官和总工程师必须签署证明公司状况良好的文件，以便IPO得以进行。任何拖延都将危及融资协议。林恩不知道说什么好。他只是感谢了他的律师，然后挂断了电话。

下午早些时候，本打电话说，清理管道的工人已经顺利地从管道里出来了，但在重新插销钉时，一个铰链销卡住了，并且这个工人认为输入阀门无法打开从而让水进入发电设备。必须有更强壮的人进入管道来修理铰链。本不知道该怎么办。他并不是一个真正的工程师，只是由于长期的服务和与镇议会的私人关系，被提升为经理，他希望风河能源公司的总工程师承担起责任，告诉他该怎么做。

此外，本说，调节该公司风车发电的变压器站大约一个月前遭到雷击，目前仅在部分地区断断续续运行。弗里曼镇镇长接到了关于间歇性"限电"的电话，给本施加了压力。本真的受够了。他还接到了韦斯特福克镇镇长的电话，但他还没有回复。

【问题】

如果你是林恩，你会怎么做？

第 **8** 章

次级贷款的惨败——道德问题

学习目标

次贷危机在 2008 年开始真正显现。随着抵押贷款违约和丧失抵押品赎回权的数量增加，大量投资者遭受了损失。这些问题给金融机构、中介公司、投资者以及大量民众带来了威胁。这种情况是如何发展的、谁应该受到谴责以及如何才能避免类似的事件在未来发生等问题都应当让位于道德（或缺乏道德）问题，正是这些道德问题带来了很多困扰。本章将探讨这些道德问题，并提出可以从中吸取的教训，以帮助我们在未来避免类似的失败。

阅读本章后，你将了解：

● 导致 2008 年经济危机的原因。

● 贪婪在次贷危机中所扮演的角色。

● 当财务决策者忽视道德考量时可能出现的经济风险。

8.1 经济大崩盘—— 一场全球性灾难

次贷危机导致美国和全球金融市场出现流动性危机和严重的经济衰退，大型金融机构只能依赖于政府和私人投资者的帮助来免于陷入破产的旋涡，全球各地都出现了严重的经济问题：美国股市剧烈波动，跌幅超过 40%；国际货币基金组织（IMF）帮助冰岛主要的三家银行摆脱困境，使该国免于经济崩溃；包括匈牙利和乌克兰在内的几个国家都向国家最终贷款人 IMF 申请了经济援助，引发了人们的担忧，因为 IMF 2 500 亿美元的资金可能不足以满足这些国家的需求；欧洲各国政府也向本国的几家银行注入了资金，以维持它们的运转，此外，欧洲经济联盟（European Economic Union）为希腊和其他欧洲国家发行的债务提供了资金和贷款担保。

上述这些动荡主要①是因为金融机构、养老基金、企业和私人投资者购买了抵押贷款支持证券，而这些证券的价值被高估了太多。这些证券市价的下降以及估价的低精确性严重减少了可用于交易、贷款或结算的流动资金或资本。泡沫消减后，一场"信贷紧缩"（即流动性危机）随即而来，令许多过度杠杆化的金融机构措手不及，面临生存威胁，一些机构甚至直接破产，譬如雷曼兄弟。在信贷紧缩的环境下，杠杆率合理的金融机构也无法获得贷款，即便利率很高，也很难获得和发放正常的隔夜贷款。更重要的是，由于失去了信任，它们的客户很难或几乎不可能获得融资。由于正常资金来源缺乏流动性，以及在经济动荡时期人们进行资金借贷的意愿较低，个人和企业借贷变得非常困难。

经过多次商讨，美国和其他国家的政府宣布，它们将购买价格低迷的证券，希望持有这些证券直到它们的价值恢复，还将通过贷款、股权投资或其他方式向市场注入流动资金，以维持银行和其他企业的生存。然而，一些主要的金融公司还是破产了，或者在最后一刻被甩卖接管。例如，通用汽车公司在 2009 年 6 月宣布破产，并向美国政府寻求经济援助。

这次流动性危机对民众的影响是残酷的。许多人失去了自己的房子，或眼看着自己的房子和主要资产贬值，这些资产都是他们要用来支撑自己的退休金、基本生活方式或其他贷款的。企业家、企业、购车者和其他需要信贷的人无法获得贷款，因此市场积极性下降，随之而来的就是就业人数减少。信贷危机难以避免地拖累了全球经济，导致工人失业，进一步导致这些工人无力支付信用卡和其他债务，最终迫使银行和其他贷款人承担和披露更多的信贷损失，形成了恶性循环。

不只是在美国，全世界的社会经济引擎几乎都熄火了。欧洲国家的领导人同意"为因资金市场冻结而陷入资金短缺的银行提供资金，并购买新发行的债券或为其提供担保"②。从他们的角度来看，"这场危机之所以发生，是因为美国房地产行业从繁荣走向破灭，随之而来的是抵押贷款债券市场的崩溃，以及随着经济衰退而低迷的衍生品市场。这标志着信贷紧缩开始在全球范围内滚雪球般扩大"③。根据当时的法国总统萨科齐（Sarkozy）的说法，这场危机相当严重，"（它需要）具体的应对措施和各国之间的团结——我们任何一个国家都无法独自结束这场危机"④。

8.2 次贷危机的各个阶段

次级贷款的惨败是由许多当时看似合理的决策导致的，这些决策导致了过度膨胀的房价泡沫破裂，从而造成了巨大的金融灾难。其他一些在采用时同样显得明智的决策却导致金融机构和投资者无法理解即将到来的风险，也无法承受已经产生的损失。回过头来看，这些决

---

① 另一个相关的原因是，信用违约保护/互换等衍生证券大幅增长，这主要是基于计算机生成的估值模型，该模型包含了不可靠的风险预测/计算。

② "European Leaders Pledge Aid for Banks in Crisis," *Toronto Star*，October 13，2008，B1，B4.

③ Ibid.

④ Ibid.

策有利于金融中介机构的自身利益，却同时增加了投资者和无辜民众的潜在风险。最终，那些未能预见到经济崩盘并对其进行有效监管的政府，不得不救助许多银行和企业，试图缓解如同20世纪30年代那样的大萧条，然后又姗姗来迟地引入新的监管法律试图防止危机再次发生。

　　导致房地产泡沫破灭的许多决策和由此产生的行动可以分为图8-1所示的四个阶段：启动、形成、破灭和后果。

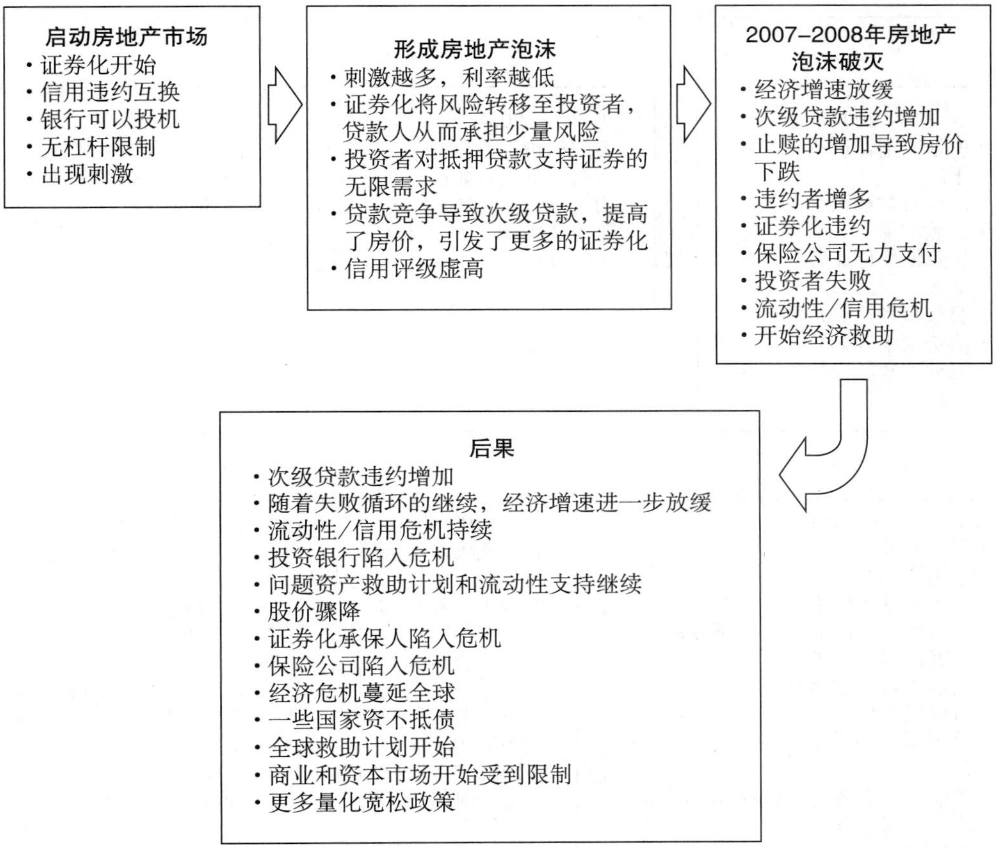

启动房地产市场
- 证券化开始
- 信用违约互换
- 银行可以投机
- 无杠杆限制
- 出现刺激

形成房地产泡沫
- 刺激越多，利率越低
- 证券化将风险转移至投资者，贷款人从而承担少量风险
- 投资者对抵押贷款支持证券的无限需求
- 贷款竞争导致次级贷款，提高了房价，引发了更多的证券化
- 信用评级虚高

2007-2008年房地产泡沫破灭
- 经济增速放缓
- 次级贷款违约增加
- 止赎的增加导致房价下跌
- 违约者增多
- 证券化违约
- 保险公司无力支付
- 投资者失败
- 流动性/信用危机
- 开始经济救助

后果
- 次级贷款违约增加
- 随着失败循环的继续，经济增速进一步放缓
- 流动性/信用危机持续
- 投资银行陷入危机
- 问题资产救助计划和流动性支持继续
- 股价骤降
- 证券化承保人陷入危机
- 保险公司陷入危机
- 经济危机蔓延全球
- 一些国家资不抵债
- 全球救助计划开始
- 商业和资本市场开始受到限制
- 更多量化宽松政策

图 8-1　次贷危机的各个阶段

本章其余部分将讨论次贷危机的四个阶段所涉及的关键事件，如图8-2所示。

8.3　次贷危机是怎么发生的?

对于导致全球经济危机的美国抵押贷款泡沫产生和破裂的根本原因，众说纷纭。一些分析者称，美国联邦储备委员会（U. S. Federal Reserve Board）在21世纪初大幅降息的政策，以及对次级抵押贷款缺乏监管（次贷最终估计占美国抵押贷款市场总量的33%）助长了房地产和信贷泡沫的产生。[①]

---

① David Parkinson, "A Train Wreck? Greenspan Says He Didn't See It Coming," *The Globe and Mail*, November 8, 2008, B2.

1997年 首次公开提供《社区再投资法》下贷款的证券化 1999年 《金融服务现代化法案》允许银行投机	2000—2002年 • 《商品期货现代化法》允许银行信用违约互换 • 衰退带来了刺激：较低的利率、住房税收抵免、补贴、流动性提高	2003—2004年 • 贷款标准降低 • 证券化发展 • 银行取消杠杆限制，允许无限制贷款用于购买次级抵押贷款支持证券

2007年 • 房地产泡沫破灭，房价下跌 • 次级贷款崩溃 • 止赎增加 • 贝尔斯登停止赎回两只基金 • 股票市场达到最高点 • 信贷紧缩开始 • 流动性和救助措施开始实施	2006年 • 美国房价下跌 • 次级贷款人开始破产 • 明智的投资者(如摩根大通和高盛)开始减少对次贷的投资	2005年 • 信用违约互换被允许作为次级抵押债务凭证的担保 • 房地产市场不再繁荣

2008年 • 房价暴跌 • 信用违约互换保险失效 • 贝尔斯登被摩根大通收购 • 银行倒闭，政府展开救济救助，房利美和房地美被接管 • 美国银行收购美林 • 雷曼兄弟破产 • 美国国际集团和冰岛政府开展经济救助 • 华盛顿互惠银行（Washington Mutual）和美联银行（Wachovia）被收购，股市崩溃 • 开展问题资产救助计划 • 大规模经济救助、流动性支持计划	2009年 • 经济危机蔓延全球 • 产生对爱尔兰、英国和欧洲大陆银行的担忧 • 日本、英国、法国限制了卖空行为 • 量化宽松 • 通用汽车破产 • 经济迅速崩盘 • 问题资产救助计划：公司限制高管薪酬，开始偿还债务	2010年 • 欧洲债务危机——涉及希腊、冰岛等国家 • 希腊破产 • 美国止赎危机 • 第二次量化宽松 • 信用评级机构进行改革 • 美国金融诈骗执法队伍建立 • 闪购禁令 • 《多德-弗兰克华尔街改革和消费保护法案》

图 8 - 2　次贷危机中的关键事件

资料来源：Federal Reserve Bank of New York.

　　作为回应，美国联邦储备委员会前主席艾伦·格林斯潘（Alan Greenspan）表示，目前的形势是"由全球力量共同导致的"，并称"我们对此真的无能为力"[1]。美联储降息是为了避免通货紧缩的威胁，但当它再次开始提高短期利率时，长期利率并没有随之提高。他认为是债务市场的全球化和新兴经济体的储蓄过剩破坏了美联储的努力。他表示，美联储最初是在 2000 年左右开始担心次级抵押贷款市场出现问题，但只采取了"观望"态度，因为该市场被认为在未来五年会保持健康。到 2005 年全球对美国抵押贷款工具的需求激增，抵押贷款产

---

① David Parkinson，"A Train Wreck? Greenspan Says He Didn't See It Coming."

品的质量开始恶化……"我们当时丝毫没有意识到证券化问题会变得如此严重。"①

次级贷款的发展

无论美国房地产泡沫的罪魁祸首是利率过低或外国储蓄过多还是两者兼而有之导致的过度刺激，金融和经济危机的主要推手都是美国住房抵押贷款的证券化和抵押贷款支持证券被转售给投资者，当房价暴跌，房主没有动力偿还抵押贷款时，抵押贷款支持证券就失去了价值。同样，美国的监管也不足以阻止高风险抵押贷款的产生和贷款人将风险转移给毫无戒心的投资者。②

此外，在艾伦·格林斯潘所认定的时期之前，导致次贷惨败的条件就已经开始形成。例如，早在 1999 年，对创建和转让过程起核心作用的银行和其他金融中介机构就在鼓励修改预防性监管措施方面发挥了积极作用。

银行家通常非常谨慎，他们想要确保他们的贷款得到保障，所以他们通过评估借款人的收入和进行其他投资的财务实力，以及当借款人无法偿还的时候银行从基础抵押品（这些抵押品可以卖到足以偿还贷款的价格）的价值（即房屋的价值）中收回损失的能力来评估借款人偿债能力。那么为什么说美国银行家对助长了此次经济危机的次级抵押贷款不谨慎呢？坦率地说，贷款人和银行家是可以将证券化的抵押贷款和相关保险风险转移给其他投资者的，至少他们是这么认为的。因此，他们没有仔细检查次级贷款中使用的贷款操作。

谨慎放贷实践的崩溃实际上始于 1999 年《格拉斯-斯蒂高尔法案》（GSA）的废止。GSA 颁布于 1933 年，最初的目的是迫使银行在商业银行业务和投资银行业务之间做出选择，旨在通过将承销活动限制在银行总收入 10% 以内来保护存款人的资金免受证券承销（政府债券除外）带来的更大的投机风险。换句话说，美国银行参与抵押贷款的程度是受到限制的。GSA 这一保护模式在 1956 年（通过《银行控股公司法》的颁布）得到了扩展，以阻止银行承保保险，尽管它们可以销售由他人承保的保险产品。然而，1999 年通过的《金融服务现代化法案》允许银行深入参与投资银行的活动。它允许银行承销、交易和投资抵押贷款支持证券和债务抵押债券，并开发结构性投资工具来促进这一过程。然后在 2004 年 10 月，美国证券交易委员会有效地暂停了对投资银行高盛、美林、雷曼兄弟、贝尔斯登和摩根士丹利的资本要求限制③，这使得这些公司可以借贷和投资的金额高达其自有资本的 40 倍，但这只留下了

---

① David Parkinson, "A Train Wreck? Greenspan Says He Didn't See It Coming." 后来才得知，格林斯潘、国会、美联储和财政部早前曾被布鲁克斯利·博恩（Brooksley Born）（1996 年至 1999 年担任商品期货交易委员会（Commodities Futures Trading Commissim）主席）警告过金融衍生品的潜在问题以及基本不受监管的衍生品和债务抵押债券市场问题。格林斯潘和华盛顿的其他金融领袖拒绝了她的意见，并对她的警告污名化。参见 The Warning, a PBS Frontline documentary, October 20, 2009, http://www.pbs.org/wgbh/pages/frontline/warning/view.

② 包括信用违约互换在内的其他衍生品也应对经济危机负责，在这些衍生品中，高管们依赖于有缺陷的风险估值工具和有缺陷的评级机构做出判断。

③ Steven Labaton, "The Reckoning: Agency's '04 Rule Let Banks Pile Up New Debt," New York Times, October 2, 2008, accessed December 27, 2010, at http://www.nytimes.com/2008/10/03/business/03sec.html?_r=1.

2.5%（1/40）的缓冲资本来承受投资损失。这意味着，如果一家银行的投资组合下跌超过2.5%，那么在其他条件不变的情况下，这家银行将破产。事后看来，这个缓冲比例是过低的。

这些发展加剧了抵押贷款市场的竞争，同时也刺激了投资工具的创造，这些投资工具能够使抵押贷款风险从发行人转移到这些投资工具的最终投资者。这使得最初的抵押权人（以及银行和其他在证券化过程中将抵押贷款打包并转售的金融中介机构）免受信贷收回损失的正常风险。与此同时，美联储设定的低利率刺激了房屋开工，而大量的外国储蓄增加了对抵押贷款支持证券投资的需求，这两个因素维持了低利率并刺激了房价。为了满足投资需求，前所未有的贷款竞争开始出现，例如在没有适当的文件、没有适当地考虑他们的还款能力的情况下贷款给没有任何存款的抵押人：

● 抵押权人提前支付了100%的购房价格，而没有要求借款人具有购房价格10%～25%的存款保证——存款保证让借款人有一定的风险资本，以防止在还款变得困难时放弃还款。通常情况下，借款人可以获得相当于房屋价值90%～95%的低利率或次级抵押贷款，以及剩余5%～10%的二次抵押贷款。这些贷款有时被称为诱惑性贷款，因为不要求有存款和低利率的结合吸引了许多借款人，他们希望通过增加工资或随着房价上涨而增加借款来支付更高的续借利率下的利息，但是这两个预想并没有实现。

● 没有相关贷款申请文件和欺骗性贷款吸引了有不良信用记录的人。

● 忍者贷款很常见，这些贷款人没有收入，没有工作，也没有资产。

这些做法最初让获得抵押贷款变得容易得多，随着房价飙升，房地产市场繁荣起来，但最终定时炸弹爆炸了。当轮到续贷时，许多人无法支付更高的利息和资金成本。因为房价没有像预期的那样上涨，他们选择放弃他们的抵押贷款义务，就出现了"叮当邮件"，这个词的意思是房主把房子的钥匙寄给抵押权人，让抵押权人/银行取消抵押品赎回权并卖掉房子。在美国，将房屋移交给抵押权人会使贷款人的房屋抵押承诺失效。然而，随着丧失抵押品赎回权的数量增加，房屋的售价下降，超过了贷款人可以收回资本的临界点。从某种意义上说，这些次级贷款的做法对借款人来说是不公平的，而且是掠夺性[①]的，因为即便不是不可能偿还的话，这些借款人的抵押贷款也比他们预期的更难偿还。

风险转移与流动性冻结

许多银行将它们的抵押贷款捆绑卖给另一整合方，比如投资银行和其他金融机构，如房利美和房地美。[②] 抵押贷款将汇集到一个特殊的投资工具——结构性投资工具中，整合方可能不为收回抵押贷款提供担保，结构性投资工具中汇集的抵押贷款成为投资的担保，将被发

---

① 掠夺性贷款实践通常指在不知不觉中使借款人处于不利地位的做法，以致偿还越来越难，展期非常困难，因此在借款人失去至少部分投资后，贷款人可以收回资产并转售获利。有时贷款人会承诺低利率，但就在最后签字之前，会转换成更高的利率。可调利率抵押贷款也可以使用，这样投资者可能会面对高于他们偿还能力的利率。

② 房利美即联邦国民抵押贷款协会，房地美是联邦住房贷款抵押公司。

行给公司、养老金计划和个人投资者。换句话说，无法收回抵押贷款的风险从最初的贷款人转移到交易对方，然后转移到那些认为为自己的投资组合进行了非常稳健、高收益投资的投资者身上。事实上，无力偿贷的不断增加和房价下跌意味着止赎、收回与转售并不能收回原始本金，以及交易对方提供的类似保险的担保——称为信用违约互换[①]——往往一文不值，所以最终投资者不得不面对他们的投资价值已经大幅缩水的事实。

在银行和其他遵守按市值计价（M2M）会计准则的公有投资者的案例中，其投资价值的减少必须以一项重大损失的准备金反映在公司的财务报表中。更复杂的是，价值下跌的速度和产生的不确定性意味着即使是减损的价值也很难估计。投资者公司的股价自然下跌，这进一步加剧了金融动荡。面对巨大的损失和不确定性，大多数信贷机构在问题解决之前不愿意借钱给任何人。世界范围内的流动性或信贷冻结发生，导致失业、接管、破产和救助的出现。

图 8 - 3 列示了前文分析过的导致美国房地产泡沫的一些因素。

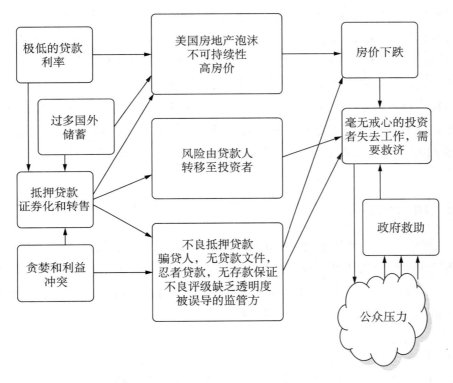

图 8 - 3　次贷危机——美国房地产泡沫

房利美和房地美的"贡献"

房利美和房地美的罪责和命运也值得了解。在房地产泡沫出现之前和期间，它们是住房

[①]　信用违约互换是一种合同，其中一方同意接受抵押贷款支持证券的违约风险，以换取投资者的支付。如果投资违约，投资者将从信用违约互换的发行者那里收到款项，前提是发行者有足够的资金支付。

抵押贷款的两大买家和转售商。① 因此，由于滥用扩张主义政府政策，它们对泡沫的整体发展及其所涉及的系统性风险②做出了重大"贡献"。由于抵押和担保的房屋价值的损失，它们也遭受了巨大的损失，以至于它们无法继续购买抵押贷款。2008 年 9 月初，美国政府没有让这种局面继续下去，而是接管了这两家上市公司，并向其注资高达 2 000 亿美元，以保持抵押贷款市场的流动性。③

这两家公司的 CEO 都被解雇，但他们同意继续提供帮助，并获得了大量的遣散费。房利美的丹尼尔·马德（Daniel Mudd）和房地美的理查德·塞伦（Richard Syron）前一年的收入分别为 1 160 万美元和 1 830 万美元，他们还分别带着 730 万美元和 630 万美元离开了公司。这笔遣散费引起了许多人的愤怒，包括当时的参议员巴拉克·奥巴马（Barack Obama），他写信给财政部长亨利·保尔森（Henry Paulson），称"无论如何，在美国财政部史无前例地动用纳税人的资源来拯救这些公司之际，这些公司的高管不应获得意外之财"④。被赶下台的 CEO 们的业绩说明了一切。2004 年 12 月马德接任房利美首席执行官时，该公司股价约为 70 美元，但 2008 年 9 月 8 日收于 0.73 美元。塞伦于 2003 年 12 月接任房地美首席执行官，当时该公司股价约为 55 美元，但在 2008 年 9 月 8 日跌至 0.88 美元。⑤ 更重要的是，如果这两个人有远见和/或道德勇气站出来反对扩张次级贷款，而不是试图利用它，这场危机是本可以避免的，他们的公司或许可以在没有政府干预的情况下继续向公司的目标发展。难道在他们的公司盈利能力越来越差，失去了活力的情况下，这些人也不明白次级贷款链所涉及的风险和不道德的过程吗？即使这些首席执行官只关注短期利润（他们不能这样做）是可以被原谅的，他们的董事会的职责也必定是关注战略——既要考虑长期利益，又要考虑道德问题。

矛盾的信用评级骗局

银行、抵押贷款公司和其他金融中介机构并不是所有的将极高的次贷风险转移给毫无防备的投资者的机构。信用评级机构（穆迪、标准普尔（S&P）和惠誉评级（Fitch Ratings））同样如此⑥，因为至少在最初⑦，即使知道它们的评级没有纳入和反映所有风险，它们还是给予债务抵押债券和抵押贷款支持证券稳健的投资评级。

---

① 房利美和房地美最初是美国政府为扩大抵押贷款二级市场（即为抵押贷款提供更多资金）而创建的。它们都发行了公开交易的股票。

② Carol D. Leonnig, "How HUD Mortgage Policy Fed the Crisis," *Washington Post*, June 10, 2008, accessed December 27, 2010, at http://www.washingtonpost.com/wp-dyn/content/article/2008/06/09/AR2008060902626.html.

③ David Ellis, "U. S. Seizes Fannie and Freddie," CNNMoney.com, September 7, 2008, accessed November 9, 2008, at http://money.cnn.com/2008/09/07/news/companies/fannie_freddie/index.htm?postversion=2008090720.

④ William Heisel, "Fannie Mae and Freddie Mac CEOs to Get Golden Parachutes," *Los Angeles Times*, September 8, 2008.

⑤ Ibid.

⑥ Curtis C. Verschoor, "Who Should Be Blamed the Most for the Subprime Loan Scandal?," *Strategic Finance*, December, 2007, 11, 12, 59.

⑦ 随着危机的加深，穆迪和标准普尔停止了对结构性投资工具和抵押贷款支持证券的评级。

美国众议院专家咨询组①在 2008 年 10 月公布的电子邮件和文字记录说明了这一点：

● 一系列标准普尔结构性金融部门的员工即将对一笔结构性交易做出评级："那笔交易太荒谬了……我知道正确的……（我们的评级）模型考虑到的（风险）不到一半……我们不应该给它评级……我们对每一笔交易都进行评估。不论这笔交易内容是什么，我们都会对它进行评级。"②

● 一位标准普尔的员工说："希望这些不合理的评级被揭露的时候我们都已经有钱而且退休了。"③

● 穆迪董事长兼首席执行官雷蒙德·麦克丹尼尔（Raymond McDaniel）描述了事态的急剧恶化。"在 2004 年和 2005 年的次级债问题上，我们的竞争对手惠誉评级和标准普尔都是近乎疯狂的，它们对任何交易的评估都是投资级的。我们试图警告市场这样做的风险，告诉公众我们不会对这些次级债评级。这些都不是投资级的，但是根本没人在意，因为市场一直在运转。"④

● 当麦克丹尼尔被问及评级过程中可能涉及的利益冲突时——评级机构是由投资公司付费的，投资公司创造证券，然后利用评级销售证券——他说："我们的评级不受商业考虑的影响……这是一场必须被确认、妥善处理和控制的冲突。"⑤

● 但穆迪的一名员工表示："在我看来，我们似乎被蒙蔽了双眼，从未质疑过我们得到的信息。我们的工作是考虑最坏的情况，并为它们建模。这些错误加在一起，要么让人觉得我们在信用分析方面无能，要么让人觉得我们为了收入把自己卖给了魔鬼。"⑥

● 在 2007 年向董事会做简报时，麦克丹尼尔告诉董事们，评级机构向客户提供过高的评级以赢得业务和赚取费用。"事实证明，支持反映真实评级的人出奇地少：发行人希望获得高评级；投资者不希望评级被下调。"⑦

监管机构看错了方向

同样值得注意的是，几家"监管机构"试图揭发此事，但都受到了阻挠。据《商业周刊》报道，2003 年 4 月，北卡罗来纳和艾奥瓦州的总检察长前往华盛顿，警告官员们注意"掠夺性房地产融资"，并寻求帮助，以限制此类行为。⑧ 可相反的是，美国货币监理署（OCC）和储蓄机构管理局（OTS）"站在贷款人一边"。OCC 随后争辩说，根据优先原则，当联邦法规

---

① http://house. resource. org/110/gov. house. ogr. 20081022_hrs01RFM2154. 1. pdf search for e-mail.

② Paul Waldie, "Rating Agencies Face the Music," *The Globe and Mail*, October 23, 2008, B10.

③ Lorraine Woellert and Dawn Kopecki, "Debt Raters Ripped for 'Colossal Failure,'" *Toronto Star*, October 23, 2008, B3.

④ Ibid.

⑤ Ibid.

⑥ Ibid.

⑦ Ibid. , B6.

⑧ Robert Berner and Brian Grow, "They Warned Us: The Watchdogs Who Saw the Subprime Disaster Coming—And How They Were Thwarted by the Banks and Washington," *Businessweek*, October 20, 2008, 36 - 42.

与州法规发生冲突时，联邦法规主导或优先于州法规。这导致银行不受州监管，所以就出现了"州特许抵押贷款公司被全国性银行收购，然后宣布它们……不受州监督"。当时，各州甚至无法审查在本州经营的、隶属于全国性银行的抵押贷款机构的记录。国家法规和监管机构相对宽松致使不负责任的放贷行为继续肆无忌惮，发展成一场放贷狂潮。事实证明，OCC 和其他国家官员的行为并没有为公众利益服务——他们助长了危机。

特殊目的载体——危机的关键

投资银行开发了一种被称为特殊目的载体（SPV）的投资工具，并将其出售给了毫无戒心的投资者。在这种投资工具中，投资银行保留较少的权益甚至不保留任何权益。鉴于2007年和2008年美国房价的崩溃，这些特殊目的载体是极具风险的，但绝大多数投资者并不了解这种风险。他们认为，投资银行、评级机构和投资审批链上的其他机构的行为都是为了投资者的利益。他们大错特错。

为了创建一个特殊目的载体，投资银行将从零售银行购买抵押贷款，并将这些抵押贷款用作抵押贷款支持证券的担保，而抵押贷款支持证券将作为特殊目的载体发行。特殊目的载体合同使用从抵押人那里收到的现金来支付抵押品的利息和本金。这种证券被称为债务抵押债券，因为来自汇集的抵押贷款的现金流被用来保证流向证券购买者的现金流。与定期支付利息、到期偿还本金的债券不同，抵押贷款支持证券所有者将收到利息和本金的混合支付，类似于抵押人每月向银行混合支付利息和本金。

这些债务抵押债券被分割成几个部分，来源于汇集的抵押贷款的现金流，首先是优先或风险最低的部分，然后是夹层部分，之后是风险最高的其他部分。由于优先部分将首先获得现金，因此回报率较低。夹层将在优先部分支付后获得现金，因此该部分的风险水平更高，回报率也更高。最后是风险最高的部分——这部分是最后支付的，因此回报率最高。

由于优先部分被认为是风险最小的，穆迪、惠誉评级和标准普尔等评级机构通常将这部分债券的级别评为 AAA，相当于政府风险等级。它们将夹层债券评为投资级，从 AA 到 BBB 不等。

最低级别是非投资级。不幸的是，除了前面所说的故意错误评级，评级机构在评估这些债务抵押债券时还犯了两个根本性错误。第一个是它们依赖于计算机生成的估值模型，这些模型包含了不可靠的风险预测计算。第二个更重要的错误是它们假设每一等级都代表一种随机独立的风险。也就是说，它们假设 AAA 级的风险独立于其他所有级别的风险。然而事实上，各风险等级之间是相互依赖和影响的，因为所有不同级别的风险评估都依赖于房主继续按月支付他们的抵押贷款。这种相互依赖被称为系统性风险。[①]

抵押贷款支持证券不同级别风险之间的相互依赖性可以通过对房屋的第一、第二和第三

---

① 对于与次级抵押贷款支持证券相关的系统性风险分析，见 Hans-Werner Sinn, *Casino Capitalism*（New York: Oxford University Press, 2010）。

次抵押贷款的相互依赖性来说明。第二和第三次抵押贷款比第一次抵押贷款风险更大，因为第二个抵押人不能取消抵押品赎回权，除非第一个抵押人也取消抵押品赎回权。此外，如果房主支付了第一笔抵押贷款，但没有支付第二笔抵押贷款，那么第二个抵押人不能取消对房产的赎回权，作为收回最初借给房主的金额的一种手段。第三个抵押人甚至有更高的风险，因为第三个抵押人只有在第一个和第二个抵押人的债务偿付得到满足后才会收到止赎的支付。

任何由第二或第三次抵押贷款支持的债务抵押债券都具有非常高的风险，但投资者很难理解其潜在的风险。大多数买家依赖承销商（投资银行）和评级机构（穆迪或标准普尔）进行尽职调查，审查债务抵押债券协议及其风险档次，以确定哪些方面可能出错，并在评级中增加风险。一些投资者可能会审查美国证券交易委员会的文件和/或招股说明书。招股说明书是一份用于推销某项投资的法律文件，篇幅可能超过 300 页，晦涩难懂，说明书对所有可能存在的风险进行了警告，就像医疗广告在电视上宣传药物时对所有可能的副作用进行警告一样。其他投资者可能想要进一步查看原始文件，或检查抵押贷款和房主的情况，但在许多情况下，很难获得这些原始文件，甚至无法获得房主的姓名和他们的抵押贷款数额。因此，除了依靠承销商和信用评级机构之外，没有其他真正的替代选项。①

当住房市场在 2008 年崩盘时，来自汇集的抵押贷款的现金流不足以支付债务抵押债券的利息，因此债券的价值下跌。随着债务抵押债券价值的下跌，投资者开始迅速抛售他们的债务抵押债券，这产生了过剩的供应，从而导致所有债务抵押债券的价格进一步下跌。最终，整个债务抵押债券市场瘫痪了。回顾过去，投资者应该意识到，依赖于稳定的住房和抵押贷款市场的债务抵押债券是风险投资，尤其是当债务抵押债券由第二或第三次抵押贷款支持时。最后，债券评级机构要对很多事情负责。它们本应能够确定债务抵押债券的风险，然后向潜在投资者披露这一风险的水平。然而评级机构未能做到这一点。

> ### ⚡ 次级抵押贷款支持证券出了问题
>
> 2006 年，高盛创建了证券化工具"高盛替代抵押贷款产品（GSAMP）信托 2006 - S3"。该公司发行了 4.94 亿美元的债务抵押债券，由 8 274 笔二次抵押贷款支持。这些抵押贷款中有 1/3 是加利福尼亚州的房屋贷款，属于高风险无合同文件贷款或少量合同文件贷款。这些房屋的平均所有者权益不到 1%。
>
> 高盛将这些证券化投资打包为 13 个部分：3 个优先部分价值 3.36 亿美元；7 个夹层部分价值 1.23 亿美元；还有 3 个部分价值 3 500 万美元。穆迪和标准普尔随后对该债券进行了评级。由于优先级债券的持有者将首先得到偿付，被称为 A-1、A-2 和 A-3 的

---

① 关于投资银行在其披露文件中不够坦诚的例子，参见 Alan Sloan，"Junk Mortgages under the Microscope," *Fortune*，October 16，2007。

这三部分债券被评为 AAA 级。夹层债券的所有者将在 AAA 级债券支付后得到偿付，因此这些债券的评级为从 AA 到 BBB。其余 3 个部分债券由于风险很大，未被评为投资级。这意味着93%的债券被评为投资级，63%的债券（AAA 级）的风险被评为等同于政府债券，即使它是由风险极高的次级抵押贷款支持的。

当房地产市场崩溃时，尤其是在加利福尼亚州，这些抵押贷款证券的价值暴跌。到 2008 年 7 月，评级低于 AAA 的 10 个部分债券已经违约，投资者不再收到利息支付。这个时候，除了 98%的 A-2 和 A-3 债券外，还有 28%的 A-1 债券仍未清偿。这些债券的面值总计为 1.599 亿美元，但仅由 7 960 万美元的抵押贷款支撑。换句话说，50%的债券没有资金支持。到 2009 年 10 月，A-1 债券损失了 25%的价值，而另外两个部分则损失了 90%的价值。

高盛在推销以 GSAMP 发行的抵押贷款支持证券的同时，也在卖空一个抵押贷款支持证券指数。换句话说，高盛把 GSAMP 证券卖给投资者，然后为了公司盈利，又把这些投资卖空①，从而导致其价值下降。显然，高盛并不认为对投资者客户忠诚是其首要任务。

资料来源：Alan Sloan, "Junk Mortgages under the Microscope," *Fortune*, October 16, 2007; Alan Sloan, "Once upon a Time in Mortgage Land," *Washington Post*, November 28, 2009.

无限的高风险——信用违约互换、无担保和其他

在次贷危机之前，消息灵通的金融家、投资者、银行家和保险公司都知道信用违约互换的风险和破坏性有多大，但许多其他人无法抗拒高额的费用收入和潜在的利润。信用违约互换是一种可转让的票据，可能极其复杂。它们有了自己的生命，最终交易量巨大（据报道 2010 年超过了 26 万亿美元——比任何基础债务都要高很多倍，而且远远超出了发行方/保险公司在原始债务违约时的偿付能力）。

信用违约互换是一种金融工具，最初旨在管理因持有债权而产生的违约风险。例如，一家银行可以通过签订信用违约互换合同来对冲借款人可能拖欠贷款的风险作为买家保护。如果贷款出现违约，对银行来说，信用违约互换合约的收益可抵消相关债务的损失。对发行人来说，这将是损失。通过购买信用违约互换，贷方（比如银行）可以在保留贷款的同时规避违约风险。这种对冲的缺点是，如果没有违约风险，银行可能没有积极监控贷款的动机，交易对方与借款人也没有任何关系。

无担保信用违约互换（NCDS）本质上是一种由机构发行的信用违约互换，该机构对被投保的贷款不拥有或不具有可保利益。因此，对一笔贷款可以承保几乎无限量的保险，如果出现违约，发行方/保险方不能支付所有的索赔，就会造成金融浩劫。这就是 2008 年发生的

---

① 当一种证券被卖空时，卖方希望该证券的价值下降，这样卖方就可以以较低的价格购买该证券，并及时交付该证券。卖主以高价卖出，然后以低价买进，以此赚取利润。

事情，也是美国国际集团破产并需要被接管的原因。

NCDS 交易是高风险的赌博。电影《大空头》（2015）中提到，赢家赢了大钱，而输家输了同样的钱。金融家乔治·索罗斯（George Soros）曾呼吁彻底禁止此类交易，将其视为"有毒资产"并且会导致投机者做空公司或国家。

信用违约互换是促成 2008 年金融危机和随后的政府救助的主要原因，因为发行方（尤其是美国国际集团）无法支付由此造成的保险损失。这导致了一场流动性危机，影响了世界各地的银行和其他金融机构。

危机、破产、救助和新法规

随着次级贷款损失变得明显，普通银行和影子银行①都拒绝放贷，信贷紧缩演变为流动性危机。各大银行、投资银行的负责人、美国财政部和联邦储备银行的官员一同召开了会议，但都没有找到解决办法。

在会议期间，大型投资经纪商和投资银行美林的首席执行官约翰·塞恩（John Thain）意识到，他的公司已经过度扩张，很容易受到冲击。他在周末联系了美国银行的首席执行官，他们在 2008 年 9 月 14 日周日宣布了美国银行以低价收购美林的交易。② 此事立即引起了反响。

第二天，曾经备受重视和尊敬的投资银行雷曼兄弟申请破产。在截至 2007 年 11 月 30 日的财年中，雷曼兄弟公布了创纪录的近 600 亿美元收入和超过 40 亿美元的利润，但仅仅 10 个月后，也就是 2008 年 9 月 15 日，它的破产申请成为有史以来最大的破产申请。③ 对雷曼兄弟破产的简单解释是，这家投资银行试图仅用 250 亿美元的缓冲资本承载约 7 000 亿美元的投资，即 3.6%（1/28）。④ 事实证明，在 2008 年 9 月金融市场的不确定性造成的流动性危机期间，这种缓冲不足以诱使贷款人延长贷款期限或美联储延长紧急融资期限。事实上，美国财政部长已经告诉雷曼兄弟，它必须筹集比 2008 年 6 月已筹集的 60 亿美元更多的资金，否则将面临严重后果。在筹集新的 60 亿美元之前，它的资本缓冲只有 2.7%。换句话说，每 1 美元的投资资本对应 37 美元的债务。显然，雷曼兄弟没有从可行的保险公司处获得足够的资本缓冲和足够的信用违约互换，也无法吸引足够多的投资者来避免破产。

恐慌出现。政府被迫介入以拯救大公司，使其免于破产，并注入流动性资本以重启信贷流程。下面是对危机顶峰的一种描述：

---

① 影子银行的来源涉及不受监管的金融中介机构参与信贷创造（对冲基金、其他基金和贷款）和受监管机构的不受监管的活动（未上市衍生品、信贷、信用违约互换等）。据 Investopedia，不受监管的金融中介机构之所以逃脱监管，是因为它们不吸收存款。见 http://www.investopedia.com/terms/s/shadow-banking-system.asp.

② Charlie Gasparino, "Bank of America to Buy Merrill Lynch for \$50 Billion," CNBC, September 14, 2008, accessed December 28, 2010, at http://www.cnbc.com/id/26708319.

③ Anton R. Valukas, *Report of Anton R. Valukas*, *Examiner*, *Lehman Brothers Holdings Inc.*, Chapter 11 Case No. 08-13555（JMP）（Jointly Administered），United States Bankruptcy Court, Southern District of New York, March 11, 2010, accessed at http://lehmanreport.jenner.com; see also www.cengage.com/accounting/brooks.

④ Ibid., 4.

这就是信贷危机的样子。它不像股市危机那样，可怕的暴跌对所有人来说都是显而易见的。信贷危机已经在大多数人看不到的地方上演。银行拒绝向其他银行放贷——尽管这是银行系统最基本的功能之一。这是对摩根士丹利和高盛等看似健康的机构的信心的丧失——尽管压力越来越大，这两家公司都公布了利润。恐慌的对冲基金纷纷撤资。受到惊吓的投资者通过购买信用违约互换（一种防范潜在破产的金融保险政策）来保护自己，其价格是其正常支付价格的 30 倍。

两周前，从 9 月 17 日周三上午到 9 月 18 日周四下午的 36 个小时里，全球金融体系出现了裂缝，吓坏了政策制定者。

美国联邦储备委员会主席本·伯南克（Ben Bernanke）和财政部长亨利·保尔森急于做点什么，并迅速采取行动。他们总结说，是时候使用他们一直在制定的"打破玻璃"救援计划了。但由于情况紧急，他们绕过了在华盛顿的一个关键步骤，在没有做政治准备的情况下制订了 7 000 亿美元的救助计划，结果在刚刚过去的周一遭到了众议院的强烈反对。

然而，在那周周四晚上，时间至关重要。在众议院议长南希·佩洛西（Nancy Pelosi）的会议室匆忙召开的会议上，两人以可以想象到的最严厉的措辞，向国会领导人提交了 7 000 亿美元计划的大纲。据几位与会者透露，伯南克说，"如果我们不这样做，周一我们的经济可能就崩盘了"[1]。

2008 年 10 月 3 日，美国国会投票支持 7 000 亿美元的救助计划，称之为问题资产救助计划，然后是财政部长保尔森和美国联邦储备委员会主席伯南克领导下的联邦储备银行救助了基本上资不抵债的公司，如房利美、房地美[2]和美国国际集团，以及其他被强制收购的公司，例如美林等[3]，并提供了数十亿美元来购买不良抵押贷款投资，美联储可以持有这些投资直到房价回升。在 CNNMoney. com 的救助追踪网站上，你可以找到一个关于问题资产救助计划、救助、投资和偿还的精彩摘要。[4]

事实证明，问题资产救助计划本身不足以恢复信心、缓解流动性危机。在 2008 年 10 月和 11 月，没有人能准确判断次级贷款的惨败对世界经济的影响，随后的经济下滑带来的级联效应，以及随后实施的大规模经济刺激计划将产生何种缓解效果。2009 年 1 月下旬提供的一个简短的快照呈现了信贷级联效应的一个方面——相对于次级抵押贷款，可调利率抵押贷款（ARM）的预计违约率。从 2004 年到 2007 年，接近 7 500 亿美元的 ARM 被发放给了比次级

---

① Joe Nocera，"The Reckoning：As Crisis Spiraled，Alarm Led to Action," *New York Times*，October 1，2009，accessed December 27，2010，at http://www. nytimes. com/2008/10/02/business/02crisis. html?_r=1&hp= &pagewanted=all.

② David Ellis，"U. S. Seizes Fannie and Freddie," *CNN Money*，September 7，2008，http://money. cnn. com/2008/09/07/news/companies/fannie _ freddie.

③ C. Mollenkamp，S. Craig，S. Ng，and A. Lucchetti，"Lehman Files for Bankruptcy，Merrill Sold AIG Seeks Cash," *Wall Street Journal*，September 16，2008，accessed November 9，2008，at http://online. wsj. com/article/SB122145492097035549. html.

④ 见 http://money. cnn. com/news/storysupplement/economy/bailouttracker/index. html。

抵押贷款客户信用评分更高的客户，但也有一些相同的文件困难。ARM 允许借款人选择每月支付多少钱，且最低还款额可低于每月的到期利息，因此利息差额必须加到贷款的账面价值上。随着房价下跌，许多房屋的市场价值低于与该房产相关的贷款价值。由于普遍的经济衰退导致了工作岗位的减少，许多 ARM 持有者违约了，这造成了如下所述的重大影响：

> 2004 年至 2007 年发行的近 7 500 亿美元的可调利率抵押贷款期权与同期各 1.9 万亿美元的次级和巨额抵押贷款形成了鲜明对比。
>
> 高盛最近的一项分析显示，在 2007 年推出的可调利率抵押贷款期权中，有近 61% 最终将违约。该分析假设房价将进一步下跌 10%。相比之下，2007 年发放的次级贷款的违约率为 63%。高盛估计，超过一半的未偿付的可调利率抵押贷款期权将违约。[①]

信誉丧失和收入下降的公司的糟糕财务状况，以及可调利率抵押贷款的级联效应为采取真正大规模的振兴措施创造了条件。特别值得一提的是，美国政府还启动了货币或量化宽松计划，将资金直接注入银行。外国政府、欧洲经济共同体（European Economic Community）和国际货币基金组织也为外国的借款提供资金垫付或担保。慢慢地，世界经济开始恢复，虽然问题资产救助计划的部分资金得到了偿还，但在 2010 年，美国政府启动了第二轮量化宽松。

此外，美国于 2010 年 7 月 21 日通过了《多德-弗兰克华尔街改革和消费者保护法案》，对投资银行实施更严格的监管，并为消费者提供更多的保护。新的倡议包括：

消费者保护的权威性和独立性：新设一个设在美联储的独立监管机构，该机构有权确保美国消费者在购买抵押贷款、信用卡和其他金融产品时获得他们需要的清晰、准确的信息，保护他们免受隐藏费用、滥用条款、欺诈行为的侵害。

结束对"太大以至于不能倒"的公司的救助：通过以下措施结束纳税人被要求开一张支票来救助威胁经济发展的金融公司的可能性——创建一个安全的方式来清算破产的金融公司；对资本金和杠杆率提出新的严格要求，使公司不愿使规模过大；升级美联储的权力，允许提供系统层面的支持，但不再支持单个公司；建立严格的标准和监管，以保护经济，以及美国的消费者、投资者和企业。

提前预警系统：创建一个委员会，在大型、复杂的公司、产品和活动构成的系统性风险威胁经济稳定之前，识别和处理这些风险。

外来金融工具的透明度和问责制：将原本不被关注和监管的具有风险和滥用行为的漏洞消除，包括场外衍生品、资产支持证券、对冲基金、抵押贷款经纪人和发薪日贷款人的漏洞。

高管薪酬和公司治理：通过让股东在高管薪酬和黄金降落伞问题上具有不被约束的投票权，使股东在薪酬和公司事务上拥有更多发言权。

---

① Ruth Simon, "Falling Home Prices Create Rival for Subprime," reprinted on the *Wall Street Journal* page (B8) of *The Globe and Mail*, January 30, 2009. 原文来自 "Option ARMs See Rising Defaults," http://online. wsj. com/article/SB123327627377631359. html。

保护投资者：为信用评级机构的透明度和问责制提供严格的新规则，以保护投资者和企业。

严格执行规章制度：加强监督，授权监管机构积极追查财务欺诈、利益冲突以及以牺牲美国家庭和企业的利益为代价让特殊利益集团受益的制度操纵。[①]

在世界范围内蔓延

本章的分析集中于次贷危机在美国的发展，但次贷危机迅速蔓延到欧洲资本市场和全世界。几乎没有人能完全理解由此引发的连锁反应，以及股权和债务投资的借贷与世界各地经济体之间的高度联系。美国的经济衰退和流动性问题很快在欧洲和其他地方重演，并使全球经济萧条了十年之久。对这种互联性的认识，产生了全球范围内更具协调性的思考，即对系统性风险及其监管、银行和证券监管以及更加仔细的市场观察（而不是假定市场参与者在自身利益的引导下会以社会利益最大化为行动目标）的思考。

为此，设立了新的管理机构、出台了新的法规。2011 年 1 月 1 日，欧盟成立了欧洲银行管理局（European Banking Authority），以协调欧盟银行体系的规则。2011 年 9 月，英国银行业独立委员会（Independent Commission on Banking）在最终报告中通过了银行法规。

💡 电影里的投资银行家

从 1946 年的《生活多美好》中邪恶的波特（Potter）先生，到 1987 年的《华尔街》中贪婪的戈登·盖柯（Gordon Gekko），再到 1951 年的《圣诞颂歌》中获得救赎的埃比尼泽·斯克鲁奇（Ebenezer Scrooge），投资银行家们一直是电影的主角。除了乔治·贝利（George Bailey）这个罕见的例外，投资银行家通常被描绘成贪婪、自我放纵的人。在电影里很少看到女性投资银行家。由于 2008 年的金融危机，好莱坞制作了大量关于这场危机的电影，投资银行家的形象再一次受到了负面影响。

纪录片《监守自盗》（2010）和《资本主义：一个爱情故事》（2009）对始于 2008 年的经济危机进行了高度批判性的分析。前者是一部奥斯卡获奖影片，对整个金融行业进行了尖锐的谴责，而后者也是一部获奖影片，研究了危机对普通美国人生活的影响。纪录片《金钱无用：深入美联储》（2013）考察了美联储的历史及其在金融危机期间的作为与不作为。奥斯卡获奖影片《大空头》（2015）根据迈克尔·刘易斯（Michael Lewis）的同名小说改编，讲述了三组投资者决定通过做空抵押贷款支持证券来对抗过热的房地产泡沫的故事。

---

① *Brief Summary of the Dodd-Frank Wall Street Reform and Consumer Protection Act*，U. S. Senate Banking Committee，July 1，2010，accessed December 28，2010，at http://banking. senate. gov/public/_ files/070110 _ Dodd _ Frank _ Wall _ Street _ Reform _ comprehensive _ summary _ Final. pdf.

　　对于当银行高管知道抵押贷款支持证券的金融体系即将崩溃时他们所面临的困境最真实的描述之一是《商海通牒》(2011)。这部电影展示了这些高管面临的道德辩论以及他们所做的选择。

后续事件

　　在纽约联邦储备银行出版的《金融动荡时间线》[①] 和《国际应对危机时间线》[②] 中，可以找到对后续事件的记录和持续更新。

对摩根大通的罚款与和解

　　《多德-弗兰克华尔街改革和消费者保护法案》的部分内容禁止投资银行从事高风险投资和交易活动。尽管摩根大通在次贷危机中损失了数十亿美元，但该行仍继续从事衍生品交易。不幸的是，它的投资并不总是明智的。2012 年，该行伦敦办事处在信用违约互换相关交易中损失了 62 亿美元。2013 年 9 月，摩根大通被罚款 9.2 亿美元，原因是其风险管理控制不力、治理结构不完善以及内部控制薄弱（这让该行的交易员得以在一开始就隐瞒投资损失）。罚款情况如下：

- 向美国货币监理署支付 3 亿美元
- 向美联储支付 2 亿美元
- 向美国证券交易委员会支付 2 亿美元
- 向英国金融行为监管局支付 2.197 亿美元

　　起初，摩根大通董事长兼首席执行官杰米·戴蒙（Jamie Dimon）表示，对该行伦敦办事处的批评是"茶壶里的风暴"。事后，他为自己的言论道歉，并承认了银行的错误。"从一开始，我们就应该承担责任并承认自己的错误，我们已经从错误中吸取了教训，并努力改正。自从这些损失发生后，我们已经做出了许多改变，这些改变使我们成为更强大、更聪明、更好的公司。"[③]

　　这一事件的讽刺之处在于，投资者输了两次：先是巨额交易损失，然后是罚款。至于承担责任，该行负责管理伦敦交易员的首席投资官艾娜·德鲁（Ina Drew）提前退休了。在银行工作了 30 年后，她领了 2 150 万美元的安置费退休了。而戴蒙仍担任这家投行的董事长兼首席执行官，尽管董事会确实将他的奖金削减了一半。由于伦敦办事处的交易惨败，他在 2012 年的薪酬"仅"为 1 050 万美元。然而，他的薪酬在 2014 年增加到了 2 000 万美元。[④]

---

　　① Federal Reserve Bank of New York，"Financial Turmoil Timeline," http://data. newyorkfed. org/research/global _ economy/Crisis _ Timeline. pdf.

　　② Federal Reserve Bank of New York，"International Responses to the Crisis Timeline," http：//www. ny. frb. org/research/global_economy/IRCTimelinePublic. pdf.

　　③ D. Rushe，"London Whale Scandal to Cost JP Morgan ＄920m in Penalties," *The Guardian*，September 19，2013.

　　④ 杰米·戴蒙继续获得高额年薪：2015 年和 2016 年分别为 2 700 万美元，2017 年为 2 950 万美元，2018 年为 3 100 万美元。

但 2013 年 9 月被罚款并不是该银行最后一次与政府打交道。2013 年 11 月，摩根大通同意与美国政府就其涉入 2007—2008 年金融危机达成 130 亿美元的和解协议。和解金额大致相当于该投资银行在 2013 年年初至 11 月获得的利润。该和解金包括以下内容：

- 20 亿美元的民事罚款；
- 向从摩根大通购买抵押贷款支持证券的投资者赔偿 70 亿美元；
- 40 亿美元将用于帮助那些仍在遭受金融危机影响的房主。

这是截至本书写作时因公司行为不当而支付给政府的最大一笔罚款。其他投资银行也被政府罚款。正如杰米·戴蒙所说："你必须问它（政府），为什么它首先选择了我们，但也可能是其他人……总有人要成为第一个。"[1]

另外，截至本书写作时，还没有哪位高管被追究金融危机的责任。很多交易员都受到了调查，但很少有人入狱。然而，当各种投资银行倒闭或缩小规模时，许多员工失去了工作。没有哪位首席执行官因次贷金融灾难中的不当行为或重大过失而受到指控。真正的问责制要求企业和企业的管理者对企业的活动以及这些行为的后果负责。我们期待政府的下一步行动，并希望它对这些公司及其经理人因不当和不道德的商业行为所造成的后果提出指控。

对其他投资银行的罚款和处罚

其他所有投资银行都被处以罚款。2014 年 7 月，花旗集团支付了 70 亿美元；2014 年 8 月，美国银行支付了 167 亿美元；2015 年 2 月，摩根士丹利支付了 26 亿美元；2016 年 1 月，高盛与政府达成了 51 亿美元的和解协议。欧洲最大的 20 家银行支付了约 1 250 亿美元的罚款。由于这些罚款，投资银行的内部合规成本提高了。例如，美国银行每年花费 150 亿美元，摩根大通花费 80 亿美元[2]，以确保类似的危机不会再次发生。

四大会计师事务所也因对投资银行进行不公正的审计而受到处罚。2008 年 10 月，普华永道因对美国国际集团的糟糕审计支付了 9 750 万美元的罚款。2011 年 8 月，毕马威因新世纪金融公司（New Century Financial）审计项目而被罚款 4 470 万美元，同月又因美联银行审计项目而被罚款 3 700 万美元。2012 年 6 月，德勤为贝尔斯登的审计失败支付了 1 990 万美元。最终，在 2013 年 11 月，安永与美国政府就其对雷曼兄弟的审计失败达成了总额 9 900 万美元的和解协议。

谁从这些罚款和处罚中得到了现金？《华尔街日报》分析了来自六家最大银行的 30 多宗和解案，发现收到的约 1 100 亿美元流向了以下几个地方：

- 490 亿美元流向了美国财政部。
- 450 亿美元以帮助借款人和社区住房组织的形式用于消费者救济。
- 100 亿美元用于其他政府机构，包括联邦住房机构。

---

[1] J. Slater，"JP Morgan Wraps Up ＄13-Billion Deal，"*The Globe and Mail*，November 20，2013，10.

[2] Laura Noonan，"Bank Litigation Costs Hit ＄260bn—with ＄65bn to Come，"*Wall Street Journal*，August 23，2015.

- 53 亿美元流向了各州政府及其机构。
- 4.47 亿美元流入了美国司法部。[①]

💡 在危机期间，投资银行家的薪酬是多少？

在整个金融危机和随后的救援行动中，各大投资银行的 CEO 每年都获得了数千万美元的薪酬，包括工资、奖金和股票期权。与此同时，他们管理的公司陷入了财务危机，接受了数十亿美元的紧急援助，并支付了巨额罚款：

- 美林的首席执行官斯坦·奥尼尔（Stan O'Neal）2006 年的薪酬为 4 800 万美元。2007 年 10 月，美林报告季度亏损 22 亿美元。此后不久，奥尼尔辞去了首席执行官一职。他的遣散费为 1.6 亿美元。

- 2008 年 1 月，约翰·塞恩接替奥尼尔，并获得了 1 500 万美元的签约奖金。2008 年 9 月，塞恩见证了美林的财务破产以及最终被出售给美国银行。塞恩随后加入了金融控股公司 CIT 集团，获得了 800 万美元和价值 1 600 万美元的股票期权。

- 2009 年从美国银行首席执行官职位上退休的肯·刘易斯（Ken Lewis）获得了 8 300 万美元的退休金、股票和其他退休福利。美国银行还支付了他的 1 000 万美元罚款，同时也支付了美国银行自身因在收购美林时虚假陈述而被处以的 1 500 万美元罚款。

- 2014 年，高盛的两名高管，劳埃德·布兰克费恩（Lloyd Blankfein）和加里·科恩（Gary Cohen）分别获得了 2 400 万美元和 2 200 万美元的退休福利。与此同时，高盛还接受了 129 亿美元的政府救助，以维持公司的运营。

- 2014 年，摩根大通将其首席执行官戴蒙的薪酬从 1 150 万美元提高到了 2 000 万美元。同年，摩根大通还因为它在金融危机中的作为支付了 352 亿美元的罚款。

- 然而，华尔街贪婪的典型代表是理查德·福尔德。作为雷曼兄弟的首席执行官，他在 2000 年至 2007 年期间的薪酬共计 4.84 亿美元。福尔德负责的公司陷入破产。雷曼兄弟破产案是当时美国历史上最大的破产案。

没有一家银行的高管归还了在金融危机期间获得的任何薪酬。没有一家银行的高管或投资银行的董事会成员因涉入全球金融危机而入狱。

资料来源：William D. Cohan, "Wall Street Executives from the Financial Crisis of 2008: Where Are They Now?", *Vanity Fair*, March 18, 2015.

金融危机调查委员会

1990 年，著名经济学家约翰·肯尼斯·加尔布雷斯（John Kenneth Galbraith）在其著作

[①]　Christina Rexrode and Emily Glazer, "Big Banks Paid $ 100 Billion in Mortgage-Related Fines: Where Did the Money Go?," *Wall Street Journal*, March 9, 2016.

《金融狂热简史》中分析了金融泡沫。他认为，所有的金融危机都涉及五个因素：

- 一种新的金融工具
- 把金钱和智识联系在一起的错误观念
- 过高的杠杆率
- 把责任推给别人
- 市场体系本身

他对 20 世纪 80 年代互联网泡沫、20 世纪 20 年代股价崩盘、17 世纪 30 年代荷兰郁金香泡沫等盛衰现象的分析，都涉及了这五个因素。这五个因素也有助于解释次贷危机。

不幸的是，正如加尔布雷斯所指出的，人是出了名的健忘。人们似乎没有从过去的错误中吸取教训，所以注定要一遍又一遍地重复错误。

次贷危机导致了始于 2008 年的大萧条。2009 年 5 月，美国国会成立了金融危机调查委员会（Financial Crisis Inquiry Commission），调查 2007—2008 年金融危机的原因。这个由 10 人组成的委员会采访了 700 多名证人，阅读了数千份文件，并发布了一份 566 页的报告。

总的来说，该委员会"发现了公司治理的严重失效、监管上的严重失误以及我们金融体系中近乎致命的缺陷。我们还发现，一系列的选择和行动导致我们走向一场我们没有做好准备的灾难"[1]。以下是金融危机调查委员观察到的九个现象：

- 金融危机本来是可以避免的。管理者们没有注意到警示信号。这些警示信号包括：高风险且经常是掠夺性的抵押贷款做法、抵押贷款债务不可持续的增长、对房价继续上涨的不合理预期、抵押贷款证券化、不受监管的衍生品市场以及未能遵循谨慎原则的放贷行为。

- 金融监管失灵。随着金融业的管制越来越宽松，关键的保护措施也被取消了。与此同时，美国证券交易委员会和纽约联邦储备银行等有权管理、监督和控制金融市场的监管机构却未这么做。

- 公司治理和风险管理失败。随着银行从事越来越多的高风险交易活动，它们变得规模太大而无法管理。它们用数学模型取代了谨慎的判断，同时它们的薪酬计划奖励短期而非长期的绩效表现。

- 过度借贷、高风险投资和缺乏透明度。投资银行资本不足，杠杆率高达 40∶1。这意味着任何一家高杠杆公司的资产价值下降 3% 都可能导致该公司破产，雷曼兄弟就是这样的例子。通过隔夜贷款和"回购"贷款，银行用短期资金为其业务融资。在场外衍生品交易方面，许多此类贷款没有记录在银行的账目上。与此同时，消费者抵押贷款债务增长了 63%，而工资水平仍然停滞不前。许多房主贷款时的支付额非常低，以至于他们的抵押贷款债务每个月都在上升。

- 政府准备不足，前后反应矛盾。由于缺乏透明度，随着危机蔓延，监管机构未能充分

---

① "Conclusions of the Financial Crisis Inquiry Commission," xxvii-xxviii, at http://fcic. law. stanford. edu.

了解金融市场中的风险和相互关联性。它们错误地认为 2008 年 3 月贝尔斯登的破产是 "相对独特的"。随之而来的是对危机的前后不一的反应：美国政府拯救了贝尔斯登，任由雷曼兄弟倒闭，然后又拯救了美国国际集团。

- 问责制和道德规范出现了系统性的失效。消费者在明知自己无力偿还抵押贷款的情况下申请了贷款。放款人把抵押贷款借给那些银行知道无力偿还贷款的消费者。投资银行故意打包和出售那些未能达到自己承保标准的抵押贷款支持证券。
- 糟糕的抵押贷款标准使危机蔓延开来。商业银行一直在发放高风险的抵押贷款。这些贷款随后被证券化，用于支持抵押贷款支持证券。因此，当借款人停止他们的抵押贷款还款时，被衍生品放大的损失在金融市场迅速蔓延。
- 衍生品促成了这场危机。衍生品，尤其是信用违约互换，助长了房地产泡沫，而债务抵押债券（对抵押贷款支持证券的综合押注）在房地产泡沫破裂时放大了损失。
- 信用评级机构的失败。信用评级机构，尤其是穆迪，高估了抵押贷款支持证券的质量；83% 的 AAA 级证券随后被降级。

委员会得出的最能说明问题的结论是：危机是人为造成的，而不是计算机程序。房主、银行家、投资者和监管者在这场金融危机中都有责任，如果每个人都做出谨慎的商业行为，坚持高标准，不着眼于短期利益，这场危机本可以避免。贪婪、无能、失信、利益冲突、不透明、缺乏道德勇气和糟糕的风险管理，导致了一场本不该发生的金融和经济危机。

8.4　道德问题——次贷惨败

贪婪、无能、失信、利益冲突、不透明、缺乏道德勇气和糟糕的风险管理

为什么银行和大型养老基金等经验丰富的贷款机构会在续贷前景如此渺茫、基础产权价值如此脆弱的情况下投资次级抵押贷款？老实说，一些贷款机构的负责人了解其中的风险并决定不投资这些项目。道明银行就是一个例子。然而，大多数贷款机构只是简单地低估违约风险的可能性和损失。它们可能被误导，错误地以为通过信用违约互换担保抵押贷款的对方可能足够强大，足以弥补损失，但事实证明并非如此。在某些情况下，这些不谨慎的风险管理是无心之过，或者是风险不透明的结果，但在大多数情况下，放贷者确实没有做好审查，以识别潜在的风险。在其他一些情况下，投资由于贪婪，明知风险但为追求高回报而决定冒险。

无论是哪一种情况，由于 AAA 级投资收益率非常低，许多机构投资者和个人盲目追求他们认为合理或有吸引力的回报率，而对风险视而不见。如果不这么做，就会有被解雇或被市场淘汰的风险。选择最安全或最容易被理解的投资方式的基金经理将获得更低的回报，进而被市场淘汰。只有有远见的董事会才能容忍这种明显不合时宜的行为。

对于早期的放贷人，有一些人相信诱惑性或欺骗性贷款具有存续的可能性，但大多数人觉得风险过大。那些认为其具有高风险的人，是帮助和怂恿将风险转移给信息不对称或毫无戒心的投资者的上下链中的参与者。这条上下链中的参与者包括许多投资顾问，以及其他基于奖金、股票期权和高估收益的股票获得巨额回报的人。

投资顾问和高管应该站在投资者和股东利益的角度上，但他们是否只是为自己谋利？这些代理人是否诚实？他们是否了解并防范利益冲突的有害影响？他们是否有违法行为？他们是否应该受到惩罚以及应受到怎样的惩罚？

从治理的角度来看，很明显，抵押贷款部门、银行和具有合法牌照的中介机构，通过向投资者出售结构性投资工具、抵押贷款支持证券和债务抵押债券以获取巨额奖金和股票期权收益，在次贷丑闻爆发之前都没有承担任何实质性风险。例如，美国的银行没有被要求承担任何风险（就像它们在加拿大一样在有限的范围内保留风险），因此，这些美国高管不用担心被处罚而肆无忌惮。没有充分的规则——政府监督或自身利益约束——来约束或遏制社会释放出的无所顾忌的逐利欲望。

企业精神变态者——次贷危机中的潜在角色

关于高级财务总监（即高管）在全球金融危机中的潜在作用，有人提出了一个有趣的理论。克莱夫·博迪（Clive Boddy）[1] 认为，在金融公司工作的精神变态者在引发危机方面发挥了主要作用。他指出了他们造成这场灾难的主要方式。

博迪质疑：拥有数十年良好声誉的传统金融机构，为何最终的领导者似乎缺乏对自身的道德要求，展现出糟糕的领导力，并导致在管理员工的过程中出现不道德和高风险的行为？他认为，当组织内部的主要动力是奖金最大化时，即使是以牺牲长期客户的利益为代价，也会发生这种情况。以下内容介绍了那些被博迪称为企业精神变态者的人的行为：

> 在观察这些事件发展的过程中，我们常常发现：涉案的高级董事问心无愧地离开，并获得巨额收入。此外，他们似乎没有受到自己造成的企业破产的影响。他们表现出不为周围的混乱所困扰，不关心那些失去工作、储蓄和投资的人，对自己所做的事情毫不后悔。他们乐于在自己参与的事件上撒谎，在将发生的事情归咎于他人时非常有说服力，而且对自己的价值和未来持续的价值毫不怀疑。他们轻松地从自己一手造成的经济灾难中脱身，还从中获得巨额回报，并扮演着建议政府如何防止此类经济灾难再次发生的新角色。

> 这些人中有许多人表现出精神变态者的一些特征，其中一些人无疑是真正的精神变态者。精神变态者是 1% 的没有良知或同情心的人，他们不关心别人，只关心自己。有

---

① Clive R. Boddy, "The Corporate Psychopaths Theory of the Global Financial Crisis," *Journal of Business Ethics* 102 (Spring 2011): 255-59.

些精神变态者很凶暴，最后进了监狱，另一些则在公司里发展事业。①

后一类人被称为企业精神变态者，据说，他们被金融机构高度吸引。

对现代企业中精神变态者的出现进行研究的专业的评论员也假设，他们更有可能出现在当前组织的高层，而不是底层。此外，如果真的是这样的话，那么这种现象将在相关组织以及这些组织所在的社会产生可怕的后果。

还有一些证据表明，他们可能倾向于加入某些类型的组织，而不是其他类型的组织，例如，大型金融机构可能对他们有吸引力，因为在这些组织任职，会有很多潜在的收益。②

全球金融危机的企业精神变态者理论表明，企业精神变态者"一心一意追求自己的自我提高和自我扩张，排除所有其他的考虑，抛弃了位高任重、平等、公平的传统观念，以及任何真正的企业社会责任观念"③。该理论认为："人们就业方式的变化促进了企业精神变态者的晋升，他们在这些职位上任职时的个人贪婪造成了危机。"④

就这一理论的正确程度而言（还有一些人不赞同这一理论），唯一的解决办法似乎是审慎地监督这些人，或者让他们远离高级管理职位。不应允许他们管理他人的资金，也不应允许他们因过度冒险而对经济造成严重损害。显然，最有效的方法就是一开始就不雇用他们。因此，董事和招聘委员会需要意识到这个问题，并采取措施评估申请人的道德品质，或许可以聘请专家帮助评估。另一种遏制手段是建立排除精神变态者的奖励机制。例如，奖励应该做到以下几点：

● 阻止过度冒险；

● 着眼于长远的成功；

● 如果那些已经支付的、应付的或累积收入可能与不当行为有关，则可以收回；

● 将奖金与所有关键利益相关者挂钩，而不仅仅是与底层（或者更糟的情况，仅仅是与顶层）挂钩。

此外，不应该在员工因某种原因被解雇或辞职时依然支付报酬。事实上，对于公司来说，完全避免这种黄金降落伞可能是一种谨慎的做法。

如果所有这些都失败了，企业的精神变态者已经根深蒂固，董事和高级管理人员应该有办法找出他们并解雇他们，或者至少对他们严格控制（在这种情况下，他们很可能会自愿离开）。这些人很可能很有魅力，言语也很有说服力，这使得所有这些步骤都变得更加困难。

总而言之，在任何组织中，董事和高级管理人员都应该留意那些似乎完全没有道德准则

①　Clive R. Boddy, "The Corporate Psychopaths Theory of the Global Financial Crisis," 256.

②　Ibid., 257.

③　Ibid.

④　Ibid.

的关键人物。目前，这种警惕不太可能发生，往往是在极少数情况下发生。

缺乏监管和健全的决策

2008 年 9 月，美国国务卿希拉里·克林顿在奥巴马总统竞选期间出现在 CNN，被问到民主党是否要承担与次贷危机有关的一些谴责，因为她的丈夫在担任总统期间签署了《金融服务现代化法案》，使其取代了《格拉斯-斯蒂高尔法案》。她回答说，虽然他已经签署法案，但他一直在设想加强监管的第二阶段计划，但在《金融服务现代化法案》签署后，没有人对加强监管感兴趣。不幸的是，额外的强有力监管从未形成。这是因为贪婪、无知、缺乏道德品质，还是因为缺乏勇气来对抗企业利益和指出不受约束的市场自我监管过于薄弱或迟缓，无法保护公众利益？

其他人则认为，美国联邦储备委员会、货币监理署和证券交易委员会的监管人员有权保护公众利益，但他们没有这样做。尽管这是真的，但从政治角度讲，在股市和房地产市场看似健康的时候，主张加强监管，并不是一种流行的处理方式。这种思路的问题在于，它只关注短期，而不关注长期的风险、成本和收益——这是一种有缺陷的观点，会产生许多糟糕的决策。道德勇气是一种罕见的东西，应该欣赏它的真正价值。

同样明显的是，应该迅速实施有效的监管。次贷危机表明，最终的自由市场调整——一场崩溃——来得太晚了，以至于无法保护许多人免受损失，而且曾被认为太可怕而不允许发生。正如我们所看到的，各国政府纷纷介入，为金融体系纾困，而不是让最终的自由市场制裁充分发挥作用。此外，允许市场仅凭自身利益运作的原则也受到质疑。就连艾伦·格林斯潘也说过："我犯了一个错误，我以为组织的自身利益是能被保护的，特别是银行和类似的其他机构，有能力保护它们自己的股东和公司的股权。"[①] 也许，考虑到这些问题，现在是时候将道德思维整合到通常基于利润、股东回报（如股息）和法律考虑的公司决策过程中了，即引入不局限于当前股东和高管短期利益的考虑。由于一些司法管辖区排除了这种考虑，第一步将是至少允许董事会在财务决策中明确纳入道德操守。这将使他们能够将考虑范围扩大到现有股东和高管的短期利益之外。

M2M 会计准则应该受到谴责吗？

随着次贷危机升级，金融机构被要求在损益表上记录越来越多的损失，因为它们根据 M2M 会计准则低估了其抵押贷款支持衍生品资产的价值。美国财务会计准则委员会发布的关于公允价值计量的 FAS 157 会计准则要求，从 2007 年 11 月 15 日起，衍生品等金融资产在每个报告期内都应按其当前市价或最佳估计值重新估值。对于金融机构来说，这意味着每三个月，当金融机构发布其季度财务报表时，都被要求重新评估其投资组合，包括它所拥有的

---

① Barrie McKenna, "Greenspan Admits 'Mistake' on Bank Regulation: Ex-U. S. Fed Chief Wrongly Thought That Self-Interest Would Mitigate Risk," *The Globe and Mail*, October 24, 2008, 1, 16.

衍生品。如果投资组合的市场价值上涨,那么未实现的收益就需要在损益表上报告,从而增加公司的净收入。然而,如果投资组合的市场价值在这三个月下跌,那么该机构要将这部分下跌计入未实现亏损,这将减少净利润。就次贷危机期间的金融机构而言,遵循 FAS 157 增加了其损益表上的亏损。

不仅投资价值的下降对利润产生了负面影响,而且公司投资资产的估值也下降了,这导致银行的整体资产减少。对许多银行来说,这意味着它们面临着降至低于满足银行保护线或为运营提供资金所需的资本金要求的危险。银行选择限制新贷款以节省资金,从而导致信贷冻结。美林[①]、贝尔斯登[②]、美联银行[③]和美国国际集团[④]等被低价收购,雷曼兄弟破产。[⑤]

许多受影响的高管和投资者呼吁改变这一会计规则。在 2008 年 9 月 29 日宏利金融(Manulife Financial)的投资者日,加拿大最大保险公司宏利金融一位长期备受尊敬的首席执行官多梅尼克·达历山德罗(Domenic D'Alessandro)就公允价值相关的会计准则发表了一个五分钟的即兴演说。他表示,M2M 会计准则"理论上是错误的。它在操作上也是错误的。它对任何人都没有意义"[⑥]。作为一名注册会计师,他认为它夸大了贪婪和短视的倾向。美国和欧洲也表达了类似的情绪。

2008 年 9 月 30 日,美国证券交易委员会与美国财务会计准则委员会发表了一份联合声明,称如果一家公司的衍生品投资组合没有现成的市场,那么管理层就可以不用 M2M 会计准则来估算其投资组合的价值。[⑦] 几天后,国际会计准则理事会说,公司可以重新分类它们受损的金融资产(用来表示它们的条件),这样公允价值变化就不会立即被记录在利润表中。[⑧] 10 月 17 日,加拿大特许会计师协会宣布,它正在抓紧制定针对加拿大公司的新会计准则,与国际会计准则理事会规则类似。[⑨]

在近乎顽固地坚持了一段时间 M2M 会计准则是良好的准则之后,会计行业很快就重新改变了规则。这中间发生了什么事?会计准则是否导致了次级抵押贷款问题?它是否像达历山德罗所说的那样加剧了问题?答案取决于你是从投资者的角度还是从管理层的角度看财务

---

① Mollenkamp et al., "Lehman Files for Bankruptcy, Merrill Sold, AIG Seeks Cash," *Wall Street Journal*, September 16, 2008, accessed November 9, 2008, at http://online. wsj. com/article/SB122145492097035549. html.

② 摩根大通在 2008 年 9 月收购了贝尔斯登,收购价只是其早期价值的一小部分。

③ 富国银行于 2008 年 10 月收购了美联银行,收购价仅为其早期价值的一小部分。

④ M. Karnitschnig, D. Solomon, L. Pleven, and J. Hilsenrath, "U. S. to Take Over AIG in \$85 Billion Bailout; Central Banks Inject Case as Credit Dries Up," *Wall Street Journal*, September 17, 2008, accessed November 10, 2008, at http://online. wsj. com/article/SB122165238916347677. html.

⑤ Mollenkamp et al., "Lehman Files for Bankruptcy, Merrill Sold AIG Seeks Cash."

⑥ Domenic D'Alessandro, "Mark-to-Market Madness," *National Post*, October 3, 2008, FP 13.

⑦ SEC Office of the Chief Accountant and FASB Staff, "Clarifications on Fair Value Accounting," September 30, 2008, accessed November 10, 2008, at http://www. sec. gov/news/press/2008/2008 - 234. htm.

⑧ International Accounting Standards Board, Press Release, October 17, 2008, http://www. iasb. org/NR/rdonlyres/7AF46D80-6867-4D58-9A12-92B931638528/0/PRreclassifications. pdf.

⑨ Deloitte, "Understanding Recent Issues under Canadian GAAP, US GAAP and IFRS Relating to the Credit Crisis and the Potential Impact on Canadian Companies," *Financial Reporting Alert*, October 17, 2008, https://www. iasplus. com/de/binary/ca/0810alertenglish. pdf.

报表。这两种角度并不总是相同的。

财务报告的目的是提供对投资者和债权人有用的信息，帮助他们做出投资和信贷决策。特别是，他们希望能够评估公司未来现金流的数量、时间和不确定性。M2M会计准则的引入是为了通过反映当前亏损或利润减少来更早呈现潜在的未来现金流减少的信号。长期以来，资产的估值一直采用成本较低者或公允价值较低者原则，当资产被认为是遭受了永久性损失时，要求强制计提损失，但允许再次进行判断，延迟计提。M2M会计准则更为严格，要求立即确认这些损失，并为最终出售或清算资产时的现金流做出更低的预期。

值得注意的是，M2M会计准则要求相对直接地确认投资收益和损失。不足为奇的是，许多高管对收益的确认导致的业绩奖金和股价上涨没有抱怨，但他们对亏损的确认感到不安。[①] 然而，高管们这种性质的自利不足以让他们拿出足够的理由，搁置M2M会计准则并支持其他披露方式。

对M2M会计准则更重要的反对意见是，抵押贷款支持证券的估值下降被认为是暂时的，因此预计的损失将被逆转，并可能在较长时期内当房价回升时被消除。由于很难准确估计受影响资产的当前公允价值，有人认为，强制立即确认损失会产生误导。因此，M2M会计准则被搁置起来，以便对可疑的可回收资产进行单独、具体的披露。

应该清楚的是，在最终收回的现实极其不确定的情况下，没有完美的方法来披露抵押贷款支持证券的内在风险。与此同时，M2M会计准则实质上加快了在保守的低成本或市场化方法下所需的损失确认。推迟承认最坏情况是否明智值得怀疑，而且它可能最终导致另一种类型的扭曲。

从复杂的投资者的角度来看，还应该注意的是，抵押贷款支持证券的预计潜在损失的M2M会计处理是不会对短期现金流有多大影响的，除了涉及潜在税收影响和触发管理层奖金，或使客户/储户把钱取出来。这是因为直接现金流发生在资产买卖时，而不是损失估计时。这些估计产生了非现金费用，影响利润，但不直接影响现金流。

而从管理的角度来看，M2M会计处理会影响管理层绩效评估和相应的奖金。如果净利润上升，则一般认为管理层工作做得不错，他们很有希望得到奖励。不幸的是，正如前面提到的，在次贷危机期间采用M2M会计准则通常需要记录估计的损失，从而减少净利润和奖金，即使这些损失可能永远不会产生。

总而言之，M2M会计准则不是次贷危机的罪魁祸首。它为投资者提供了更多关于公司可能的未来现金流的即时信息，但这些信息可能并不准确。然而，管理层在资产价值上涨和未实现收益能在损益表中体现的繁荣时期会青睐M2M会计准则，但是，相比之下，管理层不愿报告未实现损失，这会影响如何评估他们的管理，也可能会对基于报告的收益的奖金产生负面影响。

---

① Harry Koza, "Mark-to-Market: Great on the Way Up, Very Painful on the Way Down," *The Globe and Mail*, November 7, 2008, B12.

M2M 会计核算是否导致了次级贷款问题和随后的信贷冻结？答案是，它本可以加快认识问题严重性的速度，从而有助于解决问题。市场崩溃的原因是不负责任的放贷，以及将风险转嫁给毫无戒心或毫无准备的投资者，巨额损失不可避免地导致信贷冻结。

对一些人来说，M2M 会计准则分散了他们的注意力。正如达历山德罗在谈到自己的公司时说的那样，"我们的企业能够一直持续经营，是基于做最佳的经济决策，而不是做最好的会计决策"①。这是最好的决策视角。然而，次贷危机是由糟糕的商业决策造成的，而不是糟糕的会计政策。M2M 会计准则提供了有用的信息，这些信息只是强调了这样一个事实：金融机构当下持有的投资正在迅速贬值。真正的问题在于贪婪和糟糕的风险管理。

最终的风险承担者

很多时候，当贪婪、风险缺乏透明度以及对短期利益的错误关注得不到有效监管，并被允许引发金融灾难时，政府必须介入，以防止对公众造成不合理的伤害。结果，最终承担风险的并不是那些早期获得回报、奖金或股票利益的人，而是公众、纳税人、失业的工人以及那些花钱收拾残局后把它们重新整合起来的人。无法要求那些赚黑心钱的人返还或放弃他们的不义之财；玩忽职守的监管机构无法被追究责任；政客们没有考虑到公众的长期利益，也没有以此去行动，这些实在是太糟糕了。尽管已经造成的损害永远无法完美地修复，但找出错误的决定和那些做出错误决定的人，将会为说服其他人提供理由，让他们以不同的方式考虑这些决定。

犬儒主义

2008 年金融危机的结果是，增加了人们对"企业和政府在社会中所扮演的角色"的怀疑。当看到自私而无能的商业领袖做出轻率的财务决定，对经济造成如此巨大的负面影响，而他们却不为自己不明智的行为和决定负责时，人们感到很沮丧。不管在哪个国家，都没有投资银行家因将世界经济带入金融崩溃的边缘而入狱。这些高管都没有归还他们的巨额工资和奖金。相反，许多政府用纳税人的钱拯救了他们。与此同时，由于房地产和股票市场的崩溃，普通民众失去了工作、住房和存款。

2011 年 9 月 17 日，失望的抗议者占领了华尔街附近的祖科蒂公园，他们对投资界在经济上的贪婪感到愤怒。几天之内，占领华尔街运动以惊人的速度蔓延开来。世界各地发生了数百起占领运动。各个年龄层和不同政治信仰的人都对富人，即 1% 的人，以地球上其他人的利益为代价而获利感到沮丧。当前的资本主义制度似乎偏向富人，加剧了经济不平等。各国政府以数万亿美元的财政支持来支撑这个有偏见的体系，所有这些都打着防止全球经济灾难的旗号。然而，2010 年皮尤研究中心（Pew Research）的一项民意调查显示，大多数美国人（54%）并不认为政府的救市计划阻止了更严重的经济危机。②

---

① Domenic D'Alessandro, "Mark-to-Market Madness," *National Post*, October 3, 2008, FP13.

② Pew Research Center, "Public Uncertain about How to Improve Job Situation," June 21, 2010, available at https://www.people-press.org/2010/06/21/public-uncertain-about-how-to-improve-job-situation.

有一种看法引发了民粹主义运动，这种看法认为商界和政府都没有为 99％ 的人谋利益。皮尤研究中心对 27 个国家的民众进行的一项调查显示，右翼和左翼民粹主义政党的同情者往往对他们当前的民主制度感到不满。此外，对民主的普遍不满缘于经济上的挫败感以及统治阶级精英不关心普通公民的看法。[①]

那些支持紧急援助的人认为，紧急援助阻止了一场全球性衰退。特别是美国联邦储备委员会主席、前普林斯顿大学经济学教授本·伯南克，他讨厌干预，但认为有必要这么做。

他说，这是一场"完美风暴"，住房、信贷和金融问题汇聚成一场自 20 世纪 30 年代以来从未见过的重大危机。伯南克说，为了应对危机，他有时不得不"跳出常规"。

伯南克表示："没有什么比在企业'疯狂押注'时被迫出手干预更让我感到沮丧和愤怒的了。"但他补充说，不采取行动将对经济造成严重后果。

他表示："我不想成为在第二次大萧条时期担任美国联邦储备委员会主席的人。""我必须捏住鼻子……我和你一样感到恶心……我完全理解你的沮丧。"[②]

不幸的是，我们不可能知道干预是否阻止了一场全球经济崩溃。参与救助的人认为，他们这样做是为了更大、更广泛的利益；持反对意见的人认为，他们只是帮助富人变得更富。无论谁对谁错，如今的商业领袖都必须从 2008 年金融危机中吸取惨痛的道德教训。

8.5 道德教训

为了防止悲剧重演，必须找出重要的道德教训，牢记在心，并在未来采取行动。需要考虑的主要教训包括：

- 行动应该基于现实的期望和负责任的行为：
  - 潜在的房主必须记住，只有在他们能够支付每月的抵押贷款时，举债才是切实可行的。因为房子是大多数人最大的资产，而抵押贷款是他们最大的负债，人们应该根据当前预期的实际财务状况来购买这些东西。房屋所有权不应该是基于只有房价上涨才能偿还债务的投机行为。
  - 放款人在放贷时应该谨慎，不要让天真的房主承担超出他们合理承受能力的债务。由于首付很少或者几乎没有，当抵押贷款的利率进一步提高时，这些房主没有足够的所有权来激励他们继续支付抵押贷款本金和利息。对他们来说，离开他们的家并放弃他们的债务是更容易的。为了避免这种逆向选择的问题，贷款人有责任核实人们是否适合承担大量的房屋所有权债务。

① Pew Research Center，"Many across the Globe Are Dissatisfied with How Democracy Is Working，"April 29，2019，available at https://www. pewresearch. org/global/wp-content/uploads/sites/2/2019/04/Pew-Research-Center_Global-Views-of-Democracy-Report，updated April 30，2019.

② CBS News，Bernanke："I'm as Disgusted as You Are"，July 27，2009，available at https://www.cbsnews. com/news/bernanke-im-as-disgusted-as-you-are/.

● 全面的风险评估、尽职调查和美德是需要的。投资者必须始终充分考虑与他们的投资相关的风险。因为这些抵押贷款支持证券被认为是有保险的，投资者没有什么动机去监督他们的投资。由于这些证券被如此频繁地重新打包，以至于投资者很难识别、全面调查和监控最初的借款人/房主。投资者预计，最初的贷款人和金融中介机构已经在这方面做了尽职调查。然而可悲的是他们没有做，投资者忘记了，他们必须承担个人责任，了解自己的投资工具以及与这些投资相关的风险。

● 道德风险，包括利益冲突，始终存在，需要时刻保持警惕，尤其是在繁荣时期。明智的做法是明白重要的不仅仅是你赚了多少利润，行为如何同样重要。专家和企业各层级的决策者常常在不知不觉中面临道德风险，做出错误的决定。

● 仅仅根据现有的法律和条例行事可能并不能很好地指导决策，因为这些决策可能是短视的和具有操纵性的，并不能有效地服务于公众利益——而这是其最终目的。道德评估将注意力重新集中在关键的长期问题上是至关重要的。

● 对次级贷款技术的风险管理评估没有考虑到涉及抵押人、最终投资者和公众的根本不公平之处。

● 信贷市场的高管和企业、信用评级机构和监管机构没有充分考虑到他们所期望的美德。他们可能无法理解美德，错误地认为短期内利润最大化就足够了。

● 众所周知，企业会利用环境标准低的国家缺乏戒备心，乘虚而入，但在次贷危机中，它们利用的是抵押贷款人和所谓复杂市场的投资者缺乏戒备心。对于毫无戒心的人难道不应该披露公司活动所涉及的风险吗？

● 薪酬计划应在经济激励与财务①及道德考虑和风险这两大方面之间寻找平衡。此外，应向公众披露薪酬计划的全部细节。薪酬计划不应该仅仅基于不惜任何代价所获得的利润。

● 道德勇气——站出来反对不道德行为——是一种罕见且急需的美德。

● 事实再次证明，公司治理体系不足以遏制利己主义和短期思维，也不足以聚焦于长远利益，以为公众创造持久的价值。

总之，很明显，参与次贷危机的高管们的决策过程本应受益于前面章节中讨论的道德和治理框架。人们明显没有考虑到次贷活动的全部后果，特别是对投资者和其他利益相关者（包括公众）的影响。此外，对投资者的权利、信用和公平的考虑也很少。最后，投资界的道德期望或美德被自身利益无可救药地淹没了。有什么办法可以改变这种糟糕的局面？——开展道德文化制度的自我监管，增加外部监管要求且同时对公众利益给予更多关注，还是两者兼而有之？就像安然灾难一样，次贷惨败已经导致社会提高了对商业和专业治理以及个人道德的期望。时间会告诉我们，人们是否已经吸取了次贷危机的教训以及吸取得有多好。

最终，这些教训需要在全球范围内应用，因为事情已经过去，而且，正如我们从安然和次贷丑闻中学到的，投资是在全球范围内进行的。会计行业试图在全球范围内协调会计和披

---

① "Jarislowsky Blames Financial Mess on Lax Governance Rules," *The Globe and Mail*，October 24，2008，B12.

露标准，并取得了明显的进展。公司治理标准也有所改善，但变化较慢。幸运的是，严格的在全球基础上反贿赂和反腐败法律的执行，对伦敦银行同业拆借利率丑闻的起诉，英国石油公司因为石油泄漏而面临的巨额罚款和蒙受的利润损失，以及大众的尾气排放测试作弊引发了许多跨国公司的新道德决策。

尽管看起来不太和谐，但商业和职业道德的未来可能从未像现在这样光明过。

思考题

1. 不受约束的自利行为在多大程度上以及以何种方式促成了次贷危机？

2. 加强监管将如何改善决策过程中不受约束的自利行为？

3. 在道德决策中，道德考量如何改善不受约束的利己主义？

4. 找出并解释五个高管或董事面临道德风险却没有以道德的方式处理的例子。

5. 房利美和房地美的首席执行官在 2008 年 9 月被替换时，他们应该得到多少报酬？

6. 美国政府对金融业的救助包括收购美国国际集团等上市公司的股权。美国政府成为上市公司的投资者是正确的吗？

7. 那些在公司早期通过投资抵押贷款支持证券获得巨额奖金的首席执行官，是否应该在公司对这些证券记录亏损后的几年里偿还这些奖金？

8. 那些在最初几年因为风险太大而拒绝让公司投资抵押贷款支持证券的首席执行官，是否应该在后来几年因为他们的公司没有遭受任何抵押贷款支持证券的损失而获得奖金？你将如何确定奖金的数额？

9. 那些拥有冒险文化（比如美林的斯坦·奥尼尔所创建的文化）的组织，是否应该在不求助于政府的情况下，享受收益，蒙受损失？

10. 关于 M2M 会计准则导致经济危机的批评有效吗？

11. 全球经济危机是由美国房地产市场崩溃引起的。美国政府是否应该承担一些责任，拯救所有在这场危机中受到损害的国家的经济？

12. 考虑到证券市场是全球性的，而且涉及的风险会影响全世界的人，是否应该建立一个全球性监管制度来保护投资者？如果是这样，是否应该以一国的法规为基础？执法应该是全球执行还是各国执行？

13. 是否应该强迫投资公司的成员和高管通过考试成为某个职业的成员，如职业会计师或律师，并遵守职业准则？

14.《多德-弗兰克华尔街改革和消费者保护法案》走得足够远吗？还是有些重要问题没有得到解决？

15. 导致次贷危机的三个最重要的道德失误是什么？

参考文献

Berner, R., and B. Grow. 2008. "They Warned Us: The Watchdogs Who Saw the Subprime Disaster Coming—And How They Were Thwarted by the Banks and Washington. ” *Businessweek*，October 20，36 – 42.

Biktimirov，E. N. ，and D. Cyr. 2013. “Using *Inside Job* to Teach Business Ethics. ” *Journal of Business Ethics* 117：209 – 19.

Canadian Institute of Chartered Accountants. 2008. “Canada Announces Important Changes in the Accounting for Financial Assets. ” Media release. http：//www. iasb. org/NR/rdonlyres/7AF46D80 – 6867-4D58 – 9A12 – 92B931638528/0/PRreclassifications. pdf.

Caux Round Table. “Global Prosperity at Risk：The Current Crisis and the Responsible Way Forward. ” cauxroundtable@aol. com.

CNNMoney. com. “Bailout Tracker. ” http：//money. cnn. com/news/storysupplement/economy/bailouttracker/index. html.

Committee on Oversight and Governance Reform of the U. S. House of Representatives. 2008. “Credit Rating Agencies and the Financial Crisis. ” October 22. http：//house. resource. org/110/gov. house. ogr. 20081022 _ hrs01RFM2154. 1. pdf. （Search for e-mail Crisis Timeline，http：//data. newyorkfed. org/research/global _ economy/Crisis _ Timeline. pdf. ）.

D'Alessandro，D. 2008. “Mark-to-Market Madness. ” *National Post*，October 3，FP 13.

Ellis，D. 2008. “U. S. Seizes Fannie and Freddie. ” CNNMoney. com，September 7. Accessed November 9，2008，at http：//money. cnn. com/2008/09/07/news/companies/fannie_ freddie/index. htm?postversion＝2008090720.

Emergency Economic Stabilization Act of 2008. http：//en. wikipedia. org/wiki/Emergency _ Economic _ Stabilization _ Act _ of _ 2008.

“European Leaders Pledge Aid for Banks in Crisis. ” *Toronto Star*，October 13，B1，B4.

Federal Reserve Bank of New York. “Financial Turmoil Timeline. ” http：//data. newyorkfed. org/research/global _ economy/Crisis _ Timeline. pdf.

——. “International Responses to the Crisis Timeline. ” http：//www. ny. frb. org/research/global _ economy/IRCTimelinePublic. pdf.

“Financial Crisis 2007 – Present. ” Wikipedia，http：//en. wikipedia. org/wiki/Financial _ crisis _ of _ 2007％E2％80％932010.

Galbraith，J. K. 1990. *A Short History of Financial Euphoria*. New York：Penguin Books.

Gasparino，C. 2008. “Bank of America to Buy Merrill Lynch for ＄50 Billion，” September 14. Accessed December 28，2010，at http：//www. cnbc. com/id/26708319/Bank _ of _ America _ to _ Buy _ Merrill _ Lynch _ for _ 50 _ Billion.

Heisel，W. 2008. “Fannie Mae and Freddie Mac CEOs to Get Golden Parachutes. ” *Los Angeles Times*，September 8.

International Accounting Standards Board. 2008. Press release，October 17. http：//www.

iasb. org/NR/rdonlyres/7AF46D80-6867-4D58-9A12-92B931638528/0/PRreclassifications. pdf.

Investopedia. 2010. "Shadow Banking System. " Accessed December 28, 2010, at http://www. investopedia. com/terms/s/shadow-banking-system. asp.

"Jarislowsky Blames Financial Mess on Lax Governance Rules. " 2008. *The Globe and Mail*, October 24, B12.

Johnson, L. D. , and E. H. Neave. 2008. "The Subprime Mortgage Market: Familiar Lessons in a Next Context. " *Management Research News* 31, no. 1: 12 - 26.

Karnitschnig, M. , D. Solomon, L. Pleven, and J. Hilsenrath. 2008. "U. S. to Take O-ver AIG in ＄85 Billion Bailout; Central Banks Inject Cash as Credit Dries Up. " *Wall Street Journal*, September 17. Accessed November 10, 2008, at http://online. wsj. com/article/SB122165238916347677. html.

Koza, H. 2008. "Mark-to-Market: Great on the Way Up, Very Painful on the Way Down. " *The Globe and Mail*, November 7, B12.

Labaton, S. 2008. "The Reckoning: Agency's 04 Rule Let Banks Pile Up New Debt. " *New York Times*, October 2.

Leonnig, C. D. 2008. "How HUD Mortgage Policy Fed the Crisis. " *Washington Post*, June 10.

McKenna, B. 2008. "Greenspan Admits 'Mistake' on Bank Regulation; Ex-U. S. Fed Chief Wrongly Thought That Self-Interest Would Mitigate Risk. " *The Globe and Mail*, October 24, 1, 16.

Mollenkamp, C. , S. Craig, S. Ng, and A. Lucchetti. 2008. "Lehman Files for Bank-ruptcy, Merrill Sold, AIG Seeks Cash. " *Wall Street Journal*, September 16. Accessed November 9, 2008, at http://online. wsj. com/article/SB122145492097035549. html.

Nocera, J. 2009. "The Reckoning: As Credit Crisis Spiraled, Alarm Led to Action. " *New York Times*, October 1. Accessed December 27, 2010, at http://www. nytimes. com/2008/10/02/business/02crisis. html?_r＝1&hp＝&pagewanted＝all.

Parkinson, D. 2008. "A Train Wreck? Greenspan Says He Didn't See It Coming. " *The Globe and Mail*, November 8, B2.

Rotman School of Management. 2008. *The Finance Crisis and Rescue*. Toronto: Universi-ty of Toronto Press.

SEC Office of the Chief Accountant and FASB Staff. 2008. "Clarifications on Fair Value Accounting. " September 30. Accessed November 10, 2008, at http://www. sec. gov/news/press/2008/2008-234. htm.

Simon, R. 2009. "Falling Home Prices Create Rival for Subprime. " Reprinted on the *Wall Street Journal* page (B8) of *The Globe and Mail*, January 30. Original article is from "Option ARMs

See Rising Defaults. " http://online. wsj. com/article/SB123327627377631359. html.

Sinn，H. -W. 2010. *Casino Capitalism*. Oxford：Oxford University Press.

Sloan，A. 2007. "House of Junk. " *Fortune*，October 29，2007，117－18，120，122，124.

"The Love of Money. " 2010. PBS series with three parts，first showing July 12. http：//www. tvo. org/T VOsites/WebObjects/TvoMicrosite. woa?political＿literacy＿the＿love＿of＿money.

U. S. Senate Banking Committee. 2010. *Brief Summary of the Dodd-Frank Wall Street Reform and Consumer Protection Act*，July 1. Accessed December 28，2010，at http：// banking. senate. gov/public/＿files/070110＿Dodd＿Frank＿Wall＿Street＿Reform＿comprehensive＿summary＿Final. pdf.

Valukas，A. R. 2010. *Report of Anton R. Valukas*，*Examiner*，*Lehman Brothers Holdings Inc.*，Chapter 11 Case No. 08－13555（JMP）（Jointly Administered），United States Bankruptcy Court，Southern District of New York，March 11，4. http://lehmanreport. jenner. com. See also http：//www. cengage. com/accounting/brooks.

Verschoor，C. C. 2007. "Who Should Be Blamed the Most for the Subprime Loan Scandal？. " *Strategic Finance*，December，11，12，59.

Waldie，P. 2008. "Rating Agencies Face the Music. " *The Globe and Mail*，October 23，B10.

Wall Street：Money Never Sleeps. 2010. Directed by Oliver Stone，20th Century Fox.

Wikipedia. "Subprime Mortgage Crisis. " http：//en. wikipedia. org/wiki/Subprime＿mortgage＿crisis.

"Timeline of United States Housing Bubble. " http：//en. wikipedia. org/wiki/Timeline＿of＿the＿United＿States＿housing＿bubble.

Woellert，L.，and D. Kopecki. 2008. "Debt Raters Ripped for 'Colossal Failure. '" *Toronto Star*，October 23，B3，B6.

📖 案例讨论

雷曼兄弟"回购 105"中的操纵

2008 年 9 月 15 日，雷曼兄弟这个世界上最受尊敬和最赚钱的投资银行之一，向美国纽约南区破产法院申请破产保护。[①] 尽管雷曼兄弟在截至 2007 年 11 月 30 日的财政年度中报告了创纪录的近 600 亿美元的收入和超过 40 亿美元的利润，但仅仅 10 个月后，其破产申请就

[①] Voluntary Petition (Chapter 11)，Docket No. 1，*Lehman Brothers Holdings Inc.*，No. 08－13555 (Bankr. S. D. N. Y. Sept. 15，2008).

成为有史以来最大的破产申请。① 这是如何发生的以及为什么会发生，是一个复杂的故事，其中一部分涉及操纵财务报表，其所使用的技巧被称为雷曼兄弟"回购105"，雷曼兄弟使用该技巧，修改那些提供给投资者和监管机构的有关说明雷曼兄弟在多大程度上利用其他投资者的资金来杠杆化自身资金的信息。

银行赚取收入和盈利的主要途径是用从其他投资者（如储户或贷款人）那里借来的资金进行投资。虽然银行投资的一些资金是它们自己的，但银行可以通过吸引和使用其他投资者的资金来增加自己的活动——这种方法被称为"杠杆"，因为这是利用银行自己的资本吸引其他人的投资，以增加或杠杆化赚取的收入和利润的投资，这些投资超出了银行自己有限的资源和能力。银行从贷款活动中获得的利润是由"利差"产生的——银行贷款的利率高于其支付给外部储户和投资者的资金使用利率。然而，外部投资者或储户只有在确信银行的自有资本足以在银行遭受损失时，为其投资提供足够的缓冲的情况下，才会向该银行投资。因此，外部投资者希望获得有关银行杠杆使用程度的准确信息，其通常表示为如下比率：

$$杠杆比率 = \frac{总资产}{股东权益（银行自有资本）}$$

在其最简单的形式中，雷曼兄弟利用回购105机制——一种多步骤的技术②，结合了不披露重新获取资产的承诺——来减少报告包括在杠杆比率中的总资产和净资产，从而显示出低杠杆比率或比实际情况更保守地使用杠杆。因此，与没有人为压低杠杆率的银行相比，雷曼兄弟用自身股本来缓冲损失的能力误导了银行投资者。

回购105技巧的每一个步骤都代表了一项在报告期末进行的交易，旨在降低杠杆率，但其影响在下一个报告期刚开始时基本上被逆转。这种减少和逆转过程在2001年至2008年的每个季度报告期内重复进行。由于其间（截至2007年11月30日）的大部分时间都受到安永的审计，人们质疑安永对回购105技巧及其影响的了解和想法，以及安永在审计过程中应该做什么和已经做了什么。此外，雷曼兄弟管理层和董事会的角色和责任也受到了质疑。

雷曼兄弟为何破产？

根据安东·沃卢克斯（Anton Valukas）的破产审查报告③，雷曼兄弟的失败有以下几个原因：

● 次贷危机导致的糟糕的经济环境造成了信心的衰退，从而导致了对雷曼兄弟和其他投资银行持有的资产支持商业票据和其他金融工具的失望和它们的贬值。

● 次级贷款危机爆发前，杠杆率很高，雷曼兄弟"维持着大约7 000亿美元的资产……

---

① Valukas, *Report of Anton R. Valukas*, *Examiner*, *Lehman Brothers Holdings Inc.*

② 回购是一种买回的协议，一方向另一方出售证券，但前提是一方将在日后回购该证券。在雷曼兄弟案例中，雷曼兄弟在发布财务报表之前出售证券，并将出售所得用于偿还债务。在财务报表发布后，雷曼兄弟借入资金，并用借入的资金回购证券。

③ Valukas, *Report of Anton R. Valukas*, *Examiner*, *Lehman Brothers Holdings Inc.*, 2.

资本约为 250 亿美元"①，比例为 28∶1。

● 雷曼兄弟高管过度冒险的决策。例如，随着次贷危机的爆发，雷曼兄弟管理层决定加大或"双倍下注"② 不景气资产，希望在价值反弹时迅速获利。雷曼兄弟激进的决策导致其超出了自身的风险限制和控制。③

● 长期资产与用于为其融资的短期负债之间的不匹配，使得雷曼兄弟容易受到债权人偏好或为其融资所需信贷成本的变化带来的影响。因为这些资产具有长期性质，它们无法及时变现，以偿还在更短时间内做出再投资决定的债权人的债务。雷曼兄弟的债权人必须对雷曼兄弟有足够的信心，愿意每天投资，这样雷曼兄弟才能维持下去。

● 通过使用回购交易（repurchase transactions 或 repo transactions）——包括普通回购交易、回购 105 交易和回购 108 交易，雷曼兄弟的杠杆化程度得以掩盖。（回购交易将在下文详细解释。）这种掩盖使债权人和投资者无法了解雷曼兄弟的杠杆率有多高，从而允许雷曼兄弟扩张业务。

● 2008 年 3 月，其竞争对手贝尔斯登开始摇摇欲坠，几乎倒闭，聚光灯聚焦在了被认为是第二脆弱的雷曼兄弟身上。

● 当雷曼兄弟公布其在 2008 年第二季度首次亏损 28 亿美元时，投资者信心进一步下跌。与此同时，美国证券交易委员会和纽约联邦储备银行派出人员进驻现场，监控雷曼兄弟的流动性。

● 事实上，雷曼兄弟在 2008 年第一和第二季度隐瞒了大约 500 亿美元的杠杆，所以它的情况比披露的更糟。尽管雷曼兄弟在 2008 年 6 月 12 日筹集了 60 亿美元的新资本，但"美国财政部长亨利·保尔森私下告诉（雷曼兄弟首席执行官）福尔德，如果雷曼兄弟在没有买家或明确的生存计划的情况下被迫在第三季度报告进一步的亏损，雷曼兄弟的生存将面临危胁。2008 年 9 月 10 日，雷曼兄弟宣布，预计 2008 年第三季度亏损 39 亿美元"④。

● 2008 年 9 月 15 日，雷曼兄弟申请破产证明了保尔森是正确的。

回购 105 交易机制及其影响

回购交易有三种：（1）普通回购交易；（2）回购 105 交易；（3）回购 108 交易。审查员报告⑤中说明了这三种情况及其对资产负债表和杠杆率的影响。大多数投资银行使用普通回购交易，以证券作为抵押来借入资金，它们很快就会支付 2％ 的费用（利息），也就是众所周知的"垫头"。由于收到的现金、作为抵押物的资产和回购的负债都在资产负债表上显示，它和杠杆率都是准确的。⑥ 一个普通回购交易流程如图 8-4 所示。⑦

---

① Valukas, *Report of Anton R. Valukas, Examiner, Lehman Brothers Holdings Inc.*, 3.
② Ibid., 4.
③ Ibid.
④ Ibid., 10.
⑤ Ibid., 752-67.
⑥ Ibid., 753.
⑦ Ibid., 768.

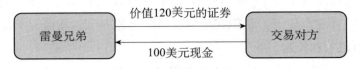

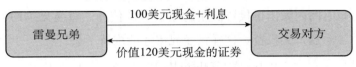

图 8-4 普通回购交易流程

回购 105 交易的不同之处在于，在报告日期之前，初始交易被视为销售，而不是借款；将收到的现金用于清偿债务。然后，在报告日期之后，雷曼兄弟从其他地方借入资金以回购所售证券，其中包括 5% 的利息。[①] 总体影响是减少报告日资产负债表上的资产和负债，从而降低杠杆率，因为该比率的分子和分母减少了相同的数额。

雷曼兄弟回购交易对资产负债表和杠杆的影响

为了使最初的出售交易可信，雷曼兄弟需要一家律师事务所出具一份法律文书，说明它构成了"真实的出售"。有趣的是，根据美国法律，雷曼兄弟无法从美国律师那里获得这样的意见，但总部位于伦敦的雷曼兄弟国际（欧洲）公司（LBIE）却从英国律所年利达（Linklaters）[②] 那里获得了这样的意见。因此，当需要回购 105 交易和回购 108 交易时，它们是通过与位于伦敦的 LBIE 之间的转账来完成的。回购 105 交易用于高流动性的证券，而回购 108 交易涉及非流动性或股权证券。为了确保这些交易按照协议进行，雷曼兄弟创建了回购 105 交易和回购 108 交易会计政策手册来指导其职员。[③] 雷曼兄弟回购交易对资产负债表和杠杆的影响可参见表 8-1 至表 8-5（均以百万美元为单位）。

表 8-1 假设的简化后的雷曼兄弟资产负债表

资产		负债	
现金	7 500	短期借款	200 000
金融工具	350 000	抵押融资	325 000
抵押协议	350 000	长期借款	150 000
应收账款	20 000	应付款项	98 000
其他	72 500	股东权益	27 000

① 第四个不同之处在于，雷曼兄弟国际（欧洲）公司创建了一个 5 美元的衍生资产，要求支付 5% 的费用来回购出售的证券。为了简单表示，这个衍生资产被排除在流程图之外。参见 Valukas, *Report of Anton R. Valukas*, *Examiner*, *Lehman Brothers Holdings Inc.*, 781, 790。

② Valukas, *Report of Anton R. Valukas*, *Examiner*, *Lehman Brothers Holdings Inc.*, 784.

③ Ibid., 776.

续表

资产		负债	
合计	800 000	合计	800 000
总杠杆率*	30		
净杠杆率**	17		

注：审查员报告第 752 页的脚注如下：

* 仅出于本例的说明目的，总杠杆率计算方法为总资产除以股东权益。

**仅为便于说明，我们使用了净杠杆率的简化定义：净杠杆率＝（总资产－抵押协议）÷股东权益。

表 8-2　500 亿美元的普通回购——杠杆率上升

资产		负债	
现金	57 500	短期借款	200 000
金融工具	350 000	抵押融资	375 000
抵押协议	350 000	长期借款	150 000
应收账款	20 000	应付账款	98 000
其他	72 500	股东权益	27 000
合计	850 000	合计	850 000
总杠杆率	31		
净杠杆率	19		

表 8-3　500 亿美元用于支付流动负债——杠杆率降至正常水平

资产		负债	
现金	7 500	短期借款	200 000
金融工具	350 000	抵押融资	325 000
抵押协议	350 000	长期借款	150 000
应收账款	20 000	应付账款	98 000
其他	72 500	股东权益	27 000
合计	800 000	合计	800 000
总杠杆率	30		
净杠杆率	17		

表 8-4　500 亿美元回购 105 交易的特点是杠杆率应该更高（如表 8-2 所示为 19：1），
但回购协议未披露，导致错报

资产		负债	
现金	57 500	短期借款	200 000
金融工具	300 000	抵押融资	325 000
抵押协议	350 000	长期借款	150 000
应收账款	20 000	应付账款	98 000
其他	72 500	股东权益	27 000
合计	800 000	合计	800 000
总杠杆率	30		
净杠杆率	17		

表 8-5　500 亿美元回购 105 交易资金用于减少抵押融资——进一步降低杠杆率至 15：1，
而据表 8-2 为 19：1

资产		负债	
现金	7 500	短期借款	200 000
金融工具	30 000	抵押融资	275 000
抵押协议	350 000	长期借款	150 000
应收账款	20 000	应付账款	98 000
其他	72 500	股东权益	27 000
合计	750 000	合计	750 000
总杠杆率	28		
净杠杆率	15		

雷曼兄弟采用了普通回购交易、回购 105 交易和回购 108 交易。涉及的利息费用分别为
2％、5％和 8％。回购 105 交易和回购 108 交易的较高利率费用是为了补偿它们较高的风险
水平。但是，由于普通回购交易可以以 2％的成本筹集现金[1]，人们认为雷曼兄弟使用成本更
高的回购 105 交易和回购 108 交易仅仅是因为它们提供了一种管理雷曼兄弟资产负债表和杠
杆率的方式。雷曼兄弟员工证实了这一点。

雷曼兄弟的金融集团的一名高级成员认为，雷曼兄弟的回购 105 计划是资产负债表的
"粉饰"，是"基于合法的技术细则"。[2]

其他前雷曼兄弟员工将回购 105 交易描述为一种"会计花招"和"管理资产负债表的懒
惰方式"。[3]

当被问及是否达到了第二季度的内部杠杆目标时，一名员工在电子邮件中回复说："非常
接近……任何变动的东西都要利用回购 105 交易。"[4]

利用回购 105 交易和回购 108 交易降低杠杆率的情况如下[5]：

时间	回购 105 的使用量 （10 亿美元）	报告的使用回购 105 交易的净杠杆率	不使用回购 105 交易的杠杆率	净杠杆率 降低
2007 年第四季度	38.6	16.1	17.8	1.7
2008 年第一季度	49.1	15.4	17.3	1.9
2008 年第二季度	50.38	12.1	13.9	1.8

根据破产审查报告，安永指出，雷曼兄弟在决定是否需要重新开放已封账的资产负债表
来修正重大项目时，其门槛是"任何单个项目或总体项目的净杠杆率变动超过 0.1（通常为

---

[1] 尽管这是正确的，但普遍回购交易在一定程度上会提高风险，因此回购 105 交易和回购 108 交易将受到抑制。

[2] Valukas, *Report of Anton R. Valukas*, *Examiner*, *Lehman Brothers Holdings Inc.*, 742.

[3] Ibid., 743.

[4] Ibid., 748；889.

[5] Ibid., 889.

18 亿美元）"①。因此，之前提到的回购 105 交易的使用导致了比雷曼兄弟的重要性标准高出许多倍的变化，这应该成为提醒管理层和审计人员的一个危险指标。

　　评级机构（雷曼兄弟在贷方中的信誉取决于它们给出的评级）被问及它们对回购 105 交易的使用情况及其影响了解多少。根据审查员报告，惠誉评级分析师艾琳·费伊（Eileen Fahey）表示，她从未听说过有哪笔回购交易会根据真实的销售意见书或回购 105 交易被视为真实的销售。费伊表示，在惠誉评级看来，在季末从雷曼兄弟的资产负债表上转移 400 亿或 500 亿美元的证券库存（不考虑库存的流动性）将是"重大"的。在描述标准的回购 105 交易上，费伊表示，这种交易"听起来像是欺诈"。② 费伊把这种"操纵"比作一家投资银行告诉监管机构，它并不拥有任何抵押贷款支持证券，但实际上，它拥有这些证券，只是将它们暂时转移给了交易对方，并有义务在不久后回购这些证券。③（这与安然公司对其特殊目的实体的做法类似。）

　　回购 105 交易的使用时机证实了其意图是操纵雷曼兄弟的季度末资产负债表，如图 8-5 所示。

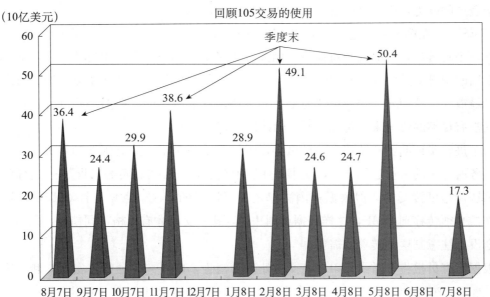

图 8-5　回购 105 交易的使用

　　在每个季度末，雷曼兄弟的资产明显高于前两个月末。但是，由于这些交易，雷曼兄弟季度末的资产负债表显示的资产比当季其他任何时候都要少得多。

雷曼兄弟的会计分析

　　雷曼兄弟的回购 105 交易是根据美国财务会计准则委员会的《财务会计准则声明》

---

① Valukas，*Report of Anton R. Valukas*，*Examiner*，*Lehman Brothers Holdings Inc.*，889.

② Ibid.，905.

③ Ibid.，907.

（SFAS）140 进行的，内容如下：

金融资产转让及服务会计

金融资产（全部或部分）转移，如果转让人放弃对金融资产的控制权，则应在交换中获得转移资产的实益权益以外的对价时，作为销售行为记账。当且仅当满足下列全部条件时，转让人放弃对转让资产的控制权：

a. 被转移的资产与转让人无关——假定转让人及其债权人无法获得这些资产，即使处于破产或其他接管状态（第 27～28 段）。

b. 每个受让人（或其实益权益的每个持有人，当受让人是有资格的特殊目的实体时（第 35 段））有权质押或交换其收到的资产（或实益权益），而且没有任何条件既限制受让人（或持有人）利用其质押或交换的权利，又为转让人提供不仅仅是微不足道的利益（第 29～34 段）。

c. 转让人没有通过以下两种方式保持对转让资产的有效控制：（1）协议，即转让人有权并有义务在转让资产到期前回购或赎回这些资产（第 47～49 段）；（2）单方面导致持有人返还特定资产的能力，而不是通过清盘通知（第 50～54 段）。[1]

SFAS 140 在第 218 段进一步指出，如果回购安排涉及高达 98% 的抵押或低至 102% 的超额抵押，则对转让资产的控制将保持（因此打破了上面的条件 b）。雷曼兄弟对此的解释是，由于在回购 105 交易中收取的"垫头"或费用为 5%，高于 2% 的抵押上限，因此可以认为控制权已经放弃，从而允许转让被认为是一种出售。从本质上讲，根据这些百分比，雷曼兄弟认为其没有足够的资金来支付几乎所有回购成本。[2]

为了进一步证明资产转移是一种出售，雷曼兄弟获得了一家英国律师事务所——年利达律师事务所——的一份法律文书，文书写明这项交易是一个"真实的出售"。[3] 这样的观点根据英国法律是可接受的，但根据美国法律是不可接受的，这个意见是针对 LBIE 的，因此，这些交易必须转移到 LBIE，这样根据英国法律，这些交易才有资格视同销售。然而，雷曼兄弟完全没有注意到这种转移的需要。[4]

根据审查员报告，雷曼兄弟将该交易处理为销售，由外部审计师（安永）和律师负责审查。[5] 然而，2008 年 5 月 16 日，负责全球资产负债表和法律主体会计的雷曼兄弟前高级副总裁马修·李（Matthew Lee），向雷曼兄弟高级管理层发送了一封举报信，表达了对雷曼兄弟道德规范可能会被违反[6]的担忧，即当时正在进行的 500 亿美元回购 105 交易相关的资产负

---

[1]　Financial Accounting Standards Board，*Statement of Financial Accounting Standards No. 140*，Accounting for Transfers and Servicing of Financial Assets and Extinguishments of Liabilities，Norwalk，CT，September 2000，para. 9，p. 9，http://www.gasb.org/cs/BlobServer?blobcol=urldata&blobtable=MungoBlobs&blobkey=id&blobwhere=1175820919404&blobheader=application%2Fpdf.

[2]　Valukas，*Report of Anton R. Valukas*，*Examiner*，*Lehman Brothers Holdings Inc.*，778 - 80.

[3]　Ibid.，784 - 86.

[4]　Ibid.，786.

[5]　Ibid.，914.

[6]　Ibid.，956.

债表行为可能违规。根据审查员报告的说法，李的信中包括以下六项指控：（1）在每个月的最后一天，雷曼兄弟的账簿和记录包含约 50 亿美元的净资产，超过了在每月的最后一天所管理的数量，从而表明该公司的高级管理层无法控制其资产，无法向公众提供完整、公正和准确的财务报表；（2）雷曼兄弟有"数百亿美元的未证实余额，这些余额可能是也可能不是'坏的'或问题资产，或实际负债"；（3）雷曼兄弟有数百亿美元的非流动性存货，并且没有以"完全实事求是的或合理"的方式对其存货进行估价；（4）由于雷曼兄弟业务的快速增长以及账户和实体数量的增加，它没有在金融系统和人员上投入足够的资金来处理资产负债表；（5）印度财务部门缺乏足够的知识管理，导致该财务部门发布的重要事实存在潜在的误报可能性；（6）某些高级审计人员不具备"正确行使受托管理的审计职能"的条件。①

2008 年 6 月 12 日，安永代表就李的担忧，与李进行了谈话。②

安永的反应

审查员报告一公布，安永就面临着来自商业媒体及其客户的质疑。作为回应，它们迅速向客户发出了一封信，这封信通过在网上发布进入了公共领域。这封信最初是由弗朗辛·麦肯纳（Francine McKenna）③ 于 2010 年 3 月 20 日在 www. retheauditors. com 上发布的，没有开头段和结尾段。安永的信如下所示④，全文于 2010 年 3 月 23 日发表在逆向专家（Contrarian Pundit）。

> ### 💡 安永的信
>
> **2010 年 3 月 23 日**
>
> 最近，媒体广泛报道了破产审查报告的发布，该报告与 2008 年 9 月雷曼兄弟的破产有关。正如你可能已经了解到的，安永是雷曼兄弟的独立审计机构。
>
> 审查员报告的概念是美国破产法的一个特点。该报告不代表法院或监管机构的意见，也不是法律程序的结果。相反，审查员报告旨在确定潜在的索赔，即如果追究，可能会导致破产公司或其债权人获得赔偿。安永相信，如果有任何针对我们的潜在索赔被追究，我们将获胜。
>
> 我们想为您提供安永对审查员报告中一些潜在索赔的看法。我们还想谈谈某些媒体对审查员报告的报道和评论，这些报道和评论如果不是误导性的话，那有时就是不准确的。

---

① Valukas, *Report of Anton R. Valukas*, *Examiner*, *Lehman Brothers Holdings Inc.*, 956.

② Ibid., 957.

③ Francine McKenna, "An Ernst & Young Response: Dear Audit Committee Member…," March 20, 2010, http://retheauditors. com/2010/03/20/an-ernst-young-response-dear-audit-committee-member.

④ http://www. contrarianpundit. com/wp-content/uploads/2010/03/EYLetter1. pdf and http://www. contrarianpundit. com/wp-content/uploads/2010/03/EYLetter2. pdf.

下面列出几个关键点。

一般的评论

● 安永上一次审计是在截至 2007 年 11 月 30 日的财年。我们的观点是，雷曼兄弟 2007 财年的财务报表是按照美国公认会计原则公正地呈现的，我们仍然坚持这种观点。我们对雷曼兄弟在 2008 财年第一和第二季度的情况，进行了检查，但没有进行审计。

● 雷曼兄弟的破产是金融市场上一系列前所未有的不利事件的结果。雷曼兄弟破产前的几个月是我们经济史上最动荡的时期。雷曼兄弟的破产是由其流动性崩溃造成的，而流动性崩溃又是由资产价值下降和市场对雷曼兄弟失去信心造成的。它不是由会计问题或披露问题引起的。

● 审查员报告没有发现雷曼兄弟财务报表上报告的资产和负债（截至 2007 年 11 月 30 日，分别约为 6 910 亿美元和 6 690 亿美元）存在估值不当或错误报账的潜在指控。

与回购 105 交易相关的会计和披露问题

● 审查员确认的潜在索赔与雷曼兄弟所谓的回购 105 交易有关，媒体对此高度关注。媒体没有报道的是，审查员没有质疑雷曼兄弟对其回购 105 交易的会计处理。

● 审查员承认，所有投资银行都广泛地利用回购交易为其日常运营提供资金；这些银行都在高风险、高杠杆的商业模式下运作。大多数回购交易被认为是融资；有些（回购 105 交易）如果符合 SFAS 140 的要求，则被记为销售。

● 回购 105 交易涉及雷曼兄弟出售高质量的流动资产（通常是政府支持的证券），作为回报，雷曼兄弟得到了现金。媒体报道称，这些都是旨在剥离雷曼兄弟问题资产的"虚假交易"，这是不准确的。

● 由于在回购 105 安排中，证券的有效控制权被移交给了交易对方，SFAS 140 要求雷曼兄弟将回购 105 交易视为销售，而非融资。

● 针对安永的潜在索赔仅仅来自审查员的结论，即这些交易（截至 2007 年 11 月 30 日为 386 亿美元）应该在雷曼兄弟财务报表的脚注中明确披露。雷曼兄弟本应在其财务报表的管理层讨论与分析中披露，如果这些交易被记录为融资交易，它们将对其杠杆率产生的影响。

● 尽管雷曼兄弟的财务报表脚注中没有回购 105 交易的具体披露，但 2007 年经审计的财务报表是按照美国公认会计原则提交的，清楚地将雷曼兄弟描述为一个在高风险和动荡的行业中运营的杠杆实体。雷曼兄弟 2007 年经审计的财务报表在脚注中披露了近 1 万亿美元的表外承诺。

● 雷曼兄弟的杠杆率不是公认会计原则的财务指标；它们被纳入在雷曼兄弟的管理层讨论与分析中，而不是审计后的财务报表中。雷曼兄弟认为不需要进一步披露管理层讨论与分析信息；安永对这一判断没有异议。

● 如果按照审查员的建议，回购 105 交易被视为出于杠杆率目的而出现在资产负债表上，那么截至 2007 年 11 月 30 日，雷曼兄弟报告的总杠杆率将为 32.4，而不是 30.7。此外，与媒体报道相反，2008 年第一至第二季度，雷曼兄弟报告杠杆率的下降，并非回购 105 交易使用增加的结果。雷曼兄弟第一、二季度末的回购 105 交易额与上年同期相当。

处理检举人的问题

● 媒体曾错误地报道称，安永隐瞒了 2008 年 5 月一封来自雷曼兄弟审计委员会的举报信。这封举报信是直接发给雷曼兄弟管理层的，它提出了有关雷曼兄弟财务控制和报告的各种重大潜在担忧，但没有提及回购 105 交易。当我们得知这封信时，我们的主要合伙人立即打电话给审计委员会主席；我们还坚持要求雷曼兄弟管理层将这封信发给美国证券交易委员会和联邦储备银行。安永的主要合伙人在 2008 年 6 月至 7 月期间至少三次与雷曼兄弟审计委员会讨论了举报人的信件。

● 在随后的调查中，这封信的作者在接受安永合伙人谈话时简要提到了回购 105 交易。他还向安永证实，他不知道有任何重大财务报告错误。雷曼兄弟的高管没有告诉我们他们对该公司的回购 105 交易有任何保留意见。

● 雷曼兄弟 2008 年 9 月破产，使安永无法完成对举报人指控的评估。如果安永完成了第三季度审查和 2008 年年终审计，这些指控将成为人们极为关注的焦点。

如果任何一项潜在的指控得到追究，我们相信我们将取得胜利。

谢谢您在这件事上的支持。请随时打电话给我。

雷曼兄弟的危机管理

雷曼兄弟是一个涉及多种风险领域的主要参与者，并在 2006 年 7 月明确指出，其对回购 105 交易的风险偏好是"十几倍杠杆……或 170 亿美元，50 亿美元用于回购 108 交易"[1]。因此，从 2007 年开始，雷曼兄弟的回购交易内部上限被严重违反。[2] 认识到 400 亿～500 亿美元的水平是不可持续的，雷曼兄弟努力获得外部融资，用于降低 2008 年的回购交易水平。不幸的是，这种努力太少、太迟了。2008 年 9 月 15 日，雷曼兄弟宣布破产。

【问题】

1. 雷曼兄弟破产最重要的原因是什么？
2. 什么是杠杆，为什么它如此重要？
3. 为 100 万美元证券的回购 105 交易编制日记账分录。
4. 在你看来，多大的回购 105 交易应该被认为是重要的？为什么？

---

[1] Valukas，*Report of Anton R. Valukas*，*Examiner*，*Lehman Brothers Holdings Inc.*，741.

[2] 事实上，还建立了另外两个"不太清楚"的规则来控制回购 105 交易的使用总量，并"确保其中包含合法的商业目的"：（1）"80/20"或"持续使用"规则；（2）120% 规则。Ibid.，743.

5. 雷曼兄弟对 SFAS 140 的解释——回购 105 交易可以被视为销售——正确吗？说明你的理由。

6. 如果像审查员报告所述①，雷曼兄弟继续从回购 105 交易中涉及的证券中获得收入，那么雷曼兄弟怎么能说其已经放弃了所有权？

7. SFAS 140 附带的一个新问题的解释公告②给出了一些例子，表明回购 102 交易不属于销售，但回购 110 交易属于销售。你认为这个公告为什么会发布？参见《SFAS 140 问答——金融资产转移和服务及负债清偿会计核算 SFAS 140 实施指南》（http：//www. fasb. org/cs/ContentServer?c ＝ Document _ C&pagename ＝ FASB％2FDocument _ C％2FDocumentPage&cid ＝ 1175801856780，2011 年 3 月 27 日）。

8. 根据美国法律，雷曼兄弟不能从美国律师那里获得"真实销售"意见，那么雷曼兄弟应该试图从英国律师事务所获得相应意见吗？为什么？

9. 回购 105 安排是否构成欺诈？为什么？

10. 如果怀疑或发现舞弊，审计师的责任是什么？在这种情况下，最重要的专业标准是什么？为什么？

11. 如果你是美国负责审计的合伙人，针对年利达的"真实销售"法律文书，你会要求做些什么？

12. 美国母公司的合并财务报表是否应包括（即合并）在美国公认会计原则认为不恰当的基础上编制的外国子公司账户？

13. 采用《国际财务报告准则》会防止回购 105 交易的虚假陈述吗？

14. 在得知马修·李的举报信件后，雷曼兄弟的管理层、董事会和外部审计机构安永应该怎么做？

15. 安达信试图对安然的审计问题缄口不言，而安永则公开为自己辩护。安永向客户发一封前文所述的信，这是个好主意吗？为什么？

16. 根据这封信，安永是否应该清楚与回购 105 交易和回购 108 交易及报告相关的不当行为？提供你支持和反对的理由。

17. 如果审计师向审计委员会主席解释一个问题，审计师是否有进一步的义务确保整个董事会都会被通知到？为什么？

18. 使用企业风险管理框架③的组织应完成以下几个阶段的工作：审查内部环境，确定组织的风险偏好或目标，风险识别和度量，风险评估，风险应对，提供风险信息和沟通，以及

---

① Valukas，*Report of Anton R. Valukas*，*Examiner*，*Lehman Brothers Holdings Inc.*，757，fn. 2930.

② "Q&A 140—A Guide to Implementation of Statement 140 on Accounting for Transfers and Servicing of Financial Assets and Extinguishments of Liabilities," http：//www. fasb. org/cs/ContentServer?cDocument _ C&pagenameFASB％2FDocument_C％2FDocumentPage&cid1175801856780 (accessed March 27，2011) .

③ Committee of Sponsoring Organizations of the Treadway Commission，*Enterprise Risk Management—Integrated Framework*：*Executive Summary*，September 2004，http：//www. coso. org/documents/COSO_ERM_ExecutiveSummary. pdf.

风险监测。雷曼在哪些方面失败了？应该归咎于谁？

19. 美国破产审查报告应该被如何看待——作为一组中立的调查结果，还是作为一个旨在为债权人指明潜在追偿方向的路标？它们各自的含义是什么？

20. 在安然和世通的惨败之后，监管机构在 2002 年颁布了《SOX 法案》，以避免未来的虚假陈述。为什么《SOX 法案》没有阻止雷曼兄弟使用回购 105 交易和回购 108 交易进行虚假陈述？这是否意味着《SOX 法案》是失败的？

美国国际集团佣金销售制引发的道德问题

佣金销售的好处是，如果销售人员付出了努力并完成了销售，那么公司和销售人员都会受益。销售人员得到佣金，公司则从销售收入中扣除佣金。作为一份最好的合同，它的目的是协调公司和销售人员的利益。此外，公司经常用昂贵的旅行和假期奖励他们的主要销售人员。它们被认为是为公司创造了大量收入的礼物。但是佣金和假期可能有问题。下面以美国国际集团（AIG）为例说明。

AIG 是全球五大金融公司之一。[1] 它是一家多元化的公司，主要业务是销售个人和企业保险，但也涉足融资租赁、房地产和销售金融产品等业务。在保险销售方面，AIG 没有代理人，而是使用独立经纪人。按照这种方式，只有当独立经纪人成功销售了 AIG 的产品时，AIG 才需要支付佣金。如果独立经纪人未能成功出售产品，那么 AIG 就无须支付成本。只有成功的销售才会得到佣金。

1987 年，AIG 成立了子公司 AIG 金融产品公司，销售包括信用违约互换在内的各种金融产品。这些产品旨在保护投资者免受固定收益投资违约的影响。[2] 这个业务在乔·卡萨诺（Joe Cassano）的领导下蓬勃发展。卡萨诺的团队曾一度出售 4 410 亿美元的资产担保证券，其中 578 亿美元与次级抵押贷款相关。[3] 卡萨诺和他的团队每赚 1 美元就可以获得 30％ 的佣金。随着信用违约互换市场的扩大，销售人员获得的佣金也越来越多。从 2000 年开始的八年间，卡萨诺就获得了 2.8 亿美元。[4]

2007 年，随着美国住房危机的加深，次级抵押贷款市场发生了转变。因此，AIG 金融产品公司信用违约互换的损失开始增加。2008 年 2 月，AIG 表示，2007 年 10 月和 11 月的互换交易损失了 48 亿美元。到 2 月底，亏损达到 110 亿美元，卡萨诺作为该子公司首席执行官被取代。他拿到了 3 400 万美元的奖金，然后又以每月 100 万美元的薪水重新被聘为顾问，负责监督信用违约互换业务的收尾工作。[5] 但金融产品业务的亏损不断增加。9 月 16 日，AIG 公布 2008 年上半年亏损 132 亿美元。就在同一天，美国政府宣布准备支付 850 亿美元拯救该

① Hugh Son, "AIG Plunges as Downgrades Threaten Quest for Capital," *Bloomberg.com*, September 16, 2008.

② Karnitschnig et al., "U.S. to Take Over AIG in ＄85 Billion Bailout."

③ Son, "AIG Plunges as Downgrades Threaten Quest for Capital."

④ Frank Ahrens, "Joe Cassano: The Man Who Brought Down AIG?," Washingtonpost.com, October 7, 2008.

⑤ Henry Champ, "Lawmakers Fume at Excess of Failed Firm's Execs," *Washington File*, October 8, 2008.

公司。

与此同时，10月初，在美国政府为防止公司破产而提供支持之际，AIG 支付了 44.4 万美元，让高级销售人员在加利福尼亚州度假。虽然规模相对较小，但该笔支出令人怀疑。他们在豪华度假酒店瑞吉度假酒店（St. Regis Resort）度假一周的费用是：房间 20 万美元，餐费 15 万美元，水疗费 2.3 万美元，高尔夫球场费 7 000 美元，沙龙费 1 400 美元，酒吧费 1 万美元。[1] 国会领导人对此感到震惊。国会议员马克·苏德（Mark Souder）说："这是肆无忌惮的贪婪。这是对人们如何消费我们的钱的麻木不仁。"国会议员伊利亚·卡明斯（Elijah Cummings）说："他们做足部护理，而美国人民为此买单。"[2] 当被问及为什么卡萨诺（卡萨诺对 AIG 金融产品公司造成的损失负有责任）在被解雇后又被重新聘用为顾问时，美国国际集团前首席执行官马丁·沙利文（Martin Sullivan）说："我想保留 20 年的交易经验。"[3]

【问题】

1. 佣金制销售人员在成功投保或完成金融产品销售后获得佣金。如果公司因销售人员完成的业务而蒙受损失，他们的佣金是否应被收回？是否应该对佣金设置一个上限，这样就不会有任何员工在 8 年的时间里获得 2.8 亿美元的佣金？如果公司希望设立上限，如何选择这个上限？

2. 像在豪华度假酒店度假这样的福利只提供给高级管理人员和销售人员，而不提供给公司的其他员工，这是正确的吗？

3. 是否应将拥有广泛的公司专业知识的高级管理人员重新聘请为顾问，帮助纠正他们的错误？

[1] Henry Champ, "Lawmakers Fume at Excess of Failed Firm's Execs," *Washington File*, October 8, 2008.
[2] Ross and Shine, "After Bailout, AIG Exec Heads to California Resort."
[3] Ahrens, "Joe Cassano."

北京市版权局著作权合同登记号　图字：01－2021－0537

图书在版编目（CIP）数据

商业伦理与会计职业道德：第 9 版／（加）伦纳德·布鲁克斯，（加）保罗·邓恩著；崔学刚，岳虹，牛清润译. -- 北京：中国人民大学出版社，2024. 10. --（工商管理经典译丛）. -- ISBN 978-7-300-33206-2

Ⅰ. F718；F233

中国国家版本馆 CIP 数据核字第 2024N8F331 号

工商管理经典译丛·会计与财务系列

商业伦理与会计职业道德（第 9 版）

［加］ 伦纳德·布鲁克斯
　　　保罗·邓恩　　　　　著

崔学刚　岳　虹　牛清润　译

Shangye Lunli yu Kuaiji Zhiye Daode

出版发行	中国人民大学出版社	
社　　址	北京中关村大街 31 号	**邮政编码**　100080
电　　话	010 - 62511242（总编室）	010 - 62511770（质管部）
	010 - 82501766（邮购部）	010 - 62514148（门市部）
	010 - 62515195（发行公司）	010 - 62515275（盗版举报）
网　　址	http://www.crup.com.cn	
经　　销	新华书店	
印　　刷	三河市恒彩印务有限公司	
开　　本	890 mm×1240 mm　1/16	**版　　次**　2024 年 10 月第 1 版
印　　张	26.5 插页 2	**印　　次**　2024 年 10 月第 1 次印刷
字　　数	582 000	**定　　价**　95.00 元

Supplements Request Form （教辅材料申请表）

Lecture's Details （教师信息）			
Name: （姓名）		Title: （职务）	
Department: （系科）		School/University: （学院/大学）	
Official E-mail: （学校邮箱）		Lecturer's Address/ Post Code： （教师通讯地址/邮编）	
Tel: （电话）			
Mobile: （手机）			

Adoption Details （教材信息） 　　　　原版□　　　翻译版□　　　影印版□	
Title:（英文书名） Edition：（版次） Author:（作者）	
Local Publisher: （中国出版社）	
Enrolment: （学生人数）	Semester: （学期起止日期时间）

Contact Person & Phone/E-Mail/Subject:
（系科/学院教学负责人电话/邮件/研究方向）
（我公司要求在此处标明系科/学院教学负责人电话/传真号码并在此加盖公章。）

教材购买由我□　我作为委员会的一部分□　其他人□［姓名：　　　　　　　］决定。

Please fax or post the complete form to （请将此表格传真至）:

CENGAGE LEARNING BEIJING
ATTN: Higher Education Division
TEL: (86)10-82862096/95/97
FAX: (86)10-82862089
EMAIL: asia.inforchina@cengage.com
www.cengageasia.com
ADD: 北京市海淀区科学院南路2号
　　　融科资讯中心C座南楼12层1201室　　100190

Note：Thomson Learning has changed its name to CENGAGE Learning

中国人民大学出版社　管理分社

教师教学服务说明

中国人民大学出版社管理分社以出版工商管理和公共管理类精品图书为宗旨。为更好地服务一线教师，我们着力建设了一批数字化、立体化的网络教学资源。教师可以通过以下方式获得免费下载教学资源的权限：

★ 在中国人民大学出版社网站 www.crup.com.cn 进行注册，注册后进入"会员中心"，在左侧点击"我的教师认证"，填写相关信息，提交后等待审核。我们将在一个工作日内为您开通相关资源的下载权限。

★ 如您急需教学资源或需要其他帮助，请加入教师 QQ 群或在工作时间与我们联络。

中国人民大学出版社　管理分社

🔔 **教师 QQ 群**：648333426（工商管理）　114970332（财会）　648117133（公共管理）
教师群仅限教师加入，入群请备注（学校＋姓名）

☎ **联系电话**：010-62515735，62515987，62515782，82501048，62514760

✉ **电子邮箱**：glcbfs@crup.com.cn

📍 **通讯地址**：北京市海淀区中关村大街甲 59 号文化大厦 1501 室（100872）

管理书社

人大社财会

公共管理与政治学悦读坊